UMA EUROPA SEM DEUS?

INICIALMENTE PUBLICADO NA ALEMANHA COM O TÍTULO:
Europa Ohne Gott

© Nomos, 2007

TRADUÇÃO PORTUGUESA: © Edições 70, 2009
Tradução da inteira responsabilidade de Edições 70

TRADUÇÃO: Lino Marques / CEQO

DESIGN DE CAPA: FBA

ILUSTRAÇÃO DE CAPA: © Corbis/ VMI

DEPÓSITO LEGAL Nº 295241/09

Biblioteca Nacional de Portugal – Catalogação na Publicação

WENINGER, Michael H.

Uma Europa sem Deus?. - (Extra colecção)
ISBN 978-972-44-1552-9

CDU 27

PAGINAÇÃO: RPVP Designers

IMPRESSÃO E ACABAMENTO
Guide – Artes Gráficas, Lda.
para
EDIÇÕES 70, LDA.
em
Junho de 2009

ISBN: 978-972-44-1552-9

Direitos reservados para Portugal
por Edições 70

EDIÇÕES 70, Lda.
Rua Luciano Cordeiro, 123 – 1.º Esq.º
1069-157 Lisboa / Portugal
Telefs.: 213190240 – Fax: 213190249
e-mail: geral@edicoes70.pt

www.edicoes70.pt

Esta obra está protegida pela lei. Não pode ser reproduzida, no todo ou em parte, qualquer que seja o modo utilizado, incluindo fotocópia e xerocópia, sem prévia autorização do Editor. Qualquer transgressão à lei dos Direitos de Autor será passível de procedimento judicial.

MICHAEL H. WENINGER (DIR.)

UMA EUROPA SEM DEUS?

A UNIÃO EUROPEIA E O DIÁLOGO COM RELIGIÕES,
IGREJAS E COMUNIDADES CONFESSIONAIS

ÍNDICE

Introdução: Objectivo e método do presente trabalho............. 11

A Questão Fundamental: Europa – um projecto de dimensão religiosa?... 19

PRIMEIRO CAPÍTULO
RESUMO DA HISTÓRIA DA INTEGRAÇÃO EUROPEIA

1. Todo o início é difícil..................................... 27
2. O nascimento da integração europeia...................... 31
3. Dos primórdios às Comunidades Europeias 33
4. Sobre o primeiro alargamento da União Europeia ao Acto Único Europeu................................ 37
5. De Maastricht a Amesterdão e de Nice à Constituição Europeia 41
6. O factor político-religioso 54

SEGUNDO CAPÍTULO
O DIREITO ECLESIÁSTICO DO ESTADO E A UNIÃO EUROPEIA

1. Igreja-Sociedade-Estado: determinação da posição no âmbito da integração europeia 61
2. Identidade nacional e subsidiariedade..................... 79

3. Os tipos de sistema jurídico eclesiástico estatal
   nos Estados-membros da União Europeia 84
3.1. O Reino Unido: Grã-Bretanha 89
3.2. França 93
3.3. Áustria 97

TERCEIRO CAPÍTULO
OS FUNDAMENTOS LEGAIS PARA UMA POLÍTICA RELIGIOSA E ECLESIÁSTICA NA UNIÃO EUROPEIA

1. A natureza jurídica da União Europeia 105
2. A personalidade jurídica da União Europeia 109
3. Os âmbitos espacial, pessoal e temporal da União Europeia. ... 110
4. As disposições jurídico-religiosas na União Europeia 113
4.1. As disposições de direito primário 114
4.2. Igrejas e organizações religiosas à luz do direito derivado
     comum 132
5. Casos especiais: os acordos de Direito Internacional com
   a Santa Sé e a Ordem Soberana de Malta 132
6. Fontes jurídicas não escritas, mas relevantes 135

QUARTO CAPÍTULO
OS PARCEIROS NO DIÁLOGO POLÍTICO EUROPEU

1. Fundamentação, particularidades e limitações do diálogo
   específico da União Europeia 139
2. A Comissão Europeia 144
3. O Parlamento Europeu 152
3.1. Actividades inter-religiosas/ecuménicas do Parlamento
     Europeu 154
3.2. O Islão enquanto desafio parlamentar 155
3.3. O Partido Popular Europeu (Democratas Cristãos)
     e os Democratas Europeus, outros partidos e um grupo 156
4. O Conselho da Europa 159
5. A Iniciativa «Uma Alma para a Europa» 161
6. As representações das Igrejas e das organizações religiosas
   e não confessionais 178
6.1. Representações diplomáticas 179
6.2. Representações de interesses, agências de ligação e informação
     de organizações religiosas e de Igrejas na União Europeia 183
6.3. Organizações eclesiásticas de prestação de serviços e de outras
naturezas religiosas na União Europeia 193

6.4. Centros eclesiásticos para análise e reflexão 199
6.5. Representações mono-religiosas de interesses, agências de informação e de ligação 202
6.6. Organizações mono-religiosas de prestação de serviços 204
6.7. Organizações Internacionais que se sobrepõem à União Europeia e outras de carácter especificamente pastoral 205
6.8. A presença de organizações não confessionais 208

QUINTO CAPÍTULO
A «CONSTITUIÇÃO PARA A EUROPA» E A QUESTÃO DE DEUS

1. A Europa numa encruzilhada 215
2. A convocação de uma Convenção para o futuro da Europa.... 217
3. O empenho das Igrejas e das organizações religiosas nos trabalhos da Convenção – uma estratégia acordada.......... 222
3.1. A Comissão das Conferências Episcopais da União Europeia... 225
3.2. A Santa Sé 228
3.3. A Conferência das Igrejas Europeias..................... 228
3.4. Os contributos de outras organizações religiosas/eclesiásticas .. 233
3.5. Organizações não confessionais e/ou associações humanistas... 236
4. A luta por Deus na Constituição........................ 237
4.1. Primeira fase: as religiões e Igrejas fazem-se ouvir........... 237
4.2. Segunda fase: é elaborada uma proposta de Constituição...... 244
4.3. Terceira e última fase: a luta pelo texto definitivo da Constituição 247
5. A Constituição para a Europa: um avanço ou um recuo político-religioso e eclesiástico?.......................... 261

SEXTO CAPÍTULO
O ISLÃO ENQUANTO DESAFIO EUROPEU

1. Uma grande variedade de diferentes comunidades islâmicas ... 273
2. Um empreendimento difícil: ser muçulmano e tornar-se europeu 275
3. Tentativa de integração do Estado secular e da comunidade islâmica 282
4. A «Carta Islâmica» e tentativas de cooperação institucional ... 291
5. A União Europeia e o Islão: uma relação com múltiplas variáveis.. 303
6. O Parlamento Europeu e a Comissão Europeia: interlocutores desejados e procurados 309

SÉTIMO CAPÍTULO
UMA SOCIOLOGIA TEOLÓGICA EUROPEIA

1. A construção de uma Europa unida – um desígnio da Igreja? .. 319
2. A Igreja enquanto instrumento da acção de Deus
    e do sacramento do Reino de Deus 336
3. Integração Europeia – a evangelização sob condições
    sociopolíticas em mudanças radicais 347
4. Um instrumentário prático para o diálogo político-religioso
    na União Europeia 376

Conclusão 387

MEIOS AUXILIARES CIENTÍFICOS E FONTES

Anexo I 393
1. Índice de abreviaturas 393
2. Tratados constitutivos e de base da CEE e da UE 402
3. Fontes de direito político-religioso e eclesiástico 404
Anexo II – Carta Islâmica 411
Anexo III – Carta Ecuménica 417
Glossário 427
Índices das páginas *web* 449
Bibliografia 453
1. Fontes 453
2. Meios auxiliares científicos 455

Notas 469

INTRODUÇÃO
Objectivo e método do presente trabalho

É um facto que o contínuo processo de integração europeia, ou seja, o constante alargamento a novos Estados-membros e a reforma das Instituições da União Europeia, é impossível de concretizar sem a participação activa dos seus cidadãos. Se a verdadeira integração dos cidadãos na política das Instituições Europeias falhar, não é necessário ser profeta para prever que a insatisfação e o consequente eurocepticismo dos cidadãos irão aumentar, que o fosso entre a União Europeia (UE) dos cidadãos e a das suas Instituições se irá ampliar e que o processo de integração ficará globalmente prejudicado. As Igrejas e as organizações religiosas desempenham um papel especial neste processo, visto que são – umas vezes mais, outras menos – constituintes decisivos da sociedade civil e, por conseguinte, do processo de construção europeia.

Devido a esta sua importância para a construção de uma Europa cada vez mais unida, já o antigo presidente da Comissão Europeia, Jacques Delors (Janeiro de 1985 – Dezembro de 1994), realizou uma primeira tentativa para a inclusão institucional das Igrejas e das organizações religiosas, bem como das organizações não confessionais, nos trabalhos da Comissão Europeia, e que, devido ao êxito da iniciativa, foi reforçada pelo seu sucessor, Jacques Santer (Janeiro de 1995 – Novembro de 2004). O actual presidente da Comissão Europeia, José Manuel Durão Barroso (desde Novembro de 2004), baseando-se nos resultados alcançados, deu continuidade ao anterior caminho de sucesso.

O diálogo político-eclesiástico e religioso, na UE em geral e na Comissão Europeia (CE) em particular, sofre alguma contestação, tanto dentro das estruturas da Comissão Europeia, como por parte de algumas organizações religiosas; entre as organizações não confessionais, que têm uma orientação extremamente secular e anti-eclesiástica, é mesmo detestado e combatido.

Não são poucos os cépticos convictos de que a UE é uma organização exclusivamente política, político-económica e financeira, talvez apenas enriquecida por elementos de política de segurança e defesa, mas com os quais as religiões e as Igrejas certamente não têm de interferir. No entanto, existem vozes por parte de detentores de cargos eclesiásticos que, em termos de política europeia, tendem a assumir uma atitude reservada. Daí colocar-se, fundamentalmente, a questão sobre se a integração europeia possui sequer uma dimensão religiosa e se as Igrejas e as organizações religiosas têm o direito fundamentado de voto na matéria, ou se estas o vão (estão na disposição de) utilizar em conformidade.

Para se abranger a questão político-religiosa e eclesiástica em todo o seu significado, e para se poder avaliar nessa base o diálogo com as Igrejas e as organizações religiosas, é absolutamente necessário haver um resumo da história da integração europeia. No primeiro capítulo irão, por isso, ser apresentados os dados mais importantes sobre a criação das Comunidades Europeias, começando pelos esforços do pós-guerra no sentido do entendimento entre os povos, até ao alargamento da UE para os actuais 27 membros, em vigor desde 1 de Janeiro de 2007. Através da apresentação das mais importantes etapas da inacreditavelmente bem sucedida política de integração, deverá demonstrar-se, de forma suficientemente clara, que uma Europa unida só é possível através de um esforço comum entre as Igrejas e as organizações religiosas enquanto parceiros. Também deverão ser apontadas de forma clara as deficiências político-religiosas e eclesiásticas, bem como a problemática deste processo, que até hoje ainda não foram resolvidas. A grande maioria dos europeus é religiosa, falando para já em termos genéricos, independentemente da sua pertença a uma religião ou Igreja em concreto, e também da intensidade da sua vida religiosa. Reconhecidamente, as Instituições Europeias têm de ter em conta o factor religioso dos cidadãos da União Europeia, na medida em que elas são, afinal, dos cidadãos e para os cidadãos, ou seja, são suas. Por outras palavras, isso também significa que eles têm de se ver efectivamente reconhecidos nas suas Instituições. Se as Instituições da

UE não forem capazes de reflectir as convicções fundamentais com que os cidadãos se identificam, e nas quais se incluem, ou seja, as religiosas, e se as pessoas não se puderem sentir representadas nas suas instituições, não será possível construir uma identidade europeia genuína.

O segundo capítulo deverá demonstrar que este objectivo tem alguns limites, já que se ocupará, de forma explícita, da questão dos fundamentos legais para uma política capaz de satisfazer as necessidades religiosas dos cidadãos. Com isso, torna-se evidente que o enquadramento legal para generalizar uma política religiosa e eclesiástica obedece a limites muito apertados, e que as respectivas competências das Instituições da União Europeia em prol das competências próprias dos Estados-membros são limitadas. O terceiro capítulo ocupa-se, por conseguinte, das relações entre o Estado e o direito canónico. Perante o que é exposto, torna-se bastante claro que na UE existem mais tipos de sistema diferentes e mais idiossincrasias estatais e de direito canónico predominantes do que Estados-membros.

Perante este cenário, torna-se claro que as posições das organizações religiosas e das Igrejas no processo de integração europeia são muito complexas, já que os interesses nacionais e estatais comuns têm de ser harmonizados com os desígnios locais e das Igrejas do mundo. O quarto capítulo dedica-se, por isso, aos parceiros do diálogo europeu. Por um lado, surpreende o elevado número de intervenientes eclesiásticos e religiosos e, por outro, a intensidade da cooperação de cada um dos órgãos comuns, como, por exemplo, a Comissão Europeia (CE), o Conselho e o Parlamento Europeus (PE), com as grandes religiões mundiais estabelecidas (acima de tudo, com o cristianismo) que, apesar de todas as dificuldades, se desenvolveu de forma lenta, mas segura, e levou já ao estabelecimento de algumas dezenas de Assembleias representativas permanentes nas Comunidades Europeias.

As discussões, durante a elaboração do Tratado que estabelece uma Constituição para a Europa que, na sua versão revista, se chama «Tratado de Reforma» (*), demonstraram as dificuldades causadas pela parte religiosa e do seu reconhecimento na realidade política da UE. Desde o início que os apoiantes e os opositores de um diálogo político-religioso e eclesiástico levaram a cabo uma discussão enérgica, que acabou por

---

(*) Quando este livro tratar do «Tratado Constitucional» enquanto tal, é essa a designação mantida, por uma questão de lógica interna. Quando se falar da versão revista, utiliza-se então o novo título «Tratado de Reforma».

resultar num compromisso não propriamente satisfatório. Foi impossível aos criadores do Tratado de Reforma chegarem a acordo quanto ao reconhecimento (sem excluir outras raízes) da herança cristã europeia, que ninguém, em seu perfeito juízo, poderá seriamente pôr em causa, e quanto à referência a Deus como suprema instância para os cidadãos da União Europeia. Os apoiantes do diálogo conseguiram, por fim, impor o seu ponto de vista, se bem que, muitas vezes, só após longas e desgastantes discussões, ao incluírem na Constituição uma quantidade de valores religiosamente fundamentados e, acima de tudo, a determinação explícita de que a União pretende, a partir de agora, levar a cabo um diálogo aberto, transparente e regular com as religiões, as Igrejas e as organizações não confessionais. As explicações apresentadas no quinto capítulo dão, por isso, especial relevo a uma reprodução exacta dos controversos debates e discussões, uma vez que possuem um valor documental insuperável e conseguem exprimir, de forma bem clara, toda a problemática do diálogo político-religioso e eclesiástico na UE.

O sexto capítulo tem como tema principal, com toda a clareza que se impõe, a questão sobre se a UE é uma comunidade de valores e, se sim, quais os valores que ela se sente obrigada a cumprir. O caso mais urgente para a resposta a essa questão é o desafio colocado pelo Islão. Pensa-se que actualmente vivam mais de 30 milhões de muçulmanos na UE. Será possível integrá-los? Deverá, sequer, tentar-se fazê-lo? E será que os próprios muçulmanos querem ser integrados? Será que uma coexistência próspera entre muçulmanos e não muçulmanos é sequer possível? E, caso seja, de que forma e em que condições? A «europeização das tradições islâmicas» em vez da «islamização da Europa», eis um dos grandes temas principais deste debate, que, excluindo os círculos elitistas científicos e políticos, ainda não é, na verdade, suficientemente alargado.

Como se disse no início, há alguns anos que está já a ser levado a cabo, de forma séria e cada vez mais intensa, um diálogo político-religioso e eclesiástico na UE. Isto é testemunhado pela existência de assistências representativas eclesiásticas e de algum pessoal especializado ao nível da Comunidade. O que está pendente é a imposição teológica de tal diálogo. Desde 2001 que, felizmente, se têm vindo a atingir marcos históricos a este nível. A aprovação da chamada «Charta Oecumenica» [Carta Ecuménica] por parte de quase todas as Igrejas e confissões cristãs, a publicação das exortações pós-sinodais «Ecclesia in Europa» [Igreja na Europa] pelo papa João Paulo II e da nota doutrinária sobre o «empenho e o comportamento dos católicos na vida política» pelo antigo prefeito da Congregação para a Doutrina da Fé, cardeal Joseph Ratzinger (agora papa Bento XVI), representam impulsos muito decisivos para a reflexão teológica deste diálogo, cada vez mais importante. Por isso, ao representar, de certo modo, o «somatório» de tudo o que foi anteriormente exposto, o sétimo capítulo tentará traçar os contornos essenciais de uma sociologia teológica no contexto político europeu e, ao mesmo tempo, esboçar propostas para um instrumentário de diálogo por parte da UE que funcione, tendo como base os pressupostos teológicos e jurídico--políticos.

O objectivo deste trabalho é indicar a importância das Igrejas e organizações religiosas no processo de integração europeia e as possibilidades que se lhes deparam, mas também a que conflitos estão sujeitas. Por outro lado, pretende-se tornar claro que só com elas é que a UE pode servir os seus parceiros religiosos em harmonia com os interesses comuns.

Na luta pela futura definição da Europa, as responsabilidades são divididas pelas Igrejas e por cada um dos crentes em particular. A enumeração das dificuldades deverá evidenciar o que é realmente necessário e motivar o avivar da memória para a herança cristã europeia. A apresentação da ambivalência do diálogo político-religioso e eclesiástico na UE deve servir para definir os limites das relações políticas, para se poder assumir posições mais claras e oferecer orientações em relação à diferente avaliação e às intenções divergentes dos parceiros de ambos os lados. Este trabalho, que, pela primeira vez, assume a tentativa de apresentar uma representação global das possibilidades e dos limites de um tal diálogo, vai aproximar-se do desejo, muitas vezes expresso, de tentar reduzir o actual défice de conhecimento acerca do mesmo, e vai facultar mais informação objectiva, fornecendo também, desse modo, uma ferramenta argumentativa, tanto para a discussão teológica como para uma cooperação prática no processo de integração europeia para o cidadão comunitário interessado. As possibilidades de um processo bem sucedido são reais, apenas têm de ser usadas. O pecado da omissão traria só desvantagens a todos os intervenientes.

O tema colocado afecta de igual forma as religiões, Igrejas e organizações não confessionais, bem como as Instituições da UE, ou seja, a sociedade pluralista europeia na sua globalidade. Nem mesmo uma sociedade secular e laica pode escapar a esta questão sobre a dimensão religiosa da Europa, sobre os valores que tornaram a Europa um continente específico, do ponto de vista histórico-religioso e espiritual que actualmente é. De facto, o trabalho concentra-se deliberadamente na UE, sabendo-se, no entanto, que também existe o Conselho Europeu, a OSCE [Organização para a Segurança e Cooperação na Europa] e influências políticas extra-europeias. A sua limitação ao âmbito à UE é justificada pelo facto de esta constituir a organização política mais dinâmica da Europa actual. A formação da UE, apesar de todos os golpes que sofreu, representa uma história de sucesso europeu sem paralelo. Depois do bem sucedido alargamento da UE, em 1 de Maio de 2004 e em 1 de Janeiro de 2007, para os actuais 27 Estados-membros, das consequentes eleições para o Parlamento Europeu, em Junho de 2004, e da nova Constituição da Comissão Europeia, em 22 de Novembro de 2004, passou a ter uma qualidade renovada. A UE já está unida de forma tão sólida, ao nível da sua interligação, numa rede de Estados-membros e comunitarização da vida diária, como nunca a Europa assistiu até agora na sua história. Daqui em diante, a UE estará, efectivamente, perante um dilema, perante uma mudança decisiva de agulhas: será ela apenas uma soma de Estados que, por um lado, abdicam de parte dos seus direitos de soberania a favor da Comunidade solidária, mas que, no essencial, permanecerão, de facto, Estados nacionais independentes, ou será que a UE caminha na direcção de um todo unido e comum, uma Europa Unida, que encarna ao mesmo tempo uma comunidade de valores? A questão do gradual desenvolvimento institucional no seu seio; do alargamento em quantos e com que Estados; da identidade e, com isso, também dos seus valores constituintes, são alguns dos temas essenciais que os observadores atentos denominam, de forma resumida, «europeização da Europa».

As religiões e as Igrejas não podem escusar-se a este desafio; têm de enfrentá-lo e cada uma delas dará as suas próprias respostas. Ao mesmo tempo, as Instituições da UE terão de criar a necessária liberdade de acção que permita aos seus parceiros participar de forma responsável neste processo.

É óbvio que um trabalho que assume a tentativa de expor, na sua totalidade, uma temática tão complexa como esta, tem de recorrer a instrumentos e métodos diferentes e adequados, ou seja, tanto de natureza hermenêutica como histórica, jurídica, científico-social e religiosa ou teológica.

A autoconsciência das religiões, Igrejas e organizações não confessionais, o seu contributo histórico e presente para a definição da Europa, a sua consciência política europeia, a vontade e as intenções em relação ao seu empenho e os conceitos teológico-políticos são os elementos-chave das explicações apresentadas. Também as Instituições terão, por fim, de ser sujeitas a um exame, no que respeita à sua capacidade de diálogo a nível político-religioso e eclesiástico. A ética das Instituições é o conceito-chave respeitante a este tema. A prova dos nove em relação ao futuro caminho da Europa será superar o desafio colocado pelo Islão.

Sem a inclusão das religiões, dificilmente poderá haver um consenso social duradouro e um processo de integração próspero na Europa. As religiões terão de dar o seu contributo para o bem-estar de todos, ao nível político europeu, mas a UE, enquanto rede de Instituições, terá como obrigação assegurar a liberdade de acção institucional para a cooperação dos seus parceiros.

A QUESTÃO FUNDAMENTAL

Europa – um projecto de dimensão religiosa?

Depois das terríveis devastações causadas pela II Guerra Mundial na Europa, os políticos responsáveis, na sua maioria cristãos, deram as mãos no sentido de reconstruírem esta Europa, eliminarem as consequências desastrosas da guerra e devolverem às pessoas a esperança e as perspectivas de futuro.

A intenção era não só construir uma Europa nova, próspera e virada para o futuro, mas ao mesmo tempo impedir, de uma vez por todas, com a eliminação dos escombros da guerra e satisfazendo as necessidades vitais diárias, uma outra guerra de dimensão mundial na Europa. Jamais se deveria motivar uma guerra na Europa. Nenhum Estado, fosse qual fosse, deveria estar em posição de causar novas mortes e destruição no continente.

Mas quais foram as condições exigidas para se dar oportunidade a um eventual sucesso de uma tal proposta?

A resposta é incrivelmente simples: em primeiro lugar, através de um processo de integração de dimensão europeia e, em segundo lugar, através do controlo dos recursos relevantes para a guerra.

Quais são, então, os pressupostos fundamentais para o fabrico de armas, principais responsáveis pela deflagração de uma guerra? Mais uma vez, a resposta é clara: a extracção de minério de ferro e carvão para a produção do aço. Assim, a tomada do pequeno passo seguinte foi apenas uma questão de lógica, levando, quase inevitavelmente, à criação da Comunidade Europeia do Carvão e do Aço (CECA). Além disso, tratava-se de submeter as capacidades de produção de aço dos diversos

Estados europeus a um mecanismo de regulamentação, de forma a evitar uma sobreprodução de aço e, consequentemente, uma crise da economia mundial, mas também para restringir uma eventual corrida ao armamento. Desta forma, deu-se também azo ao segundo tema dominante, nomeadamente a sincronização político-económica entre os Estados europeus, a harmonização das políticas económicas e financeiras nacionais, tendo como consequência uma interdependência coordenada: a criação da Comunidade Económica Europeia (CEE) foi, por isso, a consequência lógica. O significado da energia nuclear, com todas as suas implicações, tornou-se bem evidente para os políticos do pós-guerra, logo após o lançamento das bombas atómicas americanas sobre Hiroxima e Nagasáqui. A Comunidade Europeia de Energia Atómica (CEEA) associou-se, consequentemente, às duas outras Comunidades.

Os motivos e os objectivos políticos de todos estes esforços dos políticos do pós-guerra eram claramente de natureza político-estratégica. Porém, é também um facto que os fundadores do processo de unificação europeia eram quase todos cristãos, mais concretamente católicos, cuja visão religiosa do mundo teve, certamente, repercussão nas suas acções políticas. Seria, no entanto, totalmente despropositado supor que o seu objectivo fosse o de criar uma Europa cristã. As Comunidades Europeias não foram um projecto cristão, mas baseavam-se e orientavam-se por pensamentos político-estratégicos, assentes num profundo humanismo cristão.

É certo que o processo de integração europeia foi desencadeado por cristãos e inspirado por ideias e esperanças cristãs, mas também foi orientado, em última análise, por pensamentos político-estratégicos e – se assim se pode dizer – por um carácter secular. No estádio inicial do processo de integração europeia, não coube às religiões e Igrejas, enquanto instituições, qualquer papel ou significado directo.

O processo de integração europeia não pode, no entanto, ser mal interpretado como mero somatório quantitativo de Estados, acrescido de mais uns quantos. Não, o alargamento é, acima de tudo, uma melhoria qualitativa do projecto europeu, um enriquecimento e um aprofundamento da Europa cada vez mais unida: trata-se, na verdade, da europeização da União Europeia.

A actual União Europeia, em constante alargamento, é formada por 25 Estados(*) que, apesar de importantes, ainda não representam

---

(*) Este número, entretanto, passou para 27, com a entrada da Bulgária e da Roménia, em 1 de Janeiro de 2007. *(N.T.)*

a Europa como um todo. No entanto, o passo decisivo já foi dado: talvez pela primeira vez na sua história possa ser alcançada a continentalização da Europa, ou, melhor dizendo, a criação de uma Europa unida, se considerarmos os potenciais candidatos em perspectiva e, acima de tudo, o Tratado de Reforma assinado em Junho de 2004 pelos chefes de Estado e de governo e, agora, disponível na sua versão revista.

Não são poucas, mas são importantes, as vozes da opinião de que a União Europeia é uma organização política, político-económica e financeira, talvez até de política de segurança e defesa, mas não é, certamente, uma organização com um lugar relevante para as religiões e para as Igrejas. Há outras vozes com um parecer diametralmente oposto: a União Europeia é com certeza tudo (mas não só, e inclusivamente) o que acima se menciona. Na União Europeia, enquanto união de Estados e de cidadãos europeus, está implícita, por natureza, uma dimensão religiosa e espiritual ([1]).

Ao mesmo tempo, também é verdade que a grande maioria dos cidadãos da União Europeia crê nas instituições religiosas. Este facto tem de ser levado em conta, em primeiro lugar, independentemente da questão sobre a que religião e a que Igrejas os cidadãos pertencem, e independentemente da intensidade da sua ligação institucional às Igrejas tradicionais, mas incluindo também algumas manifestações religiosas difusas ([2]).

Esta religiosidade encontra, no entanto, apenas uma correspondência institucional rudimentar na rede das organizações, no emaranhado de Instituições da União Europeia. Mas está praticamente ausente no direito primário da União Europeia, que inclui pouquíssimas e muito genéricas disposições de direito religioso. Acrescente-se, no entanto, que na área do direito derivado – constituído, em grande percentagem, por decisões do Tribunal de Justiça Europeu, relevantes do ponto de vista do direito canónico e religioso, resoluções do Parlamento Europeu, decisões do Conselho da Europa e da Comissão Europeia – acabou por se formar um *Corpus Iuridicum* [Corpo Jurídico].

Se este défice jurídico ainda poderá, de alguma forma, ser aceitável – uma vez que, em princípio, a constitucionalidade jurídico-religiosa é, como se sabe, da responsabilidade de cada Estado-membro e, enquanto tal, parece estar regularizada de forma satisfatória, pelo menos em termos nacional e estatal –, o défice institucional de instrumentos de diálogo ainda existente manifesta-se de forma cada vez mais problemática, e de forma mais evidente para as Igrejas e religiões, e certamente também para a União Europeia, apesar de todos os progressos.

Não é sem razão que, por isso, se multiplicam as vozes a favor de uma relação ou de um diálogo estruturado e institucionalizado entre a Comissão Europeia e as religiões e as Igrejas. Esta exigência foi tida em conta pela Convenção sobre o Futuro da Europa e pelos chefes de Estado e de governo dos Estados-membros da UE, na medida em que foram adoptadas as disposições, respeitantes a este assunto, no primeiro parágrafo do Tratado Constitucional Europeu nos Artigos 47.º e 52.º, sobre os quais este trabalho se debruçará, de forma detalhada, no quinto capítulo.

Desde já, ficou estabelecido que existe uma dimensão religiosa inerente à União Europeia. Por um lado, é condicionada pela religiosidade dos seus cidadãos, apesar de esta ser, por vezes, bastante diversa, mas, ainda assim, estar presente em elevado grau, e, por outro, é também influenciada pelas organizações religiosas existentes e activas na União Europeia, e que desenvolvem a sua actividade não só a nível intra-estatal, mas, cada vez mais, à escala da União Europeia. A forma e o número das representações permanentes de Igrejas e organizações religiosas entretanto activas em Bruxelas constituem um sinal bem claro sobre o que será tratado no quarto capítulo deste trabalho.

É natural que cada uma das diferentes religiões e Igrejas assuma uma forma diferente de acesso à política, não só genericamente falando, mas também tendo em conta o seu posicionamento perante as disposições da União Europeia, assumindo, igualmente, uma forma própria de empenho a nível europeu. No entanto, não se deve ignorar que o Islão, por exemplo – ou, melhor dizendo, as várias tradições islâmicas –, estão a transformar-se num crescente desafio de dimensão europeia, para o qual a União Europeia e as suas Instituições ainda não conseguiram encontrar uma resposta adequada.

A União Europeia possui, por isso, uma dimensão religiosa, que, quer se concorde quer não, deve pelo menos ser reconhecida. Mais ainda, esta dimensão religiosa e espiritual tem de ser incluída, de forma activa, no processo de integração europeia que se encontra, criativamente, a tomar forma, caso não se queira cavar um fosso ainda maior do que o já existente entre as Instituições da UE e os seus cidadãos e, desse modo, reforçar mais a falta de identificação dos cidadãos com a sua União Europeia. Se a meta a alcançar for esta identificação e levar a que os cidadãos se sintam nela como se estivessem em sua casa, as religiões e as Igrejas não poderão ser postas de parte no processo de formação da integração europeia. Na verdade, o chamado «Livro Branco sobre a Governação Europeia» acabou por honrar esta argumentação, ao confirmar que as Igrejas e as organizações religiosas conferem voz aos interesses dos cidadãos e que, neste aspecto, desempenham um papel de especial importância (^{3}). Ao mesmo tempo, esta apreciação especial das religiões e das Igrejas pela Comissão Europeia corresponde aos desígnios pastorais, éticos, morais e político-sociais, e à autoconsciência da maioria das organizações religiosas e Igrejas representadas na União Europeia.

Esta dimensão religiosa já foi tida em conta no mandato do antigo presidente da Comissão Europeia, Jacques Delors, com a iniciativa «Dar uma alma à Europa» (a partir de 1997/98 «Iniciativa: Uma Alma para a Europa»), que foi activamente apoiada pelos seus sucessores, Jacques Santer e Romano Prodi, até se dissolver por si própria, após o cumprimento da sua missão, em 28 de Fevereiro de 2005 (^{4}).

A 3 de Maio de 2001, a Comissão Europeia determinou a criação do «Grupo dos Conselheiros Políticos do Presidente da Comissão Europeia» (GOPA) que, substituindo o anterior «Grupo de Análises Prospectivas», limitou o seu âmbito a quatro grandes áreas temáticas, a saber: política externa, política económico-financeira, reforma das instituições e, precisamente, o diálogo com as religiões, Igrejas e organizações não confessionais. Pelo facto de o GOPA se estruturar em apenas quatro áreas temáticas, das quais uma se ocupava explicitamente do diálogo com as organizações religiosas, Igrejas e organizações não confessionais, a Comissão Europeia sublinhou que este diálogo tem, no mínimo, a mesma importância que as outras três grandes áreas temáticas. A nova Comissão Europeia, sob a presidência de Durão Barroso, substituiu, por sua vez, o GOPA pelo «Gabinete de Conselheiros de Política Europeia» (BEPA) e dotou o novo Conselho de três «áreas» (uma para política económico-financeira, outra para política social e outra para política geral). O diálogo com as religiões, Igrejas e organizações não confessionais foi acrescentado à temática de base alargada devido à área da política. No entanto, este assunto será de novo abordado no sétimo capítulo do livro.

O que globalmente é, de facto, urgente – também demonstrado, em última análise, pela prática do dia-a-dia político – é a formação de uma «teologia política» ou «sociologia teológica» nova e especificamente europeia, o que corresponde, acrescente-se, ao desejo do papa João Paulo II, após a (re)evangelização da Europa.

Ultimamente, todo o debate político europeu se centra na maneira como deve ser formada a futura Europa comum enquanto comunidade de valores. Será possível construir uma União baseada em valores comuns e que reflicta o capital humano de um humanismo europeu genuíno, que surgiu, de facto, da herança cristã da Europa, que possuiu, ao longo dos séculos, essa força marcante e até criadora e que ainda se faz sentir nas mais variadas formas? Será que a futura Europa virá também a conhecer essa dimensão religiosa-humana como mola impulsionadora da força criadora que desde sempre existiu na tríade de Jerusalém, Atenas e Roma? E, se sim, de que modo as Igrejas e as organizações religiosas poderão dar o seu contributo para o êxito deste projecto de futuro europeu?

Para responder adequadamente a esta e a outras questões, e para se poder abarcar a problemática do diálogo político-religioso e eclesiástico em toda a sua dimensão, devemos primeiro olhar para a génese e para o processo de desenvolvimento da UE desde os seus primórdios. No início, não havia neles qualquer lugar para as religiões e para as Igrejas, mas...

CAPÍTULO I

RESUMO DA HISTÓRIA DA INTEGRAÇÃO EUROPEIA

1. Todo o início é difícil

A ideia de uma Europa unida não está ainda bem definida, nem na forma nem no conteúdo e, devido aos pressupostos da história das ideias e político-estatais, constitui um fenómeno recente do ponto de vista histórico. Na verdade, conhecemos bem as formas primordiais de reivindicação universal-europeia, assumidas, por exemplo, pela abrangente consciência senhorial da Igreja Católica Romana sobre todas as terras e todos os reinos missionados da Europa, até ao momento em que o cisma do século XVI desencadeou uma cisão régio-política por todo o continente, mas que, basicamente, em nada alterou as reivindicações universais da Igreja Católica Romana; ou ainda através do profano pólo oposto ao papa, encarnado de forma bem clara e evidente pela figura do imperador romano-germânico, de que podemos mencionar, como exemplo, o Imperador Carlos V (1500-1558). De qualquer forma, os Habsburgos sempre se consideraram uma dinastia europeia em comparação, e, por vezes, em oposição a outros reinos.

Poderá ter sido uma irreflexão da história o facto de a ideia de uma Europa integrativa e unida poder ser, em rigor, uma consequência das ideias nacionais-estatais do início do século XIX, quando apenas as guerras mundiais iniciadas na Europa tornaram definitivamente clara a necessidade de superação dessas ideias. O projecto de uma Europa unida, enquanto cooperação institucionalizada dos Estados europeus, começou, no seu sentido mais intrínseco, como *Experimentum Europae* e, se bem que ainda de forma muito vaga, somente depois da II Guerra Mundial foi caracterizado de forma efectivamente política. Isto significa, portanto, que, primeiro, não havia representações grandiosas ideais, mas reflexões pensadas e orientadas para a igualdade. Nenhum Estado deveria poder-se sentir tentado a querer submeter outras potências europeias ao seu controlo.

Na verdade, já as décadas que se seguiram à I Guerra Mundial conheceram tentativas de uma política estatal europeia orientada para o equilíbrio e a cooperação. O primeiro aspecto concreto de se ter percebido que um desenvolvimento pacífico das relações entre os povos e os Estados só poderia ser alcançado com a sua unificação em torno de uma nova forma específica de Organização Europeia levou à ideia da Confederação, que se concretizou através da Sociedade das Nações. Partindo do pensamento da Sociedade das Nações, o então ministro dos Negócios Estrangeiros francês projectou, em 1930, a constituição de uma Confederação Europeia. De facto, já em 1923 o aristocrata austríaco Coudenhove-Kalergi fundou aquilo a que denominou movimento pan-europeu, tendo discutido, na sua revista programática «Paneuropa», o plano para a criação dos «Estados Unidos da Europa».

O colapso total da Europa, o desastre – tanto político como económico – em que os Estados europeus, consequentemente, se encontravam, originou os pressupostos indispensáveis para uma mudança radical de pensamento, rumo a uma nova Organização da Europa.

Este processo evidencia os seguintes elementos fenomenológicos:

1. O desejo de um novo início limitou-se, por um lado, aos principais adversários de guerra, mas não evitou, porém, diversas tentativas regionais de integração de outros Estados.

2. As experiências tão dolorosas das tragédias de guerra alimentaram o desejo de «nunca mais haver guerra» entre os Estados, ou seja, de superar as divergências de interesses através da política e da diplomacia.

3. Os esforços passavam, agora, pelo estabelecimento de uma paz duradoura, pela reparação das terríveis consequências da guerra, pela compensação, pela retoma económica e política dos intervenientes, líderes das potências vencedoras na política mundial. De facto, era particularmente evidente que a Europa perdera a sua posição milenar como centro dos acontecimentos mundiais para as novas potências, particularmente para os Estados Unidos da América e para a União Soviética.

4. A consciência do perigo real de se tornar no epicentro das divergências das duas grandes potências (mundiais) vencedoras da Guerra Fria.

O aspecto mais inacreditável no início desta experiência europeia foi, em primeiro lugar, o facto de ter sido possível aos representantes políticos do pós-guerra darem as mãos, deixando para trás os túmulos da guerra, no sentido de uma união e de se mostrarem dispostos – quase num acto de autonegação – a desistir de alguns dos seus direitos nacionais de soberania.

No início, os diferentes esforços de unificação à escala europeia transmitiam uma imagem confusa de instituições e organizações heterogéneas, muitas vezes desprovidas de qualquer ligação ou coordenação entre si. Tanto na forma de organização, como da sua orientação sobre conteúdos e determinação de objectivos, há muitas estruturas europeias de integração completamente distintas que, poucos anos após a guerra, surgem do solo europeu destruído. Assim, a partir de agora existem de forma mais ou menos simultânea, por exemplo, a OECE (Organização Europeia de Cooperação Económica), a UEO (União Europeia Ocidental), a NATO (Tratado do Atlântico Norte), a CECA, a CEE (Comunidade Económica Europeia), a EURATOM (Comunidade Europeia da Energia Atómica), o Conselho da Europa e outros.

Tendo por base critérios jurídico-formalistas, durante este período podemos distinguir, *grosso modo*, três grupos de Organizações Europeias internacionais e supranacionais. Do primeiro grupo fazem parte organizações com estruturas euro-atlânticas, ou seja, aquelas em que os Estados Unidos da América participam e/ou que criam. Em primeiro lugar, há aqui que referir a que representa a primeira Organização pós-guerra europeia, a OECE. A sua fundação, em 1948, fica a dever-se a uma iniciativa norte-americana e está intimamente relacionada com o chamado Plano Marshall. O então ministro dos Negócios Estrangeiros norte-americano, George Marshall, exortou em 1947 os Estados europeus a sincronizar os seus esforços de reconstrução, até aí individualizados, e disponibilizou o apoio dos EUA para esse fim, que acabou por concretizar-se, finalmente, através do Programa de Reconstrução da Europa – ERP (Plano Marshall), tornando-se realidade em 3 de Abril de 1948. Igualmente fundada em 1948, no âmbito dos esforços envidados pela cooperação económica com os seus Estados-membros, a OECE fez da competente distribuição e utilização dos meios do ERP, do ponto de vista da administração nacional e de política económica, o ponto central da sua política ([1]).

Como contraponto de política de segurança e defesa à cooperação económica, e atendendo às tensões Leste-Oeste, foi fundada, em 1949, a NATO, com o objectivo de assegurar a manutenção das liberdades democráticas através da defesa colectiva. Os seus membros fundadores pertenciam ao chamado «Pacto de Assistência Mútua de Bruxelas» de 1948 (ou seja, os Estados do Benelux, a Grã-Bretanha e a França), assim como os EUA e o Canadá.

Ao segundo grupo de Instituições Europeias pertencem aquelas que, segundo a sua estrutura organizacional e competências, deverão dar ao maior número possível de Estados a possibilidade de participação. Refira-se, em primeiro lugar, o Conselho da Europa, fundado a 5 de Maio de 1949. Das características primordiais do Conselho da Europa não fazia parte a prossecução do objectivo de ligar os seus Estados-membros a uma Federação ou União, ou de procurar transmitir ou arquitectar partes da soberania nacional-estatal, mas o empenho na tradicional cooperação entre Estados. Enquanto tal, o Conselho da Europa não é um órgão supranacional, mas multilateral de cooperação internacional e entre Estados, e distingue-se, de forma decisiva, da futura UE. O Conselho da Europa orientou-se, na sua forma organizativa específica, para uma organização que abrange todo o continente europeu – actualmente com 47 Estados-membros –, que representa um contributo importante para a construção de um sentimento de pertença europeu, tornando-se, deste modo, uma pedra angular do processo de integração europeia. O trabalho efectuado na criação de normas de direito internacional em praticamente todas as áreas da convivência comum entre os Estados é incontestado e tido como exemplar, entre outros, pela criação da Convenção Europeia para a Protecção dos Direitos do Homem e das Liberdades Fundamentais, de 4 de Novembro de 1950 ([2]).

Ao terceiro grupo de Organizações Europeias pertencem, finalmente, aquelas que no âmbito do presente trabalho possuem especial relevância e que serão analisadas mais pormenorizadamente no capítulo seguinte, razão pela qual, para já, apenas se lhes fará referência através do título. Trata-se da CECA, a EURATOM e a CEE. Se bem que coexistam no plano organizativo e jurídico, foram consideradas, desde o início, uma só unidade e centradas no conceito único de «Comunidades Europeias» (CE), União que, em 1967, finalmente ganhou forma concreta através de um Conselho de Ministros e de uma Comissão comuns. É também importante referir a UEO que, depois do fracasso da Comunidade Europeia de Defesa (CED), foi fundada como órgão genuinamente europeu de defesa colectiva, demarcando-se, de forma assumida, da NATO.

Qual foi a tão entusiasmante novidade em relação às organizações deste terceiro grupo de criações internacionais e supranacionais do pós--guerra? Terá sido a sua especificidade? O aspecto decisivamente inovador, em relação às alianças estatais convencionais, consistiu no facto de, por um lado, os Estados-membros abdicarem voluntariamente do exercício de alguns direitos nacionais de soberania em favor dessas organizações e, por outro, ao mesmo tempo as dotarem de poderes e competências próprios e independentes dos Estados-membros e respectivos órgãos executivos. Assim, estas organizações estão em posição – e, mais ainda, na sua posterior versão, por exemplo, como União Europeia – de promulgar actos de autoridade com efeitos semelhantes aos estatais e que, muitas vezes, devem até ser acatados pelos Estados--membros de forma directa, ou seja, sem que sejam transpostos para as leis de cada país ([3]).

2. O nascimento da integração europeia

No seu essencial, as reflexões encetadas após a II Guerra Mundial estão ligadas às que se seguiram após o final da I Guerra Mundial e pendiam ora para a ideia de uma Europa confederada como União de Estados que mantinham a sua soberania, ora – no sentido de um Estado federal europeu – para uma Europa confederada. Foi Winston Churchill que, num discurso proferido em Zurique em 1946, causou sensação ao apresentar a ideia dos Estados Unidos da Europa, como o conde Coudenhove-Kalergi havia discutido publicamente algumas décadas antes. A França, pelo contrário, representava a posição antagónica, através do lema da «união estatal do Atlântico aos Urais». A fim de ponderar as concepções e as propostas em circulação naquela época, e de discutir a questão da reordenação da Europa de forma estrutural, organizaram-se, finalmente, diferentes instituições privadas em Maio de 1948, no Congresso de Haia, no qual participaram 700 políticos e representantes da vida pública europeia ocidental. Devido à repugnância dominante no seio do Partido Trabalhista, em Londres, em relação à participação no projecto supranacional europeu, e considerando a situação política em Paris, o Congresso de Haia decorreu sem representantes oficiais do lado britânico e francês.

«O ímpeto da unificação europeia ocidental partiu, por isso, das correntes conservadoras e liberais» ([4]). Acrescente-se que o Congresso de Haia deu origem à chamada «Assembleia Europeia», de Janeiro de 1949, que levaria à fundação do Conselho da Europa.

Entre os «supranacionais» dos políticos europeus foi ganhando força a convicção de criar uma organização com um novo carácter, o supranacional, ligado às implicações políticas descritas acima.

O verdadeiro grande momento de sucesso de todos estes esforços foi conseguido pelo antigo chefe da secção de planeamento do governo francês, Jean Monnet, com a sua sedutora proposta ao ministro dos Negócios Estrangeiros francês Schuman, e ao chanceler alemão Konrad Adenauer – ambos democratas-cristãos, refira-se –, no sentido da fundação de um mercado comum de carvão e aço (bens altamente estratégicos), sob administração independente, ou seja, supranacional (!), criando, assim, uma esfera de interesses comum a ambos os Estados.

Com a retirada da produção do carvão e do aço da esfera de poderes nacional, que deveria impedir uma guerra futura entre a França e a Alemanha e, ao mesmo tempo, evitar que a indústria mineira alemã ficasse à disposição de uma ordem de carácter socialista, após o fim previsto do controlo aliado, ambicionado pelos socialistas europeus ocidentais naquela época, deveria ser desbravado o caminho para uma política industrial «europeia» orientada para uma política de mercado. O chamado «Conceito Monnet-Schuman» deveria, por isso, ficar acessível a todos os Estados europeus interessados.

O plano oficialmente apresentado pela França, em 9 de Maio de 1950, foi unanimemente saudado pela Alemanha, pela Itália, pela Bélgica, pelos Países Baixos e pelo Luxemburgo. Chegara a hora da criação de uma «Comunidade Europeia do Carvão e do Aço». As negociações, rapidamente iniciadas entre os referidos Estados, nas quais a Grã-Bretanha não tomou parte, decorreram entre Junho de 1950 e Março de 1951, terminando, finalmente, com base nas propostas de Jean Monnet, na elaboração do acordo da CECA, assinado em 18 de Abril de 1951 em Paris, e que entrou em vigor a 25 de Julho de 1952, após a ratificação por parte de todos os Estados signatários. Foi estabelecido por 50 anos e expirou, em conformidade com o acordado, no Verão de 2002. Com a fundação da CECA, os esforços de integração europeus conseguiram atingir uma meta determinante e criaram uma base institucional para mais avanços.

3. Dos primórdios às Comunidades Europeias

Esta novidade revolucionária foi conseguida através da criação de um órgão supranacional, ou seja, sem estar sujeito à intervenção directa nacional-estatal. Assim, a CECA foi dotada, através da chamada «Alta Autoridade», o órgão central de decisões, de uma Assembleia Parlamentar, um Conselho de Ministros, um Tribunal de Justiça e uma Comissão Consultiva.

O entusiasmo inicial, após a criação da CECA, não esmoreceu, tornando-se até no motor de desenvolvimento, rumo a uma integração europeia ainda mais intensa. No entanto, os acontecimentos políticos mundiais, no início dos anos 50, não eram muito favoráveis a um rápido progresso da integração e levaram, no início, a um recuo.

O que acontecera? No mesmo mês em que as negociações para a CECA se iniciaram, mais concretamente a 25 de Junho de 1950, rebentara a guerra da Coreia. Esta situação convenceu o primeiro-ministro francês Pleven de que a estreita cooperação político-económica entre os Estados da CECA teria de ser acompanhada por uma cooperação, exactamente do mesmo tipo, em termos de política de segurança e defesa. Assim, apresentou aos parceiros, em 24 de Outubro de 1950, um plano de defesa imediatamente adoptado e sujeito a deliberações intensivas, levando a 27 de Maio de 1952 à assinatura do tratado para a fundação da Comunidade Europeia de Defesa (CED). O objectivo principal era a criação de um exército europeu ocidental, incluindo o da República Federal da Alemanha. Tornava-se óbvio, ao mesmo tempo, que deveria haver uma estreita cooperação com a NATO, fundada em 1949.

A ideia de alguns dos políticos da época ia mais longe, quando uma Subcomissão Europeia propôs, em 1953, a criação de uma Cooperação Política Europeia (a CPE). Esta, numa perspectiva visionária, deveria ter uma forma de Organização Federal e incluir a CED e a CEE numa só estrutura. Entretanto, a Guerra da Indochina desenrolou-se desfavoravelmente para a França, levando à vergonhosa e esmagadora derrota das tropas francesas a 7 de Maio de 1954, em Dien Bien Phu. Com isto também mudou o ímpeto reformista em Paris, levando a um recuo da política europeia. Uma outra razão para isto, entre várias, residia no profundo desagrado francês em relação à ausência de ajuda por parte dos EUA aos soldados franceses encurralados em Dien Bien Phu. Se, no início, os EUA se empenharam na criação da CED e numa estreita cooperação desta com a NATO e se as negociações para um apoio norte-americano à França, na Guerra da Indochina, decorreram de forma optimista, agora a falta desse apoio acabou por desencadear, compreensivelmente, uma forte reacção anti-americana por parte dos Franceses. Isto e o contínuo atraso da ratificação do Tratado da CED, bem como as propostas adicionais de alterações francesas, que, diga-se, não encontraram qualquer consideração por parte dos parceiros da CECA, acabaram por levar a que a Assembleia Nacional francesa de 30 de Agosto de 1954 se pronunciasse, em larga maioria, contra o Tratado da CED. Assim fracassava não só o projecto CED, mas também o da CPE.

No entanto, ao árduo desenvolvimento do processo de integração europeia não ficou ligada, felizmente, qualquer interrupção nos esforços por uma integração reforçada. Surpreendentemente rápido foi o acordo entre os EUA, a Grã-Bretanha e a França, no sentido de integrar a República Federal da Alemanha como membro de pleno direito na NATO. A data aprazada foi 23 de Outubro de 1954. Neste dia, foram assinados os «Tratados de Paris», de acordo com o local da reunião, em que, entre outros, se previa o levantamento do estatuto de ocupação da RFA, mas, acima de tudo, a entrada da RFA na NATO e também o desenvolvimento do «Pacto de Bruxelas». Este fora estabelecido em Março de 1948 entre a Grã-Bretanha, a França, a Bélgica, os Países Baixos e o Luxemburgo e tinha como objectivo o auxílio mútuo, no caso de um ataque armado na Europa, e a intensificação da cooperação política e económica. Com os «Tratados de Paris», surgiu o «Pacto de Bruxelas», e a UEO como Organização Europeia de Segurança e Defesa genuínas.

Este sucesso incontestável no desenvolvimento da integração europeia, que, face ao meio político envolvente, representava um verdadeiro progresso, levou vários políticos a retirarem ensinamentos do fracasso da CED e a ousarem um recomeço político. Tornou-se cada vez mais claro que uma integração política teria de ser acompanhada, não só por uma aliança de segurança e defesa, mas também por uma cooperação económica institucionalizada.

Por um lado, foi novamente Jean Monnet, então presidente da «Alta Autoridade», que veio a público com o plano para a formação de uma Comunidade da Energia Atómica e, por outro, foi o ministro dos Negócios Estrangeiros dos Países Baixos, Johan Willem Beyen, que representou o conceito de uma União Económica, que deveria ser precedido por uma União Aduaneira.

Resumo da história da integração europeia

É ao ministro dos Negócios Estrangeiros belga, Paul-Henri Spaak que se atribui o facto de os ministros dos Negócios Estrangeiros dos seis Estados da CECA se terem reunido, no período de 1 a 3 de Julho de 1955, em Messina, na costa siciliana, numa Conferência, que teve como resultado mais significativo a constituição de uma Comissão Governamental sob sua direcção, Comissão essa que tinha como objectivo elaborar um plano para o desenvolvimento da integração europeia.

A 21 de Abril de 1956, foi publicado o resultado dos trabalhos («Relatório Spaak»), com base no qual foram levadas a cabo negociações oficiais governamentais a partir de 26 de Junho de 1956. O objectivo era a criação de um mercado comum sob a forma de uma União Aduaneira e de uma Comunidade Europeia de Energia Atómica.

As negociações governamentais decorreram com bastantes dificuldades, por diversas razões que não poderão ser detalhadas no âmbito deste livro. Houve dois acontecimentos políticos, a Revolução Húngara e a Crise do Suez, no Outono de 1956, que acabaram por trazer uma nova dinâmica ao empreendimento, de modo que foi com relativa rapidez que se chegou a um acordo em relação à criação de um Mercado Comum, embora em três etapas, cada uma de quatro anos. Assim se conseguiu um avanço verdadeiramente decisivo no processo de negociação, que culminaria, com enorme sucesso, em 25 de Março de 1957, com os Tratados de Roma sobre a Comunidade Económica Europeia (CEE) e a Comunidade Europeia da Energia Atómica (EURATOM).

Ao contrário do Tratado da CED, na sua época, a ratificação dos «Tratados de Roma» não causou quaisquer problemas, de forma que entraram em vigor a 1 de Janeiro de 1958.

Durante as negociações sobre os «Tratados de Roma», surgiu no horizonte a ideia de criar uma estrutura organizativa única para as duas instituições a fundar e para a CECA já existente. Para a representação popular, isso foi conseguido quase sem qualquer problema através da modificação da «Assembleia Comum» da CECA, constituída por 78 deputados, para a «Assembleia» representativa das três Comunidades, com 142 deputados, por ora ([5]). Para a jurisprudência conseguiu-se mais um sucesso decisivo, com a instituição de um Tribunal de Justiça comum.

Compreensivelmente, e se olharmos para o contexto histórico da época, a integração política apresentava-se muito mais complicada do que se pensava, sobretudo no que dizia respeito às implicações de política externa. Os EUA, por exemplo, aprovaram os «Tratados de

Roma», ao passo que a URSS, o Japão e outros países se opunham, porque, do seu ponto de vista, não representavam um favorecimento ao desenvolvimento do comércio livre. Alguns Estados, como a Áustria, a Finlândia, a Suécia ou a Suíça, não podiam aderir, em função do seu estatuto político, enquanto outros, como a Grã-Bretanha, a Dinamarca e a Noruega simplesmente não queriam. Sob a influência determinante da Grã-Bretanha, e em acalorada oposição a França, vários Estados europeus interessados desenvolveram negociações por vezes paralelas, e em várias etapas, com o objectivo de formar, por seu turno, uma contra-organização às três Comunidades existentes. Depois de se superarem muitas dificuldades, chegou-se, em Junho de 1959, nos arredores de Estocolmo, a uma ronda oficial de negociações entre representantes de vários Estados não pertencentes à CEE (a Dinamarca, a Grã-Bretanha, a Noruega, a Áustria, a Suécia, a Suíça, e a Finlândia como observador). No espaço de poucas semanas, conseguiu-se elaborar um plano para a criação de uma zona de comércio livre, que acabou surgir sob a forma de uma convenção. A 4 de Janeiro de 1960, é colocada a assinatura do último ministro dos Negócios Estrangeiros no tratado. Os actos constitutivos, designados por «Convenção de Estocolmo», entraram em vigor a 3 de Maio de 1960, após ratificação dos parlamentos nacionais: nascia, assim, a Associação Europeia de Comércio Livre (EFTA).

A fundação da EFTA significava, no entanto, a cisão político-económica da Europa, e passariam décadas até que esta fosse superada.

Numa rápida sucessão de acontecimentos, a EFTA aceitou a Finlândia como membro, enquanto a CEE chamou a si a Grécia e a Turquia através de acordos associativos. A Irlanda, a Islândia, a Espanha, Malta e Chipre permaneceram livres de quaisquer alianças. Tratava-se, na verdade, de um forte revés para os esforços de integração europeia. Por essa razão, não tardou que houvesse várias vozes a favor de uma cooperação entre a EFTA e a CEE, às quais se seguiram tentativas concretas de acordo, mas que não tiveram consequências visíveis no imediato.

Voltemos, então, à CECA, à EURATOM e à CEE. Após longas e persistentes negociações entre os seus Estados-membros, a 8 de Abril de 1965 conseguiu-se finalmente chegar à ratificação, por parte das três organizações existentes, de um acordo de fusão, que entrou em vigor a 1 de Julho de 1967 e que trouxe, como verdadeiro avanço, um Conselho Centralizado (como Assembleia de ministros dos Estados-membros) e uma Comissão Comum (enquanto órgão executivo). A criação da «Comissão das Comunidades Europeias» e de um «Conselho Comum», em vez das autoridades próprias da CECA, da EURATOM e da CEE, significava um progresso decisivo para a integração e constitui, ainda hoje, o esqueleto da União Europeia.

4. Do primeiro alargamento da União Europeia ao Acto Único Europeu

Os anos que se seguiram à fusão das Comunidades Europeias foram marcados por várias iniciativas para o desenvolvimento da integração, pela entrada de mais Estados, pelo reforço da CE enquanto factor de poder também no palco mundial, e por vários recuos e querelas internas. No geral, foi uma época bastante conturbada de progressos intensos, mas que, apesar de tudo, conseguiu registar um sucesso incontestável com a ratificação do Acto Único Europeu (AUE).

A sequência de alargamentos foi iniciada pela Grã-Bretanha, que a 11 de Maio de 1967 apresentou de novo ao Conselho de Ministros da CE um pedido de adesão, depois de em 1963 este pedido ter sido recusado, após a oposição da França. A 24 de Julho, chegou o pedido da Noruega e, perante a surpresa geral, o da neutral Suécia, a 26 de Julho do mesmo ano. Apesar de estes pedidos terem sido bem recebidos por parte da maioria dos Estados-membros da CE, nunca tiveram sucesso devido ao veto francês.

Com a renúncia do presidente francês, Charles de Gaulle, e a eleição do seu sucessor, Georges Pompidou, alterou-se a política francesa e, deste modo, também as perspectivas de entrada dos já referidos Estados. Daí terem aproveitado também este momento favorável, iniciando-se em Junho de 1970 as negociações de adesão com a Grã-Bretanha, a Dinamarca, a Noruega e a Finlândia. Alguns meses mais tarde, em Novembro de 1970, iniciaram-se negociações análogas com os Estados neutros da Finlândia, da Áustria, da Suécia e da Suíça.

Com um grupo de Estados dispostos a aderir, as negociações decorreram de forma tão favorável que logo a 22 de Janeiro de 1972 foi possível à CE assinar o acto de adesão com a Dinamarca, a Grã-Bretanha, a Irlanda e a Noruega. Depois da correspondente ratificação dos tratados por parte dos parlamentos nacionais, apesar da excepção da Noruega, cuja população se manifestara em referendo com 53% contra a adesão, a 1 de Janeiro de 1973 a CE pôde ser aumentada em três Estados-membros.

Devido a diversos problemas conjunturais, não foi possível chegar a acordo com qualquer outro Estado com vista à adesão. Apesar disso, as negociações para um acordo de comércio livre entre a CEE, a CECA e outros Estados foram coroadas de êxito.

Os acordos de comércio livre com a CEE entraram em vigor para a Islândia, a Áustria, Portugal, a Suécia e a Suíça a 1 de Janeiro de 1973, e com a CECA a 1 de Janeiro de 1974, enquanto para a Noruega entraram em vigor a 1 de Julho e a 1 de Janeiro de 1975, respectivamente com a CEE e a CECA, e para a Finlândia a 1 de Janeiro de 1974 e 1 de Janeiro de 1975.

Chegaram, depois, vários outros pedidos de adesão ao Conselho de Ministros da CE, principalmente por parte dos Estados do Sul da Europa; por isso, a CE pôde ser aumentada em três Estados-membros: a 1 de Janeiro de 1981 deu-se a adesão da Grécia e a 1 de Janeiro de 1986 a de Espanha e Portugal. Assim, o número inicial de seis países que formavam a Comunidade aumentava para o dobro, ou seja, 12.

Com o aumento do número de membros, decorria, ao mesmo tempo, um processo de desenvolvimento interno das instituições, em que as reformas se cumpriam por etapas e eram marcadas por certas personalidades, que denominaram a evolução das reformas:

a) Assim, o vice-presidente da Comissão Europeia responsável pela Agricultura, Sicco Manshold, apresentou a 18 de Dezembro de 1968 um plano para a modernização das estruturas agrícolas (acabar com as pequenas empresas a favor apenas de grandes empreendimentos, redução das áreas usadas para agricultura e simultânea intensificação da utilização das restantes áreas e redução do pessoal agrícola através de requalificação, etc.), que só pôde ser realizada parcialmente e ao longo de anos, tendo, no entanto, sido determinante para as reformas que se seguiram;

b) A 27 de Outubro de 1970, no Luxemburgo, os ministros dos Negócios Estrangeiros aprovaram o Relatório Davignon – de acordo com o presidente do Comité Preparatório, Étienne Davignon – respeitante a uma mais estreita cooperação na política externa; foi ele quem lançou os alicerces para a chamada Cooperação Política Europeia (CPE);

c) Em Fevereiro de 1971, os ministros da Economia e Finanças da CE aderiram ao plano para a criação faseada de uma União Económica e Monetária, elaborado por um grupo de peritos sob a presidência do primeiro-ministro luxemburguês, Pierre Werner. No entanto, devido à crise económica e monetária dos anos seguintes, este plano foi concretizado de forma muito rudimentar;

d) Na cimeira dos chefes de Estado e de governo, a 9 e 10 Dezembro de 1974, em Paris, ficou decidida a realização de cimeiras análogas três vezes por ano; essas reuniões mantêm-se até hoje através da realização do chamado Conselho Europeu, que decorre semestralmente, durante e sob a direcção da respectiva Presidência do Conselho. Além disso, foi na Conferência de Paris que ficou decidida a eleição directa para o Parlamento Europeu, tendo sido realizada pela primeira vez, no período de 7 a 10 de Junho de 1979, em todos os Estados-membros da CE;

e) A pedido dos Estados-membros da CE, o primeiro-ministro belga Leo Tindemans foi convidado a elaborar um relatório sobre o gradual aperfeiçoamento da integração, rumo a uma «União Europeia», formalmente adoptado em 29 de Dezembro de 1975; é certo que não levou imediatamente ao sucesso desejado, mas representou ainda assim um marco histórico no desenvolvimento da integração. Entre outros, elaborou os pressupostos para a criação de um Sistema Monetário Europeu (SME), que foi adoptado pelo Conselho Europeu de 9 e 10 de Março de 1979, em Paris, e que entrou em vigor a 13 de Março do mesmo ano (tratava-se de um mecanismo cambial para a estabilização das moedas da CE);

f) Seguindo-se ao relatório Tindeman, e baseando-se neste, o ministro dos Negócios Estrangeiros alemão, Hans-Dietrich Genscher, e o seu homólogo italiano, Emilio Colombo, apresentaram, em Novembro de 1981, o seu próprio projecto para a constituição de um «Acto Europeu», que previa uma cooperação intensificada e um vínculo institucional entre a política externa, cultural e de segurança, bem como a nível parlamentar. Foi adoptado numa versão moderada pelo Conselho Europeu de Estugarda a 19 de Junho de 1983;

g) A par do referido projecto Genscher-Colombo, seguiu-se, no Parlamento Europeu, após as primeiras eleições directas, a constituição de uma «Comissão Institucional» para a elaboração de um tratado para a criação da União Europeia. O plano apresentado previa a criação de uma Constituição para a CE, o reforço do seu carácter supranacional e o do Parlamento Europeu. Foi adoptado por larga maioria pelo Parlamento Europeu a 14 de Fevereiro de 1984, com 229 votos a favor, 31 contra e 42 abstenções. Interessante foi o comportamento dos diferentes partidos, durante a votação: o projecto do tratado encontrou apoio unânime por parte do Partido Popular Europeu (democratas-cristãos), dos liberais e dos socialistas alemães e italianos, bem como dos comunistas italianos. Os comunistas franceses e os socialistas dinamarqueses e britânicos votaram contra. Os socialistas franceses e alguns dos Estados do Benelux abstiveram-se. Os gaullistas franceses, com duas excepções, não participaram na votação ([6]);

h) Entretanto, decorriam negociações intensas entre os Estados da EFTA e da CE, com vista à regulamentação das relações económicas e político-financeiras. Após várias rondas de negociações, em que foi possível eliminar muitas dificuldades de pormenor, e graças ao esforço decisivo por parte da Suécia e da Áustria, foi possível realizar, a 9 de Abril de 1984 no Luxemburgo, uma cimeira entre os 17 ministros dos Estados em causa, que teve como consequência uma quase total liberalização das relações comerciais entre a CEE e a EFTA. Na consequente declaração conjunta, os ministros pronunciaram-se a favor de um espaço económico comum;

i) Duas comissões deverão ainda ser mencionadas: a denominada Comissão Dooge, formada em Junho de 1984 (segundo o nome do seu presidente irlandês, antigo primeiro-ministro Dooge), tinha como missão elaborar propostas para melhorar o funcionamento da cooperação europeia no âmbito da CE e da CPE. A Comissão «Europa dos Cidadãos», de 7 de Novembro de 1984, sob a presidência do italiano Pietro Adoninno, ocupou-se sobretudo em melhorar a circulação transfronteiriça de passageiros, para tudo o que estivesse relacionado com a estada e a ocupação de cidadãos estrangeiros, e com os intercâmbios de juventude, educativos, culturais, etc.

Por fim, os relatórios, os conceitos e as resoluções foram ainda complementados pelo documento «A Realização do Mercado Interno – Livro Branco», apresentado em Junho de 1985 pela Comissão Europeia.

Para acrescentar uma síntese compilatória às muitas propostas entretanto apresentadas, o Conselho Europeu de 28 e 29 de Junho de

1985, em Milão, decidiu-se pela convocação de uma Conferência Intergovernamental. Os trabalhos desta Conferência Intergovernamental foram concluídos em Janeiro de 1986, tendo os seus resultados ficado registados na forma do chamado Acto Único Europeu (AUE). Após diversas interpelações processuais de e em alguns Estados-membros, acabou por ser sucessivamente assinado pelos ministros e ratificado pelos parlamentos, tendo, assim, entrado em vigor a 1 de Julho de 1987.

Com o AUE, houve uma fase do processo de integração particularmente movimentada em termos de política europeia que, graças aos progressos reformistas abrangentes alcançados, alcançou um auge provisório. Acrescente-se que o Acto «Único» Europeu sublinha o facto de que, através dele, foram harmonizados os tratados da CECA, da EURATOM e da CEE, bem como a base jurídica da CPE. O AUE alicerçou, de novo, o ambicionado objectivo de todos os esforços, ou seja, o da construção de uma União «Europeia».

Além disso, estipulou para a Comunidade a conclusão do mercado interno até 31 de Dezembro de 1993, reforçou o papel do Parlamento Europeu, e também o do Conselho da Europa, alargou os poderes da Comunidade através de novas competências, como a moeda, a política social, a coerência económica e social, a investigação, o desenvolvimento tecnológico e o meio ambiente, e criou um quadro legal para a cooperação na política externa.

A 14 de Junho de 1985, deu-se um passo importante para a integração, através do acordo assinado pelos Estados da União Económica do Benelux, da República Federal da Alemanha e da República Francesa, relativamente à progressiva abolição dos controlos de circulação de pessoas nas fronteiras comuns, conhecido desde então pelo «Acordo Schengen», assim denominado devido ao local onde foi assinado, uma aldeia vinícola junto ao rio Mosela, no Luxemburgo ([7]).

5. De Maastricht a Amesterdão e de Nice à Constituição Europeia

Com o AUE conseguiu-se, finalmente, dar o passo decisivo para o processo de integração. Representou um verdadeiro marco histórico no percurso rumo à União Europeia. Também não nos podemos esquecer que, no final dos anos 80, inícios dos anos 90, a Europa estava globalmente num processo de transformação: a queda do Muro de Berlim levou à unificação dos dois Estados alemães; na Polónia, o movimento

sindicalista *Solidarnosz* conseguiu levar pela primeira vez um primeiro-
-ministro não socialista ao poder em eleições livres num Estado do
Bloco Leste, através de Thadeus Mazowiecki; a transformação da URSS
por Gorbachev, com as palavras-chave *Perestroika* e *Glasnost*, ficou
ligada à fundação de 15 Estados sucessores independentes; a Checos-
lováquia dividiu-se pacificamente em dois Estados; o COMECON e o
Pacto de Varsóvia deixaram de existir e na República Socialista Federativa da Jugoslávia o zelo secessionista levava as repúblicas integrantes
ao uso de recursos bélicos.

A Comunidade Europeia tinha de reagir em conformidade com estas
mudanças políticas, sociais e económicas fundamentais, atendendo às
linhas orientadoras do processo interno de reforma em curso. As coor-
denadas de acção para essa reacção já estavam, no seu essencial, previamente definidas: a reforma das instituições, a nível interno, e o reforço
da capacidade de acção, a nível externo.

Apesar, ou talvez por causa, da conclusão do AUE, a determinação
reformista permaneceu inquebrantável. A Comissão Europeia já tinha
apresentado, em Fevereiro de 1987, sob a presidência do francês Jacques
Delors, um pacote de propostas para a realização de alterações económicas e político-financeiras. Após o esclarecimento de várias divergências
políticas em alguns Estados-membros individuais, o «Pacote Delors»
teve o consenso geral, durante a presidência alemã da CE do chanceler
Helmut Kohl, na cimeira especial de 11 e 13 de Fevereiro de 1988, em
Bruxelas, de modo que Delors pôde apresentar, a 12 de Abril, o seu
plano previamente elaborado para a criação de uma União Económica e
Monetária na CE. O Conselho Europeu, que reuniu de 7 a 9 de Dezembro de 1989 em Estrasburgo, decidiu, em conformidade, fundar o Banco
Europeu de Reconstrução e Desenvolvimento (BERD).

Depois disso, os acontecimentos sucederam-se a um ritmo elevado, com uma reforma após a outra. A 19 de Junho de 1990, deu-se
a assinatura de um acordo de aplicação para o Tratado de Schengen
de 14 de Junho de 1985 entre a Alemanha, a França e os Estados do
Benelux, com vista à abolição dos controlos nas fronteiras interiores
desses Estados. A cooperação garante, dentro das fronteiras do espaço
Schengen, a livre circulação de pessoas (são permitidos controlos oca-
sionais e casos excepcionais), mas assegura um reforço dos controlos
na fronteira Schengen exterior, a intensificação da cooperação policial
(EUROPOL), o estabelecimento de um sistema de informações próprio
(SIS) e uma regulamentação comum da política de vistos [8].

Com o acordo de Schengen, e através da cooperação transfronteiriça, melhorou-se, de forma decisiva, não só a liberdade dos cidadãos, mas também a sua segurança, embora, diga-se, a troco do (pequeno) preço de ter passado a haver uma nova ordem fronteiriça dentro da CE: toda a sua fronteira exterior comum foi agora acrescida de uma «fronteira exterior interna» dos Estados Schengen dentro do espaço da CE. O Acervo de Schengen (Acordo de Schengen e todas as regulamentações emitidas com base nele) foi mais tarde incluído em amplos domínios na UE, juntamente com as suas evoluções, através do Protocolo de Schengen para o Tratado de Amesterdão de 2 de Outubro de 1997 ([9]), em vigor a partir de 1 de Maio de 1999 ([10]).

A 21 de Outubro de 1990, a Comissão Europeia tomou a resolução para a emenda dos «Tratados de Roma», para a criação de uma União Política e de uma União Económica e Monetária, propondo para tal a organização de Conferências Intergovernamentais, reunindo em paralelo; estas em Dezembro do mesmo ano iniciaram os seus trabalhos.

Os trabalhos levaram muito rapidamente ao sucesso desejado e culminariam no «Tratado da União Europeia», que pôde ser assinado em Maastricht, a 7 de Fevereiro de 1992 ([11]), e que representou até ao momento o passo evolutivo mais radical dos «Tratados de Roma». Não é, por isso, de admirar que a sua ratificação passasse por sérias dificuldades nos diferentes Estados-membros (o povo da Dinamarca, por exemplo, só o aprovou num segundo referendo, depois de o primeiro não ter tido a maioria suficiente dos votos, e na Alemanha houve uma queixa contra a aprovação parlamentar a este tratado), de modo que só entrou finalmente em vigor a 1 de Novembro de 1993, quase com dois anos de atraso: foi o dia do nascimento da União Europeia.

O Tratado da União Europeia (TUE) recebe como documento fundador os princípios, objectivos e determinações respeitantes à estrutura institucional da futura União e assenta a UE em 3 «pilares» fundamentais. O TUE determinou, em primeiro lugar, a criação da União Económica e Monetária (UEM), no sentido de uma evolução do Tratado da CEE, incluindo a criação do Banco Central Europeu (BCE) e da moeda comum (o futuro euro), sem os quais um mercado comum interno não poderia funcionar; em segundo lugar, o estabelecimento de uma Política Externa e de Segurança Comum (PESC) e, finalmente, em terceiro lugar, a cooperação em política interna e jurídica, determinações que entretanto passaram, em larga medida, à realidade.

Paralelamente, o Tratado da União criou uma série de alterações institucionais, como o reforço dos direitos do Parlamento Europeu, a reformulação das relações entre o Parlamento Europeu e o Conselho da Europa, e também a criação de um «Comité das Regiões» que, de futuro, deverá ser consultado em todas as resoluções respeitantes a matérias de âmbito regional (uma decisão importante, que, através de um instrumento federal, torna o processo de integração mais próximo dos cidadãos).

Para realçar o carácter do processo de integração europeia da forma mais realista possível, não se pode prescindir, logicamente, de dedicar maior esforço à criação e à provisória fase terminal de desenvolvimento do mercado interno.

A criação da UEM, através do Tratado de Maastricht ([12]), tinha como objectivo a obtenção de um espaço financeiro comum (através de uma moeda comum, à qual foi dado o nome de euro pelo Conselho Europeu de Madrid, a 15 e 16 de Dezembro de 1995), uma cooperação reforçada pelos Bancos Centrais dos Estados-membros, uma melhor coordenação político-financeira dos governos e uma maior convergência na estabilidade dos preços, assim como a reorganização das finanças públicas.

A UEM foi desenvolvida, segundo o Tratado da União Europeia de Maastricht, em várias etapas.

O dia 31 de Dezembro de 1992 foi um marco histórico rumo ao mercado interno e a 1 de Janeiro de 1994 foi criado o Instituto Monetário Europeu (IME), que tinha dois objectivos principais: coordenar as políticas monetárias dos Estados-membros, no sentido de proceder aos preparativos necessários para a terceira fase da UEM (especialmente no que diz respeito à criação do Sistema Europeu de Bancos Centrais (SEBC); supervisionar o desenvolvimento da *European Currency Unit* (ECU) [Unidade Monetária Europeia].

Durante a última fase de construção e reestruturação da UEM, deveriam ser implementadas, de forma prática, disposições abrangentes de objectivos, sendo, assim, criados os pressupostos para que todos os Estados-membros da União Europeia que os tivessem cumprido pudessem participar na moeda única comum ([13]).

A reforma cambial (já que a introdução do euro como moeda comum não foi uma reforma monetária em sentido clássico) aproximava-se rapidamente da conclusão bem sucedida da sua implementação: a 1 de Janeiro de 1999 foram estabelecidas e fixadas as paridades das moedas participantes e as taxas de conversão em euros; a 1 de Janeiro de 2002, o euro pôde ser solenemente baptizado como moeda comum. Alguns Estados não-membros juntaram-se, de livre vontade, como por exemplo Andorra, Mónaco, São Marino e o Vaticano, e também o Montenegro e o Kosovo. Até Julho de 2002, as antigas moedas nacionais ainda tiveram validade, tendo, então, sido definitivamente substituídas pelo euro como meio de pagamento quotidiano. Acrescente-se que o euro já era usado desde 1 de Janeiro de 1999 para os pagamentos virtuais. A introdução do euro foi complementada por um «Pacto de Estabilidade e Crescimento», destinado a acompanhar o processo e a desempenhar a função de mecanismo de controlo e orientação.

Em 1 de Janeiro de 1999, já o Banco Central Europeu (BCE), com sede em Frankfurt, passou a assumir a sua actividade a par da criação do Sistema Europeu de Bancos Centrais (SEBC), dirigido pelo próprio BCE. Note-se que o BCE também é o sucessor do IME, substituindo-o. Os órgãos decisores do BCE (Conselho de Governadores e Directores) dirigem, portanto, o SEBC, que representa o órgão central da UE para a elaboração e a aplicação da política monetária, orientação da taxa de câmbio, gestão das reservas de divisas dos Estados-membros e funcionamento dos sistemas de pagamentos.

Os tratados comunitários para a CECA, EURATOM e CEE (depois CE) até agora existentes não foram substituídos pelo TUE, já que continuam válidos (com excepção do tratado da CECA, que expirou contratualmente no Verão de 2002), mas foram incluídos numa estrutura solidária e comum, embora fossem parcialmente alterados, por exemplo no que diz respeito às determinações do Conselho e da Comissão. De notar, no entanto, que a CPE foi eliminada e substituída pela PESC.

O TUE, apesar de todas as reformas decididamente revolucionárias, apenas se limitou a desbravar o terreno onde viriam a florescer outras reformas, o que era bem claro para os seus criadores. Assim, determinou, logo para o ano de 1996, a convocação de uma outra Conferência Intergovernamental com o objectivo de elaborar um instrumento jurídico para uma cooperação política aprofundada.

Entretanto, a Turquia efectua o seu pedido de adesão a 14 de Abril de 1987, a Áustria a 17 de Julho de 1989, Chipre a 3 de Julho de 1990, Malta a 16 de Julho de 1990, a Suécia a 1 de Julho de 1991, a Finlândia a 18 de Março de 1992, a Suíça a 26 de Março de 1992 e a Noruega a 25 de Novembro de 1992, mas devido a diversas circunstâncias de natureza política só são iniciadas as negociações de adesão com a Áustria, a Suécia e a Finlândia, a 1 de Fevereiro de 1993, e com a Noruega a 5 de Abril de 1993, tendo sido concluídas a 30 de Março de 1994. Devido ao resultado negativo do referendo de 28 de Novembro de 1994, na Noruega, a conclusão das negociações de admissão levou à adesão dos outros três candidatos, com efeitos a partir de 1 de Janeiro de 1995. Nesta data, o número de Estados-membros da UE passou de 12 para 15.

A partir de meados de 1995, começaram a chegar a Bruxelas, em curtos intervalos de tempo, mais pedidos de adesão. Desta vez, por parte de Estados que – sob a designação de PECO (Países da Europa Central e Oriental) ou NEI (Novos Estados Independentes) – se passaram a considerar, de forma verdadeiramente entusiástica, como parte integrante da Europa e a reconhecer, como seu centro político, precisamente a cidade de Bruxelas e já não Moscovo. No entanto, os seus desejos e expectativas políticas não correspondiam, em grande parte, aos pressupostos necessários para a sua concretização em cada um dos Estados, o que causou algumas dores de cabeça políticas à União Europeia e motivou frustrações dos Estados dispostos a aderir, pois não cumpriam – ou apenas parcialmente – esses pressupostos.

Um outro problema sem solução à vista, até ao momento, é o pedido de adesão da Turquia, já apresentado a 14 de Abril de 1987, e que, com o tempo, tem sido tema recorrente, de forma cada vez mais enérgica, dos sucessivos governos turcos. A UE trabalha, intensamente, no aperfeiçoamento das relações com a Turquia, já que ambos são parceiros óbvios. A Turquia tem envidado todos os esforços para cumprir, gradualmente, os critérios de adesão. No debate pela sua admissão também é sempre aflorado o tema dos valores europeus «genuínos», que devem ser respeitados. Os valores comunitários definidos no Tratado de Reforma da UE ([14]) poderiam representar uma base suficiente. Por iniciativa da Áustria, foi levado a cabo um debate mais aprofundado no Conselho Europeu de Dezembro de 2004, que levou a uma pequena clarificação das coisas. Foi uma vez mais a Áustria que, a 2 e 3 de Dezembro de 2005, no encontro extraordinário dos ministros dos Negócios Estrangeiros da UE no Luxemburgo, tomou a palavra para exigir, de forma veemente, que a capacidade de admissão da UE e a viabilidade financeira da adesão da Turquia teriam de ser adoptadas como critérios para as directivas de negociação, exigência com a qual os Estados-membros acabaram por concordar.

Em Junho de 1994, o Conselho Europeu de Corfu criou um grupo de reflexão, composto pelos ministros dos Negócios Estrangeiros dos anteriores 12 Estados-membros da UE, assim como pelos da Áustria, da Suécia e da Finlândia, um representante da Comissão Europeia e dois observadores do Parlamento Europeu. A sua missão era conferir às bases reformistas, estabelecidas pelo Tratado de Maastricht, os impulsos necessários ao seu desenvolvimento. A instâncias deste grupo de reflexão, a 8 de Junho de 1996 foi tomada a resolução com vista à constituição de uma Conferência Intergovernamental, que reuniu a 29 de Março de 1996 em Turim, com a presença dos chefes de Estado e de governo, e cujos trabalhos puderam ser concluídos por ocasião do Conselho Europeu de Amesterdão, de 16 a 18 de Junho de 1997, com a apresentação e a aprovação de um projecto de tratado.

Durante o processo de negociações, que durou aproximadamente 14 meses, a Conferência Intergovernamental reuniu 13 vezes ao níveldos ministros dos Negócios Estrangeiros. Após várias pequenas correcções, relacionadas com o conteúdo e com aspectos jurídicos, deu-se a assinatura solene sob a presidência luxemburguesa, a 2 de Outubro de 1997, mas tendo em necessária atenção e honrando o facto de o acordo político de base já ter sido alcançado em Junho desse ano em Amesterdão, tendo-se concordado, no Luxemburgo, escolher também Amesterdão como local da assinatura. Partindo do Tratado de Maastricht (Tratado da UE) e tendo este como base, o Tratado de Amesterdão deveria obter um desenvolvimento reformista, sobretudo em três áreas:

1. Alargar a UE para uma união de cidadãos;
2. Reforçar a identidade exterior da União e conferir-lhe, assim, maior peso político mundial;
3. Face ao esperado alargamento da UE, adaptar os seus órgãos aos necessários desafios.

Após alguns processos de ratificação difíceis (por exemplo, em França), o Tratado de Amesterdão pôde entrar em vigor a 1 de Maio de 1999.

Por mais que fosse reconhecido como marco de evolução da UE, também foi, ao mesmo tempo, objecto de duras críticas e de desilusões publicamente expressas. Qualquer comparação objectiva entre os documentos apresentados pelas Conferências Intergovernamentais e a versão finalmente aceite do Tratado de Amesterdão levará, naturalmente, a uma desilusão maior ou menor, conforme a perspectiva assumida. Acima de tudo, criticou-se o facto de não se ter levado a cabo a composição e o modo de funcionamento dos órgãos da UE (número de comissários, ponderação dos votos dos diferentes Estados-membros, alargamento das decisões por maioria, etc.), para que fossem criados os pressupostos institucionais para preparar a UE para o alargamento de 20 para 25 ou até mais Estados-membros.

Uma das razões para o falhanço deste objectivo esteve com certeza ligada ao facto de cada Estado-membro, incluindo a Áustria, persistir em diversos pedidos de excepção ([15]). Ultimamente, também a regulamentação da União Europeia se tem tornado mais complicada em vez de se simplificar ([16]). Em termos políticos, o Tratado de Amesterdão representa o produto de uma querela política, que é a problemática fundamental das relações entre os diferentes Estados-membros e uma União em alargamento, que limita o direito e a soberania estatal nacional em favor do direito comunitário. O ponto fraco deste Tratado consiste muito nos interesses particulares dos Estados-membros em terem impedido a realização de uma integração mais radical, em favor de uma união comunitarizada. Acrescente-se, no entanto, que sob o lema «flexibilidade» praticamente não se criou espaço para uma nova dinâmica na União Europeia, seguindo o outro lema: «Europa de diferentes velocidades».

A flexibilidade introduzida pelo Tratado de Amesterdão permite que os Estados-membros que tencionem iniciar uma cooperação mais próxima entre si o possam fazer no cumprimento das determinações fundamentais do direito comunitário e sob o uso dos órgãos, procedimentos e mecanismos por este criados. Resultado concreto: o círculo de Schengen e europeu, por exemplo, em que nem todos os Estados--membros, nem em igual número, tomam sempre parte.

No entanto, apesar de todas as críticas fundamentadas, o Tratado de Amesterdão significou, sem dúvida, uma evolução da União Europeia. Em última análise, representa uma clara melhoria das estruturas jurídicas da UE, se o compararmos com o direito primário da União Europeia até ao momento da sua edição de Maastricht. Foi possível eliminar muitas incorrecções jurídicas e criar uma clareza que permite lidar mais facilmente com o futuro.

O tratado contém determinações relevantes e genuínas que, apesar de todas as críticas justificadas, representam, na globalidade, uma evolução positiva da União.

Quais são, então, as principais reformas? Em nome de uma melhor apresentação, as novas determinações serão organizadas em grupos temáticos.

O primeiro capítulo poderia ser tematicamente intitulado Liberdade, Segurança e Direito. Realce-se a este propósito, acima de tudo, que (também em harmonia com a chamada discussão de valores) os direitos fundamentais foram mencionados, pela primeira vez, *expressis verbis* num tratado. Em última análise, é definido de forma bem clara que a União assenta nos princípios fundamentais da liberdade, da democracia, do respeito pelos direitos humanos e pelas liberdades fundamentais [17].

Além disso, a existência e o cumprimento destes princípios fundamentais, que transcendem a esfera de Maastricht, são explicitamente mencionados como condição de adesão à União Europeia [18]. Para verificar as infracções por parte dos Estados-membros contra um ou mais dos princípios fundamentais referidos, foi introduzido um mecanismo próprio [19], que prevê [20], acima de tudo, a suspensão dos direitos de membro, incluindo o direito de voto no Conselho da Europa [21].

O alargamento da livre circulação de pessoas, o melhoramento da cooperação nas áreas policial e da justiça, em suma, o reforço do chamado terceiro pilar da União, faz parte das reformas positivas.

Neste aspecto, um dos pontos fracos do Tratado é a circunstância de, no caso de terem sido impostas sanções comunitárias contra um Estado-membro, não estarem previstas quaisquer determinações com vista a uma estratégia de saída numa situação de cessação dos pressupostos fundamentais que levaram às sanções. Fica assim aberta a porta a mal-entendidos, abusos e arbitrariedades.

A segunda área temática poder-se-ia resumir nos conceitos de «União» e «cidadãos». Deste capítulo fazem parte reformas com consequências directas para os cidadãos, como por exemplo as determinações sobre a política social e de emprego, meio ambiente, saúde, protecção de dados e dos consumidores, assim como a garantia do direito dos cidadãos ao acesso a documentos dos órgãos da União e ao uso da língua mãe nas suas relações com esses órgãos.

Um terceiro grande desígnio, necessário e indispensável, foi a organização da Política Externa Europeia de forma mais coerente e eficiente.

As estruturas e os instrumentos da Política Externa e de Segurança Comum (PESC) sofreram uma evolução em duplo sentido, ou seja, tanto a nível político global como na área da política económica, ou, mais concretamente, da política comercial. Esta última representou uma melhoria no âmbito da aplicação de toda a política de comércio externo sobre acordos internacionais acerca de prestações de serviços e direitos de propriedade intelectual [22]. Novidade é também o reforço do Conselho Europeu, por um lado, nomeadamente devido ao facto de lhe ter sido conferida a «Estratégia Comum» como novo instrumento de acção e, por outro, o reforço do Conselho da Europa (que não deve ser confundido com o primeiro), ao ser-lhe reconhecida a possibilidade de emitir resoluções com maioria qualificada, em vez de ter de se submeter ao princípio da unanimidade. Além disso, por motivos relevantes de política nacional, foi dado a cada um dos Estados-membros o direito de veto. A PESC foi beneficiada com o cargo de Alto Representante, com o objectivo de apoiar a respectiva Presidência do Conselho da Europa, que, como se sabe, muda semestralmente, e organizar a política externa comunitária de modo mais visível e coerente para o exterior [23].

Além disso no âmbito do Secretariado do Conselho da Europa, criou-se uma Unidade de Planeamento de Política e de Alerta Precoce para a análise conjunta de acontecimentos internacionais e das suas consequências. O raio de acção da União, nas áreas da segurança e da defesa, foi assim aumentado através das «Missões de Petersberg» [24], o que representou, sem dúvida, um contributo decisivo para o seu reforço.

Em termos gerais, não será errado concluir que a dimensão política geral da União beneficiou de um reforço incontestável em relação à União Económica e Monetária [25].

A quarta área temática dizia respeito à reforma das instituições e dos órgãos, a que já aludimos, em parte, sempre que esta se referia, por exemplo, à política externa e de segurança. O desenvolvimento das estruturas institucionais não deveria reforçar apenas a legitimidade democrática da União, mas, em última análise, garantir a capacidade de acção necessária à superação do esperado alargamento. O facto de não ter conseguido estabelecer uma verdadeira reforma já ficou demonstrado acima.

No entanto, os esforços relativos a este assunto não foram totalmente infrutíferos. Ainda assim, foi possível reformular o raio de acção na área da Política Externa e de Segurança Comum, conforme acabou de ser descrito e, além disso, os Estados-membros chegaram a acordo para que, no máximo um ano antes de a União ser alargada a 20 membros, fosse convocada uma Conferência Intergovernamental para a verificação abrangente das resoluções dos tratados, no que dizia respeito à capacidade de acção dos órgãos ([26]).

Entre os grandes e verdadeiros sucessos na reforma das instituições deverão ser genuinamente considerados: o reforço do Parlamento Europeu, no que diz respeito ao âmbito e ao modo de funcionamento do chamado procedimento de co-decisão, assim como dos seus poderes de fiscalização; a revalorização do Comité das Regiões e do Comité Económico e Social; mais direitos do Tribunal de Contas e o reforço da posição do presidente da Comissão e da Comissão Europeia no seu todo, que passou a estar dotada de um direito de iniciativa nos procedimentos legislativos.

Já não era precisa a adaptação dos três tratados fundadores comunitários ao processo que entretanto decorria, através da eliminação de determinações ultrapassadas e algumas novas redacções a título isolado, sendo por isso uma necessidade do momento, e teve como consequência uma total renumeração do Tratado da UE e do Tratado da Comunidade Europeia, na sua redacção de Amesterdão.

O Tratado de Amesterdão é composto por três partes, um anexo e 13 protocolos. Além disso, a Conferência Intergovernamental adoptou 51 declarações, que foram apensas à acta final do tratado. Houve mais 8 declarações de diferentes Estados-membros, de que a Conferência «tomou nota», tendo ficado igualmente anexadas à acta final. Deste complexo emaranhado de acordos ainda iremos ocupar-nos de algumas partes no decorrer deste livro. Explicitamente, apenas nos referiremos, agora, ao seu significado devido à «Declaração relativa ao estatuto das Igrejas e das organizações não confessionais». Ela entrou como parte integrante na acta final do Tratado de Amesterdão como declaração n.º 11 da Conferência Intergovernamental e é composta por apenas duas frases, com o seguinte teor: «A União Europeia respeita e não afecta o estatuto de que gozam, ao abrigo do direito nacional, as Igrejas e associações ou comunidades religiosas nos Estados-membros. A União Europeia respeita igualmente o estatuto das organizações filosóficas e não confessionais».

Esta declaração bastante pobre demonstra, de modo sintomático e óbvio, a importância que é dada às questões de natureza religiosa e/ou não confessional, bem como às comunidades religiosas dentro da União Europeia: apenas marginal, mas pelo menos existe! Só o facto de, na era da tolerância e dos direitos humanos religiosos, o conteúdo da declaração de duas linhas consistir, por um lado, em salientar que não existe a intenção de afectar o estatuto das Igrejas e das associações religiosas – o que, no fundo, deveria ser uma evidência sem necessidade sequer de ser mencionada – parece bastante estranho. Por outro lado, tem em consideração a variedade de sistemas jurídico-estatais eclesiásticos dominantes na UE.

O ano de 1999 não foi só o da entrada em vigor do Tratado de Amesterdão, mas aquele em que também a Carta dos Direitos Fundamentais da União Europeia teve o seu início. Na sequência dos 50 anos da Declaração Universal dos Direitos do Homem, em Dezembro de 1998, o Conselho Europeu de Colónia, em Junho de 1999, determinou a elaboração de um projecto para tal carta, que teria por objectivo reunir, num só documento, todos os direitos e todas as liberdades fundamentais em vigor na UE e, deste modo, levar os cidadãos a terem uma maior consciência da existência desse documento. O Conselho Europeu de Tampere, em Outubro do mesmo ano, determinou a constituição de um grémio para esse fim, do qual faziam parte 15 representantes dos chefes de Estado e de governo dos Estados-membros, 16 deputados do Parlamento Europeu, 30 membros dos parlamentos nacionais e um membro da Comissão Europeia. Esta convenção reuniu sob a presidência do antigo presidente alemão, Roman Herzog, a partir de finais de 1999, e com tanto sucesso que em Outubro de 2000 foi possível apresentar o respectivo projecto para uma Carta, que foi solenemente adoptado pelo Conselho Europeu de Nice, a 7 de Dezembro do mesmo ano ([27]). No entanto, lamentavelmente, este empreendimento ousado, visionário e bem sucedido tinha, desde o início, um ponto fraco – o de nenhum dos Conselhos Europeus ter conseguido chegar a um consenso claro em relação ao carácter vinculativo jurídico desta Carta dos Direitos Fundamentais da União Europeia. Para compensar esta falha, a Convenção Constitucional seguinte (de que falaremos mais tarde) determinou que esta Carta fosse integrada no segundo parágrafo do Tratado Constitucional, elevando-a assim ao nível do direito primário directamente em vigor. Na edição revista do Tratado de Reforma da UE, foi acrescentada ao corpo principal como anexo através de uma referência cruzada. Agora deixou de ser uma simples orientação para passar a fazer jurisprudência, apesar de não ser válida na Grã-Bretanha, a título excepcional.

Depois dos incontestáveis sucessos económicos e político-monetários e da aprovação da Carta dos Direitos Fundamentais, era chegado o momento de levar por diante as necessárias reformas político-institucionais, tendo igualmente em conta o alargamento esperado no futuro. Foi criada uma Conferência Intergovernamental para esse fim, que iniciou os seus trabalhos a 14 de Fevereiro de 2000 e que pôde apresentar os resultados dos seus esforços (mais ou menos prontos para uma decisão) ao Conselho Europeu de Nice, que decorreu de 7 a 9 de Dezembro de 2000. A forma como foram levadas a cabo as negociações por parte dos chefes de Estado e de governo, neste Conselho, foi mais tarde sujeita, e com razão, a duras críticas, e não só por parte de eurocépticos notórios, acabando por ser cimentada pelo resultado. Foi um tratado muito contestado e objectivamente recheado de erros («Tratado de Nice») aquele que acabou finalmente por ser aceite pelo Conselho Europeu e assinado pelos seus membros a 26 de Fevereiro de 2001 ([28]). No entanto, este Tratado teve ainda de ser ratificado por cada um dos Estados-membros, o que acabou por acontecer de seguida, com uma excepção. Para grande surpresa, a Irlanda rejeitou primeiro a ratificação; por um lado, por motivos de política interna, e, por outro, devido às várias falhas (político-democráticas) durante a elaboração deste Tratado, e algumas determinações que dele faziam parte. Na segunda tentativa, o Tratado acabou também por ter a respectiva aprovação da Irlanda, tendo por isso podido entrar em vigor a 1 de Fevereiro de 2003 (!).

Quais as inovações mais importantes deste Tratado? Foram as seguintes: a limitação do número de comissários e a alteração da estrutura da Comissão Europeia, o alargamento das áreas nas quais se pôde passar a decidir por maioria qualificada (em vez do princípio da unanimidade) e uma reorganização da ponderação dos votos de cada um dos Estados-membros no Conselho. Em conjunto com estas decisões certamente difíceis, começaram a ser equacionadas outras questões de grande complexidade: a simplificação dos tratados, a definição das competências das diferentes Instituições Europeias e o carácter jurídico vinculativo da Carta dos Direitos Fundamentais da UE, assim como o papel dos parlamentos nacionais. Uma «Declaração sobre o futuro da União Europeia» anexada ao tratado constituiu a consequente declaração de intenções para as próximas medidas a serem tomadas, que foram depois concretizadas na declaração do Conselho Europeu de Bruxelas--Laeken, em Dezembro de 2001 ([29]) (palavras-chave: «mais democracia, mais transparência, mais eficiência»), e que levou à constituição de uma Convenção para a elaboração de um «Tratado que estabeleça uma Constituição para a Europa», iniciando os seus trabalhos em Fevereiro de 2002, e que, no Verão de 2003, conseguiu apresentar o esboço textual do «Tratado Constitucional» à votação final pela Conferência Intergovernamental que se seguiu ([30]). Depois de o Conselho Europeu de Bruxelas, em Junho de 2007, ter tido a possibilidade de apresentar este Tratado para revisão a uma outra Conferência Intergovernamental e de esta ter encerrado os seus trabalhos com sucesso, este «Tratado de Reforma», como agora é designado, foi finalmente adoptado em Outubro de 2007, numa versão modificada, pelos chefes de Estado e de governo.

Como a história da evolução da integração europeia dos últimos 50 anos demonstra, os objectivos a atingir permaneceram, em princípio, os mesmos desde a época do pós-guerra, ou seja, dar forma a uma Europa cada vez mais como um todo, em termos políticos e de direito público, bem como a nível político-financeiro e político-económico. O que mudou, em consonância com as circunstâncias históricas, foram os instrumentos e os mecanismos para a sua concretização, tendo surgido, por exemplo, novos domínios no âmbito da política de segurança e defesa. O processo de integração ainda não chegou ao fim, nem sequer a um final bem sucedido. Mas, apesar de tudo, continua a representar uma história de sucesso única.

6. O factor político-religioso

A União Europeia é certamente uma organização política, político-monetária, económica e financeira, e, de alguma forma, também de política de segurança e defesa. Ela é tudo isso e muito mais. A União Europeia possui uma dimensão espiritual e religiosa, regozija-se com a sua herança espiritual. Esta herança espiritual e religiosa da Europa assenta em três pilares e todos eles têm nome: Jerusalém, Atenas e Roma. Jerusalém, o local sagrado das três religiões abraâmicas; Atenas, o berço da democracia, e Roma, o berço do Direito Romano, que ainda hoje é ensinado nas Faculdades de Direito.

Ao mesmo tempo, também não há dúvidas de que, devido aos 2000 anos da história espiritual europeia, ainda temos de incluir vários outros conceitos e ideias, tais como influências bizantinas, judaicas ou islâmicas, conceitos filosófico-laicos e políticos. Não será, por exemplo, o Iluminismo, em certo sentido, um filho do cristianismo ([31])? Na verdade, não se pode ignorar o enorme impulso para os alicerces intelectuais e espirituais da Europa que surgiu da alta escolástica das suas instituições, principalmente por parte das suas universidades. Apesar de toda a variedade de influências, não se pode negar que a história espiritual europeia de 2000 anos, apesar de variadas emanações, seja espiritual e cristã.

Nem mesmo os mal-intencionados podem ignorar que a Europa assenta largamente em bases cristãs. Não é necessária grande imaginação para se conseguir fazer o seguinte exercício mental: se, por exemplo, subtraíssemos à Europa actual tudo aquilo que tenha origem ou que esteja relacionado com o cristianismo, como acontece nas ciências, nos mais diversos sectores da arte e, em especial, também na música, na escultura ou na pintura; quando consideramos os maravilhosos mosteiros, abadias e catedrais, isto é, se subtraíssemos à Europa actual tudo o que é influenciado ou baseado no cristianismo, o que sobraria? Certamente muito, muito pouco ([32])!

Existe, também, um fenómeno sociológico-religioso relevante. Muitos sociólogos da religião declaram, *grosso modo*, mais de dois terços da população europeia como religiosa ([33]), em que os termos «religioso», «arreligioso», «niilista», «ateu», etc. deveriam ser analisados mais cuidadosamente, o que é impossível fazer aqui, assim como não se pode compartimentar as pessoas conforme a religião a que pertencem. Segundo a opinião deles, aquela fatia da população poderia ser dividida em cerca de três terços diferentes. Do primeiro terço fariam parte as pessoas que pertencem, sem qualquer tipo de compromisso e de forma muitas vezes nebulosa, a uma qualquer corrente «esotérica» ou religiosa, ou que acreditam em algo de mais «elevado», mas totalmente indefinido, que dizem que existe, mas que não sabem bem como designá-lo. Trata-se do chamado grupo dos «agnósticos». Os outros dois terços dividir-se-iam, segundo a opinião dos cientistas, em duas metades aproximadamente iguais. Os crentes destes grupos pertenceriam, em especial, às religiões e Igrejas tradicionais da Europa, sendo que uma das metades dos crentes mantém uma relação algo liberal com as instituições tradicionais, com uma participação esporádica em liturgias, como, por exemplo, na Páscoa, no Natal ou em baptizados, casamentos e funerais, e cuja vida diária é caracterizada por algum afastamento religioso institucional. A segunda metade, ou, digamos, o terceiro terço, seria composto pelos crentes com uma ligação muito forte às Igrejas institucionais, com participação regular na celebração dominical da missa e também com uma participação activa na auto--realização pastoral, caritativa e social das Igrejas. Gregor Waschinski apresentou recentemente uma estatística interessante que analisou dados estatísticos concretos sobre a pertença a religiões e a prática da fé, mas que em parte também recorre a material mais antigo ([34]).

Poder-se-á discutir-se algumas das percentagens apresentadas, mas é incontestável que grande parte da população europeia é crente e, na maioria dos casos, cristã.

As Instituições Europeias são, sem dúvida, organizações seculares. A sua forma de relacionamento com as instituições religiosas, Igrejas e organizações não confessionais não é, no entanto, anti-religiosa – pelo contrário. Tendencialmente, até, há uma atitude positiva para com as religiões e as Igrejas, pela simples razão de que sabem que as organizações não confessionais, no geral, desempenham um papel activo na solidariedade, no desenvolvimento pacífico, na protecção ambiental, na compreensão das relações humanas, etc., temas considerados muito positivos e que podem também ser representados e assumidos por funcionários da União Europeia. Em muitas áreas, os interesses das organizações não confessionais e das Igrejas estão em consonância com as Instituições da União Europeia, principalmente quando está em causa o *bonum commune* [bem comum].

A política concreta, a coordenação, a cooperação das Igrejas e das organizações não confessionais com os decisores das Instituições da União Europeia e vice-versa depende, no entanto, da consciência dos problemas, da vontade e da capacidade cooperativa dos intervenientes, por um lado, e da existência das necessárias condições de base a nível jurídico e político, por outro. E é exactamente disso que este livro trata (também). A União Europeia, enquanto somatório dos seus cidadãos, será, por isso, caracterizada religiosamente, na mesma medida em que os seus próprios intervenientes forem praticantes religiosos e, acima de tudo, até que ponto façam parte das pessoas politicamente determinantes e estejam conscientemente preparadas e dispostas a lidar com as possibilidades existentes. Isto aplica-se, tanto a nível geral como a nível particular, à maioria dos cidadãos europeus enquanto cristãos, que sejam activos na política, mas, acima de tudo, também na política europeia. Quanto mais activamente os cristãos souberem utilizar os mecanismos que lhes são postos à disposição pela União Europeia, mais cristão se tornará o resultado da sua participação política europeia.

Para isso, é necessária uma acção recíproca fundamental, tanto política europeia como político-religiosa, de tal forma que se a União Europeia quiser ser uma Europa dos cidadãos, ou seja, se o objectivo é alcançar uma identidade entre os cidadãos da União Europeia e os seus representantes e as instituições que os representam, aqueles devem identificar-se com essas instituições. Ou, inversamente, as Instituições Europeias têm de corresponder, de certa forma, às expectativas fundamentais dos cidadãos europeus, incluindo as religiosas. É impossível alcançar uma identidade europeia se houver uma ruptura entre as expectativas fundamentais dos cidadãos europeus e as instituições que os representam. As Instituições e as Organizações da União Europeia têm de reflectir sobre as expectativas e as necessidades fundamentais, e os cidadãos têm de poder sentir-se aceites nas suas instituições.

Daí resulta que esta unidade, esta identidade, só pode ser alcançada se, em primeiro lugar, os funcionários e decisores das Instituições Europeias levarem a sério as organizações religiosas e Igrejas enquanto parceiros e, em segundo lugar, se as organizações religiosas e Igrejas souberem estar à altura da sua missão de modelação da verdade universal, especialmente da sua missão criacionista, e também do contexto europeu global. Diálogo é, por isso, o conceito-chave para as relações entre os cidadãos europeus, principalmente as relações religiosas e as suas instituições no seio da União Europeia.

Do ponto de vista eclesiástico, talvez seja necessária uma teologia nova, genuinamente europeia e política, considerando sobretudo a necessidade sublinhada pelo papa Paulo VI para um reforço da actividade missionária ([35]) e o conceito quase com carácter de *leitmotiv* elaborado por João Paulo II da (re)evangelização da Europa ([36]).

O que é, portanto, necessário, do ponto de vista de muitos europeus, mas sobretudo das comunidades religiosas e das Igrejas, é enriquecer a União Política, Político-Económica e Financeira, de Segurança e Defesa com uma dimensão religiosa-espiritual em concreto, e criar uma Europa em que as histórias sagrada e profana se interpenetrem. Realizar este propósito é um objectivo a perseguir com determinação, tendo como pano de fundo uma Europa marcada pela unidade na variedade, mas que tem de permitir, ao mesmo tempo, uma pluralidade na unidade. Liberdade e ordem também são um par de conceitos inseparável. Como se sabe, por um lado, a liberdade sem ordem significa anarquia, por outro, a ordem sem liberdade é sinónimo de ditadura. A ordem, também a ordem institucional da União Europeia, tem de proporcionar, por isso, o espaço livre necessário, onde a liberdade possa tornar-se realidade no seu seio. Será que o sistema jurídico da CE e da UE estará à altura destes desígnios? Existem as bases jurídicas necessárias para possibilitar o direito de participação às religiões e às Igrejas?

Em primeiro lugar, é imperativo alertar a consciência das pessoas para a muito complexa situação do Direito Eclesiástico do Estado em cada um dos Estados-membros, assim como chamar a atenção para o quadro jurídico de base que a UE oferece para esse tipo de diálogo. Por isso, os dois próximos capítulos ocupam-se desses temas de forma explícita.

CAPÍTULO 2

O DIREITO ECLESIÁSTICO DO ESTADO E A UNIÃO EUROPEIA

1. **Igreja-Sociedade-Estado: determinação da posição no âmbito da integração europeia**

A actual discussão acerca do processo de integração europeia, a par da questão da possível aceitação da Turquia como Estado-membro da UE, demonstra claramente a falta de poder de imaginação visionária em relação à finalidade da Europa. A Europa assemelha-se, mais do que nunca, a uma experiência científica com solução em aberto em relação ao futuro. Será, depois de todos os esforços, uma Confederação de Estados ou até mesmo um Estado federado? Ou será que a União Europeia acabará por ficar algures entres estes antípodas, com uma arquitectura desconhecida até aqui? O Tratado que estabelece uma Constituição para a Europa não nos responde a esta pergunta, embora mencione, com uma clareza sem precedentes, os valores, as obrigações e os direitos que nos permitem tirar conclusões acerca do rumo da caminhada europeia comum agora tomada. É este processo de comunitarização dos Estados nacionais europeus ([1]) com base no direito da União Europeia que, de certa forma, tem preferência perante o direito dos Estados-membros ([2]).

Segundo a sua natureza jurídica, a UE é formada por uma mescla específica de elementos jurídicos supra e intra-estatais, não constituindo, assim, nem um Estado nem uma Organização Internacional, e muito menos supranacional, mas uma comunidade jurídica *sui generis* ([3]). Este facto afecta também as organizações religiosas e Igrejas e coloca-as perante novos desafios, sobretudo em relação à determinação da sua própria posição no âmbito da integração europeia. Para reforçarmos o olhar sobre a extensa dimensão desta evolução, será útil recordarmos primeiro as relações tradicionais entre a Igreja e o Estado.

As relações entre a colectividade pública ordenada e a religião são, provavelmente, tão antigas como a própria humanidade. Até ao surgimento do cristianismo, o poder secular e o espiritual estavam fortemente ligados – os reis-deuses e os sumos sacerdotes eram os seus representantes. Só com o cristianismo desligado de quaisquer nações, Estados, linhagens ou povos é que este estado de coisas começou a ser radicalmente questionado. De acrescentar que foi necessário um processo de vários séculos para que surgisse uma relação regulamentada entre a Igreja e o Estado, no sentido de uma coexistência ordenada de duas entidades colectivas independentes; foi necessário um processo de emancipação de dois princípios de jurisdição diferentes, mas que estavam interligados, o que colocou a jovem Igreja perante a necessidade de dar uma resposta à questão da sua relação de princípios com a ordem vigente. Por isso, uma das marcas incontestavelmente indeléveis do Concílio Vaticano II tem a ver, precisamente, com o tema das relações da Igreja e do Mundo com a população actual. A Constituição Pastoral «Gaudium et spes», que tem boas razões para ostentar o título programático «A Igreja no Mundo Actual» e que, desde então, representa um dos grandes marcos da Igreja, refere, no seu ponto 2, de forma verdadeiramente exemplar, o empenhamento e o objectivo de todo o Concílio. Aí, pode ler-se: «Por isso, o Concílio Vaticano II, tendo investigado mais profundamente o mistério da Igreja [cf. a Constituição Dogmática «Lumen Gentium» sobre a Igreja], não hesita agora em dirigir a sua palavra, não só apenas aos filhos da Igreja [cf. decretos «Christus Dominus» sobre o *múnus* pastoral dos bispos na Igreja, sobre o ministério e a vida dos padres, «Presbyterum ordinis», e sobre o apostolado dos leigos, «Apostolicam actuositatem»] e a quantos invocam o nome de Cristo [cf. os decretos sobre as Igrejas orientais católicas, «Orientalium Ecclesiarum», e sobre o ecumenismo «Unitatis redintegratio»], mas a todos os homens [cf. Declaração «Nostra aetate» sobre as relações da Igreja com as religiões não-cristãs]. Deseja expor-lhes o seu modo de conceber a presença e a actividade da Igreja no mundo de hoje» ([4]). Falta apenas a Declaração «Dignitatis Humanae» sobre a Liberdade Religiosa para que o programa que levou a uma completa reestruturação das relações entre a

Igreja e o Estado fique quase completo. O «Gaudium et spes» vê estas relações tendo como pano de fundo o relacionamento multifacetado entre a Igreja e a sociedade, ou, em sentido mais lato, entre a Igreja e o Mundo. Este diploma tem, portanto, em vista uma Igreja que tem de estar em posição de dar resposta à situação existencial concreta, tanto do indivíduo como da sociedade, tendo em conta o progresso avassalador em todas as áreas, e não só aos crentes, mas «a toda a família humana, com todas as realidades no meio das quais vive» ([5]). Um programa fundamental de futuro, mas que, na realidade, se baseia num longo processo histórico.

Sob o ponto de vista bíblico, no Novo Testamento a Igreja e o Estado são duas entidades opostas. A dualidade entre Igreja e Estado, tal como a encontramos na Sagrada Escritura, é uma perspectiva nova que não se encontrava desta forma nem antes, nem fora do cristianismo. Igreja e Estado são claramente distintos um do outro no Antigo Testamento, e a sua relação é descrita como ambígua, mas de forma alguma livre de tensões ou problemas. Com o aparecimento de Jesus, surge de repente um novo poder, visto como concorrente ao existente, que se vê consubstanciado em si mesmo: a hegemonia de Deus foi agora quebrada. Jesus não só o anuncia simplesmente, como também se vê a si mesmo como âmago dessa doutrina, cujas origem e essência não são deste mundo, mas com ele entrou na história de forma única e irrevogável. Em e com Jesus, Deus está presente no mundo. Jesus reclama para si a proclamação da palavra e da vontade de Deus e a verdade do que proclama. Com Jesus, surge de repente um poder totalmente novo neste mundo. Todos os que, de seguida, se professam seguidores deste Jesus também constituem, assim, um novo modelo de poder, uma nova comunidade de pessoas – o povo de Deus – que sabe estar comprometido com uma verdade atestada por Jesus e que se permite uma ordem exterior, própria numa liberdade tecida pelo espírito.

À ordem social e política vigente até ao momento junta-se agora uma outra – precisamente a Igreja. Esta Igreja, enquanto forma poderosa da presença de Deus neste mundo, com a sua pretensão à liberdade e à independência, interfere na ordem estabelecida. Desde o início que ela é vivida desta forma ambígua; tanto pelos seus próprios membros – que, chamados a assumirem uma atitude missionária, deparam, em resultado dos seus sucessos, com uma forte rejeição – que pode ir até ao martírio –, como pelos detentores do poder da ordem que foi posta em causa. No entanto, ambas as ordens de poder não têm necessariamente de estar numa posição irreconciliável. Jesus dá a este propósito uma lição ao povo através da resposta à pergunta sobre o imposto imperial: «Então, dai a César o que é de César e a Deus o que é de Deus» (Mateus, 22:21). O problema agrava-se, teologicamente falando, com a resposta à questão fundamental sobre as relações da Igreja com a ordem temporal.

A autoconsciência de ambos assumiu variadas formas no decorrer da história: desde o Estado Pontifício de Roma, por exemplo, passando pela Igreja Estatal Anglicana, até à estrita separação entre Igreja e Estado. Em todo o caso, trata-se de uma dualidade de poderes que é testemunhada já no Novo Testamento e é demonstrada, de forma mais ou menos marcante, ao longo de toda a história. No início, pelo menos, a forma secular de poder também surge como resultado da vontade de Deus, uma vez que o Homem não consegue realizar a divina missão de salvação sem ser em comunidade e em associação com os outros. O amor a Deus e ao próximo é, uma vez mais, também desta perspectiva, inseparável, razão pela qual o Novo Testamento exorta os cristãos à lealdade e à obediência às leis do Estado (por exemplo: Romanos, 13:1-7). Ao mesmo tempo é sublinhado, no entanto, que a salvação só poderá acontecer através de Jesus e nunca através de uma forma de poder intra--secular, por mais «perfeito» que seja. A obediência à autoridade secular, referida no Novo Testamento, está, por isso, sempre condicionada por uma ressalva de economia de salvação, que diz que «mais importa obedecer a Deus do que aos homens» (Actos, 5:29) ([6]). A salvação só existe em Deus e através da sua misericórdia. Se, e de que forma, esta promessa salvífica de Deus, através e na comunidade terrena, vai ser eficaz é uma questão em aberto e, sem dúvida, à qual só se pode procurar dar resposta, de forma concreta e no sentido da promessa salvífica, com a consciência da satisfação mútua da natureza repreensiva dos poderes secular e espiritual. Franz Böckle deu expressão a este pensamento com as seguintes palavras: «A pretensão divina do poder universalmente manifestado na pessoa de Jesus e a utilização total da ética cristã expressa na sua proclamação estão numa tensão dialéctica com a autonomia legítima, se bem que sempre apenas relativa, das verdades terrenas, que nunca poderá ser completamente eliminada» ([7]).

Esta tensão perdurou até à actualidade e é parte inalterável da História Mundial. Nem a forma nem o resultado desta discussão estavam pré-determinados. O Novo Testamento não conhece, a este respeito, qualquer doutrina filosófico-estatal ou política, mas, certamente, o compromisso da missão e a tarefa da salvação por parte da Igreja – tanto para o indivíduo como para a comunidade –, das quais resultam, sem dúvida, máximas de actuação específicas. Em todo o caso, nos seus primeiros três séculos de existência a Igreja não beneficiou de qualquer estatuto juridicamente reconhecido pelo Império Romano; pelo contrário, os seus seguidores sofriam, pelo contrário, de perseguições sangrentas e de repressão. Só através do decreto do imperador romano Galério, no ano de 311, e do Edicto de Milão, com Constantino, *o Grande*, e do seu co-imperador, em 313, é que esta situação começou a alterar-se, de forma decisiva, com a concessão da liberdade religiosa para os cidadãos do Império Romano e a atribuição da igualdade ao cristianismo perante os outros cultos existentes no Império. Esta evolução conheceu um final provisório através do imperador Teodósio, *o Grande*, que, no ano de 380, declarou o cristianismo como religião do Estado em Roma ([8]). Não há dúvida de que o reconhecimento deste estatuto teve como consequência o facto de o imperador passar a sentir-se responsável pela protecção, a nível de direito público e de culto, o que também explica que o Concílio de Niceia (325) tenha sido convocado por ordem do imperador e por ele presidido. «O culto religioso público passou a ser efectuado com símbolos cristãos, como o era anteriormente com símbolos pagãos. Assim, a missão mais nobre do imperador passou a ser o zelo pelo culto cristão ([9]). É compreensível que a Igreja, em virtude da sua péssima experiência até então, aceitasse este novo privilégio com gratidão, mas não podia adivinhar que a fusão dos poderes secular e religioso iria causar vários problemas de fundo.

O cristianismo manteve na Europa – se bem que de forma separada desde a cisão do ano de 1054 no Leste grego e no Ocidente latino – o estatuto de religião do Império. No entanto, enquanto fenómeno, tanto a nível teórico como prático, ser religião do Império foi, durante séculos, objecto de discussões por causa da congruência de ser Igreja do Império. Tão incontestável como o facto de o cristianismo ter sido, durante mais de mil anos, a religião do Império, foi enérgica a forma como a questão do poder da e, acima de tudo, sobre a Igreja foi problematizada. Quem deveria ter a primazia sobre a Igreja: o imperador ou o papa? Em Bizâncio conseguiu formar-se, principalmente durante os séculos V e VI e, em especial, durante a vigência do imperador Justiniano I (527-565), uma unidade entre Império e Igreja, com poderes seculares e religiosos reunidos num só seio – precisamente o do imperador. A hegemonia dos imperadores sobre a Igreja adquiriu – da perspectiva histórica – a designação de «cesaropapismo». Ao soberano, coberto de bênção divina, cabia a liderança suprema da Igreja, mesmo a nível interno, incluindo as decisões dogmáticas ([10]). O conceito da unidade de poder secular e religioso foi desde cedo confrontado, na parte ocidental do Império, com a doutrina dos «dois poderes». Partindo das reflexões de Ambrósio e Agostinho, o papa Leão I (440-461) criou a base teórica, e o papa Gelásio I (492-496), através do aumento do poder e do prestígio, criou a base prática para uma jurisdição universal eclesiástica nos seus assuntos religiosos. No entanto, a doutrina dos «dois poderes», ou a doutrina das «duas espadas» (segundo Lucas 22:38), não conseguiu impor-se no início, mas também nunca desapareceu totalmente dos horizontes de Roma. O mais tardar no século x, a Igreja estava de novo sob forte dependência dos detentores seculares do poder. Em especial, o imperador Otão, *o Grande* (936-973) fica responsável por uma poderosa política eclesiástica imperial, que trouxe de novo a simbiose à religião e à Igreja do Império e que encontrou expressão visível, entre outros, na investidura dos bispos pelo soberano secular e no seu poder de dispor sobre os bens da Igreja.

Apenas cem anos depois o pêndulo da história mundial oscilaria a favor de Roma. A questão das investiduras, desencadeada pelo papa Gregório VII (1073-1085) e que chegou ao termo pela Concordata de Worms, em 1122, entre Henrique V e o papa Calisto II (1119-1124), marca o grande ponto de viragem. A viagem penitencial a Canossa, no ano de 1077, pelo rei alemão Henrique IV, banido pelo papa, para visitar Gregório, tornar-se-ia, sob a designação de «Ir a Canossa», literalmente, e para sempre, o símbolo da subordinação. O poder religioso podia agora emancipar-se, de forma visível e consequente, do poder secular. O facto de o poder religioso, mais tarde, vir a usurpar o poder secular, por exemplo na forma de Estado Pontifício, é outra conversa. Gregório VII desencadeou o paradigma moderno, a separação entre «religioso» e «secular» ([11]) e, para além disso, numa perspectiva de longo prazo, impeliu a esfera secular ([12]) para uma profunda crise de identidade. Também a Igreja papal foi arrastada para um processo de reflexão, sobretudo relativamente ao efeito da supremacia da Igreja sobre o Estado, no que diz respeito à autoconsciência religiosa-sacral e pastoral da mesma. É que, agora, ela corria, de certa forma, o perigo de se deixar reduzir pelo povo de Deus a uma ordem senhorial, que se fundamenta assim numa hierarquia eclesiástica, mas que, por sua vez, carece novamente de justificação teológica. Como exemplos marcantes para a reflexão de uma tal «reestruturação radical teológica de ordem política» pode citar-se as obras *De ecclesiastica potesta* (1302), de Egídio Romano, e um tratado da mesma época, *De regimine Christiano*, de Jacob de Viterbo, que atribui à Igreja, enquanto *corpus ecclesiae mysticum* [*Corpus Mysticum* – Corpo Místico de Cristo] juridicamente concebido, a supremacia em relação ao poder secular ([13]).

A história dos papas em Avinhão, de 1305 (Clemente V, 1305-1314) a 1367 (Urbano V, 1362-1370), trouxe a Igreja rapidamente de volta à realidade secular. As tentativas seguintes de uma fundamentação teórica da prevalência da Igreja sobre o Estado, que sobretudo os papas anteriores a Avinhão definiram através da *potestas directa in temporalibu* e que tinham falhado exactamente nesta pretensão, e o cardinal Belarmino (1542-1621), com a sua teoria da *potestas indirecta*, ou com a *directiva ecclesia in temporalibus*, foram incapazes de atingir o resultado desejado.

Estas experiências e o próprio processo de reflexão do poder secular acerca da sua legitimidade levaram posteriormente, de certa forma, a uma emancipação da autoridade secular. A autoridade imperial descobria agora, por seu lado, uma nova margem de manobra, mais ou menos de acordo com o lema: ordem secular – política secular. O terreno da Igreja papal, que se julgava conquistado, começou a vacilar, na mesma medida em que os soberanos imperiais e o próprio imperador se iam apercebendo da sua crescente independência e confrontavam agora a Igreja com uma *potestas* própria institucionalizada. O exemplo mais evidente e de maior alcance para esta situação é a chamada Bula Dourada do ano de 1356, que não reconhecia qualquer papel directo do papa na escolha dos imperadores e dos reis. Quem os príncipes-eleitores escolheram foi o rei e imperador alemão, ponto final, o papa já não tinha nada que dar a sua opinião. «Assim começou a história da separação de sagrado e profano sob o aspecto do domínio secular» ([14]), que já se começara a desenhar no pontificado de Gregório VII. Foram, portanto, os papas que se viram obrigados a fazer concessões, para poderem assegurar a sua pretensão também ao poder secular – se bem que teologicamente alicerçado, mas na prática ameaçado – que lhes restava. Assim, obrigados a seguir as regras do jogo, mostraram-se dispostos a «ceder» a soberania eclesiástica ao poder secular sob forma de direitos de intervenção concretos e, na maioria das vezes, muito bem definidos, para assim ficarem novamente ligados, indirectamente, à autoridade imperial. Uma divisão de poderes, de certa forma interdependente, começou a institucionalizar-se de um modo lento, mas seguro.

Muito antes da Reforma, os príncipes territoriais tinham conquistado a soberania sobre a Igreja nos seus territórios (o chamado regime eclesiástico pré-reformista) ([15]), precisamente sobre uma Igreja que ainda pensava de forma «global». Devido à confessionalização em consequência da Reforma, a unidade entre secular e sagrado, no sentido católico, ruiu por completo, embora ressurgisse, sob indícios inversos, com o Estado confessional. O facto de a confessionalização ter dado origem a uma nova religião do Estado, a uma congruência entre a profissão da fé e a pertença territorial, embora desdobrada em várias confissões e numerosas soberanias territoriais, transmite uma verdadeira sensação de paradoxo. «A paz religiosa de Augsburgo de 1555 confirmou este princípio através do acordo jurídico do *cuius regio, eius et religio* ([16]) [a religião do rei é a religião do povo].

A aplicação deste princípio levou, entre outras coisas, não só à cisão da Igreja em diferentes confissões mas também à queda da Igreja enquanto religião do Estado/Império. Religião do Império e Igreja do Império deixaram de existir. A incalculável miséria humana causada, em larga medida, pelas cisões e guerras religiosas no decorrer dos séculos XV a XVII levou, para além disso, a uma desacreditação do cristianismo, não importa em que forma confessional. «Pode, por isso, dizer-se que as cisões eclesiásticas estão na origem da descristianização da Europa»([17]).

Esta evolução teve consequências práticas com as ideias de Iluminismo, de tolerância, de liberdade de consciência e de convicções, em suma: do processo de cidadania. Por todo o lado despontavam movimentos burgueses-liberais, que encaravam as ordens estatais e eclesiásticas feudais igualmente como desafios. Em vez de uma unidade de profissão da fé, vista como *sine qua non* para o bem comum, de uma quase inquestionável obediência à autoridade, surgia agora um conceito social liberal-pluralista, que não queria ver o *bonum commune* determinado pela revelação de uma ordem da salvação patrocinada por Deus, mas pelo discurso público. Por conseguinte, também a escolha da religião passou a ser assunto do livre-arbítrio (de consciência) de cada cidadão (esclarecido). O Iluminismo que, como se sabe e segundo Kant, é a saída do ser humano do estado de não-emancipação em que ele próprio se colocou, tornou-se no *leitmotiv* omnipotente. Um cidadão emancipado é agora a medida de tudo; o cidadão que, juntamente com os que partilham as suas ideias, se associa à chamada sociedade liberal.

Fé e Igreja, por um lado, sociedade e Estado, por outro, estão deste modo sujeitos à vontade da burguesia autoconsciente e determinadora, que modela, aprova ou simplesmente rejeita. Nela, as autoridades eclesiástica e estatal vêem-se confrontadas com um novo factor de moldagem social.

O apelo à liberdade religiosa foi, apenas e só, uma consequência lógica, tal como o apelo à separação entre Igreja e Estado. O par conceptual constituído por secularismo ([18]) e laicismo ([19]) juntou-se ao Iluminismo, após a Revolução Francesa.

O facto de a liberdade religiosa poder ser entendida, no seu sentido mais positivo, como forma de libertação para a própria Igreja tornou-se evidente, após o Concílio Vaticano II. Mas disso falaremos mais tarde. Primeiro há que reter, em resumo, que o Estado dos tempos modernos foi, recentemente, entendido como instrumento de uma autonomia social dos cidadãos e como ordem jurídica institucional, no seio da qual os cidadãos podem organizar a sua vida de forma livre e responsável, tanto a nível individual como social, privado ou público, e que tem de ser vista aos olhos das Igrejas e organizações religiosas de forma no mínimo neutra. Por isso, numa ordem estatal e social pluralista-libertária assim entendida, a religião e o culto apenas formam elementos de pluralidade social. Conclusão: «Para as Igrejas coloca-se, nesta situação, não só a questão de como deve ser juridicamente delineada a relação com o Estado agora democrático, mas também a questão da percepção das suas tarefas numa sociedade pluralista» ([20]).

O Concílio Vaticano II tentou fornecer as respostas a esta e a muitas outras questões «da Igreja no mundo actual» no título significativo da Constituição Pastoral «Gaudium et spes». Apenas seis meses após a abertura solene do Concílio, a 11 de Outubro de 1962, João XXIII publicava a sua encíclica «Pacem in terris» ([21]), que, em conjunto com a encíclica «Mater et Magistra» ([22]), não deixou de exercer considerável influência sobre os trabalhos do Concílio. Nessas encíclicas tinham sido abordados temas de João XXIII, catalogado como «papa de transição», que, no início, devem ter soado quase estranhos aos ouvidos de muitos dos participantes do concílio, mas que, depois, viriam a fazer parte das temáticas centrais do mesmo: a dignidade do homem; os direitos políticos individuais; as obrigações decorrentes da sua natureza; a obrigação do Estado de assegurar e promover os direitos e liberdades individuais; a interacção entre as convicções religiosas e a actividade política, entre muitas outras. Nesta circular papal, os direitos humanos foram vistos a uma nova luz e submetidos a uma apreciação positiva, ainda para mais num estilo que demonstrou que «uma linguagem não directamente teológica ou bíblica, assim como uma representação que comece com a descrição de situações concretas, podem suscitar um enorme interesse» [23]. Esta encíclica evocava um acontecimento que «reforçou as expectativas dos povos face ao Concílio, em relação a esta problemática, e colocou os autores dos textos numa posição bastante delicada, visto que tinham a percepção de que este documento já antecipara uma parte muito importante das tarefas que lhes haviam sido atribuídas» [24]. Sobretudo, estas encíclicas podem ser entendidas como o legado pessoal do papa ao Concílio. Menos de dois meses após a publicação da «Pacem in terris», o papa faleceu.

Era um Concílio da Igreja sobre a Igreja, como é expresso por um ditado muitas vezes mencionado [25], e foi também um Concílio pastoral, porque era reflexivo e porque produziu clarificações sobre o modo como esta Igreja poderia servir de forma universal: a Deus, ao Homem – individualmente e em sociedade – e ao mundo na sua dimensão histórica e multifacetada. Existem duas constituições que se intitulam dogmáticas («Lumen Gentium» e «Dei Verbum») que não contrariam, de forma alguma, este objectivo pastoral e que à sua maneira acabam por fomentá-lo, já que das preocupações da Igreja pelo Homem fazem parte a proclamação da chegada de Jesus Cristo e do Seu Evangelho Redentor. Daí se compreender, perfeitamente, que em todos os textos do Concílio existam inúmeras afirmações dogmáticas.

As afirmações da Igreja sobre si mesma, relativamente ao seu carácter místico intrínseco, assim como, e acima de tudo, em relação à sua vocação para a proclamação do Evangelho nas condições e na linguagem do mundo actual, demonstram que o Concílio não queria apenas recordar ou redefinir princípios existentes, mas teve a coragem de tentar apresentar respostas concretas à situação dos tempos modernos e de servir de guia e orientação numa realidade cada vez mais complexa e difícil de abarcar. O primeiro artigo da Constituição Dogmática «Lumen Gentium» sobre a Igreja explica, acerca do seu mistério, que a sacralidade central lhe compete, e é-o «em Cristo», que é a «luz dos povos». É a partir desta afirmação central que a sacramentalidade da Igreja se torna clara, e da qual resulta uma função universal, a de ser o «sinal e o instrumento da íntima união com Deus e da unidade de todo o género humano» [26]. A Igreja já não existe, portanto, na sua própria causa, mas é, ao mesmo tempo, sinal e instrumento para o serviço fraternal à união com Deus e os Homens. Com esta autoconsciência da Igreja é dito, de forma inequivocamente clara, que «compete relevância social às acções da Igreja em todas as suas dimensões, e não apenas quando a Igreja se empenha explicitamente em compromissos de natureza social» [27]. Mais uma vez, o amor a Deus e ao próximo está inseparável e indivisivelmente relacionado entre si. A igreja constitui esta unidade e é também o seu garante. O indivíduo, enquanto crente, e com os muitos outros crentes, traz consigo a responsabilidade para com esta união viva, e daí ter a missão de proclamar o Evangelho, ou seja, a concretização da ditosa mensagem da redenção irrevogavelmente prometida, missão que deve ser cumprida, de forma visível e palpável e socialmente concreta. A história do mundo é levada a sério, enquanto História da Salvação, e a política, enquanto constituição do mundo, a partir do espírito do Evangelho. A política cristã, para ser reconhecível e eficaz enquanto tal, implica, portanto, a moldagem e a transformação do mundo já redimido e a sua inclusão e participação efectiva no Reino de Deus, aqui e agora. Naturalmente que a conhecida «reserva escatológica» deve ser tida em consideração, devido ao facto de a redenção ser, na realidade, passível de ser vivida de forma concreta como um acto único da misericórdia de Deus, mas o crente toma já parte dessa redenção, sendo assim salvo, embora sujeito aos limitados e ameaçadores condicionalismos de tempo e espaço [28]. A Igreja tem, por isso, de renovar permanentemente a sua presença, necessitando do indivíduo, da família, dos diferentes agrupamentos sociais para a sua concretização, e até da comunidade política na sua totalidade, para poder abarcar a complexa realidade em todos os seus estratos. A comunidade política encontra a sua justificação final e o seu sentido através de e na concretização do bem-estar comum, do bem-estar de todos: «o bem-estar comum significa a soma de todas as condições da vida em sociedade que permitem ao indivíduo, às famílias e aos grupos sociais alcançar o seu próprio aperfeiçoamento de forma mais completa e livre» [29]. A Igreja, enquanto comunidade redentora, faz derivar o seu «mandato», a sua autoridade, em suma, a sua dignidade de Deus, de quem ela descende. Assim, também se afirma, de forma bem clara, que os membros da Igreja estão exclusivamente sob a lei de Deus nas suas acções redentoras. Nenhum poder terreno, por mais perfeito que pareça, pode reclamar para si o direito de possuir uma função redentora. A salvação está somente em Cristo e na Sua misericórdia, que estão presentes de forma efectiva na Igreja. Há por isso que tomar consciência de que entre a reivindicação do poder de Deus e o assentimento para a redenção, conferida ao Homem por Jesus, de forma única e irrevogável, e entre a comunidade de homens enquanto Igreja, por um lado, e da ordem social e política secular, por outro, existe uma tensão, mas em todo o caso um relacionamento recíproco. A Igreja vive e actua em e sob determinadas condições ligadas ao tempo, porém sob a reivindicação escatológica de se ter tornado povo de Deus, comunidade que participou, aqui e agora, na redenção, certamente num mundo que ainda carece, na verdade, dessa redenção, e que por isso atribui ao crente a missão concreta de atestar, de forma visível e activa, a mensagem da salvação do homem e do mundo, da verdade redentora da fé, da esperança e do amor, e dar assim o seu contributo para a transformação do homem e do mundo. A Igreja, a sociedade e o Estado não são, por isso, entidades separadas, mas necessariamente interdependentes, embora cada uma com características próprias. A Igreja, tal como a entende o Concílio Vaticano II, está ao serviço do Homem, sendo, nesse sentido, profundamente fraterna. Mas no cumprimento desse seu papel terá de considerar respectivamente os assuntos terrenos e, na liberdade da filiação de Deus, a qual também diz respeito ao espaço «secular», intervir enquanto autoridade social em diferentes formas de governo. Numa perspectiva da História da Salvação, isto também significa que o poder civil não pode assumir uma atitude de indiferença para com a Igreja, mas deve garantir as condições seculares para lhe possibilitar o cumprimento da sua missão de forma justa e correcta. A separação de Igreja e Estado, de poder sagrado e secular, não está assim terminada, mas é levada a uma nova e harmoniosa coordenação.

O critério verdadeiramente decisivo que o Concílio Vaticano II determina para a correcta relação entre os poderes sagrado e secular encontra-se fundamentado na dignidade do Homem e na liberdade da pessoa resultante daquela. A ordem de ideias lógica leva, depois, directamente ao princípio da liberdade religiosa, um dos conceitos fundamentais do Concílio. Da grande quantidade de méritos e decisões determinantes do Concílio, há uma que ocupa um lugar indelével e permanente, a declaração sobre liberdade religiosa, «Dignitatis Humanae», que ostenta o significativo subtítulo de «O Direito da Pessoa e das Comunidades à Liberdade Social e Civil em Matéria Religiosa». A liberdade religiosa é o ponto crucial a partir do qual a Igreja determina a sua posição em relação à sociedade e ao Estado, e permite a clarificação contemporânea da sua situação mútua. A dignidade do Homem assume aqui, portanto, uma posição-chave.

A dignidade humana foi uma temática especialmente valiosa para o Concílio, o que está bem patente em muitos textos. O primeiro capítulo do «Gaudium et spes» (GS), por exemplo, intitulado *expressis verbis* «A Dignidade da Pessoa Humana», dedica-se exactamente a este assunto [30]. A dignidade humana constitui, então, a base para toda a declaração acerca da liberdade religiosa [31]. O Homem fez-se à imagem de Deus [32], facto em que a sua dignidade se baseia – uma dignidade da qual resulta, por sua vez, a sua liberdade [33]. Os direitos humanos e liberdades encontram, por isso, a sua fundamentação final na dignidade do Homem, que resulta, por sua vez, da semelhança da pessoa humana com Deus. Esta identidade do Homem exprime-se numa cada vez maior pretensão à liberdade, uma liberdade que, por sua vez, é entendida como a realização da responsabilidade própria da pessoa. Esta auto-realização só é, no entanto, possível com base na liberdade interior do Homem; por outras palavras, na sua liberdade de consciência, e na exterior, enquanto liberdade socialmente restringida, na sua liberdade religiosa. Esta «não se funda, pois, na disposição subjectiva da pessoa, mas na sua própria natureza» [34]. A pessoa tem, no entanto, de ter consciência desta sua liberdade, o que, como o número 1 da declaração determina, de maneira positiva, acontece de forma crescente e coloca, assim, a pessoa cada vez mais perante a responsabilidade de a usar em conformidade. Mas o seu uso correcto também pressupõe uma consciência instruída, razão pela qual é atribuída uma grande importância à educação, e tanto é à educação cristã («...têm o direito de ser estimulados a estimar rectamente os valores morais e a abraçá-los pessoalmente, bem como a conhecer e a amar Deus mais perfeitamente») [35], como à educação humana em geral («de qualquer estirpe, condição e idade, visto gozarem da dignidade de pessoa, têm direito inalienável a uma educação...») [36]. Também aqui existe o recurso à dignidade da pessoa humana, na qual se baseiam os seus direitos fundamentais.

O Concílio Vaticano II define a liberdade de consciência como liberdade em relação a qualquer constrangimento do qual resulte uma grande responsabilidade para o homem, uma vez que deve «responder voluntariamente a Deus com a fé, e que, por isso, ninguém deve ser forçado a abraçar a fé contra vontade» ([37]). Mas também significa que ninguém pode ser impedido do exercício da sua liberdade de culto e religiosa, quer por parte do indivíduo, quer por parte da sociedade ou do Estado. No que diz respeito ao Estado, este tem uma especial obrigação, visto que «é sobretudo ao poder civil que compete assegurar esta protecção» ([38]) e «a todos os cidadãos e comunidades religiosas» ([39]).

Especialmente importante e consequente é a percepção de que a liberdade, enquanto ausência de obrigações em assuntos religiosos, não é apenas relativa à esfera privada de cada um, mas também aos actos religiosos em sociedade e em público. O Homem, enquanto imagem de Deus, não está destinado à solidão, mas foi criado para existir enquanto ser social. A «natureza social» é própria da pessoa humana. A forma de viver própria do Homem é, enquanto tal, uma forma «inter-subjectiva», vocacionada para a troca com e sob as ordens de outros, ou seja, para o diálogo – em suma, uma forma de viver orientada para a sociedade. O Homem, enquanto ser social, concretiza a sua fé não só através de uma resposta interna, até própria, enquanto decisão pessoal e consciente em relação ao chamamento solícito de Deus, mas também através da participação com os outros, ou seja, nos planos individual e social, e não só de forma privada, mas também em público. «A própria natureza social do Homem exige que exteriorize os seus actos religiosos interiores, comunique com os outros em assuntos religiosos e professe, de modo comunitário, a própria religião» ([40]). E não pode ser impedido de o fazer, «uma vez salvaguardada a justa ordem pública» ([41]). Aqui, como se compreende, coloca-se de imediato a questão sobre o que se entende por «justa» ordem pública. No Concílio, decorreu um intenso debate acerca deste assunto. Alguns dos seus membros defendiam um conceito jurídico-positivista, outros defendiam um conceito pragmático e outros ainda uma posição jusnaturalista. Na verdade, o Concílio encontrou a formulação muitas vezes citada, segundo a qual o direito ao livre exercício público da religião não é concedido primeiro pelo Estado ou por uma outra autoridade pública qualquer, mas fundamenta-se, precisamente, na «natureza social tanto do Homem como da própria religião» ([42]) e os actos religiosos «transcendem, pela sua natureza, a ordem terrena e temporal» ([43]).

Excurso: é nesta determinação fundamental que se baseia o conhecido ditado sobre os «pressupostos» de que «vive o Estado liberal e secularizado», e que «ele próprio não consegue garantir ([44])». Estes «fundamentos morais pré-políticos» de um Estado liberal foram objecto, em Janeiro de 2004, de um debate público entre o filósofo Jürgen Habermas e o então prefeito da Congregação para a Doutrina da Fé, Cardeal Joseph Ratzinger ([45]). O «Teorema de Böckenförde» expõe a dúvida sobre se o Estado constitucional consegue realmente justificar os seus pressupostos de existência normativos a partir de si mesmo, ou se, pelo contrário, não consegue e tem de recorrer, por isso, a instâncias exteriores à sua própria esfera. Habermas contesta este ponto de vista, com a indicação de que os alicerces de um Estado seriam definidos pelo discurso público dos cidadãos com comportamento solidário para com o mesmo, e por intermédio do bom senso, enquanto «método para a criação de legitimidade pela legalidade» ([46]). Só que o contrato social, realizando-se pela legalidade, a qual (pelo menos em teoria) teria sempre como objectivo o bem-estar comum, poderá começar a correr perigo e ameaçar o Estado, quando a solidariedade dos cidadãos se despolitizar e se diluir no privatismo cívico-estatal e numa relação de confrontação dos direitos subjectivos que se combatem mutuamente. Habermas remete depois a religião para o papel de um substituto, que está em condições de fazer a sociedade, que se excedeu, voltar a tomar consciência do princípio da sua autojustificação, a religião como corrigenda para uma «vida falhada, patologias sociais, fracasso dos valores de vida individuais e deformação de ligações de vida transfiguradas» ([47]). É por estas e outras razões de bom senso que, no âmbito de uma cultura política liberal, tem de ser criado um espaço no Estado para a Igreja e para a fé. A esta concepção o cardeal Ratzinger contrapôs que o bom senso e a ciência por si só não são suficientes para produzir o necessário *ethos*. O saber e a ciência não se excluem, mas também não podem compensar-se mutuamente. O bom senso e a fé, cada um à sua maneira, constituem parte integrante da condição humana, de certo modo, como os dois lados da capacidade de percepção da verdade única. A fé corrige assim o direito estabelecido à luz da revelação reconhecida pelo bom senso. «Por comparação com o direito estabelecido, que pode ser injusto, tem de haver um direito que resulte da natureza, da própria pessoa» ([48]). Ernst-Wolfgang Böckenförde acrescentou, mais tarde, um aspecto importante à sua tese, quando comentou o seguinte: «Uma vez que os recursos que nos trazem uma ordem liberal não estão cá por natureza e não se difundem de forma autónoma, torna-se necessária uma constante preparação para a tolerância» ([49]). Entendida desta forma, e correctamente, a tolerância deverá, no entanto, ser confundida actualmente com livre-arbítrio e indiferença.

No seu significado para o Estado moderno, a liberdade religiosa e a dignidade humana representam, verdadeiramente, as condições da sua possibilidade. A separação de Igreja e Estado sob aspectos construtivos é assim constitutiva de uma nova relação de ambos, enquanto parceiros autónomos, que buscam a cooperação para proteger o *bonum commune*, o bem de todos os cidadãos. A Igreja poderá daí esperar por parte do Estado, e por boas razões, que a «natureza social» do Homem também seja aceite no aspecto religioso e que o seu exercício seja publicamente possibilitado e protegido. Para concretizar a sua natureza, a Igreja precisa de um espaço público e com a sua autoridade própria pode recorrer ao Estado para possibilitar e proteger essa sua natureza.

Vários excertos textuais dos documentos do Concílio, e também da sua recepção, tornam claro que o Estado e a Igreja estão inter-relacionados de variadas formas e que a nível do bem-estar comum, por exemplo, seguem largamente a mesma orientação. Mas não será errado falar de uma obrigatoriedade mútua de prestarem serviço um ao outro – de um serviço da Igreja ao Estado e um do Estado à Igreja ([50]). A percepção da responsabilidade eclesiástica em e para com a sociedade é universal e pode, por isso, ser sistematizada. Para dar um exemplo, apresentam-se a este propósito três categorias, ou seja, a área número 1, político-social («caritas»); a número 2, sócio-espiritual («memoria») e a número 3, sócio-ética («humanitas») ([51]). Por conseguinte, o Direito Eclesiástico do Estado tradicional desenvolveu-se, por um lado, a partir da autoconsciência da Igreja e, por outro, a partir da necessidade da cooperação de ambos os intervenientes para estabelecer e assegurar o bem-estar comum.

Nos tempos modernos, juntam-se, no entanto, outros intervenientes à Igreja e ao Estado: de um lado, o cidadão emancipado (sozinho ou em sociedade) e, do outro, organizações que actuam a nível internacional, como por exemplo a União Europeia. Assim, há que ter em conta que uma ordem social liberal-democrática – enquanto sociedade de cidadãos de âmbito bastante alargado com plena consciência das suas liberdades – ganha dimensão exactamente através da cooperação de vários intervenientes sociais. A separação de poderes e a competência cooperativa de muitos é o lado positivo de um dos desenvolvimentos. O lado problemático, pelo contrário, revela-se no sentido em que o consenso moral de base sobre o bem-estar comum é relativizado e substituído pelo princípio do livre-arbítrio de um individualismo crasso, uma «sociedade do olhar de soslaio» e uma «sociedade trocista» (*), na qual reina o hedonismo. Uma vez que, como se sabe, o pêndulo se movimenta sempre em direcções opostas, o mundo totalmente regulamentado, o ser humano vítreo, completamente vigiado, com uma esfera privada cada vez mais limitada, e a globalização com a sua tecnocracia esmagadora do poder representam o pólo oposto que ameaça tanto a dignidade como a liberdade do homem. O relativismo individualista e o mundo totalmente regulamentado surgem, então, apenas como o reverso do mesmo desenvolvimento social pernicioso. Aqui, a Igreja é cada mais procurada como curativo (muito no sentido daquilo que defende Habermas, acrescente-se), enquanto admoestadora e defensora da dignidade intrínseca ao homem como imagem de Deus e enquanto local de conservação da memória daquilo que constitui o ser humano como tal, procurada para o encontro consigo mesma de uma sociedade que perdeu a orientação sob as mais variadas formas.

O sofrimento incomensurável, que resultou das atrocidades nacionalistas e dos Estados-nação dos séculos XIX e XX, e que ressurgiram de forma tão dolorosa no desmoronamento causado pela guerra na antiga Jugoslávia, parece ter finalmente chegado ao fim na Europa. As grandes organizações (europeias), como a OSCE, o Conselho da Europa e a UE, constituem uma nova relação institucional entre os Estados nacionais; até mesmo uma comunitarização, cuja estrutura jurídico-política é caracterizada pela transferência de poderes do nível nacional dos Estados-membros para o nível comunitário e que, assim, estariam, por princípio, colocados em posição de superar o nacionalismo, que representa um dos maiores obstáculos ao processo de integração. Este processo de integração tem, no entanto, consequências intransmissíveis também para as organizações religiosas e as Igrejas,

---

(*) Dois conceitos provenientes dos países de língua alemã, em que o primeiro remete para um programa televisivo que satirizava a chamada «sociedade fina», olhando-a de soslaio, e o segundo, mais abrangente, descreve toda uma atitude muito frequente dos anos 90, na Alemanha, caracterizada pelo hedonismo e pelo consumismo, em que não se olhava a meios para tentar ludibriar o próximo. (*N.T.*)

uma vez que o cumprimento do direito fundamental à liberdade religiosa e da autonomia das Igrejas também está a ser cada vez mais transferido para o nível comunitário. No entanto, nem as Igrejas nem as Instituições Europeias estão devidamente preparadas, institucionalmente, para estes novos desafios. Com a possível futura Constituição para a Europa, caso já tenha sido ratificada pelos Estados-membros e entrado em vigor, as condições jurídicas e políticas de base para as actividades eclesiásticas irão melhorar de forma decisiva [52].

Resumidamente: há que reter que o Estado e a Igreja já não estão um para o outro de forma tradicional, mas existe agora uma relação entre Igreja – cidadão (emancipado) – sociedade – Estado – sociedade (de Estados) inter(supra)nacional. No passado, havia boas razões para se falar de Direito Eclesiástico do Estado, e este conceito ainda é muitas vezes complementado, durante a discussão, pelo conceito de direito religioso (internacional), que, «tendo em conta a garantia de liberdade religiosa, deve incluir a totalidade das normas estatais que digam respeito à esfera religiosa» [53]. Com isto, existem duas determinações importantes interligadas: por um lado, a Igreja é vista como um fenómeno social abrangente, e não apenas como um antípoda do Estado, por outro, de certa forma é levantada a separação entre «sagrado» e «profano», «religioso» e «secular», uma vez que à religião e à Igreja é reconhecida a sua relevância abrangente e fundamental para o ser humano e para o mundo, em plena harmonia com o Concílio Vaticano II. A Igreja, seguindo a sua antiquíssima autoconsciência, dirige a sua missão de salvação a todos os homens e não apenas o dever de satisfazer necessidades «religiosas» (que, por sua vez, deveriam ainda ser definidas primeiro), mas moldar e modificar a sociedade e o mundo enquanto agente que actua no seu seio. A Igreja realiza-se da mesma forma que o «Gaudium et spes» o faz, ou seja, «real e intimamente ligada ao género humano e à sua história» [54]. Mas para a Igreja isto significa também uma nova orientação da sua relação com as autoridades da realidade social e os seus intervenientes, que podem assumir as mais variadas formas, com todas as consequências para a própria estrutura eclesiástica interna. «Para possibilitar a existência e permitir o crescimento das iniciativas, é necessário estar-se disposto à experiência, à abertura para percorrer novos caminhos, ou seja, a variedade dentro da esfera eclesiástica interna. Uma vez que, numa sociedade pluralista, a missão de salvação pode e tem de ser entendida por diversos grupos, de forma muito variada, a pluralidade eclesiástica interna sofre, assim, inevitavelmente uma valorização» (⁵⁵). O conceito de liberdade religiosa implica, por isso, uma mudança de paradigma, afastando-se do Estado (unicamente) em direcção à sociedade e também à Comunidade Internacional. O princípio da «Igreja livre numa sociedade livre», aplicado concretamente à UE, significa que a Igreja deve poder estar tão segura, em relação à intromissão dos órgãos comunitários, como estes perante a emancipação religiosa, mas é importante que a participação da Igreja no processo político de formação de opiniões e vontades da comunidade possa estar assegurada (⁵⁶). A autoconsciência conciliar da Igreja e o auto-reconhecimento esclarecido, tanto dos órgãos estatais como inter e supranacionais, em, por um lado, serem neutros do ponto de vista da mundividência, e, por outro, em concederem à Igreja a autonomia que lhe é devida, são os elementos constitutivos básicos desta nova e complexa relação de parentesco.

A UE já interiorizou, em parte, este desenvolvimento como fazendo parte das suas competências e através do Tratado que estabelece uma Constituição para a Europa reforçou a sua disposição para um diálogo aberto com as religiões e as Igrejas (⁵⁷).

2. Identidade nacional e subsidiariedade

O processo de integração europeia é caracterizado por uma coordenação institucional imaginativa e engenhosa entre órgãos comunitários e Estados-membros em que, através do incremento da comunitarização, estes parecem estar cada vez mais preparados para prescindir de direitos de soberania nacionais em favor de uma comunidade solidária, ou seja, em favor de direitos de solidariedade em determinadas áreas específicas. Em contrapartida, a União Europeia compromete-se a respeitar a identidade nacional dos seus Estados-membros (⁵⁸).

Existe uma unanimidade total em torno do facto de a relação entre o Estado e a(s) Igreja(s), na sua configuração histórica concreta, fazer parte dos elementos constitutivos da identidade nacional. A relação entre o Estado e a(s) Igreja(s) nos Estados-membros é caracterizada por grandes diferenças, dando-se até o caso, por exemplo na Grã-Bretanha, de existirem dentro de uma mesma estrutura estatal vários sistemas de Direito Eclesiástico do Estado. Esta multiplicidade cria, por vezes, problemas ao nível comunitário, em última análise devido ao facto de, perante determinadas questões, poder surgir alguma insegurança jurídica e, ocasionalmente, também desigualdade jurídica, como acontece, por exemplo, quando um Estado-membro reconhece o respectivo estatuto a determinada comunidade religiosa, e o outro não, como é o caso da «Igreja de Cientologia», resultando daí graves consequências jurídicas para esta comunidade religiosa (por exemplo, em relação às aulas de religião em escolas públicas, possibilidades de subvenções, etc.). No entanto, graças à regulamentação estatal individual da relação entre o Estado e a(s) Igreja(s), ela garante a conservação das estruturas, tradições e especificidades estabelecidas, que constituem, em suma, a rica herança cultural e espiritual da Europa. Também permite cultivar as especificidades regionais e locais, que contribuem para a identidade das pessoas, estabelecendo, assim, aquilo a que se chama pátria, lar e enraizamento. Fica demonstrado que o debate sobre a futura UE como união de regiões, como união dos cidadãos, é mais do que apenas palavras ocas, mas uma visão de futuro, na qual, por exemplo, um Siciliano pode e deve permanecer Siciliano, um Tirolês manter-se Tirolês e um Irlandês continuar a ser Irlandês. A variedade na unidade e a unidade na variedade: eis a fórmula mágica que não parece irrealista. Por outras palavras: tanto centralismo europeu quanto o necessário para o funcionamento da Comunidade Europeia como um todo, e o máximo de federalismo possível para não colocar tudo em perigo. Isto aplica-se, em especial, também à variedade dos sistemas de Direito Eclesiástico do Estado, próprios de cada Estado, na sua relação com o direito comunitário.

Além disso, as especificidades estatais de cada Estado-membro da UE, em relação ao seu Direito Eclesiástico do Estado, estão salvaguardadas nos tratados comunitários, que se baseiam no princípio da subsidiariedade retirado da sociologia católica.

Este princípio, aplicado à UE, refere que nas áreas que não sejam de sua competência exclusiva ([59]) «a União intervém apenas se, e na medida em que, os objectivos da acção considerada não possam ser suficientemente alcançados pelos Estados-membros, tanto a nível central como regional e local, podendo, contudo, devido às dimensões ou aos efeitos da acção considerada, ser mais bem alcançados ao nível da União» ([60]). Os princípios para a sua aplicação, os da subsidiariedade e da proporcionalidade, são novamente repetidos num protocolo específico ([61]). Os princípios de aplicação são significativos, no sentido em que, como se sabe, a subsidiariedade tem duas faces: tanto estimula como repele a competência. O direito comunitário é estimulado quando o objectivo ambicionado não puder ser alcançado de outra forma senão a nível comunitário, mas o efeito repelente da competência surge quando a intervenção dos Estados-membros é suficiente. É precisamente para as organizações religiosas e Igrejas que o princípio da subsidiariedade e respectivas regras de aplicação se revestem de especial importância, devido à elementaridade do direito primário comum relevante para a Igreja e à indiferença dos objectivos da política comunitária para com esta.

A Comissão Europeia apresenta, anualmente, ao Conselho e ao Parlamento Europeus um relatório designado «Legislar melhor», prioritariamente dedicado à aplicação do princípio da subsidiariedade, e que deveria encontrar mais consideração por parte do público da Igreja do que acontece neste momento. Um exemplo de subsidiariedade com um alcance decisivo a níveis político-religioso e eclesiástico é a já por diversas vezes referida resolução sobre o «Estatuto das Igrejas e das organizações não confessionais» ([62]), em que o direito nacional prevalece claramente sobre o direito comunitário. Os órgãos comunitários, mas em especial a Comissão Europeia, estão, portanto, obrigados por princípio a prestar contas acerca da sua política comunitária e da aplicação do princípio da subsidiariedade.

Por outro lado, o princípio fundamental da proporcionalidade é concretizado de forma crescente pela jurisprudência do Tribunal de Justiça das Comunidades Europeias (TJCE) em termos de direito comunitário.

O mínimo de centralismo necessário para a coesão da Comunidade e o máximo de federalismo possível são uma fórmula que também se aplica à política religiosa e eclesiástica da UE. As fontes de direito político-religiosas e eclesiásticas ([63]), das quais a UE já se alimenta neste momento, confirmam dois factos: primeiro, que os diversos sistemas de Direito Eclesiástico do Estado nos Estados-membros da UE não são impeditivos da criação de normas político-religiosas e eclesiásticas comuns e, segundo, que a crescente comunitarização tem consequências directas para as religiões e Igrejas. O que foi dito no capítulo anterior sobre Estado e sociedade na atitude que assumem para com as Igrejas, também se aplica à UE: as suas instituições e os seus órgãos respeitam a autonomia da(s) Igreja(s) e assumem para com elas uma atitude de neutralidade ([64]). Em princípio, a relação de um para com o outro pode ser incluída no sistema da cooperação, tanto a nível teórico como prático. Em princípio, porque, dependendo de cada instituição, é possível verificar a existência de diferentes graus de cooperação. Como se compreende, sendo o Conselho o somatório das políticas dos Estados-membros da UE, é ele quem mais reflecte a variedade das realidades jurídicas eclesiásticas estatais. Isto também se aplica, aproximadamente, ao Parlamento Europeu, no qual os políticos de diferentes militâncias partidárias e religiosas exercem os seus mandatos em total liberdade. No PE, encontramos deputados que demonstram grande abertura para questões político-eclesiásticas e religiosas e outros que rejeitam liminarmente qualquer diálogo. Onde a cooperação floresceu mais intensamente foi na Comissão Europeia. Também aqui há funcionários que colocam em questão o sentido e até a legitimidade de um diálogo com as comunidades religiosas e as Igrejas, ou chegam mesmo a negá-los. Porém, desde há muito, pelo menos desde os tempos de Jacques Delors, todos os presidentes da Comissão Europeia assumiram esse diálogo, através da criação de gabinetes específicos para o diálogo com as religiões e as Igrejas directamente junto do presidente [65].

O progressivo processo de integração europeia coloca a UE perante novos problemas de Direito Eclesiástico do Estado, que não podem ser suprimidos com a indicação da competência dos Estados-membros da UE sobre esta matéria. As organizações religiosas e as Igrejas, por sua vez, também são estimuladas a reformular a sua relação com as Instituições Europeias. Ambos os parceiros – tanto as Instituições da UE como as Igrejas – vêem-se confrontados com três esferas jurídicas no que diz respeito à constituição do seu relacionamento: o direito de cada Estado-membro, o direito das Comunidades Europeias ou da União Europeia, e as obrigações que resultam da Convenção Europeia dos Direitos do Homem, em que estas três esferas jurídicas não existem isoladamente: pior ainda, mantêm uma relação de complexidade entre si. Não é necessário muita imaginação para se conseguir pensar que, na vida quotidiana das organizações religiosas e Igrejas, não deve haver quase nenhuma área que não seja afectada por uma destas esferas religiosas. Assim, o direito secundário da UE também atingiu uma dimensão considerável, sendo apenas razoavelmente dominado por especialistas [66]. A relação até agora vigente entre Igreja-sociedade-Estado tem, por isso, de ser vista de forma diferente, tanto à luz do direito como da política comunitária da UE. Nesta perspectiva, nenhum dos tipos de sistema jurídico eclesiástico estatal existentes irá estar à altura dos novos desafios. O que irá resultar sequer do direito religioso europeu é ainda um assunto em aberto. Uma vez que a UE dispõe de uma competência regulamentadora abrangente, são constantemente tomadas decisões que têm, ocasionalmente, efeitos directos, mas quase sempre indirectos sobre as Igrejas, sem que estas possam no entanto participar no processo de tomada de decisão. Assume aqui uma importância decisiva o facto de as Igrejas serem reconhecidas como entidades genuínas, no seu carácter transcendental, e de serem vistas como parceiras, nos termos do Artigo I-52.º do Tratado que estabelece uma Constituição para a Europa. A aplicação concreta desta e de outras determinações relevantes para as religiões e as Igrejas apenas pode produzir-se com a data de entrada em vigor da Constituição – os preparativos para tal acontecimento têm, no entanto, de começar agora, estando já a Comissão Europeia a tentar antecipá-los. Não é a Europa que cede o seu direito às Igrejas, mas as Igrejas que, com referência à dignidade do ser humano e da liberdade religiosa e de consciência daí resultantes, são desafiadas a preparar as novas bases para o terreno actual do direito eclesiástico da União Europeia.

O estatuto atribuído às Igrejas nos diferentes Estados-membros é regulado, por norma, através de uma estreita colaboração entre as Igrejas e os órgãos estatais, como é o caso da Igreja Católica Romana, com as concordatas. A quantidade de sistemas jurídicos eclesiásticos estatais existentes também garante, em solidariedade subsidiária, a diversidade, a riqueza e a variedade na identidade europeia a nível religioso, mas, ao mesmo tempo, tem de estar aberta ao desenvolvimento de um direito europeu genuíno, sem favorecer um determinado modelo jurídico eclesiástico estatal. No entanto, o modelo de *laicité française* [laicidade francesa] encontra, em Bruxelas, um interesse desproporcional em relação aos outros tipos de sistema, principalmente entre os burocratas europeus, que costumam assumir uma atitude de crítica ou mesmo de hostilidade para com o diálogo. A razão para isto reside, sem dúvida, na sobre-representação proporcional deste esquema mental nos órgãos sediados em Bruxelas, Luxemburgo e Estrasburgo. O processo de formação de um direito religioso europeu já começou, é irreversível, começa a desenhar-se, de forma consequente, como complemento às normas jurídicas primárias europeias existentes ou aos sistemas jurídicos dos diferentes Estados-membros, abarcando um número cada vez maior de problemáticas, como, por exemplo, a questão dos capelões militares num futuro exército de intervenção europeu, a implementação concreta do diálogo institucionalizado, conforme o Artigo I-52.º (3) do Tratado, que estabelece uma

Constituição para a Europa, a participação das Igrejas no procedimento legislativo da União Europeia, a criação de mecanismos de consulta que permitam a participação das Igrejas nas políticas comunitárias, etc. Em última análise, dependerá da vontade e do empenho de todos os participantes se, e como, poderá ser encontrada a forma apropriada de cooperação. A atribuição da personalidade jurídica à UE [67] poderá revelar-se uma grande ajuda, uma vez que assim é dada à União Europeia, e já não apenas às Comunidades Europeias, a possibilidade de celebrar tratados de direito internacional, o que não acontecia até agora. Com base nisto, a Igreja Católica Romana poderia pensar, por exemplo, em tentar celebrar uma Concordata com a União Europeia.

3. **Os tipos de sistema jurídico eclesiástico estatal nos Estados-membros da União Europeia**

A variedade de sistemas jurídicos eclesiásticos estatais, nos Estados-membros da União Europeia, é o resultado de vários desenvolvimentos históricos. Assim, a configuração concreta da relação entre Estado e Igreja reflecte as consequências dos concílios de forma exactamente igual às da Reforma, da Revolução Francesa, do Iluminismo, da cisão entre a Igreja Oriental e a Igreja Ocidental, dos casos de desintegração na Europa, após as guerras mundiais, etc. O que a exposição seguinte não consegue fazer é apresentar as respectivas histórias eclesiásticas nacionais e/ou europeias; no entanto, será feita uma apresentação dos tipos de sistema jurídico eclesiástico estatal por meio de casos exemplificativos, assim como uma exposição do modelo que lhes serve de base, de modo a realçar a complexidade das relações jurídicas eclesiásticas estatais na UE.

O processo de definição da relação entre o Estado e a Igreja permite reconhecer, em todos os sistemas, um padrão comum. É caracterizado por dois fenómenos opostos, ou seja, «unidade e ligação», bem como «diversidade e solução» [68]. Este padrão de base permite a distinção das relações jurídicas eclesiásticas estatais em três tipos de sistema: 1. União entre a Igreja e o Estado; 2. O seu oposto, ou seja, a estrita separação entre Estado e Igreja; e 3. A cooperação entre ambos. Em rigor, poderíamos ainda incluir um quarto tipo de sistema, o Estado Pontifício, mas que deve existir apenas no Estado do Vaticano, não sendo considerado na presente exposição, uma vez que não é Estado-membro da UE.

O património eclesiástico estatal não existe em qualquer dos Estados da UE, apenas na Inglaterra enquanto Estado-membro do Reino Unido. A Igreja da Inglaterra, The Established Church of England, é dirigida por um chefe secular, na pessoa do monarca. A união entre a Igreja e o Estado, para além de outros elementos que serão expostos no subcapítulo 3.1., é, por princípio, caracterizada pelo facto de a Igreja ser «confinada» e «delimitada» pelo Estado, e o cargo do chefe estatal e do espiritual se fundirem um no outro ([69]).

São, sem dúvida, as raízes históricas das Igrejas da Reforma que, na sua frequente ligação íntima com o Estado, continuam a fazer-se sentir em vários lugares. O desenvolvimento das diferentes confissões decorreu, durante décadas, em paralelo com a formação dos Estados. A confissão recebia cobertura por parte da chefia secular, que assim também recebia, por sua vez, poderes e identidade adicionais. Este processo encontrava expressão mais evidente no cunho dos Estados confessionais. Na Escandinávia, a Confissão Luterana assumia, dessa forma, e até há bem pouco tempo, a posição de Igreja Nacional dos respectivos países. Na Dinamarca, por exemplo, o desenvolvimento desta situação atingiu o seu ponto máximo em 1665, ano em que uma constituição absolutista obrigava o rei a pertencer à Confissão de Augsburgo, o mesmo sendo exigido aos seus súbditos. Continuou a ser Igreja nacional até se transformar em Igreja popular pela Constituição de 1849, Constituição que, no seu Artigo 4.º, determinava o seguinte: «A Igreja Evangélica Luterana é a Igreja Popular da Dinamarca e, enquanto tal, é apoiada pelo Estado em termos económicos, jurídicos e políticos» ([70]). Até hoje, ela caracteriza-se por essa dupla estrutura: uma Igreja popular luterana com uma posição privilegiada a nível jurídico eclesiástico estatal. Depois da Finlândia, para dar outro exemplo, a Reforma chegou à Suécia e estabeleceu, igualmente, uma Igreja Nacional. Hoje, tanto a Igreja Evangélica Luterana como a Ortodoxa são instituições de direito público, o que é garantido e sublinhado pela Constituição, em que a primeira ainda dispõe de um direito alargado à autodeterminação em assuntos internos da Igreja, enquanto as outras organizações religiosas são pessoas jurídicas de direito privado ([71]). Na Suécia, por sua vez, e apesar da reforma relativa à estrutura organizacional e à doutrina, houve muita coisa herdada da Igreja Católica Romana. De facto, a Confissão de Augsburgo só se tornou Igreja nacional com a Lei Eclesiástica de 1886, e, por último, na sua redacção de 1992. Com a recente revisão constitucional, que entrou em vigor a

1 de Janeiro de 2000, a Igreja Evangélica Luterana da Suécia deixou de ter o estatuto de Igreja nacional, mas é entendida como «Igreja popular» dinamarquesa ([72]). Por sua vez, as Igrejas da Reforma, na Alemanha, já abandonaram a união entre a Igreja e o Estado há muito tempo e, como a Igreja Católica Romana, declaram-se partidárias, por princípio, do sistema de cooperação sob separação entre Igreja e Estado. A este propósito, a Igreja Evangélica Alemã (IEA) também se baseia, por exemplo, no princípio da liberdade religiosa. Segundo a sua concepção, deve ser deixado ao critério da liberdade pessoal do cidadão emancipado a decisão acerca da sua crença, e se, e de que forma, ele vive a fé na sua vida pública ou privada. Neste sentido, as preferências do Estado colocariam a liberdade religiosa em perigo e, devido à pressão externa, apenas iriam prejudicar a tomada consciente de decisões por parte do indivíduo. O Conselho da IEA estabeleceu aqui algumas definições decisivas, publicando-as na forma de um opúsculo ([73]). As experiências vividas na antiga RDA contribuíram certamente para estabelecer, de forma inequívoca, que é a Igreja que determina, em primeira instância, a sua relação com o Estado, e não o contrário. A IEA vê na dignidade do Homem a «bitola prioritária para a definição social da convivência dentro do Estado e da sociedade», com base na semelhança do homem com Deus, e tanto o Estado como a sociedade resultam da natureza social do homem. Estas são formulações que também deverão soar familiares aos ouvidos católicos apostólicos romanos, e com as quais deverão poder concordar sem reservas. Ficam, então, demonstrados diferentes modelos jurídicos eclesiásticos estatais nas Igrejas da Reforma, desde a Inglaterra até à Escandinávia, passando pela Alemanha. Principalmente na Escandinávia, está em curso um processo jurídico eclesiástico estatal, que está para durar e que permite reconhecer uma tendência para uma maior separação entre o poder secular e o político, mantendo, ao mesmo tempo, uma forte proximidade entre ambos.

As relações jurídicas eclesiásticas estatais na ortodoxia também estão fortemente marcadas pelos condicionalismos históricos em que se desenvolveram. O fenómeno do cesaropapismo (ver *supra*), por exemplo, trouxe repercussões até à actualidade. É certo que as Igrejas ortodoxas não se consideram estatais, mas nacionais, com um forte cruzamento de pertença ao povo e à Igreja. É desta forma que se apresentam, então, como Ortodoxa Grega, Ortodoxa Búlgara, Ortodoxa Russa, etc. Na actual discussão sobre a reordenação hierárquica da

Igreja Católica Romana na Federação Russa, o Patriarcado russo ortodoxo em Moscovo chegou a falar da Rússia como «território canónico» da Igreja Ortodoxa Russa e, deste modo, reivindicar para si a exclusividade. A autocefalia de cada Igreja ortodoxa já encerra em si, de forma velada, a pretensão à representação exclusiva de uma Igreja dentro de um Estado. No caso da Macedónia e do Montenegro, por exemplo, e no seguimento quase lógico do processo de desintegração da Jugoslávia, surgiram vários conflitos com a Igreja ortodoxa sérvia, ainda hoje por resolver, o mesmo sucedendo nos Estados bálticos, após a derrocada da União Soviética, entre as novas Igrejas ortodoxas autocéfalas fundadas e o Patriarcado de Moscovo; neste caso, contudo, podem considerar-se quase resolvidos. Uma Igreja nacional ergue-se e cai com a questão nacional. Talvez tenham sido as experiências que a Igreja Ortodoxa Russa teve de viver com, e após, a desintegração da União Soviética que serviram também de pretexto para o fortalecimento da reflexão em torno da relação da Igreja com o Estado/sociedade. O Patriarcado de Moscovo dedicou-se, inclusivamente, à elaboração de um conceito social próprio, que, na sua forma actual, abriu uma nova perspectiva [74].

A Grécia é, com certeza, exceptuando o caso especial da divisão de Chipre, o Estado-membro da UE em que a Igreja ortodoxa goza de privilégios de quase Igreja nacional. Assim, decreta o Artigo 3.º da Constituição que a «confissão ortodoxa é a religião predominante» [75]. Na prática, o conceito de «predominância» é aplicado de forma muito generosa. O Artigo 1.º, §4, da lei 590/1977 «sobre a Constituição Eclesiástica da Igreja da Grécia», determina, por exemplo, «1. O dogma ortodoxo é a religião oficial no Estado helénico; 2. A Igreja, que exprime este dogma, possui personalidade jurídica própria e 3. Goza de um tratamento especial, que não é automaticamente alargado a outros dogmas ou religiões» [76].

O princípio fundamental da relação jurídica eclesiástica estatal torna-se um pouco mais claro quando consideramos o par de conceitos constituído por *symphonia* e *synallelia*, que descreve a união e a comunhão entre culto e Nação e que, enfim, encontrou o seu lugar na definição de Estado e Igreja. *Symphonia* refere-se a um conceito dos tempos de Justiniano acerca do estado ideal de equilíbrio entre soberania secular e espiritual (naquela época, naturalmente, na forma de uma sociedade cristã concebida como uma só); e *synallelia*, que parte do Concílio de Niceia, significa mais a coordenação entre duas autoridades autónomas, mas inter-relacionadas ([77]). Uma concepção posterior de *symphonia* verá este conceito ser aplicado como modelo para a Igreja ortodoxa em Estados católicos, de tal modo que ficará próximo do conceito de *synallelia* ([78]).

O modelo oposto à união entre a Igreja e o Estado é o da estrita separação entre as duas realidades, em que o padrão-base da «diversidade e solução» parece estar a ser aplicado de modo mais consequente. Principalmente a França, com a sua concepção de laicismo desenvolvida desde, e pela, Revolução, defende este modelo com veemência. No início, o actual modelo francês defensor da separação vinha na sequência da tradição do laicismo antieclesiástico, que tinha por objectivo a eliminação da esfera pública de tudo o que tivesse a ver com religião. O Estado, enquanto Estado «civil», administrado a nível central, não estava disposto a ceder espaço público estatal à religião, e consequentemente também não à Igreja. A religião ficou proscrita à esfera estritamente privada. Influenciado pela jurisprudência, o «carácter ideológico do laicismo» foi posteriormente substituído pelo «princípio fundamental da laicidade do Estado». Este assume uma atitude estritamente neutral em assuntos religiosos, continuando a religião a ser do foro privado, embora o Estado assegure a «liberdade eclesiástica religiosa e corporativa». «Hoje, o laicismo antieclesiástico pseudo-religioso foi, por isso, em grande parte substituído pela laicidade não confessional mais do agrado da Igreja» ([79]). Tanto na teoria como na prática, esta *laicité française* suscita muitas dúvidas e formou vários subsistemas, dos quais nos ocuparemos um pouco mais abaixo.

O modelo mais frequente nos Estados-membros é o da cooperação ou da coordenação entre Estado e Igreja. Também aqui lidamos com uma separação entre os poderes secular e sagrado, mas, neste caso, entre dois parceiros soberanos com os mesmos direitos, que procuram cooperar no sentido de assegurarem o bem-estar comum e de respeitarem a liberdade religiosa. A regulamentação concreta desta cooperação pode assumir diferentes formas jurídicas. Pode assentar em disposições de direito fundamental ou constitucional, concordatas com a Santa Sé ou decretos governamentais, etc. Em todo o caso, e em última análise, o modelo vive da cooperação entre o Estado e a Igreja pelo facto de ser garantido à Igreja um exercício público e político da liberdade religiosa, no âmbito do Estado de Direito pluralista e liberal.

Com o estabelecimento de uma Comunidade pluralista e democrática, deu-se uma mudança do paradigma de esfera pública, que foi a passagem do conceito de esfera pública segundo o Estado de Direito para uma definição politológica e empírico-social. Uma das consequências desta «mudança estrutural da esfera pública» ([80]) foi o desenvolvimento, ou a redefinição, da sociedade civil. À esfera pública, no sentido do Estado de Direito e da esfera pública eclesiástica, juntava-se agora uma esfera pública com consciência de cidadania, ou, se quisermos, liberal-social, que se considerava emancipada em relação às outras duas. Também a sociedade civil recebeu uma conotação antieclesiástica, pelo menos desde as turbulências político-sociais do fim dos anos 60 do século XX. Nesse sentido o uso do termo «civil» também devia sugerir que esta sociedade estava livre das influências eclesiástico-clerical e espiritual, ou seja, «civil». Em termos conceptuais, esta abstracção era colocada em oposição à da «sociedade civil» que, desta forma, encerra em si o elemento eclesiástico-religioso da esfera pública.

Como ficou claro a partir das explicações apresentadas até agora, nenhum dos tipos de sistema existe, por assim dizer, de forma idealmente típica – todos apresentam diferentes particularidades e variações nas relações concretas entre Estado e Igreja. A grande maioria dos Estados-membros da UE, incluindo os novos, provenientes da massa falida comunista, conhece o sistema da cooperação ou da coordenação, ou seja, da diversidade e da solução de Estado e Igreja, sob o aspecto de uma relação de cooperação e harmonia de interesses regulamentada e mais ou menos instituída por intermédio de acordos, em favor do bem-estar comum.

De seguida, será apresentado um Estado diferente para cada um dos tipos de sistema, para servir de modelo exemplificativo e para a clarificação deste assunto.

3.1. O Reino Unido: Grã-Bretanha

No Reino Unido, a relação entre Estado e Igreja decorre de uma forma muito variada e complexa. Isto tem diferentes causas, motivadas por fenómenos de natureza histórica, mas igualmente pela estrutura diversa da matéria jurídica da Europa continental e pelo estilo diferente no pensamento jurídico. Como se sabe, o Reino Unido, como o próprio nome indica, é um Estado federal formado por várias entidades e constituído por países, cada um com o seu sistema jurídico próprio, e sem uma Constituição escrita ([81]).

Por isso, e devido às circunstâncias, os efeitos para as relações entre Estado e Igreja também são diversificados. Assim, existe apenas uma Igreja nacional, que é a Igreja da Inglaterra («The Established Church of England») no território do Estado-membro inglês, e com um chefe secular – segundo a Constituição – na pessoa do monarca no poder. Do ponto de vista confessional, a Igreja da Inglaterra é anglicana (episcopal), de modo que também o chefe tem de ser tradicional e obrigatoriamente anglicano. O estatuto da Igreja (presbiteriana) da Escócia, por sua vez, goza, apenas de forma limitada, de elementos eclesiásticos estatais. Sempre que o soberano britânico o desejar, tem o direito de assistir à Assembleia-Geral desta Igreja, sem, no entanto, participar nas suas deliberações. Segundo a tradição, o soberano é representado por um «Lord High Commissioner». Durante as suas estadas na Escócia, a família real participa, regra geral, nas cerimónias litúrgicas da Igreja da Escócia e nomeia os seus capelões reais a partir desta Igreja, com âmbito exclusivo para a Escócia. O juramento do trono britânico inclui, entre outros, a obrigação de manter e proteger a religião protestante, assim como a liderança presbiteriana da Igreja.

A actual rainha é, por isso, o chefe máximo de uma Igreja episcopal na Inglaterra e, ao mesmo tempo, membro de uma Igreja presbiteriana reformada, na Escócia, e não goza de nenhum estatuto formal nas Igrejas de Gales e da Irlanda do Norte. Nem Gales nem a Irlanda do Norte dispõem de uma igreja nacional ou de estatuto equivalente. A Igreja Anglicana de Gales, que resulta da separação, em 1920, das dioceses galesas em relação à Igreja da Inglaterra, não possui estatuto de Igreja nacional, sendo apenas, em termos político-sociais, *primus inter pares* relativamente às outras Igrejas e confissões. Destino idêntico sucedeu à Igreja da Irlanda do Norte, que foi igualmente «desnacionalizada», tornando-se além disso numa parte da estrutura eclesiástica diocesana de toda a Irlanda.

Realizados numa base voluntária, os censos de 2001 levantaram os seguintes dados demográficos religiosos, que foram utilizados em larga escala (92%): da população total do Reino Unido, de 58,8 milhões de habitantes, 71,6% declararam professar uma das Igrejas e confissões cristãs; 23,2% declararam não pertencer a nenhuma religião ou recusaram-se a prestar essa informação. Além disso, contaram-se 2,7% de muçulmanos, 1% de hindus, 0,6% de sikhs, 0,5% de judeus, 0,3% de budistas e 0,3% pertencentes a outras confissões religiosas.

A comparação das estatísticas sobre a composição confessional em cada um dos Estados-membros dá-nos uma imagem interessante:

Inglaterra: 71% de cristãos, 14,6% sem confissão ou que não respondem; 3,1% de muçulmanos; 1,1% de hindus; 0,5% de judeus e 0,3% de budistas.

Gales: 65% de cristãos, 18,5% sem confissão ou que não respondem; 0,7% de muçulmanos; 0,2% de budistas e 0,2% de hindus; 0,1% de judeus e, igualmente, 0,1% de sikhs.

Irlanda do Norte: 40,26% de católicos; 20,69% de membros da Igreja presbiteriana na Irlanda; 15,3% da Igreja da Irlanda; 3,51% da Igreja Metodista, na Irlanda; 6,07% de outras confissões cristãs; 0,3% de outras comunidades religiosas não cristãs; 13,88% sem confissão ou que não respondem.

Escócia: 65% de cristãos (42,4% da Igreja da Escócia; 15,88% da Igreja Católica Romana; 6,81% de outros cristãos); 27,55% sem confissão; 5,49% que não respondem; 0,84% de muçulmanos; 0,13% de judeus, sikhs e budistas; 0,11% de hindus e 0,53% de outras comunidades religiosas não cristãs [82].

Uma vez que o Reino Unido não dispõe de Constituição escrita, não existe, por conseguinte, uma liberdade religiosa constitucionalmente protegida, nem um direito à autodeterminação eclesiástica estabelecido nessa base. No entanto, o facto de haver um *corpus iuridicum* de leis respeitante às «outras formas de pensamento», ou seja, concretamente, a todos os crentes que não pertençam à Igreja de Inglaterra, comprova a prática factual de liberdade religiosa.

Na qualidade de Igreja nacional («Established Church»), a Igreja de Inglaterra goza de um estatuto privilegiado. O monarca, enquanto chefe máximo da Igreja de Inglaterra, evidencia esta situação, por exemplo, no juramento real prestado para a protecção dos direitos especiais da Igreja, aquando da subida ao trono e da cerimónia de coroação, que fazem parte integrante da festa eucarística. Como Igreja nacional, ela é, em certo sentido, uma parte do Estado, razão pela qual não pode haver qualquer relação de tratado entre Estado e Igreja.

Por conseguinte, o direito eclesiástico da Igreja de Inglaterra também constitui, por isso, parte integrante do Estado de Direito inglês, que promulga leis religiosas por via de legislação parlamentar. Na verdade, o direito canónico (*canonic law*) e o direito estatal relativo à Igreja (*common law*) estão inter-relacionados.

A este propósito, há que referir que mais de 20 bispos fazem parte da Câmara dos Lordes.

O sínodo da Igreja de Inglaterra, constituído pelas chamadas três «câmaras» (a Câmara dos Bispos, a Câmara dos Clérigos e – exactamente com os mesmos direitos – a Câmara dos Leigos), goza de uma competência que não só permite promulgar, em juízo próprio, leis para a Igreja com o mesmo poder vinculativo de uma lei parlamentar, mas também possibilita a alteração, ou mesmo a revogação, de leis parlamentares relativas à Igreja. Apesar disso, o Parlamento reserva-se o direito de levar a cabo medidas de controlo. Para poderem entrar em vigor, as leis votadas no sínodo necessitam da aprovação e da promulgação formal por parte do soberano.

A Igreja da Escócia dispõe de uma vasta autonomia, tanto em relação ao Parlamento escocês, como ao Parlamento londrino em Westminster. O seu estatuto jurídico eclesiástico estatal remonta a 1690, quando o Parlamento tinha reinstituído a Igreja presbiteriana escocesa, cujo estatuto foi confirmado no Acto de União do ano de 1707, entre a Escócia e a Inglaterra. O direito à autodeterminação da Igreja da Escócia foi novamente reconhecido de modo formal por Westminster, pela última vez, em 1921.

O maior órgão de autoridade intra-secular da Igreja é a Assembleia-Geral, que reúne todos os anos, durante aproximadamente uma semana, e que é presidida pelo chamado «moderador». Este não é o chefe da Igreja nem o seu porta-voz, mas uma espécie de órgão representativo e administrativo especial com competências bem definidas e limitadas, pelo período de um ano, em regime honorário. A Igreja da Escócia considera Jesus Cristo como «rei e chefe supremo» da Igreja.

A Igreja Católica Romana, as várias confissões protestantes e as outras comunidades religiosas são constituídas, na Grã-Bretanha, sob uma base jurídica de direito privado enquanto associações voluntárias, aplicando-se tanto aos órgãos estatais como aos próprios «membros da associação».

Como é hábito generalizado no Reino Unido, os assuntos relativos aos bens e ao património são regulamentados de forma fiduciária. Apenas em casos excepcionais, em que a complexidade da matéria o exija, é que o Parlamento intervém em questões de âmbito religioso, frequentemente através da chamada «deliberação parlamentar privada», que significa apenas que o Parlamento toma uma resolução, com base num requerimento «privado», não sendo incluído na colectânea anual de leis.

Uma vez que as comunidades eclesiásticas e religiosas, com excepção das referidas Igrejas da Inglaterra e da Escócia, apenas possuem o estatuto de pessoa jurídica de direito privado, o Reino Unido não conhece outra Igreja «reconhecida» pelo Estado. Isto sem ter em conta que a *common law* [direito consuetudinário] não elaborou qualquer conceito idêntico ao de «utilidade pública» do direito continental europeu: «A caracterização da Igreja como colectividade de utilidade pública não faz sentido para os juristas ingleses» ([83]).

O apoio financeiro estatal é extremamente limitado para as Igrejas e demais organizações religiosas. Estão previstas algumas isenções de impostos, como as que são reconhecidas às instituições de caridade. Nem sequer são atribuídas verbas orçamentais ou subsídios do Estado ao clero da Igreja de Inglaterra, apesar de este estar obrigado por lei a prestar determinados serviços, como, por exemplo, casamentos e funerais, devendo para isso pagar-se as taxas legalmente estabelecidas, pagas pelas partes. O Estado presta apenas uma contribuição financeira para a conservação dos edifícios históricos, que, no seu total, não costuma cobrir mais de 100% das despesas totais. No entanto, em casos isolados, uma contribuição para o Churches Conservation Trust poderá ajudar a compensar os custos, mas só até 40% da quantia máxima ([84]).

Para terminar, referência ainda para uma particularidade: o soberano está obrigado a pertencer à Igreja da Inglaterra, de que é o chefe máximo, e a participar na comunhão eucarística. A sucessão ao trono continua vinculada a estas condições – como sempre, não são admitidos católicos na sucessão ao trono.

3.2. França

A República francesa é um caso especial do ponto de vista jurídico eclesiástico estatal. É com algum orgulho que a França chama a atenção para o genuíno «modelo francês» da separação entre Estado e Igreja – *laicité française*. Só que, na prática, ela não é sustentável, ou é-o apenas parcialmente, de acordo com a teoria.

Apesar do destaque que é dado à estrita separação entre Estado e Igreja, na sua configuração marcada de forma única pela história francesa, ainda assim ela apresenta, em muitos aspectos, alguns traços característicos do modelo cooperativo. Uma cooperação entre Estado e Igreja não pode ser contornada num mundo tão interligado como o de hoje – nem mesmo na República Francesa.

Mas, primeiro, os dados estatísticos: os números mais recentemente apurados falam-nos de 59,5 milhões de habitantes. A sua larga maioria professa o cristianismo e, desta, há de novo uma maioria dominante, que se confessa seguidora da Igreja Católica Romana. Em números: 76% de cristãos, dos quais 74,2% são católicos romanos; 1,3% de evangélicos luteranos e reformados; 0,3% de ortodoxos e orientais antigos, e 0,2% de outras religiões. A estatística identifica ainda 7,5% de muçulmanos; 1,5% de outras confissões; 1,2% de judeus e 13,3% sem qualquer confissão.

Como já foi referido no início, o estatuto jurídico das diferentes Igrejas e organizações religiosas é fortemente marcado pela história e, neste caso, por uma história caracterizada pelas querelas entre o rei e o papa, pelo protestantismo e pela Revolução Francesa.

O prelúdio da história mais recente é a Declaração dos Direitos do Homem e do Cidadão, de 26 de Agosto de 1789, com a proclamação da liberdade de consciência. Foi apenas o preâmbulo do decreto de 2 de Novembro do mesmo ano, pelo qual os clérigos foram despojados de todos os seus bens ([85]).

É certo que o Estado se comprometeu, ao mesmo tempo, a suportar os encargos relativos ao culto e ao sustento dos clérigos, que passaram, assim, a estar totalmente dependentes do Estado. O ponto culminante provisório desta evolução foi a Constituição Civil do Clero («Constitution Civile du Clergé») de 12 de Julho de 1790. Com o juramento dos clérigos ao Estado, pretendia-se, simultaneamente, eliminar a influência da autoridade papal e alterar o estatuto da Igreja para o de Igreja nacional sob a autoridade exclusiva episcopal e da jurisdição do Estado. Só cerca de um terço do clero francês se submeteu a esta nova situação, e o papa Pio VI condenou estas manobras através do breve *Quod aliquantum*, de 10 de Março de 1791.

Mas a situação ainda viria a piorar. Durante o regime de terror da Convenção Nacional (de Maio de 1793 a Julho de 1794), houve muitos conventos, igrejas e outras instalações religiosas destruídas e foi exercida uma política de descristianização e de terror anticlerical. O cúmulo desta evolução doentia encontrou a sua expressão no decreto de 21 de Fevereiro de 1795, no qual, sob o pretexto do livre exercício da religião, foi decretada uma separação estrita entre Igreja e Estado, tendo como consequência que, a partir de 1798, o Estado já não estava disposto a cumprir as obrigações que haviam partido de si próprio, no sentido de assegurar, entre outros, o sustento do clero e de disponibilizar instalações para o exercício do culto.

O papa Pio VI faleceu em 1799. O seu sucessor, que, programaticamente, se autocognominou Pio VII (1800-1823), assumiu uma contraposição determinada para com a política francesa, que acabou por resultar na assinatura de uma Concordata com Napoleão Bonaparte a 15 de Julho de 1801. Certamente um êxito de diplomacia papal, mas que mesmo não sendo destruído pela agitação autocrática de Napoleão, foi por ela relativizada, já que por meio de um acto jurídico do governo francês Napoleão acrescentou 77 chamados «artigos orgânicos» a esta Concordata. Apesar de nunca terem sido reconhecidos pelo papa, formaram as bases da política eclesiástica dos governos franceses seguintes.

Com estes artigos orgânicos – apesar da Concordata existente (!) – a Igreja Católica Romana ficou totalmente sob o controlo das autoridades estatais. Napoleão acrescentou a esta lei 44 artigos orgânicos para a Igreja Reformada Luterana, ao que se seguiram, no ano de 1808, três decretos para as organizações religiosas judaicas. Estes e outros actos jurídicos estatais completaram o estado de (des)graça das Igrejas e organizações religiosas para com o Estado.

Não é preciso ter uma imaginação muito fértil para se chegar à conclusão de que esta regulamentação – que, sob essa forma, acabava por não o ser – teria de levar ao surgimento de tensões dentro da sociedade e dos partidos políticos. No geral, formaram-se dois grupos: os estritos anticlericais de tendências republicanas e os partidários da ordem tradicional de uma sociedade que se orientava pelo *Ancien Régime*.

Uma outra alteração, que veio piorar ainda mais a situação dos crentes, independentemente da sua confissão, representou a subida ao poder dos republicanos, em 1879/80. Para os republicanos, o anticlericalismo surgia, em primeiro lugar, no seu programa político.

Apesar da existência de uma Concordata válida, este governo promulgou, de seguida, várias leis que dificultaram ainda mais a existência das organizações religiosas. Esta evolução política de confronto levou finalmente ao corte de relações diplomáticas com a Santa Sé em 1904.

No ano seguinte, a 9 de Dezembro de 1905, o governo votou uma lei através da qual foi introduzida a reformulada separação entre Estado e Igreja e em que se aboliu a existência de «organizações religiosas reconhecidas pelo Estado».

Desta secularização estrita ficaram de fora, no entanto, os departamentos do Alto Reno, Baixo Reno e Mosela. No ano de 1905, ou seja, quando esta lei foi votada, faziam parte do Império alemão e beneficiavam, por isso, de uma regulamentação especial com base na Concordata entre o Império e a Santa Sé. Após a sua integração no território francês, este estatuto jurídico foi mantido, na sequência dos tratados de paz após a I Guerra Mundial, no ano de 1918, após pressão tanto dos políticos como da população.

Desde o ano de 1905 que passou a ser recusado o «reconhecimento» às organizações religiosas. Deixaram de ser instituições públicas e foram atribuídas ao domínio dos assuntos privados. A Santa Sé apresentou o seu protesto contra esta total privatização da religião e da Igreja. Por conseguinte, o papa condenou, através da sua encíclica *Vehementer nos*, de 11 de Fevereiro de 1906, a política do governo francês, e obrigou o clero à desobediência civil.

De facto, a tentativa de fazer vigorar uma estrita separação entre Estado e Igreja trouxe, na prática, muitos problemas, o que levou a constantes «ajustes» através de novas leis e das Constituições que se seguiram. Assim, por exemplo, no diploma de 1946, é constitucionalmente garantido o princípio da liberdade de consciência e, na Constituição de 1956, o princípio do livre exercício da religião.

Na prática, isto significava um dilema político-eclesiástico peculiar: os princípios da liberdade religiosa e de consciência eram, por um lado, aceites e protegidos por princípio e em sentido lato, mas, por outro, as Igrejas e as organizações religiosas não eram «reconhecidas» pelo Estado. A «privacidade» das organizações religiosas e Igrejas é, ao mesmo tempo, relativizada pelo facto de o Estado passar a assumi--las de várias maneiras como sendo parte das suas obrigações, o que não se pode evitar quando, por exemplo, as Igrejas exploram organizações de caridade ou de ensino (escolas privadas, escolas superiores de teologia, etc.) e suportam meios próprios, ou quando cedem elementos do clero para prestar assistência religiosa nos hospitais, nas prisões ou em instituições militares.

O sistema de *laicité française* ainda não elaborou até hoje qualquer definição vinculativa de religião. «*A priori*, num Estado neutro, que não reconhece qualquer organização religiosa, o legislador não tem competência para tomar qualquer decisão sobre esta matéria» ([86]).

Se não o legislador, quem decide então quem ou o que é a Igreja ou a religião? A resposta é: a judicatura. De facto, são os juízes dos diferentes Tribunais de Justiça que, através das suas decisões, contribuem de forma muito considerável para a formação de um *corpus iuridicum*, com respeito à religião e à Igreja, o que, no seu somatório, merece de facto a designação de direito eclesiástico estatal.

Como já referimos vagamente, não existe no território do Estado francês qualquer direito eclesiástico estatal. Assim, é possível descortinar diferenças assinaláveis, não só na Alsácia-Lorena, mas também nos territórios ultramarinos franceses. Em última análise, o carácter singular da laicidade francesa também fica bem patente, porque o presidente da República Francesa exerce o cargo de chefe de Estado de Andorra em regime de união pessoal, em conjunto com o bispo católico romano de Urgell, em Espanha, etc.

3.3. Áustria

A realidade religiosa e sociológica da Áustria continua a ser fortemente marcada pela Contra-Reforma dos Habsburgos. Isso fica demonstrado, de forma belíssima, na arquitectura sacral contra-reformista barroca, na estrutura eclesiástica reordenada por José II, bem como nos arreigados costumes religiosos rurais.

Graças ao seu levantamento preciso de dados, os censos de 15 de Maio de 2001 permitem uma óptima visão sobre a composição eclesiástica e confessional da população. A organização austríaca Statistik Austria [Estatística da Áustria] apresenta detalhadamente os seguintes dados:

› População total: 8 032 926.
› Igreja Católica Romana: 73,64%; Igrejas unificadas: 0,02%; Igrejas ortodoxas: 2,23%; confissões evangélicas (Confissão de Augsburgo e Helvética): 4,68%; outras Igrejas e comunidades de inspiração cristã: 0,86%; judeus: 0,10%; muçulmanos: 4,23%; outras comunidades não cristãs: 0,25%; sem confissão religiosa: 11,99%; sem resposta: 2%.

Pormenorizadamente, há que distinguir entre o «direito eclesiástico comum», que contém determinações válidas para todas as Igrejas e instituições religiosas, e o «direito eclesiástico específico», que, como o nome indica, só se aplica a determinadas Igrejas e instituições religiosas [87]. Do último faz parte a Concordata, fundamental em relação à Igreja Católica Romana, juntamente com os Tratados que o complementam [88].

Para as confissões protestantes, a lei federal de 6 de Julho de 1961 é de extrema importância, já que foi através dela que as Igrejas protestantes, tanto das confissões de Augsburgo (luterana), como da helvética (calvinista), ficaram equiparadas às Igrejas legalmente reconhecidas e à Igreja Católica Romana.

A relação jurídica com a Igreja greco-ortodoxa (oriental) e, por conseguinte, o seu reconhecimento estatal são regulamentados pela lei federal de 23 de Junho de 1967.

Para a comunidade religiosa israelita já existe uma relação jurídica desde 1980, que em 1984 foi adaptada à realidade actual.

Primeiro, não foi atribuído aos muçulmanos, em 1912, qualquer reconhecimento corporativo, sendo concedido aos crentes, a título individual, o estatuto de membros de uma confissão genericamente reconhecida. Só em 1988 se seguiu o reconhecimento estatal da organização religiosa islâmica enquanto instituição. Por último, foi criada uma lei própria para as Igrejas orientais antigas.

A partir do corpo jurídico existente e da prática política, resulta uma relação concreta entre Estado e Igreja, que assenta em dois princípios fundamentais, o do direito fundamental do homem à liberdade religiosa e confessional, e o da protecção constitucional da actividade corporativa das organizações religiosas na esfera pública. Não existe uma separação entre Igreja e Estado em sentido restrito, já que o Estado aceita a actividade pública das Igrejas e das organizações religiosas e reconhece várias formas de cooperação com elas, nem há lugar a qualquer primazia, qualquer que seja a religião, isto é, o Estado assume para com as Igrejas e organizações religiosas uma posição de neutralidade ([89]).

A Áustria faz assim parte dos Estados cuja relação jurídica eclesiástica estatal é caracterizada pelo sistema cooperativista.

Apesar da relação regulamentada, basicamente, de forma muita satisfatória, ainda existe alguma incerteza jurídica, em relação à prática do reconhecimento de confissões não legalmente reconhecidas até agora. Apesar de a lei do reconhecimento, de 1874, definir os pressupostos necessários para tal – que são a concordância da doutrina, do culto e da estrutura organizativa com as determinações legais e os hábitos vigentes –, de acordo com a jurisprudência uniforme do tribunal administrativo não existe qualquer direito adquirido ao reconhecimento, enquanto, segundo o parecer do Tribunal Constitucional, o simples cumprimento dos pressupostos exigidos é considerado suficiente. No entanto, para as organizações religiosas (ou aquelas que se fazem passar por tal) a quem tenha sido recusado o reconhecimento estatal, ou para aquelas que, seja qual for a razão, não aspirem ao mesmo, existe a possibilidade de se constituírem como associações, o que foi o caso, por exemplo, da «Igreja de Cientologia da Áustria» e da «Missão de Cientologia da Áustria».

Além do mais, um reconhecimento estatal tem de se concretizar por via legal. A recusa de um pedido não representa, por um lado, a recusa do reconhecimento em si, mas apenas a manifestação, por parte da autoridade, da sua intenção de não promulgar qualquer lei. Por outro lado, e uma vez que, como se disse, não existe direito adquirido ao reconhecimento, não se pode usar a via do recurso contra a recusa do pedido.

Com base na lei do reconhecimento, foram estatalmente reconhecidas até hoje as seguintes Igrejas e comunidades religiosas:

› Igreja Católica Antiga (1877);
› Igreja Metodista (1951);
› Igreja de Jesus Cristo dos Santos dos Últimos Dias (mórmons), (1955);
› Igreja Apostólica Arménia (1973);
› Igreja Nova-Apostólica da Áustria (1975);
› Comunidade Religiosa Budista da Áustria (1983);
› Igreja Ortodoxa Síria (1988);
› Igrejas Ortodoxas Orientais (2003).

A lei federal «sobre a personalidade jurídica de organizações confessionais religiosas», de 1988, representou um novo desenvolvimento, já que, segundo a mesma, é primeiro concedido a uma organização religiosa o estatuto de associação por um período de 10 anos e só após o término deste prazo pode ser feito o pedido para o reconhecimento, segundo a respectiva lei. Em rigor, com esta nova regulamentação, o legislador procedeu a um endurecimento da política de reconhecimentos.

Com base nesta nova lei, foram registadas, desde 1988 até hoje, 11 organizações religiosas, entre as quais, por exemplo, a hindu, a bahai, os coptas, os baptistas, os adventistas e outras organizações evangélicas.

A uma Igreja ou organização religiosa é reconhecida uma personalidade jurídica própria, de acordo com os respectivos fundamentos, e cuja capacidade jurídica é, com a respectiva forma e alcance, definida pelo Código Civil.

A questão do financiamento está regulamentada para as Igrejas Católica Romana, Evangélica e Católica Antiga pela Lei das Contribuições das Igrejas, de 1 de Maio de 1939 (lei para a cobrança das contribuições da Igreja na Áustria), que foi incluída no direito austríaco, após o final do domínio forçado nacional-socialista, incluindo as leis que se seguiram.

Por força da lei, todos os membros de Igrejas maiores de idade estão obrigados a pagar contribuições, extinguindo-se com a saída da Igreja. A obrigação e a cobrança das contribuições da Igreja baseiam-se num regulamento de contribuições, promulgado pelas próprias Igrejas. O Estado proporciona assistência às Igrejas, na medida em que os pagamentos de contribuições em atraso podem ser reclamados por via do direito civil, podendo o acórdão ser executado obrigatoriamente a pedido da Igreja. Para as Igrejas e organizações religiosas não abrangidas pela Lei das Contribuições das Igrejas existem formas diferentes de financiamento através dos seus membros. Mas, em todo o caso, é possível a uma dessas organizações recorrer à execução administrativa, para conseguir a cobrança das suas quotas-partes, o que, na prática, com algumas excepções (por exemplo, a comunidade religiosa israelita), acaba por não ter qualquer uso.

Como em muitos outros Estados, existem diferentes bonificações a nível contributivo e fiscal para as Igrejas e outras organizações religiosas. Além disso, a República da Áustria está obrigada, segundo o Artigo 26.º do Tratado de Estado de 15 de Maio de 1955, a recompensar as Igrejas e as organizações religiosas pelos danos monetários que tenham sofrido durante o domínio forçado nacional-socialista. Com base nisto, foram criadas as respectivas regulamentações para as Igrejas Católica Romana, Evangélica e Católica Antiga, bem como para a comunidade de culto israelita.

Já por várias vezes foi realçado que faz parte da política religiosa e eclesiástica da UE o princípio fundamental de que esta deve ser deixada, essencialmente, ao cuidado dos Estados-membros. A resposta a questões como quem ou o que constitui uma Igreja ou outras organizações religiosas e quais as consequências de um reconhecimento jurídico-estatal enquanto Igreja (autorização para dar aulas em escolas públicas, acesso aos meios de comunicação social públicos, apoios financeiros estatais, etc.) diz respeito (quase) exclusivamente aos Estados-membros da UE. O direito primário da UE com respeito às religiões e Igrejas está delineado de forma apenas rudimentar, mas orienta-se, enquanto tal, pelos princípios fundamentais. O processo de integração, em constante evolução, não se detém, no entanto, nas organizações religiosas ou Igrejas. Isto significa que existe uma quantidade cada vez maior de matérias de relevância eclesiástica e religiosa a ser tratadas pelas Instituições Europeias. O direito secundário também cresceu, devido a essa situação, até se tornar num *corpus iuridicum* de dimensão apreciável. No entanto, os que são directamente afectados ainda não dispõem, no procedimento legislativo, de qualquer possibilidade de intervenção (ou apenas muito limitada), o que, naturalmente, é considerado por muitos como uma desvantagem.

O que deve ser tido em conta é que as organizações religiosas e as Igrejas, fazendo exactamente referência à liberdade religiosa, querem contribuir para a definição dos processos de integração europeus e não pretendem assumir um papel mais ou menos passivo a nível comunitário. Mas será que o quadro legal da UE tem, sequer, a capacidade de fornecer a respectiva base para um compromisso de política europeia, consolidado em termos religiosos, e para uma política religiosa e eclesiástica em geral?

CAPÍTULO 3

OS FUNDAMENTOS LEGAIS PARA UMA POLÍTICA RELIGIOSA E ECLESIÁSTICA NA UNIÃO EUROPEIA

É por demais evidente que um organismo que evoluiu historicamente, como é o caso da UE, seja constituído por um sistema jurídico, que reflicta a vontade criativa dos seus fundadores (mas igualmente determinado por estes), e que também seja, por sua vez, um produto de desenvolvimentos histórico-políticos concretos, mas que esteja, ao mesmo tempo, dotado de um tipo de sistema jurídico que coloque a União Europeia em posição de cumprir os objectivos desejados pelos seus fundadores.

A questão acerca dos fundamentos jurídicos, dos elementos constitutivos do direito da UE e do âmbito executivo dos seus órgãos tem de ser tida em conta se quisermos classificar mais apropriadamente as oportunidades e os riscos, ou, melhor dizendo, os obstáculos às actividades político-eclesiásticas e político-religiosas.

A capacidade de fazer prevalecer os pedidos político-eclesiásticos e, compreensivelmente, os de natureza pastoral, também tem a ver, em última análise, com o conhecimento e a aplicabilidade do instrumentário jurídico, que faz parte do elemento constitutivo determinante da União Europeia.

1. A natureza jurídica da União Europeia

Na sua actual configuração, a UE não constitui nem uma Organização Internacional, nem um Estado. O que é, então, a UE, segundo a sua natureza jurídica? Em relação a isto, há que ter em conta, em primeiro lugar, que a UE se vê a si própria simplesmente como uma etapa «no processo de criação de uma união cada vez mais estreita entre os povos da Europa» ([1]). Com isto, fica bem clara a sua primeira meta, que significa o seu programa, ao qual aspira o processo de integração. Esta orientação final da política europeia de integração deve ter, por natureza, efeitos directos sobre a natureza jurídica da União Europeia. O TUE fala da intenção de um processo de unificação de Estados soberanos, rumo a uma União que ainda não é, certamente, visível do ponto de vista da definição da sua arquitectura política, mas que já foi estabelecida enquanto experiência política. A UE está definida, antes de mais, como uma comunidade de direito com objectivos abertos para o futuro. Em rigor, a UE possui um carácter experimental. Está-lhe por isso inerente o elemento de provisoriedade, de variabilidade, bem como a possibilidade de sucesso e o perigo de fracasso do processo de desenvolvimento. Ainda não é uma União (no sentido último do processo de integração), mesmo que assim se denomine, mas uma Comunidade de, actualmente, 25 ([*]) Estados soberanos que, renunciando a vários direitos soberanos e nacionais, ficou um pouco mais completa a 1 de Maio de 2004, aumentando-a em 10 Estados para além dos 15 já existentes ([**]), não tendo chegado, ainda, ao seu bem sucedido final. Integração europeia significa – e isto tem de ficar bem claro para todos os que dela fazem parte – a transferência de direitos nacionais de soberania a favor da Comunidade Solidária na Europa. A citada determinação do TUE realça muito bem o carácter dinâmico e a finalidade ambicionada.

No entanto, ao mesmo tempo volta a ser a própria UE a restringir o seu ambicionado objectivo, ao salientar a identidade nacional dos seus Estados-membros *expressis verbis* ([2]). Foi já referido anteriormente que a UE não é uma Organização Internacional, nem um Estado, mas uma forma específica de união inter-estatal, uma comunidade, uma união de Estados com características comunitárias. Mais concretamente, a UE é uma Comunidade de direito de Estados soberanos com renúncia parcial de direitos de soberania a seu favor, e com base no Tratado da União Europeia.

O termo «Comunidade», usado para se caracterizar a União Europeia, está definido de forma vaga, no que respeita ao conteúdo, mas legitimado

---

([*]) Cf. *N.T.* na página 20.
([**]) Cf. *N.T.* na página 20.

enquanto conceito político e, de certa forma, também jurídico, através das primeiras formas do processo de integração europeia, das Comunidades *sui generis*, ou seja, a CECA, a CEEA e a CEE. A escolha do conceito de «Comunidade», acrescente-se, recua até ao representante alemão do plano Schuman, Carl Friedrich Ophüls, que o introduziu em 1950/51, no que viria a revelar-se uma feliz coincidência, uma vez que «esta palavra desperta emoções conceptuais e emocionais idênticas, nas diferentes línguas comunitárias (*communauté, communità, community*, etc.)([3]).

No entanto, há que separar de forma clara o duplo emprego deste conceito de «Comunidade»: por um lado, Comunidade significa a UE enquanto União (emprego do conceito em termos políticos), por outro, as Comunidades que a constituem (emprego do conceito em termos institucionais). Apesar do seu significado vago, continua a ser válido até hoje enquanto *terminus technicus*, uma vez que a UE ainda se «funda» nas «Comunidades Europeias» ([4]). Em consonância, a União significa então, desde o Tratado de Maastricht, uma designação genérica para a interligação institucional das Comunidades com a «Política Externa e de Segurança Comum» (PESC) e com a «Cooperação de Justiça e dos Assuntos Internos» (CJAI), e não a sua união, no sentido político ou jurídico, numa personalidade jurídica única e soberana.

Nem as Comunidades Europeias, nem a União Europeia são um Estado, nem sequer um Estado federal. Para tal, e segundo o direito internacional clássico, falta reunir todos os pressupostos, ou seja, em primeiro lugar, a soberania territorial abrangente (território nacional); em segundo, a soberania pessoal abrangente (o povo de um país) e, em terceiro lugar, a auto-imposta autoridade social abrangente (ordem estatal ou governo) ([5]).

Para destacar ainda mais a natureza jurídica da UE nos seus contornos, deve mencionar-se que a PESC e a CJAI possuem apenas carácter «complementar» ([6]) em relação às Comunidades. Na forma vigente no Tratado de Maastricht, através da sua versão do Tratado de Amesterdão, a UE assenta em três pilares, que se distinguem uns dos outros pelas respectivas naturezas jurídicas e que mantêm uma relação mútua específica.

O primeiro pilar é constituído pelas Comunidades Europeias, que se definem como instituições supra-estatais (supranacionais), enquanto o segundo (a PESC) e o terceiro (a CJAI) possuem carácter intergovernamental, ou seja, consideram-se instituições que se baseiam no princípio da cooperação intergovernamental.

A natureza jurídica da UE é, assim, constituída por uma mistura de elementos jurídicos supranacionais e intergovernamentais, em que o termo «união» sugere uma maior supranacionalidade do que aquele que lhe cabe *de jure*. Não podemos esquecer-nos, no entanto, que as Comunidades Europeias gozam de uma quantidade relativamente elevada de competências.

Até ao Tratado de Maastricht, o conceito de «união» era algo discutível e encontra agora, em termos de conteúdo, uma definição concreta ([7]) na Constituição para a Europa, mas pode ainda ser politicamente interpretado como União de Estados ou Estado federal. Os chamados federalistas europeus, como Monet, Hallstein e outros, usaram-no com uma conotação federal, enquanto os políticos mais pró-soberania, como De Gaulle e, mais tarde, Thatcher, entendiam a União como uma «Europa das Pátrias». Com Maastricht deu-se, porém, uma primeira clarificação histórico-conceptual, na medida em que a União passou a deter um perfil mais supranacional.

Na prática política, houve, com toda a certeza, interpretações diversas, como por exemplo as que se incluem na Constituição Francesa, e que exprimem, de forma bem conseguida, a complexidade da natureza jurídica da União. Exemplo: «Union européenne, constituée d'Etats qui ont choisi librement, en vertu des traités qui les ont instituées, d'exercer en commun certaines de leurs compétences» ([8]) [União Europeia, constituída por Estados que escolheram livremente, devido aos Tratados que os instituíram, exercer em comum algumas das suas competências]. Neste texto, estão incluídos todos os elementos importantes de natureza jurídica da União Europeia: a soberania dos Estados-membros, por um lado, e o exercício supranacional de certos direitos de soberania, dos quais se abdicou de algumas partes a favor da Comunidade, por outro.

Os Estados-membros, cuja soberania será mantida no futuro, abdicaram agora, a uma escala assinalável, de direitos de soberania a favor das Comunidades. Assim, a Constituição para a Europa estabelece: «A Constituição e o direito adoptado pelas Instituições da União, no exercício das competências que lhe são atribuídas, primam sobre o direito dos Estados-membros» ([9]).

Dos domínios de competência exclusiva fazem parte, por exemplo:

a) União Aduaneira;
b) Estabelecimento das regras de concorrência necessárias para o funcionamento do Mercado Interno;

c) Política monetária para os Estados-membros, cuja moeda é o euro;

d) Conservação dos recursos marinhos biológicos, no âmbito da Política Comum das Pescas;

e) Política Comercial Comum ([10]).

O carácter supra-nacional da CE/UE não é, de facto, uma novidade específica, já que a evolução do direito internacional inclui uma grande variedade de órgãos e instituições supra-nacionais, como as Nações Unidas, o Tribunal Europeu dos Direitos do Homem, o Fundo Monetário Internacional, etc. A característica da UE enquanto União, e também a sua natureza jurídica específica, consiste na interligação, na mistura do direito supranacional (primeiro pilar) e do intergovernamental (segundo e terceiro pilares) e é, assim, sob esta forma, uma comunidade jurídica *sui generis*, ou seja, nem é um Estado nem é uma Organização Internacional.

2. A personalidade jurídica da União Europeia

O TUE também é chamado «Tratado da União», uma vez que não complementa apenas as Comunidades e a PESC e a CJAI, mas reúne-as numa nova interligação – precisamente a UE –, criando assim uma Instituição Europeia de âmbito especial. São estes três pilares que, na sua coordenação e no seu conjunto, constituem exactamente a União Europeia. Para designar esta unidade da Comunidade, entrou gradualmente nos hábitos linguísticos correntes o conceito de União Europeia, sob a sigla UE. No entanto, esta não é uma união no sentido de fusão, nem mesmo através do Tratado de Nice ou da Constituição para a Europa. O que pôde ser gradualmente realizado foi a crescente comunitarização, a «europeização» (por exemplo, através do Tratado da Comunidade Europeia, de 1957, do Tratado de Maastricht sobre a União Europeia, em 1991, do Tratado de Amesterdão, em 1997, e do Tratado de Nice em 2000, até à Constituição para a Europa, em 2004). Nestes textos, foram sendo adoptados os conceitos de «Parlamento Europeu», «Comissão Europeia», etc.

Em consonância com as diferentes naturezas jurídicas dos três pilares, em particular, e da UE, em geral, compete-lhes ao mesmo tempo diferentes personalidades jurídicas, o que é óbvio, já que o segundo e o terceiro pilares, constituídos pelos Estados-membros da UE, representam pessoas de direito internacional.

Do exposto até agora, tornou-se claro que a UE, enquanto estrutura integral que assenta em três pilares, não é um Estado nem uma Organização Internacional, mas, do ponto de vista jurídico, uma cooperação intergovernamental baseada em tratados. No entanto, a UE receberá, de futuro, uma personalidade jurídica própria ([11]), com um âmbito institucional comum, o que lhe irá permitir estabelecer acordos internacionais de forma autónoma.

Este âmbito institucional comum é caracterizado *expressis verbis* pelos preceitos da «coerência, eficácia e continuidade», em relação a todas as actividades obrigatórias para os objectivos da União ([12]). Para a consecução deste objectivo, a UE recorre, entre outros, aos seguintes órgãos comunitários: Parlamento Europeu, Conselho Europeu, Conselho de Ministros («Conselho»), Comissão Europeia e Tribunal de Justiça ([13]).

O Parlamento Europeu e o Conselho de Ministros representam, no âmbito do exercício comum de funções, o legislador ([14]). O Conselho Europeu «não exerce função legislativa», mas «dá à União os impulsos necessários (...) e define as orientações e prioridades políticas gerais da União» ([15]). Ou seja, na sua essência, acaba por ser um órgão político constituído pelos chefes de Estado e de governo dos Estados-membros e pelo presidente da Comissão e, na antecâmara da acção jurídica dos três órgãos, toma decisões de âmbito fundamental em relação à consecução dos objectivos da UE.

3. Os âmbitos espacial, pessoal e temporal da União Europeia

Em relação ao âmbito espacial, há que referir o seguinte: foi por várias vezes destacado que nem a UE nem as Comunidades Europeias que as fundaram são Estados, razão pela qual lhes falta, por conseguinte, o atributo de soberania pública abrangente. Os Tratados das Comunidades Europeias são plenamente válidos, por princípio, nos territórios nacionais europeus dos Estados-membros ([16]). No entanto, existem algumas excepções a nível territorial. Dois exemplos para ilustrar: nas ilhas Faroé, pertencentes à soberania territorial da Dinamarca, os Tratados não se aplicam; as Ilhas do Canal britânicas e a Ilha de Man só estão incluídas, em substância, na União Aduaneira.

Os Tratados também se aplicam, no que diz respeito ao seu âmbito territorial, à plataforma continental ([17]) e às águas costeiras ([18]) dos Estados-membros, assim como ao seu espaço aéreo ([19]).

As Comunidades Europeias e a UE não dispõem de uma soberania territorial abrangente comum, nem de uma soberania pessoal. Isto evidencia-se claramente pelo facto de não constituírem um Estado e, por isso, também não exercerem qualquer acção de governo sobre um povo ou sobre os próprios cidadãos. Um caso especial é a chamada «cidadania da União», que não é idêntica à cidadania nacional, nem a substitui, mas apenas lhe acresce ([20]).

O âmbito pessoal dos tratados comunitários apontou, principalmente no início, tanto na direcção das pessoas jurídicas, como das pessoas singulares. Deve ser mencionado, a este propósito, que as autarquias regionais e locais são especialmente destacadas, ou seja, as «regiões» ([21]). Na prática, no entanto, a aplicação concreta do direito europeu às diferentes autarquias torna-se difícil, já que elas assumem formas muito variadas entre si e, por vezes, até incluem territórios que ignoram as fronteiras estatais, como por exemplo a «Região Europeia do Tirol», que se estende por partes de território pertencentes à Áustria e à Itália. Mas «região» também pode incluir, por exemplo, um Estado federal ou vários Estados federais, uma freguesia ou uma associação de municípios. «Região» pode ainda designar um território criado segundo critérios objectivos – por exemplo, segundo o seu grau de desenvolvimento ou de elegibilidade, etc.

A este propósito, convém acrescentar que, até agora, o direito da União Europeia tematizou apenas de forma expressamente rudimentar as minorias nacionais e os grupos étnicos. No entanto, o direito das minorias faz, consequentemente, parte integrante das políticas da UE, e também está regulamentado pela Convenção Europeia dos Direitos do Homem. Os Estados-membros assinaram o acordo-quadro do Conselho da Europa para a protecção das minorias internacionais, em 1/2/1995, constituindo, assim, o direito a ser observado. Adicionalmente, no entanto, também há lugar à aplicação do direito pelo facto de, por princípio, ser proibida na União Europeia toda a forma de discriminação no que diz respeito à nacionalidade, o que se aplica a todos os cidadãos da União ([22]). Significado muito especial assume também o facto de a UE prever regulamentações para a proibição de outras formas variadas de discriminação ([23]) e (por proposta da Comissão e após consulta ao Parlamento Europeu) poder tomar medidas suplementares antidiscriminação – entre outros, relativamente à religião ou à confissão, o que é expressamente destacado ([24]).

Por fim, deve ser mencionado, a bem da completude, que os tratados e os actos jurídicos decretados pelos órgãos da União Europeia com base nesses tratados constituem direito imediato, ou seja, possuem validade jurídica directa e imediata. A partir deste facto, torna-se evidente a natureza jurídica supranacional das Comunidades Europeias, em cujo quadro os Estados-membros abdicaram de determinados direitos de soberania a favor das Comunidades. Constituem um óptimo exemplo os decretos de direito comunitário, que não só têm validade universal e possuem carácter vinculativo geral, mas também são válidos perante o Estado em todos os Estados-membros e perante pessoas jurídicas e naturais.

Os segundo e terceiro pilares da UE, e a própria UE enquanto cúpula, não incluem esses efeitos vinculativos sobre pessoas jurídicas e naturais, mas são integralmente dirigidos a Estados-membros.

Em relação à duração temporal da vigência dos tratados, há que dizer que os Tratados da CE ([25]), da CEEA ([26]) e da UE ([27]) foram estabelecidos com «vigência ilimitada». Como é sabido, o Tratado CECA expirou no Verão de 2002, após o término da sua duração contratualmente estabelecida de 50 anos.

O facto de os tratados fundadores terem sido estabelecidos com «vigência ilimitada» é interpretado pelas ciências jurídicas no sentido em que as Comunidades Europeias e a UE foram globalmente concebidas para ter uma vigência ilimitada e, por conseguinte, para perdurarem no tempo, e que devem ser entendidas tendo como pano de fundo um processo de integração constantemente a ser aprofundado – um processo que, como já verificámos, aponta na direcção de uma «união cada vez mais estreita entre os povos da Europa» ([28]).

A partir do direito instituído, bem como da interpretação teleológica dos tratados fundadores, resulta a dedução de que poderiam, por um lado, ser revogados pelos Estados-membros enquanto «senhores dos tratados», o que é tido como algo de muito improvável na prática. Determinações sobre a dissolução da União não há, mas as disposições sobre a revogação de tratados anteriores ([29]) e sobre a saída de Estados-membros da União estão incluídas na Constituição para a Europa ([30]).

O Tratado da União Europeia inclui, em relação a certos direitos de um Estado-membro, uma chamada cláusula de suspensão, que também está incluída na Constituição para a Europa ([31]). Esta cláusula prevê que em caso de violação por um Estado-membro dos princípios em que se funda a União (liberdade, democracia, respeito pelos direitos do Homem e pelas liberdades fundamentais, Estado de Direito), o Conselho, após consulta ao Parlamento Europeu, pode decidir suspender alguns dos direitos desse Estado-membro (por exemplo, o seu direito de voto no Conselho.) O Estado-membro em causa continuará, no entanto, vinculado às obrigações que lhe incumbem por força do Tratado. Esta cláusula de suspensão representa, sem dúvida, um mecanismo sancionatório contra um Estado-membro para o incentivar a uma mudança de atitude política e tem, por isso, um tempo de duração limitado. Em relação à saída de um ou mais Estados-membros da União Europeia e à suspensão do estatuto de membro, existe uma discussão controversa nas ciências jurídicas sobre a licitude dessas possibilidades enquanto excepções à regra geral. Até agora, nem sequer houve indícios destas possibilidades teóricas passarem, eventualmente, à prática. A União, enquanto processo de integração rumo a uma união cada vez mais estreita entre os povos da Europa, deverá ser irreversível, embora o seu carácter processual seja aberto, tanto do ponto de vista pragmático como temporal.

4. As disposições jurídico-religiosas na União Europeia

Toda a organização político-social possui, em regra, uma estrutura organizativa, estabelecida por escrito, uma Constituição no sentido mais lato do termo. Nesta Constituição é especificada a estrutura da colectividade, são definidos os seus fundamentos, ordenados os seus elementos constituintes entre si e em relação ao todo, definidos os objectivos globais e determinados os mecanismos pelos quais são tomadas as decisões de forma vinculativa.

Enquanto a Constituição para a Europa não for ratificada pelos Estados-membros e não entrar, assim, em vigor, a actual estrutura da UE enquanto cúpula, que assenta em três pilares, irá continuar a determinar, material e formalmente, o processo legislativo e respectivos conteúdos.

Isto aplica-se, em especial, às disposições jurídico-religiosas na UE, que se distinguem umas das outras por três categorias interdependentes:

a) o direito primário, como está assente nos tratados constituintes, incluindo os respectivos aditamentos e alterações;

b) o direito derivado, como é formado pelos diferentes órgãos comunitários, e

c) o sistema jurídico eclesiástico estatal, como cada Estado-membro da UE designa respectivamente como seu.

As disposições jurídico-religiosas são uma consequência da Constituição da União Europeia. Como foi dito, esta não possui qualquer carta constitucional na forma de texto único e coerente. A «versão» até agora existente resulta de um somatório de direitos fundamentais, disposições e regras dos diferentes órgãos e instituições, dotados de competência legislativa. Este somatório de disposições jurídicas encontra-se, por isso, em parte, nos tratados constituintes ou nos actos legislativos realizados pelos órgãos comunitários, mas que se fixam, em parte, como «costumes» do direito consuetudinário.

4.1. As disposições de direito primário

O direito primário da UE conhece poucas disposições acerca de religiões, Igrejas, organizações religiosas e não confessionais e uniões, mas elas são fundamentais. É marcado por uma discrição quase temerosa e possui traços apenas rudimentares. No seu conjunto global facilmente reconhecível, o *corpus* jurídico primário permite reconhecer uma tendência implícita para deixar ao critério de cada um dos Estados-membros a regulamentação das questões de direito eclesiástico e religioso.

Isto tem como consequência positiva o facto de cada Estado continuar a ter autoridade para, no âmbito da sua soberania nacional, regulamentar a sua própria relação com as religiões e as Igrejas, mas também tem como consequência negativa o facto de as bases jurídicas para uma política religiosa e eclesiástica «comum» ficarem particularizadas e fragmentadas. O direito primário da UE reconhece, em larga medida, o primado do direito nacional na sua relação com o direito comunitário. Como é fácil de compreender, isto coloca questões novas e importantes, se tivermos, por exemplo, em conta o contínuo desenvolvimento do processo de integração da UE, o desafio colocado pelo Islão, ou as situações vividas pelas Igrejas, que passam por um processo radical de transformação em alguns Estados-membros, e que permitem reconhecer a indicação de uma mais forte consolidação jurídico-comunitária da política religiosa e eclesiástica.

Quais são, então, as disposições fundamentais do direito primário comum em relação a esta matéria? No essencial, podemos mencionar as seguintes:

a) TUE, Artigo 6.º, n.º 2 ([32]);
b) Declaração n.º 8 à acta final do Tratado de Amesterdão ([33]);
c) Declaração n.º 11, anexa à mesma acta final ([34]);
d) Tratado CE, Artigo 13.º ([35]);
e) Constituição para a Europa, Artigo 47.º e, principalmente, o Artigo 52.º ([36]), assim como
f) A Carta dos Direitos Fundamentais da União, adoptada no Tratado referido acima como parte II ([37]);
g) A Carta Social Europeia;
h) A Carta Comunitária dos Direitos Sociais Fundamentais dos Trabalhadores, assim como
i) A Convenção para a Protecção dos Direitos do Homem e das Liberdades Fundamentais, incluindo o protocolo adicional ([38]).

Observação: a Carta dos Direitos Fundamentais da União Europeia, de 7 de Dezembro de 2000, ([39]) ainda não possui, neste momento, valor jurídico vinculativo, mas graças à sua capacidade orientadora política fundamental goza de elevado apreço e devido ao seu significado acabou também por ser adoptada como parte II da Constituição para a Europa, constituindo, assim, de futuro, direito da UE.

4.1.1. O Tratado da UE: religiões e Igrejas como parceiros?

As disposições acima mencionadas para as religiões e Igrejas são fundamentais no seu significado, embora possuam diferente força jurídica. Enquanto o Artigo 6.º, n.º 2, do TUE, constitui direito primário comunitário que derroga o direito de todo o Estado-membro e que, não havendo um acto próprio de transferência jurídica, significa direito vinculativo em qualquer Estado-membro, as declarações n.º 8 (declaração unilateral por parte da Grécia, da qual a Conferência Intergovernamental «tomou nota») e n.º 11 (uma declaração geral «adoptada» pela Conferência Intergovernamental) também possuem força jurídica, mas com um poder vinculativo limitado.

O texto integral do Artigo 6.º, n.º 2, do TUE diz o seguinte: «A União respeita os direitos fundamentais, como os garante a Convenção Europeia de Salvaguarda dos Direitos do Homem e das Liberdades Fundamentais, assinada em Roma em 4 de Novembro de 1950, e que resultam das tradições constitucionais comuns aos Estados-membros, enquanto princípios gerais do direito comunitário».

Devido à referência directa à Convenção Europeia de Salvaguarda dos Direitos do Homem e das Liberdades Fundamentais, de 4 de Novembro de 1950, na sua versão definitiva de 11 de Maio de 1994, e ao protocolo adicional de 20 de Março de 1952, igualmente na sua versão definitiva de 11 de Maio de 1994, serão aqui reproduzidas na íntegra os excertos directamente determinantes, e na tradução oficial do Conselho da Europa para português (*).

Os correspondentes excertos textuais da CEDH (Convenção Europeia de Protecção dos Direitos do Homem) são:

Artigo 9.º [Liberdade de pensamento, de consciência e religião]

(1) Qualquer pessoa tem direito a liberdade de pensamento, de consciência e de religião; este direito implica a liberdade de mudar de religião ou de crença, assim como a de manifestar a sua religião ou a sua crença, individual ou colectivamente, em público ou em privado, por meio do culto, do ensino, de práticas e da celebração de ritos.

(2) A liberdade de manifestar a sua religião ou convicções, individual ou colectivamente, não pode ser objecto de outras restrições senão as que, previstas na lei, constituírem disposições necessárias, numa sociedade democrática, a segurança pública, a protecção da ordem, da saúde e moral públicas, ou a protecção dos direitos e liberdades de outrem.

«Artigo 14.º [Proibição de discriminação]

O gozo dos direitos e das liberdades, reconhecidos na presente Convenção, deve ser assegurado sem quaisquer distinções, como as fundadas no sexo, na raça, na cor, na língua, na religião, nas opiniões políticas ou outras, a origem nacional ou social, a pertença a uma minoria nacional, a riqueza, o nascimento ou qualquer outra situação».

A correspondente disposição do protocolo adicional diz:

«Artigo 2.º [Direito à instrução]

A ninguém pode ser negado o direito à instrução. O Estado, no exercício das funções que tem de assumir no campo da educação e do ensino,

---

(*) Segundo a cláusula final da Convenção Europeia de Protecção dos Direitos do Homem (CEDH), apenas as línguas inglesa e francesa são consideradas as autênticas da Convenção. Seguiremos aqui a tradução oficial portuguesa do Conselho da Europa. *(N.T.)*

respeitará o direito dos pais a assegurar a educação e o ensino consoante as suas convicções religiosas e filosóficas.»

Em termos de matéria jurídica, pelo que dispõe o Artigo 6.º, n.º 2 do TUE, a CEDH não se torna parte integrante do direito comunitário. Só podem tornar-se membros da CEDH os Estados-membros do Conselho da Europa, sendo que todos os Estados-membros da UE também o são, ao mesmo tempo, do Conselho da Europa e, nessa qualidade poderiam ser parte da Convenção; as Comunidades Europeias ou outros órgãos comunitários não o são. No entanto – e isto é, de facto, importante –, a CEDH é válida em todos os Estados-membros da UE e no seu valor jurídico constitui, desta forma, direito aplicável também no âmbito da Comunidade. Ao decretar que este direito seja tido em conta, a Comunidade toma, por sua vez, parte da substância da CEDH, sem fazer formalmente parte dela. Por conseguinte, e por princípio, o TJCE apropriou-se da CEDH para sua jurisprudência.

Para melhor se compreender todo o alcance do Artigo 6.º, n.º 2 do TUE, foi textualmente citado todo o teor do Artigo 9.º da CEDH e do Artigo 2.º do protocolo adicional à CEDH. Sem o conhecimento destas disposições, o Artigo 6.º, n.º 2 do TUE seria estranhamente reduzido. Só com essa referência toda a sua dimensão se torna clara. O próprio texto reduz-se, no fundo, à obrigatoriedade de a União «respeitar» os direitos fundamentais, sob observância das chamadas condições. O Tratado não decreta, assim, qualquer direito religioso fundamental próprio ou relevante para a Igreja, mas apenas declara estar pronto a «respeitar» os direitos fundamentais da CEDH.

De especial significado, em termos político-religiosos para a identidade da UE e o seu direito comunitário, é a segunda parte da frase, que relativiza um pouco a primeira, no sentido em que remete para a prevalência da relação nacional entre Estado e Igreja, própria de cada Estado-membro. O Artigo 6.º, n.º 2 surge, assim, a uma luz político--jurídica difusa, uma vez que ele próprio não produz qualquer definição jurídica, mas estabelece apenas que tanto considera as correspondentes determinações da CEDH como as dos Estados-membros como direitos fundamentais. Assim, a UE não ousa deixar-se ficar para segundo plano em relação à CEDH e ao direito dos seus Estados-membros, mas também não pode impor-se no que respeita a uma Constituição mais precisa de um direito comunitário genuíno para as religiões e Igrejas segundo a UE. Na sua formulação específica, este artigo não é escoadouro para uma política anti-religiosa, antes comprovam os esforços para uma posição neutra em termos religiosos. Aqui surge, no entanto, um dilema, que é precisamente o facto de a UE não poder ficar indiferente às religiões e às Igrejas. Esta realidade comprova, muito claramente, o direito comunitário derivado, que encerra nos seus conteúdos cada vez mais questões específicas sobre religiões e Igreja, mas tem também de enfrentar as exigências da política, em especial as que dizem respeito ao Islão.

Concentremo-nos, então, na declaração n.º 11 à acta final do Tratado de Amesterdão. O seu texto integral resume-se a dois parágrafos:

«A União respeita e não afecta o estatuto de que gozam, ao abrigo do direito nacional, as Igrejas e associações ou comunidades religiosas nos Estados-membros.

A União respeita igualmente o estatuto das organizações filosóficas e não confessionais.» ([40])

Na bibliografia, esta declaração é honrada, em primeira linha, pelo facto de que deve ilustrar melhor o Artigo 6.º, n.º 2 do TUE. Quando a UE expressou, no Artigo 6.º, n.º 2, que respeita os direitos dos Estados-membros com referência ao Artigo 9.º da CEDH, afirmou *expressis verbis*, através desta declaração, que faz menção de o fazer também com atenção ao estatuto das Igrejas e das organizações religiosas e não confessionais segundo o direito nacional.

O respeito pelo estatuto das Igrejas fica, portanto, expressamente registado, embora chamando novamente a atenção para o direito nacional. Se bem que, com isto, e em termos de conteúdo, esta declaração acaba por não ultrapassar a esfera do Artigo 6.º, n.º 2 do TUE – se exceptuarmos a segunda declaração de intenções nela incluída –, ao não querer prejudicar o estatuto, o que, em conjunto com o Artigo 9.º da CEDH, acaba por ser bastante óbvio. Houve, no entanto, algum progresso no facto de que, com esta declaração, o conceito de Igreja foi introduzido, pela primeira vez, num documento oficial da UE de importância fundamental.

Do ponto de vista das Igrejas, é tanto mais razão de regozijo quanto o facto de assim se passar a ter oficialmente conhecimento delas enquanto instituição, depois de, na restante panóplia de tratados da UE, os partidos políticos, os parceiros sociais (por exemplo, os sindicatos, as associações do patronato, etc.) e outras colectividades sociais terem expressamente encontrado referências positivas, mas as Igrejas não.

No entanto, também surgem algumas questões pelo facto de, em termos públicos – ou de direito público –, o estatuto das Igrejas e organizações religiosas e não confessionais estar regulamentado, de forma extremamente heterogénea, a nível nacional. No caso da Igreja Católica Romana, há ainda que ter em conta, além disso, as relações de direito internacional da Concordata com a Santa Sé (ou o Estado do Vaticano) que, não sendo membro das Comunidades Europeias/UE, representa um «terceiro Estado», com todas as consequências jurídicas e de direito internacional daí resultantes.

Existe alguma legitimidade em questionar por que razão ainda foi necessária uma declaração n.º 11, após a determinação com poder jurídico vinculativo do Artigo 6.º, n.º 2 do TUE. A génese deste Tratado demonstra, de forma muito clara, que foi o resultado de uma discussão de natureza político-filosófica. Como na maioria dos casos deste género, representa, portanto, um compromisso entre as forças em desacordo, e o resultado final pendeu, com certeza, para o lado das Igrejas e das organizações religiosas. É certo que o Tratado, em conjunto com a declaração, representa um ponto de vista neutro em relação às Igrejas, mas menciona-as pela primeira vez de forma explícita, garante-lhes atenção e, de certa forma, também protecção – no entanto, não em prejuízo do seu estatuto. Além disso, o Tratado, a par da declaração, não representa um ponto final (negativo) na relação processual do diálogo entre a UE e as Igrejas, mas abre, pelo contrário, muito mais perspectivas para o futuro. As partes que assinaram o Tratado tinham perfeita e manifesta consciência de que, com a evolução da integração europeia e o consequente desenvolvimento das instituições comunitárias e respectivas competências, também a relação entre Estado e Igreja seria directamente afectada, de modo que se impunha marcar uma posição em relação a esta matéria. No entanto, as forças críticas para com a Igreja apenas conseguiram impor-se na medida em que a denominação das Igrejas e das organizações e associações religiosas foi transferida do texto principal, com carácter jurídico vinculativo, para a declaração de carácter menos determinante.

A declaração representa, no entanto, um progresso para as Igrejas e associações religiosas, na medida em que, como já mencionámos anteriormente, elas são consideradas e respeitadas como parceiras na forma de uma carta de intenções, não sendo o seu carácter específico prejudicado.

Assim, o direito comunitário não envolve as Igrejas em qualquer espartilho jurídico, mas sublinha o espaço de manobra que lhe foi concedido no direito nacional, tornando-o válido na UE.

Tanto os representantes mais críticos para com as Igrejas e organizações religiosas, como os que lhes estão mais próximos, e elas próprias, ficaram plenamente satisfeitos com o compromisso encontrado – pelo menos para já.

Porém, o compromisso alcançado na sua forma actual é marcado por antecedentes um tanto agitados. Desde o início, foi possível reconhecer, em todos os parceiros de negociação, a tendência para manterem a sua posição, o que, em termos de motivação negocial, não augurava boas perspectivas para uma evolução substancial das suas relações, mas que foi suficiente para não recuar até um estatuto anterior a Maastricht. Um certo receio, por parte das Igrejas, de que os círculos críticos para com elas poderiam ter a ousadia de tentar recusar o estatuto, a atenção e o respeito que elas merecem, não era totalmente infundado, como o decorrer das negociações viria a demonstrar.

Para que não surgisse qualquer dúvida em relação à intenção das Igrejas, desde logo e principalmente por parte da Igreja Católica Romana, a COMECE [Comissão dos Episcopados da Comunidade Europeia] convocou, em Outubro de 1995, na sua qualidade de órgão representativo comum de todas as Conferências Episcopais nacionais dos Estados-membros da UE, uma Conferência para a qual também foram convidados representantes da Comissão Europeia e do Parlamento Europeu [41]. Objectivo principal desta Conferência foi trazer a temática sobre a Comissão Europeia e sobre o Parlamento Europeu para a Conferência Intergovernamental Internacional de 1996 e sensibilizar os parceiros de negociação comunitários. A sua orientação já ficara definida em diversas discussões e círculos de direito eclesiástico e pastorais: «Como poderá o direito primário da UE reconhecer da melhor forma o papel público e institucional das religiões na vida dos Estados-membros» [42]. O Secretário-Geral da COMECE não deixou dúvidas quanto ao facto de – por mais compreensível que seja, do ponto de vista da génese das Comunidades Europeias, que as Igrejas não tenham conseguido fazer parte do direito comunitário – o contínuo silêncio para com as Igrejas por parte do direito comunitário representar uma fonte de discriminação [43]. Apesar de esta Conferência se ter realizado por iniciativa da COMECE e ter sido da sua responsabilidade, a preparação e a execução em termos de conteúdo foi fruto de uma cooperação ecuménica, tendo isto sido expressamente mencionado [44].

Em Junho de 1985, o Secretariado da Conferência Episcopal Católica Alemã e o serviço central da Igreja Evangélica da Alemanha tinham publicado um memorando conjunto, em que, entre outros assuntos, se diz: «Seria desejável, para efeito de futuros progressos, que se chegasse a uma consolidação das posições jurídicas das Igrejas também no âmbito da estrutura dos Tratados da União Europeia, sem que possa haver, naturalmente, lugar a incertezas quanto ao facto de a competência de regulamentação de conteúdos em relação aos assuntos eclesiásticos continuar a caber aos países--membros. Tem de se conseguir que, no futuro desenvolvimento do direito comunitário, se tenha mais em atenção os efeitos directos e indirectos sobre as ordens nacionais das relações entre Estado e Igreja do que tem sido o caso até ao presente e vice-versa, que o direito eclesiástico nacional inclua aspectos de direito comunitário de forma mais consistente do que tem sido o caso até ao presente.» ([45])

Este memorando incluía também uma proposta concreta de redacção para um artigo para a Igreja, que dizia o seguinte: «A Comunidade respeita a posição jurídico-constitucional das organizações religiosas nos Estados--membros, enquanto expressão da identidade dos Estados-membros e das suas culturas, e enquanto parte da herança cultural comum da Europa.» ([46])

Como já foi referido, na base das iniciativas – pelo menos nas das duas grandes Igrejas cristãs da Alemanha – estava o esforço pela conservação do património. Em relação a isto, nem todas as Igrejas cristãs dos outros Estados-membros puderam ou quiseram seguir os Alemães de forma incondicional. O que é, de facto, compreensível, se tivermos em conta a grande heterogeneidade das relações entre Estado e Igreja nos diferentes Estados-membros, que nem sempre e em todo o lado conferem às Igrejas a posição de parceria privilegiada, como pretende ser defendida na Alemanha. Também é possível que uma ou outra Igreja (ainda) não tenha reconhecido logo a importância de um estatuto (ou não possa ainda desejá-lo), alicerçado no direito comunitário para o futuro papel das religiões e das Igrejas para e no processo de integração europeia, enquanto outros considerem que a fórmula proposta poderá não ter ido suficientemente longe.

As Igrejas ortodoxas, como algumas Igrejas e confissões cristãs e não cristãs mais pequenas, nem sequer emitiram qualquer opinião acerca desta problemática. No entanto, e em todo o caso, foi desencadeado um processo de reflexão a nível europeu para as grandes Igrejas cristãs, que atingiu o seu primeiro ponto culminante na Conferência da COMECE, em 1995.

No início de 1995, a COMECE expôs à Comissão Europeia e ao Parlamento Europeu, bem como a alguns governos de Estados-membros, a sua proposta de um artigo para a Igreja. Com isso, desencadeou uma discussão abrangente ao nível comunitário, dos Estados-membros e, ao mesmo tempo, igualmente a nível eclesiástico. Entretanto, a Santa Sé já estava sensibilizada para esta problemática, a ponto de também ela entrar no debate e não só incitar a COMECE a prosseguir os seus esforços no sentido da elaboração de uma proposta de redacção – se possível, também assumida por todas as Igrejas cristãs e tendo em perspectiva a adopção pela iminente Conferência Intergovernamental –, mas também encetar uma cooperação activa com ela.

Na Primavera do mesmo ano, um grupo internacional de peritos em direito estatal e em direito eclesiástico elaborou propostas próprias, que foram apresentadas às Comunidades Europeias em Março de 1996. De acordo com estas, deveria ser adoptado um artigo separado no TUE acerca da importância das Igrejas para a identidade nacional e a herança cultural. Uma das propostas dizia: «A União Europeia reconhece o especial significado das Igrejas e de outras organizações religiosas para a identidade e a cultura dos Estados-membros, assim como para toda a herança cultural comum dos povos europeus» [47].

O TCE deveria, por sua vez – segundo uma outra proposta do grupo de peritos – definir a posição jurídica das religiões e das Igrejas: «A Comunidade Europeia respeita o regime jurídico em vigor nos Estados--membros, em relação às Igrejas e organizações religiosas, assim como a especificidade das suas estruturas internas» [48].

Nenhum dos dois textos conseguiu impor-se, deixando uma estranha sensação de conservadorismo. Além disso, falta nas propostas textuais uma homenagem às Igrejas enquanto parceiras do processo de desenvolvimento e integração europeia. Ao que parece, não lhes foi atribuído qualquer papel activo a este respeito, como foi pressuposto de forma óbvia, por exemplo, para os partidos políticos [49].

A dimensão ecuménica desejada pela Santa Sé foi tida em conta pela COMECE através da sua cooperação com a Conferência das Igrejas Europeias [Konferenz Europäischer Kirchen (KEK)] e com a EECCS (European Ecumenical Commission for Church and Society – Comissão Ecuménica Europeia para a Igreja e a Sociedade).

Em resultado dos vários processos de debate, consulta e *lobbying*, havia sobre a mesa da Conferência Intergovernamental de inícios de 1997 três propostas textuais para um artigo para a Igreja, que, embora com redacções diferentes, eram idênticas em termos do conteúdo:

a) a delegação alemã tinha apresentado a versão já citada do memorando das Igrejas alemãs numa edição ligeiramente diferente;

b) uma versão apresentada pela Santa Sé em coordenação com a COMECE, e

c) uma versão apoiada pelos governos da Áustria, da Itália e de Portugal, que havia resultado de uma edição antiga, elaborada em conjunto com a COMECE e a EECCS.

Era evidente que só um procedimento comum e concertado de todas as partes interessadas poderia trazer perspectivas de sucesso, ainda para mais quando também os opositores de um artigo deste género para a Igreja começavam a organizar-se.

Por isso, em Abril de 1997, a COMECE assumiu de novo a iniciativa e convidou os representantes da Santa Sé, das Conferências Episcopais de Itália, Áustria e França, da EECCS, das Igrejas ortodoxas e da Igreja Evangélica da Alemanha para uma Conferência, onde foi realmente possível elaborar uma redacção textual única e apoiada por todos os participantes, com o seguinte teor: «A União respeita a posição jurídica das Igrejas e organizações religiosas reconhecidas nos Estados-membros, enquanto expressão de identidade de Estado-membro e como contributo para a herança cultural comum» ([50]).

Assim, passava finalmente a haver uma redacção textual universalmente aceite por Igrejas e Estados, cientificamente fundada e politicamente sensata e, assim, útil, com boas perspectivas de ser aceite pela Conferência Intergovernamental Internacional como fórmula de compromisso.

Por essa razão, grande foi a admiração entre os visados quando não encontraram absolutamente nenhum (!) artigo para a Igreja no rascunho para o documento final da Conferência Intergovernamental Internacional. Só após a intervenção decidida de vários governos, e também de representantes das Comunidades Europeias, é que se conseguiu chegar a um compromisso literalmente de última hora, que desde então se nos apresenta na forma do Artigo 6.º do TUE e da declaração n.º 11 ([51]). A Conferência Intergovernamental não conseguiu, portanto, chegar a uma conclusão relativamente a um artigo substancial e homogéneo para a Igreja, apesar de o respectivo esboço textual já representar, aliás, uma fórmula bem elaborada, embora apenas de compromisso. A divisão em duas posições, ou seja, na formulação do Artigo 6.º e da declaração n.º 11, pode ter sido, em termos de técnica negocial, uma decisão praticável, mas, na sua essência, não significava qualquer posição construtiva e projectada para o futuro e para a cooperação.

Na verdade, acabou por ser uma oportunidade perdida, pois teria sido do interesse da política de integração europeia – e, do mesmo modo, do interesse da Comunidade – aceitar as religiões e as Igrejas como parceiros, deixá-los participar de forma explícita no processo europeu e dispor da correspondente regulamentação estabelecida por Tratado.

As motivações que, em última análise, levaram a esta decisão são difíceis de descortinar de forma retrospectiva e analisadas ao pormenor. Possivelmente, as próprias Igrejas e organizações religiosas não actuaram com a firmeza que se impunha, e os Estados que as apoiavam tiveram de se submeter às respectivas dinâmicas negociais políticas, que tendem sempre para o mínimo denominador comum. Um ou outro governo poderá ter hesitado, porque um artigo para a Igreja com o conteúdo proposto poderia ter dado uma certa dimensão constitucional ao Tratado. De referir, a propósito, que a questão da Constituição Europeia já era discutida há muitos anos e que só as experiências após Nice levaram os Estados a encontrar a declaração do Conselho Europeu de Bruxelas/Laeken, em Dezembro de 2001.

Um dos motivos para a reserva em relação a uma Constituição, ou a um Tratado Constitucional, também pode residir no facto de, na perspectiva de alguns Estados-membros, uma Constituição poder insinuar um Estado europeu comum. Por sua vez, outros Estados poderão ter tido algumas dificuldades em definir «Igreja» ou «organizações religiosas». Mas, em última análise, deverá ter sido a aplicação rígida do princípio da «laicidade» e do «secularismo», assim como uma neutralidade religiosa da Comunidade demasiado levada à letra, a impedir que fosse reconhecido às Igrejas o lugar que elas merecem na Comunidade. No entanto, os esforços das Igrejas não foram em vão, e o compromisso encontrado representa, certamente, um pequeno êxito.

Que efeito, que consequência – impõe-se agora perguntar – deverá ter esta singular dicotomia textual (aqui um parágrafo lacónico no corpo principal do Tratado; ali uma declaração igualmente lacónica) no anexo? Teria sido apenas a mesquinhez de alguns políticos e juristas a criar duas determinações juridicamente vinculativas diferentes com esta dicotomia? A natureza jurídica da declaração ainda não está, no entanto, definitivamente esclarecida ([52]).

O direito internacional distingue as declarações unilaterais das conjuntas ou comuns. Declarações conjuntas são acordos de vontades de todas as partes que assinam um acordo. Declarações unilaterais ou, por exemplo, em acordos multilaterais, também certamente multilaterais, representam apenas declarações de vontades das respectivas partes. As declarações conjuntas constituem, habitualmente, parte integrante do acordo *per se*, com ou sem denominação expressa como tal, apesar de isso não significar, estritamente, que tenha já sido emitida alguma informação sobre a natureza jurídica dessas declarações.

As declarações unilaterais podem ser acompanhadas de outras idênticas, que clarificam as primeiras, por exemplo quando se quer fazer uso de uma certa determinação num lado, e no outro não.

Por último, há declarações cujo poder vinculativo já está expresso no próprio Tratado, o que não é o caso na declaração n.º 11.

O TJCE ainda não tomou qualquer decisão taxativa definitiva relativamente à questão fundamental da natureza jurídica das declarações no direito comunitário. As decisões de primeira instância do TJCE qualificaram-nas como tendo peso jurídico para as decisões dos Tribunais de Justiça. Na jurisprudência vigente, as declarações são incluídas nas decisões jurídicas. Também a bibliografia científica jurídica parte do princípio de que as «declarações deste tipo fazem parte integrante do domínio do Tratado, no sentido do Artigo 31.º da Convenção de Viena sobre o Direito dos Tratados» ([53]).

Desta forma, elas representam, na jurisprudência, um instrumento legítimo de interpretação de Tratados e, juridicamente, uma norma jurídica afirmativa, cuja observância não colide com o Tratado, e cuja não observância também não é passível de ser sujeita a qualquer processo jurídico.

Além disso, Gerhard Robbers vê no aumento do uso do instrumento «declaração» uma prática juridicamente relevante, reforçada, no seu grau vinculativo, pelo esforço negocial para alcançar essas declarações ([54]).

É, talvez, uma conclusão um pouco arrojada, uma vez que, por detrás disso, poderá-se-á esconder uma acção motivada por factores tácticos ou políticos. Mas, segundo Robbers, os conteúdos das declarações possuem, «ainda assim, pertinência para a integração». Isso não pode, de facto, ser negado à Declaração Eclesiástica de Amesterdão. Acima de tudo, ela evidencia uma «clara estrutura jurídica» na sua redacção, razão pela qual não se trata aqui apenas de uma declaração de vontades e de intenções, tornando-se antes evidente uma «pertinência normativa clara». Esta concepção não é, no entanto, partilhada por todos ([55]).

A bem da completude, deve ser feita menção à declaração n.º 8 à acta final do Tratado de Amesterdão, que, no sentido acima descrito, constitui igualmente uma declaração unilateral, por parte da Grécia, e que toma directamente como referência a declaração n.º 11. Isso e a circunstância de que, em relação à declaração n.º 8, a Conferência Internacional apenas «tomou nota», tendo sido por sua vez a declaração n.º 11 formalmente «adoptada», demonstra, de forma evidente, que entre as duas declarações existe uma certa diferença de pertinência jurídica e que à declaração eclesiástica parece estar inerente um determinado carácter normativo jurídico e não apenas uma orientação política.

O texto da declaração n.º 8 diz o seguinte: «A propósito da Declaração relativa ao estatuto das igrejas e das organizações não confessionais, a Grécia relembra a Declaração Conjunta relativa ao Monte Athos, anexa à Acta Final do Tratado de Adesão da Grécia às Comunidades Europeias» ([56]).

O motivo para esta declaração unilateral por parte da Grécia foi a preocupação pela salvaguarda do estatuto jurídico especial atribuído ao Monte Athos por parte do governo grego, incluindo o direito comunitário. No fundo, tratou-se de um trabalho de diligência, uma vez que o estatuto especial do Monte Athos já havia recebido o reconhecimento jurídico comunitário através do acto de adesão da Grécia às Comunidades Europeias.

4.1.2. Artigo 13.º do Tratado CE: medidas contra a discriminação religiosa

Segundo a concepção generalizada, o Tratado que institui a União Europeia é justamente considerado, em termos jurídicos, a parte mais marcante e abrangente do direito comunitário primário. Como ficou estabelecido anteriormente, na introdução, ele inclui duas disposições relevantes para as religiões e Igrejas, em que a mais importante é a que figura no Artigo 13.º, com o seguinte teor: «Sem prejuízo das demais disposições do presente Tratado, e dentro dos limites das competências que este confere à Comunidade, o Conselho, deliberando por unanimidade, sob proposta da Comissão e após consulta ao Parlamento Europeu, pode tomar as medidas necessárias para combater a discriminação em razão do sexo, raça ou origem étnica, religião ou crença, deficiência, idade ou orientação sexual» ([57]).

Este artigo tem um grande alcance, na medida em que confere à Comunidade Europeia, entre outras, competência jurídico-religiosa explícita, de tal forma que o Conselho, «no âmbito das competências transmitidas à Comunidade», pode tomar medidas contra a discriminação religiosa. Apesar disso, o próprio Artigo 13.º não inclui qualquer proibição de discriminação, mas estabelece a base jurídica exacta para a tomada de medidas orientadas contra a mesma ([58]).

Devido a esta construção, e em consonância com a sua redacção textual, o Artigo 13.º constitui, como todos os outros textos do Tratado CE, direito comunitário primário, apesar de o Artigo 13.º, segundo a sua redacção, não desencadear qualquer mecanismo de acção antidiscriminatório. Para a sua concretização, ele necessita de «outras disposições», como é referido no texto do Tratado, por parte do Conselho sob proposta da Comissão Europeia.

Após a entrada em vigor do TCE, a Comissão Europeia não perdeu tempo e apresentou, em vários planos, as medidas que pretende tomar em concreto para combater a discriminação, de forma eficaz, onde quer que ache necessário.

Os esforços resultaram, pouco depois, na aprovação da directiva 2004/43/CE, do Conselho, de 29 de Junho de 2000, «que aplica o princípio da igualdade de tratamento entre as pessoas, sem distinção de origem racial ou étnica» ([59]).

Apesar de esta directiva ainda não fazer referência *ipsis verbis* às religiões e Igrejas, é no entanto de importância fundamental para elas, em termos de direito europeu, pois estabelece uma equiparação abrangente entre discriminação directa e indirecta (ver Artigo 2.º/2); equipara a instrução para o acto ao acto em si (ver Artigo 2.º/4); prevê medidas positivas para o combate à diferença de tratamentos (ver Artigo 5.º); permite a inversão do ónus da prova (ver Artigo 8.º); admite a possibilidade da exigência de sanções indemnizatórias (ver Artigo 9.º), mas, acima de tudo, estabelece um regime derrogatório (ver Artigo 4.º).

O regime derrogatório adquiriu um significado decisivo para as religiões e Igrejas, em conjunto com a directiva seguinte, a 2000/78/CE, do Conselho, de 27 de Novembro de 2000, «que estabelece um quadro geral de igualdade de tratamento no emprego e na actividade profissional» ([60]), que se aplica *expressis verbis* também às religiões e às convicções. Ela repete não só os princípios fundamentais da directiva anterior, mencionados *supra*, mas alarga-os e aprofunda-os em relação ao seu âmbito de aplicação e efeito jurídico.

No decorrer dos procedimentos legislativos, alastrou algum nervosismo às organizações religiosas e Igrejas, o que, em virtude dos controversos debates, era perfeitamente compreensível. No entanto, a preocupação não residia tanto em saber-se se seria concedido às organizações religiosas e às Igrejas um regime derrogatório, mas sobre o seu alcance jurídico. Segundo a judicatura geral, havia uma grande unanimidade quanto ao facto de as organizações religiosas e Igrejas, devido à sua substância e carácter específicos, e também por força das respectivas personalidades jurídicas reconhecidas pelo legislador estatal, poderem estabelecer deveres e formas de comportamento específicas para com os seus súbditos e funcionários, conforme o seu sistema jurídico próprio. Mas será que o regime derrogatório deveria limitar-se apenas à clássica «protecção de tendência», ou seria de esperar uma legislação mais a favor da direita liberal e da liberdade religiosa?

A versão final da directiva, quando foi finalmente adoptada pelo Conselho, desfez toda a razão de ser dos receios iniciais. Ela tem em conta, de forma verdadeiramente generosa, as relações jurídico-estatais muito diversificadas nos diferentes Estados-membros da União Europeia. Tendo em atenção esta realidade jurídica federativa, o importante Artigo 4.º está, por isso, dividido em dois números, em que o segundo, através de um subnúmero próprio, admite a possibilidade de um regime derrogatório muito específico, tendo em vista uma relação especial de lealdade religiosa. O Artigo 4.º, n.º 1, contém a habitual excepção geral à não discriminação, para o caso de uma situação que, de outra forma, seria considerada motivo de discriminação, motivada pelo perfil exigido para determinada profissão ou actividade. O n.º 2 faz, depois, referência directa às organizações religiosas e não confessionais: «Os Estados-membros podem manter na sua legislação nacional, em vigor à data de aprovação da presente directiva, ou prever, em futura legislação que retome as práticas nacionais existentes à data de aprovação da presente directiva, disposições, em virtude das quais, no caso das actividades profissionais de Igrejas e de outras organizações públicas ou privadas, cuja ética seja baseada na religião ou em convicções, haja uma diferença de tratamento baseada na religião ou nas convicções de uma pessoa sem constituir discriminação, sempre que, pela natureza dessas actividades ou pelo contexto da sua execução, a religião ou as convicções constituam um requisito profissional essencial, legítimo e justificado no âmbito da ética da Organização. Esta diferença de tratamento deve ser exercida no respeito das disposições e dos princípios constitucionais dos Estados-membros, bem como dos princípios gerais do direito comunitário, e não pode justificar uma discriminação baseada noutro motivo.

»Sob reserva de outras disposições da presente directiva, as Igrejas e as outras organizações públicas ou privadas, cuja ética é baseada na religião ou nas convicções, actuando em conformiddae com as disposições constitucionais e legislativas nacionais, podem, por conseguinte, exigir das pessoas que para elas trabalham uma atitude de boa-fé e de lealdade perante a ética da organização.»

Este número da directiva do Conselho possibilita a identificação de disposições no texto, permitindo-nos concluir que a legislação conseguiu, de facto, impor-se no sentido de uma posição liberal em relação à religião. Se isso é de atribuir à composição (política) do Conselho, naquela época, ou à acção argumentativa das organizações religiosas, na antecâmara da votação, ou a ambas, é impossível determinar em retrospectiva. O que se pode comprovar, pelo contrário, é que as tomadas de posição do Parlamento Europeu[61], do Comité Económico e Social[62] e do Comité das Regiões[63] foram assumidas pela Comissão Europeia e, dando uma maior atenção à ordem jurídica vigente dos Estados-membros, ainda beneficiaram de uma evolução[64].

A directiva finalmente votada pelo Conselho inclui uma versão bastante ampla da cláusula de excepção, pois não inclui apenas as organizações religiosas e Igrejas no seu estatuto *sui generis*, mas também outras organizações públicas e privadas, «cuja ética seja baseada na religião ou em convicções», e dá uma margem de manobra generosa às exigências específicas de perfil profissional.

Mas apesar de o recurso às «práticas nacionais existentes» ter em conta, por um lado, a variedade de relações jurídicas eclesiásticas estatais, estas estão especificadas, na medida em que são consideradas formas de discriminação pelo tipo de actividade e pelas circunstâncias do seu exercício, bem como pela concordância das exigências profissionais exactamente com a ética dessas organizações, que têm de ser fundamentadas de forma «essencial», «legítima» e «justificada». Já aqui foi feita referência à possibilidade de um dever de lealdade especial.

Na globalidade, pode observar-se que os actos de direito derivado, votados com base no Artigo 13.º do Tratado CE, não representam materialmente qualquer evolução das normas de direito comunitário, mas que houve uma vasta quantidade de normas jurídicas diversificadas e próprias dos Estados-membros que foram interligadas, de forma homogénea e juridicamente relevante, ao serem, de facto, promovidas ao nível do direito comunitário, ou seja, comunitarizadas.

Para as organizações religiosas abriu-se, assim, um novo capítulo comunitário: a Comunidade Europeia chamou a si a responsabilidade de possuir competência jurídica nas questões religiosas e eclesiásticas, e aplicou-as de forma muito rápida através da emissão de duas directivas do Conselho, dando como exemplo a proibição de discriminação, ou através da promulgação de um artigo para a Igreja, que permite um regime derrogatório em relação às medidas antidiscriminação.

4.1.3. *Igrejas e organizações religiosas enquanto entidades* sui generis

Houve um problema de fundo, no entanto, que ficou por resolver, ou que, dito de outro modo, ressurgiu em toda a sua radicalidade na consciência dos afectados: as organizações religiosas e as Igrejas não foram aceites na sua especificidade, mas apenas reconhecidas em relação ao direito económico e do trabalho. Paul Kirchhof, professor de Direito na Universidade de Heidelberg, pôs o dedo na ferida, de forma muito marcante, em relação a esta falha preocupante, ao observar, no que diz respeito ao Artigo 13.º do Tratado CE, que este artigo «trata de novo o direito eclesiástico e religioso como direito social e económico e não como direito religioso e eclesiástico com pertinência social e laboral» ([65]).

Na sua perspectiva, este é mais um exemplo para a tendência generalizada do direito comunitário para colocar o direito económico comunitário numa posição prioritária e de superioridade. A este iria ser novamente concedida, na acção legislativa em discussão, a primazia «sobre a conservação da especificidade eclesiástica e religiosa» e, «nesta perspectiva, o direito religioso e eclesiástico seria remetido para a liberdade religiosa individual e colectiva», para «logo depois – mantendo a coerência – condenar a religião a um conjunto de regras especiais» ([66]). Esta estratégia pode ser entendida à luz da posição de indiferença da União Europeia para com as religiões e Igrejas, e, nessa medida, representa uma atitude consequente e, por conseguinte, compreensível.

Então, por que razão – assim tem de ser feita esta observação crítica a partir da perspectiva das organizações religiosas e Igrejas – elas se dão por satisfeitas com esta situação e aceitam que a sua especificidade e a sua autonomia sejam ignoradas pelos órgãos jurídicos comunitários? Não há dúvida de que já é hora da autodeterminação das organizações religiosas e Igrejas a este propósito. É precisamente esta problemática, evidenciada através de vários outros exemplos do direito derivado comunitário, que questiona a autoconsciência das organizações religiosas e Igrejas, e poderia proporcionar uma motivação extra para um empenhamento de política europeia mais activo e orientado para os problemas e os objectivos. Isso pressuporia, no entanto, uma maior consciência dos problemas, o que, infelizmente, deve ser o caso de forma apenas muito rudimentar.

Interessante, nesta problemática, é também o lugar atribuído ao direito primário e ao direito derivado. O Artigo 13.º do Tratado CE e as duas directivas do Conselho derivadas deste artigo demonstram, de forma exemplar, a sobreposição do direito primário e do direito derivado comum.

Em rigor, deverá ainda ser mencionado o protocolo 33 apenso ao TCE. É parte integrante deste tratado, constituindo, como tal, direito comunitário directamente aplicável, e regula a protecção e o bem-estar dos animais. O seu texto diz o seguinte, em excertos: «Na definição e na aplicação das políticas comunitárias, nos domínios da agricultura, dos transportes, do mercado interno e da investigação, a Comunidade e os Estados-membros terão plenamente em conta as exigências em matéria de bem-estar dos animais, respeitando simultaneamente as disposições legislativas e administrativas e os costumes dos Estados-membros, nomeadamente nos ritos religiosos, tradições culturais e património regional» ([67]).

Esta determinação obteve significado prático em toda a UE, principalmente por causa da realização concreta do abate ritual de animais (sacrifício), tanto nas comunidades judaicas como muçulmanas dos Estados-membros da UE.

Um progresso em que não se consegue avaliar de forma suficientemente alta a importância que teve para a política da UE e para a posição das Igrejas foi-nos trazido pela Constituição para a Europa, com a concessão de um estatuto vinculativo para as Igrejas e organizações religiosas no Artigo I-52.º (precisamente enquanto instituições com carácter religioso genuíno), assunto sobre o qual nos debruçaremos, de forma detalhada, no quinto capítulo do livro.

4.2. Igrejas e organizações religiosas à luz do direito derivado comum

Como o próprio termo indica, o direito derivado é um acto jurídico que resulta da competência legislativa comum fundamentada num tratado. Deste modo, na hierarquia das fontes de direito comunitário, situa-se abaixo do direito derivado.

A ordem hierárquica entre direito primário e derivado comum é bastante clara. O direito derivado sofre uma desgraduação, tanto dos fundamentos da teoria jurídica, como do grau vinculativo prático. Tendo como pano de fundo o princípio fundamental da subsidiariedade entre os órgãos comunitários e os Estados-membros, foi desenvolvido um instrumentário negocial que permite à Comunidade exercer a sua acção sobre a ordem jurídica nacional de modo diferenciado. No geral, o direito derivado comum consiste em regulamentos, directivas, decisões, recomendações e pareceres [68].

No curso da evolução do processo de integração europeia, a prática do direito derivado dos órgãos comunitários já passou a abranger, em larga medida, as religiões, Igrejas e organizações religiosas, de modo que se juntarmos todas as determinações, declarações, regulamentos, directivas e decisões, pode falar-se, com inteira justiça, da formação de um *corpus iuridicum* de direito religioso comum.

Este *corpus* assumiu, entretanto, uma dimensão tal que já abrange as mais variadas áreas da vida eclesiástica. Assim, inclui disposições acerca do direito do trabalho [69], da protecção de dados [70], da cultura [71], do abate de animais [72], bem como o direito financeiro [73] e aduaneiro [74] ou o direito económico [75], para dar apenas alguns exemplos relativamente às áreas mais importantes. A proibição de discriminação por motivos religiosos já foi mencionada anteriormente. Em Agosto de 2001, Gerhard Robbers publicou uma compilação de normas até então jurídicas comunitárias deste direito religioso europeu [76] que, entretanto, continuara a desenvolver-se, acima de tudo graças às decisões do TJCE [77].

5. Casos especiais: os acordos de Direito Internacional com a Santa Sé e a Ordem Soberana de Malta

Uma outra fonte de direito das Comunidades Europeias, muito importante para as organizações religiosas e Igrejas, está directamente relacionada com o papel das Comunidades a nível internacional: trata-se dos acordos e dos tratados internacionais. As Comunidades Europeias são um sujeito de direito internacional *sui generis* e têm, por isso, a capacidade de promulgar acordos e tratados internacionais. No futuro, contudo, esta função será assumida pela UE enquanto tal, uma vez que a Constituição para a Europa lhe reconhece personalidade jurídica própria ([78]) e, deste modo, a possibilidade de poder celebrar acordos internacionais de forma autónoma ([79]).

Da prática de estabelecimento de tratados até agora existente, e em consonância com a natureza das Comunidades, desenvolveram-se quatro formas específicas de relações com outros Estados e Organizações Internacionais:

1. **Acordos de associação**
Trata-se de acordos de direito internacional para a constituição de associações, cujo âmbito vai muito mais além das meras questões de política comercial, implicando uma estreita cooperação em todas as áreas relevantes de interesse comum, com apoio financeiro abrangente da CE às partes contratantes.

2. **Acordos de cooperação**
Não representam acordos tão abrangentes como os acordos de associação, mas limitam-se a uma cooperação de âmbito económico.

3. **Acordos comerciais**
Como o próprio nome indica, regulamentam as relações comerciais ou com Estados terceiros ou com Organizações Internacionais do Comércio, como a OMC [Organização Mundial de Comércio] ou o GATT [Acordo Geral de Tarifas e Comércio].

4. **Outros acordos**
Podem ter como conteúdo todo o género de assuntos. Este tipo de acordos e tratados reveste-se de especial interesse para todos aqueles que gozam de um estatuto de direito internacional directo ou derivado, e cujos motivos para a celebração do acordo não se enquadram em qualquer dos acima mencionados. Um exemplo para esta situação poderá ser o início e a regulamentação das relações diplomáticas de Estados e Organizações Internacionais terceiros com as Comunidades Europeias.

No que diz respeito às religiões, a Igreja Católica Romana está numa posição privilegiada em relação a outras religiões e Igrejas, na medida em que é sujeito de direito internacional através do Estado da Cidade do Vaticano e enquanto Santa Sé. Deste modo, é a única organização religiosa em posição de celebrar acordos de direito internacional.

De resto, e pela mesma razão, também a Ordem Soberana de Malta tem essa capacidade, uma vez que também ela constitui um sujeito de direito internacional (por motivos históricos e pelo consentimento internacional dos outros sujeitos de direito internacional, com quem a Ordem celebrou tratados representativos de direito internacional). O Núncio papal exerce, também, a função de decano do Corpo Diplomático acreditado junto das Comunidades Europeias. Um facto que não expressa apenas o elevado apreço pela Santa Sé, mas também a transformação da consciência do valor da UE no sentido de relacionamentos ainda mais positivos das suas instituições e órgãos que, normalmente, assumem uma atitude de indiferença em assuntos religiosos.

Independentemente das relações diplomáticas, e no âmbito das suas competências, a Santa Sé e as Comunidades Europeias podem celebrar todo um conjunto de acordos de conteúdo, o que só é válido, como se sabe, para as Comunidades Europeias, mas não para a UE enquanto tal, que continua a carecer de subjectividade de direito internacional, ou seja, de personalidade jurídica. Temas para acordos desses não faltam, como por exemplo o respeito pelos feriados religiosos na Europa, o reconhecimento de instituições eclesiásticas-caritativas e do seu carácter religioso específico, a protecção do património cultural religioso, os regulamentos unilaterais de ensino escolar, a garantia de prestação de serviços de natureza religiosa/pastoral nas Instituições das Comunidades Europeias e, acima de tudo, a regulamentação de um diálogo institucionalizado e estruturado com as Comunidades Europeias ou com a UE, isto para mencionar apenas algumas das áreas possíveis. Tendo plena consciência da necessidade desse diálogo, os autores da Constituição para a Europa chegaram a um acordo para nela incluírem o já mencionado Artigo I-52.º.

Compreensivelmente, uma possível Concordata teria de ter em atenção não só a (ainda) limitada competência comunitária, mas, por isso, também as situações jurídicas eclesiásticas extremamente diversas dos Estados-membros da União Europeia, incluindo as Concordatas já existentes. Em termos técnicos, para a elaboração de tratados, isso seria relativamente fácil de resolver através de um acordo-quadro.

Simultaneamente, teria de se contar com o facto de que, no caso de uma Concordata entre a Santa Sé e as Comunidades Europeias, outras Igrejas e religiões cristãs iriam desejar uma regulamentação idêntica, celebrada por tratado, em áreas por elas consideradas importantes. Olhando para esta situação de forma racional, isso não deveria constituir qualquer dificuldade insuperável. Por um lado, seria concebível dar competências alargadas às Comunidades Europeias e, por outro, em consequência disso mesmo, convidar as organizações religiosas e Igrejas – se é que necessitariam sequer de convite – a procurar estabelecer uma cooperação a nível horizontal, ou seja, a nível específico, reforçada pelas respectivas instituições competentes e igualmente estabelecida por tratado. De facto, isto deveria ser possível, através da Comissão Europeia e do Comité Económico e Social Europeu, para nomear apenas dois dos possíveis parceiros.

Tal cooperação não estaria vinculada à subjectividade de direito internacional das partes contratantes, mas apenas ao seu próprio poder competente interno. Esta área poderia proporcionar um eventual ponto de partida para o lançamento da questão acerca de um direito religioso comum.

6. Fontes jurídicas não escritas, mas relevantes

Como ficou bem claro pelo que foi exposto até agora, o direito comunitário escrito não dá grande valor às organizações religiosas e Igrejas. Mais significativas são, por isso, as fontes de direito comunitário não escritas. Entre as fontes de direito mais importantes respeitantes a este assunto contam-se os chamados princípios jurídicos fundamentais. Trata-se de normas que exprimem as ideias mais elementares de direito e justiça, às quais todas as ordens jurídicas modernas estão obrigadas. Também aqui a UE tem em atenção a sua estrutura federativa e a forma como ela prevalece *expressis verbis*, não só para as religiões e Igrejas nas suas respectivas situações jurídicas eclesiásticas estatais nos diferentes Estados-membros da UE, mas também no princípio da subsidiariedade. Concretamente, isto significa que os pontos de referência para a averiguação dos princípios jurídicos fundamentais gerais representam, em especial, os princípios jurídicos fundamentais comuns das ordens jurídicas dos Estados-membros. As religiões e as Igrejas têm, a este propósito, uma enorme oportunidade de (co-)realização, na medida em que também empregam, a seu favor, de forma real e efectiva, os instrumentos disponíveis nos respectivos Estados-membros, e que lhes são colocados à disposição no procedimento legislativo nacional, de acordo com a respectiva situação jurídica eclesiástica estatal e constitucional.

Isto poderia suceder, de forma detalhada, através de uma instituição eclesiástica como um todo, através de um ou mais dos seus membros parciais pastorais ou outros, ou através de políticos com motivação religiosa, etc. O facto é que não são poucas as organizações religiosas e Igrejas que, em virtude de uma consciência europeia apenas rudimentar e da falta de conhecimento especializado sobre a estrutura e modo de agir dos órgãos comunitários, acabam por não se aperceber ou aproveitar estas dimensões de participação criativa, ou fazem-no de forma apenas incompleta.

* * *

A UE enquanto tal, os Estados-membros, as organizações religiosas e Igrejas desenvolveram formas muito complexas de relacionamento de uns com os outros e de uns para com os outros. Devido a, ou precisamente por causa da variedade de sistemas jurídicos eclesiásticos estatais e das competências nacionais em assuntos fundamentais de âmbito político-religioso e político-eclesiástico, estabelecidas pelo direito da UE, e das limitadas condições de base jurídicas que a UE proporciona, as Igrejas, religiões e organizações não confessionais intervieram institucionalmente no processo de integração europeia para representarem os seus próprios interesses, instituindo-se como parceiros em relação aos órgãos comunitários. Muitas delas estão representadas junto dos serviços centrais da UE com gabinetes próprios, ou dispõem de correspondentes. Disso e da própria evolução no processo de integração europeia resultou, para os órgãos comunitários, a necessidade factual de estabelecer um diálogo – sem disporem, no entanto, da correspondente preparação institucional ou jurídica. Será que a famosa força normativa do que é factual irá triunfar sobre o direito escrito, apenas pelo simples facto de as Igrejas e organizações religiosas estarem presentes?

CAPÍTULO 4

OS PARCEIROS NO DIÁLOGO POLÍTICO EUROPEU

1. **Fundamentação, particularidades e limitações do diálogo específico da União Europeia**

O caminho seguido até agora pela integração europeia demonstrou que sem a cooperação com as religiões e as Igrejas não será possível construir uma Europa comum e estabelecer uma identidade entre os cidadãos da União e as suas Instituições Europeias. É necessária, portanto, uma nova parceria.

Na União Europeia, este facto foi sustentado pela declaração política n.º 11 à acta final do Tratado de Amesterdão, mas, principalmente, sob o ponto de vista jurídico, através do Artigo I-52.º na Constituição para a Europa. Além disso, o n.º 3 do Artigo I-52.º da Constituição para a Europa decreta um diálogo «aberto», «transparente» e «regular» entre as Instituições da UE e as Igrejas, organizações religiosas e não confessionais (abordaremos este assunto no quinto capítulo deste trabalho).

Através do tratado de reforma, o diálogo entre partes tão diferentes pode ser colocado numa base juridicamente vinculativa e também institucionalizada, o que não era o caso até ao momento, sendo considerado pelas Igrejas tradicionais como uma falha. No entanto, a necessidade de um tal diálogo já existia, de forma implícita, por parte da Comissão Europeia, e foi habilmente formulada da seguinte forma pelo antigo presidente da Comissão, Jacques Delors: «Acreditem que se a unificação europeia se basear unicamente em saberes jurídicos ou económicos, não será bem sucedida. Se nos próximos dez anos não formos capazes de dar uma alma, uma espiritualidade e um significado à Europa, então o jogo acabou.» ([1])

Este reconhecimento levou não só à criação da iniciativa «Uma Alma para a Europa», da qual falaremos detalhadamente mais abaixo, mas mobilizou também os seus sucessores, Jacques Santer, Romano Prodi e José Manuel Durão Barroso, a procurar e a intensificar o correspondente diálogo.

A máxima de «Uma Alma para a Europa» teve origem, acrescente-se, em Robert Schuman, o grande político democrata-cristão de origem franco-alemã e católico convicto, e foi reutilizada, em Fevereiro de 1991, no discurso de Jacques Delors, tendo vindo depois a tornar-se famosa ([2]).

Por ocasião da Assembleia-Geral da Comissão Ecuménica Europeia para a Igreja e a Sociedade (EECCS), o presidente da Comissão Europeia, Jacques Santer, declarou sem rodeios que teria de ser criado um instrumento de diálogo apropriado para a UE, que pudesse satisfazer as exigências espirituais do processo de integração europeia. Afirmou literalmente o seguinte: «O próximo passo dos nossos esforços para um consenso quanto à relação entre as estruturas europeias das Igrejas e organizações religiosas e a União teria de apontar, no meu ponto de vista, na direcção de um entendimento fundamental para que essa relação não possa ser avaliada através das categorias que conhecemos dos debates nos nossos Estados nacionais. É que estes baseiam-se nas respectivas histórias específicas, em contextos culturais específicos, em sensibilidades específicas.» ([3]) Reconhecendo os esforços das Igrejas, o presidente da Comissão sublinhou que as Igrejas e as suas organizações são «parceiros importantes» em muitas áreas da Comissão Europeia, quando se trata de definir certas políticas e certos projectos da União e de os «colocar em andamento a partir da sua base». E é por essa razão que, prossegue o presidente Santer, o «diálogo entre as Igrejas e a Comissão significa um avanço extraordinariamente valioso». Por fim, tocou no âmago da problemática, ao dizer que este diálogo não é um dado adquirido: «Os documentos fundadores da União Europeia nada dizem acerca disso. E a Comissão nunca foi incumbida, nem pelo Conselho Europeu, nem pelo Parlamento Europeu, de levar a cabo um diálogo com as Igrejas. Falamos, por isso, de um diálogo informal, mas nem por isso regular.» ([4])

O presidente da Comissão Romano Prodi sempre chamou a atenção para a necessidade euro-política e político-religiosa da cooperação das Instituições da UE com as Igrejas e as religiões ([5]). Por essa razão, fez também parte dos impulsionadores decisivos do conceito, ocupando-se deste diálogo, de forma explícita, através de uma unidade própria no «Grupo dos Conselheiros Políticos do Presidente da Comissão Europeia» (GOPA), que substituiu o «Grupo de Análises Prospectivas», por resolução da Comissão de 3 de Maio de 2001. Esta tradição foi continuada por José Manuel Durão Barroso, que, tendo em conta os novos desafios relacionados com o alargamento da UE para 25 Estados-membros, e com a perspectiva de se tornarem 27 (*), substituiu o GOPA pelo «Gabinete de Conselheiros de Política Europeia» (BEPA), com efeito a partir de 15 de Abril de 2005.

Em termos metódicos, há que distinguir entre a constelação do diálogo, os métodos e respectivos conteúdos, e ter em conta que eles se encontram não só numa relação recíproca, mas que são igualmente condicionados por ela. A matriz do diálogo assume, actualmente, uma forma complexa e verdadeiramente problemática. Uma das suas grandes fraquezas reside no facto de, ao nível comunitário, não terem sido reconhecidas à UE, por parte dos Estados-membros, suficientes competências jurídicas em matéria político-religiosa ou eclesiástica, pelo menos no direito primário. Esta situação irá mudar, no entanto, com os Artigos I-47.º e, principalmente, com o Artigo I-52.º da Constituição para a Europa. A deficiente base jurídica até agora existente foi, no entanto, compensada, em certa medida, pela pressão quotidiana da política concreta, ou seja, pelo direito derivado, mas, acima de tudo, pela prática factual, que já antecipa em grande parte a eventual futura regulamentação pelo Tratado Constitucional. A UE tinha e tem de assumir uma posição, *nolens volens* [querendo ou não querendo], em relação às questões da religião e da Igreja, também a nível comunitário. Deveremos repetir que, apesar de os órgãos terem a obrigação de agir de forma neutra em termos confessionais, não podem de forma alguma ser considerados anti-religiosos ou antieclesiásticos, razão pela qual devem, antes, ser comprovadamente caracterizados como assumindo uma atitude positiva e de abertura. O direito derivado da UE, relacionado com as organizações religiosas e as Igrejas, que é muito extenso, é, em substância, uma consequência directamente resultante deste facto.

É este «factor religioso», frequentemente citado na discussão, que determina esta abertura das Instituições da UE, e também o desenvolvimento de um direito derivado extenso. Só quem estivesse afastado da

---

(*) Cf. nota de tradutor na página 20.

realidade é que não seria capaz de perceber que as Igrejas e as organizações religiosas (não todas, mas a maior parte e as mais importantes) podem prestar um valioso contributo, tanto nos Estados-membros como nos Estados candidatos, para a promoção de uma consciência europeia comum dos cidadãos e de um sentimento de afinidade, identidade e solidariedade.

A política da Santa Sé deve ser mencionada como exemplo particularmente louvável. A (re)evangelização da Europa, caracterizada pelo papa João Paulo II como conceito, (também) é um programa de política europeia. O perigo de eventuais mal-entendidos ou de interpretações erradas deste conceito foi atenuado pelo esclarecimento no mais recente documento papal «Ecclesia in Europa». Este documento constitui um testemunho extraordinariamente valioso em termos de política eclesiástica europeia por parte da Igreja Católica Romana ([6]) e fala inteiramente por si. As Igrejas também são agentes e parceiros importantes para as Instituições Europeias nas áreas da política social, do desenvolvimento, da política de paz e segurança.

Apesar disso, nem todos os agentes europeus sabem dar valor à dimensão do diálogo político-religioso e eclesiástico. Ou é uma posição antieclesiástica mais ou menos declarada, ou um abuso secularista, bem como uma laicidade entendida de forma errada, que colocam obstáculos ao aproveitamento do potencial existente. Também por parte das organizações religiosas existem posições diferentes e, por vezes, até antagónicas em relação ao diálogo com as Instituições da União Europeia. Principalmente as Igrejas e confissões mais pequenas, de carácter eclesiástico livre, ou com uma importância a nível regional ou local, como, por exemplo, os hussitas ou os Irmãos Boémios da República Checa, concentram-se logicamente mais em si próprias e limitam-se, precisamente, a actividades locais ou regionais.

Em questões essenciais – há que dizê-lo de forma racional –, muitas das organizações religiosas e Igrejas (ainda que não todas) não conseguem chegar a um consenso, por exemplo, em relação ao aborto, à eutanásia, à equiparação das relações homossexuais ao casamento heterossexual, à protecção dos embriões, etc.

Não obstante, o «factor religioso» é um estímulo para a política europeia, que se fundamenta no facto de a esmagadora maioria da população europeia se professar religiosa. Vários documentos e Conferências importantes da Comissão Europeia e dos seus parceiros eclesiásticos tiveram este assunto em conta ([7]), para além da concretização prática do diálogo.

O sétimo capítulo deste livro abordará os métodos de diálogo e respectivos conteúdos. Neste ponto, deve ser observado, no entanto, que o diálogo originou um método orientado para a prática simplesmente através da sua concretização factual, tal como sucede actualmente, acima de tudo, entre a Comissão Europeia e os seus parceiros eclesiásticos e outros de natureza religiosa e não confessional por meio de intervenções, visitas de delegações, conferências e simpósios comuns, bem como por múltiplos contactos isolados, utilizando todos os meios de comunicação disponíveis, incluindo o *lobbying* confessional.

Apesar de todo o reconhecimento positivo, há que fazer uma observação crítica ao facto de, até hoje, as organizações religiosas e Igrejas não terem sido suficientemente reconhecidas no seu valor, ou seja, na sua especificidade religiosa, espiritual e pastoral, mas que, na ausência de uma alternativa mais lógica, e, acima de tudo, adequada, estão apenas subordinadas a ONG, a instituições prestadoras de serviços, a organizações sociais e à sociedade civil, ou, simplesmente, pairam num vazio institucional.

Foi o então presidente da COMECE, D. Josef Homeyer, bispo de Hildesheim, que apontou o dedo a esta situação insatisfatória. Numa troca de correspondência com o presidente da Comissão Europeia, Romano Prodi, o bispo Josef Homeyer lamentou a situação: «Devido ao seu carácter transcendental, elas constituem simultaneamente instituições *sui generis*. Nesse sentido, resulta para mim um certo cepticismo em relação a alguns passos da sua carta, que dizem respeito à atribuição das Igrejas ao Comité Económico e Social» ([8]). Esta troca de correspondência representa, aliás, um bom exemplo de diferentes métodos do actual diálogo.

As relações entre as Instituições da UE e as Igrejas e organizações religiosas existem realmente. Ao nível do direito comunitário, ainda existe necessidade de uma base jurídica, que se desdobre de tal forma no direito derivado de modo a poder haver boas razões para se falar de um *corpus iuridicum*. O diálogo político-religioso a nível comunitário encontra-se, por isso, em termos realistas, num estádio rudimentar e tem de ser ampliado, tanto em termos profissionais como institucionais. O mecanismo de consulta política existente na Comissão Europeia não conhece, por exemplo, qualquer forma automática ou formal de ouvir as Igrejas, nem mesmo para projectos políticos que lhes digam respeito. Na verdade, nesta situação, ainda há muita coisa que depende de contactos pessoais e da «boa vontade» e sensatez de alguns funcionários da UE, independentemente de ser ou não possibilitada a inclusão, minimamente satisfatória, das instituições eclesiásticas, e outras de carácter religioso e não confessional.

Quem são, então, os actuais parceiros deste diálogo e de que forma trabalham? A exposição que se segue deverá demonstrar que, apesar de todas as falhas, existe, de facto, um diálogo político-religioso e eclesiástico e mostrará quem são os seus actuais parceiros.

2. A Comissão Europeia

Em Junho de 1982, o então presidente da Comissão Europeia, Gaston Thorn, seguiu a recomendação do seu Secretário-Geral, Émile Noël, e incumbiu um membro do Secretariado-Geral, Umberto Stefani, de dar início à elaboração de um mecanismo apropriado, para poder assumir uma relação com as Igrejas e organizações religiosas, consoante as possibilidades jurídicas e religiosas.

Na sua reunião de 13 de Setembro de 1983, a Comissão Europeia nomeou formalmente Umberto Stefani como seu conselheiro especial – numa actividade que não era remunerada (!) – e conferiu-lhe um mandato para:

> › elaborar uma lista dos parceiros de diálogo já existentes por parte da Igreja;
> › intensificar ao máximo os contactos já existentes (tanto dentro como fora da Comissão Europeia);
> › elaborar as modalidades para uma cooperação sistemática;
> › estudar a possibilidade da criação de um gabinete ou mecanismo de ligação, e
> › representar a Comissão Europeia em determinados eventos religiosos e eclesiásticos.

Assim se estabeleciam as bases iniciais para um diálogo político-religioso, mas devido à falta de uma base jurídica para a União Europeia teve de ser estruturado de forma muito pragmática e, além disso, era ainda condicionado pela intensidade do interesse dos parceiros eclesiásticos.

Ambos os elementos – a necessidade e o interesse, tanto por parte da Comissão Europeia, como das Igrejas e das organizações religiosas para tal diálogo – foram-se tornando cada vez mais claros, no decorrer dos contactos, e ganhando estrutura. Uma circunstância feliz, ou o método de trabalho do então presidente da Comissão Europeia, Jacques Delors, fez amadurecer o desejo de constituir um «círculo de reflexão» que apoiasse o presidente na sua variedade de actividades.

Com a resolução de 8 de Março de 1989, a Comissão Europeia instituiu o chamado «Grupos de Análises Prospectivas» (Cellule des prospectives), enquanto instituição prestadora de serviços, autónoma na sua essência, mas administrativamente dependente do Secretariado-Geral. Tinha de realizar, acima de tudo, três tarefas determinantes:

› analisar o processo de integração europeia e avaliar o seu progresso;
› estabelecer uma rede de relações com instâncias públicas nacionais, e também instituições privadas que se ocupassem do desenvolvimento da Europa a médio prazo, e
› realizar projectos de investigação, sendo atribuído um mandato a cada um (por exemplo, sobre as assimetrias entre o Norte e o Sul no mundo estatal, as relações euro-transatlânticas, o desenvolvimento do comércio mundial, etc.).

Os trabalhos e os resultados possuíam carácter confidencial, tinham interesse apenas a nível interno da Comissão e deveriam, acima de tudo, fornecer material apropriado para a política do presidente da Comissão. Nada daí resultante foi publicado. Anualmente era elaborado um plano de trabalho pela Comissão Europeia por proposta do seu presidente, sendo aprovado através da disponibilização dos meios pessoais e orçamentais necessários([9]).

Uma vez que, agora, como já foi referido, passou a haver um funcionário da Comissão especificamente dedicado às questões político-religiosas e ao contacto com as religiões e as Igrejas, era natural que esta tarefa passasse para as mãos do «Grupo de Análises Prospectivas», até porque o «factor religioso» passou a ganhar cada vez mais importância para o processo de integração europeia.

Isto acabou por acontecer a 18 de Junho de 1992, por Umberto Stefani, que já tinha a agenda em seu poder há nove anos e a entregou, formalmente, ao então director da «Célula», Jérôme Vignon. A 27 de Julho de 1992, o director Vignon incumbiu Marc Luyckx, um teólogo belga, de concluir o mandato, e ele exerceu-o até Setembro de 1996. De Outubro de 1996 a Outubro de 2000, o nome do responsável máximo pelas questões político-religiosas foi Thomas Jansen, de origem alemã. Desde Março de 2001, essa função é exercida pelo autor deste trabalho.

Entretanto, o processo de integração europeia evoluiu, a olhos vistos, e encontrou um ponto culminante provisório em 1995, com a adesão da Áustria, da Suécia e da Finlândia – sofrendo um revés com a resposta negativa do povo norueguês ao referendo à adesão – mas foi objectivamente aprofundado pelo Tratado de Amesterdão (fundação da UE), pela formulação dos chamados critérios de Copenhaga (criação de uma moeda comum, o euro) e por outras reformas de instituições através do Tratado de Nice, mas, acima de tudo, pelo Tratado de Reforma, adoptado pelos chefes de Estado e de governo dos Estados da UE no Conselho Europeu de Outubro de 2007.

Por sua vez, as organizações religiosas e Igrejas tradicionais também tinham, naturalmente, grande interesse em fazer parte do processo. Para poder dar ainda mais ênfase ao seu desejo, os gabinetes de representação eclesiásticos já existentes em Bruxelas foram reforçados em pessoal, foram-lhes atribuídas mais tarefas e abriram mais gabinetes.

Esta evolução e a forma de trabalhar completamente diferente do sucessor de Jacques Delors na presidência da Comissão, Jacques Santer, alteraram o âmbito das tarefas e os métodos de trabalho do «Grupo de Análises Prospectivas». Com Santer, a agenda da «Célula» foi alargada ao âmbito das organizações religiosas e das Igrejas, o trabalho passou a estar visivelmente menos dependente de instruções e, pela primeira vez, foram publicados os resultados dos trabalhos.

Assim, a «Célula» desenvolveu-se, de forma lenta mas segura, rumo a um «círculo de reflexão» de carácter bastante generalizado com um programa abrangente, que se afastava cada vez mais da missão original. No entanto, esta evolução revelou-se positiva para o diálogo religioso, não só na medida em que surgiram novas tarefas, mas também por a «Célula» ter o privilégio de poder assistir a um crescimento constante das suas competências em termos político-religiosos e eclesiásticos. No final dos anos 90, o mandato para as relações com as Igrejas e organizações religiosas tinha já atingido um âmbito considerável. Dos pontos mais importantes da agenda faziam parte, por exemplo:

> › preparar a participação do presidente da Comissão Europeia, nos vários encontros, com representantes religiosos e elaborar as bases dos debates para conversações com estes ou outros altos representantes de organizações não confessionais;

› exercer uma política de informação aberta para com os representantes das Igrejas e outras organizações confessionais e não confessionais, estabelecidas em Bruxelas, sobre os interesses da Comissão Europeia;
› cultivar a troca de ideias sobre temas apresentados à Comissão Europeia pelas organizações religiosas e não confessionais;
› encorajar os parceiros da Comissão Europeia a empenharem-se em assuntos de política europeia e ajudar a concretizá-los;
› aconselhamento à iniciativa «Uma Alma para a Europa»;
› apoiar as Direcções-Gerais no seu trabalho, em especial no que diz respeito a temas relacionados com a religião, e, finalmente,
› analisar o «factor religioso» na, e para a política (de integração) europeia.

Este é um progresso notável no diálogo político-religioso desde os tímidos inícios no ano de 1982!

Por mais positiva que tenha sido esta evolução no «Grupo de Análises Prospectivas» para a cooperação da Comissão Europeia com as Igrejas e organizações religiosas, houve vozes extremamente críticas que se foram multiplicando e que punham em causa o valor desta «célula». Também foi notória uma certa insatisfação pelo facto de a missão da «célula» se ter esbatido cada vez mais, correndo o risco de desembocar numa situação de competência «para tudo e para nada ao mesmo tempo». O então presidente da Comissão Europeia, Romano Prodi, deixou por isso bem clara a sua intenção de tornar a «célula» mais orientada para a prática e de lhe dar maior relevância política, e passar a utilizá-la de novo mais como instrumento analítico da sua política.

Após a correspondente preparação intensiva, a Comissão Europeia elaborou um conceito inteiramente novo [10] e instituiu, através de resolução de 3 de Maio de 2001, que entrou em vigor a 16 de Maio do mesmo ano, o chamado «Grupo dos Conselheiros Políticos do Presidente da Comissão Europeia» / (GOPA) [11].

Este «grupo de conselheiros» substituiu o «Grupo de Análises Prospectivas», foi administrativamente separado do Secretariado-Geral e directamente subordinado ao presidente da Comissão Europeia. Daí resultou, consequentemente, uma autonomia administrativa e, acima de tudo, orçamental, mas por outro lado reforçou em larga medida a auto-responsabilidade. A mudança com maiores consequências constituiu o emagrecimento radical do âmbito das tarefas atribuídas.

O «grupo de conselheiros» passou a ocupar-se «apenas» de quatro grandes temas:

> a política externa;
> a política económica e financeira;
> as reformas das Instituições Europeias e
> o diálogo com as religiões, Igrejas e organizações não confessionais;

Além disso, a Comissão de Ética existente, o GCEB (Grupo de Conselheiros para a Ética da Biotecnologia), foi alargada a 12 membros e anexada ao GOPA como EGE (Grupo Europeu de Ética para as Ciências e as Novas Tecnologias)

O objectivo principal, ou, melhor, o motivo principal para a instituição do novo «grupo de conselheiros» foi a ideia de criar um organismo também visível «para fora» e que fosse capaz de medir forças com outras organizações europeias comparáveis. Além disso, deveria ter a capacidade de elaborar conceitos alternativos para os desafios, a longo prazo, do processo de integração europeia.

Há um facto que tem de ser aqui obrigatoriamente destacado: apesar de este novo Organismo, por comparação com o antigo «Grupo de Análises Prospectivas», ter sido estruturado para apenas quatro áreas, uma das que estavam contempladas continuava a ser a da política religiosa. De facto, esse não era um dado adquirido, se tivermos em conta a génese da União Europeia e a opinião de bastantes políticos, bem como de funcionários das Instituições Europeias, de que as Igrejas e as religiões não deviam imiscuir-se na política da UE. Todavia, o presidente Prodi e a Comissão Europeia, no seu todo, tinham uma opinião completamente oposta: de futuro, iria ser dedicada especial atenção à política religiosa e eclesiástica.

Devido à circunstância de passar a haver apenas quatro áreas de responsabilidade, e destas fazer parte o diálogo com as religiões e as Igrejas, os instituidores do «Grupo dos Conselheiros Políticos do Presidente da Comissão Europeia» tinham dado mostras, de forma bastante impressiva, que este diálogo se reveste, no mínimo, da mesma importância que a política externa, económica e financeira e a reforma das instituições. Uma decisão a todos os títulos sábia e clarividente, pois, de outro modo, como se poderia cumprir a exigência do Conselho Europeu de Laeken, em Dezembro de 2001, de se criar as condições para «mais» democracia e para uma «Europa dos cidadãos», tendo ao mesmo tempo em atenção o «factor religioso»? A verdade é que a Europa possui uma herança religiosa, a UE uma dimensão religiosa e a maioria da população europeia ainda é, de alguma forma, crente, independentemente de pertencer a uma religião e da intensidade da participação activa na sua prática exterior! As Instituições da UE tiveram em conta este facto, para que todo o cidadão europeu crente se possa rever nas «suas» instituições. Só assim se consegue obter uma identidade genuinamente europeia: o cidadão tem de se identificar com as suas instituições, ou as Instituições da UE têm de reflectir as sensibilidades básicas, incluindo as religiosas, dos seus cidadãos, segundo a convicção da Comissão.

A nova Comissão, sob a presidência de José Manuel Durão Barroso, criou, como todas as Comissões anteriores, um novo grupo de aconselhamento, neste caso denominado «Bureau of European Policy Advisers» (BEPA) (Gabinete de Conselheiros de Política Europeia), dotado de uma estrutura inteiramente nova e, com efeito a partir de 15 de Abril de 2005 (após dissolução do GOPA), iniciou oficialmente a sua actividade ([12]). No início do seu mandato, o presidente Durão Barroso declarou que uma das suas prioridades seria o «Processo de Lisboa», ou seja, a política económica e financeira da UE, através da qual pretendia tornar a UE ainda mais competitiva enquanto actor global. Mas Durão Barroso também sabe qual o significado fundamental que uma política religiosa e eclesiástica activa possui para uma evolução bem sucedida do processo de integração europeia, e sublinha, em muitas ocasiões, que é por isso que atribui especial importância ao diálogo com as religiões, Igrejas e organizações não confessionais. Este conceito nobre reflectiu-se, depois, no documento da Comissão acima referido. O BEPA, directamente dependente do presidente e pensado como grupo de aconselhamento não só do próprio, como de toda a Comissão, dividiu as suas tarefas em três áreas: Economia (*economic area*), Política (*political area*) e Sociedade (*societal area*). Devido ao seu significado fundamental e ao facto de as religiões terem a ver com todos os aspectos da vida humana e do quotidiano político, o «diálogo» foi atribuído ao «sector» da Política, e não ao da Sociedade – para onde os seus opositores gostariam de tê-lo «empurrado», já que não conseguiam impedi-lo de se realizar. O diálogo político-religioso e eclesiástico foi valorizado em termos políticos e assume um papel central na nova Comissão Europeia.

Até aí tudo bem, seremos tentados a dizer. Mas, mesmo assim, algo não batia certo neste novo posicionamento. Em consonância com o mandato do BEPA, este grupo de conselheiros devia elaborar análises, projectar estratégias a longo prazo e ter, assim, uma função de aconselhamento. Mas como cumprir as tarefas operativas e a prestação de serviços que a política quotidiana traz consigo? Devido ao seu carácter institucional, o BEPA não está em posição de o assegurar. Não só devido ao facto de as religiões e Igrejas em Bruxelas instituírem constantemente novos gabinetes de representação, que têm de ser todos acompanhados, mas ao nível interno da secção para assuntos político-religiosos do BEPA também não foi tomada qualquer providência em termos de pessoal ou de infra-estruturas, nem mesmo para o dia-a-dia normal, com todos os seus problemas relacionados com os interesses religiosos, que pudesse dar resposta às exigências operativas. Uma enorme falha institucional, que até hoje não foi possível corrigir. Apenas se pode supor os motivos para esta situação: talvez um possível receio de fortes críticas por parte de círculos seculares? Além disso, não existe na (em outros casos) apertada rede de Instituições Europeias qualquer outro grupo com competências para dar resposta a assuntos de política religiosa e eclesiástica, de modo que a unidade para o diálogo político-religioso, dentro do BEPA, é o único parceiro a contactar por parte de todas as instituições estabelecidas em Bruxelas, todas as Igrejas e organizações religiosas nos Estados-membros, assim como pelos Comissários e todos os Directores-Gerais da Comissão Europeia. O facto de ser o único local de recurso para as religiões, Igrejas e organizações religiosas dentro e fora da UE, bem como para as Instituições da Comissão Europeia, tem como consequência lógica que, à falta de uma alternativa, toda a gente dirija os seus pedidos ao conselheiro para assuntos de política religiosa no grupo de aconselhamento, que se torna, cada vez mais, a placa giratória política para os pedidos religiosos e eclesiásticos de todo o género, e que com o passar dos anos mudou a sua posição inicial de órgão apenas de aconselhamento para a de um instrumento altamente operativo para o diálogo político-religioso, sem que, como já foi dito, disponha dos meios necessários para tal. Esta é uma situação insatisfatória sob todos os pontos de vista, agravada ainda pela circunstância de, através da evolução política factual da integração europeia e o crescente empenho euro-político das Igrejas e organizações religiosas, surgirem constantemente novas tarefas. Aqui, nota-se, de forma cada vez mais negativa, a falta de uma ancoragem jurídica deste diálogo de crescente intensidade. Será alterado para melhor, assim se espera, com o Tratado de Reforma da UE e os respectivos artigos para o diálogo. Uma correspondente base jurídica significaria um avanço decisivo para a institucionalização do diálogo. Com o referido artigo, passaria não só a haver uma protecção jurídica do diálogo político-religioso e eclesiástico, mas também seria criada uma base para se estabeleceram os instrumentos institucionais e operativos necessários para a sua concretização. Em todo o caso, deve desenvolver-se o correspondente instrumentário, uma vez que o autor deste trabalho apresentou várias propostas concretas nesse sentido. No entanto, já se conseguiu alcançar alguns progressos práticos, na medida em que foi possível estabelecer diferentes estruturas organizativas gerais no âmbito da Comissão Europeia, bastante oportunas para este diálogo. Entretanto, o Colégio de Comissários, o Secretariado-Geral e os Directores--Gerais já se envolveram directamente no diálogo e no estabelecimento directo de contactos com os representantes das religiões e Igrejas. Além disso, foi criado um grupo de trabalho, composto por comissários para a luta contra a discriminação, anti-semitismo, xenofobia, etc., sob direcção formal do presidente Durão Barroso, mas na prática liderada pelo comissário Franco Frattini, que, no âmbito das suas tarefas, vai naturalmente dedicar-se aos aspectos específicos relacionados com a religião.

Foi possível alcançar uma institucionalização do diálogo ao mais alto nível político, na medida em que o presidente Durão Barroso aderiu ao diálogo específico com as três religiões monoteístas: o cristianismo, o judaísmo e o islamismo. A 12 de Julho de 2005, o presidente convidou, pela primeira vez, cerca de doze notáveis representantes, escolhidos para uma troca aberta de impressões em Bruxelas. O facto de um encontro desses ter sequer tido lugar, a atmosfera surpreendentemente construtiva e o discurso objectivo bem sucedido encontraram uma repercussão tão positiva junto das religiões e do mundo político, que ficou decidido reunirem-se no ano seguinte com uma formação semelhante. Este encontro teve lugar a 30 de Maio de 2006, sob a superintendência do presidente, mas, desta vez, em conjunto com o então presidente do Conselho, o chanceler austríaco Wolfgang Schüssel, com a função de vice-liderança. Desta vez, o eco positivo foi ainda maior e o resultado mais satisfatório, de modo que na troca de impressões seguinte, a 15 de Maio de 2007, para além do presidente Durão Barroso na qualidade de anfitrião, participaram a presidente do Conselho (a chanceler alemã Angela Merkel) e o presidente do Parlamento Europeu, Hans-Gert Pöttering, desempenhando o papel de vice-presidentes. Pela primeira vez na história da integração, encontraram-se os presidentes das três grandes Instituições Europeias com representantes notáveis das três religiões monoteístas para um diálogo. Os representantes religiosos não foram escolhidos e convidados como representantes oficiais da respectiva comunidade religiosa, mas pelas suas capacidades pessoais e valor enquanto líderes espirituais. Em 2006 e 2007, também foi possível juntar à mesma mesa alguns emissários representativos do Islão sunita e do xiita. Estes encontros devem agora ocorrer, de forma regular e anual, na sua forma actualmente definida, nos quais haverá sempre um tema concreto de interesse bilateral, no centro das conversações, e a fim de permitirem uma expressão mais profunda dos pontos de vista decorrerão longe dos olhares do público.

O trabalho levado a cabo com afinco e espírito resoluto produz êxitos concretos, mas que, mesmo assim, ainda são insuficientes para se poder estabelecer um diálogo verdadeiro, capaz de corresponder às necessidades, institucionalizado e operativo, com a necessária dimensão. Há que dar mais passos ([13]). Em todo o caso, a bem sucedida política do diálogo, que inclui obviamente os parceiros não confessionais, tem sido encorajadora.

3. O Parlamento Europeu

Com base no Tratado de Nice, e devido à adesão de dez novos Estados-membros a 1 de Maio de 2004, e da entrada da Roménia e da Bulgária a 1 de Janeiro de 2007, o número de deputados do Parlamento Europeu para a sexta legislatura (2004-2009) foi aumentado pelos chefes de Estado e de governo de 626 para 785 ([14]), formando assim oito partidos e um grupo de independentes:

> PPE-DE (Partido Popular Europeu [Democrata-Cristão] e dos Democratas Europeus): 278 deputados;
> PSE (Partido dos Socialistas Europeus): 216 deputados;
> ADLE (Associação dos Democratas e Liberais pela Europa): 104 deputados;
> UEN (União para a Europa das Nações): 44 deputados;

› VERDES/ALE (Os Verdes/Aliança Livre Europeia): 42 deputados;
› GUE/NGL (Confederação da Esquerda Unitária Europeia e Esquerda Verde Nórdica): 41 deputados;
› IND/DEM (Independência/Democracia): 24 deputados;
› ITS (Identidade, Tradição, Soberania): 23 deputados;
› 13 deputados independentes.

Uma vez que, não raras vezes, os deputados deixam os respectivos partidos por motivos políticos ou se filiam noutros, a composição do Parlamento Europeu muda de tempos a tempos, o que, no entanto, não altera o facto de, em termos numéricos, o PPD-DE ser de longe o partido mais forte e influente.

É evidente que o número de cristãos confessos no PE não pode ser determinada com exactidão, como é natural, mas deverá representar, segundo estimativas internas do partido, claramente mais de metade de todos os deputados. Além disso, a segunda metade da sexta legislatura (2004-2009) é presidida pelo democrata cristão alemão Hans-Gert Pöttering (eleito a 16 de Janeiro de 2007) que, no passado, esteve sempre do atento aos interesses religiosos ou político--religiosos. O mesmo se aplica ao presidente da tão importante Comissão de Assuntos Externos, o igualmente democrata-cristão alemão, Elmar Brok.

Todos estes factores proporcionam um ambiente construtivo aos interesses dos cidadãos religiosos no PE, apesar de os deputados críticos ou mesmo contrários à religião também tentarem fazer sobressair, naturalmente, as suas posições não confessionais. Os instrumentos das tomadas de decisão políticas não se distinguem dos relativos aos parlamentos nacionais. Alguns dos meios mais apreciados são, por exemplo, as interpelações parlamentares (orais ou escritas), as sessões de perguntas e respostas e a correspondente utilização do aparelho administrativo (ver, por exemplo, a discussão sobre o espaço de oração ecuménico, sobre o qual falaremos mais adiante).

Ou os vários partidos dispõem de colaboradores próprios para as questões relacionadas com a política religiosa ou eclesiástica, ou consultam, em caso de necessidade, peritos extraparlamentares. No gabinete do presidente do PE, dois colaboradores dedicam-se a essas tarefas, sendo um chefe de gabinete adjunto. A UEN dispõe, actualmente, de um sacerdote polaco como capelão.

Lamentavelmente, na sexta legislatura o PE não conseguiu instituir uma comissão própria ou, pelo menos, uma subcomissão para assuntos político-religiosos. Dependendo da temática, as questões são apresentadas a uma das comissões relevantes existentes (por exemplo, para os assuntos externos, para a cultura, etc.), que as estudarão.

3.1. Actividades inter-religiosas/ecuménicas do Parlamento Europeu

Desde Setembro de 1980, realizam-se mensalmente os chamados encontros ecuménicos de oração, normalmente a uma quarta-feira, durante o pequeno-almoço, no restaurante do PE em Estrasburgo.

Este círculo ecuménico de oração constitui, segundo as palavras dos próprios, o grupo inter-parlamentar mais antigo do PE. O encontro de oração está normalmente organizado de tal forma que é possível a participação de todos os deputados, independentemente da sua religião, Igreja ou confissão. Na prática, no entanto, acabou por resultar numa orientação fortemente cristã, mas continua a haver flexibilidade suficiente para corresponder às actuais necessidades. Habitualmente, segundo os dados dos seus organizadores, participam nestes encontros entre 30 a 40 deputados.

Seguindo o exemplo norte-americano, decorre anualmente, na sede do PE em Bruxelas, um grande pequeno-almoço inter-religioso de oração (o chamado «European Prayer Breakfast»), para o qual são convidados não só os membros do PE, juntamente com os seus funcionários e respectivos familiares, mas também funcionários de outras Instituições da UE. Este pequeno-almoço realizou-se pela décima vez, contando com o que decorreu no ano de 2007. O deputado responsável pela sua execução é o mesmo que organiza os pequenos-almoços de oração mensais.

Durante esta refeição, são disponibilizadas leituras em várias línguas, apresentadas orações das mais variadas orientações religiosas, recitados textos de reflexão dos mais diversos tipos e pronunciada uma oração final comum, em que cada participante pode, ao mesmo tempo, rezar em silêncio ou muito baixinho na sua própria língua e de acordo com as suas tradições religiosas, e em que normalmente todos os participantes dão as mãos. Um dos pontos altos é constituído por uma intervenção oral do convidado de honra, que é, na maioria das vezes, uma personalidade internacional conhecida exterior ao PE, como, por exemplo, um primeiro-ministro ou um cientista de renome. Em regra, estes pequenos-almoços anuais contam com cerca de 400 a 500 participantes.

Actualmente, estão a ser utilizadas salas ecuménicas de orações nas dependências do PE, tanto em Bruxelas como em Estrasburgo. A edificação e a ornamentação das salas não deverão ter corrido de forma inteiramente pacífica, a acreditar nas testemunhas oculares. Segundo estas, a sala de orações foi ornamentada, na época, pelo conhecido artista belga Charles Delporte, com um grande tríptico que continha a teologia cristã da ressurreição. A administração do PE na quinta legislatura, conhecida pelo seu radical posicionamento anti-religioso, começou por se opor veementemente à existência desta sala e conseguiu que a sala ecuménica de orações fosse transformada numa «sala de meditações» comum, no sentido de um «humanismo» de orientação materialista-ateísta e que, consequentemente, o tríptico cristão fosse retirado. Poucas semanas depois, e após esta desagradável agitação, justamente considerada por muitos parlamentares como uma forma de procedimento arbitrária, a representação da teologia cristã da ressurreição reapareceu no bar do Parlamento (!), de onde foi novamente retirada, após protestos veementes, sendo levada para o armazém do PE.

3.2. O Islão enquanto desafio parlamentar

Vários grupos do PE tornaram o Islão o objecto de um debate intenso. Não foi só depois dos ataques terroristas ao World Trade Center de Nova Iorque, a 11 de Setembro de 2001, mas também no dia-a-dia normal dos Estados-membros da UE que as diferentes tradições islâmicas se tornaram visivelmente um problema político, perante o qual as sociedades democráticas estabelecidas não sabem como reagir. Um diálogo com as tradições islâmicas só ocorre, e quando ocorre, com a presença fechada de círculos teológicos, cientistas da religião, arabistas, orientalistas, etc. No quotidiano, o Islão é fenomenologicamente percebido pela maioria da população mais como um desafio político-social do que como uma religião. Por isso, de forma genérica, a discussão acaba por acontecer nas ruas, marcada de forma muito banal por sentimentos de aversão e por preconceitos mútuos, ou, em situações de direito criminal ou de direito de residência relevantes, através dos ministros da Justiça ou do Interior, nos tribunais e outras instituições.

Alguns partidos do PE souberam interpretar correctamente os sinais dos tempos e tentaram, tanto ao nível político como social, encarar de frente o fenómeno do Islão. Esta intenção é facilitada pelo facto de alguns dos próprios deputados serem muçulmanos. Não foi possível apurar números exactos, mas é bem plausível que possa haver seis a sete deputados muçulmanos no PE.

O debate com as diferentes tradições islâmicas surge, em muitos casos, primeiro através das chamadas interpelações parlamentares em relação a problemas específicos, como por exemplo a liberdade religiosa, a igualdade de tratamento para com as minorias, etc. A um nível mais académico, tenta-se, em geral, estabelecer conversações sob a forma de conferências, inquéritos, seminários, etc., ou, em casos raros, chegar a um verdadeiro diálogo. Alguns exemplos de tempos mais recentes, não taxativos, mas que pretendem servir de exemplo, poderão ilustrar estas iniciativas:

> › os democratas-cristãos organizaram, em anos anteriores, várias conferências em Bruxelas e em Estrasburgo, que foram muito apreciadas, e participaram de forma intensa em encontros, como no Bahrein;
> › em 2003, os liberais levaram a cabo uma Conferência sobre o tema em Bruxelas;
> › o Left Unity Group [Partido da Esquerda Unida] organizou até ao momento dois ou três encontros em Bruxelas e em Estrasburgo;
> › os Verdes e os Socialistas organizaram, cada um, dois a três seminários, em Bruxelas e Estrasburgo;
> › um inquérito a vários partidos teve como tema a juventude muçulmana na Europa;
> › também o All Party Working Group on the Separation of Religion and Politics (ver *infra*) aborda o tema por diversas vezes.

3.3. O Partido Popular Europeu (Democratas-Cristãos) e os Democratas Europeus, outros partidos e um grupo

Compreensivelmente, e em consonância com a sua filosofia, o PPDE, cuja posição como partido maioritário no PE não é apenas da actual legislatura, está especialmente interessado num diálogo com as organizações religiosas e Igrejas, o que é fácil de comprovar em função das suas actividades parlamentares ([15]).

Como é natural, com a Igreja Católica Romana, bem como com as Igrejas da Reforma, existe desde sempre um contacto muito mais estreito. O líder do partido parlamentar e actual presidente do PE mantêm uma intensa e regular troca de impressões com os mais altos representantes das orientações religiosas, os deputados são parceiros de conversação bastante procurados, e o partido em geral organiza tradicionalmente, séries de debates, conferências, seminários, etc., com os representantes das Igrejas, sobre temas seleccionados.

O diálogo com a ortodoxia mundial assume um significado especial para este partido. Em relação a isto, dever-se-á ter em conta que o número de deputados próximos das Igrejas ortodoxas cresceu de forma significativa desde a admissão de Chipre, da Roménia e da Bulgária. Desde 1996, são organizadas, em locais diversos, as chamadas «Conferências Pan-ortodoxas» anuais – entre outros, Creta, Tessalonica, Bruxelas, Bucareste e Istambul. São sempre organizadas em conjunto com o Patriarcado Ecuménico de Constantinopla, ocasionalmente presididas pelo próprio Patriarca Ecuménico e, se bem que nem todas, e nem sempre, muitas das Igrejas ortodoxas enviam os seus mais altos representantes para assistir. Muitas vezes estas Conferências elaboram e promulgam um documento que constitui a base de trabalho para a concretização política dos propósitos comuns até à Conferência seguinte. Além disso, os artigos das Conferências são publicados em várias línguas e sob a forma de opúsculos ou de livros. Estas Conferências de diálogo com a ortodoxia mundial representam contributos significativos para a coexistência ecuménica ([16]).

Em conjunto com a Fundação Konrad Adenauer e a Comissão Europeia, foram realizados até agora três seminários acerca da temática fundamental da integração europeia. A sua especificidade constitui no facto de neles ter sido analisado o processo da integração europeia, especialmente da perspectiva das Igrejas cristãs. A dimensão religiosa, a herança cristã europeia e o seu futuro estiveram no centro dos seminários, que foram até agora sempre realizados em Cracóvia.

É evidente que se presta muita atenção às tradições do Islão. Principalmente a radicalização político-social de certos círculos muçulmanos na Europa e a questão da integração de cidadãos muçulmanos nas sociedades europeias fazem com que o diálogo com o mundo islâmico no e através do PE se revista da máxima urgência. Tem havido, até agora, várias conferências frequentadas ao mais alto nível, e cujos trabalhos decorreram de forma intensa, assim como diversos encontros especiais, dedicado a estes novos desafios para a Europa ([17]). Uma dessas conferências decorreu em Novembro de 2001, em Bruxelas, e constituiu um início promissor. Seguiu-se-lhe, em Abril de 2002, uma intensa troca de impressões com uma delegação ao mais alto nível da World Islamic League [Liga Islâmica Mundial] de Meca, que foi organizada pela presidência do PPE-DE em Bruxelas. Apenas alguns meses depois, ou seja, em Setembro de 2002, houve uma outra conferência, que marcou um ponto culminante deste processo de reflexão e que foi organizada em conjunto com o Conselho da Europa, para a qual foram convidados para Estrasburgo vários intelectuais muçulmanos de renome. Segundo afirmações dos próprios organizadores, isto representou um fortalecimento significativo da consciência do problema e da definição das próprias posições dos euro-parlamentares e levou ao estabelecimento de uma iniciativa prometedora, já que em Julho de 2003 o PPE-DE tomou a decisão de passar a estabelecer com o Islão um diálogo continuado e orientado para o cumprimento de objectivos, criando para esse efeito um grupo de trabalho próprio. Até agora, seguiram-se mais encontros e uma troca animada de impressões aos mais diversos níveis. Também os restantes partidos do PE se dedicam ao diálogo com as religiões, Igrejas e organizações religiosas, consoante a sua orientação filosófica, com mais ou menos intensidade ou regularidade. Muitas vezes, acabam por ser questões muito concretas a desencadear os contactos, como é o caso do problema da mutilação genital, da igualdade de direitos entre sexos, da liberdade das minorias religiosas, etc.

Não é um partido no seu sentido habitual, mas um «grupo» que se dedica *expressis verbis* à complexidade de questões da separação entre religião e política.

O grupo atribuiu a si mesmo o nome de All Party Working Group on the Separation of Religion and Politics ([18]), sendo dirigido por uma deputada holandesa da ADLE. É constituído por poucos deputados, e maioritariamente por aqueles que têm uma atitude crítica para com as Igrejas, especialmente a Igreja Católica Romana. Apesar de, em termos numéricos, ser um grupo de trabalho muito reduzido, demonstra um notável empenho através da realização de *workshops* subordinados a determinado tema, conferências, interpelações parlamentares e intervenções.

No PE não existe qualquer estrutura intra-parlamentar, ou que inclua vários partidos, que se ocupe de interesses religiosos. No entanto, existe uma forma de aceder, de modo simples e directo, aos peritos dos partidos responsáveis pelo diálogo político-religioso, e também aos próprios deputados, o que permite de certa forma compensar essa falha. Muitas vezes, o estabelecimento de contactos com os deputados que pertencem à própria orientação religiosa, ou que, pelo menos, se sentem como tal, é normalmente a forma mais simples e vantajosa. As missões permanentes das religiões, Igrejas e organizações não confessionais, estabelecidas em Bruxelas e em Estrasburgo, fazem um uso intenso dessa possibilidade.

Finalmente, deverá referir-se que existe, de facto, uma cooperação satisfatória entre o PE e a Comissão Europeia. O perito responsável pelo diálogo com as religiões e Igrejas no «Grupo dos Conselheiros Políticos do Presidente da Comissão Europeia» está, naturalmente, em contacto permanente com os seus colegas no PE (e também com os deputados europeus), é frequentemente convidado como conferencista para as mais diversas ocasiões, convida ele próprio os deputados e peritos político-religiosos para os eventos organizados por si, e actua muitas vezes como intermediário entre ambas as instituições.

Para terminar, diga-se que a iniciativa e o empenho de cada um dos deputados tem um significado e uma responsabilidade muito especiais. A oportunidade de exercer uma maior influência sobre os trabalhos do PE deve ser usada, mais intensamente, no futuro.

4. O Conselho da Europa

O Conselho da UE é o órgão da Comunidade que toma decisões e que, em conjunto com o PE, detém o poder jurídico vinculativo num espectro alargado de competências comunitárias no procedimento de co-decisão.

O Conselho é presidido pelos diferentes Estados-membros, através de uma ordem pré-estabelecida. É apoiado por um Secretariado-Geral, sedeado em Bruxelas. É composto por um representante de cada Estado-membro ao nível ministerial, ou seja, por um ministro com competência para actuar com poderes vinculativos, na sua área de jurisdição, em nome do seu governo.

Consequentemente, as questões relacionadas com a agricultura são tratadas pela reunião do Conselho dos Ministros da Agricultura, as questões de política financeira pelos ministros das Finanças, etc. Apenas os ministros dos Negócios Estrangeiros gozam de um círculo de competências alargado, reunindo sob a designação de «Conselho de Assuntos Gerais», para tratar de questões relativas às relações externas e de natureza política geral.

Só em casos muito excepcionais é que o Conselho trata de problemas de natureza político-eclesiástica ou de âmbito religioso geral. Se forem abordados temas especificamente religiosos, sê-lo-ão, maioritariamente, de forma indirecta e em conjunto com alguma questão muito concreta, como no caso do «abate» em ligação com a transformação de carne ou com a protecção aos animais, ou então o «descanso dominical» em relação à política social e industrial. Caso haja necessidade, os contactos são estabelecidos pelas Igrejas e organizações religiosas através dos respectivos representantes, o que acontece normalmente de forma directa junto dos ministros competentes nos diferentes Estados-membros, que depois levam os pedidos às suas reuniões do Conselho, se tal se justificar.

Os contactos com o Secretariado-Geral são raros e referem-se quase sempre a temas muito específicos, ou são complementares aos contactos ministeriais nacionais e/ou sob forma de «iniciativas» centrais comuns por parte de representantes eclesiásticos. Ocasionalmente, algumas interpelações e pareceres são, na maioria das vezes, apresentados *ad hoc* aos funcionários da Comissão, em conjunto com determinada problemática. Estes contactos constituem uma prática amplamente aceite e rotineira na estrutura dos serviços, fazendo parte do dia-a-dia (o que também pode aplicar-se, aliás, à Comissão Europeia). Já se tornou regra fixa que as Igrejas convidem o primeiro-ministro, o ministro dos Negócios Estrangeiros, ou o ministro dos Assuntos Europeus (caso essa pasta exista em algum Estado-membro) da actual Presidência do Conselho para uma troca de impressões, ou que uma delegação eclesiástica faça uma visita ao actual presidente do Conselho. Não há (ainda) no Conselho funcionários ou instituições especificamente designados para o diálogo, como existem na Comissão Europeia ou no PE.

Por mais complexos que sejam estes contactos, constituem testemunhos da abertura dos órgãos e das instituições políticas, embora ponham a descoberto a ambivalência para com a dimensão religiosa da UE, já que, em última análise, depende demasiadas vezes da orientação filosófica dos diferentes governos ou membros do governo nos Estados-membros da UE, se, e em que medida, os assuntos religiosos e de política eclesiástica merecerem consideração em termos práticos. Ocasionalmente, as religiões e Igrejas também geram a famosa força normativa, obrigando as autoridades europeias a reagir.

5. A Iniciativa «Uma Alma para a Europa»

A audácia desta designação expressa, de forma muito acertada, a génese e a teleologia desta experiência, e é o que esta iniciativa constitui. Foi uma experiência, e foi realmente uma ousadia corajosa. Perguntavam os espíritos hipersensíveis: afinal como é que uma organização política, uma união oportuna inter-estatal, as Comunidades Europeias ou a UE, podem reclamar para si algo como uma «alma»? Isto quando a alma é um conceito filosófico/teológico que, por definição, e no uso clássico da língua, só se aplica à pessoa humana.

O posterior presidente da Comissão Europeia, Jacques Santer, respondeu a esta pergunta da seguinte forma – primorosa, acrescente-se –, sendo apenas uma de várias possíveis: «O que é isso – *animus*, o espírito, a alma? Diz-se, em relação a um desígnio, que o mesmo tem uma alma, porque se orienta por um ideal, porque tem um sentido, porque os seus iniciadores são animados por um desejo nobre – e assim chegamos à mesma raiz etimológica. Poderemos afirmar que a Europa é um desses desígnios? A minha resposta é, sem rodeios, e sem quaisquer reservas: sim!» ([19]).

No início surgiram, então, as perguntas. Na verdade, não foi um mau início, pois o questionar crítico pressupõe, como se sabe, uma consciência desperta para um determinado problema. A discussão decorreu sob duas perspectivas e em duas direcções: uns contestavam, outros afirmavam que a Europa possuía algo como uma «alma». E, não deixa de ser notável, o início da discussão foi determinado pela Comissão Europeia – foi ela que agarrou a iniciativa!

O primeiro a estabelecer uma ligação conceptual entre as denominadas, neste período, Comunidades Europeias e a «alma» foi o então presidente da Comissão, Jacques Delors que, numa apresentação durante uma Conferência em Fevereiro de 1991, permitiu que vários intelectuais dos países reformistas da Europa de Leste pudessem apresentar críticas à sociedade ocidental e também às Comunidades Europeias. O exemplo pessoal, o modelo que aquelas personalidades do espaço centro-leste europeu proporcionavam, nesta situação de transformação europeia, segundo o presidente da Comissão, permitia chegar à desafiante conclusão de que a Comunidade Ocidental estava doente, que lhe faltava a «capacidade de entusiasmo» – em última análise, um pouco de «alma» ([20]). Estava assim encontrado o mote que se tornaria programa: a Europa precisava de uma «alma», que tinha de lhe ser dada (novamente).

Este reconhecimento de Delors tornou-se uma convicção, que ele não se coibiu de apresentar a um público alargado([21]). Com esta ideia, Jacques Delors encontrou uma enorme e inesperada receptividade, principalmente por parte das Igrejas e confissões cristãs, já que tanto a Igreja Católica Romana como as confissões protestantes e, mais tarde, a Igreja ortodoxa, estavam já presentes, desde 1965, nas Comunidades Europeias em Bruxelas, enquanto «Instituições», e apenas esperavam ser percebidas e levadas a sério enquanto tal, pois desde o início que se viam como parte essencial da «alma» da Europa.

Antigamente, as Igrejas, confissões e outras organizações religiosas eram, acima de tudo, instituições que se destinavam a assegurar a assistência religiosa aos funcionários europeus e respectivas famílias, e não empresas eclesiásticas em contraponto com as Comunidades Europeias com programas euro-políticos próprios. Mesmo assim, já incentivavam a realização de debates e mantinham rondas de conversações com representantes das diversas Direcções-Gerais das Comunidades Europeias sobre temas de interesse comum, que perspectivavam um futuro promissor. Assim, estas actividades foram assumindo formas cada vez mais estruturadas, despertaram nos seus próprios meios a coragem para o empenhamento e tiveram a aprovação oficial por parte de funcionários comunitários da UE em posições de chefia.

Já antes o encontro ecuménico de 5 de Novembro de 1990, com Jacques Delors, que decorreu por intermédio da Comissão Ecuménica Europeia para a Igreja e a Sociedade (EECCS), que é uma organização da Conferência das Igrejas Europeias (KEK), e no qual participaram vários membros da Comissão Europeia e líderes representantes das Igrejas estabelecidas em Bruxelas, representara um passo histórico de elevado significado para o desenvolvimento da iniciativa.

Esta troca de impressões levou a um resultado muito concreto, que foi a decisão de, no futuro, a EECCS e a Comissão Europeia passarem a encontrar-se duas vezes por ano, durante uma Conferência de um dia.

Uma das consequências desta resolução, que entretanto tinha levado ao estabelecimento de vários contactos com funcionários de níveis hierarquicamente mais baixos, consistiu na visita de D. Klaus Engelhardt, bispo presidente do Conselho da Igreja Evangélica Alemã (IEA), acompanhado pelo presidente da EECCS, reverendo Klaus Kremkau, e por outros membros da IEA, ao presidente da Comissão Europeia, Jacques Delors, a 4 de Fevereiro de 1992. Este encontro girou, tematicamente e em larga medida, em torno da espiritualidade, da dimensão espiritual da Europa. Em consonância com o relatório desta troca de impressões, o presidente Delors empregou, de novo e de forma enérgica, o conceito da alma europeia [22].

O dia 14 de Abril de 1992 é outra data importante, em que Jacques Delors fez o seu já referido e muito aclamado discurso perante as Igrejas representadas em Bruxelas. A acta final deste acontecimento contém, no ponto 9 às apresentações, uma anotação sobre o significado das religiões na história europeia, e termina com a observação do presidente da Comissão de que é seu desejo reflectir em conjunto sobre um «projecto de civilização europeia» [23]. Os meios de comunicação cristãos publicaram, e, como se pode imaginar, com alegria, as conclusões do presidente, segundo as quais teria de nascer um debate intelectual e espiritual sobre a Europa, a partir do que fora até ao momento, e que o presidente convidava todas as Igrejas a participar nele [24]. Neste contexto, também surgiu, muito a propósito, a frase determinante, segundo a qual o processo de integração europeia não pode ser coroado de êxito se «não formos capazes de dar uma alma à Europa nos próximos dez anos» [25].

Este discurso de Jacques Delors entrou para os anais das Igrejas e organizações religiosas como documento fundador da ideia e do programa «Uma Alma para a Europa», e teve o privilégio de beneficiar de um eco verdadeiramente entusiástico. O Grupo de Análises Prospectivas foi, consequentemente, incumbido de fomentar, com todas as suas forças, este processo considerado fundamental por ambas as partes.

A 21 de Setembro de 1993, reuniu-se pela primeira vez uma comissão comum para um encontro informal sob a presidência do Grupo de Análises Prospectivas, da qual faziam parte, para além deste, os representantes das organizações católicas romanas ESPACES [Centre de Recherche des Dominicains – Centro de Pesquisa dos Dominicanos], o OCIPE [Office Catholique d'Information et d'Initiative pour l'Europe – Secretariado Católico de Informação e Iniciativa para a Europa], o FCE [Foyer Catholique Européen – Centro Católico Europeu], as instituições protestantes EECCS, o EITC [Ecumenical Institute for Theology and Culture – Instituto Ecuménico de Teologia e Cultura], a EAALCE [Ecumenical Association of Academies and Laic Centers in Europe – Associação Ecuménica das Academias e Centros Laicos na Europa], a IEA, o CCLJ [Centre Communautaire Laic Juif – Centro Comunitário Laico Judeu], o Patriarcado Ecuménico de Constantinopla e os chamados «Humanistas», representados pela EHF [European

Humanist Federation – Federação Humanista Europeia], e ainda o «European Quaker Center» [Centro Europeu Quaker].

Apesar de este encontro ter possuído um carácter puramente informal, ou seja, oficioso, todos os participantes estavam conscientes da sua importância e elaboraram um procedimento proveitoso para formas de acção futuras. Entre outras coisas, ficou decidido:

> › enviar uma missiva assinada por todos os participantes ao presidente da Comissão, em que seria expressa a disposição para o estabelecimento de um diálogo oficial;
> › elaborar um plano de trabalhos para o qual se solicitaria uma contribuição financeira por parte da Comissão Europeia, e
> › atribuir uma designação representativa ao programa.

Constituiu-se um pequeno grupo de trabalho para a execução concreta destas intenções, que tinha de cumprir a curto prazo as tarefas acima mencionadas [26]. De acrescentar que, neste momento, ainda não havia qualquer representante muçulmano nos trabalhos.

Depois de, a 13 de Outubro de 1993, no Centro Ecuménico de Bruxelas, este pequeno grupo de trabalho ter chegado rapidamente a um resultado concreto e aceite por todas as partes, estava preparado o caminho para uma missiva oficial ecuménica dirigida ao presidente da Comissão Europeia. No entanto, as pesquisas nos arquivos das organizações e instituições envolvidas naquela época revelaram a existência de um documento apenas, que fora assinado pelo presidente da EECCS em nome das Igrejas constituintes, ou seja, não incluía a Igreja Católica Romana, o Centro Judeu e os «Humanistas», mas era evidente que tivera a sua concordância. Uma observação existente na acta de um outro documento permite concluir que também as outras organizações e representações devem ter dirigido as respectivas missivas ao presidente da Comissão [27].

Honrando as diferentes concepções do presidente da Comissão, Jacques Delors, o grupo referido adoptou, tanto a nível de conteúdo como de designação, a ideia de Delors para um projecto comum, com o título de «Uma Alma para a Europa»; propôs uma cooperação formal ao presidente, através do seu Grupo de Análises Prospectivas, e apresentou imediatamente vários planos de projecto concretos. [28]

Em Fevereiro de 1994, Jacques Delors respondeu afirmativamente a esta missiva. Saudou a iniciativa e informou os intervenientes que tinha incumbido o Grupo de Análises Prospectivas de avaliar os projectos apresentados, em relação à sua compatibilidade com as directivas da UE, bem como em relação às possibilidades de financiamento por parte da Comissão Europeia. Esta troca de correspondência constituiu o momento do nascimento da iniciativa «Uma Alma para a Europa» e abriu perspectivas totalmente novas para um diálogo político-religioso e eclesiástico com a Comissão Europeia.

Por esta altura, o pequeno grupo inicial tinha-se transformado numa iniciativa à qual pertenciam as seguintes organizações: o EJC [Congresso Judaico Europeu], a COMECE, o ESPACES, o OCIPE, a EECCS, a AOES [Association Ecuménique pour Eglise et Société – Associação Ecuménica para Igreja e Sociedade], a EAALCE, o EFE-CW [Ecumenical Forum of European Christian Women – Fórum Ecuménico de Mulheres Cristãs Europeias], o Patriarcado Ecuménico, o ECG [European Contact Group – Grupo Europeu de Coordenação (Diaconia CCE)], o EITC e a EHF. Assim, faltavam agora duas organizações presentes no primeiro encontro de coordenação, mas entraram algumas novas, principalmente a COMECE, com um importante peso político-eclesiástico [29].

Com esta evolução, a EECCS acreditava, claramente, ter concluído a sua tarefa com um sucesso satisfatório, mas viria a provar-se o contrário, uma vez que, compreensivelmente, a Comissão Europeia só desejava ter um único parceiro de conversações comum, e não vários ao mesmo tempo. As organizações parceiras interessadas pediram, por isso, à EECCS que continuasse a exercer *ad hoc* a sua função de coordenação, pedido que esta se dispôs a aceitar.

Por conseguinte, apenas dois meses depois decorreram conversações entre a EECCS, o Grupo de Análises Prospectivas e o Secretariado-Geral da Comissão Europeia, por ordem e em nome de todas as organizações envolvidas, sobre os projectos que poderiam ser financiados pela Comissão Europeia e quais os requisitos que deveriam ser preenchidos para que fosse possível uma participação financeira por parte da Comissão Europeia.

Este encontro e os contactos seguintes decorreram de forma tão construtiva que, em Novembro de 1994, a Comissão Europeia considerou reunidas as condições técnicas necessárias para a atribuição de 50 000 ECU à EECCS como financiamento para o projecto. Foram depois transferidos mais 150 000 ECU em várias tranches, de forma que, poucos meses depois do estabelecimento de relações quase formais, a Comissão Europeia já tinha colocado, no total, 200 000 ECU à disposição da EECCS e das demais organizações parceiras para financiar o projecto ([30]). Como tal, 1994 é considerado, e com razão, o ano em que tanto na teoria como na prática se assistiu ao nascimento institucional, no seio da UE, da iniciativa «Uma Alma para a Europa».

Compreensivelmente, a tão valiosa «assistência obstétrica» prestada pela EECCS não podia continuar na sua forma actual – as actividades das diferentes organizações parceiras já se tinham tornado demasiado diversificadas para isso. A EECCS prestou uma ajuda ímpar no arranque da iniciativa, mas os parceiros da cooperação começavam agora a questionar-se cada vez mais frequentemente – também devido aos avultados meios financeiros envolvidos, como é natural – acerca da responsabilidade, do mecanismo interno de cooperação e consulta, da representação para o exterior, do estabelecimento de uma comissão comum representativamente inteligível, enquanto tal, pela Comissão Europeia e, acima de tudo, acerca da entrada de muçulmanos. Por fim, acabou por surgir um sentimento de insatisfação, motivado pelo facto de as diferentes Igrejas e organizações constituintes terem apresentado os seus próprios programas da iniciativa «Uma Alma para a Europa», e de não ter surgido qualquer projecto principal comum que fosse da responsabilidade de todos. Além disso, a Comissão Europeia desejava um órgão representativo comum, mas na prática acabou por ter de se confrontar sempre com um órgão heterogéneo.

A 13 de Janeiro de 1995, surgiu o convite para um encontro geral, novamente no Centro Ecuménico em Bruxelas, para se poder debater estas e outras questões, e no qual também participou o Grupo de Análises Prospectivas. O representante da EHF, Claude Wachtelaer, foi unanimemente escolhido para dirigir este debate. Depois disso, passou a ter a liderança global da iniciativa, cargo que mantêm até hoje.

Programaticamente, este encontro acabou por não trazer resultados concretos, mas permitiu esclarecer questões importantes de âmbito estrutural e administrativo e de uma forma tão detalhada que quase assumiu carácter definitivo:

> › o programa comum deveria ter a designação de «Uma Alma para a Europa»;
> › depois de a Comissão Europeia / Grupo de Análises Prospectivas ter apresentado as suas condições e os seus critérios

para a continuação da cooperação, seria muito rapidamente elaborado e apresentado ao Grupo de Análises Prospectivas um plano de trabalho como reacção aos mesmos;
› as comunidades islâmicas conhecidas da Iniciativa seriam convidadas a participar;
› para efeitos de regulamentação da comunicação interna, seria estabelecido um «Comité de Coordenação», do qual faria parte um representante de cada uma das seguintes instituições: Igreja Católica Romana, confissões protestantes, comunidade religiosa judaica, humanistas e muçulmanos, bem como um representante de organizações especiais das diferentes orientações religiosas e Igrejas, como o OCIPE ou EITC, CCLJ e, conforme fosse tido por conveniente, um a dois representantes da Comissão Europeia, concretamente do Grupo de Análises Prospectivas, ou seja, 12 pessoas no total. A ortodoxia ainda estava representada, neste momento, pela ecuménica EECCS, mas também foi convidada a enviar representantes próprios para fazer parte do Comité de Coordenação quando assim o desejasse;
› foi instituída uma presidência para este Comité e, por fim,
› a Iniciativa deveria obter um perfil próprio através de um Gabinete de Coordenação, cuja missão continuaria a ser assumida, de facto, pela EECCS.

Com as decisões organizativas e administrativas do encontro de 13 de Janeiro de 1995, foi conferida à iniciativa «Uma Alma para a Europa» a estrutura institucional, ainda vigente até hoje na sua essência. A grande clareza da acta sumária deste encontro proporcionou uma base extremamente útil para as necessárias decisões que se seguiram, sobretudo em relação à definição do programa, que ainda se encontrava por fazer ([31]). Neste dia 13 de Janeiro de 1995, a iniciativa «Uma Alma para a Europa» estabeleceu-se, definitivamente, como estrutura independente de carácter publicamente visível e com um perfil bem definido. Como se compreende, houve ainda muito que ficou por fazer, sendo o mais urgente proceder à clarificação do plano de trabalhos e do financiamento, e tomar as necessárias resoluções para esses fins.

O Comité de Coordenação de «Uma Alma para a Europa» que, naquela época, ainda não se designava por «iniciativa» – designação que só viria a impor-se mais tarde –, mas que era entendida como um «Programa Comum», iniciou os seus trabalhos com muito optimismo e empenho.

Sucederam-se várias reuniões de coordenação a ritmo elevado, nas datas de 13 de Fevereiro, 11 de Maio, 16 de Junho e 15 de Setembro de 1995. Neste período de desenvolvimento de «Uma alma para a Europa», o Comité de Coordenação tinha basicamente duas tarefas fundamentais para resolver: a adaptação, em termos de forma e conteúdo, das propostas de projecto das organizações constituintes às directivas da Comissão Europeia, a fim de aumentar a sua aceitação, e a co-organização dos seminários e das conferências de acordo com o Grupo de Análises Prospectivas.

A cooperação com o Grupo de Análises Prospectivas desenvolveu-se de uma forma muito positiva e concretizou uma série de projectos dos membros da iniciativa «Uma Alma para a Europa», suportados por todos, ou então financiados ou co-financiados pelo Grupo de Análises Prospectivas. No entanto, surgiu um problema que colocou em perigo a coesão e, principalmente, a continuidade do «Programa Comum», quando o PE, que, à época, era responsável pela elaboração do orçamento global, pôs em questão a base legal para a cooperação e para o financiamento do «Programa Comum». Uma delegação de «Uma Alma para a Europa» dirigiu-se, de imediato, ao PE e solicitou uma reunião urgente com o relator do Comité Orçamental, James Elles, membro do Parlamento Europeu. Após algum vaivém entre o PE, a Comissão Europeia e o «Uma Alma para a Europa», e alguns debates no seio do Comité Orçamental, acabou finalmente por ser possível assegurar a continuidade do financiamento, ao ser integrado o «Programa Comum», de forma permanente, numa rubrica orçamental da Comissão Europeia já existente. A base financeira agora assegurada acelerou as organizações constituintes do «Programa Comum», tendo sido possível elaborar e aprovar vários projectos adicionais, havendo, por conseguinte, um número considerável a ser concretizado. A estatística para os anos de 1994 a 1999 demonstra-o de forma muito clara. Este resumo chama também a atenção para a forma como o entusiasmo sobre o primeiro «Programa Comum» se reflectiu numa variedade de projectos. O ponto alto desta evolução foi atingido no ano de 1996, decrescendo depois sucessivamente, para quase desaparecer na passagem do ano 1999 para 2000. A estatística demonstra-o muito claramente ([32]):

Ano	Propostas de projecto	Autorizadas	Subsídios em euros
1994	8	7	200 000
1995	36	26	665 500
1996	72	32	847 000
1997	63	28	653 000
1998	86	32	712 000
1999	137	11	154 519
2000	0	0	44 000
2001	0	0	41 000
2002	0	0	40 000
2003	0	0	40 000

O número mais elevado de propostas apresentadas foi registado no ano de 1999, com a menor contribuição financeira em termos proporcionais, enquanto em 1995 e 1996 foi proporcionalmente aprovado o maior número de projectos, com 874 000 euros, no ano de 1996, – montante que nunca mais viria a ser atingido.

Entre 1994 e 1999, as actividades do «Programa Comum» desenvolveram-se em torno de 136 projectos no total, em que a maior parte provinha das Igrejas e confissões cristãs, dividindo-se os restantes em projectos de origem ecuménica, judaica, e em 1996 pela primeira vez, de origem muçulmana, hinduísta e budista.

Depois de o «Conselho Muçulmano para a Cooperação Europeia» ter sido constituído em Estrasburgo, em Novembro de 1996, foi convidado, na Primavera de 1997, a tornar-se membro do «Programa Comum». O seu coordenador foi cooptado ao Comité de Coordenação como representante islâmico, de modo que, em Julho de 1997, o alargamento das organizações religiosas constituintes pôde também incluir o Islão. Simultaneamente, o nome de «Uma Alma para a Europa» era alterado para «Uma Alma para a Europa: Ética e Espiritualidade».

Devido à circunstância de não ter sido concedido ao «Programa Comum» qualquer estatuto oficial da UE, numa situação comparável com os programas (entretanto muito extensos) denominados SÓCRATES [33] e ERASMUS [34], alterou-se a designação institucional de «Programa

Comum» para a designação mais sóbria e acertada de «Iniciativa». A sua missão, no entanto, não se alterou.

No entanto, o ano de 1997 foi também importante para a «Iniciativa» noutra área: o desenvolvimento de um grau de reconhecimento em toda a UE. As actividades levadas a cabo não passaram despercebidas ao público interessado, o que levou a um maior interesse na sua participação, e a um tom mais elevado de críticas por parte daqueles para quem o diálogo da Comissão Europeia com as Igrejas e organizações religiosas sempre foi motivo de descontentamento. Foi nessa altura que a entrada dos chamados «Humanistas» na iniciativa – os quais, tal como se definiam, constituíam um movimento colectivo de agnósticos e/ou materialistas ateus ([35]) – se revelou de certo modo útil, pois desta forma conseguiu-se tirar a razão a certos críticos que provinham exactamente destes meandros seculares, e que perante esta situação acabaram por ficar literalmente sem palavras.

O apoio acabou, no entanto, por chegar por parte do então presidente da Comissão Europeia, Jacques Santer, que, em Novembro de 1996, numa espécie de meditação realizada em público, abordou *expressis verbis* o problema do conceito de «alma» associado às Comunidades Europeias enquanto organização política ([36]). Na altura, expressou veementemente a sua convicção de que a Europa tem uma alma, mas que ela necessitaria de uma reanimação, de uma renovação. A alma, como ele a entendia, signi-fica o mecanismo de vida interior, a fonte espiritual e religiosa do processo de integração europeia, sem a qual este acto temerário que é a integração europeia não poderia resultar.

Ainda não tinham passado dois anos sobre estas palavras quando Jacques Santer repetiu e aprofundou as suas ideias a propósito deste assunto, no seu discurso – justamente considerado histórico – perante a Assembleia-Geral da EECCS, a 14 de Setembro de 1998 ([37]), agradecendo, mesmo assim, o trabalho realizado até então. As suas apresentações estavam estruturadas de tal forma que puderam ser justamente consideradas como tendo carácter programático, o que era, também, a intenção do orador. O conteúdo programático do discurso de Jacques Santer estruturava-se nos seguintes tópicos determinantes:

> › o significado do diálogo entre as Igrejas e a Comissão;
> › uma alma para a Europa;
> › relações entre as Igrejas e a União Europeia;
> › o cristianismo enquanto fermento da identidade europeia;

› o significado da cooperação inter-religiosa e
› a União Europeia enquanto comunidade de valores.

Nos anos seguintes, nem ele nem o seu sucessor na presidência da Comissão Europeia, o professor Romano Prodi, que pessoalmente nunca deixou que houvesse qualquer dúvida quanto ao seu apoio ao diálogo entre a Comissão Europeia e as Igrejas e as comunidades religiosas, se fizeram ouvir mais com clareza e perspectiva visionária em relação a este tema. Se alguma vez for escrita a história da União Europeia, o que, estranhamente, ainda não ocorreu a ninguém, este discurso de Jacques Santer terá o seu lugar garantido nela.

No entanto, o significado das suas apresentações a propósito da «Alma para a Europa» também merece, a fim de dar continuidade à exposição, uma citação bem mais alongada: «É, por isso, com agrado que aproveito esta oportunidade para fazer algumas observações em relação aos motivos desta iniciativa, que nos permite estimular e apoiar projectos de inspiração religiosa ou ética. Para além da orientação espiritual ou ética e do evidente carácter europeu, a Comissão espera por parte dos projectos desta forma apoiados:

› que eles contribuam para a interpretação e o esclarecimento do processo de unificação europeia;
› que reforcem a tolerância e o pluralismo, ou seja, o respeito mútuo, e que sublinhem a aceitação das diferenças existentes ao nível da nacionalidade, sexo, religião e cultura;
› que intervenham a favor da solidariedade para com os desfavorecidos a todos os níveis na nossa sociedade;
› que incluam também as pessoas e os grupos que normalmente não possuem voz no debate euro-político, e
› que, finalmente, reforcem a ideia da liberdade de opinião e de acção, em relação aos vários constrangimentos da sociedade moderna.» ([38])

Os anos de 1997 e 1998 representam, indubitavelmente, o ponto culminante da evolução e das actividades da «Iniciativa: uma Alma para a Europa», como agora passou a ser designada.

Ainda no Outono de 1998, começaram a fazer-se notar os primeiros sinais de perturbação na forma de trabalho da Iniciativa. O que acontecera? Até Junho de 1998, o Comité de Coordenação ainda detinha o poder tanto sobre a administração como sobre o processo de escolha para os projectos, que foram apresentados ao Secretário-Geral da Comissão para serem (co-)financiados, para o que a Comissão Europeia instituíra duas linhas orçamentais oficiais: a A-3030 e, sobretudo, a A-3024 («Grants for projects advancing the idea of Europe by associations and federations of European interest») [Subsídios para projectos que promovam o ideal da Europa através de associações e federações de interesse europeu].

Na sequência de uma auditoria minuciosa, no ano de 1998, à administração financeira e à política de subvenções da Comissão Europeia, esta elaborou novas directivas para a sua política de despesas e publicitou-as como «vademecum on grant management» [livro sobre a gestão das subvenções]. Era uma versão abreviada das novas directivas para as despesas dos funcionários da Comissão, com o objectivo de assegurar uma maior transparência ([39]).

Uma das consequências foi a introdução de um novo formulário de candidatura muito detalhado, a colocação do procedimento por concurso na internet, a nova regulamentação institucional e a rigorosa formalização da atribuição de dinheiros no seio da Comissão Europeia. Como se compreende, estas alterações tiveram vários efeitos sobre a Iniciativa. Já ocasionalmente se tinha criticado o facto de o Comité de Coordenação ter uma dupla função incompatível: o mesmo círculo de pessoas que apresentava as propostas de projecto era, ao mesmo tempo, responsável pela atribuição das ajudas financeiras por parte da Comissão Europeia. Esta crítica, embora não fosse aceite por parte da Iniciativa, não deixava de ter a sua razão de ser, pois mesmo que coubesse à Comissão Europeia a última palavra quanto ao financiamento dos projectos, esta decisão baseava-se nos pareceres do Comité de Coordenação que, desta forma, exercia, naturalmente, uma certa influência sobre a pré-selecção.

Como consequência deste desenvolvimento, foi desencadeado, no seio da Iniciativa, um processo de reflexão, que definiu e validou a sua estrutura constituinte e estabeleceu um Comité de Selecção especial até à sua autodissolução no ano de 2005. Desde então, os seguintes membros passaram a fazer parte da Iniciativa (após o correspondente requerimento e deliberação positiva, este círculo pode ser aumentado em qualquer altura):

> › o gabinete de ligação do Patriarcado Ecuménico junto das Comunidades Europeias;

› a COMECE;
› a Comissão Igreja e Sociedade da KEK;
› a Conferência Europeia de Rabinos;
› o Conselho Muçulmano para a Cooperação na Europa e
› a Federação Humanista Europeia ([40]).

Os membros desta Iniciativa passaram a ser exclusivamente organizações federativas, em vez de Igrejas ou confissões isoladamente, ou outras organizações religiosas individuais. Devido à limitação às seis organizações acima referidas, a comunicação directa entre as diferentes organizações religiosas e eclesiásticas ficou naturalmente prejudicada, mas ao mesmo tempo conseguiu-se instituir a distância desejada pela Comissão Europeia em relação às diferentes entidades que traziam projectos para apresentação. Cada uma das organizações federativas passou também a enviar dois membros para o Comité de Coordenação (em vez de um) e cooptou dois funcionários da Comissão Europeia – do Grupo de Análises Prospectivas e da secção do Secretariado-Geral responsável pelo financiamento dos projectos – como «observadores», com a responsabilidade de assegurar a observância do direito comunitário. Além disso, cada uma das comunidades federativas passou a estar representada por dois elementos (em vez de um) no Comité de Coordenação e o presidente passou a deter o estatuto «apenas» de observador que, por sua vez, era eleito por três anos para exercer uma função de assistente junto das entidades que traziam projectos para apresentação. Com estas alterações tentou-se conferir um carácter mais oficial, mais sério, e, através da ausência dos seus membros das reuniões, também um carácter menos melindroso ao Comité de Coordenação ([41]).

Um Comité de Selecção especial, constituído por quase o mesmo círculo de pessoas que pertencia ao Comité de Coordenação e para o qual apenas foi chamado um perito em finanças por parte do Secretariado-Geral, deveria apresentar à Comissão Europeia propostas de projecto prontas para decisão. Esta construção institucional iria revelar-se, de seguida, extremamente problemática ([42]). Ou seja: na verdade não se aprendeu nada.

Além disso, o que resultou do «vademecum on grant management» foi que as despesas para o funcionamento do Secretariado da Iniciativa, que até ao momento tinham sido suportadas a 100% pelo Secretariado-Geral da Comissão Europeia como financiamento do projecto, deixaram de poder ser pagas. A solução para o problema acabou por consistir em que 80% das despesas correntes do Secretariado (incluindo uma secretária em *part-time*, a partir do ano 2000) passaram a ser pagas por uma linha orçamental específica do Secretariado-Geral e 20% pela própria Iniciativa ([43]).

Uma outra consequência importante de todas estas alterações e situações administrativas constituiu no atraso da apresentação de projectos para 1999, ao que ainda se juntaram conflitos na relação entre o Comité de Selecção e a Iniciativa ou entre o Secretariado-Geral da Comissão Europeia e a Iniciativa. Tudo isto levou a que os projectos que tinham sido apresentados, por exemplo, até Março de 1999, só vários meses depois é que puderam ser colocados na internet, e sem que as entidades que os apresentaram tivessem sido informadas dos atrasos ([44]). Finalmente, em finais de Julho de 1999, o Comité de Selecção acabou por conseguir reunir condições para tomar uma decisão em relação aos projectos e elaborou a correspondente lista com os que deveriam ser apoiados. Divergências internas na Comissão em relação a questões jurídicas, que se prendiam com o procedimento de selecção (compatibilidade entre o Comité de Coordenação e o de Selecção!), levaram a novos atrasos, porque os projectos tiveram de ser encaminhados para os serviços jurídicos da Comissão Europeia para esclarecer a situação ([45]).

Após uma profunda análise dos serviços jurídicos da Comissão Europeia aos factos, chegou-se à conclusão que o procedimento de selecção não decorrera de forma correcta e que, por essa razão, tinha de ser repetido ([46]). Como consequência, novos atrasos e crescente frustração, em especial junto dos iniciadores dos projectos, como se compreende. Mas para tornar o nível de dificuldades total e a desorientação inultrapassável, o Comité de Selecção interno da Comissão Europeia, que fora colocado acima do Comité de Selecção e a quem cabia a decisão final, foi dissolvido e substituído por um Comité novo, exclusivamente formado pelo Grupo de Análises Prospectivas ([47]). E para dar a todo este enredo um epílogo trágico, o principal perito do procedimento de selecção acabou por falecer de ataque cardíaco fulminante.

Era quase um milagre que, apesar de todos estas contrariedades para os 137 projectos (!) apresentados em 1999, houvesse pelo menos 11 (!) que, finalmente, em meados de Fevereiro de 2000, foram reconhecidos como dignos de serem patrocinados, recebendo apoios num total de 154 519 euros, apesar de o Parlamento Europeu ter colocado a enorme quantia de 1,3 milhões de euros ao dispor da linha orçamental A-3024 ([48]).

O ano de 1999 decorrera de forma catastrófica para a Iniciativa «Uma Alma para a Europa» e aproximou-se do seu fim com poucas esperanças de melhoria da situação. Uma posição escrita interna da Iniciativa não deixou dúvidas quanto a isso, numa análise realista da situação: «No momento actual, o papel do Comité de Selecção e do Gabinete de Coordenação quase não tem valor» ([49]). Este documento encerra com a conclusão visionária de que a iniciativa «Uma Alma para a Europa» («the whole project» [todo o projecto]), sem o correspondente mecanismo de coordenação e sem uma comunicação que funcione entre todos os que estão nela envolvidos, assim como sem espírito de equipa («without the spirit of working as a team»), acabaria por se desmoronar. Bom, nessa altura a Iniciativa ainda estava viva, mas o facto de ter naufragado não teve a sua causa derradeira nas calamidades descritas, como veremos mais adiante, mas nas incompatibilidades filosóficas que se seguiram entre as suas organizações constituintes.

Por volta da mudança de ano de 1999 para 2000, a Iniciativa teve de superar a maior crise que já vivera, e que pôs em causa a sua existência. A todos os obstáculos administrativos e burocráticos a uma cooperação profícua aqui apresentados acresceu ainda a circunstância não propriamente animadora da demissão da Comissão Europeia, a 15 de Março de 1999, sob a presidência de Jacques Santer, após a publicação de um relatório do «Comité de Peritos Independentes» acerca de irregularidades financeiras por parte de alguns comissários([50]).

Uma das consequências dessa demissão atingiu directamente a Iniciativa. A administração financeira da Comissão Europeia foi sujeita a uma reorganização radical e foram emitidas novas directivas para a atribuição de dinheiros, o que viria, por sua vez, a ter efeitos consideráveis sobre o Comité de Selecção, cujo papel foi amplamente reduzido, tornando-se praticamente irrelevante([51]).

Além disso, o novo presidente da Comissão Europeia, professor Romano Prodi, procedeu a alterações organizativas substanciais na estrutura da metodologia de trabalho da sua Comissão e criou a nova Direcção-Geral da Educação e Cultura, que estava igualmente incumbida de apoiar a iniciativa «Uma Alma para a Europa» do ponto de vista técnico-financeiro.

Os anos de 1999/2000 colocaram, por isso, uma série de dificuldades à Iniciativa, das quais nunca mais viria a recuperar. No início, motivadas por um assomo de coragem resultante do desespero, continuaram as tentativas de prosseguir com a cooperação nos moldes habituais, mas atendendo às alterações institucionais e administrativas por parte da Comissão Europeia que, entretanto, se seguiram, estavam condenadas ao fracasso total. Entretanto, também o Comité de Selecção perdeu completamente o seu fundamento, e, por conseguinte, acabou por ser extinto e substituído pelo tradicional e sempre inabalável Comité de Coordenação da Iniciativa.

No seu desespero, os membros da Iniciativa dirigiram-se ao deputado britânico trabalhista Terry Wynn, pedindo ajuda. Este declarou-se espontaneamente pronto a dar apoio e dirigiu a correspondente carta ao presidente da Comissão Europeia, Romano Prodi, com cópias para a comissária responsável pela Cultura e Educação, Viviane Reding, assim como para o Secretário-Geral da Comissão Europeia, Carlo Trojan ([52]). O deputado europeu Terry Wynn era não só o responsável, no seu partido, pelos contactos político-religiosos, mas, nesta altura, era também o presidente do Comité Orçamental do PE, o que lhe dava, naturalmente, maior peso político. O deputado apontou uma série de críticas à Comissão Europeia, que, vistas à distância, não eram sustentáveis na forma como foram apresentadas, porque não resultavam de um comportamento culposo, mas das alterações institucionais e administrativas e da complicada situação burocrática da época. O deputado exigiu o restabelecimento imediato da cooperação sem obstáculos entre a Iniciativa e a Comissão Europeia, assim como o prosseguimento da política de subvenções até aí vigente. Nem uma coisa nem outra eram realisticamente possíveis, devido às importantes alterações que entretanto ocorreram, o que o presidente da Comissão, Romano Prodi, expressou de forma bem clara na sua carta de resposta, mostrando-se embora, ao mesmo tempo, convicto de que o diálogo entre a Iniciativa e a Comissão Europeia iria prosseguir ([53]). É certo que os contactos prosseguiram, mas já só de uma forma muito reduzida, de nada valendo, no essencial, as conversações dos membros da Iniciativa com o Director-Geral de Educação e Cultura, a 7 e a 20 de Março de 2000 ([54]).

Os números factuais relativos aos projectos apresentados e realizados revelam muito mais do que qualquer relatório de reunião poderia fazer. A partir do ano 2000, não foram apresentadas mais propostas de projecto por parte da Iniciativa, razão pela qual as subvenções da Comissão Europeia passaram a limitar-se mais ou menos à manutenção da Iniciativa, ou seja, ao pagamento das despesas do Secretariado, que se foram gradualmente reduzindo de 44 000 euros (em 2000) para 40 000 euros (em 2003) e, finalmente, 30 000 euros, em 2004.

A 2 de Dezembro de 2002, a Iniciativa atribuiu a si mesma um novo estatuto, constituindo-se como Organização Internacional sem fins lucrativos, conforme a lei belga. Este era, aliás, o pressuposto jurídico, para poder continuar a obter ajuda financeira por parte da Comissão Europeia. Precedendo a obtenção deste estatuto, e como consequência da abolição de facto das relações operativas entre a Comissão Europeia e a Iniciativa, que até ao final de 1999 ainda era o órgão iniciador e orientador para muitos actos co-financiados pela Comissão Europeia, houve querelas que se arrastaram durante anos e que não tiveram qualquer resultado positivo. Na prática a Iniciativa girava em torno do seu próprio eixo, mas não progredia com isso. Durante este tempo, e através do autor deste trabalho, a Comissão Europeia manteve um contacto permanente com a Iniciativa, sobretudo por vontade do seu presidente, que esteve representado na maioria das reuniões do Comité de Cooperação, não só enquanto observador, mas também como agente informador e, principalmente, de ligação das Instituições Europeias. Neste espaço de tempo, organizou também dois simpósios comuns, que foram amplamente financiados pela Comissão Europeia, e que decorreram no edifício de Conferências da Comissão Europeia em Bruxelas. De seguida, foram publicados «boletins» em forma de opúsculos, relativos a estes simpósios, redigidos em francês, inglês e alemão ([55]).

No entanto, estas actividades não podiam esconder o facto de que a Iniciativa praticamente já não vivia, apenas sobrevivia. A sua posição e o seu raio de acção foram ainda mais enfraquecidos pelas declarações produzidas, durante os trabalhos da Convenção, sobre o futuro da Europa, e pelas agitações dos chamados «Humanistas» contra um diálogo entre as Instituições Europeias e as organizações religiosas, Igrejas e organizações não confessionais. Com razão se questionavam os membros da Iniciativa se a EHF ainda poderia continuar a pertencer--lhe, uma vez que ela intervinha e se agitava de forma radical contra qualquer forma de diálogo e, estando, ainda por cima, na presidência desde a sua fundação. Uma contradição que não podia ser desfeita, mas que só acelararia o declínio da Iniciativa. Tendo em conta a tarefa atribuída à «Iniciativa», a actuação como instrumento de diálogo, a EHF não podia ser um membro construtivo, uma vez que ela é a favor de uma separação radical entre Estado e Igreja e de uma UE completamente secular.

A iniciativa «Uma Alma para a Europa: Ética e Espiritualidade», como se designou nos últimos anos, foi sem dúvida algo de inaudito na época em que surgiu, em 1993/94, uma vez que desbravou o caminho para o diálogo entre a Comissão Europeia e as Igrejas e as organizações religiosas e não confessionais, o que não existia até ao momento, institucionalizado e sob essa forma.

Desde 1993, não só a UE e as suas Instituições tinham mudado, como também as religiões e Igrejas tinham desenvolvido as suas próprias iniciativas, de forma que, hoje, prevalecem condições totalmente diferentes para um diálogo político-religioso das que existiam no início desta Iniciativa. Apenas dez anos após a sua instituição, havia já um número muito elevado de representações de organizações religiosas e Igrejas em Bruxelas, cada uma perseguindo os seus interesses específicos e dispondo de meios organizacionais e financeiros próprios. Também as diferentes Instituições da UE tinham encontrado os seus próprios caminhos, para entrarem em contacto com os seus parceiros. E, acima de tudo, o Gabinete de Conselheiros do Presidente da Comissão Europeia, através da sua secção específica para o diálogo político-religioso e eclesiástico, tornou-se a sua placa giratória central. A Iniciativa «Uma Alma para a Europa: Ética e Espiritualidade» possuía o seu valor incontestável, que ninguém lhe pode retirar, mas deveria ter uma duração histórica limitada, e tendo em conta a forma como se desenvolveu, num processo em que ela própria interveio, estava condenada a provocar o seu próprio fim. Com a evolução generalizada do diálogo, também as suas condições de base se alteraram (tanto no conteúdo, como na sua extensão e forma), de tal modo que a necessidade de manutenção da iniciativa foi cada vez mais posta em causa, acabando por ser votada negativamente pelos seus membros. Numa reunião extraordinária, a Iniciativa decidiu, por conseguinte, a sua autodissolução, com efeitos a partir de 28 de Fevereiro de 2005 [56].

6. As representações das Igrejas e das organizações religiosas e não confessionais

No ano de 2007, o PE regozijava-se por manter contactos permanentes com mais de 150 organizações e instituições eclesiásticas e religiosas, bem como não confessionais, que mantêm mais de 80 representações em Bruxelas, ou que enviam regularmente representantes nomeados propositadamente. Como é natural, estas distinguem-se consideravelmente pela sua ligação institucional com as Instituições da UE, pelo seu grau de organização, assim como pelo seu raio de acção.

Apenas duas de entre elas, o Núncio Apostólico e o representante da Ordem Soberana de Malta, possuem um fundamento existencial jurídico em relação às Comunidades Europeias, porque foram estabelecidas com base em tratados de direito internacional bilaterais. Todos os outros gabinetes representativos existem de facto e, em alguns casos, de forma extremamente activa, mas não contêm qualquer base jurídica de direito europeu ou internacional. Consequentemente, a cooperação da Comissão Europeia com esses gabinetes tem lugar, de facto, numa base informal.

A sede destas representações não tem de ser sempre em Bruxelas, embora seja esse o caso para a maioria, mas ocasionalmente dispõem de gabinetes em Estrasburgo, Cracóvia, Berlim ou noutros locais. Há sempre um ou outro enviado que viaja propositadamente para assistir às Conferências ou para estabelecer contactos como representante oficial das Igrejas e organizações religiosas.

Existe, portanto, uma rede de representações extremamente complexa. A seguinte exposição pretende apresentar a sua grande diversidade e a dimensão do diálogo que lhe está inerente. Não é taxativa, mas exemplificativa, razão pela qual constitui apenas uma selecção, apesar de significativa.

6.1. Representações diplomáticas

A Santa Sé – a presença diplomática da Santa Sé junto das Comunidades Europeias goza de uma tradição de décadas. Tem as suas origens em 1970, ano em que foi instituída a Nunciatura Apostólica junto das Comunidades Europeias[57]. A 24 de Novembro de 1970, o primeiro Núncio Apostólico, arcebispo Igino Cardinale, pôde entregar a sua carta de acreditação ao presidente do Conselho de Ministros das Comunidades Europeias, Walter Scheel e, dois dias depois, ao presidente da Comissão Europeia, François-Marie Malfatti[58].

A particularidade do início desta relação diplomática e da primeira acreditação do representante diplomático da Santa Sé deveu-se ao facto de o arcebispo Cardinale continuar a ser Núncio Apostólico na Bélgica e no Luxemburgo, sendo-lhe igualmente atribuído o cargo de Núncio Apostólico junto das Comunidades Europeias, e foi, ainda, simultaneamente destacado para o Conselho Europeu em Estrasburgo, como enviado especial da Santa Sé, com a função de observador permanente[59].

São assináveis os motivos da Santa Sé para o início das relações diplomáticas e o envio de um Núncio Apostólico. Uma nota de esclarecimento, publicada a 11 de Novembro de 1970 no *L'Osservatore Romano*, explicava, para além da tradicional descrição diplomática de funções, que com as presentes novas relações diplomáticas com as Comunidades Europeias, a Santa Sé «exprime o interesse com que segue a vida e as actividades destas instituições e promove, a nível regional, a cooperação entre os Estados, com vista a assegurar a paz e os progressos moral, cultural e económico dos povos» ([60]).

Tendo em conta a evolução do processo de integração europeia e o constante crescimento do significado político internacional da UE, a Nunciatura Apostólica junto das Comunidades Europeias foi separada da que existia nos governos belga e luxemburguês, através da nomeação de um *Chargé d'affaires ad interim* [encarregado de negócios interino], em 27 de Junho de 1996. A partir desta data, passou a assumir a sua função exclusivamente dedicada à observação dos interesses da Santa Sé junto das Comunidades Europeias ([61]).

De acordo com os costumes diplomáticos e as obrigações decorrentes do direito internacional, um *Chargé d'affaires ad interim*, como a descrição de funções indica de forma exacta, gere os assuntos dos serviços diplomáticos representativos durante o período de tempo que medeia entre a exoneração do antigo e o empossamento do novo embaixador. O encarregado de negócios monsenhor Alain Lebeaupain dirigiu a Nunciatura Apostólica durante um tempo relativamente longo, ou seja, até 21 de Janeiro de 1999 ([62]).

Esta política expôs, claramente, a política não muito coerente da Santa Sé para com as Comunidades Europeias nos anos 90 do século passado. Por um lado, através da instituição de uma Nunciatura própria fica expresso, de forma bem evidente, o significado político-religioso e eclesiástico das Comunidades Europeias e da UE, mas, por outro, só foi tomada a decisão de enviar um Núncio específico após uma longa reflexão. Isto só aconteceu depois de um período interino de dois anos e meio, através da acreditação do primeiro Núncio Apostólico exclusivamente junto das Comunidades Europeias, na pessoa do arcebispo Faustino Sainz Muñoz que em Maio de 2005 passou o testemunho ao seu sucessor, arcebispo André Dupuy, após um mandato de mais de seis anos repleto de sucessos.

Nas relações diplomáticas, existiu desde o princípio uma anomalia, uma vez que não havia a habitual reciprocidade diplomática na acreditação, porque desde o início das relações diplomáticas, no ano de 1970, apenas a Santa Sé enviava um representante diplomático: as Comunidades Europeias nunca enviaram um para a Santa Sé. As razões para esta situação devem ter residido, por um lado, numa avaliação algo deficiente do papel e do significado da Santa Sé, e, por outro, no receio dos críticos «secularistas» e numa interpretação demasiado à letra do conceito de correcção política, que não queria prejudicar o carácter secular das Comunidades Europeias. A diferença de tratamentos diplomáticos pôde finalmente chegar ao fim após 36 (!) anos, através da acreditação do primeiro representante da UE e da entrega da sua credencial, a 24 de Junho de 2006. No entanto, seguiu-se a via do menor esforço, ao não ser instituída qualquer embaixada própria, antes procedendo-se apenas à co--acreditação, junto da Santa Sé, do chefe da delegação da FAO em Roma. Ainda assim, um marco histórico! (A bem do rigor, fica a observação de que, entretanto, foi acreditado um representante próprio da Santa Sé também no Conselho Europeu em Estrasburgo.)

Como decano do Corpo Diplomático, o Núncio Apostólico junto das Comunidades Europeias goza do direito de primazia. Enquanto representante acreditado, também goza naturalmente de imunidade diplomática, sendo-lhe directamente atribuídos vários outros direitos e obrigações resultantes da sua função, segundo a Convenção de Viena sobre relações diplomáticas. Em concreto, isso significa um estabelecimento ilimitado de contactos com todos os detentores de cargos e organizações, assim como o livre acesso a toda a documentação dos serviços, desde que não tenha já sido publicada na internet ou sob outra forma. Além disso, o Núncio Apostólico tem o direito de participar nas reuniões do Parlamento Europeu.

À falta de uma personalidade jurídica, não estão acreditadas junto da UE todas as representações, apenas junto das Comunidades Europeias, incluindo o Núncio Apostólico. Se, no futuro, a UE se tornar uma personalidade jurídica própria, esta situação mudará, assim como o facto de que depois também será possível assinar uma eventual Concordata com a União Europeia, embora apenas em conformidade com as competências – limitadas – atribuídas à União em questões de política eclesiástica e religiosa. No essencial, mesmo com o Tratado de Reforma da UE, as políticas religiosas e eclesiásticas ficam reservadas a cada um dos Estados-membros da União Europeia.

O significado extraordinário do Núncio Apostólico para uma política eclesiástica europeia pode ser resumido em quatro pontos principais:

› articula a posição da Santa Sé e, assim, da Igreja Universal;
› coordena a Igreja Universal com os pedidos das Igrejas locais nos Estados-membros (sobretudo em estreita cooperação com a COMECE);
› é o interlocutor directo e primeiro das Instituições da UE, e
› decano do Corpo Diplomático (apesar de ter um significado mais simbólico, mas, ainda assim, de elevado valor nas relações diplomáticas).

A Ordem Soberana de Malta, como é tradicionalmente designada, representa a segunda instituição representativa diplomática daquelas com quem as Instituições Europeias já mantêm um diálogo intenso, que inclui temas de política eclesiástica e religiosa, tal como questões sócio-políticas e humanitárias.

Também esta representação goza do privilégio de uma existência baseada no direito internacional, ou seja, num tratado de direito internacional entre a direcção da Ordem e a Comissão Europeia. Ao contrário do Núncio Apostólico, o representante da Ordem Soberana de Malta não está acreditado nem junto das Comunidades Europeias, nem do Conselho, apenas junto da Comissão Europeia. A razão para tal prende-se com o facto de a Ordem não ser reconhecida em todos os Estados-membros da UE. (A existência de relações diplomáticas oficiais apenas com a Comissão Europeia acontece diariamente, como é o caso do Conselho da Europa, do Comité Internacional da Cruz Vermelha, da Liga Árabe e dos órgãos principais da ONU.)

A Ordem iniciou as suas relações diplomáticas em 1987 e enviou, ainda no mesmo ano, um representante, que exerceu esta função durante mais de 12 anos seguidos. Desde então, a representação é dirigida por um antigo diplomata profissional belga. Enquanto órgão com uma tradição de séculos e exemplar do ponto de vista humanitário, mantém naturalmente relações muito intensas com instituições homólogas. Por isso, existem contactos permanentes e intensos desse tipo com o ECHO (European Community Humanitarian Office [Serviço Humanitário da Comunidade Europeia]), assim como, por exemplo, os contactos no âmbito da cooperação com os programas da Comissão Europeia PHARE (para o saneamento económico de Hungria e da Polónia) e TACIS (programa de apoio à CEI [Comunidade de Estudos Independentes]).

6.2. Representações de interesses, agências de ligação e informação de organizações religiosas e de Igrejas na União Europeia

As grandes religiões tradicionais dispõem, junto das Instituições da UE, de representações centrais de interesses, que são ao mesmo tempo representativas para todo o espaço da União Europeia e que podem ter um carácter religioso-pastoral ou político, mas, frequentemente, ambos. Muitas vezes, consideram-se meras agências de informação e ligação, mas não raramente são instituições de *lobbying*. Na sua forma mais declarada, são representantes de uma Igreja ou religião universal, representam factualmente membros de todos os Estados da UE e mantêm um diálogo abrangente com todas as Instituições Europeias. Uma divisão rigorosa de acordo com critérios restritos é muito difícil, uma vez que também existem, por exemplo, organizações não religiosas judaicas, que abrangem toda a UE, e organizações federativas muçulmanas com diferentes representatividades políticas e demográficas, e há ainda organizações religiosas com um número comparativamente reduzido de membros, mas que constituem parceiros activos no diálogo político-religioso europeu. A seguinte exposição pretende dar informações acerca das mais importantes e representativas corporações e menciona, em especial, aquelas com quem as Instituições Europeias mantêm um contacto regular.

A representação de interesses mais bem perfilada, tanto em grau como consistência organizativa deverá ser a Comissão dos Episcopados da Comunidade Europeia (Commission des Episcopats de la Communauté Européenne / COMECE). Como já se depreende da designação, esta representação de interesses é constituída pela junção de todas as Conferências Episcopais Católicas Romanas dos Estados-membros da UE. A COMECE vê-se a si mesma como uma organização católica romana transnacional, com sede em Bruxelas.

O processo de integração europeia em curso e o crescimento do significado político das Comunidades Europeias levaram, primeiro, vários dos membros do Conselho das Conferências Episcopais da Europa (CCEE) a ter a ideia de estabelecer em Bruxelas um gabinete próprio. Não podemos esquecer-nos que o CCEE foi estabelecido como um dos muitos frutos do Concílio Vaticano II em 1971, com o objectivo de criar um quadro institucional para o trabalho pastoral a nível europeu, de ambos os lados da Cortina de Ferro. Naquela época histórica, depressa se tornou claro que as questões pastorais da altura não eram apenas influenciadas pelo clima político geral entre as grandes potências, mas também pela política das Instituições Europeias. Foi por essa razão que, desde o início, vários políticos europeus de renome e de proveniência cristã, funcionários das Instituições Europeias e bispos ilustres, entre os quais se incluem D. Franz Hengsbach, cardeal de Essen, D. Jean Hengen, arcebispo de Luxemburgo, D. Emile De Smedt, bispo de Bruges, e D. Paul Joseph Schmitt, bispo de Metz, chamaram a atenção para o significado eminente de uma representação das Conferências Episcopais dos Estados-membros das Comunidades Europeias junto dos órgãos europeus [63]. Consequentemente, no ano de 1976 foi fundado o Service d'Information Pastorale Européenne Catholique [Serviço de Informação Europeia Pastoral Católica] (SIPECA), que tinha como missão principal a observação eclesiástica das Comunidades Europeias e do Conselho da Europa e a elaboração de uma informação periódica sobre o resultado dos trabalhos.

Três anos mais tarde, em 1979, ou seja, no ano das primeiras eleições gerais directas para o Parlamento Europeu, e após muitas experiências enriquecedoras, o CCEE chegou à conclusão de que um simples serviço informativo não era suficiente para as Igrejas locais dos Estados-membros. As reflexões intensas que se seguiram levaram, por isso, e em harmonia com a Santa Sé, à fundação da COMECE, a 3 de Março de 1980.

No início, o Secretariado da COMECE dispunha apenas de meios financeiros muito modestos e de um número muito reduzido de colaboradores [64]. Devido ao facto de os Estados escandinavos formarem uma Conferência Episcopal única, de a Estónia só possuir uma Administração Apostólica e de os católicos cipriotas estarem divididos em várias jurisdições (sendo que os católicos romanos estão subordinados ao Patriarcado Católico Romano de Jerusalém), o número de Conferências Episcopais não coincide com o de Estados-membros. Mesmo assim, a Estónia e o Chipre têm, naturalmente, competência para enviar representantes plenipotenciários (às assembleias magnas, por exemplo), caso assim o desejem.

Por motivos óbvios, o Núncio Apostólico participa nas reuniões da Assembleia Magna junto das Comunidades Europeias.

Quais são, então, a missão e os objectivos da COMECE?

1. Acompanhar a política da União Europeia em todas as áreas que despertem particular interesse para as Igrejas. Isto acontece através de contactos regulares com responsáveis políticos e deputados e

funcionários europeus, com o objectivo de transmitir as opiniões dos episcopados acerca do futuro da Europa e de disponibilizar a cooperação e os serviços da Igreja, e também escutar as suas questões e os seus problemas;

2. Transmitir aos responsáveis comentários e pareceres que o Episcopado Católico queira eventualmente expressar, no âmbito das suas competências, acerca de projectos do processo de unificação europeia;

3. Sensibilizar e informar os bispos e as comunidades eclesiásticas acerca das questões tratadas nas diferentes Instituições da União Europeia;

4. Estimular o processo de reflexão dos bispos acerca dos desafios do processo de unificação europeia, assim como

5. Incentivar a colegialidade das Conferências Episcopais na definição de objectivos e acções pastorais face a fenómenos sociais de importância para toda a União.

As Conferências Episcopais estão representadas na COMECE através de arcebispos ou bispos especialmente enviados por elas, que se reúnem duas vezes por ano numa Assembleia magna, em diferentes locais de reunião, e que estabelecem os traços fundamentais do trabalho a desenvolver pela COMECE. No centro das atenções está muitas vezes um tema central do processo de unificação europeia. A COMECE dispõe de um Secretariado próprio sob a direcção de um Secretário-Geral, com sede em Bruxelas, e uma filial em Estrasburgo. Existe um Comité Executivo, que zela pela execução destas tarefas, constituído por um presidente, dois vice-presidentes e um Secretário-Geral, que são eleitos para um mandato de três anos, e em que não existe limite ao número de reeleições. A implementação concreta dos objectivos é levada a cabo por diversas comissões e grupos de trabalho, como a Comissão de Assuntos Sociais, a de questões jurídicas, a da plataforma migratória, o Grupo de Trabalho sobre a Sociedade da Informação, a Comunicação e Política dos *Media*, o Grupo de Trabalho para o Islamismo na Europa, um grupo de reflexão para a bioética, etc.

Para informar as instâncias eclesiásticas acerca do desenvolvimento europeu, a COMECE publica, entre outros, a revista mensal *Infos Europa* (em colaboração com o OCIPE) em alemão, inglês, espanhol e francês, com artigos curtos acerca de temas europeus, assim como duas a três edições especiais por ano sobre um tema central; cartas circulares às Conferências Episcopais; colectâneas para conferências, seminários e ciclos de conferências sobre temas europeus. A COMECE organiza regularmente conferências de maiores dimensões acerca de questões actuais.

Com todas estas actividades, a COMECE leva a sério a responsabilidade euro-política da Igreja Católica Romana, da perspectiva das Igrejas locais, e articula os seus desígnios, as suas ansiedades e as suas críticas. Em conjunto com o Núncio Apostólico, que, enquanto diplomata da Santa Sé, representa a posição da Igreja Universal, a Igreja Católica Romana dispõe, com esta dupla estrutura, de um instrumento decididamente ideal para a junção dos interesses da Igreja universal e das Igrejas locais.

A representação ecuménica de interesses mais significativa do ponto de vista da política europeia é a Conferência de Igrejas Europeias (KEK). No ano de 2007, representava 126 Igrejas, confissões e comunidades eclesiásticas, às quais pertencem, entre outros, os Católicos Antigos, os Anglicanos, os Luteranos, os Metodistas, várias (embora não todas) Igrejas ortodoxas, Igrejas Pentecostais e Reformadas, mas não a Igreja Católica Romana [65].

De acordo com a sua composição e a sua missão, a KEK vê-se como uma organização ecuménica europeia. Foi fundada em Janeiro de 1959 em Nyborg, na Dinamarca, com o objectivo de lançar pontes eclesiásticas//confessionais sobre o Cortina de Ferro e de aproximar os dois blocos políticos do ponto de vista eclesiástico.

As relações da KEK com a Igreja Católica Romana, levando em conta as diferenças teológicas existentes, são caracterizadas pelo empenho por uma irmandade ecuménica. Para proporcionar uma colaboração frutuosa, foi instituído o «Comité Comum» por parte da KEK e do CCEE, que existe desde 1972 e que reúne pelo menos uma vez por ano para tratar de temas de especial importância de interesse comum. Dos mais recentes sucessos desta cooperação no contexto europeu fazem parte, por exemplo, a realização do Encontro Ecuménico Europeu de 19 a 22 de Abril de 2001, em Estrasburgo, no qual foi solenemente assinada a fundamental «Carta Ecuménica», em conjunto com as iniciativas comuns no âmbito da elaboração da Constituição para a Europa [66].

As actividades da KEK são geridas por um Comité Central, constituído por 40 pessoas e eleito pela Assembleia magna. Delibera, de forma autónoma, sobre o orçamento anual e o planeamento do pessoal, e toma decisões fundamentais, como a constituição de comissões para a execução dos projectos de trabalho deliberados. Para efeitos de coordenação, foi estabelecido um Secretariado-Geral com sede em Genebra. Complementarmente, existem as chamadas filiais em

Estrasburgo e em Bruxelas, com mandatos definidos de forma concreta no âmbito da «Comissão Igreja e Sociedade». Esta Comissão merece especial atenção, uma vez que constitui o verdadeiro órgão de diálogo com as Instituições da UE [67].

Não será coincidência, certamente, que tenha sido exactamente em 1979, ano em que decorreram as primeiras eleições gerais directas para o Parlamento Europeu e em que foi fundada a COMECE, que também tenha sido criada a Comissão Ecuménica Europeia para a Igreja e a Sociedade (EECCS), enquanto órgão ecuménico independente. No início, o seu papel consistia apenas em manter uma presença empenhada no seio das Instituições Europeias em Bruxelas e em Estrasburgo.

A queda da Cortina de Ferro, por um lado, e a evolução do processo de integração europeia, por outro, demonstraram que seria adequado dar também uma resposta institucional aos novos desafios e, por conseguinte, estabelecer uma relação de harmonia entre a EECCS e a KEK.

Após longos e penosos trabalhos de preparação, que se prolongaram por vários anos, as propostas para a junção das duas instituições tinham amadurecido a tal ponto que por altura da 11.ª Assembleia magna da KEK em Graz, em 1997 estavam já prontas para ir a votos: com a fusão da EECCS e da KEK era criada uma nova Instituição, a «Comissão Igreja e Sociedade», que iniciou os trabalhos a 1 de Janeiro de 1999.

As suas tarefas principais eram as seguintes:

› Estudar e verificar as questões relativas à Igreja e à Sociedade (por exemplo: paz, justiça, preservação da criação, reconciliação, Igrejas e governos), sob uma perspectiva sócio-ética, tal como a EECCS e a KEK tinham feito até ao momento;
› Observar as Instituições Europeias: União Europeia, Conselho da Europa, Organização para a Segurança e a Cooperação na Europa, em ligação com temas como o processo de integração europeia, a democratização, o estabelecimento do Estado de Direito, as questões relacionadas com os direitos humanos e das minorias, a segurança europeia, as questões económicas, sociais e ambientais e, finalmente,
› Lidar com a especial responsabilidade que as Igrejas dos Estados-membros da UE têm na política interna.

Para a execução concreta deste mandato, foram criados sete grupos de trabalho para as seguintes áreas: bioética; temas relacionados com a economia e o meio ambiente; legislação das Comunidades Europeias; integração europeia; direitos humanos e liberdade religiosa; assimetrias Norte-Sul; paz e segurança.

Com a progressão do processo de integração europeia e o alargamento a cada vez mais Estados-membros, também o lado ortodoxo passou, naturalmente, a partilhar da opinião de que seria sensato fazer representar os seus interesses junto das Instituições centrais da UE através de gabinetes próprios. Daí ser mais do que óbvio o facto de Sua Santidade, o Patriarca Ecuménico de Constantinopla, ter tomado a iniciativa de estabelecer um gabinete de ligação em Bruxelas. Este Gabinete de Ligação da Igreja Ortodoxa junto da União Europeia foi instituído em 1995, após a correspondente deliberação canónica pelo Sínodo Sagrado. Não se trata de um gabinete de ligação no sentido clássico; por um lado, informa o Patriarca Ecuménico e, através dele, as Igrejas ortodoxas acerca da evolução da UE e das suas políticas; por outro, apresenta às Instituições Europeias as posições ortodoxas em relação a questões relevantes. Além disso, o gabinete de ligação dedica-se em especial a apoiar as Igrejas ortodoxas da Europa de Leste e do Sudeste europeu, tendo sobretudo em conta a aproximação dos seus Estados à UE. Uma característica complementar deste gabinete de ligação consiste no facto de ele se dedicar, de forma especial, ao diálogo com o Islão. O que também merece toda a admiração é o empenho activo deste gabinete de ligação do Patriarca Ecuménico no diálogo inter-religioso entre cristãos, muçulmanos e judeus, o que é claramente sublinhado pela Declaração de Bruxelas, de Dezembro de 2001, e pela Declaração do Bahrein, de Outubro de 2002. Este gabinete funcionou também, desde o início, como representante da ortodoxia na Iniciativa «Uma Alma para a Europa». Graças aos seus méritos extraordinários, o representante de longos anos do Patriarcado Ecuménico em Bruxelas foi nomeado, em 2003, Metropolita de França. Sua Santidade, o Patriarca Bartholomaios I, está em contacto permanente com o presidente da Comissão Europeia, visitando-o regularmente. Também organiza conferências acerca de temas relacionados com a UE e assume regularmente o patronato das Conferências de diálogo com o partido democrata cristão no PE (ver *supra*).

Dos variados interesses religiosos e político-religiosos dos judeus crentes ocupa-se a Conferência Europeia de Rabinos (CER), uma organização de topo pan-europeia que foi fundada em 1956 com o objectivo de apoiar os grão-rabinos e outros rabinos, em funções de chefia, no seu trabalho social e de formação, e ajudar à prossecução dos interesses das comunidades religiosas judaicas «ortodoxas» em relação às Instituições da UE, tendo em conta as suas exigências religiosas[68]. A CER é uma instituição permanente com um presidente (actualmente sedeado em Paris), um director executivo (com sede em Londres), bem como uma infra-estrutura a nível europeu, com vários colaboradores. Mantém uma representação própria em Bruxelas, apoiada pelo «orador» da Conferência, que actualmente é, em simultâneo, o grão-rabino de Bruxelas. Este também representava a Conferência na já mencionada antiga Iniciativa «Uma Alma para a Europa». Conferências, seminários, publicações e organização em rede das respectivas instituições judaicas são os principais métodos de trabalho, coordenados por um Comité permanente, que reúne duas vezes por ano. Especialmente nos últimos anos, foram organizadas Conferências pela CER, em conjunto com a Comissão Europeia, cujo interesse ultrapassou em muito o verdadeiro círculo de participantes.

O Conselho Europeu de Comunidades Judaicas (ECJC) não é uma representação religiosa de interesses, mas apenas política. Representa, como o nome indica, os interesses das comunidades judaicas europeias[69]. Este Conselho tem um especial significado, entre outros, pela revitalização das comunidades judaicas destruídas pelo Holocausto ou sujeitas a um regime de quase intolerância, durante o período da ditadura socialista na Europa de Leste. O Conselho é liderado por um presidente, apoiado por um vice-presidente e um Comité. Actualmente, pertencem ao ECJC todos os antigos Estados-membros e, à excepção de Chipre, também os novos Estados-membros da UE, num total de 44 Estados. Neste momento, o directorado tem a sua sede em Londres, mas muda a intervalos regulares.

O objectivo inicial do ECJC era atenuar a separação da Europa pela Cortina de Ferro através da oferta de serviços nas áreas da formação, do bem-estar social e da cultura para as comunidades judaicas de ambos os lados da linha divisória europeia. Para esse fim, foi fundado, em 1968, o Conselho Europeu de Apoio às Comunidades Judaicas (ECJCS) que em 1989 evoluiu para o ECJC enquanto organização de topo com dezenas de parceiros e sub-instituições nos diversos Estados-membros.

O Congresso Judaico Europeu (EJC) surgiu no ano de 1986 como organização independente, destacando-se do ramo europeu do Congresso Judaico Mundial, embora esteja afiliado a este[70]. Tem-se dedicado à defesa dos interesses (políticos) judaicos na Europa, coordena actualmente 40 representantes eleitos das comunidades nacionais na Europa, com cerca de 2,5 milhões de membros, e mantém contactos regulares com governos nacionais, assim como com Instituições Europeias. No topo, está um presidente, que é eleito pela Assembleia-Geral para um mandato de dois anos, sendo coadjuvado por um vice-presidente, um Secretário--Geral e Assembleia de Governadores (Board of Governors). Das actividades principais do EJC fazem parte a luta contra o anti-semitismo e toda a forma de descriminação por motivos raciais ou religiosos, a prevalência de direitos legítimos e a superação do Holocausto.

Apesar de não ser uma Instituição Europeia directa, é natural que as Instituições Europeias também mantenham um diálogo regular e muito frutuoso com o World Jewish Congress (WJC [Congresso Mundial Judaico]) [71]. O WJC foi fundado em 1936, em Genebra, com o propósito de unir o povo judeu e mobilizar o mundo contra o terror nazi. Actualmente, é a organização judaica de topo por excelência, representada em todos os continentes. É o braço político e o local privilegiado de reunião de todos os judeus. A sua sede é em Nova Iorque, havendo um gabinete europeu em Bruxelas, que não só representa exemplarmente, junto da Comissão Europeia e das restantes Instituições da UE, os interesses judeus, mas que também luta, em conjunto com as Instituições Europeias, por mais humanitarismo no mundo e contra o anti-semitismo, contra o terror mundial e a favor do entendimento entre as religiões. O WJC tornou-se, através do seu gabinete em Bruxelas, do Congresso Europeu Judaico e da sua organização de ajuda humanitária, JOINT (ver mais abaixo), num parceiro muito valioso aos mais diversos níveis.

No ano de 1990, foi fundado o Centro Europeu Judeu de Informação (Centre Européen Juif d'Information / CEJI) [72] enquanto associação internacional sem fins lucrativos, com sede em Bruxelas. Antes de mais, o objectivo principal era manter os decisores das Instituições da UE permanentemente informados acerca de temas genuinamente judaicos. O CEJI foi, portanto, fundado como instrumento clássico de informação e *lobbying*. Inclui, neste momento, 54 organizações-membros de vários Estados europeus e é dirigido por um Comité constituído por 23 elementos, que toma as decisões acerca da estrutura política do CEJI e é representado no exterior por um dirigente. A partir de 1996, o CEJI evoluiu progressivamente de um órgão informativo para um instrumento de *lobbying*, que se dedica expressamente ao combate ao racismo, à xenofobia e ao anti-semitismo.

A complexidade e a multiplicidade das organizações islâmicas nos Estados-membros da UE impedem a formação de corporações comuns e, como tal, representativas, junto das Instituições da UE. Aliás, ao nível pan-europeu há algumas instituições que podem reclamar para si um leque considerável de organizações-membros e a correspondente representatividade, com as quais se vai desenvolvendo, de forma hesitante, um processo de diálogo pragmático.

De entre estas instituições faz parte, por exemplo, como o próprio nome indica, a Federação das Organizações Islâmicas na Europa (FIOE). Vê-se como uma organização de topo, que deseja ajudar a estabelecer pontes entre as organizações muçulmanas dispostas à cooperação e os decisores europeus, e pretende, ao mesmo tempo, manter uma relação construtiva com o mundo islâmico fora da UE, de onde é originária a maioria dos membros da FIOE ([73]). Toda a espécie de violência e extremismo é rejeitada e considerada incompatível com o Alcorão. O estudo do Alcorão e de outros escritos proféticos, bem como a sua interpretação no contexto social europeu, constituem um diálogo construtivo.

A FIOE dispõe de uma estrutura organizativa diferenciada, com um presidente, actualmente de origem britânica, um Secretariado-Geral, um gabinete próprio em Bruxelas, diversas secções, que se destinam, por exemplo, à promoção dos valores islâmicos, ao trabalho dos *media*, à educação e à formação, à juventude e aos estudantes, a assuntos relacionados com a mulher islâmica, etc. Além disso, também pertencem à estrutura organizativa instituições especialmente agregadas, como o Instituto Europeu das Ciências do Espírito, o Conselho Europeu de Jurisprudência Islâmica (Fatwa), a Sociedade Europeia de Especialistas dos Meios de Comunicação Social e o Fórum de Organizações Europeias Muçulmanas de Juventude e de Estudantes.

O Conselho Muçulmano de Cooperação na Europa (CMCE) é outra organização muçulmana. O CMCE foi fundado em 1996, em Estrasburgo, como fusão entre diferentes organizações muçulmanas, com o objectivo de estabelecer uma representação comum de interesses perante as Instituições Europeias. Ao CMCE pertencem, entre outros, segundo informações próprias, as seguintes entidades: o Conselho Central Muçulmano da Alemanha, a União de Estudantes Muçulmanos em França, a União das Organizações Muçulmanas do Reino Unido e da Irlanda, a União Muçulmana de Espanha, a Sociedade de Imãs de Holanda e Itália, a Sociedade Islâmica da Dinamarca, o Centro Sócio--Cultural da Mesquita de Addawa, em França, o Alto Conselho dos Muçulmanos da Bélgica, etc. O CMCE é dirigido por um Comité Executivo, liderado por um presidente, e mantém um gabinete em Bruxelas.

Das principais actividades do CMCE fazem parte a informação acerca dos valores muçulmanos autênticos e a realização de estudos sobre as possibilidades concretas de integração na Europa (palavra-chave: ser muçulmano no contexto cultural europeu). A 25 de Agosto de 2003, o CMCE publicou, a este propósito, a «Carta Muçulmana» ([74]).

Das muitas organizações cristãs, talvez possamos usar as seguintes para completar a lista.

Apesar de o Exército de Salvação não dispor de gabinete em Bruxelas, nomeou um oficial para assuntos relacionados com a UE. Actualmente, essa função é desempenhada por um sueco residente na Suécia, que viaja regularmente para Bruxelas, para estabelecer contactos com as Instituições Europeias, ou para outros fins, conforme as necessidades.

A Pentecostal European Fellowship (PEF – Comunidade Pentecostal Europeia) representa as comunidades das Igrejas Pentecostais europeias. A fim de juntar todos os movimentos e/ou Igrejas Pentecostais, foi fundado em 1969, em Nyhem, na Suécia, o primeiro Congresso Europeu dos Membros das Igrejas Pentecostais que, desde então, passou a reunir de três em três anos, sempre em locais diferentes. A PEC uniu-se, em 1987, à European Pentecostal Fellowship (EPF), no Congresso de Lisboa em 1987, formando a PEF, e, assim, a única organização de âmbito europeu das comunidades pentecostais. No mesmo ano, foi também criado o gabinete de ligação da PEF em Bruxelas.

O Quaker Council for European Affairs (QCEA) [Conselho Quaker para Assuntos Europeus] foi fundado tendo como modelo os gabinetes de ligação dos *quakers* junto das Nações Unidas, em Londres, Genebra e Nova Iorque, para permitir que a mundividência religiosa dos *quakers* também se possa fazer sentir no processo de decisão política das Instituições da UE. Foi com este objectivo que o QCEA foi fundado como representação de interesses religiosos em 1979, em Bruxelas, em conformidade com a lei belga.

Dos gabinetes de informação religiosos com organização a nível europeu, faz ainda parte a União Budista Europeia (EBU), que funciona como organização de topo de numerosas organizações e entidades budistas de todos os Estados-membros da UE, embora não se limite apenas a isso, e reúna em si várias escolas e tradições budistas. Na sua forma actual, a EBU foi fundada em 1975 e representa os interesses de 3 a 4 milhões de budistas na Europa. Desde 1988, a EBU é dirigida por um órgão colectivo formado por dois presidentes, um vice-presidente e pelo tesoureiro.

O actual agente de ligação com as Instituições da UE é o antigo presidente da EBU, o francês Lama Denys, que foi nomeado presidente honorário vitalício. O campo de acção da EBU é constituído, sobretudo, por Congressos Internacionais sob temáticas europeias, por exemplo o de Paris (em 1979 e 1988), Turim (1984), Berlim (1992) e o Congresso Jubilar, em 2000, igualmente em Paris, e por encontros regionais. A edição do «European Buddhist Directory», uma compilação de dados constantemente actualizada, pretende servir para o estabelecimento de contactos com todos aqueles que se interessem pelo budismo.

A Igreja da Cientologia é um assunto à parte. Desde 1991 que dispõe de um gabinete em Bruxelas, designado por «Gabinete de Direitos Humanos e Relações Públicas» da Igreja da Cientologia, contornando assim a discussão sobre se a Cientologia deve ou não ser considerada uma Igreja. A relação com as Instituições da UE não é isenta de conflitos, uma vez que no Parlamento Europeu, por exemplo, estão constantemente a ser feitas interpelações críticas, e só uma parte dos Estados-membros da UE no Conselho reconhece o estatuto de organização religiosa/Igreja à Igreja da Cientologia. A Comissão Europeia procede de forma pragmática, baseando-se exclusivamente na declaração n.º 11 ao Tratado de Amesterdão, mantendo as suas relações com o «Gabinete de Direitos Humanos e Relações Públicas», sem se envolver na discussão sobre o estatuto das Cientologias enquanto organizações religiosas.

6.3. Organizações eclesiásticas de prestação de serviços e de outras naturezas religiosas na União Europeia

As organizações religiosas e as Igrejas mantêm, naturalmente, contactos estreitos com as Instituições da UE através das respectivas organizações, que podem assumir naturezas muito diversas. Também a este propósito se segue uma selecção representativa.

A Caritas, enquanto Organização de Solidariedade mundialmente activa da Igreja Católica Romana com numerosas sub-organizações, está presente em Bruxelas como Caritas Europa com um gabinete próprio. Foi fundada em 1971, une ou coordena as actividades de 48 organizações em 44 Estados europeus e confere, assim, à Caritas Internationalis um perfil especial. O gabinete da Caritas Europa, em Bruxelas, funciona como centro coordenador para todas as organizações associadas e coordena a colaboração destas com as Instituições e Organizações relevantes da União Europeia. É liderado por uma direcção com um presidente e um vice-presidente, que provêm, alternadamente, de um país da Europa Ocidental ou de Leste, e por mais oito membros, dos quais quatro representam, ao mesmo tempo, a Caritas Internationalis [75].

A Comissão Católica Internacional para as Migrações (ICMC) foi fundada pela Igreja Católica Romana em 1951, ou seja, no mesmo ano da organização precursora do Alto Comissariado das Nações Unidas para os Refugiados e da Organização Internacional de Migrações (OIM), para, a nível inter-estatal e inspirada por cuidados pastorais, poder combater institucionalmente o incalculável sofrimento causado pelas migrações do pós-guerra. Naquela época, uma das características principais era, curiosamente, prestar apoio às pessoas que pretendiam emigrar da Europa para o Ultramar, enquanto, actualmente, é o repatriamento das famílias para a Europa que merece destaque. As clássicas áreas de actuação – como o acompanhamento de refugiados internos, o seu regresso às origens e o combate ao tráfico humano, a exploração de estrangeiros, a xenofobia em geral, bem como a discriminação, seja de que forma for – constituem tarefas basilares.

Em Bruxelas, a ICMC encontra-se nas instalações da Caritas Bélgica, a sua sede é em Genebra e dispõe de duas delegações em Roma e em Washington [76].

O Serviço Jesuíta aos Refugiados (JRS) é o descendente europeu desta organização católica mundialmente activa que – como o próprio nome indica – definiu como missão cuidar, de forma abrangente, dos refugiados e dos expatriados. Actualmente, o JRS está activo em mais de 15 Estados europeus. Para além da assistência aos refugiados, exerce um trabalho mediático intenso ao publicar constantemente artigos relacionados com o assunto em jornais e revistas, servindo-se igualmente dos meios de comunicação social electrónicos. O JRS foi fundado em 1980 pela Companhia de Jesus como Organização Internacional. O gabinete europeu tem a sua sede em Bruxelas [77].

Uma organização de prestação de serviços muito própria é a Cooperação Internacional para o Desenvolvimento e Solidariedade (Coopération Internationale pour le Développement et la Solidarité / CIDSE). É constituída pela união de 16 organizações católicas de ajuda ao desenvolvimento e tem as suas origens na iniciativa originária dos cardeais Frings (fundador da Organização de Solidariedade Misereor, em 1958), Suenens e Alfrink. A ideia da criação de um mecanismo coordenador de organizações de solidariedade católicas foi tematizada, pela primeira vez, no Congresso Eucarístico de Munique, em 1960, e aproveitada pelo

Concílio Vaticano II, em 1964. Os trabalhos preparatórios concretos para a criação dessa entidade começaram em 1965 e culminaram, com sucesso, com a fundação da CIDSE em 1967 (o nome só foi atribuído em 1981). No seu âmago, a CIDSE orienta-se pela Sociologia Católica e apoia-se, fortemente, nas duas encíclicas *Populorium Progressio* ([78]) e *Sollicitudo Rei Socialis* ([79]). A máxima da CIDSE, que haveria de tornar-se programa, resulta também da encíclica *Populorium Progressio*: «Desenvolvimento, o novo nome para paz» ([80]).

Por fim, há ainda a referir, por parte dos protestantes, a EURODIACONIA (Associação Europeia de Diaconia), que resultou da junção da EURODIACONIA, fundada em 1992 sob a mesma designação, com a Federação Europeia para Diaconia, criada em 1922 pelo arcebispo luterano D. Nathan Söderblöm ([81]). Em termos organizativos, é uma associação de diversas instituições e de comunidades eclesiásticas, que entre outros presta serviços na área social, da saúde e da formação em mais de 20 Estados europeus, tendo por base os valores cristãos. Está sedeada em Bruxelas. No cumprimento da missão de prestar um serviço concreto ao ser humano em busca de auxílio, a sua força estrutural consiste na união das comunidades eclesiásticas e das suas instituições de apoio, bem como na cooperação com parceiros da sociedade civil e das Instituições Europeias.

A Comissão das Igrejas para os Migrantes na Europa (Churches Commission for Migrants in Europe / CCME) faz parte das Organizações Ecuménicas que se ocupam fundamentalmente dos problemas das migrações. A CCME foi fundada em 1964, em Genebra sendo inicialmente um conjunto isolado de várias Igrejas e Conselhos Ecuménicos provenientes de alguns Estados europeus. Em Outubro de 1999, a Assembleia-Geral decidiu, em conjunto com a Conferência das Igrejas Europeias (KEK) e o Conselho Mundial de Igrejas, alargar o mandato da CCME à política para os refugiados e asilados, racismo e xenofobia, admitindo, ao mesmo tempo, várias novas Igrejas e membros. A CCME considera-se, desde então, uma ONG; recebeu por parte do Conselho da Europa o estatuto oficial de observador e através da sua central em Bruxelas acompanha o diálogo com as Instituições da UE ([82]).

Uma outra rede de organizações eclesiásticas/confessionais de apoio ao desenvolvimento designa-se APRODEV, o que significa «Agency Pro Development» [Acção para o Desenvolvimento], e que reúne 17 das mais importantes organizações de desenvolvimento e de ajuda humanitária, que mantêm uma relação de proximidade com o Conselho Mundial de

Igrejas. A APRODEV também se denomina «Association of World Council of Churches related Development Organizations in Europe» [Associação do Conselho Mundial de Igrejas relacionadas com Organizações de Desenvolvimento na Europa]. Segundo dados fornecidos pela Organização, a APRODEV disponibiliza anualmente, e em média, cerca de 500 milhões de euros para projectos, dos quais 40% são obtidos através de donativos privados. A APRODEV está sedeada na Bélgica, sendo presidida por um Secretário-Geral, apoiado por uma equipa de especialistas e por um Comité de Direcção [83].

Existe um outro grupo de organizações eclesiásticas que se ocupa de actividades de formação de vários tipos a nível europeu.

Entre as maiores encontra-se a Federação Europeia para a Educação Católica dos Adultos (Fédération Européenne pour l'Education Catholique des Adultes/FEECA), que forma um conjunto de organizações de formação para adultos com uma base católica e é constituída, actualmente, por 11 Estados europeus e cinco com estatuto de convidados. A FEECA existe desde 1963 e tem a sua sede administrativa em Lucerna, sendo a sede operacional em Bruxelas, instituída em 1998 como «Gabinete Europa». Junta o trabalho de formação católico cristão ao reforço do pensamento europeu e à cooperação internacional com base na sociologia católica [84]. A CARE Trust International (Christian Action, Research and Education [Acção Cristã de Investigação e Educação]) está representada desde 1992 em Bruxelas, com um gabinete próprio chamado «CARE for Europe» [CARE para a Europa], com sede em Londres e que, segundo dados próprios, reuniu mais de 100 000 membros de diversas Igrejas do Reino Unido e de 29 Estados europeus [85]. Das áreas de actuação mais importantes desta Organização faz parte o tratamento, por princípio, de questões como a bioética, a política familiar e dos *media*, bem como da política de formação. O CARE for Europe, ou seja, o gabinete de representação de Bruxelas, é considerado uma entidade de *lobbying*.

Uma organização de topo eclesiástica que se dedica à formação para adultos – também e sobretudo no contexto europeu – é a Associação Ecuménica das Academias e Centros Laicos na Europa (Ecumenical Association of Academies and Laity Centres in Europe / EAALCE), que reúne mais de 80 organizações em 17 países europeus. Destas fazem parte, por exemplo, a Academia Evangélica de Viena, na Áustria, e o CONCENTRUM na cidade de Stadtschlaining, na província também austríaca de Burgenland; na Alemanha, temos a Academia das Missões de Hamburgo, a Academia Evangélica de Berlim e Bad Boll; da Inglaterra faz parte o Ammerdown Study Centre, em Somerset; da República Checa, a Academia Ecuménica de Praga e a Academia Ortodoxa de Vilemov; na Grécia, existe a Academia Ortodoxa de Creta, etc. Ou seja, esta organização engloba uma grande variedade de centros eclesiásticos e confessionais, e outros tipos de centro de formação e instrução ([86]).

A EAALCE tem as suas origens num encontro inicial de instituições de formação da Noruega, da Suécia, dos Países Baixos, da Suíça e da Alemanha, na cidade sueca de Sigtuna, em 1955, que levou à posterior fundação na localidade alemã de Bad Boll. Esta Academia Evangélica de Bad Boll teve grande influência no desenvolvimento da organização e o seu Secretário-Geral também foi, aliás, o Secretário-Geral da EAALCE durante décadas. Em 2002, o Secretariado-Geral fixou-se em Bruxelas. O seu órgão principal é a Assembleia-Geral, que reúne uma vez por ano. Os estatutos da EAALCE mencionam os seus objectivos no preâmbulo, declarando que «(...) na Europa (...), o significado do Evangelho para a renovação e a unidade das Igrejas e para a plenitude da vida de cada ser humano e da sociedade deve ser entendido e actualizado como um todo» ([87]).

Uma organização extremamente interessante, porque se dedica *expressis verbis* às questões relacionadas com a mulher no contexto ecuménico, é o Fórum Ecuménico de Mulheres Cristãs Europeias (EFECW), que se encontra em actividade não só nos Estados-membros da UE, mas também em 40 Estados europeus no total, em 29 dos quais com gabinete próprio. O EFECW é considerado uma organização de topo de organizações femininas católicas, protestantes e ortodoxas, que oferece os seus serviços de coordenação e de *lobbying* a todas as Igrejas e confissões cristãs ([88]). Foi fortemente influenciado pelo Concílio Vaticano II e fundado em 1982, em Gwatt (Suíça). Dos muitos programas de acção fazem parte, muito recentemente, entre outros, a luta contra o tráfico organizado de mulheres e crianças e a luta pela formação de uma nova espiritualidade ecuménica pelas mulheres.

Uma organização semelhante ao EFECW, mas, neste caso, dedicada à juventude cristã, é o Conselho Ecuménico da Juventude na Europa (Ecumenical Youth Council in Europe / EYCE). O EYCE é uma organização ecuménica, que conta actualmente com mais de 30 organizações de juventude de vários Estados europeus. O preâmbulo da Constituição do EYCE refere, como condição fundamental para se ser membro, «aceitar Jesus Cristo como Senhor e Salvador de acordo com a Sagrada Escritura» e, por conseguinte, «servi-Lo e à Humanidade em honra do Deus único, do Pai, do Filho e do Espírito Santo» ([89]). Instado pelo Concílio Vaticano II, o EYCE foi fundado em 1968 como organização ecuménica de juventude. O Secretariado-Geral tem a sua sede em Bruxelas desde 1999.

Os Joanitas Internacionais (JOIN) formaram-se a partir da união de dez organizações de solidariedade joanitas europeias e duas extra--europeias (Clínica Oftalmológica Saint John, em Jerusalém, e a Instituição Joanita de Solidariedade da Namíbia). Em termos organizativos são suportados pelas quatro ordens joanitas existentes (Alemanha, Suécia, Grã-Bretanha e Países Baixos), que formam a Aliança Joanita, e pelas restantes comendas. Enquanto a Ordem dos Joanitas pode regozijar-se de uma história com cerca de 900 anos, as suas diferentes organizações de solidariedade mudaram, consoante os respectivos percursos temporais e actualmente contam-se 12 instituições, como a Organização de Socorro a Acidentes Saint John Ambulance na Alemanha ou na Áustria, a Saint John Ambulance Wales, England and the Islands, a Association des Oeuvres de Saint-Jean, em França. Estas tomaram a decisão, durante as comemorações dos 900 anos da Ordem, a 14 de Maio de 1999, de intensificar a cooperação a nível europeu ou mesmo mundial. Consequentemente, numa Conferência convocada propositadamente para esse fim, que decorreu de 29 de Junho a 2 de Julho de 2000, ficou definido como objectivo estratégico de máxima importância procurar estabelecer o contacto mais estreito possível com a UE, sendo a fundação dos JOIN, em Maio de 2001, em Viena, o primeiro passo concreto tomado nessa direcção, tendo igualmente sido estabelecido um gabinete de ligação próprio em Bruxelas, ainda no mesmo ano ([90]).

Uma outra Organização de Solidariedade com um nome parecido, mas de proveniência judaica, é a fundação europeia JOINT. O nome diz tudo: JOINT pretende instituir a união, incentivar a cooperação e a comunhão. O seu segundo objectivo é assegurar e melhorar o bem--estar físico, cultural e social de judeus e gentios na Europa e no mundo. É dada especial atenção às pessoas que sofrem por motivos físicos, políticos, sociais ou económicos. Além disso, a JOINT pretende incentivar os esforços de todos aqueles que – independentemente da sua crença ou nacionalidade – cuidem de pessoas, vítimas de uma catástrofe natural, graves crises económicas ou de situações gerais de perigo causadas por mão humana ([91]). Para poder coordenar melhor o trabalho e, sobretudo, para poder cooperar melhor com as Instituições da UE, a JOINT constituiu-se como «Instituição de utilidade pública», segundo a lei belga, e abriu um gabinete em Bruxelas, em Dezembro de 2003.

Do lado islâmico, o Fórum Europeu da Juventude e Associações Estudantis Muçulmanas (Forum of European Muslim Youth and Student Organizations / FEMYSO) destaca-se pelo seu especial interesse euro--político. O FEMYSO foi fundado a 1 de Setembro de 1996 e é considerado a organização de topo de grupos de juventude e de estudantes. No entanto, o FEMYSO representa apenas um certo segmento de jovens muçulmanos. Por essa razão, tal como acontece com muitas outras organizações muçulmanas, falta-lhe uma representatividade alargada, já que a variedade de associações é demasiado divergente ([92]). Característico do FEMYSO é o muito apreciável esforço que desenvolve em perseguir uma política que permita harmonizar a índole muçulmana com a europeia, devendo este esforço ser apoiado por uma sucursal aberta em 2000, em Bruxelas. A fundação desta organização de topo muçulmana tem a sua origem numa Conferência Europeia, que se realizou a convite do Ministério dos Negócios Estrangeiros sueco, em 1995, sob o tema «O Islão na Europa», e em cujo âmbito os grupos de juventude decidiram empreender uma cooperação mais estreita. Estes começaram por ser o IMF (Jeunes Musulmans de France [Jovens Muçulmanos Franceses]), o YMUK (The Young Muslim UK [Jovens Muçulmanos Britânicos]) e o SUM (Sveriges Unga Muslimer [Jovens Muçulmanos Suecos]), aos quais se juntaram, em Junho de 1996, a FIOE e a WAMY (World Assembly of Muslim Youth [Assembleia Mundial da Juventude Muçulmana]). Estes agrupamentos convocaram uma Conferência para Leicester / Reino Unido, dando assim origem ao FEMYSO.

6.4. Centros eclesiásticos para análise e reflexão

Desta categoria de gabinetes eclesiásticos europeus só fazem de facto parte aqueles que pertencem à Igreja Católica Romana. Actualmente são cinco, apresentados por ordem alfabética.

A Comissão Papal para a Justiça e Paz (*Justitia et Pax*) é apreciada junto das Instituições da UE como uma ONG que luta pela defesa dos direitos humanos e pelo incentivo à paz, tendo especialmente em conta a crescente dimensão política de segurança e defesa da UE. Também ela é fruto do Concílio Vaticano II. Em Março de 1967, o então papa Paulo VI elaborou uma «Magna Carta» para esta Comissão Papal, através da promulgação da encíclica *Populorium Progressio*. O papa João Paulo II aprofundou estas antigas reflexões fundamentais à luz dos novos desenvolvimentos, na sua encíclica *Solicitudo Rei Socialis*, que foi elaborada por ocasião do 20.º aniversário de *Populorium Progressio* e publicada a 30 de Dezembro de 1987. Além disso, em Dezembro de 1976, o papa Paulo VI atribuiu a esta Comissão Papal o seu estatuto ainda hoje vigente. A Justitia et Pax está representada em vários países em todos os continentes. Na Bélgica, a Justitia et Pax foi fundada em 1968, enquanto órgão da Conferência Episcopal belga. No entanto, a 29 de Junho de 1978, no decurso dos problemas políticos internos motivados pelas diferentes etnias, o gabinete comum dividiu-se em dois ramos (um francófono e um flamengo), de modo que, actualmente, existem duas organizações separadas, mas que reúnem todas as condições para uma colaboração mútua.

Também a Comunidade de Sant'Egídio é fruto do Concílio Vaticano II, tendo surgido no ano de 1968, em Roma. Teve a sua origem numa iniciativa de jovens, quase todos com menos de 20 anos. Andrea Riccardi, ainda quando era estudante, começou a juntar à sua volta um grupo de pessoas com formas de pensar idênticas, a fim de transpor o Concílio Vaticano II para a vida prática da Igreja, em que a comunidade primordial da história dos apóstolos e São Francisco de Assis serviam de exemplos inspiradores concretos [93]. Em 1991, foi estabelecido um gabinete em Bruxelas para os contactos com as Instituições da UE.

O ESPACES – Espiritualidade, Culturas e Sociedade na Europa – é uma Organização Internacional da Ordem dos Dominicanos, com actividade em toda a Europa, fundada em 1992. O objectivo assumido do ESPACES é trazer a teologia e a espiritualidade dominicanas para o processo de integração europeia e acompanhá-lo criticamente, o que deve ser concretizado, sobretudo, através de uma análise crítica ao mesmo, no que diz respeito à sua dimensão social, política, ética, filosófica e político-religiosa. Para esse efeito, o ESPACES recorre frequentemente a estudos e a estratégias já existentes acerca de questões seleccionadas e especialmente importantes, publica os resultados de análises próprias e organiza seminários e congressos, com o objectivo de sensibilizar e de melhorar a formação das pessoas [94]. O gabinete principal do ESPACES encontra-se em Bruxelas e dispõe de três outros gabinetes em Estrasburgo, Cracóvia e Berlim. O ESPACES / Berlim funciona essencialmente como centro de pesquisas filosófico-teológicas e deve o seu nome ao teólogo conciliar dominicano de origem francesa Marie-Dominique Chenu (1895-1990). Os pontos fundamentais do trabalho da Instituição são as questões político-sociais no contexto europeu e pesquisas teológicas sistemáticas sobre o pós-modernismo, assim como o debate em torno da arte e da estética. Em Estrasburgo, o ESPACES goza do estatuto de ONG junto do Conselho da Europa, onde se dedica essencialmente a questões de direitos humanos. Elabora pareceres especializados para a Santa Sé, para os responsáveis pelos *media* das Conferências Episcopais nacionais, assim como para a Association Mondiale des Communications (SIGNIS) [Associação Católica Mundial para a Comunicação] e a World Association for Christian Communication (WACC) [Associação Mundial para Comunicação Cristã]. Além disso, a Comunidade ESPACES de Estrasburgo também envida esforços no sentido do acompanhamento pastoral dos colaboradores das Instituições Europeias locais. Por sua vez, o ESPACES / Cracóvia assumiu um papel muito relevante e apreciado no processo de preparação para a adesão da Polónia à UE, no qual, como se sabe, houve bastantes reservas por parte da Igreja em relação aos «burocratas de Bruxelas». Trimestralmente, é publicado um boletim em quatro línguas acerca das suas diversas actividades.

O mais antigo de todos os gabinetes católicos de informação é o Secretariado Católico de Informação e Iniciativa para a Europa (OCIPE) [95]. O OCIPE foi fundado em 1956 por sugestão do arcebispo de Estrasburgo, embora tenha sido a Ordem dos Jesuítas incumbida de dirigi-la. Com muita perspicácia, o bispo de Estrasburgo reconheceu a importância da política de informação para a participação dos leigos católicos no processo de iniciação na integração europeia. Por essa razão, o OCIPE foi criado, desde logo, para funcionar como centro de estudos e documentação para as questões europeias. Para chegar ao mais vasto número de público possível, o gabinete começou por publicar, com intervalos alargados, um boletim informativo nas línguas francesa e alemã, mais tarde substituído pelo *Objective Europe* e publicado mensalmente numa edição com cerca de 12 páginas em alemão, inglês, francês, espanhol e polaco, em colaboração com a COMECE, sob o título de *Europe Infos*. Com o avançar do processo de integração europeia, mas sobretudo com o surgimento de várias Instituições Europeias, surgiu em 1963 a necessidade de abrir também um gabinete em Bruxelas, que hoje funciona como centro do Secretariado Europeu da Ordem dos Jesuítas, ao que se seguiram, em 1991, filiais em Varsóvia e Budapeste. O gabinete analisa decisões políticas, económicas e sociais das Instituições da União Europeia no Conselho da Europa, acompanha os desafios éticos, culturais e espirituais da Europa, que caminha para uma união cada vez maior, participa nestas áreas através de diferentes grupos de trabalho, e oferece formação e conferências acerca de temas europeus.

A União das Conferências Europeias de Superiores Maiores (Unio Conferentiarum Europae Superiorum Maiorum / UCESM) dedica-se totalmente ao serviço da vida religiosa católica romana no contexto europeu. A UCESM foi fundada em 1982 como instituição eclesiástica de direito canónico e goza de personalidade jurídica própria, depois de em Janeiro de 2000 ter sido estabelecida pela lei belga como sociedade de carácter internacional sem fins lucrativos, com sede em Bruxelas. Actualmente, pertencem-lhe associações federativas de superiores de Ordens masculinas e femininas católicas, assim como de institutos religiosos de 24 Estados europeus. O objectivo é a representação dos seus genuínos interesses, enquanto membros de Ordens perante as Instituições Europeias, e a ligação com outras instituições católicas romanas. O órgão supremo de representação e decisão é a Assembleia-Geral, que normalmente reúne de dois em dois anos. Um Comité Executivo, constituído por quatro representantes eleitos pela Assembleia-Geral, assume as tarefas de coordenação e garante o fluxo harmonioso de informação entre os seus membros. O Secretariado Permanente, estabelecido no ano de 1997 em Bruxelas, assegura o contacto com as Instituições da UE, bem como com outras corporações religiosas representativas estabelecidas em Bruxelas. Os documentos da UE relevantes para as Ordens são regularmente distribuídos em alemão, inglês, francês e italiano. As conferências e os seminários complementam a política de informação e de *lobbying* da UCESM.

6.5. Representações mono-religiosas de interesses, agências de informação e de ligação

É evidente que as Igrejas e as confissões não estão apenas representadas junto das Instituições Europeias de forma centralizada, em associação com outras Igrejas semelhantes irmanadas e/ou em organizações ecuménicas, mas também enquanto Igrejas a título individual, muitas vezes como Igrejas nacionais ou estatais com gabinetes próprios.

Entre as Igrejas da Reforma, a Igreja Evangélica Alemã (EKD) ocupa uma posição de destaque devido à sua supremacia histórica. A sua representação em Bruxelas funciona como sucursal do mandatário do Conselho da EKD junto da República Federal da Alemanha e das Comunidades Europeias. Foi estabelecida em Setembro de 1990, para tomar em consideração a crescente importância da política e da produção legislativa dentro da União Europeia para os trabalhos das Igrejas

Evangélicas Alemãs. A tarefa mais importante do gabinete da EKD em Bruxelas é, por isso, a instrução de grémios e instituições eclesiásticas acerca dos desenvolvimentos e projectos da União Europeia que lhes digam directamente respeito. Para a consecução deste objectivo, existem, igualmente, as conferências proferidas pelos colaboradores do gabinete na Alemanha, visitas de estudo de grupos provenientes de entidades e comunidades eclesiásticas em Bruxelas, assim como a publicação mensal *Europa-Informationen* [Europa-Informações] do gabinete da EKD. A cooperação ecuménica, não só enquanto membro da KEK, assume uma dimensão importante.

A Established Church of England, ou seja, a Igreja Anglicana, é a última verdadeira Igreja estatal que resta. Faz igualmente parte da KEK, mas envia a Bruxelas, a espaços mais ou menos regulares, delegações de altos representantes. Nos últimos tempos, a ideia de estabelecer um gabinete próprio vai assumindo contornos concretos, mas ainda não há qualquer decisão sobre essa matéria. O debate euro-político intensivo e controverso na Grã-Bretanha também exige uma voz eclesiástica, o que parece confirmar a necessidade de reforçar a obtenção de informação e de estabelecer uma política informativa, bem como da falta de um perfil próprio.

A Igreja Luterana da Finlândia participa, habitualmente de forma muito activa, nos debates de política europeia. Tal como a Igreja Luterana da Suécia, envia regularmente representantes para Bruxelas, que mantêm contactos com os representantes da UE e participam nos diferentes eventos organizados pela Comissão Europeia.

O Comissariado dos Bispos Alemães – Gabinete Católico de Berlim, por exemplo, faz parte desses debates. Este gabinete foi fundado em 1950 por ordem e para a Conferência Episcopal Alemã. Cabe-lhe, em especial, a observação de toda a evolução na área política e social e dos projectos legislativos do governo alemão, bem como os projectos legislativos da UE directamente relacionados com aqueles, o acompanhamento abalizado da preparação de leis e de decisões políticas, incluindo a emissão de pareceres, assim como a aplicação de resoluções da Conferência Episcopal Alemã. Evidentemente, o Comissariado trabalha em conjunto com os grémios da Conferência Episcopal Alemã, bem como com o Núncio Apostólico na Alemanha, e também com o mandatário do Conselho da EKD junto da República Federal da Alemanha e da União Europeia. O Comissariado não dispõe de qualquer gabinete em Bruxelas. No entanto, a actual mandatária da UE viaja, pelo menos duas vezes por mês, de Berlim para Bruxelas, onde pode utilizar o espaço e as instalações da Caritas Internationalis.

As Igrejas ortodoxas gozam de uma posição importante, na medida em que, para além da Grécia, se juntaram à União Europeia o Chipre, a Bulgária e a Roménia (com o número mais elevado de crentes ortodoxos), Estados nos quais elas exercem uma influência social marcante.

Já anteriormente foi feita referência à Missão Permanente do Patriarca Ecuménico. Para além deste, as Igrejas ortodoxas grega, romena e russa mantêm um gabinete próprio em Bruxelas, enquanto a Igreja ortodoxa de Chipre dispõe de um representante não residente para assuntos de política europeia, na pessoa de um bispo de renome.

Em termos políticos, a Igreja Grega Ortodoxa é, tradicionalmente, a mais importante das Igrejas ortodoxas dos Estados-membros da UE. O arcebispo grego ortodoxo de Atenas e de toda a Grécia é, certamente, uma das personalidades centrais da política grega, e assume também uma posição de destaque tanto em relação aos patriarcas ecuménicos como aos ortodoxos russos; ele é, simultaneamente, homem de Estado e de Igreja. A sua política não está apenas confinada à Grécia ou ao respectivo território grego sob sua jurisdição (como se sabe, as fronteiras do Estado e da Igreja não coincidem na Grécia), mas devido à sua especial posição política detém igualmente uma relevância assinalável, no que diz respeito aos temas relacionados com a política europeia em geral. A Igreja Grega Ortodoxa é membro da KEK, dispondo de uma representação própria em Bruxelas desde 1998.

Com o desenvolvimento da política europeia ortodoxa e tendo igualmente em consideração as actividades do Patriarcado Ecuménico, a Igreja Russa Ortodoxa decidiu estar também representada em Bruxelas com um gabinete próprio, adquirindo, para esse efeito, uma igreja vazia no centro de Bruxelas, e enviando um representante da categoria de bispo, que assumiu oficialmente as suas funções em 2003, mas que exerce, ao mesmo tempo, o cargo de bispo da Áustria, com sede em Viena. O representante russo ortodoxo tem uma participação muito activa no diálogo euro-político.

Todas as Igrejas ortodoxas mencionadas são membros da KEK.

6.6. Organizações mono-religiosas de prestação de serviços

A Federação dos Centros Católicos Alemães de Formação Social (AKSB) mantém contactos regulares com as entidades europeias. É uma das muitas organizações suportadas pela Igreja, nos Estados-membros da UE, com os quais existe uma cooperação específica especializada e de acordo com a ocasião.

A AKSB foi fundada, na Alemanha em 1952, enquanto organização especializada e conjunta, para a formação política de orientação católica e social de jovens e adultos. Inclui, actualmente, cerca de 70 academias, locais e instituições de formação e seminários e associações de carácter social, com a finalidade de incentivar e coordenar o trabalho de formação política com base na ética social cristã. A AKSB é reconhecida pela lei alemã como associação de utilidade pública e representa, na Alemanha, uma das mais importantes e destacadas organizações especializadas na área da formação política. Através dela são anualmente patrocinados cerca de 700 eventos com 20 000 participantes, num total de 80 000 dias de participação, sendo metade destinados à formação de jovens ([96]). O gabinete da AKSB em Bruxelas é dirigido por jesuítas, tendo a sua sede em Bona.

6.7. Organizações Internacionais que se sobrepõem à União Europeia e outras de carácter especificamente pastoral

Duas organizações devem aqui ser referidas com carácter exemplificativo: a Conference of International Catholic Organizations / CICO [Conferência das Organizações Católicas Internacionais] e a World Conference on Religion and Peace / WCRP [Conferência Mundial sobre Religião e Paz].

A CICO ([97]) inclui actualmente mais de três dezenas de Organizações Internacionais na qualidade de membros ordinários, cinco membros associados e dois convidados, assim como três Centros Católicos Internacionais nas sedes de Organizações da ONU. Activa desde 1927 como Conferência de Presidentes, em 1957 foi reconhecida pela Santa Sé na sua forma actual, ou seja, como Assembleia-Geral, que reúne de dois em dois anos e é coordenada por um Secretariado-Geral. A CICO foi constituída de acordo com o direito de associação suíço, estando sedeada na Suíça. Enquanto organização de topo, pretende estabelecer relações construtivas entre as Organizações Católicas Internacionais, harmonizar políticas e tentar fazer ouvir mais alto a voz dos leigos católicos a nível internacional. Actualmente, o responsável pelas relações externas da World Catholic Association for Communication «SIGNIS» [Associação Católica Mundial para a Comunicação] funciona como agente de ligação da CICO com a Comissão Europeia.

A WCRP ([98]) constitui a organização internacional inter-religiosa com o maior número de membros, estando nela representadas todas as religiões mundiais, e intervém activamente em todos os continentes e em algumas das regiões mais conflituosas do mundo. A WCRP foi fundada em 1970, com o objectivo de proporcionar uma plataforma de articulação aos líderes representantes das religiões e de estes se alternarem mutuamente para o fortalecimento da paz mundial num ambiente de neutralidade. Ao leme da WCRP está um Secretário-Geral, cuja tarefa principal consiste na coordenação das relações mútuas entre os membros. Existe um chamado *Governing Board* [Conselho Directivo], ao qual pertencem personalidades de renome dos meios religioso, político e social, e que representa a WCRP no exterior. O presidente honorário protestante da WCRP, originário dos Países Baixos, é actualmente o representante junto das Instituições da UE.

O número crescente de Comunidades Internacionais de Ordens católicas romanas constitui uma forma especial de presença político-religiosa. Um bom exemplo disso é-nos dado pelo Ordo Fratrum Minorum [Ordem dos Frades Menores], que está representado junto das Organizações Internacionais através de várias entidades. Possui um gabinete franciscano próprio sedeado em Bruxelas, que se dedica exclusivamente aos interesses políticos e espirituais das Instituições Europeias, tendo sido estabelecido pela direcção da Ordem por decreto de 1 de Fevereiro de 1999. Enquanto gabinete oficial de ligação franciscano, defende os interesses de todas as organizações pertencentes à grande família franciscana, e, além disso, é constituído por membros de Ordens de diferentes nacionalidades. A central de missões dos franciscanos, com sede em Bona, está representada há 26 anos em Bruxelas, também aí se dedicando, naturalmente, à cooperação com as correspondentes Direcções-Gerais da Comissão Europeia, principalmente no que diz respeito à política de desenvolvimento, e faz parte dos mais antigos gabinetes de interesses católicos romanos existentes em Bruxelas. Para completar o que foi dito anteriormente, referência apenas para o gabinete da União dos Frades Menores da Europa (Union des Frères Mineurs d'Europe / UFME), estabelecido em Paris, e para o gabinete franciscano de ligação junto das Nações Unidas, que mantém sucursais em Genebra e em Nova Iorque.

Será quase desnecessário dizer que também os jesuítas em Bruxelas dispõem de uma Comunidade Internacional, à qual pertencem actualmente padres de oito países. Para além dos franciscanos e dos jesuítas, também as Ordens dos Dominicanos, das Irmãs do Sagrado Coração e das Irmãs da Companhia de Maria dispõem de sucursais com composições internacionais.

A Societas Jesu [Companhia de Jesus], com outras cinco instituições estabelecidas em Bruxelas, cobre um vasto campo de áreas de actividade espiritual, política, teológica específica e especializada e pastoral. Do Secretariado Católico de Informação e Iniciativa para a Europa (OCIPE) e do Serviço Jesuíta aos Refugiados (JRS) já falámos anteriormente. Há três outras instituições que se dedicam particularmente a actividades pastorais e sociais no contexto internacional ou europeu: o Centro Católico Europeu (FCE), os Voluntários Jesuítas Europeus (Jesuit European Volunteers / JEV) e as aulas de religião católica nas escolas europeias. A UE emprega, actualmente, cerca de 27 000 colaboradores e a OTAN mais uns quantos milhares, a que ainda falta juntar os membros dos Corpos Diplomáticos junto do Estado belga e das Organizações Internacionais, incluindo familiares. O número sempre crescente de funcionários, internacionalmente activos, fez reconhecer claramente a necessidade de uma pastoral especial.

Os primórdios do FCE ([99]) recuam aos anos 60, quando os funcionários internacionais, maioritariamente italianos e franceses, expressaram o desejo de um correspondente acompanhamento pastoral. Por isso, com alguns jesuítas fundaram o FCE, cumprindo o desejo do cardeal Suenens. Apesar de os jesuítas ocuparem desde o início a direcção pastoral, o Centro Católico Europeu é, no seu sentido mais restrito, uma instituição de leigos que também se podem governar de forma independente. O objectivo do FCE é constituir um centro de encontros, reflexões, formação, acção e festejos. A sede geográfica do FCE fica nas proximidades dos edifícios administrativos europeus, o que define, desde logo, o seu centro de gravidade. Existe um jornal com o título *Communitas*, que é enviado mensalmente para cerca de 1000 lares.

Os JEV foram fundados em Munique, onde têm o seu centro. O objectivo e a motivação dos jovens (homens e mulheres) activos numa base exclusivamente voluntária e, na maioria das vezes, por um período de um ano, são a ajuda e os serviços sociais, especialmente necessários junto dos mais pobres de entre os pobres, dos socialmente fracassados, dos proscritos da meritocracia. Parece difícil de acreditar, mas até na cidade tão orgulhosa do seu cosmopolitismo e da sua atmosfera europeia este tipo de serviços é necessário e procurado. Os colaboradores dos JEV mantêm, por exemplo, em Bruxelas, um serviço de «sopa dos pobres», colaboram de forma próxima com uma casa de apoio às mulheres e trabalham em locais onde provavelmente mais ninguém o faria ([100]).

As origens das Escolas Europeias remontam ao ano de 1953, quando se começaram pela primeira vez a fazer experiências no Luxemburgo para uma reforma transnacional e multilinguística do ensino. Seguiu-se a fundação da primeira Escola Europeia, através de um acordo entre a Comunidade Europeia do Carvão e do Aço e o governo luxemburguês, em Abril de 1957 ([101]). Graças ao enorme sucesso, a CEE e a EURATOM foram igualmente incentivadas a criar escolas desse género. A primeira Escola Europeia em Bruxelas iniciou a sua actividade em 1958, seguindo-se em 1974 a segunda nesta cidade. A terceira Escola Europeia surgiu na cidade belga de Mol/Gell em 1960, seguindo-se outras em Itália, na Alemanha, nos Países Baixos e na Grã-Bretanha. As aulas de línguas são dadas em todas as línguas oficiais da UE, mas as restantes matérias são leccionadas apenas em algumas línguas seleccionadas. É importante destacar que foi dada especial importância ao ensino da religião desde o início. Para os alunos que não queiram ou não possam participar nessas aulas, por qualquer razão, existe a possibilidade de terem aulas de ética. Actualmente, as três Escolas Europeias belgas contam com cerca de 7500 alunos de 11 secções linguísticas diferentes. Também neste caso a Ordem dos Jesuítas foi incumbida pelo cardeal Suenens de tratar das (quase) obrigatórias aulas de religião. O ministrar destas aulas foi recentemente posto em causa por círculos seculares, o que levou a fortes discussões, que ainda hoje perduram. Não existem certezas sobre se essas aulas poderão continuar a ser ministradas.

6.8. A presença de organizações não confessionais

A UE em geral e a Comissão Europeia em particular mantêm, naturalmente, contactos regulares com as chamadas organizações não confessionais, mas assumindo um carácter muito diferenciado em relação às mesmas, devido aos seus conteúdos e objectivos extremamente diversificados. Muitas são instituições com organização a nível europeu ou mundial, mas não dispõem de qualquer órgão representativo em Bruxelas ou noutros assentos das Instituições Europeias. Fazem parte de instituições que, *grosso modo*, pertencem à chamada «sociedade civil», tal como os Rotários, os Lyons, os Soroptimistas, diversos agrupamentos académicos, uniões humanistas como as obediências maçónicas, associações seculares como as Secular Societies [sociedades seculares], associações de livres-pensadores, etc., tornando-se impossível nomear todas. Em suma, trata-se de um número elevado de instituições muito diversas que, conforme a sua filosofia constituinte, assume uma determinada proximidade com as Instituições da UE. Há muitas que mantêm uma atitude positiva em relação ao processo de integração europeia e outras, por sua vez, com uma atitude crítica e negativa, ou até mesmo neutra. Muitas são parceiras em actividades formativas e culturais, programas especiais ou actividades políticas e sociais comuns. Algumas dirigem-se muito esporadicamente às Instituições da UE, enquanto outras mantêm um contacto regular, cobrindo praticamente todas as áreas do dia-a-dia das pessoas. O estabelecimento de contactos acontece, em regra, através de visitas mútuas, troca de correspondência, telefonemas, *e-mails* – ou seja, através de todos os instrumentos de diálogo de que as Instituições Europeias dispõem para esse fim.

Há duas organizações não confessionais que devem ser aqui referidas a título de exemplo, organizadas ao nível da União Europeia com um gabinete em Bruxelas – a já referida Federação Humanista Europeia (EHF) [102] e o Projecto Avicenna [103].

O estabelecimento de contactos com a EHF, uma organização de topo composta, de forma muito heterogénea, por organizações tão diferentes como a British Secular Society [Sociedade Secular Britânica], a International Lesbian and Gay Alliance [Aliança Lésbica e Gay Internacional – ILGA], a Catholics for free choice [Católicos por uma Escolha Livre] etc., decorre de forma regular, assumindo um carácter de cooperação ou de confronto, consoante a especificidade de cada uma das organizações que a compõem. Os deputados europeus que lhes estão próximos fazem muitas vezes interpelações escritas ou orais. Os funcionários desta organização protestam, frequentemente, contra o diálogo que as Instituições da UE mantêm com as Igrejas e as organizações religiosas, uma vez que, na sua perspectiva, esse diálogo não lhes parece estar juridicamente assegurado, nem sequer ser oportuno e, na verdade, reclamam um diálogo, enquanto parceiro explicitamente secular e laico. A EHF reclama para si o facto de representar a «maioria silenciosa dos europeus». As correspondentes declarações, durante os debates, na Convenção Europeia, para a elaboração da Constituição para a Europa, mostraram muito claramente a intenção de impedir um diálogo assente em bases institucionais com as religiões, Igrejas e organizações não confessionais [104]. A relação problemática com esse diálogo também acabaria por causar dificuldades à Iniciativa «Uma Alma para a Europa», de que a EHF foi membro desde o início, ocupando a presidência até à autodissolução da Iniciativa, em Fevereiro de 2005. A Comissão Europeia mantém uma troca de impressões regular e frutuosa com a direcção da EHF, convidando-a, naturalmente, para todos os eventos de diálogo, e organizando de tempos a tempos conferências ou seminários comuns, havendo também um contacto especialmente estreito com o Secretário-Geral da EHF.

Também com o Projecto Avicena foram estabelecidos contactos e trocas de impressões. Este projecto foi denominado segundo o médico e filósofo persa homónimo (980-1037) e é considerado uma rede de crentes cristãos, judeus, muçulmanos e de livres-pensadores humanistas. Esta Organização assume uma posição de relativização e de interesse crítico para com qualquer religião ou organização não confessional, e pretende ser a defensora de uma «Europa da pluralidade».

De acordo com a convicção de Avicenna, é absolutamente indispensável:

> Rejeitar qualquer primazia de uma convicção em relação a outra;
> Escutar as respectivas diferenças e reflectir sobre o que é comum a todos;
> Não querer ser o dono da verdade e não exigir representar apenas a sua organização religiosa ou não confessional;
> Sensibilizar a opinião pública para as questões às quais a nossa sociedade não pode ficar indiferente, e, finalmente
> Esforçar-se por superar o mínimo denominador comum (sincretismo).

* * *

Esta apresentação não pode dar uma lista completa de todas as Igrejas, organizações religiosas e não confessionais com as quais as instituições religiosas mantêm diálogo, por serem demasiadas e heterogéneas. No entanto, pretende demonstrar, de forma exemplificativa, que existe uma grande variedade de parceiros de diálogo e que, mesmo com todas as falhas institucionais e de outros tipos, há um diálogo que está a ser desenvolvido de forma intensiva, apesar de este não estar isento de conflitos. Estes conflitos são motivados por incompatibilidades objectivas e pelo carácter secular das Instituições da UE, e também pelo cepticismo ou mesmo oposição nas próprias fileiras do quadro de funcionários e de alguns agrupamentos «humanistas», que pretendem afastar totalmente as religiões e as Igrejas da política europeia.

Com o alargamento da UE longe de estar terminado (basta pensar nos Estados da antiga Jugoslávia dispostos a aderir), assim como com o processo de reforma em curso no seio da UE, há ainda muitos parceiros que irão juntar-se aos já existentes no diálogo religioso e filosófico. Em rigor, o processo de institucionalização do diálogo só entrou verdadeiramente na consciência de um público mais alargado com o debate sobre a Constituição para a Europa, sobretudo através dos seus Artigos I-47.º e I-52.º acerca da referência a Deus, e com a menção à herança religiosa da Europa nos preâmbulos. A forma como este processo deverá e poderá definir-se de forma concreta no futuro será abordada nos quinto e sétimo capítulos deste livro.

No entanto, pelo que foi exposto até agora, deverá ter ficado claro que:

› A UE não pode ignorar as religiões e as Igrejas no desenvolvimento do processo de integração;
› Existe há anos um diálogo estabelecido;
› Há um elevado número de parceiros por parte das religiões, Igrejas e organizações não confessionais;
› Todos estão interessados num diálogo substancial, à excepção de muito poucos, e que:
› Face a este diálogo específico, a UE está empenhada em estabelecer os pressupostos institucionais e jurídicos na medida do necessário.

O projecto de elaboração de uma Constituição para a Europa, iniciado pelo Conselho Europeu de Dezembro de 2001, em Laeken, pretende corrigir, entre muitas outras, a falha do diálogo. As discussões acerca da dimensão religiosa da UE decorreram, aliás, com um grau de crispação e controvérsia que ninguém previa, mas que contribuíram decisivamente para o reforço da consciência para esta problemática. É, por isso, indispensável apresentar a confrontação com a «questão de Deus», detalhadamente, no seu curso dramático na Constituição para a Europa. Ela reflecte, de forma exemplar, toda a problemática do diálogo político-religioso e eclesiástico na União, dá a palavra tanto aos seus apoiantes como aos opositores, e demonstra que o resultado finalmente atingido, após discussões controversas e árduas, representa, ainda assim, um compromisso satisfatório para as Instituições da UE e para as religiões, Igrejas e organizações não confessionais. No entanto, foi um compromisso difícil de alcançar. A luta por Deus na Constituição foi, de facto, uma luta, e ainda por cima dolorosa ([105]).

CAPÍTULO 5

A «CONSTITUIÇÃO PARA A EUROPA» E A QUESTÃO DE DEUS

1. A Europa numa encruzilhada

As últimas três décadas do milénio transacto trouxeram alterações políticas profundas e de grande envergadura. Entre 1973 e 1995, o número de Estados-membros passou de 6 para 15, através de quatro vagas de adesão. Desde 1 de Maio de 2004, passaram a fazer parte da União Europeia 25 Estados-membros, havendo mais cinco que já apresentaram o seu pedido de adesão em Bruxelas. As negociações com a Roménia e a Bulgária estão concluídas, estando a sua entrada para muito breve(*). A Croácia e a Turquia são os próximos parceiros de negociações e a Macedónia tem perspectivas concretas para esse fim. Se contarmos, no entanto, com os restantes potenciais candidatos à adesão, provenientes sobretudo do Sudeste da Europa, então a União Europeia contará com mais de 30 Estados-membros a médio ou longo prazo.

Houve várias alterações políticas substanciais motivadas pelas quatro Conferências Intergovernamentais Internacionais, que permitiram que as Comunidades Europeias se transformassem, entre 1985 e 2000, na União Europeia – numa União com uma moeda única, o euro, que, por enquanto, ainda não foi introduzido no Reino Unido, na Dinamarca e na Suécia, mas que, em compensação, já foi adoptado por Estados não membros da UE, como São Marino, Mónaco e Vaticano (o que faz com que a nova moeda

---

(*) Actualmente, estes dois países já pertencem à União Europeia.

europeia se tenha tornado, actualmente, uma realidade diária para mais de 300 milhões de europeus) e numa comunitarização em rápido crescimento em todas as áreas do dia-a-dia. As últimas décadas trouxeram uma rápida evolução ao processo de integração europeia – disso não pode haver dúvidas.

Estes factos foram formulados de modo acertado pelos chefes de Estado e de governo, na sua declaração final ao Conselho Europeu de Laeken (no final da Presidência do Conselho belga), em 14 e 15 de Dezembro de 2001: «Durante séculos, povos e Estados procuraram adquirir o controlo do continente europeu com guerras e armas. Neste continente debilitado por duas guerras sangrentas e pelo enfraquecimento da sua posição no mundo, foi aumentando a consciência de que o sonho de uma Europa forte e unida só pode ser concretizado em paz e concertação» ([1]).

No entanto, a União Europeia encontra-se, neste momento, numa encruzilhada. A concretização da política de reforma exige o estabelecimento de novas instituições e a adaptação das existentes às futuras exigências. Os mecanismos de decisão política têm de ser manejáveis e fáceis de compreender. E, em termos muito gerais, a europeização da UE exige uma reorganização conceptual basilar. Os desafios existenciais para a UE foram registados com uma clareza louvável na já referida declaração final de Laeken:

a) Uma melhor repartição e definição das competências na União Europeia. Para esse efeito, deve estabelecer-se uma distinção mais clara entre três tipos de competências: as competências exclusivas da União, as competências exclusivas dos Estados-membros e as competências partilhadas.

b) Uma simplificação dos instrumentos da União, que, no decurso da prática política concreta, se foram tornando mais pormenorizados, subtis, complicados, e, deste modo, passaram a ter uma aplicação cada vez menos satisfatória. Os dois primeiros catálogos de exigências levam forçosamente a questionar as suas bases e a sua legitimidade democrática, de modo que os chefes de Estado e de governo passaram a exigir, numa rara demonstração de sinceridade,

c) mais democracia, transparência e eficácia.

Neste momento, a União Europeia baseia-se em quatro tratados, em que os objectivos, as competências e os instrumentos políticos se encontram dispostos, de forma bastante desarmoniosa e dispersa, ao longo de 700 artigos, mais de 50 protocolos e para cima de 100 declarações. A necessidade de haver uma

d) uniformização e simplificação dos tratados que se orientassem para o futuro desenvolvimento da União, tornando-se evidente para todos ([2]).

No entanto, ficou em aberto a questão quanto à forma como deveria desenrolar-se esta reorganização dos tratados e qual o tipo do produto final desses esforços. Seria um tratado de base? Um modelo-quadro? Ou talvez uma Constituição Europeia? Finalmente, várias vozes manifestaram-se exigindo que também a Carta dos Direitos Fundamentais, que até aí tinha sido apenas um instrumento de orientação política, deveria obter um estatuto jurídico vinculativo, de tal modo que pudesse ser integrada no tratado projectado.

Tornava-se evidente que tais decisões fundamentais e orientadoras só poderiam ser tomadas por um grupo dotado das mais altas competências decisórias. Os chefes de Estado e de governo acordaram, por isso, atribuir a decisão sobre a totalidade do complexo de reformas a uma próxima Conferência Intergovernamental Internacional, que viria a ser a quinta na história da União Europeia.

Por vontade do Conselho Europeu, a preparação mais completa e transparente possível desta Conferência devia ser assegurada por uma Convenção que deveria, por sua vez, ser constituída, em larga medida, por representantes directamente eleitos pelos cidadãos europeus, ou seja, parlamentares, e apenas minoritariamente por representantes governamentais.

2. A convocação de uma Convenção para o futuro da Europa

Fortemente determinado em seguir a linha orientadora definida, o Conselho Europeu de Laeken (Dezembro de 2001) elegeu, de imediato, o presidente da Convenção, na pessoa do antigo presidente francês, Valéry Giscard d'Estaing, colocando ao seu lado os antigos chefes de governo da Bélgica, Jean-Luc Dehane, e de Itália, Giuliano Amato, como vice-presidentes.

O *Praesidium* [Comissão Executiva] da Convenção, que – como veremos mais adiante – teve um papel decisivo para o andamento dos debates, era constituído pelo presidente e pelos seus dois representantes, bem como pelos representantes governamentais das três presidências da UE que coincidiam com o período de trabalho, ou seja, Espanha, Dinamarca e Grécia; por dois representantes de cada parlamento dos Estados-membros, bem como por dois representantes: um do Parlamento Europeu e outro da Comissão Europeia; e ainda por um membro convidado de um dos Estados candidatos à adesão (³). Este *Praesidium* reunia-se, em regra, duas vezes por mês: uma antes das respectivas reuniões plenárias, precisamente a fim de as preparar, e outra no intervalo das mesmas. O presidente Giscard d'Estaing fez uso intensivo dos seus poderes de chefia, o que levou por vezes a fortes críticas ao seu estilo de liderança «autoritário francês».

A composição basilar dos membros da Convenção ficou também estabelecida na declaração final de Laeken:

› 1 representante governamental de cada um dos Estados-membros da UE (= 15);
› 1 representante governamental de cada um dos Estados candidatos à adesão à UE (= 13);
› 2 representantes de cada um dos Parlamentos nacionais dos Estados-membros da UE (= 30);
› 2 representantes de cada um dos Parlamentos nacionais dos Estados candidatos à adesão à UE (= 26);
› 16 deputados do Parlamento Europeu;
› 2 representantes da Comissão Europeia (⁴).

Ao todo, fazem parte da Convenção 105 membros, podendo ser nomeado um representante para cada membro (⁵).

O *Praesidium* foi autorizado, desde que necessário, a consultar determinados serviços da Comissão Europeia para questões específicas, assim como especialistas da sua própria escolha, e a constituir grupos de trabalho *ad hoc*. Além disso, a Convenção ficou obrigada a reunir uma vez por mês em Assembleia-Geral, na sede do Parlamento Europeu em Bruxelas, a manter o Conselho constantemente informado sobre o decurso dos trabalhos e a apresentar um relatório oral em todas as reuniões do Parlamento Europeu, na pessoa do seu presidente.

A exigência do Conselho Europeu de Laeken de tornar o debate e a totalidade dos documentos acessíveis ao público e que os trabalhos decorressem nas 11 línguas oficiais da UE, bem como a constituição de um chamado Fórum, que deveria estar aberto a todas as organizações que representem a população civil, a fim de garantir a realização de um debate abrangente em que todos os cidadãos pudessem participar, tem de assumir um significado determinante e ser visto como uma reacção ao mal-estar há muito manifestado por uma elevada percentagem da população da UE sobre aquilo que, na sua opinião (plenamente justificada, na minha perspectiva), constitui o método de trabalho dos burocratas de Bruxelas – a chamada «diplomacia secreta» ou «política de gabinete do século XIX». Esse Fórum e todos os seus membros teriam de ser informados dos trabalhos da Convenção, o que era fácil de conseguir, já que a sua estrutura e o seu método foram estruturados de forma a serem acessíveis ao público, podendo ainda os contributos do Fórum ser integrados nos debates. Além disso, este Fórum tinha competência para ser ouvido ou até mesmo consultado acerca de temas específicos.

E, de facto, foi possível alcançar uma qualidade de transparência e participação pública nunca vista até ao momento, a qual também foi usada *ad extenso*. Para dar um exemplo, todo e qualquer documento ou comunicação passou a ser imediatamente colocado na internet, tornando-o, assim, disponível ao público de forma rápida e directa([6]). Por sua vez, passou-se a dar a possibilidade a todos os interessados de poderem reagir ou mesmo agir imediatamente e com conhecimento de causa.

Para as Igrejas e outras organizações religiosas, a declaração final do Conselho Europeu de Laeken e a consequente decisão de convocar uma Convenção sobre o futuro da Europa constituiu um desafio totalmente novo, aos mais variados níveis. Chegara o momento da verdade para o empenhamento euro-político das Igrejas, mas, antes disso, foi também altura de Igrejas e organizações religiosas serem remetidas de novo para a sua própria autoconsciência enquanto actores euro-políticos. A Igreja Católica Romana (através da figura concreta da COMECE) e a KEK ecuménica assumiram esse desafio, encarando o facto de serem as duas corporações representativas eclesiásticas e confessionais mais significativas do ponto de vista do número de membros, grau de organização e eficiência, e enquanto oportunidade de contribuir para a definição do processo de integração europeia. Não há dúvidas quanto à extrema utilidade das experiências do processo de clarificação que decorreu nos últimos anos para, por um lado, esclarecer a questão sobre se e até que ponto as Igrejas e outras organizações religiosas teriam lugar no emaranhado de Instituições Europeias, sem, por outro, verem a sua autoconsciência religiosa prejudicada em termos de identidade.

Uma Europa sem Deus?

A respeito deste assunto, o episódio mais significativo e mais importante, do ponto de vista dos efeitos que provocou, foi a discussão em torno da chamada cláusula das Igrejas, que acabou finalmente por ser acrescentada ao «Estatuto das Igrejas e organizações não confessionais» como anexo à declaração n.º 11 ([7]). Na altura, foi um resultado mínimo, mas as Igrejas acabaram por se conformar com a situação. No entanto, os debates que se seguiram, não estando isentos de alguns ataques muito violentos e anti-eclesiásticos, mostraram ao mesmo tempo os limites das possibilidades de definição e de influência, e também as próprias fraquezas das Igrejas, na imposição consequente dos seus próprios interesses. Foi por essa razão que a COMECE deu conta ao Conselho Europeu de Laeken, através de uma tomada de posição por escrito ([8]), a 5 de Dezembro de 2001, que a integração europeia era mais do que uma opção económica e política, sublinhando que a Igreja Católica acompanhou e apoiou este processo de unificação europeia desde o início. A razão de ter sido assim e assim continuar foi justificada com a citação do Santo Padre, segundo a qual a União Europeia «serve, em primeiríssima linha, para assegurar o bem-estar comum e para garantir a justiça e a harmonia» ([9]).

Apesar do facto indesmentível do progresso no estabelecimento da paz e do bem-estar na Europa, não se pode negar que os cidadãos europeus sofrem muitas vezes de um certo afastamento por parte da UE, que existe uma falta de identidade entre estes e as instituições que os representam e que essas instituições são, frequentemente, interpretadas de forma errada e por vezes até desacreditadas. E, devido a esse facto, o estabelecimento da Convenção ofereceria a «oportunidade única de aproximar mais a União Europeia dos seus cidadãos, ao incluí-los de forma directa na definição do futuro» ([10]). Este documento, de leitura bastante interessante e verdadeiramente exemplar, culmina com um apelo à tomada concreta de acções, que, em nome da clareza de posicionamento, é aqui reproduzida de forma textual: «Na nossa qualidade de Comissão das Conferências Episcopais, convidámos as Conferências Episcopais católicas dos Estados-membros e dos países candidatos a reflectirem sobre o futuro da União Europeia e, se possível, a entrarem em diálogo com os seus governos nacionais» ([11]).

Ao mesmo tempo, a COMECE exigia de si própria um empenhamento concreto, formulado na seguinte declaração de intenções: «A COMECE irá continuar a acompanhar de perto o processo de reforma da União Europeia, do momento actual até 2004, (que era, na época, o quadro temporal intencionado para os trabalhos da Convenção) e, se tal for julgado conveniente, prestar contributos para determinados temas concretos» (¹²). Este documento notável, que foi assinado por todos os bispos membros da COMECE, encerra com um apelo aos cidadãos – em especial àqueles que pertencem à Igreja Católica – e às suas organizações católicas, no sentido de cooperarem com a Convenção.

A Assembleia-Geral da COMECE, na Primavera de 2002, retomou esta temática, tendo ficado estabelecido que a Igreja – evidentemente e de acordo com a sua missão – deveria proclamar o reino de Deus e definir em conformidade a mensagem de salvação para o mundo e a sociedade. Por isso, a Igreja participa na vida da sociedade civil, sem no entanto assumir a mesma identidade dessa sociedade. Enquanto *corpus mysticum* [corpo místico de Cristo], a Igreja está acima dessa dimensão mundana intrínseca – apesar de fazer parte da sociedade civil, a sua identidade é diferente. Ao mesmo tempo, a Igreja baseia-se e retira da sua essência religiosa o conteúdo e o objectivo da sua acção social, incluindo a sociedade europeia enquanto União.

A Comissão Igreja e Sociedade da Conferência de Igrejas Europeias, com os seus gabinetes em Bruxelas e Estrasburgo, que pôde, aliás, recorrer à sua experiência político-social de 30 anos na figura da Comissão Ecuménica Europeia para a Igreja e a Sociedade – um gabinete que grangeou muitos sucessos, acrescente-se, e que em inícios de 1999 se fundiu com a Conferência de Igrejas Europeias (KEK) – endereçou, na antecâmara do Conselho Europeu de Laeken, com a data de 4 de Dezembro de 2001, uma carta determinante ao primeiro-ministro belga, Guy Verhofstadt. Nessa carta, apelava-se para uma maior atenção às verdadeiras necessidades das pessoas, enumerando cinco conjuntos de assuntos que deveriam ser especialmente tomados em consideração:

1. A reforma das instituições deveria decorrer de tal forma que pudesse servir a paz, a justiça, a perenidade e a reconciliação;

2. Teriam de ser criadas condições para que os candidatos à adesão pudessem tornar-se membros da União, sem prescindirem da sua identidade enquanto nações culturais da Europa Central ou de Leste;

3. Daí dever-se envidar esforços no sentido de uma «europeização da União Europeia» (neste ponto, a carta adopta um conceito criado pelo autor deste livro – uma unidade que permita ao mesmo tempo a diversidade («*Unity in diversity*» [Unidade na Diversidade]);

4. O futuro da integração europeia teria de ter em conta um modelo social europeu genuíno, e, finalmente,

5. A consciência da responsabilidade global e da solidariedade europeia deveria ficar bem evidente ([13]).

Esta carta era caracterizada por uma bem-vinda clareza e precisão e reuniu um enorme consenso entre os membros da KEK, uma vez que já em Maio de 2001 a Comissão Igreja e Sociedade tinha, antecipadamente, apresentado e publicado, através do seu grupo de trabalho, um parecer muito esclarecedor ([14]) – parecer esse que foi elaborado, sobretudo, tendo em mente o processo de integração europeia – realizando, assim, um óptimo trabalho.

A ideia da constituição de uma Convenção para o Futuro da Europa despertou um enorme interesse, tanto no seio das Instituições Europeias e dos seus órgãos, como na maioria do público europeu interessado. Inevitavelmente, essa situação acabou por colocar alguma pressão aos membros da Convenção e a exigência de resultados úteis e concretos dos trabalhos.

Tanto os métodos como a duração dos trabalhos da Convenção estavam indicados na declaração final de Laeken de uma forma apenas aproximada, o que oferecia o correspondente espaço de manobra para a flexibilidade e a dinâmica. Em todo o caso, a Convenção deveria elaborar um documento, que fosse uma base suficientemente sólida, para que a Conferência Intergovernamental Internacional, que se seguiu, pudesse tomar uma decisão política definitiva.

O presidente da Convenção convocou-a para 28 de Fevereiro de 2002, como reunião constituinte, na sala de plenários do Parlamento Europeu em Bruxelas. No seu notável e muito aclamado discurso de abertura, formulou, sem rodeios, o objectivo da convocação da reunião: a elaboração de um «Tratado Constitucional» europeu. Uma formulação brilhante em termos estratégicos, que revelou um político experiente e retoricamente versado, que com este conceito conseguiu combinar dois elementos num só, ou seja, «Tratado» e «Constituição». Com a criação deste novo termo, deixou tudo em aberto, incluindo a opção final de uma Constituição Europeia, que acabou por ser incluída no documento final sob esta formulação.

3. O empenho das Igrejas e das organizações religiosas nos trabalhos da Convenção – uma estratégia acordada

As experiências em torno da elaboração da «cláusula das Igrejas» ao Tratado de Amesterdão, que as Igrejas e outras organizações religiosas viveram de forma tão problemática, estavam ainda bastante frescas na memória e tinham reforçado a atenção para o que era, de facto, importante em termos de estratégia de negociação. Além disso – e esse era um facto ao qual os representantes dos interesses das Igrejas podiam recorrer com justificado optimismo – foi a própria Comissão Europeia que, apenas alguns meses antes, ou seja, em Julho de 2001, publicara o chamado «Livro Branco sobre a Boa Governação». Neste documento, que, apesar de não ter poder jurídico vinculativo, representa um compromisso ético e político, existe no parágrafo dedicado à sociedade civil uma frase totalmente decisiva para as Igrejas e as organizações religiosas, no que diz respeito à política europeia da Comissão: «As Igrejas e as organizações religiosas têm o dever de prestar um contributo especial. ([15])»

A COMECE resumiu da seguinte forma os pensamentos estratégicos compartilhados pela maioria dos actores eclesiásticos não católicos:

a) Exigir uma abordagem não concentrada em interesses particulares, mas para toda a Europa;

b) Exigir também, como é evidente, um modo de proceder ecuménico que abranja, na medida do possível, todas as Igrejas e confissões cristãs;

c) Preservar a posição ideal, uma vez definida em conjunto;

d) Constituir, especialmente para a Igreja Católica Romana, uma política acordada e concertada com a Santa Sé; e, finalmente,

e) Constituir um *lobby* de acompanhamento junto dos membros da Convenção, que mantêm uma relação de proximidade com as Igrejas e as organizações religiosas ([16]).

Para poder cumprir estes objectivos ambicioso na medida desejada, foi necessário, segundo as regras do bom senso, começar por enviar o maior número possível de cristãos para a Convenção. Seguiu-se, por isso, uma acção de *lobbying* sem precedentes por parte dos responsáveis eclesiásticos junto dos órgãos de poder: governos, Parlamentos nacionais, Comissão Europeia, Parlamento Europeu, etc. Na maioria das vezes, os contactos eram estabelecidos informal e pessoalmente nos Estados-membros, entre os bispos e chefes de governo ou presidente do Parlamento, em almoços de negócios, visitas de cortesia ou compromissos comuns de última hora. É mais difícil verificar, a partir da composição definitiva da Convenção, se estes esforços – que do ponto de vista das Igrejas poderiam parecer auspiciosos – foram coroados de êxito, mais do que através do resultado factual, que ficou expresso no Tratado Constitucional.

Para além dos trabalhos respeitantes ao Tratado de Amesterdão, houve ainda outras experiências, bastante contraditórias, que ficaram na memória dos representantes das Igrejas e organizações religiosas, que foram as relacionadas com a votação da Carta dos Direitos Fundamentais da União Europeia em 2000 ([17]). O tratamento dado às Igrejas e às organizações religiosas e a sua influência factual sobre esses trabalhos reavivaram um sentimento de grande prudência, mas igualmente um reforço activo do empenhamento. Principalmente as discussões exasperadas levadas a cabo pelos opositores, por causa da introdução de um texto sobre a herança cristã da Europa no preâmbulo (confrontação que iria mesmo repetir-se na Convenção Constitucional), alimentaram justificadamente os receios das Igrejas.

Recorde-se que existem duas versões linguísticas no preâmbulo da Carta: assim, a palavra francesa *spirituel* (espiritual) foi traduzida, na versão alemã, para «espiritual/religioso» ([18]), uma solução que foi, por vezes, considerada um «compromisso enganador» ([19]). Interessante, a este propósito, é também a posição assumida pelo cardeal Joseph Ratzinger, que pode certamente aplicar-se à da Santa Sé em geral, e que sempre se mostrou bastante crítica em relação à Carta ([20]).

Por parte da Igreja Católica Romana, a Santa Sé e a COMECE assumiram a iniciativa desde o início. Ao mesmo tempo, a COMECE entrava em estreita colaboração com a KEK, juntando assim energias, intentando efeitos de sinergia e reforçando, igualmente, a dimensão ecuménica.

Os objectivos estratégicos concentravam-se sobretudo nas seguintes problemáticas:
1. Adoptar uma referência a Deus («*Invocatio Dei*») no preâmbulo e/ou destacar a herança cristã da Europa no mesmo;
2. Firmar o papel especial das Igrejas e organizações religiosas, enquanto parceiros no processo de integração europeia, e de acordo com as respectivas autoconsciências, e, finalmente,
3. Delinear este processo de reforma, tendo em conta os valores cristãos. ([21])

Será que estas intenções ambiciosas poderiam ser bem sucedidas? Como se definiam a política de interesses eclesiástica e o necessário *lobbying*? Será que haveria condições para dar resposta aos muitos ataques às religiões e às Igrejas?

3.1. A Comissão das Conferências Episcopais da União Europeia

A COMECE começou por ser um agente de *lobby* activo logo nos bastidores, antes do início dos trabalhos da Convenção, mas ainda em mais forte medida durante as negociações, coordenando uma estratégia concertada, tanto nas Conferências Episcopais nacionais (seus membros) como com a Santa Sé, e procedendo de forma ecuménica, em associação com as Igrejas suas confrades.

3.1.1. Tomadas de posição por escrito dirigidas à Convenção

Tanto os pareceres exclusivamente católicos romanos, por um lado, como os ecuménicos, por outro, foram directamente distribuídos pela COMECE, na grande maioria dos casos, a todos os 105 membros da Convenção. Este envio pessoal teve certamente melhores resultados do que se as contribuições do Fórum *on-line* para a sociedade civil, a que fizemos referência mais acima, tivessem sido comunicadas.

A primeira posição escrita fundamental ostentava o título: «O Futuro da Europa – compromisso político, valores e religião» e foi dirigido à Convenção a 21 de Maio de 2002. Segundo a própria COMECE, este documento apenas deveria servir, por enquanto, como introdução e orientação para as posições católicas cristãs fundamentais. A 25 de Junho de 2002, no âmbito da audiência pública à sociedade civil, o representante britânico (metodista) da Comissão Igreja e Sociedade da KEK emitiu uma declaração conjunta em nome das Igrejas e das organizações religiosas, incluindo, desta forma, a COMECE. Apenas três dias depois, a 28 de Junho de 2002, o presidente da Convenção recebeu uma carta das seguintes entidades: COMECE, KEK, Caritas Europa, Eurodiakonia, CIDSE, APRODEV, CCME, ESPACES e OCIPE – ou seja, uma força religiosa em massa. Nessa carta era novamente apresentada, de forma reiterada, a posição cristã comum. A 2 de Agosto de 2002, foi igualmente apresentada a membros da Convenção seleccionados (de modo informal, para já) uma proposta de carácter ecuménico para um futuro artigo sobre as Igrejas e as organizações religiosas. Em 14 de Agosto de 2002, a COMECE enviou, através de um documento oficial, algumas propostas concretas aos grupos de trabalho para a União Económica e Monetária, para a Justiça e Assuntos Internos, para uma Europa social – isto para nomear apenas os mais importantes. O dia 27 de Setembro de 2002 trouxe aos membros da Convenção a primeira proposta constitucional oficial ecuménica elaborada em comum, com o título: «Igrejas e organizações religiosas num Tratado Constitucional da União Europeia». A segunda proposta legislativa, igualmente ecuménica, foi apresentada aos membros da Convenção a 18 de Dezembro de 2002, no seguimento do documento apresentado em Setembro.

3.1.2. Contactos pessoais com membros da Convenção

O estabelecimento de contactos pessoais com membros da Convenção seleccionados deverá ter tido efeitos muito particulares e foi, por isso, uma peça importante na estratégia de *lobbying*. Habitualmente, essas intervenções eram realizadas por um pequeno grupo de representantes da COMECE e da KEK, e tinham lugar ou nos gabinetes dos deputados, ou no âmbito de um almoço de trabalho na sede da COMECE.

Até ao início do Verão de 2003, tiveram lugar várias dezenas destes encontros. Importante foi o facto de não se ter procurado estabelecer esses contactos apenas junto dos apoiantes declarados dos assuntos eclesiásticos, mas também junto dos seus opositores. Após esses encontros, e como consequência directa dos mesmos, alguns dos deputados tomaram abertamente partido pelas Igrejas e organizações religiosas, no âmbito dos debates plenários, e/ou fizeram publicamente referência, de forma abonatória, a documentos da COMECE, incluindo por exemplo alguns membros da Convenção oriundos de países como os Países Baixos, a Alemanha, a Áustria, a Itália, Malta e Luxemburgo. Alguns delegados, no entanto, tomaram a palavra para defender as Igrejas, mesmo sem terem por elas sido anteriormente contactados. Não foi só a COMECE que empreendeu intervenções pessoais: houve também alguns representantes – se não mesmo chefias – de Conferências Episcopais nacionais, assim como alguns membros episcopais particulares da COMECE, a exercer a sua influência *ad personam*, como o arcebispo de Viena, D. Christoph, cardeal de Schönborn. Seguiram-se mais estabelecimentos de contactos, através da participação do Secretário-Geral da COMECE, na reunião à porta fechada do Partido Popular Europeu para a Convenção Europeia de Nice, que decorreu de 28 a 30 de Junho de 2002, assim como na já referida audiência pública à sociedade civil de 24 e 25 de Junho de 2002; nas consultas à sociedade civil, organizadas pelo Comité Económico e Social, entre outros, a 18 de Abril de 2002, 27 de Maio de 2002, 27 de Junho de 2002, etc., bem como na Convenção da Juventude ao Tratado Constitucional Europeu, de 9 a 12 de Julho de 2002.

3.1.3. Um «Grupo de Trabalho ad hoc» para a Constituição

Em Março de 2002, ou seja, simultaneamente com o início das consultas na Convenção, a COMECE estabeleceu um «Grupo de Trabalho *ad hoc*», na sua sede em Bruxelas, que tinha por missão acompanhar, de forma crítica, a elaboração do Tratado Constitucional, submeter os respectivos resultados a uma análise e apresentar propostas específicas, ou seja, próprias da COMECE. A direcção era ocupada pelo vice-presidente italiano da COMECE, apoiado por bispos, por outros colaboradores da COMECE e especialistas académicos, e pelo Núncio Apostólico acreditado junto das Comunidades Europeias. Os especialistas eram oriundos, entre outras, das Universidades de Tilburg, Paris, Trier e Budapeste.

Os resultados deste «Grupo de Trabalho *ad hoc*» podem ser considerados proveitosos, na medida em que os membros conseguiram sintetizar, numa só ideia, diferentes tradições jurídicas, culturas e filosofias confessionais, sem pôr em causa os diferentes direitos eclesiásticos de autodeterminação nos respectivos Estados-membros da UE, o que viria apenas a encontrar provisoriamente expressão visível e efectiva no Artigo I-51.º do Tratado Constitucional.

3.1.4. Acções ecuménicas concretas

É evidente que um empreendimento como o reconhecimento da autenticidade eclesiástica e de valores religiosos no Tratado Constitucional exigia uma grande atenção ecuménica. Por essa razão, passou a haver a participação de um membro da COMECE nas reuniões plenárias da Convenção na qualidade de observador, que, de seguida, apresentava um breve relatório para todas as organizações cristãs estabelecidas em Bruxelas, e que era especialmente organizado para esse efeito em conjunto com a KEK. Ao mesmo tempo, estes *briefings* ofereciam a oportunidade ideal para trocas mútuas e para formular posições comuns para futuras intervenções. Além disso, a COMECE informava as suas Conferências Episcopais nacionais por escrito sobre o andamento dos trabalhos da Convenção e, através de um membro do Secretariado, participava activamente na formulação de tomadas de posição comuns da Conferência Episcopal Alemã e da Igreja Evangélica da Alemanha. Os diferentes contactos concretos ecuménicos com os membros da Convenção, os requerimentos escritos dirigidos ao *Praesidium*, a política de informação para com as organizações eclesiásticas próprias, a motivação de diversos políticos próximos das Igrejas e, em geral, o trabalho público ecuménico contribuíram, de forma decisiva, para o sucesso alcançado.

3.2. A Santa Sé

A Santa Sé tomou parte activa no processo constitucional sob as mais variadas formas. O papa João Paulo II fez questão de ser ele próprio a apresentar a posição católica romana fundamental em relação a muitas das questões pertinentes. Assim, convidou, por exemplo, o presidente da Convenção para audiências, mas não deixou de exprimir a sua opinião de forma escrita e pública, por exemplo nas audiências gerais semanais ou na recepção de ano novo para o Corpo Diplomático. O Santo Padre não perdeu literalmente uma oportunidade para exprimir o seu contributo altamente pessoal para bem da Constituição e, deste modo, para a Europa, e de lhe dar expressão concreta. Neste ponto, afigura-se pertinente assinalar o facto de a Igreja Católica Romana também ser a única Igreja a dispor de uma estratégia de política europeia formulada de modo sistemático, o que irá ser abordado no último capítulo deste trabalho. A exortação apostólica pós-sinodal de 28 de Junho de 2003, *Ecclesia in Europa*, e a «Nota doutrinal sobre algumas questões relativas à participação e ao comportamento dos católicos na vida política», de 24 de Novembro de 2002, representaram os pontos culminantes provisórios numa longa cadeia de correspondentes documentos papais/do Vaticano que, na sua globalidade, poderiam ser designados por «sociologia teológica genuinamente europeia».

É evidente que o Núncio Apostólico acreditado junto das Comunidades Europeias, em conjunto com o seu Conselho de colaboradores, observava atentamente e acompanhava, de forma crítica, os trabalhos da Convenção, em estreita colaboração com a COMECE – por exemplo, através da formulação das respectivas tomadas de posição e reacções, ou no desenvolvimento de um entendimento em relação a notas textuais que suscitassem dúvidas. Também durante os trabalhos do Núncio Apostólico, ficou claro que os assuntos de política eclesiástica e europeia não se excluem mutuamente, mas podem ter muitos pontos em comum.

3.3. A Conferência das Igrejas Europeias

Fez-se referência, anteriormente, à carta dirigida ao primeiro-ministro belga Guy Verhofstadt na véspera da Declaração de Laeken. A Conferência de Igrejas Europeias, frequentemente através da sua Comissão Igreja e Sociedade, já havia participado activamente nos trabalhos preparatórios e – tal como já aqui descrevemos – também participou, muitas vezes, nos verdadeiros trabalhos do Tratado Constitucional, em estreita coordenação com a COMECE.

A par da reunião constituinte da Convenção, em Março de 2002, a KEK publicou o Boletim Informativo n.º 4, com o título programático «Como a KEK irá cooperar com a Convenção» e o Boletim Informativo n.º 5, que ostentava, igualmente, um título programático: «Como poderão as Igrejas reagir à Convenção». Estes documentos detalhados e extremamente próximos da realidade proporcionavam uma orientação e uma ajuda muito bem conseguidas, graças aos detalhes bastante concretos que apresentavam. Como tencionava, então, a KEK cooperar com a Convenção? As indicações precisas e as reflexões estratégicas bem pensadas exigem uma citação integral.

Ficou determinado que:
«Em primeiro lugar, a KEK irá acompanhar o que decorre na Convenção, participando nas reuniões e lendo a documentação mais importante, sendo coadjuvada, nessa actividade, por um pequeno número de Igrejas com gabinete em Bruxelas, por organizações eclesiásticas, sediadas em Bruxelas, e pela cooperação com a Comissão dos Episcopados da Comunidade Europeia (COMECE).

»Se houver desenvolvimentos importantes na vida da Convenção, esta informará as suas Igrejas através da disponibilização de novos boletins informativos e documentação. Além disso, chamará a atenção para a possibilidade de os acontecimentos serem acompanhados na internet. Uma parte do *site* da KEK irá dedicar-se a este processo. A KEK irá também participar no Fórum a ser criado pela Convenção. Trata-se de um Fórum virtual, acessível na internet através do *website* "Futurum", no seguinte endereço: http://europa.eu.int/futurum.

»Em segundo lugar, a KEK irá abordar, de novo, alguns temas da Convenção através das actividades dos seus grupos de trabalho, havendo três com especial interesse para o processo.

»O Grupo de Trabalho para o Processo de Integração Europeia ocupa-se de todos os aspectos da integração, incluindo a adesão de novos membros à UE. Tem vindo a acompanhar, há muitos anos, a questão da reforma das instituições, e foi responsável pela elaboração do panfleto "As Igrejas e o processo de integração europeia", enviado em Junho de

2001 a todas as suas Igrejas e incluído no pacote informativo sobre o processo da Convenção. Durante a Convenção, este grupo de trabalho ocupar-se-á, ainda, dos objectivos da integração europeia, das questões do federalismo e da subsidiariedade, da divisão de poderes e competências entre a União, os seus Estados-membros e as regiões, e das reformas institucionais mais importantes. Todos e quaisquer pensamentos, reflexões e sugestões provenientes das suas Igrejas acerca destas questões são bem-vindos.

»O Grupo de Trabalho para a Legislação da Comunidade Europeia tem a missão de analisar os efeitos da legislação europeia sobre as Igrejas e de representar os seus interesses em tudo o que possa estar relacionado com a sua existência. Em ligação com a Convenção e a Conferência Intergovernamental, este grupo de trabalho irá analisar, sobretudo, qual a referência à religião que deverá estar incluída no preâmbulo de um novo Tratado ou de uma Constituição; como deve ser tratada, na nova situação, a declaração sobre o estatuto das Igrejas e das organizações religiosas, que foi acrescentada ao Tratado de Amesterdão como anexo; como se pode cuidar da participação das Igrejas no processo de tomada de decisão da UE, e, finalmente, como pode ser adoptada a questão da comunidade de valores no novo Tratado ou na Constituição.

»O Grupo de Trabalho para os Direitos Humanos e a Liberdade Religiosa é responsável pelo trabalho da Comissão acerca destes dois temas. Relativamente à Convenção, irá concentrar-se na possível inclusão da Carta dos Direitos Humanos no Tratado ou na futura Constituição (*) e numa possível revisão da Carta, e, entre outros assuntos, irá também analisar a inclusão da dimensão colectiva da liberdade religiosa.

Este grupo de trabalho deseja, igualmente, reunir uma lista de especialistas no seio das suas Igrejas, a propósito dos variados aspectos da Carta (por exemplo: bioética, liberdade religiosa, aspectos sociais...). Essas pessoas poderiam, depois, ser consultadas sempre que certos temas concretos se tornassem importantes durante a Convenção.

»Um grupo de superintendência, composto pelos secretários dos grupos de trabalho e pelo director da Comissão, irá vigiar o processo, coordenar as observações dos grupos de trabalho e ocupar-se, sobretudo, das questões de âmbito geral. Se necessário, estabelecerá contactos com o Comité Executivo da Comissão. O gabinete de Bruxelas também manterá ligações com as Igrejas e organizações religiosas (incluindo a COMECE),

---

(*) Hoje sabe-se que a Constituição não foi avante. *(N.T.)*

estabelecidas na cidade, para decidir quando surgem oportunidades para acções comuns ou concertadas.» ([22])

Como podem as Igrejas reagir à Convenção? Diz-nos a KEK a este propósito:

«A KEK espera que as Igrejas participem neste debate, tanto a nível nacional, como na UE, e que também se fale de outros países que não apenas os Estados-membros ou candidatos à adesão.

»Para garantir um bom fluxo informativo entre a União Europeia e a nível nacional, e vice-versa, seria uma grande ajuda se houvesse uma pessoa interessada e responsável que pudesse funcionar como elemento de ligação entre a KEK e as suas Igrejas nos seus países. Poderia, por exemplo, ser nomeada pelo Conselho Eclesiástico Nacional, a fim de estabelecer uma rede de todas as Igrejas locais, ou alguém de uma Igreja-membro que se encontre à disposição de todas as outras, ou ainda alguém de outra Igreja.

»Em anexo, encontra um formulário que deve ser preenchido pelos Conselhos Eclesiásticos e/ou Igrejas nacionais, e/ou por organizações associadas da KEK, para indicar quem será o agente de ligação.

»Este deverá pelo menos transmitir a informação da KEK a todos os que façam parte da sua rede nacional e trazer informações acerca de ideias, pareceres e acções das Igrejas nos respectivos países.

»Como já foi referido no Boletim Informativo n.º 4, o Grupo para os Direitos Humanos e Liberdade Religiosa da Comissão Igreja e Sociedade elaborará uma lista com especialistas da Igreja sobre diversos temas, em ligação com a Carta dos Direitos Fundamentais da União Europeia. As propostas para nomes desses especialistas podem ser feitas no formulário em anexo.

»As reuniões da Convenção para o Futuro da Europa serão abertas ao público e todos os seus documentos publicados. O gabinete da KEK em Bruxelas acompanhará os acontecimentos e fará o seu melhor para que as suas Igrejas e organizações associadas estejam constantemente a par da situação.

»No entanto, também será possível acompanhar as discussões e os debates através da internet. Uma parte do site da UE, que se chama "Futurum", está já dedicada a este processo, que se encontra no seguinte endereço: http://europa.eu.int/futurum. Este *site* inclui *links* para o debate a nível europeu e nacional e dá acesso aos documentos oficiais, existindo em todas as línguas oficiais da União Europeia.

»A KEK espera que as suas Igrejas participem nos debates que decorrem nos seus países. Em alguns, existe uma espécie de fórum da sociedade civil instituído pelo governo e dos quais as Igrejas fazem parte. Estas deverão esforçar-se por cooperar com esses grémios, nos locais onde eles existirem. Onde não existirem, poderão as Igrejas propor a sua constituição e cooperar com a sociedade civil organizada para apoiar essa ideia. A KEK agradece que seja regularmente informada sobre o tipo de acções em curso. Em alguns países, existem endereços de internet para debates intra-estatais, onde as Igrejas poderão prestar o seu contributo.

»Independentemente da existência ou não de um fórum deste género, deverá também procurar estabelecer-se contacto com os participantes na Convenção (tanto os Estados-membros da UE como os países candidatos – a lista de membros da Convenção pode ser consultada no Boletim Informativo n.º 6). A KEK gostaria muito de receber relatórios sobre contactos, tanto com os membros da Convenção, como com governos e Parlamentos nacionais. Para efeitos do seu trabalho ao nível da UE, é útil saber quais os membros da Convenção que se interessam pelas observações das Igrejas ou que estejam particularmente abertos às mesmas.

»A KEK gostaria, igualmente, de escutar as opiniões das suas Igrejas acerca das questões fundamentais colocadas pela Declaração de Laeken. Este *feedback* das Igrejas é importante, para que se possa decidir o que deve ser transmitido à Convenção ao nível da UE.

»Concretamente, seria importante saber por parte das Igrejas:

> › Quais são os temas e os interesses mais importantes no debate sobre o futuro da Europa no seu país ou na sua região?
> › A sua Igreja já tomou alguma posição acerca de algum desses temas? Se sim, qual?
> › O que pensa a sua Igreja dos objectivos ou das intenções da União Europeia?
> › A sua Igreja tem alguma opinião sobre os temas que deveriam ser tratados ao nível da UE e quais os que o deveriam ser a nível estatal, local ou regional?
> › A sua Igreja é de opinião que a UE deveria ser vista enquanto comunidade de valores? Se sim, quais são esses valores? A sua Igreja vê algum problema em que se queira tornar a UE numa comunidade de valores?
> › A sua Igreja acredita que é importante tornar a UE mais democrática? Se sim, de que forma?

› Sobre que temas da Declaração de Laeken seria bem-vinda uma reflexão ou uma informação mais aprofundada por parte da KEK?
› Acredita que haja temas que façam falta na Declaração de Laeken? Se sim, quais, e por que acha que são importantes?» ([23])

Estes dois textos representam um plano de acção político-eclesiástico do melhor que existe, orientado para o sucesso e demonstrando uma real consciência dos problemas, representando um verdadeiro exemplo para um empenhamento político de cristãos conscientes das suas responsabilidades e activos.

No entanto, a concretização desta estratégia ficou ligeiramente condicionada pela estrutura da KEK – digamos que são condicionalismos inerentes ao sistema. O ponto forte da KEK também é, por vezes, a sua maior fraqueza. Ela reúne 123 Igrejas e confissões diferentes, das quais algumas não queriam e outras, por sua vez, não podiam, pelas mais variadas razões, empenhar-se da forma proposta numa política europeia e eclesiástica. É evidente que um grupo de tal forma heterogéneo como é a KEK tem uma capacidade muito limitada para tomar decisões conjuntas. No entanto, esta realidade não diminui de forma alguma o valor e a exemplaridade da estratégia proposta. Além do mais, o gabinete da KEK produziu um trabalho extraordinário na concretização destes programas de acção. A KEK demonstrou isso mesmo, de forma convincente, em determinadas áreas específicas e, sobretudo, também através da colaboração com a COMECE.

Segundo a sua própria apreciação, o facto de a KEK ter levado à Convenção as vozes das Igrejas por si reunidas trouxe, de facto, algumas experiências bastante satisfatórias ([24]).

3.4. Os contributos de outras organizações religiosas/eclesiásticas

É bem evidente que houve muitos grupos, organizações e comunidades religiosas a participar no debate público sobre o Tratado Constitucional. Muitas das suas tomadas de posição limitaram-se a questões teológicas ou religiosas no preâmbulo e na ancoragem do estatuto das religiões e Igrejas, enquanto parceiros das Instituições da UE, na parte principal do Tratado. Ocasionalmente, algumas das contribuições abordaram temas particulares e de grande importância para o respectivo interveniente.

A Igreja Evangélica Alemã (EKD) empenhou-se de forma específica nos trabalhos da Convenção, acompanhando-os, igualmente, desde o início e durante os debates, intervindo quer por intermédio de propostas suas, quer em conjunto com a Conferência Episcopal Alemã e em conjunto com a KEK.

Outro bom exemplo de cooperação ecuménica foi-nos dado pelos ofícios de Maio de 2002 e Fevereiro de 2003, assinados em conjunto pelo líder da Igreja Evangélica Alemã e pelo líder da Conferência Episcopal Alemã, e que eram dirigidos a todos os membros alemães da Convenção Constitucional. Além disso, a EKD manteve ainda numerosos contactos, tanto com os membros do governo alemão, como com os da Convenção ([25]).

Por seu lado, as Igrejas ortodoxas também participaram activamente na formação do Tratado Constitucional. Enquanto Igreja poderosa e politicamente influente, a Igreja Grega Ortodoxa usou as suas enormes possibilidades para fazer vingar as suas ideias.

Em regra, houve contactos directos com os membros gregos da Convenção – mas não só com estes – e acções comuns em ligação com as Igrejas ortodoxas semelhantes. Poderão servir de exemplo as seguintes situações:

› O apelo do Sínodo Sagrado da Igreja Grega Ortodoxa de 30 de Maio de 2002, em favor da ancoragem de valores cristãos no Tratado Constitucional e da liberdade religiosa ([26]);
› As conclusões finais da consulta inter-ortodoxa ao Tratado Constitucional, deliberada pelo Patriarca Ecuménico de Constantinopla (na qualidade de anfitrião dessa Conferência) e pelas Igrejas ortodoxas da Rússia, da Sérvia, da Roménia, de Chipre, da Grécia, da Polónia, da Albânia, da República Checa, da Eslováquia e da Finlândia, e assumida também por diversas personalidades individuais ([27]). Novidade neste documento foi a rejeição declarada das seitas e a admissão da possibilidade de as proibir, ou as suas actividades, nos Estados-membros da UE, o mesmo se aplicando a certas associações não confessionais e filosóficas;
› Uma Conferência própria da Igreja Grega Ortodoxa ocupou-se *expressis verbis* dos «Valores e Princípios para a Construção da Europa» ([28]) e debateu esta questão com base numa directiva votada pelo Sínodo Sagrado ([29]).
› Apesar de a Rússia não ser Estado-membro da UE e de, muito provavelmente, nunca o vir a ser, a Igreja Russa Ortodoxa

expressou-se várias vezes, em sede própria, em relação aos trabalhos da Convenção, e não deixou de conquistar uma parte importante da atenção do público. O Patriarcado de Moscovo mostrou-se, por vezes, duro para com os membros da Convenção e defendeu, com veemência, o respeito pela herança cristã da Europa e pelos seus valores religiosos [30].

O número total de tomadas de posição por parte das diferentes organizações religiosas e eclesiásticas, que foram apresentadas durante a actividade da Convenção, entre 28 de Fevereiro de 2002 e 10 de Julho de 2003, é contabilizado pelo Secretariado em algumas centenas. Na esmagadora maioria dos casos, não se tratou de intervenções concretas, mas principalmente de natureza genérica, ou então de tomadas de posição que serviam os próprios interesses e eram mais dedicadas aos seus crentes, podendo ainda ser classificadas como campanhas de relações públicas. No entanto, muitos destes documentos constituíram intervenções dirigidas a um alvo bem definido e concreto. A variedade destas organizações religiosas tão activas é enorme, desde comunidades budistas, hinduístas, sikhs e zoroastrianas até ao Conselho Mundial de Igrejas, passando por associações evangélicas/independentes. Tanto as organizações eclesiásticas de prestação de serviços (a Caritas Europa ou a Eurodiakonia, por exemplo), como as organizações leigas (a Federação Europeia de Associações de Estudantes Cristãs / EKV, por exemplo) participaram da mesma forma nos debates. Surpreendente foi a total ausência de vozes judaicas e a participação muito rudimentar de organizações islâmicas. De entre os poucos contributos islâmicos, a tomada de posição assumida pelo FEMYSO, com sede em Bruxelas, surpreendeu pela positiva, na medida em que se expressou a favor de um Islão «europeu» – um contributo equilibrado, moderado, europeu e construtivo, merecedor de uma maior atenção [31]. A merecer igualmente uma referência, temos uma carta do Conselho Muçulmano para a Cooperação na Europa, também com sede em Bruxelas [32].

Em termos genéricos, há que referir – e isto aplica-se por princípio – que em todos os casos limitados a acções isoladas (não sendo, por isso, acompanhados de uma actividade bem dirigida e persistente de *lobbying*), face aos debates dirigidos de forma rigorosa e tendo em conta a quantidade de posições apresentadas de modo profissional, o sucesso ficou fortemente condicionado ou tornou-se mesmo impossível.

3.5. Organizações filosóficas e não confessionais e/ou associações humanistas

Estes grupos representam uma ampla gama de diferentes visões do mundo e o seu denominador comum deverá ser visto como uma constelação quádrupla constituída por ateísmo, agnosticismo, niilismo e materialismo. Além disso, não foram poucos os que se fizeram ouvir, devido a uma acção intensa na luta contra tudo o que é religioso. As denominadas associações «humanistas» e organizações filosóficas e não confessionais encontram-se em todos os Estados-membros da UE e designam-se, muitas vezes, por «British Secular Society», «Communauté philosophique non-confessionelle» [Comunidade filosófica não confessional], «International Lesbian and Gay Alliance», «Right to die» [Direito a morrer], etc. A Federação Humanista Europeia (EHF) considera-se a Organização Central[33]. Tendo em linha de conta as diversas acções centralizadas, algumas dessas organizações deverão ter uma rede à escala europeia. O uso da designação «humanista» é bastante desagradável, como se o «humanismo» pudesse ser retirado às religiões. Sob o pretexto de intervirem a favor da liberdade de expressão e religiosa, dedicavam-se essencialmente à luta contra as Igrejas e organizações religiosas e à sua integração no Tratado Constitucional da UE, enquanto parceiras para o diálogo das instituições da União Europeia. Consequentemente, recusaram de forma veemente uma *invocatio dei* no prefácio, bem como a referência à herança cristã europeia (uma trivialidade, no fundo).

O seu objectivo declarado, bem visível pela quantidade das tomadas de posição, era a criação de uma UE totalmente secular, em que não haveria espaço para quaisquer outras convicções filosóficas, além da sua própria visão secular, ateísta, etc. Com esta posição, as organizações humanistas apresentavam-se, convincentemente, como defensoras da tolerância, como se vêem, apesar de elas próprias não serem tolerantes nem exercerem o humanismo na verdadeira acepção da palavra. Além disso, nem sequer foram tímidas na escolha dos meios propagandísticos. Os membros da Convenção foram literalmente inundados por panfletos de uma seriedade e qualidade intelectuais muito variáveis e questionáveis[34].

O procedimento habitual era não só a escrita efusiva e directa, mas também a exposição pública das posições da Igreja, por parte de um *lobbying* formado por alguns membros da Convenção. Infelizmente, esses grupos, com as suas polémicas, encontraram bastante apoio por parte de muitos membros da Convenção. A influência e o resultado exercidos sobre o Tratado Constitucional foram enormes, os seus desejos foram considerados exagerados, em relação à sua verdadeira representatividade, no contexto europeu das propostas de valores e de sentido. Devido à sua intervenção, acabou por se omitir a herança cristã europeia, deixou de haver uma referência a Deus e evitou-se atribuir uma formulação religiosa generalista no preâmbulo. Nos capítulos seguintes, estes assuntos serão tratados individualmente.

A avalanche de declarações, panfletos e polémicas desses grupos chegou a um público mais lato, uma vez que foi divulgada através de diversos mecanismos de comunicação, preferencialmente a internet e *e-mail*.

4. A luta por Deus na Constituição

Já durante a fase de preparação para o Conselho Europeu de Laeken, foi relevante para os funcionários da UE e para os políticos que a reforma pretendida, ou seja, criar uma «maior transparência» e uma «maior eficácia» – como mencionado na Declaração Final – só seria possível se o objectivo de elaborar um Tratado de criação de uma Convenção fosse posto em marcha por um processo de consulta e de discussão, envolvendo o grande público de forma ampla e intensa. Como a experiência tem demonstrado, isso pode ser realizado de forma satisfatória. No período intercalar entre a decisão para a elaboração da Convenção através do Conselho Europeu de Laeken, em 14 e 15 de Dezembro de 2001, e a sessão inaugural da Convenção, em 28 de Fevereiro de 2002, as opiniões generalizadas de diversos grupos e de individualidades permitiram reconhecer o interesse fundamental pela Convenção por parte da chamada sociedade civil, incluindo – como já foi mencionado anteriormente – as Igrejas e restantes comunidades religiosas, à falta de uma alternativa credível.

4.1. Primeira fase: as religiões e Igrejas fazem-se ouvir

Os primeiros meses dos trabalhos da Convenção foram marcados principalmente pela recolha e pelo tratamento estruturado da elevada quantidade de opiniões, ideias e propostas, da verificação respeitante à sua utilidade e à valorização dos trabalhos editoriais iniciais. Entre Março e Junho de 2002, o Secretariado da Convenção contabilizou

160 organizações que participaram nos debates([35]). O tema do estatuto das Igrejas e das organizações religiosas foi tratado em 15 artigos, resumidos pelo Secretariado do Conselho da seguinte forma: «Um determinado número de organizações religiosas exige que qualquer futuro Tratado Constitucional contenha um elemento espiritual e que as heranças religiosa e espiritual europeias sejam explicitamente reconhecidas. Várias são a favor da integração da declaração n.º 11 (ao Tratado de Amesterdão) sobre o estatuto das Igrejas e organizações filosóficas e não confessionais» ([36]).

Para se fazerem ouvir, as exigências mais marcantes também foram feitas, neste caso, pela COMECE e pela KEK, as duas principais organizações eclesiásticas internacionais, e, no caso da KEK, também interconfessional. Em Maio de 2002, a COMECE deu o seu primeiro parecer, destacando-se numa linguagem clara e sob o título «O Futuro da Europa – O compromisso político, Valores e Religiões» ([37]). Inicialmente, a COMECE concordou com a inclusão da Carta dos Direitos Fundamentais da União Europeia na Constituição, apesar das objecções graves a determinadas disposições, como as questões sobre a clonagem, o matrimónio e a família, a liberdade religiosa, a educação e os direitos sociais. Um texto constitucional que visa abordar directamente os cidadãos europeus deverá abranger e reconhecer todas as fontes das quais os cidadãos extraem os seus valores. O modelo da COMECE, o prefácio da Constituição da República da Polónia ([38]), foi referenciado como um exemplo bem conseguido quanto à consolidação dos valores religiosos, uma indicação aproveitada por muitos dos intervenientes, e que teria sido incluída no Tratado Constitucional caso os religiosos tivessem tido um pouco mais de objectividade e coragem e não tivessem dado ouvidos aos defensores da secularização na UE. A COMECE recomenda, para a formação de uma identificação dos cidadãos com os valores e com as instituições da UE, e como reconhecimento de que o poder público não é absoluto, a referência ao chamado «aberto» e «outro não dedutível», que constitui, ao mesmo tempo, um «garante para a liberdade do ser humano». Outra recomendação da COMECE para o futuro Tratado Constitucional diz respeito ao reconhecimento da liberdade religiosa, e «em todas as suas dimensões: a individual, a colectiva e a institucional». Tendo em conta a boa prática do ensinamento católico quanto ao amor de Deus e ao próximo, a COMECE considera que o bem comum é um princípio fundamental e o principal objectivo de um futuro regulamento constitucional. A melhor forma de concretizar este objectivo seria a UE fomentar a diversidade da riqueza social e a dignidade da pessoa individual, incluindo o princípio da subsistência na Constituição. O documento possui ideias claras, relativamente ao relacionamento entre as Igrejas e as organizações religiosas e a UE:

a) Reconhecer os movimentos e as tradições religiosas, espirituais e intelectuais como herança viva do presente e do futuro europeus;
b) Manifestar o apreço pela contribuição específica das Igrejas e das organizações religiosas por esta herança;
c) Facilitar um diálogo estruturado entre as Igrejas e as organizações religiosas e as Instituições Europeias; e, por fim,
d) Incluir a declaração n.º 11 do Tratado de Amesterdão num futuro Tratado Constitucional, exprimindo o respeito pelo estatuto das Igrejas e das organizações religiosas, tal como é reconhecido em cada um dos Estados-membros.

Esta atitude inicial apresenta traços proféticos, encontrando-se, de facto, algumas das suas exigências na versão final da Constituição. Independentemente do objectivo específico e da finalidade do documento, este pode vigorar na UE como linha de orientação bastante alargada.

Também a KEK apresentou por escrito, em Maio de 2002, a sua primeira tomada de posição fundamental ([39]). Recorde-se que a KEK representa 126 Igrejas e confissões cristãs. O conteúdo do parecer reflecte claramente este aspecto. Primeiro, tinha de ser avaliado na Assembleia-geral da Igreja e Sociedade, depois aprovado pelo Comité Executivo. Este parecer deveria ser suspenso, devido ao facto de ser vago e pouco preciso.

Em comparação com o documento da COMECE descrito acima, encontram-se, no texto da KEK, formulações escassas, apropriadas para serem incluídas directamente num rascunho para o Tratado Constitucional. Este contributo é de grande valor democrático enquanto documento de orientação, e é valioso para a discussão dos princípios fundamentais. Segundo as declarações dos próprios membros da KEK, este deveria ser o ponto fulcral do documento, caso represente «o resumo dos desígnios iniciais da KEK». Para prosseguimento da Convenção foram previstas contribuições adicionais às questões específicas. A KEK também exige – encontrando-se em plena harmonia com a COMECE – a inclusão dos direitos fundamentais no futuro Tratado Constitucional, fomentando a participação no processo político da União Europeia e realçando o papel específico das Igrejas e das organizações religiosas, que deveria ser visivelmente valorizado. A KEK tem como preocupação específica a protecção da diversidade religiosa e dos diversos sistemas jurídicos de Estados religiosos, vendo como garante a inclusão do já mencionado Artigo 11.º do Tratado de Amesterdão. Tendo como convicção central que o prefácio do Tratado Constitucional deverá fazer referência à herança religiosa/espiritual europeia, e que, devido a esse facto e ao papel específico das Igrejas e das organizações religiosas para moldar o futuro da Europa, é necessário um diálogo estruturado entre elas e as Instituições Europeias. Por fim, ainda se faz menção à dimensão social da integração europeia e consequentemente à necessidade de uma solidariedade efectiva.

Para além dos pareceres das organizações-quadro COMECE e KEK, foram apresentados documentos relativos a tomadas de posição por parte de algumas Igrejas individuais e outras organizações religiosas. Algumas incluíram-se nas imposições da COMECE e da KEK, e subscreveram a exigência de serem consideradas no Tratado, incluindo, entre outros pontos, a adição do Artigo 11.º e a necessidade de um diálogo estruturado. Entre estes intervenientes, encontravam-se, por exemplo, a Igreja Evangélica Alemã, em associação com a Conferência Episcopal Alemã, a Igreja Grega Ortodoxa, a Igreja Evangélica Luterana da Finlândia, os *quakers* e instituições como a Instituição Jesuíta de Reflexão OCIPE, a Diaconia e a Caritas Europa em associação com a Diaconia Europeia.

Desde o início, os adversários explícitos iniciaram uma campanha dura e incrivelmente directa contra a observância dos desígnios religiosos e eclesiásticos de inclusão no Tratado Constitucional já existentes. Foi surpreendente observar que, na maioria dos debates de intensa polémica levados a cabo entre as organizações, apesar de serem bastante heterogéneas entre si, estas seguiam mais ou menos o mesmo padrão na sua forma de argumentação. A chamada «Federação Humanista Europeia» [EHF], que, segundo ela, está representada em todos os Estados-membros da UE e é a porta-voz da «maioria silenciosa» dos «ateus materialistas» (designação atribuída pelo Secretário-Geral da Federação ao autor deste trabalho), tiveram um papel preponderante durante a agitação anti-religiosa. À luz da esperada Convenção, a 9 de Fevereiro de 2002, em Roma, estes «humanistas» organizaram uma Conferência intitulada «A Secularidade na Europa». No documento final, como esperado, é postulada uma Europa secular e, consequentemente, exigida uma «neutralidade» das Instituições da UE perante as religiões e as Igrejas. Segundo a opinião dos participantes da Conferência, a sociedade europeia tornar-se-á cada vez mais secular, «sendo, desta forma, 'inadequado' o apoio aos desígnios religiosos e eclesiásticos através das instituições da UE, com consequências negativas: conceder privilégios ou primazias a uma ou mais confissões encorajaria o mau hábito de acordos em Concordatas [...]» ([40]).

O documento, previamente preparado pela EHF, focou que qualquer referência a Deus, neste preâmbulo, seria uma discriminação perante todos os que «já não se submetem a preceitos religiosos» ([41]), e declarou que «qualquer referência a Deus ou a tradições religiosas será totalmente inapropriada» ([42]), e por essa razão o Artigo 11.º não deveria ser incluído no Tratado Constitucional, pois só serviria «para preservar os privilégios de certas Igrejas nos Estados-membros» ([43]).

Desta forma, ficou definida a direcção a seguir. O grupo dos ateus, niilistas, ateus materialistas, etc., não se destacou pelos seus contributos positivos para um bem sucedido processo de integração europeia, antes pela luta contra os conceitos e ideias apresentados pelas Igrejas e organizações religiosas. A Igreja Católica Apostólica Romana e, como é evidente, o papa, foram aqueles contra quem lutaram de forma mais veemente. No documento de análise, a EHF observou, com satisfação, o êxito dos programas de agitação: «Solicitou-se que se mencionasse transcendência e Deus no preâmbulo de um futuro Tratado Constitucional. A EHF expressou a sua recusa a este pedido e realçou que, ao contrário do que a COMECE reclama, as Igrejas não representam os cidadãos» ([44]).

A veemência e o número de intervenções aumentaram com o decorrer dos debates. Por exemplo, até Junho de 2002, deram entrada na Presidência da Convenção artigos de aproximadamente 160 instituições e organizações diversas da sociedade civil, sendo 10 pertencentes às Igrejas, como a COMECE e a KEK, e também da Caritas Europa, Diaconia Europeia, Igreja Ortodoxa Grega e a EKD (Igreja Evangélica da Alemanha). As organizações críticas e hostis para com a Igreja, tais como a EHF, a Società laica e plurale [Sociedade laica e plural], a ILGA-Europa e outras, expressaram-se frequentemente. ([45])

A Presidência da Convenção constituiu 8 grupos de trabalho, sendo atribuída a cada um deles uma temática da sociedade civil, supervisionados por um membro da Presidência, para que todas as contribuições fossem convenientemente tratadas e revistas. Os grupos de trabalho – que se reuniram entre 10 e 18 de Junho de 2002 – foram instruídos para que elaborassem um relatório da actividade da respectiva área. Infelizmente, a Presidência da Convenção não conseguiu organizar um grupo para as questões pretendidas pelas diversas Igrejas. As Igrejas e organizações religiosas foram incluídas no grupo de trabalho da cultura, coordenada pelo esloveno Alojz Peterle e nele participaram 53 instituições e organizações, que se reuniram em 12 de Junho de 2002 no Parlamento Europeu, em Bruxelas.[46]

As conclusões não trouxeram qualquer novidade. As diversas facções insistiram nas suas posições muito divergentes, não havendo avanços em torno da discussão. O respectivo protocolo reproduz de forma clara e resumida as exigências e as diferentes opiniões[47]. A 6.ª Assembleia Geral, que se reuniu após terminarem as reuniões dos grupos de trabalho, a 24 e 25 de Junho de 2002, concentrou-se apenas nas questões da sociedade civil. Para realçar as legítimas preocupações, ressaltando a dimensão ecuménica, e o facto de que as exigências seriam suportadas por uma ampla maioria da Igreja, foi nomeado, com plena intencionalidade, o representante da KEK em Bruxelas, a fim de expor de novo e de forma veemente a posição comum das Igrejas. Aproveitou a oportunidade – previamente determinada, como é natural – para voltar a aconselhar o há muito desejado diálogo estruturado entre as Instituições da UE e as Igrejas e organizações religiosas. Os relatórios escritos, tanto sobre o decorrer da reunião plenária de 24 e 25 de Junho de 2002, como o do presidente sobre o seu próprio relatório do Conselho Europeu de Sevilha (em 21 e 22 de Junho de 2002), reproduzem os contributos de forma detalhada[48]. Para dar ênfase à existência de uma iniciativa ecuménica comum, foi enviado ao presidente da Convenção o documento mencionado no ponto 3.1.1., em que se resumiam, em sete pontos, as exigências das Igrejas e organizações religiosas, conforme se apresenta de seguida:

1. A União Europeia deverá entender-se como uma comunidade de valores, baseada na centralidade do ser humano, na promoção da paz e da reconciliação, da justiça, da solidariedade, da subsidiariedade e da sustentabilidade.

2. As heranças religiosa e espiritual da Europa devem ser reconhecidas em qualquer texto constitucional. O contributo específico das Igrejas e comunidades religiosas para a sociedade deve ser igualmente reconhecido.

3. Um futuro texto constitutional deve incluir os direitos fundamentais. Entre estes, deve ser destacada a liberdade religiosa, bem como as dimensões individual, corporativa e institucional.

4. A persecução do bem comum deve ser incluída como um dos princípios fundamentais da União Europeia. A erradicação da pobreza à escala global, a ajuda aos marginalizados e aos ameaçados de exclusão social, especialmente os migrantes e as minorias étnicas, devem ser especificamente

objectivos cruciais. Tem de ser assegurado o acesso a um nível elevado de serviços sociais. Tem de ser reconhecido o importante papel desempenhado por agentes de beneficência social não estatutários, ao apoiarem um elevado número de serviços de caridade.

5. De modo a que a União Europeia possa cumprir a sua responsabilidade de um desenvolvimento global e sustentado, tem de ser capaz de falar a uma só voz no palco mundial. A edificação de relações sólidas e justas, tanto com os seus vizinhos próximos como à escala global, é essencial para o desenvolvimento de um sistema imparcial e justo de governação global.

6. Existe a necessidade de revigorar a vida democrática política e, acima de tudo, assegurar que os cidadãos sintam que são levados a sério e que as suas preocupações são ouvidas. Os cidadãos e os residentes legais devem poder participar e contribuir integralmente a todos os níveis. Um futuro texto constitutional deve assegurar um diálogo estruturado com a variedade de instituições, associações e comunidades em sociedade. Neste contexto, as especificidades das Igrejas e das comunidades religiosas devem ser tidas em conta.

7. Um futuro texto constitutional da União Europeia deve incluir a declaração n.º 11 da acta final do Tratado de Amesterdão, expressando o seu respeito pelo estatuto das Igrejas e das comunidades religiosas como são reconhecidas por cada Estado-membro» ([49]).

Aos políticos católicos foi solicitado um apoio mais activo, no sentido de as exigências religiosas poderem ser cumpridas de forma mais efectiva. Com esse intuito, o Secretário-Geral da COMECE, o representante da KEK e o Núncio Apostólico das Organizações Europeias viajaram até Nice para a um seminário organizado pelo PPE-DE sob o tema «A Constituição Europeia». Em Novembro de 2002, o PPE-DE, o maior partido político do Parlamento Europeu, sustentado pelos Partidos Populares Europeus e pelos Democratas Europeus, organizou, em Fascati, um seminário de continuidade alusivo à mesma temática, a fim de elaborar um esboço próprio da Constituição.

Os Democratas-Cristãos obtiveram motivação e argumentos adicionais pelo *lobbying* eclesiástico e incluíram, na sua argumentação, as posições apresentadas pelas Igrejas. ([50]) A parceria procurada pelas Igrejas com o PPE-DE foi muito bem escolhida e, de certa forma, era óbvia.

A par destes esforços, em 27 de Setembro de 2002 a COMECE e a KEK apresentaram por sua vez à Convenção uma proposta de Constituição elaborada em conjunto, intitulada «Igrejas e organizações religiosas no

Tratado Constitucional da União Europeia» (ver ponto 3.1.1.). Incluiu-se, por assim dizer, a «soma» de todas as propostas e ensinamentos recolhidos pelas Igrejas, que se baseiam nos muitos contactos pessoais com os membros da Convenção, tendo sido tiradas as conclusões oficiais das diversas audiências e consultas ([51]).

Esta proposta aproveitou o direito comunitário existente, numa simbiose bem conseguida, enriquecendo-o com mais quatro elementos, incluindo os seguintes:

1. A declaração n.º 11 ao Tratado de Amesterdão;
2. Orientações para respeitar uma ampla liberdade religiosa através da UE;
3. O reconhecimento das Igrejas e organizações religiosas na sua identidade exclusiva; e
4. A formação de um diálogo estruturado.

4.2. Segunda fase: elaboração de uma proposta de Constituição

Depois de se terem ouvido muitas opiniões e de ter sido elaborado um sem número de pareceres, era tempo de examinar as contribuições em relação à sua exequibilidade à luz dos objectivos, ordená-las num sistema, analisá-las e, por fim, integrá-las numa primeira proposta de texto. Foram especialmente formados 11 grupos de trabalho, e nenhum se viu na obrigação de dialogar com as Igrejas e religiões. Aconteceu que o V grupo de trabalho, «Competências complementares», levantou a questão da identidade nacional dos Estados-membros e o respeito pela UE. Os participantes deste grupo lembraram-se que o terceiro parágrafo do Artigo 6.º do TUE mencionava que a União deveria respeitar a identidade nacional dos seus Estados-membros. Mas quais eram, então (a pergunta impunha-se), os elementos fundamentais à constituição da identidade? O grupo de trabalho ficou convicto de que faria todo sentido e seria pertinente saber quais os elementos essenciais que dão origem à identidade nacional. Esta era a oportunidade há muito esperada pelas Igrejas e organizações religiosas! Quem poderia realmente pôr em dúvida que a soma da relação Estado-Igreja não fazia parte dos elementos de identificação europeus dos Estados-membros? Afinal, esse facto foi confirmado no momento em que a declaração n.º 11 foi anexada ao Tratado de Amesterdão. Poderia encaixar-se aqui. As intervenções da Igreja tiveram um ponto de partida bem fundamentado para as suas exigências, não podendo ser facilmente ignoradas pelos opositores religiosos, e tinham, além disso, o direito comunitário do seu lado. Na tentativa de esclarecer os elementos fundamentais para a identidade nacional, os membros do grupo de trabalho concluíram que o estatuto jurídico das Igrejas e organizações religiosas deveria ser adicionado e, por isso, respeitado.

O grupo de trabalho endereçou a recomendação à Convenção, respeitando as principais competências dos Estados-membros da União, tal como se encontram estabelecidos pela sua identidade nacional, incluindo o estatuto jurídico das Igrejas e organizações religiosas [52]. A COMECE mostrou-se muito satisfeita com este facto. No entanto, havia ainda a considerar duas necessidades básicas das Igrejas, nomeadamente o reconhecimento das Igrejas na sua identidade específica e a aceitação de um diálogo estruturado. Estes dois pontos não foram incluídos na recomendação do grupo de trabalho. Na sua revisão, os peritos religiosos chegaram à conclusão que a inclusão da declaração n.º 11 do Tratado de Amesterdão, no que respeita à clareza jurídica e à razão política, estava mais ou menos assegurada. No entanto, o erro táctico de não se ter feito referência às «organizações filosóficas e não confessionais» foi mais do que uma simples falha, já que iria certamente provocar irritabilidade nos já conhecidos agitadores anti-religiosos. E assim acabou por acontecer.

O dia 28 de Outubro de 2002 foi um grande momento para a Convenção, porque, nesta data, o Secretariado podia apresentar um primeiro esboço de um Tratado Constitucional [53]. Continha a «estrutura», ou, se quisermos, o «índice» do Tratado Constitucional, com uma série de notas e referências cruzadas, declarações e explicações que eram, no seu todo, um trabalho de base muito construtivo, esclarecedor e orientador. Este esboço significou para as religiões e Igrejas a oportunidade de estas serem reconhecidas como parceiros com a sua especificidade, ou seja, a sua natureza transcendental, tendo as disposições relativas à «vida democrática» originado a concessão de um envolvimento consistente no processo de integração.

*   *   *

Excurso: PENÉLOPE
No início de 2002, a Comissão Europeia apresentou, com o título «Penélope», a sua própria «visão» em relação à Convenção da UE [54]. O estudo Penélope atraiu muita atenção e polémica. Foi criado em segredo, e, na generalidade, era entendido como um esboço «contrário»

ao actual trabalho da Convenção, contendo até uma nota – apesar de a Comissão Europeia a ter encomendado, revisto e apresentado – dizendo que o seu conteúdo não tinha necessariamente que reflectir o ponto de vista da Comissão Europeia (?!). Até agora, ainda está por esclarecer o que a Comissão Europeia pretendia realmente com o estudo «Penélope».

Este não provocou decididamente mais do que uma «tempestade num copo de água», não tendo sido uma contribuição construtiva, segundo a maioria dos membros da Convenção e dos observadores, acabando por prejudicar a reputação da Comissão.

Além disso, a liberdade de pensamento, consciência e religião não tiveram qualquer progresso no estudo Penélope, em relação ao direito comunitário em vigor, tratando-se apenas de uma repetição. Pode considerar-se gratificante o facto de a «herança religioso-espiritual» ter sido mencionada no prefácio como um dos fundamentos da União.

* * *

Retomemos a publicação do esboço do Tratado Constitucional. A COMECE e a KEK reagiram de forma rápida e eficiente. A KEK enviou imediatamente uma carta a todos os seus membros, na qual eram rigorosamente articuladas as «preocupações das Igrejas em relação ao anteprojecto do Tratado» e que incentivava a uma prática activa [55]. Devido ao facto de o anteprojecto ser apenas um esboço mental, a KEK viu chegar o momento de o reavivar definitivamente, de apelar aos membros da Convenção de forma mais veemente do que antes, e de reforçar os contactos com os políticos a nível nacional. Acima de tudo, devia garantir-se que o estatuto jurídico das Igrejas e organizações religiosas fosse adoptado na parte respeitante às «competências e actividades da União», a fim de ser estabelecido como um dos princípios básicos. Além disso, segundo a KEK, deveria ser introduzida, em pleno, a declaração n.º 11 do Tratado de Amesterdão como parte integrante da Constituição da UE, bem como a Carta dos Direitos Fundamentais. Foi novamente feita a exigência do reconhecimento das Igrejas, na sua identidade específica, e da referência à herança religiosa/espiritual e moral no preâmbulo.

Numa reflexão conjunta, a COMECE e a KEK elaboraram a sua segunda tomada de posição ecuménica por escrito, que – conforme mencionado acima – foi publicada a 18 de Dezembro de 2002 [56]. São formuladas posições comuns às duas maiores organizações religiosas nas suas questões fundamentais, de modo que esta reflexão constituiu um exemplo encorajador do ecumenismo, que apresentou abordagens práticas e alternativas para a consideração de questões religiosas, sendo também por isso entendida como a «caixa de ferramentas» (*toolbox*), deixando espaço para uma abordagem flexível no âmbito dos trabalhos da Convenção:

› A consideração das organizações filosóficas e não confessionais;
› O reconhecimento do papel das organizações religiosas e Igrejas, com as suas contribuições específicas para o bem comum;
› A exigência para a inclusão de um diálogo estruturado;
› A concessão do direito ilimitado à autodeterminação das organizações religiosas e Igrejas; bem como
› O estabelecimento de valores cristãos em geral, no catálogo de valores da UE (por exemplo, a promoção da paz e da reconciliação, a justiça, a solidariedade, a subsidiariedade, a sustentabilidade, a luta contra a pobreza no mundo, etc).

Foram propostas, para o preâmbulo, três fórmulas diferentes à escolha. Este documento foi, em muitos aspectos, notável. Primeiro, a COMECE e a KEK, enquanto maiores representantes de grupos religiosos para as Comunidades Europeias, reagiram muito rapidamente, conseguindo apresentar formulações precisas e elaborar um verdadeiro parecer ecuménico. Além disso, este documento apresenta um resumo das posições anteriores, tendo em conta, no entanto, o texto das várias versões, e apresentadas numa abordagem sábia e táctica para os trabalhos da Convenção. As reivindicações principais das Igrejas contidas neste documento não devem sofrer alterações até à conclusão dos trabalhos da Convenção.

A perseverança firme das orientações comuns irá ser – como veremos mais adiante – bem sucedida. Em qualquer caso, os membros da Convenção foram veemente e inteligentemente recordados, conforme os desígnios da Igreja.

4.3. Terceira e última fase: a luta pelo texto definitivo da Constituição

No início de 2003, a Convenção entrou na fase mais difícil dos seus trabalhos. De Fevereiro a Maio, a Presidência da Convenção publicou faseadamente ensaios escritos para cada artigo, e submetidos às sessões plenárias para aprovação. Desta forma, foi preenchido o «esqueleto», a «estrutura» com «carne» e com «conteúdo». Os membros da Convenção, por sua vez, responderam com milhares de propostas de alteração (o Secretariado da Convenção contou 900 contribuições oficiais que, juntamente com as demais contribuições de debate, perfaziam mais de 8000 propostas de alteração). Após a primeira apresentação do projecto completo do Tratado, em Maio de 2003, os debates do plenário e os trabalhos editoriais continuaram até meados de Junho desse ano. A principal preocupação das Igrejas e organizações religiosas, como acima descrito, ocupou três sessões plenárias no âmbito dos debates de base.

4.3.1. Em que valores se baseia a União?

A Presidência publicou as propostas de texto para os primeiros 16 artigos, em 6 de Fevereiro de 2003 ([57]).

O Artigo 2.º foi dedicado aos valores da União e estabeleceu textualmente: «A União assenta nos seguintes valores: o respeito pela dignidade humana, liberdade, democracia, Estado de direito e o respeito pelos direitos humanos; estes valores são comuns a todos os Estados-membros. A União aspira a uma sociedade pacífica, em que prevaleça a tolerância, a justiça e a solidariedade».

O Artigo 5.º dedicou-se aos direitos fundamentais e incluía, no primeiro parágrafo, a seguinte proposta: «A Carta dos Direitos Fundamentais é parte integrante da Constituição», tendo permanecido temporariamente em aberto de que forma e em que ponto do Tratado Constitucional deveria o texto da Carta ser incluído.

O n.º 6 do Artigo 9.º incluía, por sua vez, a determinação para a identidade nacional: «A União respeitará as identidades nacionais dos seus Estados-membros, com a sua estrutura fundamental, bem como as principais funções de um Estado, em especial a sua estrutura política e constitucional, incluindo a organização das autoridades públicas a nível nacional, regional e local».

Estas propostas geraram – como não podia deixar de ser – muitas reações e propostas de alterações, que foram tratadas de forma concisa pelo Secretariado da Convenção para o debate no plenário, ([58]) as quais diziam respeito, em grande parte, às disposições religiosas/eclesiásticas relativas a assuntos de grande importância, tendo resultado os seguintes grupos temáticos:

1. Propostas para que no prefácio houvesse referência a Deus ou à religião, nomeadamente referência a Deus, em concordância com o modelo da Constituição Polaca, referência ao cristianismo em geral, menção das raízes judaico-cristãs, de acordo com a secular tradição liberal greco-romana e judaico-cristã;
2. A separação entre Igreja e Estado;
3. O grau vinculativo em que a Carta dos Direitos Fundamentais no Tratado Constitucional devia ser incluída; e
4. A adopção de uma disposição sobre o estatuto das Igrejas e organizações religiosas no Artigo 9.º, n.º 6.

De um conjunto de 72 propostas sobre a questão dos valores da União, 10 referiam-se a Deus ou à religião e foram mencionadas por diversos oradores, tendo, portanto, pesos muito diferentes. Por exemplo, a alteração de proposta n.º 61 foi introduzida pelo presidente alemão da Comissão dos Assuntos Externos do Parlamento Europeu, Elmar Brok, e assinada por quinze democratas-cristãos, membros da Convenção, que exigiam uma referência a Deus, com base no modelo da Constituição Polaca (aliás, este pedido foi várias vezes apresentado por escrito). Houve uma proposta única (de um signatário), (n.º 43), que pedia uma referência às tradições seculares e liberais da Europa, e houve ainda uma proposta única (desta vez por dois signatários), (n.º 24), que apelou à separação entre a Igreja e o Estado[59]. A grande maioria das opiniões sobre a Carta dos Direitos Fundamentais foi favorável à sua inclusão na Constituição, apesar de referirem somente alterações na expressão escrita. Um pequeno grupo desejava que a Carta dos Direitos Fundamentais tivesse o máximo possível de poder vinculativo no Tratado Constitucional da UE, ou seja, rejeitava liminarmente a Carta como parte integrante do Tratado (propostas de alteração n.º 7 e n.º 37), ou exigia a supressão das disposições previstas na Carta, para não lhe ser concedido qualquer efeito jurídico (propostas de alteração n.º 26 e n.º 40), ou queria, apenas, aceitar a sua inclusão, se ela não conferisse quaisquer direitos contra os governos (proposta de alteração n.º 36). Em comparação com o artigo sobre os valores (cristãos), houve 53 propostas de alteração em relação à questão da Carta[60]. Apenas duas propostas insistiram na completa supressão do n.º 6 do Artigo 9.º, e outras duas pretendiam um texto com uma alteração de fundo. Uma situação que se revestiu de particular importância e que trouxe grande satisfação às Igrejas foi o facto de os pedidos de alterações verdadeiramente substanciais, relativos à chamada «Cláusula das Igrejas», serem apresentados tendo em consideração as mesmas, ou seja, a favor do respeito pelo estatuto jurídico das Igrejas e das organizações não confessionais ([61]).

A XVI Assembleia-Geral da Convenção, que reuniu em 27 e 28 de Fevereiro de 2003, foi muito agitada, tendo os ânimos ficado mais exaltados quando o debate incidiu sobre a referência a Deus e à cláusula das Igrejas. O incontornável anúncio do presidente da Convenção de que iria inserir, mais tarde e de forma adequada, a declaração n.º 11 ao Tratado de Amesterdão no Tratado Constitucional, trouxe um grande avanço e uma significativa objectividade ao debate.

Alguns dos membros da Convenção aproveitaram de imediato a oportunidade para apoiarem veementemente a necessidade da consolidação do estatuto das organizações religiosas e Igrejas no Tratado Constitucional, e para apoiarem o presidente Giscard d'Estaing na sua proposta. De qualquer modo, o debate evidenciou claramente que um número considerável de adeptos queria uma referência a um Deus, ou pelo menos uma referência religiosa, não podendo este facto ser ignorado pelos seus opositores declarados.

O Secretariado da Convenção elaborou um breve relatório sobre o andamento deste debate plenário, resumindo os confrontos sobre os aspectos religiosos da seguinte forma: «Apesar das formulações propostas terem sido muito divergentes, ficou claro o seu sentido na generalidade». A Presidência também tinha realizado esses debates antes de ter chegado à conclusão de que, no caso de se incluir uma referência que reconheça o contributo da religião para a civilização europeia, essa ficaria mais bem colocada no preâmbulo do que na parte promulgada da Constituição. A Presidência estaria disponível para incluir o conteúdo da declaração n.º 11 na acta final do Tratado de Amesterdão, referente ao reconhecimento do estatuto das Igrejas, das organizações religiosas e das organizações filosóficas e não confessionais na estrutura constitucional, e para fazer uma referência ao contributo destas Igrejas e associações no título da Constituição sobre a vida democrática da União.

O debate sobre a possível inclusão de uma referência aos valores religiosos decorreu de forma animada. Muitos membros da Convenção intervieram em favor de uma inclusão adequada no Artigo 2.º. Achavam-na necessária para relembrar as bases dos valores comuns mencionados. Segundo os membros da Convenção, tem de ser possível encontrar uma formulação que não discrimine ninguém, tendo sido apresentadas várias propostas nesse sentido. Outros membros, não menos numerosos, opuseram-se firmemente a essa proposta, independentemente do modo como estivesse formulada. Embora salientassem que era importante o reconhecimento da liberdade religiosa na Constituição, eram de opinião de que seria descabida a menção de valores religiosos. Defendiam que a Carta dos Direitos Fundamentais já contém disposições que garantem essa liberdade. Outros concordavam com a proposta da Presidência em incluir uma referência ao contributo das religiões no prefácio da Constituição. Defendiam que a referência estaria aí mais bem resguardada do que no artigo 2.º ([62]).

No que se refere à incorporação da Carta dos Direitos Fundamentais da UE na Constituição, o debate resultou num amplo consenso no sentido de tal ser útil e desejável. Ficou apenas por esclarecer qual o seu «lugar» dentro da estrutura constitucional (por exemplo, como protocolo anexado, como parte integrante da parte II, etc.), cuja resposta foi adiada para uma data posterior.

Em 5 de Março de 2003, realizou-se um plenário geral extraordinário para dar continuação às inquietações apresentadas, em grande número, durante o debate. O ponto da agenda relativo ao n.º 6 do Artigo 9.º foi de especial importância para as organizações religiosas e Igrejas. O texto apresentado para esta proposta não continha, ao contrário do que fora escrito pelo referido grupo de trabalho VI, a formulação de que o estatuto das Igrejas e organizações religiosas eram elementos fundamentais para a identidade nacional. O debate foi inconclusivo e apresentou, apenas, uma alusão aos já mencionados confrontos, durante a Assembleia-Geral Ordinária anterior, com tomadas de posição mais duras. No entanto, a necessidade de uma adequada consideração da declaração n.º 11 ao Tratado de Amesterdão no Tratado Constitucional tinha-se tornado cada vez mais evidente para muitos dos membros da Convenção. Especialmente alguns membros de Itália, Alemanha, Eslovénia e Áustria foram fortemente a favor da chamada «Cláusula das Igrejas». Foi durante a última sessão plenária da Convenção presidencial que o seu vice-presidente italiano deixou claro que a declaração n.º 11 deveria fazer parte integrante e integral no Tratado Constitucional. O texto só poderia ser introduzido como um todo ou simplesmente recusado, não havendo lugar, por razões jurídicas, para uma forma intermédia.

4.3.2. Um artigo próprio da Igreja como solução ideal

Em respeito pelos confrontos até então decorridos e com a clara consciência de que uma maioria dos membros da Convenção, bem como os muitos intervenientes que participaram no debate público, queriam resolver, de forma razoável, o estatuto das organizações religiosas e Igrejas, e cientes da sua própria promessa de se ocuparem de um artigo em separado, o presidente da Convenção apresentou, a 2 de Abril de 2003, sob forma de uma proposta presidencial, um esboço próprio para um «artigo para as Igrejas». Foi uma abordagem táctica e muito sensata, porque uma proposta comum da Presidência teria um peso político suficiente com reais possibilidades de ser aplicada. A Presidência tinha chegado à conclusão de que um artigo para a Igreja seria objectivamente mais adequado ao ser incluído na conclusão da parte I, título VI («A vida democrática da União»), ficando, deste modo, como Artigo 37.º.

A proposta consistiu em três pontos e tinha a seguinte composição:

«Artigo 37.º: Estatuto das Igrejas e organizações filosóficas e não confessionais»

(1) A União Europeia respeita o estatuto das Igrejas e associações ou organizações religiosas nos Estados-membros, no âmbito da legislação nacional, e não o prejudica.

(2) A União Europeia respeita igualmente o estatuto das organizações filosóficas e não confessionais.

(3) A União sustenta, em reconhecimento da identidade e contribuição específica dessas Igrejas e organizações, um diálogo regular com as mesmas. [63]

O espanto e acima de tudo a alegria por parte das Igrejas e organizações religiosas foram enormes, especialmente pelo n.º 3. Nesta versão, correspondeu precisamente aos desejos e às exigências que a COMECE e a KEK tinham enviado à Convenção, na sua tomada de posição comum por escrito, em 18 de Dezembro de 2002, e que incluía um diálogo estruturado, ou seja, regular e institucionalizado. O terceiro ponto tinha de ser justamente considerado uma verdadeira surpresa, porque o diálogo estruturado foi pedido por diversas vezes nas diferentes contribuições, mas, até agora, pouco havia sido devidamente debatido. Os n.º 1 e 2 corresponderam completamente à composição da declaração n.º 11 do Tratado de Amesterdão e, consequentemente, elevaram o estatuto das Igrejas e organizações religiosas de um nível juridicamente vinculativo, limitado para a posição de uma disposição constitucional, o que originou um progresso dramático. No n.º 3, é estabelecido que a União estaria disposta, através dos seus órgãos, a manter diálogos regulares com as Igrejas e organizações religiosas. Esta disposição foi o segundo passo em frente, muito significativo. No mesmo número foi também mencionado que a União reconhece a identidade das Igrejas e organizações religiosas, que as aceita por si só e não como até então, devido à ausência de uma alternativa viável, ao lado de sindicatos, associações culturais, ONG, etc., colocando-as simplesmente sob a égide de «sociedade civil». Este foi o terceiro grande passo em frente. Por fim, foi particularmente destacada a «contribuição especial» das Igrejas e organizações religiosas no processo de unificação europeia. Será que os editores deste artigo tinham em mente a passagem correspondente no Livro Branco sobre a Boa Governação do Verão de 2001 ([64])? Este foi, de facto, o quarto grande sucesso.

Nos comentários a este artigo, a Presidência chamou especialmente à atenção para para o facto de o n.º 3 ter sido adicionado, entre outros aspectos, porque o Artigo 34.º continha uma exposição sobre um diálogo (não explícito, mas lógico) com as associações e a sociedade civil e dificilmente poderia ser negado às Igrejas e organizações religiosas. Esta proposta da Presidência trouxe, finalmente e com um enorme impulso, um avanço tanto a nível objectivo como táctico: uma obra-prima em termos de diplomacia de Conferência!

Como seria de esperar, surgiu um tumulto, principalmente entre os críticos da religião e opositores religiosos. O resultado foi um debate bastante animado entre os membros da Convenção, bem como no grande público fora da Convenção. A frente de combate dos opositores da religião e da Igreja congregou, mais uma vez, o conjunto de todos os ditos «humanistas», a nossa já bem conhecida Federação Humanista Europeia (EHF). Na expectativa do que se avizinhava, a EHF publicou afincadamente em Março, sob o título «Neutralidade das Instituições da União» ([65]), os vários pedidos («Insistently requests» – pedidos insistentes) a favor do estatuto próprio e contra o projecto para o Artigo 37.º:

› «Que nenhuma referência à transcendência ou à divindade seja mencionada no Tratado Constitucional, no seu preâmbulo, ou em qualquer dos seus protocolos adicionais;
› Que nenhum estatuto particular seja reconhecido a qualquer Igreja ou autoridade religiosa pelo Tratado Constitucional;
› Que nenhum processo de consulta estruturado às Igrejas, nem qualquer relação institucional com as suas autoridades hierárquicas, relacionadas com as políticas de União, sejam instituídos ou providenciados pelo Tratado Constitucional».

Uma vez que este apelo não tivera efeito, em virtude da proposta presidencial entretanto apresentada, a EHF dirigiu-se, de novo, ao grande público, a 17 de Abril, mostrando-se mesmo horrorizada («appalled») com o projecto, vendo a democracia em risco («the source of law lies outside the Parliament» – a fonte do direito é exterior ao Parlamento), temendo intervenções directas e oficiais por parte da Igreja, por exemplo, relativamente ao aborto, à eutanásia, etc. («direct and official interventions of the Churches... concerning... abortion, voluntary euthanasia, etc.») e, portanto, exigiu a remoção de todo o projecto de artigo[66]. A 30 de Abril, foi mesmo apresentada uma lista de assinaturas, que subscrevia uma petição para a retirada do Artigo 37.º[67]. Não se sabe ao certo quantas assinaturas foram recolhidas, sendo que provavelmente o seu número não deverá ter sido nada de excepcional. Tendo em vista o texto constitucional promulgado, o recurso não foi considerado.

Finalmente, deverá ainda ser mencionado que a EHF apresentou à Convenção e ao grande público um documento de duas páginas, com data de 5 de Maio, surgindo como uma nota de protesto e cujo conteúdo era uma reacção à proposta presidencial, e que, entretanto, foi aprovada pela Convenção, após um longo processo de consultas, tendo sido debatida intensamente e aprovada pelos membros da Convenção[68]. Se todas estas acções de protesto eram para ser bem sucedidas, então a EHF deveria ter reagido com mais sentido e sobretudo com mais celeridade ao resultado dos trabalhos da Convenção.

Adiantamo-nos, no entanto, aos acontecimentos. Só da parte dos membros da Convenção deram entrada 33 propostas de alteração ao Artigo 37.º, que foram assinadas por 85 membros. Apenas 7 propostas exigiam a remoção completa do n.º 2, se bem que apoiadas por 23 membros (sendo os principais: o representante do governo dos Países Baixos, De Vries (n.º 8); os membros do PE Berger, da Áustria (n.º 4); Boude / Dinamarca (n.º 5), Queiró / Portugal (n.º 30) e Van Lancker, Bélgica (n.º 26), bem como os representantes dos parlamentos nacionais Borell / Grécia (n.º 6) e Vloch / França (n.º 12))[69].

A maioria das propostas de alteração tinha como tema os n.º 1 e 2, no sentido de interpretações suplementares ou alterações editoriais; dois pedidos pretendiam evitar as actividades das «seitas» (n.º 20 e n.º 21) e garantir a salvaguarda de escolas confessionais (n.º 13)[70]. Como os n.º 1 e 2 continham o texto da declaração n.º 11 de Amesterdão, e, como tal, deveriam fazer parte integrante da Constituição, a consideração destas propostas de alteração não era, desde logo, muito provável. Diferente era a situação em relação às propostas de alteração ao n.º 3, porque este era novo e único. A sua remoção completa, exigida apenas por uma minoria dos membros da Convenção, mas sustentada por muitas vozes da sociedade civil, e com a agitação dos denominados «humanistas» de diversas orientações, não foi, por isso, considerada. Por uma questão de rigor, devem ser mencionadas quatro outras propostas de alteração referentes ao n.º 3, com alterações de conteúdo, mas que ambicionavam a manutenção, por princípio, do n.º 3; o n.º 13 deveria assegurar o diálogo com as Igrejas e as organizações filosóficas e não confessionais, mas não deveria levar a que a União concedesse fundos financeiros, para que esse diálogo pudesse ser realizado; o n.º 24 queria restringir o diálogo apenas às Igrejas; o n.º 25 (introduzido pelo representante do governo finlandês, a Sra. Teija Tiilikainen e quatro outros membros da Convenção) sugeriu que o diálogo não deveria ter lugar apenas «de forma regular», mas também ser «aberto e transparente», e, por fim, surgiu do lado francês a exigência (n.º 31) para o diálogo com as Igrejas – e, nesse caso, – deverá respeitar o «incontestável carácter de neutralidade confessional da União» ([71]).

A 19.ª sessão plenária, que se realizou em 24 e 25 Abril de 2003, foi de importância crucial. Tratava-se do reconhecimento das Igrejas e organizações religiosas como futuros parceiros de direitos iguais, como cooperantes no processo da integração europeia na formação de uma Europa comum, e com base nas suas características específicas.

As discussões foram intensas e por vezes acesas, tendo finalmente surgido um debate sobre valores, o que há muito tempo se tornava necessário. Embora o n.º 3 não deixasse de ter bastantes críticos, só dois participantes se pronunciaram a favor da supressão do artigo completo, nomeadamente os representantes do governo turco, Oguz Demiralp e Esko Helle, e um dos dois representantes do parlamento finlandês. Dezoito oradores do debate congratularam-se com a inclusão explícita do «artigo das Igrejas», tendo apresentado fortes argumentos, e, em particular, os representantes alemães, italianos, austríacos e polacos, bem como os membros da Convenção provenientes de Malta, Hungria, França, Espanha, Eslováquia e Reino Unido deram pareceres positivos. Os intervenientes expuseram, de forma convincente, a sua opinião de princípio de que um diálogo com as Igrejas e organizações religiosas (mas também com as organizações filosóficas e não confessionais) seria indispensável para o êxito da experiência europeia. Essas vozes, que se mostraram preocupadas com o Artigo 37.º, fizeram-no na convicção de que seria concedido às Igrejas um «privilégio indevido». Até mesmo os críticos mais fortes reconheceram que a formulação escolhida foi a mais neutra possível, e não concedia privilégios a favor ou contra uma determinada religião.

As actas das contribuições do debate *ad verbatim* foram recomendadas para leitura, proporcionando uma excelente visão sobre o raciocínio predominante e a atmosfera das Igrejas e organizações religiosas [72].

O presidente da Convenção, Giscard d'Estaing, destacou, nas suas conclusões, que não era de estranhar que os críticos e os opositores da «cláusula das Igrejas» tivessem participado mais activamente no debate do que os seus adeptos. Este era um fenómeno geral, em que os adversários se expressavam mais do que os defensores. Por isso, seria importante ter em consideração a atmosfera geral de argumentação – a tendência, digamos – e que essa iria expressamente no sentido da aceitação da «cláusula das Igrejas» [73]. A presidência demonstrou a sua clara preferência pela «cláusula das Igrejas», o que, como se compreende, não podia deixar de surtir efeito, porque, até à data, uma «iniciativa presidencial» era algo de muito raro e neste caso foi apresentada de uma forma bem fundamentada, sendo portanto aceite com um grande voto de confiança.

Já foi mencionado que houve novamente vários protestos e reacções negativas ao Artigo 37.º, sobretudo por parte dos designados «humanistas». Além do facto de o ambiente de conversações piorar e de não fomentar as relações com as Igrejas, essas agitações não causaram quaisquer danos significativos às Igrejas e organizações religiosas. Questionável para a substância do Artigo 37.º, mas não realmente perigoso, foi o relatório dos peritos apresentado à Convenção pelos dois vice-membros da Convenção, Lord Tomlinson e Lord Maclennan, conforme um relatório da «Comissão Restrita da Câmara dos Lordes sobre a União Europeia», referente aos Artigos 33.º-37.º da Convenção [74]. Os Lordes chegaram à conclusão, no seu relatório, de que o facto de o artigo 37.º ser necessário ou útil exigiria uma ponderação cuidadosa («whether article 37 is necessary or helpful requires careful consideration»). O argumento principal seria que este artigo diria respeito à questão-chave da separação (!) entre Igreja e Estado. Este parecer foi recebido, segundo várias informações transmitidas pelos membros da Convenção ao autor deste trabalho, com sentimentos que iam desde a estranheza até à incompreensão, porque a Câmara dos Lordes defende geralmente a característica união inglesa entre Estado e Igreja («Established Church of England»), não sendo o relatório considerado, por isso, muito compreensível na perspectiva britânica. Após alguma perplexidade, este contributo ficou simplesmente registado em acta.

O resultado dos trabalhos da Assembleia-Geral trouxe finalmente às Igrejas e organizações religiosas directamente afectadas um desfecho satisfatório a todos os níveis. Os intensos trabalhos preparatórios e o *lobbying* bem dirigido deram os seus frutos – a argumentação bem fundamentada dos principais intervenientes, a COMECE e a KEK, bem como a Santa Sé, não ficou sem efeito.

O resultado deste protocolo observou, de modo bastante sucinto, hábil e diplomático – uma inteligente jogada táctica – o seguinte: «Em relação ao Artigo 37.º, houve diversos discursos sobre o estatuto das Igrejas e organizações filosóficas e não confessionais que, na essência do texto da declaração n.º 11, retoma a parte final do Tratado de Amesterdão. A maioria dos membros da Convenção a expressar-se estava de acordo com o texto da presidência e era de opinião de que, no futuro, deveria haver uma disposição como esta. Alguns aludiram ao facto de o artigo corresponder às conclusões da reunião dedicada ao tema da cultura do grupo de contacto "sociedade civil", que teve lugar em Maio de 2002, sob a presidência do Sr. Peterle. Apesar de alguns membros da Convenção não questionarem o direito à existência do Artigo 37.º, manifestaram reservas em relação à actual versão. O presidente observou, em relação a este artigo sobre o estatuto das Igrejas e organizações filosóficas e não confessionais, que muitos membros da Convenção se expressaram positivamente a favor desta disposição, mas manifestaram-se algumas reservas relacionadas com o n.º 3 acima mencionado, no que diz respeito a um diálogo regular» ([75]).

A 26 Maio de 2003, a presidência da Convenção publicou uma versão revista do Artigo 37.º ([76]). Este continha, respeitante aos n.º 1 e 2, uma pequena mas significativa alteração: «União Europeia» foi abreviada para «União», retirando-se o «Europeia». Esta alteração tornou-se necessária, porque os membros da Convenção haviam decidido que a futura Europa, à qual a Constituição se aplicaria, deverá ser simplesmente descrita no texto como «União», subentendendo-se a «Europeia». Desta forma, os n.º 1 e 2 não eram cem por cento idênticos ao texto da declaração n.º 11 do Tratado de Amesterdão. No entanto, para as Igrejas e organizações religiosas, o seu conteúdo não sofreu qualquer alteração substtancial.

A presidência não estava disposta a debruçar-se sobre uma nova revisão do texto. Não havia necessidade urgente nesse sentido, dadas as propostas de alteração apresentadas, cuja observação, segundo parecer da presidência, apenas traria consigo o perigo de «um debate de fundo, penoso, que já tivera lugar no passado, e que iria começar do zero» ([77]).

A proposta da presidência trazia uma novidade fundamental de conteúdo, na medida em que o n.º 3 foi prorrogado pela proposta n.º 25, que apontava na direcção de uma clarificação do diálogo com as Igrejas e as organizações religiosas, no sentido de dever ser conduzido não apenas de forma regular, mas também de forma «aberta e transparente». Esta formulação foi também ouvida, para se poder eliminar as reservas de alguns membros da Convenção (ver, por exemplo, as propostas de alteração n.º 20 e n.º 21), para que as organizações ou Igrejas ou instituições, que se identificam como tal, pudessem recorrer de forma abusiva ao n.º 3. Apesar de se tornar evidente que esta versão revista do Artigo 37.º teria a maioria absoluta e que, por isso, iria também ser aprovada pela Convenção, alguns notórios adversários da Igreja não resistiram a uma última tentativa de suprimir o n.º 3 por completo. Foram os seguintes: os representantes dos governos da Bélgica, Louis Michel, o da Turquia, Oguz Demiralp, o representante do Parlamento sueco, Sören Lekberg, e os deputados do PE Nicholas Duff / Reino Unido e Sylvia-Yvonne Kaufmann, da Alemanha. Os seus esforços não tiveram, porém, o êxito esperado.

Finalmente, há ainda a salientar que a proposta presidencial incluiu o Artigo 37.º original, agora inserido na parte I, título VI: «A vida democrática da União», como Artigo 51.º (NB: na versão final, o Artigo 52.º).

O «artigo das Igrejas» tinha, agora, a seguinte redacção: «Artigo 51.º: estatuto das Igrejas e organizações filosóficas e não confessionais:

(1) A União respeita o estatuto das Igrejas e associações ou organizações religiosas nos Estados-membros, no âmbito da legislação nacional, não o prejudicando.

(2) A União respeita igualmente o estatuto das organizações filosóficas e não confessionais.

(3) A União sustenta, em reconhecimento da identidade e da contribuição específica dessas Igrejas e organizações, um diálogo aberto, transparente e regular com as mesmas» ([78]).

Mesmo que o texto final do Tratado Constitucional, nessa data, ainda não estivesse finalizado formalmente e adoptado pela Convenção, a tendência geral indicava, no entanto, que a formulação do Artigo I-51.º não iria mudar nada, e que a Carta dos Direitos Fundamentais da UE seria parte integrante do Tratado.

O que permaneceu ainda em aberto foi a questão da inclusão de uma referência a Deus (*invocatio dei*), no prefácio do Tratado, bem como a menção da herança cristã / espiritual / religiosa da Europa, etc. No que diz respeito à questão do preâmbulo, havia, nas diversas Igrejas e nos parceiros ecuménicos, concepções diferentes sobre se deveria haver alguma aproximação à mesma, e, em caso afirmativo, quais as formulações a propor. No entanto, a opinião generalizada consistia em que não se deveria omitir o facto histórico de uma Europa em grande parte cristã, e deveria ser mencionado como um dos elementos constitutivos para o futuro da Europa. Mas apenas – e isto era comum a todos – se tal não implicasse melindrar as religiões não-cristãs e os não crentes (mas isso entendia-se, afinal, por si só). A Santa Sé e as Igrejas locais, como a da Áustria, Alemanha, Itália e Espanha, só para citar alguns exemplos, deram a conhecer as suas posições por diversas vezes. Até mesmo alguns representantes das Igrejas protestantes, como a Igreja Evangélica Alemã, pediram a palavra, fazendo-se ouvir igualmente as vozes comuns da COMECE, CCEE e KEK. Os membros da Convenção da Polónia, da Alemanha, da Áustria e da Itália reflectiram verbalmente sobre a dimensão religiosa da União Europeia e a sua menção no preâmbulo. Curiosamente, no entanto, não se pretendeu fazer qualquer debate verdadeiro na Convenção sobre a herança cristã da Europa e a referência a Deus. Este só se tornava mais enérgico quando se mencionava como modelo a formulação da Constituição polaca, com a invocação de Deus.

No decurso dos trabalhos da Convenção, foi necessária uma reflexão mais aprofundada sobre os objectivos e a definição da União, assim como os seus direitos fundamentais. Este processo de esclarecimento de conteúdos levou à formulação dos títulos I e II da Constituição, onde, mais do que em qualquer preâmbulo, pôde ser incluída a grande maioria dos pedidos, e de uma forma mais precisa. Isso e o facto de se ter conseguido produzir tanto o artigo I-46.º (sobre a sociedade civil) como o artigo I-51.º colocaram em segundo plano a importância e a necessidade de formular um preâmbulo alargado e, portanto, a possibilidade de ancorar a referência a Deus e à herança cristã da Europa.

Por parte das Igrejas e organizações religiosas, impôs-se a convicção de que seria muito mais importante que a Constituição reconhecese a devida posição das Igrejas e organizações religiosas – com as correspondentes disposições no texto principal da Constituição – do que ter um preâmbulo bem formulado, mas basicamente com um fraco poder vinculativo «religioso».

O texto final do preâmbulo aprovado pela Convenção não foi um fracasso apenas na visão das pessoas religiosas, mas no geral. Esta conclusão sóbria é fundamentada, de forma rápida e intuitiva, através da análise objectiva ao texto. O defeito qualitativo do documento acabou por ser resolvido pela inclusão de uma nova versão simplificada do texto da Constituição.

Uma Europa sem Deus?

O presidente da Convenção apresentou no Conselho Europeu, de forma solene, as partes I e II da Constituição, na reunião de 20 de Junho de 2003, em Salonica (na altura da presidência grega). As outras partes foram ainda objecto de negociações, que, decorrendo com uma exemplar disciplina de trabalho, puderam ser concluídas a 10 de Julho de 2003, com a adopção de um projecto de Tratado, que estabelece uma Constituição para a Europa, aprovado por consenso. O texto final do projecto foi apresentado em 18 de Julho de 2003, em Roma (presidência italiana). Este documento serviu de base para as deliberações da Conferência Intergovernamental Internacional ([79]), que se prolongaram por quase mais um ano.

Essas consultas, no entanto, mostraram-se mais complicadas do que se esperava. Os principais pontos foram, como tantas vezes na vida política, o poder e o dinheiro, mas sempre, em última instância, sempre com a questão de ancorar a referência a Deus e a menção da herança cristã no preâmbulo. A cláusula das Igrejas, com os números sobre o diálogo, foi várias vezes abordada, exigindo-se a sua supressão, especialmente por parte da Bélgica e da França, assim como a famosa Federação Humanista Europeia. A péssima preparação e a falta de profissionalismo da presidência da Conferência Intergovernamental Internacional, de 12 e 13 de Dezembro de 2003, levaram à interrupção da questão constitucional, sem quaisquer resultados. Os observadores ficaram com a impressão de que os chefes de Estado e de governo não queriam realmente chegar a uma conclusão, e viam a deslocação do poder para o PE e a Comissão Europeia como uma pedra no sapato, que não conseguiram retirar.

Na viragem do ano de 2003 para 2004, a presidência passou da Itália para a Irlanda. À pequena mas muito dedicada, brilhante e diplomática equipa irlandesa foi possível, num trabalho árduo, desenvolver um compromisso, aprovado por unanimidade na Conferência Intergovernamental de Bruxelas, em 17 e 18 de Junho de 2004. A 29 de Outubro de 2004, pôde ser assinado o texto final pelos chefes de Estado e de governo, na cerimónia realizada em Roma. Agora, o texto deveria ser ratificado por cada Estado-membro em conformidade com os procedimentos nacionais vigentes (referendo, aprovação pelo Parlamento). A Constituição «entra em vigor a 1 de Novembro de 2006, desde que todos os documentos de ratificação tenham sido apresentados, ou no primeiro dia do segundo mês que se segue à apresentação do último documento, ou no último dia do mês seguinte» ([80]). Até lá, aplica-se o Tratado de Nice.

Para as religiões e Igrejas nada mudou. O preâmbulo foi melhorado em termos de conteúdo, não sendo, no entanto, introduzidas as referências a Deus e à herança cristã, e a cláusula das Igrejas permaneceu inalterada. Por último, as alterações foram meramente de precisão linguística e de renumeração de muitos artigos, que serão citados no resumo que se segue.

5. A Constituição para a Europa: um avanço ou um recuo político-religioso e eclesiástico?

Do exposto até agora, deverá ter-se tornado suficientemente claro que «do ponto de vista das Igrejas em relação ao projecto de Constituição, conseguiu-se muito, no que diz respeito às suas próprias alegações» ([81]), tendo sido esta a avaliação da Igreja Evangélica Alemã. Os comentários e as avaliações de muitas opiniões religiosas foram reunidos de forma acertada. Por toda parte, expressou-se o alívio por as preocupações das Igrejas terem sido finalmente ouvidas e não ignoradas, como inicialmente se temia, e como previsto durante os trabalhos conflituosos da Convenção. Deveria haver uma especial satisfação pelo facto de as Igrejas e organizações religiosas terem sido levadas a sério nas suas respectivas naturezas religiosas, o que nunca acontecera até ao momento.

Na verdade, o que se alcançou representa um resultado satisfatório. Trata-se, de certa forma, de uma espécie de concessão mínima de normas, ao mesmo tempo que a Constituição oferece um progresso do anteriormente exposto, rumo a um diálogo produtivo entre as Igrejas e organizações religiosas e as instituições da União Europeia. Pela primeira vez, foi reconhecido com carácter jurídico vinculativo e num documento de categoria constitucional, que a UE estava pronta para reconhecer as Igrejas e organizações religiosas como parceiros no processo de integração europeia, nomeadamente nas respectivas naturezas, baseadas no seu carácter transcendental. Além disso, não são poucos os princípios e os valores mencionados e aplicados na Constituição que podem ser descritos como cristãos com toda a propriedade. No seu conjunto, a Constituição para a Europa é um instrumento jurídico profundamente inspirado nos valores cristãos. A mais importante determinação específica para o diálogo político-religioso concreto é representada pelo Artigo renumerado I-52.º, conhecido pelo «artigo das Igrejas» ou «cláusula das Igrejas» ([82]).

Resumindo com exactidão, as novidades foram as seguintes:

› A declaração n.º 11 ao Tratado de Amesterdão foi totalmente incluída na Constituição (deste modo, está constitucionalmente reconhecida a grande variedade de sistemas de Estados na UE, assim como as necessidades de cada Estado e Igreja na regulação das suas relações, em conformidade com os seus critérios individuais);
› As Igrejas e organizações religiosas são reconhecidas na sua natureza específica, na sua verdadeira identidade religiosa e no seu carácter místico e transcendental;
› Tornou-se juridicamente vinculativo que elas dão um contributo especial (que não foi mencionado de forma detalhada, ficando claro, no excerto do «Livro Branco sobre a Boa Governação», que se trata do seu contributo para a construção da Europa comum);
› Que este contributo positivo seja também explicitamente reconhecido, e, por conseguinte,
› Que a União Europeia irá manter um diálogo aberto, transparente e regular com as mesmas (o «diálogo estruturado», regularmente exigido de forma implícita, sendo para tal necessária a respectiva instrumentária).

Muitas vezes se colocou a questão acerca da importância do Artigo (na renumeração) I-47.º («O princípio da democracia participativa»), n.º 2 («As instituições devem manter um diálogo aberto, transparente e regular com as associações representativas e a sociedade civil»), para as Igrejas e organizações religiosas. Bom, a resposta a essa questão é fácil: as Igrejas participam de muitas formas na sociedade civil, através das suas inúmeras instituições e estruturas, sem no entanto fazerem parte dela, devido à sua própria essência transcendental ([83]). Devido ao conteúdo do n.º 3 do Artigo I-52.º, a União terá de arranjar as necessárias condições institucionais para satisfazer e ter em linha de conta as exigências deste diálogo. Ficaram por esclarecer, porém, as consequências legais do diálogo político-eclesiástico e religioso ao nível da UE para cada um dos Estados-membros, e até onde vão os seus limites para não colidirem com o exposto no n.º 1. A experiência demonstra que esta problemática irá ser resolvida de forma pragmática, ou seja, pela prática concreta, mas vai ser também regulamentada pela formação de um direito religioso europeu.

Conseguiu-se alcançar um grande sucesso em relação à orientação da UE relativa aos valores, ao fazer-se da Carta dos Direitos Fundamentais da UE parte integrante da Constituição. Com isto, ela assumiu finalmente um carácter juridicamente vinculativo, tendo sido assim cumprida uma exigência, que havia sido colocada por vários partidos. Até agora, a Carta dos Direitos Fundamentais era «apenas» uma declaração de intenções políticas e tinha uma função de «modelo moral», mas sem que tivesse passado para as competências da UE. Esse estado de coisas mudou agora de forma decisiva, na medida em que a UE avançou rumo a uma comunidade de valores e, por outro lado, porque conferiu à UE um elevado grau de obrigações morais e legais: a comunidade partilhada de valores e de leis uniram-se num contexto bem sucedido.

Para as Igrejas e organizações religiosas, a Carta dos Direitos Fundamentais contém uma constitucionalidade ambivalente, porque nela estão contempladas disposições que não podem ser compartilhadas, devido à sua visão do ser humano e do mundo. Por outro lado, nela encontramos muitas referências religiosas ou aos valores cristãos. O Artigo I-2.º nomeia expressamente os valores em que se baseia a União. São eles: o respeito pela dignidade humana, liberdade, democracia, Estado de Direito e o respeito dos direitos humanos, incluindo os direitos dos indivíduos pertencentes a minorias (inclusive religiosas!). Nos termos do n.º 1 do Artigo 3.º, o objectivo da União é, uma vez mais, fomentar a paz, os seus valores e o bem-estar dos seus povos. Em comparação com o Tratado de Nice, foi acrescentada uma cláusula social, que não estava ainda incluída no projecto da Convenção [84].

O facto de ter sido expressamente consagrada na Constituição deve ser considerado reconfortante a todos os níveis, se tivermos em conta que, no tráfego jurídico internacional das últimas décadas, se ouviu falar sempre mais e mais dos direitos humanos, tanto dos individuais como colectivos, dos direitos das mulheres, das crianças e das minorias, etc., mas que a dignidade do ser humano mereceu poucas referências. Esta dignidade tem a sua justificação teológica na semelhança do ser humano com Deus (ver, entre outros, Génesis 1, 26:27, assim como o Livro de Provérbios e de Jó), dela derivando os direitos humanos. No contexto da história espiritual europeia, a dignidade do ser humano assenta numa base transcendental e é própria de cada ser humano pelo simples facto de o ser. As notas sobre a dignidade do ser humano não o referem desta forma, mas sugerem uma formulação de supremacia: «A dignidade do ser humano não é só um direito fundamental em si, mas constitui o próprio fundamento dos direitos fundamentais» [85].

Consequentemente, foi dedicado à dignidade do ser humano um artigo próprio, o primeiríssimo do n.º 2 da Constituição. Nele lê-se: «O Artigo II-1.º – A dignidade do ser humano: a dignidade humana é inviolável. Deve ser respeitada e protegida» ([86]). A dignidade do ser humano foi posta directamente em prática devido às seguintes disposições, como por exemplo a proibição da pena de morte ([87]) e a clonagem de seres humanos ([88]).

Outras disposições que se referem directamente às Igrejas e organizações religiosas, apenas para citar as mais importantes, são:

› O Artigo II-70.º: A liberdade de pensamento, de consciência e de religião:

«(1) Todas as pessoas têm direito à liberdade de pensamento, de consciência e de religião. Este direito implica a liberdade de mudar de religião ou de convicção, bem como a de manifestar a sua religião ou a sua convicção, individual ou conjuntamente, em público ou em privado, através do culto, do ensino, de práticas e da celebração de ritos. (2) O direito à objecção de consciência é reconhecido pelas legislações nacionais de cada Estado que regem o respectivo exercício.»; ([89])

› O Artigo II-74.º: O direito à educação:

«(1) Todas as pessoas têm o direito à educação, bem como ao acesso à formação profissional e contínua.

(2) Este direito inclui a possibilidade de frequentar gratuitamente o ensino obrigatório.

(3) São respeitados, segundo as legislações nacionais que regem o respectivo exercício, a liberdade de criação de estabelecimentos de ensino, no respeito pelos princípios democráticos, e o direito dos pais de assegurarem a educação dos filhos, de acordo com as suas convicções religiosas, filosóficas e pedagógicas»; ([90])

› O Artigo II-81.º: Não-discriminação:

«(1) É proibida a discriminação em razão, designadamente, do sexo, raça, cor ou origem étnica ou social, características genéticas, língua, religião ou convicções, opiniões políticas ou outras, pertença a uma minoria nacional, riqueza, nascimento, deficiência, idade ou orientação sexual» ([91]);

› O Artigo II-82: A diversidade de culturas, religiões e línguas:

«A União respeita a diversidade cultural, religiosa e linguística» ([92]).

De particular importância para a prática são as «anotações» sobre os vários artigos que, apesar de terem sido em grande parte formulados pelos membros da Convenção, foram-no pela própria iniciativa e responsabilidade da presidência da Convenção Constitucional à luz dos trabalhos da Convenção, e dando continuidade ao desenvolvimento actualizado do direito da UE: «Apesar de, enquanto tal, não terem um estatuto jurídico próprio, constituem um importante instrumento de interpretação da Carta, que servem para clarificar as disposições da mesma.» ([93])

E, no preâmbulo da parte II, é decretada a importante directiva para a sua aplicação pelos tribunais, em conformidade com o seguinte: «a Carta será interpretada pelos órgãos jurisdicionais da União e dos Estados-membros, tendo na devida conta as anotações...» ([94]). Esta parte II da Constituição confere-lhe, através das anotações, um valor especial, e transmite assim às pessoas uma mensagem forte sobre a importância que a União atribui aos direitos fundamentais, especialmente no que se refere à fundamentação da UE nos valores cristãos-ocidentais.

O facto relevante para as Igrejas é que a Constituição da União recebeu uma personalidade jurídica distinta ([95]), o que antes não acontecia. Apenas as Comunidades Europeias, ou seja, a Comunidade Europeia enquanto tal, possuíam personalidade jurídica, mas não a União Europeia. A personalidade jurídica da União irá facilitar a resposta para a questão, por exemplo, da celebração de uma Concordata entre a Santa Sé e a União. É evidente que a assinatura dessa Concordata apenas seria possível no âmbito das competências da União.

Como estamos agora em relação ao preâmbulo com a tão discutida referência a Deus e à herança cristã?

Relativamente à versão inicial, a actual versão final deste preâmbulo difere significativamente e melhorou bastante em relação à anterior. Vale a pena um olhar comparativo entre estas duas versões. Os preâmbulos funcionam muitas vezes como último recurso num instrumento jurídico de grandes dimensões, a fim de incluir aquilo que não teve espaço ou fundamentação na parte principal, o que também se aplica a este caso. O preâmbulo da primeira versão, ou seja, na aprovada pela Convenção ([96]), foi totalmente infeliz, na opinião do autor deste trabalho, em relação à sua forma e ao seu conteúdo. Felizmente, era curto e constituído por apenas seis parágrafos. Deve ser dito inequivocamente que Deus não estava incluído nele. Este facto pode ser considerado, em termos gerais e por princípio, lamentável, mas, tendo em conta a redacção infeliz, talvez até tenha sido um golpe de sorte.

O projecto inicial do texto do preâmbulo, particularmente no seu segundo parágrafo, que aludia à herança europeia, deverá ser visto, com razão, como desaforo intelectual. Pena é que muitas das críticas se concentrassem quase exclusivamente na omissão do nome de Deus («*enuntiatio dei*») e na rejeição da herança cristã (embora não em exclusivo) da Europa, e não tiveram em conta o texto do prâmbulo como um todo.

O início da primeira versão causou logo cepticismo: pois com muito *pathos* se anunciou a sapiência de que a Europa seria um continente que desenvolveu e aperfeiçoou a «civilização», «desde o alvorecer da humanidade», sempre «em novos episódios». Esses são os «valores» desenvolvidos, sendo imediatamente reconhecidos como «humanismo», mas que foram reduzidos à «igualdade das pessoas, à liberdade e ao respeito pela razão» (sem, no entanto, prestarem qualquer esclarecimento em relação aos valores assim – exclusivamente? – definidos como humanistas). Quanto diziam saber os autores deste preâmbulo!

No n.º 2, foi feita a observação de que a Europa se inspirava «nas heranças culturais, religiosas e humanistas». Mas apenas se «inspirava» nessas heranças quando no n.º 1 se afirmava sabiamente que a Europa tinha «desenvolvido» esses valores? E, além disso, estes valores já eram uma «herança». Será que o testador dessa herança já morreu? Tomemos nota e espantemo-nos com a ordem dos acontecimentos: a cultura está antes (!) da religião, um aspecto interessante a ser retomado pela filosofia da religião e dos fundamentos teológicos. Felizmente, só quem acompanhou os debates na Convenção e os pareceres dos ditos «humanistas», tal como estão representados na já conhecida EHF, sabe que neste texto se entende por «humanismo» um ateísmo materialista. A erudição final aconteceu quando os autores da Constituição mostraram a sua esperança de que «a Europa está no caminho da civilização», no número seguinte do preâmbulo, e que, para além disso, estava «aberta à cultura e ao conhecimento».

Portanto, foi tranquilizador Deus não ter sido mencionado nesta versão. No entanto, é de lamentar que Ele não tenha sido inserido na bem sucedida versão final, algo que os europeus crentes interpretaram justificadamente como uma afronta. Os *media* eclesiásticos citaram muitas fontes do Vaticano, dizendo que o Vaticano respondeu, por exemplo, com «perplexidade» e «decepção» ao facto de, na Constituição, não ter sido mencionada a herança cristã como base espiritual e cultural na Europa. Citando o cardeal Roberto Tucci, «foi lamentável que a presidência da Convenção não tivesse tido a coragem de reconhecer um facto histórico». O então «ministro dos Negócios Estrangeiros» do Vaticano, o arcebispo D. Jean-Louis Tauran, falou de uma «decisão ideológica com a insolente intenção de mudar a história» ([97]).

As críticas apresentadas pelas Igrejas sobre as duas versões do preâmbulo foram certamente legítimas. Mas a sua aceitação e outras preocupações demasiado fundadas originariam uma estrutura completamente diferente do preâmbulo, e a sua elaboração não fazia parte aparentemente das intenções dos membros da Convenção ou não estava ao seu alcance. Apesar de a versão final do preâmbulo ter eliminado a maioria das contrariedades intelectuais, as preocupações religiosas dos cidadãos da UE foram, mesmo assim, amplamente ignoradas.

A versão final do preâmbulo ([98]) não contém qualquer referência a Deus e não faz menção ao cristianismo ou à herança cristã da Europa, apesar dos esforços intensos e alargados por parte de muitas Igrejas. Pelo menos esta última deve ser do conhecimento geral, uma realidade que só os ignorantes poderão negar. A realidade demonstra como tem sido intensa a luta por estas preocupações e este ponto foi mantido na agenda da Conferência Intergovernamental até ao final das deliberações, tendo sido decididas, por último, em 18 Junho de 2004. Devido às alegadas «diferentes tradições filosóficas e jurídicas de alguns Estados» (conforme o chanceler alemão Schroeder, na sua Conferência de imprensa), não puderam ser adoptados os desígnios pretendidos ([99]). Acabou por ser mantida a controversa formulação sobre a «inspiração nas heranças culturais, religiosas e humanistas da Europa...» (ver acima).

Apesar da decepção por parte das Igrejas, pode verificar-se que a versão final da proposta da Convenção deu um importante passo em frente, demonstrando um certo equilíbrio com o preâmbulo da Carta dos Direitos Fundamentais. No preâmbulo da parte II do Tratado Constitucional, nas versões inglesa e francesa apenas se faz referência à herança «espiritual», enquanto a versão alemã continua a incluir a formulação de herança «espiritual / religiosa» ([100]).

Para concluir, e por princípio – excluindo, no entanto, o polémico preâmbulo –, a Constituição representa para as Igrejas e organizações religiosas uma ferramenta muito útil para a prossecução das suas preocupações, no contexto do processo de integração europeia, e permite o seu compromisso de participação activa e responsável nos assuntos da União. As Igrejas e organizações religiosas, como já foi referido por diversas vezes, devem dar uma contribuição especial para a formação de uma Europa comum – elas fazem parte do processo de integração europeia. Agora, foi estabelecida a base jurídica e política para o cumprimento desta tarefa.

É importante que as Igrejas se façam ouvir, um ouvir «institucionalizado», com informação atempada e não ao acaso, possibilitando uma cultura de diálogo, que são – tanto na legislação como na administração – o pré-requisito e o solo fértil para a compreensão, a valorização e a cooperação ([101]). Esta visão do arcebispo de Viena foi cumprida com a actual Constituição, para já a nível teórico.

O sucesso na luta pelo reconhecimento das Igrejas e organizações religiosas como parceiros constitucionalmente consagrados é o resultado do esforço implacável da COMECE, da KEK e da Santa Sé, bem como dos muitos outros representantes da Igreja e grupos religiosos. É também o trabalho da Aliança Ecuménica, que encontrou um forte e eficaz apoio por parte da Santa Sé. O Santo Padre tem-se expressado, repetida e deliberadamente, a favor do respeito pelos valores religiosos, e também da herança cristã da Europa. A Constituição da UE, como seria de esperar, representa um compromisso, ao que parece bem conseguido do ponto de vista das Igrejas e organizações religiosas.

* * *

A questão, até agora totalmente por esclarecer, da relação com o Islão e os muçulmanos na Europa desempenha um papel de especial relevo na discussão religiosa e político-eclesiástica em relação ao processo de integração europeia e, consequentemente, sobre o verdadeiro conteúdo e significado concreto da Constituição para a Europa. O Islão é um desafio europeu a vários níveis. Aqui deve ter-se em conta o facto de, nos Estados-membros da EU, não haver apenas uma, mas várias tradições islâmicas, uma variedade de organizações islâmicas e de comunidades muçulmanas.

A «europeização dos muçulmanos» (permanecerem muçulmanos e desenvolverem-se europeus), passou a ser uma hipótese de trabalho amplamente aceite. Será que este desafio pode ser superado com sucesso? E o que significa, neste contexto, o sucesso?

CAPÍTULO 6

O ISLÃO ENQUANTO DESAFIO EUROPEU

Não podemos aqui lembrar a história, cheia de vicissitudes, da disputa da civilização e da política europeia com o Islão, nem relembrar as diferentes tradições islâmicas em todo o seu curso contraditório através dos séculos. O contexto desta obra não o permite. Nem sequer se pode tentar apresentar os fenómenos islâmicos que se tornaram, de forma positiva, elementos da vida cultural e intelectual, bem como da vida quotidiana dos europeus. O que deve ser tido em consideração, no presente trabalho, é que este deve lidar com o crescente desafio à União Europeia originado pelo aumento da população muçulmana nos seus Estados-membros. Este capítulo dedica-se, por isso, à questão do problema das condições e possibilidades para um diálogo com o Islão no contexto europeu.

A imigração ou a reunificação familiar, bem como a taxa de natalidade demasiado alta em relação à população, levam a um aumento muito acentuado do número de cidadãos muçulmanos na União Europeia ([1]). Quanto maior o número de comunidades muçulmanas, associações e organizações, maior será a sua representatividade no contexto político europeu. A população muçulmana não é, no entanto – como se torna evidente pela seguinte exposição –, homogénea. Representa quase todas as correntes do Islão e caracteriza-se por uma colorida variedade de diferentes comunidades muçulmanas, num vasto leque de muçulmanos diferenciados, desde os devotos aos totalmente secularizados. Os muçulmanos na Europa estão, pois, perante um desafio especial: vivem agora num ambiente civilizado que não é caracterizado pela religião islâmica e cultural, mas no qual representam uma minoria social e, demasiadas vezes, sentem a falta de harmonização, mesmo nas questões existenciais fundamentais para a sua própria identidade e o seu estilo de vida. As dificuldades que cada situação minoritária traz consigo são agravadas – para além de factores adicionais como os da política mundial – pelo facto de a Europa se encontrar em busca da sua própria identidade, de natureza experimental, com uma resposta ainda em aberto em relação à sua finalidade. Os muçulmanos da Europa vêem-se confrontados com a tarefa quase paradoxal de encontrarem a sua identidade como minoria, num contexto caracterizado por uma falta de identidade. Torna-se pertinente saber como conciliar a condição de ser muçulmano e, ao mesmo tempo, europeu.

A minoria muçulmana e a maioria não-muçulmana da população estão interligadas na resolução dos desafios referidos, dependendo mesmo uma da outra. Não há, portanto, uma alternativa razoável para um diálogo religioso e civilizacional entre estes dois constituintes. Colocam-se algumas questões inevitáveis: será possível um diálogo entre a maioria dos europeus e os muçulmanos (e vice-versa), com as suas complexas organizações sociais e religiosas? Em caso afirmativo, quais as condições e como deverá ser conduzido? O facto de que um tal diálogo não deve necessariamente significar uma quimera, torna-se evidente ao olharmos para a história. Através do afastamento do Islão de vastas partes da Europa, especialmente de Espanha e Itália, e também através da sua assimilação, como nos Balcãs ou na Finlândia, a genuína herança muçulmana europeia caiu muito no esquecimento, mas continua muitas vezes a existir de forma inconsciente. Outros entraram em simbiose com a civilização local, dando, portanto, origem a novas concepções criativas. Em suma, o Islão deve ser reconhecido e aceite como um fenómeno europeu positivo, na sua forma histórica e no debate veemente com a civilização europeia dominante. Um diálogo europeu com o Islão, caso haja perspectivas de sucesso, deverá ser levado a cabo pela União em todas as suas condições específicas e num contexto europeu mais amplo. Trata-se de um empreendimento altamente diversificado com questões muito diferenciadas, sendo evidente que terá de ser teológico. Além disso, e complementarmente, deve ter em conta os desafios da política social, os sistemas jurídicos, as relações diferenciadas entre o Estado e as Igrejas nos diversos Estados-membros da UE e o processo de integração europeia. A questão da aculturação é colocada sob uma nova perspectiva:

«Há que transformar a pluralidade, vivida de facto, numa nova interacção de culturas e tornar frutuosa a tensão entre a diversidade cultural e a unidade global para o futuro» ([2]). A compatibilidade entre o Islão e a ordem secular, assim como do Islão com as tradições cristãs historicamente consolidadas, no sentido da exigência da separação entre Estado e Igreja, faz parte dos problemas por resolver, que levaram recentemente a conflitos de grande alcance sócio-político (ver, por exemplo, o debate sobre a «proibição do véu» nas escolas públicas em França ou na Alemanha).

O Islão representa, em muitos aspectos, um desafio europeu, que tem de – não só, mas principalmente – fomentar o diálogo religioso na UE. Essa é uma condição essencial, mas que, para ter sucesso, terá de ter uma vontade genuína para que isso suceda, o que pressupõe por sua vez a consciencialização para a sua necessidade.

1. Uma grande variedade de diferentes comunidades islâmicas

A questão fundamental que deve ser respondida, em primeiro lugar, é a das condições e dos termos necessários para o diálogo político com os muçulmanos. Uma das principais dificuldades é a indicação do número exacto de muçulmanos que vivem nos Estados-membros da UE. Nenhuma estatística pode garantir dados seguros. O inquiridor interessado poderá encontrar números diferentes que, por vezes, divergem em relação ao mesmo Estado, dependendo da fonte. Na prática, é muito difícil recolher dados precisos. Em muitos Estados, por exemplo, não se pergunta ou já não se pergunta nos censos qual a filiação religiosa. A situação é também dificultada pelo facto de não haver, em todos os Estados, a obrigatoriedade de formalidades de registo policial e mesmo quando é exigida normalmente não se questiona a filiação religiosa.

Até à data, a prática estatística generalizada era que as agências governamentais, as Igrejas e as instituições académicas trabalhassem com os dados estatísticos das autoridades de imigração, relacionando-os directamente com os dados dos países de origem. No entanto, esta ferramenta acabou por se revelar insatisfatória, na medida em que não era exacta, porque não são poucos os chamados Estados islâmicos com minorias religiosas ou outras, por exemplo, no Egipto, no Iraque, na Turquia, etc. Além disso, o trabalho com as estatísticas de imigrantes não revela o pluralismo religioso do próprio Islão (sunitas, xiitas, alevitas, ismaelitas, etc.), o que é um pormenor importante. (Em rigor, não existe «o» Islão, mas sim várias tradições islâmicas. Torna-se crucial ter isto em conta para o tratamento da questão em causa.)

O Parlamento Europeu não tem indicado números exactos nos seus diversos documentos de trabalho (por exemplo «O Islão e Europa – Pontos de convergência» ([3]), ou «As mulheres no Islão» ([4]) e «O Islão e a Jornada Europeia Averróis») ([5]). As últimas estatísticas disponíveis (edição 2003/2004) mencionam a seguinte distribuição para os 25 Estados-membros da UE: Bélgica: 3,6% (380 000); Dinamarca: 3,02% (165 000); Alemanha: 3,7% (3,06 milhões); Finlândia: 0,18% (10 000); França: 10,00% (6 milhões); Grécia: 1,5% (170 000); Grã-Bretanha: 2,7% (1,54 milhões); Irlanda: 0,01% (estatisticamente insignificante); Itália: 2,4% (1,4 milhões); Luxemburgo: 1,1% (6000); Países Baixos: 5,4% (875 000); Áustria: 4,23% (340 000), Portugal: 0,5% (52 000); Suécia: 3,1% (280 000); Espanha: 1,2% (500 000). São indicados os seguintes números para os novos Estados da UE: Malta: 1,1% (5000); Polónia: 0,1% (40 000); Eslovénia: 1,5% (31 000); Hungria: 0,1% (10 000); Estónia: 0,7% (10 000); Letónia: 0,38% (10 000); Lituânia: 0,14% (5000); Eslováquia: 0,02% (1100) e República Checa: 0,2% (21 000); para o Chipre não foram encontrados dados razoavelmente credíveis ([6]). Importa assinalar que estes números se baseiam, de forma apenas limitada, em dados precisos. O número «real» representa actualmente, de forma aproximada, uma «estimativa exacta», que deverá ser corrigida para «cima» com alguma margem de segurança. As organizações muçulmanas falam mesmo de um valor estimado de 25 a 30 milhões de muçulmanos residentes nos Estados-membros da UE.

Segundo as pesquisas do autor deste trabalho, os muçulmanos na UE podem ser divididos, *grosso modo*, em três grupos. Um deles é relativamente pequeno, abrangendo cidadãos dos 27 países da UE, que por vezes já se estabeleceram há gerações e já estão integrados ou assimilados e, em muitos casos, podem ser descritos, no sentido religioso, como «seculares», ou, numa perspectiva sociológica/religiosa, como «muçulmanos culturais». O segundo grupo, de longe o mais numeroso, engloba os muçulmanos nos Estados da UE com dupla nacionalidade ou com outro estatuto de residência legal (onde seja possível), mantendo a nacionalidade do país de origem. O terceiro grupo, o mais problemático, é o que engloba – não contabilizados naturalmente – os muçulmanos ilegais. E não é apenas o caso de, na sua condição de ilegais, acabarem por escapar às malhas do Estado, mas também se torna bem evidente a tendência para «migrarem» para os chamados Estados Schengen, onde não há quaisquer controlos nas fronteiras internas.

Assim, à ilegalidade acrescenta-se o «não sedentarismo». O facto de este grupo não poder ser estatisticamente contabilizado, havendo, portanto, necessidade de se recorrer a estimativas ou a projecções por parte dos serviços públicos, é explicado pela natureza da situação.

Do ponto de vista teológico, convém assinalar que entre os muçulmanos dos Estados-membros da UE não há apenas um Islão quase comum, mas existem várias tradições islâmicas representadas em simultâneo. Além disso, a partir da perspectiva sociológica (religiosa), fica igualmente demonstrado que não há apenas um ou alguns grupos muçulmanos, mas sim uma vastidão de comunidades muçulmanas. Este grande número de grupos muçulmanos tem um vasto leque de – por vezes profundas – diferenças. Diferem na língua que falam, não existindo praticamente, por isso, um idioma universal entre os muçulmanos nos Estados-membros da UE. Também diferem no contexto cultural de onde procedem, através das tradições, da ligação aos partidos e grupos políticos nos países de origem, e, em última instância, pela vontade e pela capacidade de se integrarem nos Estados-membros da UE.

Para responder à questão sobre a possibilidade de um diálogo deve ser tido em conta o facto de que os muçulmanos representam uma quota enormíssima de imigrantes, refugiados ou requerentes de asilo nos Estados-membros da UE. Desta forma, não há apenas um Islão, mas sim várias tradições islâmicas e uma comunidade muçulmana extremamente heterogénea. Estes factos dificultam compreensivelmente a formação de um organismo representativo comum dos muçulmanos na UE – tal como existe nas outras religiões – e, por conseguinte, afecta a possibilidade de um diálogo substancial entre as instituições europeias, o Islão e os seus representantes.

2. Um empreendimento difícil: ser muçulmano e tornar-se europeu

Os muçulmanos nos Estados-membros da UE vivem em diferentes conjunturas a nível religioso e político. Anteriormente, foi referida a enorme diversidade de comunidades muçulmanas – uma pluralidade que se expressa publicamente na forma como os seus membros vivem o quotidiano. A riqueza da diversidade entre as comunidades muçulmanas é, sobretudo, vista pela população não-muçulmana de forma «estranha», e, deste modo, negativa, até como uma afronta nos locais onde a população muçulmana é considerada localmente dominante, moldando por conseguinte o ambiente local e tradicional. As cidades e as regiões com maior concentração de população muçulmana foram e são, cada vez mais, palco de discussões controversas, ou até mesmo conflituosas, do ponto de vista ideológico (principalmente durante os períodos pré-eleitorais).

Os mal-entendidos e preconceitos vindos de todos os lados dificultam a formação de uma consciência para a necessidade de compreensão e activação do potencial existente para uma troca recíproca. Apesar de a violência dos muçulmanos radicais representar a excepção à regra, afecta adicionalmente a vontade das populações não-muçulmanas para a sua aceitação e são muitas vezes instrumentalizados por certos círculos políticos para atingirem os seus fins. Uma vez mais, a percepção acerca dos muçulmanos é fomentada pela exibição quase diária às famílias, por parte dos meios de comunicação social, de imagens de atentados suicidas, incluindo naturalmente o clima político depois dos atentados de 11 de Setembro de 2001 nos Estados Unidos, da guerra no Afeganistão e no Iraque e do conflito israelo-palestiniano, para citar apenas algumas das aparições públicas que influenciam, de forma negativa, a percepção da religião e da sociedade muçulmana. Os sucessos eleitorais do chamado «populismo argumentativo» de partidos políticos, o aumento global da, por vezes, difusa expressão de xenofobia e uma generalização emocional, em vez de uma análise racional, são alguns dos factores preocupantes do fenómeno político, que têm por consequência uma percepção selectiva do mundo muçulmano e uma igualmente selectiva opinião da população não-muçulmana. A União Europeia criou um Centro de Observação do Racismo e da Xenofobia ([7]) em Viena, para poder acompanhar e analisar melhor esses acontecimentos infelizes e desenvolver uma contra-estratégia correspondente ao material obtido, que opera desde 2007 como «Agência da União Europeia para os Direitos Fundamentais» ([8]).

Da mesma forma que não existe um ensinamento e uma sociedade única muçulmana como um todo, são diversas a vontade e a capacidade para uma integração na vida real europeia, respeitando a própria identidade islâmica. Por isso, torna-se pertinente um diálogo sob essa perspectiva, garantindo aos muçulmanos a liberdade religiosa fundamental, de forma a poderem exercer a sua crença, englobando em simultâneo as condições – tais como direitos e obrigações – de uma democracia legal/liberal, pluralista e parlamentar baseada nos valores europeus, conforme descrito na Constituição para a Europa, de acordo com os seus valores canónicos. O êxito concreto do progresso civil, social, económico e cultural da UE, que deve ser exigido com toda a justiça e com a ajuda do esforço de todos os cidadãos europeus, depende, por isso, e em última instância, tanto dos esforços das sociedades de acolhimento europeias, como dos próprios muçulmanos ([9]).

As condições para um crescimento próspero dos muçulmanos enquanto muçulmanos, tendo em conta que tanto existem muçulmanos integrados como assimilados, não são tão más numa Europa cada vez mais comunitarizada. A Europa, tendo sido sempre um continente com uma forte base cristã, também tem sido local de acolhimento de diferentes religiões e culturas. A UE reflecte de forma exemplar esta realidade básica e tenta reforçar, ao mesmo tempo, a consciência da comunidade e da solidariedade dos povos, das religiões e das culturas que vivem na União Europeia. No que diz respeito aos objectivos da UE, a Constituição da Europa esclarece: «A União promove a coesão económica, social e territorial, e a solidariedade entre os Estados-membros. (...) respeita a riqueza da sua diversidade cultural e linguística, e vela pela salvaguarda e pelo desenvolvimento do património cultural europeu» ([10]). A UE não só comunitariza e protege, mas, em virtude do seu cânone de valores, demonstra também ser cosmopolita, multicultural e multiétnica. Por outras palavras, a UE é a base e a condição fundamental para proporcionar uma concorrência pacífica das tendências religiosas, mesmo sem tomar partido de uma determinada religião ou visão filosófica, tendo ao mesmo tempo a consciência do seu próprio cânone de valores comuns ([11]). Não há lugar para o extremismo nem para o fundamentalismo, seja qual for a sua natureza e proveniência, mas torna-se necessário um espaço de liberdade que não esqueça a herança europeia, possibilitando a concorrência construtiva da oferta religiosa.

Os cidadãos muçulmanos deverão ser convidados, mais do que nunca, a participar nestes debates espirituais, nesta competição pacífica e, tendo consciência das novas oportunidades que estes representam, incentivar as autoridades espirituais e as comunidades islâmicas a assumi-los para o bem de todos. É precisamente isto que a equipa formada pelo presidente da Comissão Europeia tenta fazer para o diálogo com as religiões, Igrejas e organizações filosóficas e não confessionais, sobre as quais se fez repetidamente referência neste trabalho. Desta forma, o confronto com os islamitas e os muçulmanos na Europa traz um efeito secundário benéfico para a civilização europeia e demonstra a necessidade de uma auto-reflexão para as sociedades iluminadas/liberais europeias. Esta seria uma condição para a possibilidade de um debate filosófico com o Islão no contexto do processo de integração europeia. Poderia haver um processo de reflexão sobre o Islão na Europa, com uma intelectualidade justa e, acima de todo e qualquer espírito de época secular, desde que seja conduzido de forma honesta e imparcial, uma autoconsciencialização do que é ser europeu.

Um debate sobre os valores europeus, tal como surge como ponto de partida na «Carta dos Direitos Fundamentais» ([12]), incluída na Constituição para a Europa, só traria vantagens a todos os envolvidos. Neste contexto, as religiões poderiam dar um contributo especialmente inovador. Deste modo, parece adequado recordar o papel pioneiro da Igreja Católica Romana, como foi aprovado pelo Concílio Vaticano II. Os padres do Concílio declararam inequivocamente, na «Declaração sobre as relações da Igreja para com as religiões não-cristãs», *Nostra Aetate*, de 28 de Outubro de 1965: «A Igreja Católica não rejeita o que nestas religiões é verdadeiro e sagrado. É com genuína sinceridade que respeita os modos de agir e de viver, as regras e os ensinamentos que, embora possam divergir do que ela própria acredita ser verdade e do que ensina, deixam transparecer, não raramente, um raio de verdade que ilumina todos os seres humanos por igual» ([13]). A Igreja proclama, portanto, que existe a «verdade» e o «sagrado» nas várias religiões, devido à experiência religiosa diversificada das pessoas, e que respeita essa condição básica com «genuína sinceridade». O número três da presente declaração é directamente dirigido aos muçulmanos «respeitados com elevada estima», visto que «adoram o Deus único, vivo, misericordioso, omnipotente, criador do Céu e da Terra, que falou com as pessoas» ([14]). Nesta declaração relativamente curta do Vaticano, constituída por apenas cinco números, também é mencionado o objectivo da relação de diálogo com as religiões não-cristãs, mas sobretudo precisamente com o Islão, quando se fala em «promover uma sincera e mútua compreensão (…) para a protecção e a promoção da justiça social, dos valores morais e principalmente da paz e da liberdade para todos os povos» ([15]). É óbvio que o Concílio está comprometido com a missão específica da Igreja Católica, pois sem a sua própria autoconsciência e a consciência de comunicação não haveria um diálogo, encontrando aqui uma boa formulação básica, nomeadamente: proclamar Cristo, que é «o caminho, a verdade e a vida, onde os seres humanos encontram a plenitude da vida religiosa e onde Deus reconcilia tudo consigo (ênfase do autor)» ([16]). Como a história já se encarregou de demonstrar, o optimismo e os esforços dos padres do Concílio em abrirem portões enferrujados eram absolutamente justificados e não se pode dizer que não tenham tido sucesso. A sua mensagem principal encontra correspondência no Alcorão, o que é de grande importância, como se compreende. Na 16.ª surata, versículo 125, está escrito, por exemplo: «Chama para o caminho do teu Senhor através da sabedoria e de uma boa exortação, convencendo-os da melhor maneira...» ([17]). Na 2.ª surata, versículo 285, fala-se dos valores comuns que os muçulmanos partilham com os crentes de outras religiões, onde é destacada a comunhão com as respectivas religiões monoteístas. Diz o respectivo versículo: «O mensageiro crê no que foi revelado pelo seu Senhor e todos os crentes crêem em Deus, nos Seus anjos, nos Seus livros e nos Seus mensageiros. Nós não fazemos distinção entre os Seus mensageiros...» ([18]).

A teologia e as experiências vividas até agora com os vários contactos efectuados no âmbito do diálogo inter-religioso com o Islão oferecem reais motivos para haver optimismo no sentido de o discurso e o debate político para a domiciliação dos muçulmanos na Europa oferecerem perspectivas de uma aproximação de posições, assim sejam levados a cabo de forma franca.

De crucial importância é, neste contexto, o que os muçulmanos genuinamente europeus demonstram há muito tempo, ou seja, que é possível ser simultaneamente muçulmano e europeu, considerando apenas a população muçulmana da Finlândia (Carélia) e da Bósnia-Herzegovina ou da Sérvia-Montenegro (Sandžak). Estes últimos foram infelizmente afectados pela desagregação bélica da antiga Jugoslávia.

Um desenvolvimento recente e concreto merece uma especial atenção e uma explicação mais detalhada. Em Junho de 2003, reuniram-se 120 proeminentes imãs muçulmanos e ministros religiosos de 35 países, a convite do Governo Federal Austríaco e da província da Estíria, em cooperação com a Comissão Europeia (com a presença do autor deste trabalho), em estreita cooperação com a Comunidade de Fé Islâmica da Áustria, para uma Conferência de vários dias, com a exclusiva finalidade de debater os desafios da modernidade para o Islão, na ciência religiosa, e com relevância para uma política específica no contexto europeu ([19]). Após as habituais dificuldades iniciais da dinâmica de grupo e da apresentação de posições controversas, surgiu no segundo dia uma corrente de opinião dominante que permitiu elaborar, para surpresa de todos os participantes, a chamada «Declaração de Graz», que foi adoptada como resultado oficial da Conferência ([20]). Este documento pode ser justamente descrito como sensacional, como uma declaração-chave influente dos participantes da Conferência com a efectiva formulação de «ser muçulmano e tornar-se europeu». Durante os debates, esta fórmula encontrou uma disposição de conteúdos cada vez mais clara. Houve um pequeno grupo de imãs, no entanto, que se opôs veementemente e que não foi persuadido. A grande maioria, porém, simpatizou com esta fórmula e, no final da Conferência, foi negociada a concreta aplicação do «fio condutor» no dia-a-dia político. Em relação ao «quê», houve então um amplo consenso, mas o «como» continua a ser debatido de forma veemente. O debate foi realizado com um nível intelectual tão elevado e com uma vontade tão grande em se atingir um resultado positivo que esse resultado acabou mesmo por ser conseguido. A «Declaração de Graz» serve, desde então, como ponto de viragem para cada vez mais muçulmanos, que vêem a implementação da «Fórmula de Graz» como um objectivo seu, ou seja, alinhar uma identidade islâmica com uma europeia. «Só o conceito "Islão na Europa" pode reflectir acertadamente um estilo europeu, a partir do desenvolvimento de um Islão dinâmico de autocompreensão de uma religião islâmica».

Os imãs e os líderes de centros islâmicos vêem como tarefa sua acompanhar e apoiar este processo com os seus conhecimentos teológicos, segundo diz uma das frases cruciais desta declaração ([21]).

Os participantes da Conferência resumiram os seus resultados de aconselhamento em três secções. A primeira acerta em cheio no âmago do problema e tem o título: «A identidade islâmica na Europa.» É exactamente essa a preocupação fundamental: permanecer muçulmano (quem já não é) e tornar-se europeu. A este propósito, a «Declaração de Graz» tem uma redacção bem clara: «Os muçulmanos europeus estão conscientes da sua identidade religiosa, enquanto muçulmanos, e da sua identidade social, enquanto europeus» ([22]). Neste contexto, é da máxima importância que a tradicional distinção entre o «território do Islão» (em árabe: *dâr al-Islâm*) e o «território de guerra» (em árabe: *dâr al-harb*) tenha sido considerada algo de medieval e rejeitada por não estar de acordo com a realidade actual. A partir destes resultados, conclui-se a necessidade de integração para a prática da co-existência da minoria muçulmana numa sociedade maioritariamente não-muçulmana, respeitando a sua identidade religiosa. Assim, tanto é recusado o confronto como a assimilação. O documento decreta consequentemente «a clara rejeição de todas as formas de fanatismo, extremismo e fatalismo» ([23]). Segundo os imãs, é necessário que os muçulmanos na Europa «exprimam a sua lealdade para com a Constituição e a lei também na sua estrutura secular», e que aleguem, em apoio à sua argumentação, que a «ideia da democracia (...) com o princípio da *"Suratu"*, ou seja, da consulta mútua, está consagrada no Alcorão» ([24]).

De seguida, são mencionados alguns dos elementos básicos para uma política de integração, caso esta venha a ter sucesso. Incluindo a exigência da «percepção» do Islão como «parte da história cultural europeia», a sua «consciencialização como parte da sociedade europeia» e a ênfase é (novamente) que «a integração social não pode significar assimilação» [25]. A «Declaração de Graz» conclui com recomendações concretas, das quais a segunda e a terceira são de especial relevância para o diálogo político europeu: abrir um gabinete de ligação muçulmano, em Bruxelas, e um conselho permanente de imãs na Europa sob a égide da Conferência Islâmica Europeia (EIC) [26]/[27]. Este documento tem um significado especial, desde logo graças à competência profissional e política dos participantes na Conferência.

A comunidade islâmica na Áustria continua activa com base na Declaração de Graz. Assim, organizou, por exemplo, em Abril de 2005 a primeira Conferência de imãs austríaca no antigo edifício dos Paços do Concelho, em Viena, com mais de 100 delegados, incluindo 25 mulheres, para proceder à decisão da aplicação prática a nível nacional. O documento final, datado de 24 Abril de 2005, pode ser considerado uma mudança realista para uma política de carácter prático [28], uma política que de certo modo deverá ter algumas perspectivas de ser bem sucedida devido ao facto de, na Áustria, sempre ter havido (recuando à realidade multiétnica da monarquia dos Habsburgos) um frutuoso clima de coabitação entre população não-muçulmana e muçulmana. As declarações de Graz (internacional) e Viena (nacional) deverão, por isso, dar por fim os seus frutos para uma política concreta de integração na UE e serem assim tornadas acessíveis a um amplo público internacional. Com essa finalidade, a comunidade islâmica na Áustria assumiu mais uma vez a iniciativa (em cooperação com o governo austríaco e com a Comissão Europeia enquanto observador activo) para a realização da Conferência «Imãs Europeus e Assistentes Religiosos», que se realizou entre 7 e 9 de Abril de 2006 em Viena. Mais de 100 representantes de toda a Europa reuniram-se para debates aprofundados, que viriam a originar uma declaração final, indo muito além de tudo o que anteriormente fora elaborado. Não houve votação formal sobre este documento, mas continua a ser até hoje o tema de novos debates [29].

A integração dos muçulmanos na Europa é, portanto, o conceito-chave de um projecto pioneiro. Na Conferência, abordou-se de forma rudimentar a questão óbvia da aculturação, ou seja, a introdução da cultura islâmica na civilização dominante europeia (que naturalmente ainda teria de ser determinada de forma mais exacta) e por várias razões não continuou a ser debatida. A resposta a esta questão, que está em saber quais os elementos da religião islâmica que, também em função dos seus diferentes métodos de ensino, são culturalmente determinantes, e quais os que poderiam ser adaptados ao contexto europeu, será de importância vital – entre muitos outros – para o sucesso de uma integração e desenvolvimento de um Islão na Europa. Na realidade social europeia, os muçulmanos, apesar de uma forte mas representativa minoria, encontram-se numa espécie de situação de diáspora, vivendo de facto um vasto leque de diferentes formas de existência. Desde a completa assimilação, passando pela libertação da tradição e do sistema político dos países de origem, até ao outro extremo do fanatismo e fundamentalismo, surgem-nos todas as variantes de alienação e de apego para com um sistema de normas próprio, bem como a rejeição radical das normas e valores de uma ordem social liberal e pluralista como a que foi gerada pela história europeia. A professora de Ética Social Ingeborg Gabriel, que lecciona na Universidade de Viena, abordou, num artigo de importância fundamental ([30]), a temática da aculturação no desafio da cultura secular da modernidade para o cristianismo, e apresentou os elementos essenciais de uma teologia da aculturação. As observações encontram especial validade à luz da especificidade do Islão na Europa. Este vê-se confrontado, não só com a pluralidade de formas de vida cristã, mas ao mesmo tempo com uma cultura secular e com sistemas jurídicos e governamentais laicistas e seculares (com os quais as Igrejas já tiveram a oportunidade ou já se viram na obrigação de viver as suas experiências). O islamólogo e representante «muçulmano europeu» Tariq Ramadan descreveu esse desafio particular do seguinte modo: o facto de «os muçulmanos que vivem no Ocidente terem o direito de praticar o essencial que a sua religião determina», mas de «gozarem a nível social e político de liberdades que, no seu país de origem, não existem», remete «os muçulmanos para a sua própria responsabilidade» ([31]).

3. Tentativa de integração do Estado secular e da comunidade islâmica

A principal dificuldade com que o Islão/os «Islões» se vê/vêem confrontado(s) na Europa, e não só, consiste no entendimento diferente, numa interpretação controversa e nas consequentes deduções resultantes de uma encruzilhada específica entre religião (teologia), direito e política. O conhecido islamólogo cristão Adel Theodore Khoury formulou o problema da seguinte forma: «A lei do Alcorão é também a base da jurisprudência e do exercício de cargos públicos. O Estado islâmico é designado como teocracia, tendo como base esta união da vida política na sociedade islâmica, em que Deus decretou a lei na sua revelação» ([32]). O jurista islâmico Said Ramadan, formado na Universidade de Colónia, nega no entanto que o Estado islâmico possa ser equiparado a uma «teocracia». Na sua argumentação, Ramadan apoia-se em dois pressupostos básicos: que não poderia existir um conhecimento absoluto sobre Deus e a sua vontade, mas apenas o conhecimento que o profeta deixou enquanto mensageiro da revelação (e só como tal e não como substituto de Deus), mas este é apenas um ser humano mortal como todos os outros, tendo por isso de ser considerada a sua «condição humana»; por fim, que não existe qualquer hierarquia sacerdotal no Islão ([33]). «As leis divinas que Maomé deixou são leis de Deus, mas não são Deus» ([34]). Noutra passagem afirma-se: «a inabalável fé de seus seguidores na profecia sempre andou de mãos dadas com a compreensão da sua "condição humana"» ([35]). Finalmente, Ramadan chega à conclusão de «que a soberania da lei islâmica nunca pode vir a ser uma "teocracia", pela simples razão de que o conceito básico religioso no Islão se rege pela não existência de uma hierarquia sacerdotal» ([36]).

Tanto a história interna islâmica, com os seus muitos cismas, como os desafios «externos» por resolver – que foram colocados pelas religiões e pelos sistemas jurídicos encontrados durante a expansão do Islão por praticamente todos os continentes – dificultam o «correcto» autoconhecimento e uma resposta geral aos tempos modernos. As duas teorias opostas citadas deverão ilustrar este problema. Há, portanto, a necessidade de algumas definições, que são essenciais para a tentativa de um diálogo alargado com o Islão / Islões. Os olhares dirigem-se para a história com os conflitos islâmicos internos, que até hoje ainda não foram concluídos, ou que aumentaram mesmo de forma nítida, e para as diversas consequências práticas sócio-políticas.

Os «fundamentalistas» islâmicos, muitas vezes incorrectamente designados por islamitas – um termo equívoco e vago – apelam ao desígnio do Islão de trazer até nós «a melhor comunidade entre os seres humanos» (terceira surata, versículo dez), originando uma ordem social e uma vida correlativa das pessoas, que é a estrita interpretação do que constitui a autoridade de Deus, baseando-se na criação de Estado teológico, ou seja, de uma teocracia ([37]).

Em estreita ligação com o fundamentalismo está o fenómeno do «tradicionalismo». Também ele associa uma interpretação estrita a uma prática rígida e é sobretudo representado por professores religiosos, que se vêem como guardiões da moralidade, que ensinam a orientação geral de todas as relações sociais – incluindo o domínio da soberania – da chariá ([38]).

O exclusivismo com que os fundamentalistas e os tradicionalistas reclamam para si a exegese (o método e o resultado) conduz a problemas metodológicos e científicos, sendo também muito contestado na prática por outros grupos muçulmanos. As discussões acesas, mesmo em público, são um testemunho eloquente disso mesmo. As dificuldades metodológicas explicam-se pela forma literária do Alcorão, que está dividido em 114 suratas (em árabe: *sura*), muitas vezes em capítulos fechados sobre si mesmos que, por sua vez, estão novamente divididos em versículos (em árabe: *ayat*), cuja estrutura formal não segue qualquer estrutura temática, não possuindo assim um conteúdo sistemático. Além disso, o comprimento das suratas é muito desigual: a maior contém 286 versículos e a menor apenas 3 ([39])/([40]). Por sua vez, o texto tradicional do Alcorão não é uniforme, mas conhece variantes fonológicas, ortográficas e sintácticas, que remontam a diferentes recepções. Torna-se importante notar que Maomé, segundo a crença islâmica, não sabia ler nem escrever, por isso tinha secretários que registavam por escrito as revelações, parte por parte, cada um à sua maneira. É impossível proceder a uma «leitura simples» do Alcorão, devido à grande variedade de figuras, de forma e de estilo das suratas. Por último, deve ter-se em conta que apesar de o Alcorão possuir alguns preceitos jurídicos formulados de forma relativamente exacta, estes só abordam alguns problemas jurídicos. A maioria esmagadora da lei islâmica não pode ser analisada somente com base no Alcorão. Apesar de a legislação ser elaborada na sua essência, tendo como base o Alcorão, usa também como modelo a vida do Profeta (a *sunnah*), os relatórios e as histórias (o *hadith*) de diversas pessoas de confiança ([41]). As compilações do *hadith* são mais ricas do que o Alcorão, mas menos fiáveis. São, no entanto, valiosas, porque nelas está registada de forma pormenorizada uma série de testemunhas e relatores ([42]). Deve aqui ser referido, por uma questão de rigor, que os muçulmanos sunitas utilizam o termo *hadith* com um significado quase idêntico a *sunnah*, sobretudo na compreensão da lei.

Em relação à doutrina filosófica e prática jurídica, e devido às fontes, desenvolveram-se diversas técnicas para determinar as normas legais: a analogia (em árabe: *qiyas*), a concordância dos estudiosos numa questão particular (em árabe: *idjma*), o costume (em árabe: *urf*), o direito consuetudinário (em árabe: *ada*) e, como aditamento à actual interpretação autoritária de textos jurídicos (em árabe: *taqlîd*), a inspiração individual, ou seja, o «talento científico» (em árabe: *ijtihâd*) ([43]).

Devido à complexidade das fontes e aos problemas exegéticos daí resultantes, durante a história da recepção surgiram compreensivelmente diversas escolas jurídicas extremistas, mas também algumas que atenuam ou negam mesmo os princípios fundamentalistas e tradicionalistas referidos no início.

Das tradições acima mencionadas, deve distinguir-se o conceito de «re-islamização», utilizado muitas vezes de forma errónea no debate actual. Na bibliografia moderna, é entendido como a tendência generalizada para um regresso aos valores tradicionais, muitas vezes num afastamento consciente em relação ao «Ocidente» e da ordem social ocidental, que é vista como decadente, laica, etc., e para o surgimento de uma maior consciencialização da comunidade islâmica como forma de defesa contra o imperialismo cultural ocidental, sentindo-se esta suficientemente forte para assumir o discurso religioso com o «Ocidente» ([44]). A re-islamização manifesta-se como uma regra de vivência devota que pode, mas não tem de caminhar a par do fundamentalismo (um exemplo ideal desta situação é o chamado «Califado de Colónia», cujo sacerdote Metin Kaplan, após vários anos de prisão e controvérsias violentamente trazidas para a opinião pública alemã, foi deportado para a Turquia em Outubro de 2004) ([45]), e na maioria dos casos não o faz (como demonstram os desenvolvimentos em vastas partes da população muçulmana, após a desagregação causada pela guerra na antiga Jugoslávia, na Bósnia-Herzegovina e em Sandžak).

Igualmente em divergência assumida com o «Ocidente», mas a partir da necessidade apologética de afirmação em relação a muitas áreas «seculares» em que o mundo ocidental ainda é considerado superior, desenvolveu-se, em finais do século XIX, o chamado «Islão Reformista», que se caracteriza, como indicado, pelo esforço em enfrentar o suposto atraso do Islão através de uma nova abertura intelectual às fontes religiosas e de uma prática religiosa adequada aos condicionalismos da civilização moderna ([46]). Os reformistas assumem o desafio da modernidade e, em relação ao alegado imperialismo cultural ocidental, defendem convictamente a ideia de estar, no mínimo, em pé de igualdade ou a um nível superior.

O Islão reformista difere, por sua vez, do conceito de «modernismo islâmico». Este último representa um segmento de intelectuais muçulmanos na Europa. No discurso público sobre a questão da integração do Islão numa população predominantemente multicultural, ou seja, a questão do Islão na Europa no sentido da chamada «Declaração de Graz», os modernistas defendem a opinião de unir os tradicionais valores islâmicos com os europeus, durante o desenvolvimento de um verdadeiro modelo social euro-islâmico na Europa, de modo a criar uma nova identidade islâmica com base num Islão «esclarecido» ([47]).

Na diversidade dos Estados-membros da UE, todas as correntes indicadas encontram uma correspondência política real nas já existentes comunidades muçulmanas e influenciam compreensivelmente o debate sobre a questão fundamental de como ser muçulmano na Europa em termos muito práticos e concretos. O discurso intensifica-se dramaticamente na ideia essencial da compatibilidade do Islão com a ordem jurídica estatal laica e agudiza-se de forma radical no que diz respeito à exigência da separação entre a Igreja e o Estado, que é fundada precisamente na tradição cristã europeia.

Como entende o Islão o «Estado» e a «Comunidade» (como conceito complementar) e como se relacionam entre si? No decurso da evolução do seu conceito, o Estado (em árabe: *daula*) passou por uma transformação do seu significado. Inicialmente, *daula* significava a alteração da dinastia soberana e, posteriormente, da própria dinastia. No século XIX, o termo assume um sentido mais amplo, referindo-se a uma organização política territorialmente definida, que assumirá a competência exclusiva do poder. O termo *daula* nunca foi congruente com o conceito de Estado na acepção da ciência política e do direito constitucional de proveniência ocidental, mesmo que se tenha chegado à formação de nações islâmicas nos tempos modernos. Não foram poucos os intelectuais muçulmanos que tentaram contrapor o conceito de *daula* ao de *umma*, no sentido de uma comunidade abrangente de todos os muçulmanos. *Umma* abarca toda a comunidade muçulmana e tem um significado não só político, mas também religioso. Por outras palavras, o entendimento de Estado em sentido mais estrito funde-se, nesta escola de pensamento, com o entendimento religioso/cultural islâmico abrangente da comunidade muçulmana. Nesta perspectiva, religião e Estado (em árabe: *al-Islâm diû wa-daula*) não devem ser vistos apenas em relação um ao outro, mas estreitamente interligados, pelo que são usados como unidade de fé e de comunidade num Estado territorial, jurídico e cultural. Esta problemática da definição tem de ser bem observada, já que a noção de Estado também é usada de forma diferente no debate entre muçulmanos, ou seja, tanto no sentido do Estado islâmico (precisamente como *daula*), como em termos do Estado de Direito de definição ocidental (como é vivido e presenciado na vida política quotidiana dos muçulmanos na Europa e em qualquer lugar onde uma população muçulmana esteja em minoria). A tese da concordância de religião e Estado deve ser vista nos seus múltiplos cenários. Não se trata apenas de uma questão semântica, mas sim de extrema importância política. Dependendo do interesse, uma escola defende a tese da congruência da religião e do Estado, enquanto a outra entende o Estado como uma mera questão de política externa da comunidade muçulmana, estando assim interligadas, embora sejam entidades separadas [48].

A orientalista Gudrun Krämer, que lecciona em Berlim, defende a seguinte opinião: «O Islão é religião e Estado», orientando-se pela posição dos fundamentalistas e tradicionalistas islâmicos, segundo a qual nem o Alcorão nem a *sunnah* dão instruções claras para a concepção da ordem política e, portanto, não poderá haver uma teoria política vinculativa islâmica. Por isso concluiu: «Nem podemos afirmar que eles (eles = religião e Estado, nota do autor deste trabalho) tenham de estar intimamente ligados ou separados» [49]. Tanto na abordagem teocrática como na abordagem secular, trata-se de uma formação política ideal que se baseia na interpretação arbitrária das fontes, isto é, condicionada pelos interesses políticos. Se o Islão, com base nas fontes normativas, permite interpretações diferentes e até exclusivas, transmitindo assim uma imagem pluralista, e não postula uma política exclusiva de doutrina islâmica, então «cai por terra toda a argumentação de que no Islão a religião e o Estado estão interligados de forma predefinida» [50].

A um resultado semelhante, mas com diferente argumentação, chegou o presidente do Conselho Central dos Muçulmanos na Alemanha, Nadeem Elyas, indicando o carácter específico da chariá, a soma de todos os princípios, normas de conduta e direitos fundamentais relativos à fé, e as normas sociais resultantes, indicando que «as áreas relevantes para o Estado relacionadas com aspectos da chariá não têm carácter obrigatório para os muçulmanos na diáspora». «A observância da chariá nas suas áreas individuais não coloca qualquer problema aos muçulmanos que vivem actualmente em Estados ocidentais com os seus sistemas jurídicos», afirma o académico e político, também conceituado fora da Alemanha ([51]). A partir das suas reflexões, concluiu que a fé dos muçulmanos na diáspora deveria ser capaz de se manter fiel, mas ao mesmo tempo ter em conta as circunstâncias específicas do local onde residem. As suas conclusões podem ser resumidas da seguinte forma: a) os muçulmanos podem e devem viver segundo a palavra e a prática do Profeta, individualmente ou em comunidade, em ambiente não-muçulmano; b) os muçulmanos estão, nesses casos, obrigados a respeitar a sociedade maioritária; c) devem seguir as suas responsabilidades individuais como crentes. Segundo Nadeem Elyas, nas democracias parlamentares e de direito democrático ocidentais encontram-se todas as condições necessárias ([52]). O tradicional sistema legal do Islão faz a distinção – como já foi referido acima – entre «território do Islão» (em árabe: *dâr al-Islâm*), ou seja, o Estado islâmico, e o «território de guerra» (em árabe: *dâr al-harb*), que são os não-muçulmanos, isto é, o território a converter. No entanto, nos últimos tempos foi introduzido um terceiro conceito, o «território do tratado» (em árabe: *dâr al-ahd*), que se verifica quando os muçulmanos estão em minoria, mas em condições que lhes permitem viver verdadeiramente a sua fé. «Se um muçulmano vive num país não islâmico, gozando de segurança jurídica, podendo professar livremente a sua fé, então o país não é islamófobo...» ([53]). O Estado laico não é visto pelos defensores deste ponto de vista como uma ameaça, antes como uma oportunidade de se realizarem enquanto muçulmanos, com base nos direitos fundamentais de liberdade. No entanto, isso exige uma sociedade maioritária aberta, que não veja o Islão como «estrangeiro», «hostil», etc., mas sim hospitaleira, e uma sociedade minoritária aberta ao diálogo aceita os desafios que implicam a diáspora de viver a vida com ânimo, procurando activamente formas apropriadas de convivência com a sociedade maioritária.

A tese «ser muçulmano e tornar-se europeu» parece ser perfeitamente plausível e a integração já não constitui uma quimera. A tentativa de um modelo de integração poderia talvez ter o seguinte teor: «O Estado laico e a comunidade da fé islâmica», ou dito de um modo bastante actual: «A União Europeia como um espaço vital e o Islão como máxima de vida». Está demonstrado que, em termos práticos, é de facto possível haver uma convivência (embora nem sempre isenta de conflitos) entre uma ordem social de liberdade e democracia e a existência de uma força viva de comunidades islâmicas em numerosos Estados da UE. Já foi aqui apontado o exemplo dos muçulmanos na Finlândia, que se consideram finlandeses. Os seus representantes sublinharam, numa conversa com o autor deste livro, que a liberdade ocidental não representa qualquer obstáculo para os muçulmanos, caso essa ordem lhes seja religiosamente aceitável e lhes proporcione uma participação social (o que se aplica, sem dúvida, à maioria dos países da UE), tal como essa liberdade pode, por sua vez, exigir que os muçulmanos cumpram os deveres necessários para a manutenção da ordem, como a liberdade religiosa e de expressão. A situação só é problemática quando se lhes pede que abdiquem de certos direitos pessoais, tradicionalmente muito enraizados nos muçulmanos, como por exemplo a necessidade de retirar o véu islâmico nas escolas públicas. Por estas e outras questões é que os países da UE, dependendo do sistema de direito eclesiástico estatal vigente, oferecem soluções diferentes que, naturalmente, só vigoram no respectivo país e não a nível da UE. Por vezes, isto significa que para uma mesma pergunta pode haver várias respostas válidas, que acabam por ser aceites pela população muçulmana, após alguns protestos iniciais ou litígios em tribunal. Desta forma, a proibição do uso do véu islâmico para as mulheres muçulmanas (tanto professoras como alunas) nas escolas públicas francesas, após a chamada de atenção para a estrita separação entre Igreja e Estado, deverá já ter sido aceite; na Alemanha, que pratica o modelo de cooperação entre Igreja e Estado, terá prevalecido a proibição do uso do véu para as professoras em escolas públicas, enquanto em Inglaterra, com o seu sistema de união entre o Estado e a Igreja, a «controvérsia do véu» nem sequer tem sido tema de debate público.

A compatibilidade do Islão com a democracia não é apenas um tema dos nossos dias. Já em finais do século XVIII, por exemplo, houve no Império Otomano algumas tentativas tímidas de abordagem, que encontraram um desenvolvimento no sistema de Estado secular da Turquia moderna. Outro exemplo é a ex-Jugoslávia, com uma população muçulmana forte. O jornalista egípcio e jurista Muhammad Abduh (1849-1905) apresentou ([54]) uma primeira teoria abrangente sobre a possível integração das ideias «ocidentais» nos valores fundamentais muçulmanos. A análise teórica das possibilidades e dos limites da convivência e da cooperação entre o Islão e a democracia perdura desde essa época, especialmente no já referido Islão reformista.

Na Europa, este tema tem tido novos contornos na prática, pelo menos desde a imigração muçulmana nos anos 60 do século passado, tendo em conta a necessidade de «adaptação» às novas condições de vida e de trabalho. Com o forte crescimento da população muçulmana, devido ao reagrupamento familiar, à migração e à elevada taxa de natalidade em relação à sociedade maioritária, o lado prático da questão passou a ter um peso maior. Ao mesmo tempo, deterioraram-se as condições de base: se no passado vinham «trabalhadores convidados» para manter o crescimento económico no país, agora eram cada vez mais considerados um fardo, ou seja, passaram a estar mais expostos à opinião pública. Esta situação agravou-se pela crescente e persistentemente alta taxa de desemprego nos países industrializados, pela elevada concentração regional das populações muçulmanas, como em Berlim, na região do Ruhr, no centro de Inglaterra, na zona de Marselha, etc., pelo surgimento de grupos muçulmanos com elevada auto-estima e que exigem os seus direitos e, por último, pelo fanatismo e pelo terrorismo por parte de grupos extremistas marginais. O muçulmano Bassam Tibi, residente na Alemanha na condição de imigrante, reconhecidamente crítico do ponto de vista cultural e civilizacional e – segundo o próprio – esclarecido, publicou acerca deste fenómeno um livro que foi muito bem recebido e que pretende eliminar os preconceitos e contribuir para o diálogo como instrumento de resolução de conflitos ([55]). Também ele é contra a «guerra cultural» e contra uma ingénua «confraternização retórica» que pura e simplesmente não leva em conta os antagonismos existentes. O seu credo é: «Só um racionalismo baseado no bom senso secular humano e um esclarecimento relacionado com ele poderão combater as ideologias neo-absolutistas na guerra de civilizações» ([56]), referindo-se simultaneamente ao sentido do imperialismo da civilização ocidental e ao fundamentalismo muçulmano.

Ele pergunta o que deve então ser feito numa perspectiva de futuro, para logo responder: «Na situação actual, os europeus são desafiados a cumprir concretamente uma dupla tarefa: em primeiro lugar, aprender a desenvolver um sentimento de tolerância para com o Islão – e isto sem abdicar da identidade própria ou usar adulações – e viver em conjunto com os muçulmanos; em segundo lugar, defender a sua identidade de uma forma mais militante. Se a Europa quiser continuar a ser europeia, os europeus não podem renunciar à identidade ocidental do seu continente em nome do multiculturalismo» ([57]). A rejeição de todo e qualquer fundamentalismo, recusando a máxima de uma política neo-absolutista; a sensibilização para as suas próprias identidades e para o reconhecimento das diferenças entre elas; um diálogo esclarecido: eis como podem ser resumidos os elementos fundamentais, que deverão permitir evitar uma guerra de civilizações e possibilitar uma próspera vivência em conjunto.

No entanto, por muito correcta que seja a apresentação do secularismo, da educação e da razão humana, Bassam Tibi menospreza a dimensão religiosa do debate, ficando aquém do que seria desejável. O diálogo com o Islão é estabelecido com uma religião e não com uma cultura. É por isso que o diálogo entre as civilizações deverá ser acrescido de um diálogo entre as religiões na Europa, particularmente entre o cristianismo e o Islão ([58]). O diálogo religioso é certamente dificultado pela secularização generalizada, por um lado, e pela tentação de um fundamentalismo ou rigorismo religioso por parte de todos os parceiros, por outro. Por isso, talvez seja indispensável (apenas mais um argumento). A utilização racional da razão humana, tal como a história intelectual europeia desde há muito demonstra, não entra em contradição com a fé responsável nem com a religiosidade prática, sendo até condição *sine qua non* para as mesmas. «A harmonia basilar entre o reconhecimento filosófico e o reconhecimento religioso é mais uma vez corroborada: a crença exige que o seu conteúdo seja entendido através da razão e esta admite, no auge da sua busca, aquilo que a fé apresenta como necessário» ([59]).

4. A «Carta Islâmica» e tentativas de cooperação institucional

Nos últimos anos, têm sido efectuadas várias tentativas para entrar intelectualmente no problema da coexistência entre a diáspora muçulmana e a população não-muçulmana maioritária. Os intervenientes receberam uma motivação adicional devido à necessidade concreta de contrapor uma resposta construtiva e conceptual ao foco do conflito social em quase todos os países da UE, para o que contribuíram de igual forma tanto os muçulmanos radicais como os não-muçulmanos. Já foi aqui mencionada a «Declaração de Graz», bem acolhida a nível europeu, podendo ser considerada um marco histórico. Indo na mesma direcção, o Conselho Central de Muçulmanos na Alemanha (ZMD) elaborou um documento de opinião valioso para todos os envolvidos, muçulmanos e não-muçulmanos, que foi votado a 3 de Fevereiro de 2002 e posteriormente disponibilizado a um público alargado como «Carta Islâmica» ([60]). Constitui mais uma preciosa tentativa, e novamente do lado muçulmano, para responder à questão de como, no meio do enredo especificamente europeu de religião, Estado e sociedade, se poderá viver como muçulmano, sendo aceite como parceiro e constituindo parte activa de uma sociedade multicultural e multi-religiosa, e sobretudo não-muçulmana.

Os muçulmanos na Alemanha estão geralmente organizados em associações. Segundo o arquivo do Islão na Alemanha, em 2005 estavam registados aproximadamente 326 000 membros, em cerca de 2500 freguesias [61]. O grau de organização parece ser muito pequeno em relação ao número total de muçulmanos. Porém, os observadores lembram que normalmente só os homens são membros das associações, mas na realidade toda a família se envolve nas actividades da associação. Utilizando um factor multiplicador de 3, estariam organizados em associações cerca de um milhão dos aproximadamente 3,06 milhões de muçulmanos na Alemanha. «As queixas do baixo grau de organização são, portanto, injustificadas. No entanto, alguns grupos como os marroquinos, tunisinos ou paquistaneses quase não se organizaram ainda». [62]

O ZMD apenas constitui a quarta maior organização-quadro, com os seus 12 000 membros (incluindo os de proveniência alemã, turca, árabe, albanesa, bósnia e persa), ficando atrás do Conselho Islâmico (148 000), da União Turco-Islâmica do Instituto para a Religião (DITIB [a maior organização islâmica da Alemanha] / 129 000) e da Federação dos Centros Culturais Islâmicos (VIKZ / 20 000) [63], estando, no entanto, representado no compromisso sócio-político de forma desproporcional em relação à sua dimensão. O ZMD apenas pretende representar os interesses dos seus próprios membros, não querendo substituir (nem teria essa capacidade) ou concorrer (para o que teria capacidade, na sua perspectiva) com as diferentes comunidades de mesquitas, associações e organizações islâmicas. O ZMD vê-se, portanto, como uma organização de *lobbying* e de diálogo com as autoridades, com o objectivo de fazer valer os direitos dos muçulmanos na vida política com base na sua religião [64]. Atendendo à sua qualidade, a «Carta Islâmica» elaborada pelo ZMD tem uma relevância política social e religiosa que ultrapassa o âmbito desta organização, tornando-se por isso pertinente analisar em pormenor este documento.

Segundo o ZMD, seria possível haver um relacionamento construtivo entre os muçulmanos e o Estado e a sociedade, em especial quando os muçulmanos se encontram numa ordem estatal e social «estranha» ou pelo menos «diferente». No preâmbulo da «Carta Islâmica», o já referido presidente da ZMD, Nadeem Elyas, remete para o ponto de partida de todas as reflexões que a presença do Islão na Alemanha não é um fenómeno temporário e que existe um elevado grau de identificação com este Estado: «A maioria dos muçulmanos identifica-se com a sociedade alemã e permanecerá para sempre na Alemanha» [65]. Além disso, deve ser também tido em consideração o facto de que nem todos os muçulmanos se sentem apenas como «convidados» num «país anfitrião», mas sim como «cidadãos da Alemanha» [66]. Daí resultariam, e esta é uma das afirmações mais cruciais da «Carta Islâmica», consequências práticas para os dois grupos sociais – a maioria não-muçulmana e a minoria muçulmana: «Como minoria importante neste país, os muçulmanos têm o dever de se integrar nesta sociedade, de se abrir e de entrar em diálogo acerca das suas crenças e práticas. A sociedade maioritária tem o direito de saber o que pensam os muçulmanos em relação aos fundamentos deste Estado de Direito, às suas leis fundamentais, à democracia, ao pluralismo e aos direitos humanos» [67].

Este é um posicionamento absolutamente sensacional com um significado de grande alcance. E é mais notável ainda por ter sido escrito por «mão» muçulmana. Dada a diversidade de escolas muçulmanas e orientações, é compreensível que essas formulações não tivessem encontrado apenas apoios fora do ZMD, mas também uma feroz oposição. Especialmente por parte de grupos fundamentalistas islâmicos/religiosos – que negam ao ZMD toda e qualquer competência de autoridade abalizada para essas afirmações e representatividade política – foi sublinhada a incompatibilidade fundamental dos valores islâmicos com a democracia ocidental [68].

A «Carta Islâmica» [ver página 415] está estruturada em 21 secções, cada uma com um título programático, cujos conteúdos são consequentemente tematizados em relação ao Estado e à sociedade. Os títulos das 21 secções são os seguintes: 1. O Islão é a religião da paz; 2. Cremos no Deus misericordioso; 3. O Alcorão é a revelação verbal de Deus; 4. Cremos no profeta do um só Deus; 5. O ser humano tem de dar satisfações no dia do Juízo Final; 6. Os muçulmanos e as muçulmanas têm a mesma missão de vida; 7. Os cinco pilares do Islão; 8. O Islão é ao mesmo tempo fé, ética, ordem social e modo de vida; 9. O objectivo do Islão não é a abolição da riqueza; 10. A lei islâmica empenha os muçulmanos da diáspora; 11. Os muçulmanos aceitam a ordem fundamental da separação de poderes, jurídico-estatal e democrática, garantida pela Constituição; 12. O nosso objectivo não é aspirar ao estabelecimento de um «Estado teológico» clerical; 13. Não existe qualquer contradição entre os ensinamentos islâmicos e o núcleo dos direitos humanos; 14. Somos moldados pela herança judaico-cristã-islâmica e pelo esclarecimento; 15. É necessária a emergência de uma identidade muçulmana na Europa; 16. A Alemanha é o foco do nosso interesse e da nossa actividade; 17. Reduzimos o preconceito através da transparência, da abertura e do diálogo; 18. Estamos comprometidos com toda a sociedade; 19. Integramo-nos, preservando ao mesmo tempo a identidade islâmica; 20. Pretendemos um modo de vida digno no seio da sociedade; 21. Somos político-partidariamente neutros ([69]).

O texto da «Carta Islâmica» reflecte, de forma muito clara, o esforço de aproximar as verdades da fé com as exigências (sociais) políticas de um Estado ocidental, tratando-se portanto de um texto político-religioso e deixando transparecer uma estrutura indubitável. As primeiras sete secções proclamam os conteúdos de fé relevantes para a complexidade de questões, relembrando as inabaláveis verdades da fé, para na oitava secção chegar à primeira conclusão: «O Islão não é uma negação ao mundo, nem um ensinamento puramente terreno, mas um meio-termo entre os dois». O muçulmano e a muçulmana orientam-se por Deus, sendo desta forma teocêntricos, mas buscam o melhor dos dois mundos ([70]). A partir desta definição, são deduzidos dois compromissos não antagónicos: em primeiro lugar, os muçulmanos devem seguir as suas principais orientações religiosas; em segundo lugar, e por princípio, devem também respeitar o sistema jurídico local ([71]).

O paralelismo entre religião e Estado, sempre defendido de forma veemente pelos fundamentalistas, sofre aqui uma relativização em relação ao sistema social prevalecente num Estado fundamentalmente pluralista. As formulações na secção 10 da Carta partem da convicção de que se deve compatibilizar «por princípio» as práticas da crença muçulmana com o Estado de Direito democrático. No entanto, há algumas questões que resultam da redacção da secção: saber o que significa «por princípio», neste contexto, e o que deve ser entendido por «tratados» nesta situação concreta. Será que «por princípio» pode significar, por exemplo, «incondicionalmente»? Ou: «exceptuando alguns casos»? E que mais? Para além disso, a utilização do termo «tratados» é juridicamente incorrecta, na medida em que se trata de ratificações soberanas do Estado nos actos jurídicos incluídos no texto. Aqui impõe-se um pedido de informação ou de esclarecimento. O tema mais importante para as nossas declarações inclui as secções 11 e 12. Pelo menos, os representantes muçulmanos no conselho central, conforme está literalmente escrito na secção 11, «aceitam...

a ordem fundamental da separação de poderes, jurídico-estatal e democrática garantida pela Constituição (...) incluindo o pluripartidarismo (...) bem como a liberdade religiosa. Portanto, também aceitam o direito de mudar de religião ou de não ter qualquer religião» ([72]). Na secção 12, diz-se clara e inequivocamente: «O nosso objectivo não é estabelecer um «Estado teológico» clerical»([73]).

Ainda sobre estas duas secções, há algumas questões por clarificar, sendo necessárias interpretações esclarecedoras. Será que a elucidativa e corajosa declaração de liberdade religiosa se aplica exclusivamente à diáspora muçulmana, ou também tem em conta os chamados Estados muçulmanos, como os que estão representados, por exemplo, na organização desses Estados? Neste sentido, deveria ser concedida plena liberdade religiosa a todas as outras comunidades, o que actualmente não acontece. Terá esta declaração validade geral ou representa apenas, em última análise, um compromisso temporário?

Parece que estes esclarecimentos são de crucial importância, também porque, no que diz respeito à normativa jurídica e vinculativa, tradicionalmente o Islão difere entre os três territórios ou áreas acima referidos, ou seja, o «território do Islão» (em árabe: *dâr al-Islâm*), o «território de guerra» (em árabe: *dâr al-harb*) e, finalmente, o «território do tratado» (em árabe: *dâr al-ahd*) ou o «território do acordo de paz» (em árabe: *dâr as-sulh*) ([74]).

Uma vez que a República Federal da Alemanha não faz parte, obviamente, dos dois primeiros territórios, a terceira definição poderia ficar associada à Alemanha. No entanto, o mais provável é que os autores da «Carta Islâmica» não tenham em consideração esse pensamento jurídico por o julgarem ultrapassado. Na secção 12, a referência à rejeição ou à não ambição de um «Estado teológico» deve ser vista à luz – também relevante do ponto de vista penal – dos conflitos com o já mencionado «Califado de Colónia» [página 285]. A secção 13 é particularmente interessante, porque reconhece com admirável clareza a existência de direitos individuais islâmicos («concedidos por Deus»), ao mesmo tempo que, para além do sistema jurídico alemão em geral, também se reconhece de forma explícita o direito matrimonial, sucessório e judicial alemão em particular. Deve ser tido em conta que, nesta secção, se faz a distinção entre os direitos individuais e os concedidos no «núcleo central da declaração dos direitos humanos ocidentais», entre os quais não existe no entanto qualquer contradição. A este respeito, perguntar-se-á imediatamente se se pode realmente falar de uma declaração «ocidental» de direitos humanos, quando todos os documentos internacionais juridicamente vinculativos falam, nesse contexto, de Direitos Humanos universais (!). Consoante a perspectiva escolhida, a questão de saber qual o «núcleo central» destes direitos humanos acaba por constituir um mero exercício voluntário. Esta secção também contém uma clara contradição entre a aceitação do direito alemão, que é explicitamente indicado, e a premissa da lei islâmica de tratar «de forma igual o que é igual» e de «de forma desigual o que é desigual». Essa proporcionalidade não é reconhecida pela ordem jurídica alemã, nem por qualquer outra norma moderna ([75]). Especialmente a redacção da secção 13 demonstra as dificuldades técnicas, mas também o esforço, a luta até, por um compromisso igualmente viável e aceitável para todos os signatários. Como se compreende, a «Carta Islâmica» representa um compromisso desse tipo.

Neste ponto e apesar das observações críticas sobre uma série de declarações, por mais legítimas e necessárias que sejam, é pertinente notar que deve dar-se o devido valor à tentativa desta «Carta Islâmica», como incentivo intelectual bem conseguido, em adaptar as verdades normativas da fé islâmica às necessidades actuais e integrá-las numa democracia ocidental desenvolvida. Esta Carta representa, em todos os aspectos, uma base valiosa e plenamente funcional para um diálogo teológico e político mais aprofundado com o Islão.

Da secção 14 à 18, as declarações das secções anteriores sobre a vivência concreta dos muçulmanos na Alemanha (e na Europa) são mais claras, de acordo com as premissas referidas. Entre as declarações formuladas de forma evidente e bem fundamentada, é estimulado um interesse especial pela secção 15, onde se pode ler que os muçulmanos devem alcançar pelo trabalho a «compreensão actual das fontes islâmicas» ([76]). Isto é, de facto, algo novo, progressista, e até mesmo revolucionário, tendo em conta a actual doutrina de que as fontes islâmicas seriam invioláveis e não necessitavam de uma exegese, porque seriam auto-interpretáveis, conforme nelas se afirma. Portanto, se a «compreensão actual» postulada permitir a aplicação do método histórico-crítico, e sobretudo dos instrumentos exegéticos da ciência moderna, ficaria assim associada a uma verdadeira mudança de paradigma.

O conteúdo da secção 19 é mais ou menos a soma de tudo o que foi apresentado anteriormente e culmina – enquanto essência da orientação anterior – no diálogo, com uma melhor integração da dialéctica e da identidade islâmica. Este é o objectivo de todos os esforços: poder continuar a ser muçulmano nos termos da diáspora, eliminando ao mesmo tempo a barreira da exclusão sócio-política e do isolamento através da integração. Daí a firme declaração de intenções, por parte do ZMD, de interceder a favor «da integração dos muçulmanos na sociedade» e de «preservar a sua identidade islâmica» ([77]). Esta é uma preocupação legítima, a que nada se deve opor. A integração e a identidade podem ser consideradas os dois conceitos-chave, sob cujos auspícios parece possível haver um diálogo racional, não só a nível político, mas também teológico e científico, entre a civilização europeia tradicional (como foi adoptada de forma concreta na União Europeia e cujos contornos irão continuar a ser desenvolvidos na União do futuro, que irá ser alterada em pelo menos mais dez Estados) e entre as manifestações do Islão e as comunidades muçulmanas na União Europeia.

A secção 20 enumera algumas medidas necessárias, segundo o ZMD, para uma eventual integração dos muçulmanos, que deveriam ser adoptadas e implementadas pelo governo alemão. Incluem, entre outras:

› A introdução de aulas de religião islâmica em língua alemã;
› A introdução de cátedras para a formação académica de professores de religião islâmica e recitantes (imãs);
› A autorização para a construção de mesquitas urbanas;
› A permissão para a chamada à oração através de altifalantes;
› O respeito pelas normas de vestir islâmicas em escolas e entidades públicas;
› A participação dos muçulmanos nos órgãos de comunicação social;
› A aplicação da decisão do Tribunal Constitucional para o abate de animais (segundo o ritual islâmico);
› O emprego de conselheiros militares muçulmanos;
› A assistência muçulmana nas instituições de medicina e sociais;
› A salvaguarda estatal dos dois feriados islâmicos;
› A criação de cemitérios muçulmanos.

A escolha das medidas exigidas constitui uma mistura diversificada de conteúdos políticos, bem como de responsabilidades e consequências jurídicas para o Estado e as autoridades religiosas, não sendo muito claros os critérios da sua elaboração. Em alguns aspectos, trata-se de pedidos que podem ser ou já estão regulamentados com base na Constituição, garantindo a liberdade religiosa e outros direitos constitucionais. A implementação da maior parte desses desejos não deve criar problemas em termos jurídicos e práticos, desde que primeiro se chegue a um acordo político de base.

No que diz respeito à educação religiosa islâmica em língua alemã, em Dezembro de 2001 os ministros-presidentes dos Estados federados alemães deliberaram verificar se e de que forma poderiam ser dadas aulas de islamismo nas escolas públicas. Entretanto, já vários Estados federais alemães oferecem aulas em escolas estatais [78]. Provavelmente, irão surgir problemas de ordem prática devido à composição plural dos muçulmanos sujeitos à escolaridade obrigatória. Assim, há relatos de casos em que existe uma grande desproporcionalidade percentual de alunos de ascendência turca, que receberam aulas em língua turca, mas também com uma certa orientação política, o que levou a que os alunos árabes, iranianos, albaneses e bósnios desistissem das aulas de religião. Além disso, um ensino deste tipo deveria provavelmente fazer a separação entre a tradição sunita e a xiita. Os regulamentos em vigor para a construção civil e para as restantes áreas deverão ser suficientes para a construção de mesquitas e para a adaptação de instalações já existentes, tal como as disposições de protecção contra o ruído, em relação à aceitabilidade de qualquer perturbação acústica aquando da chamada para a oração. Para o uso do véu islâmico, por exemplo, existem agora decisões judiciais suficientes para a maioria dos casos, incluindo do Supremo Tribunal. Assim, o uso do véu islâmico enquanto forma de manifestação religiosa é permitido durante as aulas de educação religiosa islâmica, tal como é permitido o uso das vestes religiosas por uma freira católica, estando ambas protegidas pelo direito fundamental. É proibido o uso de um véu religioso por uma muçulmana durante o exercício de uma função de soberania estatal que não esteja relacionada com um acto religioso, o que tem por base um regime jurídico vigente ainda não suficientemente disponível em todos os Estados federados alemães e que deverá, por isso, ser criado [79]. O desejo de uma participação adequada dos muçulmanos nos órgãos de comunicação social e em instituições e estruturas médicas, sociais e militares, parece não colocar quaisquer problemas, sendo até pertinente, desde que não seja utilizado de forma abusiva para fins de propaganda religiosa ou de agitação política ilegítima. A construção de cemitérios muçulmanos já está generalizada em muitos locais, sem problemas de qualquer espécie. Em relação aos feriados islâmicos, que devem ser isentos de trabalho, resultam por vezes conflitos de interesses com a legislação laboral e social difíceis de resolver (lei do descanso em dias feriados, etc.) e que normalmente oferece pouco espaço para regimes derrogatórios. Seria necessário um diálogo entre as entidades patronais e as associações dos representantes dos trabalhadores.

Apesar de alguns comentários críticos sobre certas posições da Carta, este documento deve ser visto de forma muito positiva em relação à sua motivação e aos seus objectivos, porque representa uma tentativa, por parte dos muçulmanos e por sua iniciativa, de apresentar um documento político fundamental, que pode constituir uma base útil para um diálogo com a sociedade maioritariamente não-muçulmana e respectivos organismos estatais, o que foi conseguido sem margem para dúvidas. O esforço pelo diálogo com o Estado e a sociedade para a integração dos muçulmanos na diáspora deve ser sublinhado com especial apreço.

O facto de a «Carta Islâmica» do ZMD e da «Declaração de Graz» não serem casos isolados de incentivos à reflexão, embora talvez os mais espectaculares, constitui uma motivação adicional. Assim, existem exemplos semelhantes de compromissos para tentativas de aproximação dos diferentes grupos sob uma base comum em países como a Áustria, França, Espanha e Grã-Bretanha ([80]).

Não poder o próprio diálogo ser apenas uma reivindicação teórica é demonstrado de forma impressionante através da sua extensa prática em alguns países da UE, já que a presença dos muçulmanos na Europa não é de agora. Já foi aqui mencionado o caso finlandês e o da Bósnia-Herzegovina, onde os muçulmanos genuinamente europeus ficaram sujeitos à forte influência dos muçulmanos não-europeus, no rescaldo da guerra da desintegração da antiga Jugoslávia. Além disso, deve ser aqui referido o exemplo de Sandzak de Novi Pazar, que se estende por dois terços do território sérvio e por um terço do território montenegrino. Ligeiramente mais difícil é dar um parecer sobre os muçulmanos na Albânia, na Macedónia e no Kosovo, porque estamos a lidar com áreas que sofreram não só com a guerra dos últimos dez anos, mas durante todo o século XX, em que enfrentaram um desenvolvimento histórico difícil. Na Grã-Bretanha, encontramos uma classe social muçulmana de imigrantes já estabelecida, devido ao domínio colonial britânico – sobretudo afegãos, paquistaneses e indianos do Norte, mas não só. Parece que em Inglaterra, especialmente a nível local, em regiões com uma forte concentração de população muçulmana, foram feitas experiências com o modelo multimunicipal de representação (concelhos). A nacionalidade de muitos muçulmanos pertencentes ao antigo Império britânico é um factor de identidade determinante, de modo que na Grã-Bretanha encontramos um número significativo de muçulmanos com um estilo de vida caracterizado pela integração e pela assimilação.

As poucas referências tornam bem visível a heterogeneidade do mundo muçulmano na Europa, mas é também a partir desta perspectiva que fica demonstrado o facto de existir já uma longa experiência em conviver com os muçulmanos, a que se deveria recorrer para a instituição de uma futura coabitação.

Há dois exemplos que poderão servir para analisar em pormenor as reais possibilidades de uma relação construtiva entre a comunidade muçulmana e o Estado pluralista e liberal: os casos da Áustria e da França. A situação de ambos os países, de acordo com os seus diferentes sistemas jurídicos eclesiásticos estatais, é compreensivelmente diferente: naquele o sistema de cooperação, neste a laicidade, a separação entre Igreja e Estado. Dentro dos países da UE, a Áustria constitui, de certo modo, um caso peculiar na maneira de lidar com o Islão. Esta posição especial tem as suas raízes no antigo Império dos Habsburgos – especialmente desde a anexação da Bósnia-Herzegovina – com uma percentagem comparativamente elevada de população muçulmana. Além disso, as tropas muçulmanas pertencentes ao exército imperial, que receberam as mais elevadas condecorações, contribuíram de forma decisiva para o bom relacionamento com a população muçulmana. Em reconhecimento pelo seu trabalho e no apreço da lealdade dos seus súbditos, o imperador quis construir uma grande mesquita em Viena, projecto que acabou, no entanto, por fracassar, devido à Primeira Guerra Mundial. As relações específicas entre a Áustria-Hungria e a Sublime Porta também tiveram uma influência positiva. Tudo isto teve a sua expressão visível na lei islâmica de 1912 ([81]), pela qual foi atribuída aos muçulmanos (de qualquer faculdade de direito, embora o xiismo não tenha sido especificamente mencionado) a condição de membros de uma confissão globalmente reconhecida. Desde então, foram estabelecidos alguns locais próprios para reuniões e educação islâmica, como as mesquitas, apesar de terem sido afectadas pelo curso da História. Uma das consequências positivas desses desenvolvimentos é que a Áustria foi o único Estado da UE a possuir, em Viena, um Instituto Educacional Estatal de Religião para a formação de professores de religião islâmica, oferecendo um curso islâmico com o grau de professor, e incluindo o ensino da religião islâmica nas escolas básicas. A Áustria também tem uma administração central (*shura*), invejada pelos conhecedores, de que dependem formalmente as diferentes crenças islâmicas.

Por último, conseguiu-se compatibilizar um grande número de muçulmanas com as diversas organizações femininas. Também em Viena há uma Academia Islâmica de Comércio, liceus públicos e diversas instituições públicas. Foi possível formar uma organização islâmica de turcos na Áustria, apesar de não ter sido um processo isento de conflitos, mas foi estabelecida a base para uma coexistência harmoniosa. Ao procurar uma maior interacção com os muçulmanos que vivem no país, a Áustria desempenha, sem dúvida alguma, um papel exemplar e pioneiro em vários aspectos [82].

No passado recente, a França também foi obrigada a lidar de forma ofensiva com as organizações religiosas do Islão, devido à pressão dos problemas políticos internos e com base no seu entendimento tradicional laico. Em Dezembro de 2002, o antigo ministro do Interior, Nicolas Sarkozy, conseguiu chegar a um acordo com as organizações muçulmanas mais importantes, a fim de criar uma plataforma comum, o «Conseil Français du Culte Musulman» (CFCM – Conselho Francês do Culto Muçulmano) [83]. O protocolo foi assinado pelos muçulmanos da «Union des Organisations Islamiques de France» (UOIF – União das Organizações Islâmicas de França), a maior de uma grande variedade de grupos, pela «Fédération Nationale des Musulmans de France» (FNMF – Federação Nacional dos Muçulmanos de França), que congrega sobretudo os muçulmanos de Marrocos, e pelo «Institut Musulman de la Mosquée de Paris» (GMP – Instituto Muçulmano da Mesquita de Paris), que contém um elevado número de muçulmanos argelinos. Segundo a experiência actual, estima-se que a nova cooperação entre o Conselho e as autoridades francesas irá desenvolver-se de forma positiva. Até mesmo os primeiros protestos contra a proibição legal relativa ao uso do véu islâmico tradicional nas escolas públicas por parte das professoras e alunas (uma lei que se referia, aliás, a todos os símbolos religiosos) já se extinguiram. A lei parece ter sido geralmente aceite, com base no «laicismo francês». No seu livro sobre a relação entre Estado e religião, Sarkozy deixa claro que a laicidade não pode significar que o Estado não tenha o direito de co-decisão ou mesmo de decisão em questões religiosas, quando necessário. O Estado não pode permanecer totalmente indiferente às questões religiosas. Não há dúvida de que não pode interferir nos ensinamentos, mas também não pode ignorar os assuntos religiosos [84]. No actual debate com o Islão, esta abordagem pragmática poderá fazer escola. Em contraste com o restante centralismo na França, o Estado autorizou a fundação de uma organização muçulmana nas prefeituras, de forma a ir ao encontro das necessidades específicas locais e religiosas, que diferem bastante nas diversas regiões francesas fortemente povoadas por muçulmanos. Os «Conseils Régionaux du Culte Musulman» (CRCM – Conselhos Regionais do Culto Muçulmano), que constituem um instrumento de diálogo federal, são considerados uma experiência que parece ser útil enquanto meio suplementar para a integração dos muçulmanos na sociedade francesa. Quando fala sobre a particularidade francesa, Sarkozy utiliza sempre a expressão «Islam de France» e não o menciona «francês», chamando-lhe apenas Islão em França. Este modelo deverá oferecer a base da compreensão dos muçulmanos moderados e esclarecidos e constituir a base da autoridade pública. A recente nomeação de um muçulmano de origem magrebina para prefeito de um Departamento é certamente mais um esforço bem-vindo. Os grupos radicais estão actualmente bastante calmos. O esforço para integrar os muçulmanos no sistema de *laicité* possui compreensivelmente um carácter experimental. Em qualquer caso, o modelo de separação entre a Igreja e o Estado na variante francesa, segundo a perspectiva de Paris, fornece aos muçulmanos o espaço suficiente para a auto-organização e a gestão, ainda que respeite apenas a Constituição e as obrigações decorrentes da sua relação. Poderão caracterizar-se os esforços do seguinte modo: formar os muçulmanos republicanos na política nacional e democracia francesa, ou seja, fazer avançar uma integração que se baseia na aceitação das estruturas republicanas e respectivos formalismos, mantendo ao mesmo tempo as peculiaridades religiosas e culturais das várias comunidades muçulmanas. No seu texto original, esta pretensão diz: «Que des hommes de foi croient fondamentalement, fondent leur vie sur leur foi et veuillent respecter les fondements de leur religion, quoi de plus normal?» Et la République «offre aux orthodoxes la chance d'exister au grand jour dans le respect des règles républicains ...». (O que pode haver de mais normal que os homens de fé crerem fundamentalmente, baseiem a sua vida na fé e desejem respeitar os fundamentos da sua religião?» E a República «oferece aos ortodoxos a possibilidade de fazer parte da realidade em conformidade com as regras republicanas...»)([85]). Também se trata de uma tentativa de integração, mas sob as condições jurídicas eclesiásticas estatais especificamente francesas.

5. A União Europeia e o Islão: uma relação com múltiplas variáveis

Como tem sido reiteradamente assinalado, e com base no disposto na declaração n.º 11 do Tratado de Amesterdão, a regulamentação da relação entre Estado e Igreja ou religiões fica, por princípio, ao critério dos Estados-membros da União Europeia. Nas questões específicas e nos casos em que os direitos dos Estados-membros da UE tiverem sido transferidos para a União, terão de ser as instituições europeias a entrar em acção. Isto reflecte-se sobretudo no domínio do direito derivado, em que as religiões e as Igrejas possuem já um *corpus iuridicum* próprio [86]. As instituições da UE constituem, também para os muçulmanos, parceiros de contacto e de diálogo cada vez mais relevantes em muitos assuntos religiosos, teológicos e outras questões específicas, especialmente quando são debatidas questões europeias de âmbito inter-estatal. Este é, por exemplo, mais um motivo pelo qual existe, junto do presidente da Comissão Europeia, no Gabinete de Conselheiros de Política Europeia (BEPA), um perito que se dedica exclusivamente ao diálogo com as religiões, Igrejas e ideologias.

A antiga *Policy Forward Unit* da Comissão Europeia, que foi substituída em 2001 pelo Grupo dos Conselheiros Políticos do Presidente da Comissão Europeia (GOPA), por sua vez substituído em 2005, durante a Comissão Barroso, pelo Gabinete de Conselheiros de Política Europeia (BEPA), tinha encomendado, por sua vez, dois estudos sobre o problema do Islão e da Europa [87]. As duas análises científicas caracterizam-se por contributos dos principais especialistas internacionais na investigação dos aspectos históricos e dos fenómenos actuais do Islão na Europa, tentando analisar, para além disso, as perspectivas potenciais para a existência do Islão (nas suas diversas manifestações) e das muitas comunidades muçulmanas numa Europa Ocidental que permanece maioritariamente não-muçulmana.

Foi e é evidente que, tendo em conta as circunstâncias, não pode haver apenas um modelo único e universal, mas vários adjacentes e talvez até mesmo contrários às variantes da realidade islâmica existentes na Europa. A relação entre o Estado e a sociedade e as comunidades muçulmanas assume, de facto, formas diferentes de Estado para Estado dentro da UE, dependendo das condições e do contexto histórico, político e jurídico. No entanto, existem algumas tendências e teses generalizadas, que acabam por resultar tanto da prática como naturalmente da análise científica e podem ser resumidas, nos estudos referidos, do seguinte modo:

a) A secularização: os muçulmanos estão amplamente envolvidos nos processos de secularização, nos quais a dimensão religiosa diminui, iniciando uma forma de cultura e de civilização islâmica «mundana». Neste contexto, poderíamos falar de uma sociedade civil islâmica;

b) A assimilação: apesar de os muçulmanos continuarem a aderir ao Islão em larga medida enquanto factor religioso dominante, praticam a religião com base e no âmbito da realidade sociopolítica na Europa do terceiro milénio, com tendência para se «fundirem» na sociedade europeia. Talvez se pudesse aqui formular a hipótese da «europeização dos muçulmanos» (como definido na «Declaração de Graz»);

c) A integração: também nesta hipótese encontramos o reconhecimento de uma realidade social genuinamente ocidental-europeia pelos muçulmanos, onde, ao contrário da assimilação, mantêm um espaço livre para a preservação das suas necessidades religiosas e culturais. Igualmente neste caso, poderá talvez emergir uma espécie de «europeização dos muçulmanos»;

d) Os guetos: as comunidades muçulmanas, por muito numerosas que sejam, refugiam-se como «comunidades de mesquitas», isolando-se da sociedade não-muçulmana, para viver – especialmente nas grandes cidades e outros centros urbanos – em áreas residenciais dominadas por muçulmanos, e estão a tentar constituir, a nível municipal e regional, através dos seus próprios partidos políticos, associações culturais e outros organismos que representem os seus interesses, o que deixa ainda algum espaço para um «Islão europeizado», embora em muito menor escala do que nos modelos b) e c); os muçulmanos sentem basicamente que, em alguns aspectos, a sua existência é como um corpo estranho, precisamente como parte de uma diáspora, com todas as consequências negativas para estes grupos;

e) A globalização integrada: os muçulmanos reconhecem os alicerces políticos e sociais da civilização europeia, mas não querem «abrir-se» institucionalmente, tentando impor a sua identidade religiosa nas condições vigentes, mantendo uma vida activa, ao mesmo tempo que fazem uma regressão ao Islão como factor global e/ou aos países de origem. Também aqui as questões da dupla cidadania e do compromisso político desempenham um papel especial. Segundo este conceito, os muçulmanos vêem-se como parte do processo de globalização num «mundo paralelo integrado»;

f) A dualização, a sociedade paralela, em que o Islão vive em separação completa, um «Estado» dentro do Estado, com uma forte aproximação e/ou transição em curso;

g) A islamização: os muçulmanos estão envolvidos activamente, por vezes na clandestinidade, violando as normas jurídicas existentes, podendo essas tendências ser encontradas em quase todos os Estados--membros da União Europeia, como já foi aqui referido, constituindo uma ameaça real para o Estado de Direito vigente, provocando muitas resistências sociais por parte da população não-muçulmana, o que dá azo a agitação social e política, levando frequentemente a reacções políticas extremas. Este modelo vê o Islão numa perspectiva missionária e de confronto.

Escusado será dizer que estas «hipóteses» ou estes «modelos» conhecem transições suaves e inúmeras formas intermédias. Os diferentes modelos dão origem, segundo os Estados-membros da UE, a vários desafios concretos, tanto para o discurso público como para o processo legislativo resultante. Como se podem encarar estes problemas? O ponto de partida e a base fundamental, e isso deverá ser inquestionável, devem continuar a ser os direitos e as liberdades fundamentais, nos quais se baseia a ordem social liberal e pluralista. A compatibilidade do Islão (que deve ser sempre pensada no plural) com os direitos humanos fundamentais representa a emergência radical de uma possível solução, tal como é exigida pelos próprios muçulmanos esclarecidos e pelos não-muçulmanos prontos para o diálogo, e como foi resumida na fórmula «ser muçulmano e tornar-se europeu». Serão os direitos humanos fundamentais, assegurados por todos os países da UE e evidentemente pela União como um todo, compatíveis com o Islão, pelo menos na medida em que possa haver uma vivência próspera na Europa?

A Comissão Europeia tentou descobrir, em colaboração com os principais representantes das ciências, o que está por trás desta questão fundamental. Para esse efeito, encomendou ao autor deste livro, em colaboração com a Direcção-Geral de Justiça e Assuntos Internos e com base num concurso público, um estudo sobre a relação entre o Islamismo e os direitos humanos na Europa, tendo recebido os resultados em Outubro de 2004 [88]. A motivação para este estudo foi o pensamento de que para se poder avaliar as possibilidades, as condições e os limites para um diálogo com o Islão tem de se saber se o direito islâmico é ou não compatível com o *acquis communautaire* [acervo comunitário] da UE. Não causou surpresa verificar que, devido às inúmeras manifestações do Islão na Europa, é possível observar, a nível teórico e prático, a existência de uma abordagem diferenciada ao direito europeu, no sentido do direito da UE. A confrontação jurídica teórica e teológica dos muçulmanos com a lei europeia conhece diferentes focos e pode, mais uma vez, distinguir-se da prática social dos muçulmanos na Europa. Este resultado, condicionado por uma incessante actividade legislativa, deve ser permanentemente actualizado por uma avaliação contínua e reforçar a realidade, verificada um pouco por todo o lado, da adaptação muito pragmática de um considerável número de muçulmanos à ordem jurídica liberal prescrita no regulamento legal. Uma maioria silenciosa não quantificável já se adaptou a viver o quotidiano segundo as leis existentes. O fenómeno da adaptação não pode ser ignorado, manifestando-se por vezes de forma mais ou menos clara. Quanto mais intensa for a integração dos muçulmanos na sociedade maioritária não-muçulmana e quanto mais eles se tornarem, de facto, participantes na ordem social e na lei liberal/democrática, mais perceptível será o abandono dos conceitos jurídicos tradicionais islâmicos. Este fenómeno afecta áreas tão sensíveis como o casamento, o divórcio, as liberdades individuais, a orientação sexual, etc. Esta evolução traz enormes consequências para a coexistência das diferentes religiões na prática, as quais, tanto nesta forma «secularizada», como face à legislação e jurisprudência, não mais se apresentam numa tão grande dimensão. É mais fácil aplicar a rejeição de normas de conduta motivadas pela religião, que transmitem uma sensação de arcaísmo, e que são muito difíceis de compatibilizar com os direitos e liberdades fundamentais, como a poligamia, a circuncisão das meninas, o confinamento das esposas à casa, a recusa da formação educativa, a dispensa das aulas de Educação Física, o casamento forçado, a educação para o desrespeito pelas outras religiões e culturas, ou mesmo o homicídio para defesa da honra da família ([89]). Restam assim as doutrinas tradicionais religiosas e as associações e comunidades muçulmanas, que se baseiam nelas enquanto destinatários de um diálogo focalizado. O pensamento liberal (e profissional) reconhece as tensões, originadas pela diferente percepção dos direitos humanos, argumentando por isso a favor de um diálogo aberto e disponível para aceitar este desafio, no espírito do «modernismo» islâmico acima descrito ([90]). As já mencionadas «Declaração de Graz» e «Carta Islâmica» são exemplos desta abordagem promissora, apesar de nem todos os signatários (ou a maioria) aceitarem o rótulo de «modernistas».

Quase como o outro lado da moeda, temos ao mesmo tempo uma reacção apologética, rígida e fundamentalista religiosa para este desafio secular. O estudo menciona literalmente o wahhabismo, com a sua concepção de que todo o dogma e toda a norma de conduta devem ser directa e exclusivamente retirados do Alcorão e da *sunnah* (ou seja, a tradição profética). Estas e outras escolas igualmente rígidas, bem como as comunidades, opõem-se vigorosamente nas suas opiniões acerca da «ocidentalização» do Islão, combatendo essas tendências. Vêem os direitos humanos como uma construção genericamente hostil ao Islão, que se opõe à tradição islâmica.

Outra resposta embora não tão rígida ao desafio ocidental, já mencionada, é o Islão reformista [91]. Os seus esforços na luta pelos direitos humanos num novo contexto exclusivamente islâmico são mais de natureza apologética, conferindo-lhes uma herança islâmica. Não se trata de um esforço inteiramente novo. Já desde os anos 80 do século passado que algumas tomadas de posição islâmicas internacionais confirmam esta tendência, como a «Declaração Islâmica Universal dos Direitos Humanos» de 1981.

A linha de ruptura entre as comunidades muçulmanas na Europa e as escolas islâmicas decorre, de forma simples mas exacta, entre o Islão «esclarecido» e o «tradicional», com uma vasta gama de tonalidades, tendo por epicentro o fenómeno da secularização. Mesmo que, na tradição da história europeia das ideias, a secularização não signifique a laicização de conteúdos religiosos ou a sua eliminação da esfera pública, mas, segundo o teólogo Johann Baptist Metz, «o reconhecimento, proveniente da fé, da autonomia e do sentido de um mundo secular» [92], ela é geralmente entendida inconscientemente e motivada sobretudo pela experiência histórica da secularização enquanto apropriação estatal dos bens da Igreja como forma de ameaça a tudo o que é religioso. Para além do desafio conceptual que constitui o fenómeno basilar da secularização, a área sócio-económica e o sector educativo têm um impacto concreto na coexistência das comunidades religiosas. Todas as estatísticas demonstram a diferença de salário entre homens e mulheres, em muitos países da UE, e a população feminina muçulmana é mais afectada por essa discriminação. O estudo refere-se às mulheres muçulmanas extremamente dependentes dos homens, incluindo o facto de terem menos oportunidades de educação e formação, possuindo consequentemente um grau insatisfatório de autodeterminação e capacidade, e sofrendo em geral de desigualdade de oportunidades. A superação desta situação torna-se mais difícil devido ao forte factor de identidade e de socialização nas comunidades muçulmanas tradicionais. A rejeição, por parte de vastos círculos tradicionalistas, dos princípios culturais, sociais e políticos como os que o mundo ocidental personifica, pelo menos enquanto ideal teórico, deve ser considerada em termos do impacto para o diálogo inter-religioso e intercultural e devidamente tida em conta. Mas deveria ser evidente o respeito pelas particularidades da fé e da tradição islâmica com base e dentro dos limites da ordem estabelecida pelos direitos humanos.

Uma vez mais, exige-se esse diálogo. Mas para que se possa alcançá-lo, há primeiro que conseguir ensinar o conhecimento político acerca das bases e do funcionamento de uma sociedade pluralista e liberal e dos seus direitos humanos, bem como o conhecimento das crenças da sua própria religião e de outras. Tanto o Estado como a Igreja e as organizações religiosas são iguais por direito. O facto de esse diálogo necessário pressupor vontade e qualificação técnica constitui um desafio suplementar para os «líderes de opinião» e para as «elites democráticas». Compreensivelmente, deve ser diferenciado e tentado aos mais variados níveis. Por razões eminentemente práticas, a nível local (municipal), um grande número de municípios e de organizações eclesiásticas-paroquiais já apresentam capacidades de realização notáveis: os dias de «portas abertas», em que os cristãos, por exemplo, convidam muçulmanos a visitar as suas comunidades e estes convidam os cristãos a visitar as suas mesquitas; «festas de rua» comuns; «congratulações» mútuas em dias de festas importantes das respectivas religiões e muitas outras actividades similares. Estas iniciativas de «confraternização» podem certamente facilitar o conhecimento mútuo e reduzir a desconfiança entre a falta de conhecimento e a experiência na comunicação de uns com os outros. Também o direito de voto activo e passivo para os muçulmanos, tanto a nível local como regional, foi pelo menos abordado em quase todos os países da UE, ou até já implementado. Outros modelos de convergência política poderiam ser pensados, como as comissões municipais locais, etc. Acima de tudo, deveriam ter já sido apresentadas sugestões do lado muçulmano, como existem na «Declaração de Graz» e na «Carta Islâmica», que devem ser levadas a sério e referenciadas, sempre que possível. A falta de associações e delegações muçulmanas representativas, inter-regionais e mesmo europeias é vista como uma fraqueza nas comunicações mútuas.

A Europa historicamente evoluída deveria, especialmente tendo em conta o facto de conhecer uma grande variedade de comunidades muçulmanas, tomar maior consciência da sua própria diversidade de culturas, tradições, línguas e outras particularidades locais e regionais. Seria mais um lugar onde as Igrejas poderiam apresentar-se especificamente como forças marcantes e com estruturas transfronteiriças, o que já acontece, de certa forma, quando as Igrejas se institucionalizam na UE, estabelecendo contactos a este nível com os órgãos da União e os representantes muçulmanos. De qualquer modo, as instituições da UE reconheceram a necessidade de um diálogo e esforçam-se, com maior ou menor sucesso, pela sua concretização.

6. O Parlamento Europeu e a Comissão Europeia: interlocutores desejados e procurados

Desde há muito que existem deputados de fé muçulmana, que exercem o seu mandato no Parlamento Europeu em diferentes partidos. A maioria dos partidos realiza debates com o Islão, promovendo jornadas, conferências e seminários sobre temas actuais ([93]). Também há comissões isoladas, como as dos direitos das mulheres, ou da cultura, juventude, educação e do acesso aos *media*, que abordam repetidamente questões de importância fundamental em conjunto com as religiões e Igrejas, levando-as à discussão parlamentar. Um exemplo disto é o já mencionado relatório sobre «o Islão e a Jornada Europeia Averróis» ([94]), que foi apresentado aos deputados por um muçulmano. Contendo mais algumas considerações fundamentais e sugestões para um diálogo com o Islão, vale a pena analisá-lo mais pormenorizadamente. Nesse relatório, a Comissão Parlamentar sublinha, entre outros aspectos, «a necessidade de a União definir os elementos essenciais de um diálogo intenso e contínuo não só com os países, mas também com os grupos socialmente relevantes no mundo islâmico, com o objectivo do reforço e do desenvolvimento de todas as tendências democráticas e pluralistas, caso não existam» ([95]). Para além da última parte desta citação parecer um pouco optimista, este recurso parlamentar representa o verdadeiro desafio que a Comissão Europeia coloca a si própria por natureza, mas que outras instituições da UE também terão de colocar.

De relevância actual é a exigência para a definição dos elementos fundamentais para o desejado diálogo. Este também é, naturalmente, o debate sobre a União Europeia enquanto comunidade de valores aberta. Será a UE apenas uma? Em caso afirmativo, quais são os valores constituintes? O projecto de Constituição Europeia de 2004, aprovado pelos Chefes de Estado e de governo, tenta responder exactamente a estas questões.

O Parlamento Europeu considera que é no Islão, pelo menos num Islão europeu, que pode e deve haver uma separação entre a religião e o

Estado. Tirando o facto de o mencionado relatório Averróis não explicitar em pormenor o que se entende exactamente por separação entre «leis estatais» e «mandamentos religiosos», essa separação é postulada como condição indispensável para o funcionamento de uma sociedade multicultural e etnicamente diversificada ([96]). As principais afirmações do relatório da Jornada Averróis estão incluídas no número 6. Entre outras coisas, exige-se que:

a) os países islâmicos entrem num verdadeiro processo de democratização e de secularização, sob

b) participação e observação das preocupações e pretensões da sociedade civil e seus representantes, que

c) assegurem o exercício dos direitos fundamentais dos indivíduos e que

d) sejam respeitados os direitos linguísticos, religiosos e étnicos nos Estados islâmicos. ([97])

Provavelmente, deverá partir-se do princípio de que os Estados islâmicos se deixarão impressionar muito pouco com este pequeno relatório do Parlamento Europeu. No entanto, para a UE este documento torna-se mais realista por ter relevância prática, não sendo no entanto um instrumento juridicamente vinculativo, mas sim um guia de orientação político para os muitos contactos e negociações sobre a configuração das relações da UE com os Estados islâmicos. Ao mesmo tempo, constitui uma ajuda no discurso interno dos Estados-membros da UE para com as comunidades islâmicas neles estabelecidas, e também para particulares que se sintam prejudicados nos seus direitos pessoais por uma situação concreta de conflito. Neste caso, essas pessoas podem dirigir-se ao Parlamento Europeu e ao Provedor de Justiça (*Ombudsman*), fazendo referência ao relatório.

A verdade é que o relatório não deixa de ser importante para sensibilizar a UE para um necessário debate de valores, como já foi aqui referido. Concretamente, esses debates de valores teriam a ver com a questão da abertura das negociações sobre a (potencial) adesão da Turquia à UE. É verdade que, por um lado, e não apenas segundo a opinião do autor deste trabalho, mas também de acordo com funcionários abalizados das instituições da UE, se reconheceu à Turquia o estatuto de país candidato por motivos políticos inequívocos, mas ao mesmo tempo foi deixado bem claro que a Turquia ainda está muito longe de reunir as condições básicas que permitam o início das negociações de adesão. Muitos observadores estão convencidos de que a Turquia difere muito de outros países europeus enquanto Estado e sociedade, de modo que a sua adesão implicaria muito mais inconvenientes do que vantagens, tanto para a União Europeia como para a própria Turquia. Não são poucos os decisores da UE que também pensam, de forma realista, que esta adesão não seria benéfica nem para a UE nem para a Turquia, embora todos os benefícios possam ser potenciados com uma estreita cooperação, em todas as áreas, como por exemplo através de uma «parceria especial» (logo abaixo do estatuto de membro de pleno direito e bem acima de uma mera associação), ou de uma construção nova, ainda por definir. E talvez pudesse ser essa a chave para resolver a questão: uma vez que a Turquia é um parceiro importante para a União Europeia, e logicamente continuará a sê-lo, é evidente que terá de haver um relacionamento mais próximo entre a União Europeia e a Turquia.

Por todas estas considerações, o já mencionado relatório Averróis do Parlamento Europeu reveste-se de especial importância enquanto orientação. Coloca, de facto, algumas exigências concretas à Comissão Europeia, cuja concretização constitui, em termos gerais, a pedra basilar de um diálogo euro-islâmico significativo e consequente:

a) promover programas para a mobilidade dos artistas e representantes culturais, bem como programas conjuntos de formação de professores, jornalistas e mediadores culturais, apresentação de seminários académicos e co-produções audiovisuais;

b) intensificar as iniciativas nas áreas da educação e do ensino no quadro do programa MEDA (*);

c) apresentar programas de intercâmbio para estudantes e professores, no contexto do ensino superior e da cooperação entre a Europa e a região do Mediterrâneo;

d) promover os contactos da imprensa nos países do Mediterrâneo para o serviço de imprensa da União Europeia e facilitar a redacção e a distribuição conjunta dos meios de comunicação social de ambos os lados do Mediterrâneo;

(*) É o principal instrumento financeiro da UE ao serviço da parceria euro-mediterrânica, e pretende pôr em prática medidas de cooperação destinadas a ajudar os países terceiro-mediterrânicos a procederem à reforma das estruturas económicas e sociais, assim como atenuar os efeitos do desenvolvimento económico nos planos social e ambiental. (N.T.)

e) investigar a condição das mulheres – devido à sua grande importância para a evolução sócio-económica – nas sociedades islâmicas e nas suas participações políticas, económicas, sociais e culturais, devendo ser reforçada e garantida a igualdade entre homens e mulheres, promovendo as acções necessárias de cooperação com os países islâmicos na sequência dos resultados das pesquisas;

f) promover activamente a criação de uma universidade euro-islâmica em local apropriado no território da União Europeia, devendo concentrar-se, para além da investigação e do ensino nas disciplinas, nos valores e práticas (*Idschtihad*) do Islão, contribuindo para um Islão europeu moderno, liberal e crítico para os muçulmanos na Europa. ([98])

Verificamos com satisfação, e por experiência própria, que a Comissão Europeia já está activa, através das suas repartições institucionais, em todas as áreas acima mencionadas e, por vezes, com considerável sucesso, como demonstram por exemplo a Direcção-Geral de Educação e Cultura, a Direcção-Geral de Relações Exteriores e o Departamento para o Diálogo com as Religiões e as Igrejas, no âmbito da esfera de conselheiros políticos do presidente da Comissão Europeia. Convém referir que o diálogo sobre um modelo concreto para o mundo islâmico na União Europeia e os seus Estados-membros encontra-se actualmente em fase de preparação. Em relação ao ponto f), a universidade euro-islâmica não teve o sucesso desejado. No entanto, existem inúmeras academias e instituições não académicas que convivem com o Islão ao mais alto nível intelectual.

Este relatório parlamentar sobre a UE incita os Estados-membros a assumirem a iniciativa de:

a) reforçar e actualizar o conhecimento das civilização e cultura mediterrânicas nos programas escolares;

b) facilitar a expressão de opiniões das comunidades islâmicas no contexto dos meios de comunicação social, da mesma forma e no mesmo quadro de respeito pelos princípios democráticos e da tolerância mútua, como nas outras orientações religiosas, e respeitar, por último, a separação entre poder secular e espiritual;

c) fomentar a formação profissional e a educação científica de imãs e outros líderes religiosos na Europa;

d) verificar a possibilidade de colocar à disposição da população muçulmana locais e instituições adequadas para os seus rituais religiosos e fúnebres;

e) facilitar o ensino do árabe como língua viva e incentivar a pesquisa e o ensino nas universidades europeias nos domínios da cultura, da história, da política e da sociedade islâmicas. ([99])

Nunca é demais recordar que a maioria destes pedidos também foi adoptada no âmbito do diálogo euro-mediterrânico, também referido como «processo de Barcelona». Foi já referido anteriormente que os Estados-membros caminham na direcção certa, como a Áustria, ao formar imãs muçulmanos para a instrução religiosa.

A análise que o Parlamento Europeu faz aos temas referentes ao Islão reflecte as necessidades actuais, havendo lugar a uma abordagem dos problemas centrais, ao mesmo tempo que também apresenta conclusões claras, com base nas suas análises e pesquisas. O facto de não serem apenas chamados peritos islâmicos extraparlamentares aos trabalhos, como acontece em audições parlamentares, mas de os deputados muçulmanos do Parlamento Europeu estarem também envolvidos activamente, permite que seja reconhecida competência profissional aos documentos, reforçando assim a aceitação política das suas conclusões e reivindicações.

As diversas actividades das Direcções-Gerais da Comissão Europeia e do grupo de conselheiros políticos já foram mencionadas em várias ocasiões. As descrições detalhadas alargariam desnecessariamente o âmbito deste livro e pouco contribuiriam para o tema. Por isso, as diferentes Direcções-Gerais e os comissários devem continuar a ter consciência, no âmbito das suas competências, do problema relativo à questão do Islão na UE e que enfrentem os desafios. No âmbito das áreas específicas, existem numerosos contactos, projectos, actividades de carácter dialogante, tentativas de resolução de problemas a nível cooperativo e um esforço pelo desenvolvimento de instrumentos adequados para o diálogo político por parte das Direcções-Gerais.

Também se aplica ao Islão o que é válido para outras religiões, ou seja, o facto de no emaranhado de instituições não haver qualquer gabinete ou organização específica, envolvida de forma efectiva e explícita, nas questões religiosas e de política eclesiástica do Islão. Apesar da extensa rede de serviços diversos, a Comissão Europeia não possui qualquer órgão operativo para um diálogo substancial com as religiões. No Grupo dos Conselheiros Políticos do Presidente da Comissão Europeia (GOPA), durante o mandato de Romano Prodi já existia a referida secção, que tinha a seu cargo o diálogo com as religiões, Igrejas e ideologias. A tarefa principal, tanto deste sector como do Grupo dos Conselheiros Políticos em geral, é constituir primeiramente um órgão consultivo para o presidente, não tendo qualquer actividade operativa, o que se aplica de igual forma para o Gabinete de Conselheiros de Política Europeia (BEPA), na Comissão Europeia, sob a presidência de José Manuel Durão Barroso. No entanto, justificava-se a criação de uma instituição operativa pela exigência, entre outras razões, de um diálogo aberto, transparente e regular com as religiões, Igrejas e crenças (ver o Tratado Reformador da União Europeia, etc.).

Resta, finalmente, analisar mais de perto o conceito tantas vezes citado de «diálogo». Já deverá ter ficado claro que não há alternativa a um diálogo teológico e sócio-político com o Islão. Este não pode, porém, ser levado a cabo no sentido da definição secular de diálogo que acabou por se estabelecer na modernidade desteologizada ([100]). O Islão é uma religião e não – como muitas vezes se pensa erradamente – uma cultura, porque para isso bastaria um intercâmbio inter-cultural; na realidade, trata-se de um diálogo com uma religião, com todos os condicionalismos e desafios inerentes. Infelizmente, no mundo político secular de hoje este facto óbvio tem de ser mencionado de forma explícita. O termo diálogo das «culturas», das «civilizações», etc., é aqui insuficiente, da mesma forma que é muitas vezes empregue em vez de um diálogo religioso no emaranhado de instituições da UE, devido a um entendimento errado do que é o «politicamente correcto». Deve haver um diálogo que estabeleça as definições básicas necessárias e que conduza também a uma «linguagem» comum. É importante ter em mente o antigo ditado: quando dois dizem o mesmo, não têm necessariamente de querer dizer o mesmo. Dois exemplos podem ilustrar o que foi dito. O termo «paz» no Islão é nada menos do que o alargamento a todo o mundo do *dâr al-Islâm*, ou seja, da «Casa do Islão». Este é, certamente, um entendimento que difere significativamente do cristianismo, para quem a paz, em conformidade com a opinião geral prevalecente, é uma dádiva de Deus ao povo, concedida ao mundo e às pessoas através do acto de obediência de Jesus; a paz é por isso Jesus Cristo ([101]); é garantida pelo poder do Espírito Santo ([102]) e tem de ser preservada pela Igreja de Jesus Cristo ([103])/([104]).

Até mesmo a «tolerância» ([105]), um segundo conceito-chave, é entendida de forma diferente pelo cristianismo, pelo iluminismo por ele influenciado, e pelo Islão. Na verdade, no Islão a «tolerância» significa a aceitação de monoteístas não-islâmicos (isto é, só de judeus e cristãos), como crentes inferiores em relação ao Islão (em árabe: *dhimmi*) e como minorias protegidas, mas imaturas ([106]). No seu muito apreciado comentário, Bassam Tibi, que se considera um muçulmano «europeu», conclui: «É essencial exigir aos muçulmanos que eles revejam o seu entendimento de tolerância e de paz numa aceitação do pluralismo e que renunciem à doutrina da *jihad* [guerra santa, segundo Maomé] como conquista», formulando como critérios mínimos para um diálogo sincero que «ambos os parceiros de diálogo deverão (terão de) ser imparciais no conhecimento teológico e histórico acerca do outro. No diálogo, trata-se de *conflict resolution* [resolução de conflito] enquanto resolução pacífica de conflitos. Portanto, também não precisamos de sentimentalismos inter-religiosos, nem de troca de defumações com incenso ou de garantias enganadoras de boa vontade. A franqueza só existe quando se pode falar sem autocensura, tabus e fingimentos de uns para com os outros. A base das negociações tem de ser a aceitação do pluralismo religioso, ou seja, o reconhecimento da igualdade das religiões. Se não houver receio da controvérsia, brevemente se poderá chegar a algo que nos una» ([107]). Talvez estas reflexões estejam formuladas de modo um pouco incisivo, mas servem com certeza de ponto de partida para o necessário diálogo.

* * *

As objecções e os desafios exigem uma posição própria para uma resposta séria e conceptual, não bastando apenas mencionar as deficiências e os problemas – é necessário agir. A UE está consciente do avanço de um processo aberto com carácter experimental. Mas isso não significa que a experiência se baseie em parâmetros inseguros. Todos os capítulos anteriores têm servido para mencionar esses limites, condições, identificação dos desafios e necessidades. No capítulo seguinte, tentaremos apresentar o envolvimento das Igrejas no processo de integração europeia, principalmente em condições definidas, sob uma orientação teológica prática. O título é «Uma Sociologia Teológica Europeia», mas com um ponto de interrogação. Enquanto rede de instituições, a UE é uma entidade secular, mas está enraizada num solo em grande parte religioso, alimentado pelo cristianismo, e vê-se confrontada, por sua vez, com a UE como organismo político, formado pela soma dos seus cidadãos com uma elevada percentagem de pessoas que se afirmam religiosas. Enquanto estrutura com cabeça de Jano, a UE tem uma dimensão secular e religiosa: existe um contraste entre instituições neutras e uma Europa baseada em sensibilidades religiosas fundamentais. O liberalismo secular não pode dar resposta à questão do presente e do futuro da UE como um todo, em vez de uma sociologia teológica genuinamente europeia. Quais são agora as bases fundamentais? E que consequências práticas podem daí advir?

Para prevenir qualquer mal-entendido, deve ser referido que o objectivo deste empreendimento não é demonstrar a superioridade cristã ou «ocidental», mas que se trata, decisivamente, de elaborar um ponto de vista racional, plausível, alicerçado em argumentos, que deve perdurar não só no discurso filosófico, mas ser também aceite pelos muçulmanos, mesmo que não seja partilhado, não podendo ser refutado por uma questão de rectidão.

CAPÍTULO 7

UMA SOCIOLOGIA TEOLÓGICA EUROPEIA?

1. **A construção de uma Europa unida – um desígnio da Igreja?**

A partir dos dados apresentados até ao momento, alguns factos importantes tornaram-se decerto suficientemente claros, constitutivos para o diálogo religioso e político-eclesiástico no contexto do processo de integração europeia:

1. Os Estados da União Europeia são cristãos e têm uma herança cristã riquíssima.
2. Historicamente fundamentada e desenvolvida pelos dois cismas do século XI e XVI, a cisão do cristianismo modificou, diferenciou e diversificou essa herança.
3. Não há dúvida de que, em 2000 anos de história intelectual europeia, foram acrescentados vários outros conceitos, ideias e sistemas de proveniência judaica, islâmica, não-religiosa e secular. Todos foram importantes, mas sobretudo enriquecedores, tendo sido integrados num diálogo frutuoso com o cristianismo. Os fracassos trágicos são conhecidos, mas em nada alteram a base fundamental.
4. A cisão confessional do cristianismo, a chegada das religiões não--cristãs e o fenómeno de um secularismo moderno tiveram como resulado o surgimento de uma variedade de sistemas jurídicos eclesiásticos estatais, que oscilam entre a união entre Estado e Igreja e a sua estrita separação, influenciando o processo de tomada de decisões de natureza político-religiosa das instituições europeias.

Apesar de a maioria dos Estados-membros da UE praticar o modelo de cooperação entre a Igreja e o Estado, verifica-se alguma insegurança um pouco por toda a parte ao tentar-se encontrar resposta à pergunta de como se deve comportar, perante as instituições religiosas, um Estado secular cuja redefinição começa a tardar. Este problema reveste-se de uma acutilância radical quando se pretende saber como lidar com símbolos religiosos em espaços públicos (por exemplo, as cruzes nas escolas públicas e instalações judiciais, a permissão para as mulheres muçulmanas usarem o véu islâmico em edifícios públicos, etc.). As abordagens feitas até ao momento, nos diferentes Estados-membros da UE, não permitem distinguir qualquer sistematização uniforme.

No que diz respeito ao relacionamento entre as instituições da UE e as Igrejas, religiões e organizações filosóficas e não confessionais, o direito primário europeu teve em conta o poder normativo dos factos e, como se sabe, decretou renunciar a uma competência político-religiosa e eclesiástica própria: «A União respeita o estatuto das Igrejas e associações ou organizações religiosas nos Estados-membros, no âmbito da legislação nacional, e não o prejudica». Isto também se aplica igualmente ao estatuto das organizações filosóficas e não confessionais ([1]). No entanto, a fim de resolver as incertezas jurídicas ainda existentes e de nem sequer deixar surgir problemas políticos, deverá ser imperativo criar, no futuro, um quadro jurídico comunitário ou harmonizar os sistemas jurídicos eclesiásticos estatais, desde que sejam pertinentes para o bem comum da UE.

Embora se sublinhe sempre a neutralidade religiosa das instituições da UE, pode e deve salientar-se que, apesar da sua neutralidade, elas não rejeitam as Igrejas nem as organizações religiosas, assumindo uma atitude positiva e cooperante. Isto foi formulado, por exemplo, no Livro Branco sobre a Boa Governação, no qual ficou estabelecido que as Igrejas e organizações religiosas desempenham «um papel especial», quando se trata de dar voz às preocupações dos cidadãos e de prestar serviços que atendam às necessidades da população ([2]).

É certo que a ausência de uma referência explícita à herança cristã da Europa e uma referência a Deus, como elemento essencial da acção política, no preâmbulo da Constituição para a Europa causou irritação e desapontamento entre muitos cristãos. Pode e deve, no entanto, servir de consolo o facto de, no seu todo, a Constituição ser de inspiração profundamente cristã, contendo inúmeras disposições de carácter explicitamente cristão. Honrando o «factor religioso» da UE, ficou registada no Tratado Constitucional a intenção de, «reconhecendo a sua identidade e o seu contributo específico, a União manter um diálogo aberto, transparente e regular com as referidas Igrejas e organizações» ([3]). Esse diálogo já decorre há muito tempo e com bastante êxito. No entanto, o instrumento disponível por parte da UE não corresponde satisfatoriamente às crescentes necessidades actuais. Na Primavera de 2004, este autor elaborou um projecto para a criação de um instrumento de diálogo eficaz. Analisaremos essa proposta no último ponto deste capítulo. Foi já por diversas vezes mencionado que há um departamento do «Gabinete de Conselheiros de Política Europeia» (BEPA) na actual Comissão Europeia, que acompanha o diálogo com as religiões, Igrejas e organizações filosóficas e não confessionais. Além disso, também o PE tem cada vez mais em conta estas necessidades, conforme exposto no ponto 3 do quarto capítulo deste livro.

A UE reconheceu, portanto, o valor e a importância das religiões e Igrejas no processo de unificação europeia, na sua especificidade enquanto instituições religiosas *sui generis*, ou seja, no seu carácter transcendente religioso, e não apenas como uma espécie de «ONG espiritual» na rede institucional da «sociedade civil». Este foi um contributo valioso dos trabalhos da Convenção para a elaboração da Constituição, consideravelmente influenciada pelas contribuições construtivas que as Igrejas já tinham prestado ao longo dos anos através do diálogo, e que a Comissão Europeia retomou.

Depois de a UE se ter posicionado perante as Igrejas e organizações religiosas, há agora que perguntar qual a posição destas para com a UE. Em relação a isso, depara-se-nos um quadro variado: de tudo se pode encontrar, desde uma participação elevadíssima e activa no processo de integração europeia até ao desinteresse total pelos acontecimentos políticos. O pouco interesse, quiçá inexistente, encontra-se sobretudo nas organizações religiosas que procedem de Igrejas evangélicas livres, mas não só, e que muitas vezes provêm de fora da Europa. Destas fazem parte várias organizações religiosas de orientação fortemente virada para os EUA. Assim, temos como exemplo as Testemunhas de Jeová, a Igreja Adventista do Sétimo Dia e dos Últimos Dias Santos (mórmones), para citar apenas algumas, que mal se fizeram ouvir na política europeia. O mesmo se pode dizer das organizações religiosas de origem asiática, como os budistas e hindus, e por parte de grupos mais esotéricos. Nos últimos tempos, porém, o Exército de Salvação, os membros da Comunidade Pentecostal Europeia (PEF) ou o Conselho Quaker para Assuntos Europeus (QCEA), por exemplo, participam com regularidade nas reuniões de diálogo organizadas pela Comissão Europeia, como a União Budista Europeia (UBE) e o Instituto Vaishnava de Comunicações (hindu). O quarto capítulo deste trabalho debruçou-se sobre esta questão.

Isto pode estar relacionado com o facto de algumas organizações religiosas não terem uma consciência política europeia, ou seja, os seus ensinamentos não lhes permitem um compromisso de integração europeia. Por vezes, a sua identidade e a origem geográfica, bem como a ligação às regiões de procedência, como é o caso dos EUA, são factores inibidores.

Escusado será dizer que as grandes organizações judaicas participam activamente no processo de integração europeia. Os judeus dominam a vida europeia desde tempos imemoriais, sendo as suas comunidades provavelmente as mais antigas de toda a Europa, muitas delas oriundas do período romano. Embora não haja qualquer conceito político europeu de judaísmo segunda uma perspectiva teológica prática, existe uma participação diferenciada e frutuosa em termos políticos, económicos, culturais e científicos no processo de integração europeia, devido ao grande número de organizações, instituições e grupos e aos seus interesses específicos. A rica herança judaica europeia está viva. No entanto, é por vezes influenciada pelas relações políticas com o Estado de Israel, os EUA e o conflito no Médio Oriente.

A relação dos muçulmanos com a Europa, como ficou patente no capítulo anterior, tornou-se extremamente complexa. O número esmagador das suas comunidades, que se diferenciam devido às línguas, culturas, tradições e, muitas vezes, ao grau de vontade e capacidade de se integrarem nas estruturas europeias, fazendo parte de diversas tradições do Islão, tem uma influência marcante na política europeia. O problema é agravado, por um lado, pelo rápido crescimento da população muçulmana na Europa, com altas taxas de natalidade, e, por outro, pela emigração. A força normativa dos factos, no seu todo, obriga a considerar a questão da compatibilidade da vida muçulmana no contexto europeu. A temática também pode ser delineada ao colocar-se a questão de como se pode harmonizar o facto de se ser simultaneamente muçulmano e europeu. As diversas organizações muçulmanas elaboraram pareceres muito diversos sobre a política europeia relativamente às questões individuais. Os Estados-membros têm muito a fazer no que respeita à integração das populações muçulmanas, e as instituições europeias são, na maioria dos casos, confrontadas com a cooperação e o desejo de coordenação dos Estados-membros sobre questões específicas, faltando um debate abrangente e fundamental sobre uma verdadeira estratégia europeia em relação aos concidadãos muçulmanos. Se há alguém que hoje tenta levar a cabo esse debate, são os ministros da Justiça e do Interior, e círculos elitistas a nível científico.

Falemos agora das Igrejas e confissões cristãs. Qual é a sua posição para uma futura Europa comum?

Para tentar responder a esta pergunta, poderemos começar com as Igrejas ortodoxas. Principalmente a ortodoxia sedeada em Bruxelas, com representações próprias, participa de forma activa no processo de integração europeia, acompanhando-o criticamente. Este interesse é particularmente visível através do contacto permanente com as instituições da UE, da cooperação com a Convenção para a elaboração de uma Constituição para a Europa e da organização de conferências com temas europeus. A fim de formular uma posição comum, foi convocada em Março de 2003, em Creta, uma conferência que aprovou as recomendações da ortodoxia à Convenção ([4]). A herança cristã da Europa, a defesa dos direitos humanos, incluindo a liberdade religiosa, e o diálogo institucionalizado entre as instituições da UE e as religiões estão no centro do interesse comum ortodoxo. Neste ponto, deve ser feita especial menção à excelente cooperação entre a ortodoxia e a Igreja Católica Romana na elaboração da Constituição para a Europa e, no contexto da KEK, na elaboração da Carta Ecuménica.

A Igreja Ortodoxa Grega, a maior e mais influente na UE, apresenta regularmente posições sobre questões específicas e assume indirectamente grande importância para a UE no posicionamento político europeu da Grécia ([5]).

A Igreja Ortodoxa Russa, pelo facto de muitos dos seus crentes viverem nos Estados-membros da UE, sobretudo nos Estados bálticos, e tendo em consideração a influência predominante da Igreja Ortodoxa Grega e a postura pró-europeia do Patriarca Ecuménico de Constantinopla, viu-se obrigada a participar no processo de integração europeia. O resultado desses esforços culminou num memorando em que se queixava da «ignorância do Ocidente» em relação ao «Oriente», tendo sido sublinhada a vontade de cooperação a nível pan-europeu ([6]).

As diversas actividades do Patriarca Ecuménico de Constantinopla são da maior importância, tanto a nível pessoal como através do seu gabinete de ligação na União Europeia. O Patriarca Ecuménico de Constantinopla é um visitante regular e bem-vindo a Bruxelas e um orientador do diálogo político no Parlamento Europeu. Um excelente exemplo é a série de nove encontros com o Partido Popular Europeu e Democratas Europeus, o mais numeroso no PE, e que decorreram sob a sua égide, tendo o autor deste trabalho participado pessoalmente em quatro conferências. Os resultados destes trabalhos que, a partir da terceira conferência, foram publicados em brochuras multilingues, podem ser justamente considerados um marco da política ortodoxa teológica para a Europa [7]. Através do seu Gabinete em Bruxelas, o Patriarca Ecuménico também exerce uma prática muito bem sucedida de política ortodoxa na Europa, fazendo ouvir de forma enérgica a voz da ortodoxia. As questões da dignidade humana e, deste modo, de uma política social justa, de protecção do ambiente, das novas tecnologias biológicas e da influência dos valores cristãos fundamentais de uma UE alargada merecem uma atenção especial.

O teólogo ortodoxo Grigorios Larentzakis, que lecciona na Faculdade de Teologia da Universidade de Graz, fez uma tentativa, não muito valorizada do ponto de vista ortodoxo, de apresentar uma perspectiva euro-política, elaborada de forma sistemática [8]. Os principais pontos da ortodoxia na Europa foram resumidos em onze artigos:

1. Sem a inclusão do Sul e do Sudeste da Europa, não pode haver uma Europa completa;
2. A ortodoxia desempenha um papel essencial para o desenvolvimento da Europa, com base na sua génese e no seu desígnio pastoral;
3. Os verdadeiros valores europeus da ortodoxia compreendem a dignidade humana, que resulta da semelhança do ser humano com Deus;
4. A visão cristã do ser humano deve estar mais presente na política europeia e deve ser reclamada quando necessário;
5. Rejeição de qualquer forma de nacionalismo e reforço da necessidade de cooperação entre as Igrejas; e
6. Reforço do federalismo enquanto «unidade na diversidade». [9]

A diversidade de Igrejas protestantes e confissões evangélicas proporciona um quadro semelhante, no que diz respeito ao seu empenho político europeu. Já foi aqui mencionada a situação específica das Igrejas Evangélicas Livres de origem não europeia. Até mesmo os pequenos grupos regionais eclesiásticos raramente ou quase nunca se manifestam com políticas pastorais da sua autoria. O exemplo acima referido aplica-se aos irmãos boémios, aos hussitas (ambos essencialmente presentes na República Checa) ou aos valdenses (essencialmente no Sul de França e em algumas regiões italianas).

As Igrejas luteranas de carácter semelhante ao da união entre Estado e Igreja, como acontece na Escandinávia, apresentam diferenças. No início, a Igreja Luterana da Noruega era muito crítica em relação à UE, por influência de um dos seus bispos regionais (já aposentado) que, antes da sua «mudança de profissão», presidia ao Partido dos Camponeses e não era favorável à integração; esta posição deve entretanto ter mudado, no sentido de uma relação amigável com a UE. A Igreja Luterana da Suécia parece estar de novo muito ocupada com os seus problemas de secularização e com a luta pela sobrevivência eclesiástica. Apesar de a UE não ser actualmente uma das questões mais prementes, envia regularmente um representante à UE para o estabelecimento de contactos com Bruxelas, tendo o autor deste trabalho sido convidado para vários debates na Suécia. A situação pastoral é, de facto, preocupante. Segundo declarações do arcebispo de Estocolmo-Uppsala, aproximadamente 75% dos Suecos pertencem à Igreja Luterana da Suécia, mas a média da percentagem de crentes que assiste ao culto dominical é muito baixa. A Igreja Luterana da Dinamarca encontra-se numa situação semelhante à sueca e debate-se actualmente contra a tentativa, por parte de alguns membros do Parlamento, de lhe ser retirado o estatuto privilegiado de «Igreja Nacional». Apesar de a Igreja Luterana da Finlândia lutar também contra a ameaça do secularismo, de entre todas as Igrejas escandinavas ainda é a que se ocupa mais intensamente das questões políticas europeias. As visitas do arcebispo da Finlândia e de quase todos os outros bispos luteranos da Finlândia a Bruxelas, bem como o envio de um representante próprio aos encontros regulares de debates e grupos de trabalho internos organizados pela Comissão Europeia, constituem uma prova bem evidente disso mesmo.

A grande excepção é a Igreja Evangélica da Alemanha, a EKD, em virtude da sua fixação político-estatal na República Federal da Alemanha, motivada pela força dos seus membros e pelo seu tradicional empenho sócio-político. Enquanto, por um lado, as Igrejas luteranas escandinavas não têm qualquer representação institucional específica em Bruxelas ou em Estrasburgo, dispondo, apesar disso, como são os casos da Suécia e da Finlândia, de representantes colocados na UE, que se deslocam regularmente a Bruxelas e fazem também parte da KEK, a EKD, por seu lado (apesar de pertencer à KEK), dispõe de um gabinete bem organizado e muito activo em Bruxelas. A EKD tem um grande interesse nos trabalhos das instituições da UE, apresentando regularmente propostas de projectos e tomando ocasionalmente iniciativas em questões específicas; elabora documentos e estratégias e participa em actividades ecuménicas. Além disso, o presidente do Conselho da KEK é convidado regularmente para debates nas instituições da UE.

Para as grandes – e acima de tudo tradicionais – Igrejas e confissões da Reforma, a Europa representa naturalmente um grande desafio. Curiosamente, e apesar do empenho intenso das diferentes Igrejas em áreas específicas da política europeia, ainda não se chegou a uma abordagem abrangente sistemática e conceptual aceite por todas as Igrejas aos desafios evocados pelo processo de integração europeia para a teologia e a política. A grande excepção é a Carta Ecuménica, quando nela se faz referência ao processo de integração europeia.

Do ponto de vista da política europeia, o défice político-eclesiástico de algumas Igrejas regionais, precisamente com excepção da EKD, é coberto positivamente pela Conferência das Igrejas Europeias (KEK). Esta organização ecuménica representa actualmente 126 Igrejas e confissões, tornando-se um parceiro importante dos pequenos grupos religiosos, e não só, como é óbvio, dando uma contribuição vital ao processo de integração europeia. Um exemplo notável, porque decisivo, foi dado pelas jornadas que decorreram em Outubro de 2000, na cidade romena de Iasi, subordinadas ao tema «O papel das Igrejas no processo de integração europeia – uma busca de valores comuns europeus». As principais contribuições destas jornadas, bem como um resumo de avaliação, foram posteriormente publicadas ([10]). As jornadas tentaram formular posições comuns de uma visão fundamental ecuménica para a continuidade do processo de integração da UE. No entanto, o objectivo não era apresentar uma sociologia ecuménica referente à Europa, nem uma teologia política sistemática. A intenção era elaborar tomadas de posição importantes em relação a temas específicos. Os resultados destas reflexões, apesar do seu carácter algo fragmentário, constituem formas de orientação úteis e notáveis. As principais posições estão resumidas do seguinte modo:

1. As Igrejas estão sempre dispostas a participar de forma construtiva no processo de unificação europeia;

2. há divergências no que se refere ao processo de integração e na configuração política concreta que esta nova Europa deve considerar;

3. na sua missão de contribuírem para o processo de forma compreensível e competente, as Igrejas devem ter uma estratégia clara e tratar apenas dos seus próprios conteúdos religiosos, razão pela qual

4. devem dar a devida atenção ao aspecto ético e espiritual no desenvolvimento de uma Europa comum, e, por fim,

5. as Igrejas devem ter a missão de defender a tolerância, a multiplicidade étnica e cultural e a diversidade reconciliadora. ([11])

Entretanto, no âmbito da Comissão Ecuménica Europeia para a Igreja e a Sociedade (EECCS), a KEK criou um grupo de trabalho para o processo de integração europeia cuja tarefa mais importante é encontrar a resposta à pergunta sobre a forma de as Igrejas cristãs contribuírem especificamente para este processo. Este grupo de trabalho elaborou um documento ([12]) em que, pela primeira vez, os representantes da Igreja de toda a Europa puderam usar da palavra, de modo que «este documento pode ser entendido como uma contribuição europeia comum» ([13]), enquanto os estudos anteriores ([14]) eram caracterizados por uma perspectiva europeia ocidental. Em termos gerais, estes peritos demonstram uma agradável tendência de base para manter uma atitude positiva e ao mesmo tempo realista em relação à complexa evolução do processo de integração europeia. Assim, é estabelecido que o «respeito pela diversidade religiosa na Europa e pelas diversas opiniões das Igrejas relativamente aos aspectos mais importantes da integração» faz parte dos pressupostos fundamentais para uma acção conjunta, e é precisamente devido a esse pluralismo e a essa diversificação que deve ser encorajada uma «atitude positiva para com o processo de integração». Este documento é um «contributo positivo para a resolução dos problemas (...) na busca por uma identidade europeia e dos valores comuns a este continente» ([15]). Em primeiro lugar, verifica-se que os europeus têm uma imagem confusa da UE. É uma observação não totalmente descabida, em cuja veracidade os decisores da UE não deixam de ter uma participação importante, e constitui a razão pela qual o diálogo institucionalizado com as Igrejas e as organizações religiosas é/seria importante. Além disso, o documento afirma que seria essencial um debate de valores em toda a Europa, incluindo os futuros Estados-membros e aqueles que, por qualquer razão, não foram ainda aceites na UE.

São duas as direcções constitutivas do processo de unificação europeia e que têm de estar relacionadas uma com a outra: por um lado, a expansão do espaço de liberdade, democracia e prosperidade e, por outro, a rica diversidade cultural, étnica e espiritual. Consequentemente, a UE deverá «europeizar-se». «Isto significa que, até à data, a UE não fez o que seria desejável para a integração dos elementos que são genuinamente europeus, e não apenas os característicos de uma parte do continente» ([16]). Todos os cidadãos deveriam poder participar no processo de elaboração da «europeização do continente», e não apenas um grupo de elite de funcionários e políticos ([17]). No terceiro capítulo do presente documento, serão apresentadas, entre outras, as seguintes questões específicas ([18]).

1. O que une a Europa? Esta questão ainda está em aberto, e por isso é feita a exigência, uma vez mais, para um debate sobre valores à luz das visões e ideias dos fundadores Schuman, Monnet e Adenauer. As razões económicas e fiscais não são suficientes. São importantes, mas representam apenas um de muitos aspectos, de acordo com o conceito original da União!
2. Quais são esses valores? Para responder a esta pergunta, exige-se o contributo das Igrejas e organizações religiosas – se não antes, pelo menos nesta fase do debate. O processo de desenvolvimento europeu só pode ser realizado quando se adiciona uma dimensão ética e espiritual à dimensão económica. Daí resulta que
3. os requisitos e as condições de adesão à União Europeia não são apenas de natureza económica e política, mas devem ser justificados em termos geográficos, sociais e culturais. O futuro da Europa deve ser mais do que um grande mercado comum, uma zona de comércio livre continental. Sublinha-se novamente que o «debate sobre a finalidade da UE não será a única dimensão em falta na actual fase do processo de integração europeia». «Faltam igualmente os aspectos espirituais e éticos» ([19]).
4. Será indispensável, portanto, a formação de um «sentimento de comunidade» europeu, designadamente através da «solidariedade» e da «família enquanto unidade de base da sociedade», a «subsidiariedade» e o federalismo, bem como «a liberdade religiosa» e a «autonomia cultural». Mais tarde, irá ser referida a «visão coerente da sustentabilidade e da prosperidade», que provavelmente fazem parte apenas da essência das Igrejas.

O documento não deixa qualquer dúvida em relação ao facto de a história europeia estar ligada ao cristianismo, sendo ao mesmo tempo inoportuno, de acordo com os padrões actuais, falar de uma «Europa cristã». «No entanto, deve ser reconhecido o papel fundamental das Igrejas cristãs na sociedade – seja nos debates de valores, nos debates políticos / culturais ou nos discursos científicos, nas suas missões pastorais e diaconais, bem como nos contributos éticos. As Igrejas cristãs não são apenas uma parte da história europeia, mas também uma parte dinâmica e integrante do funcionamento das infra-estruturas sociais» ([20]). Em relação ao papel das Igrejas no processo de unificação europeia, é afirmado, com rara convicção, que: «As Igrejas e organizações religiosas possuem um papel de guardiães, independentes do poder estatal, sobre muitas tradições europeias, tal como a dimensão ética deste processo. Este papel é fundamental e insubstituível» ([21]).

Apenas alguns meses após a publicação do documento da EECCS, esta exigência teve, embora num contexto algo diferente, uma correspondência por parte da Comissão Europeia no chamado «Livro Branco sobre a Boa Governação», em que se exige uma tomada de posição às Igrejas e organizações religiosas ([22]).

É bastante importante que os autores deste documento tenham feito uma referência particular às formas do compromisso europeu a nível local e regional. E, de facto, nunca será demais valorizar esse factor eminentemente federativo, uma vez que provavelmente só as Igrejas e organizações religiosas podem chegar a milhões de pessoas dentro de um curto período de tempo, de forma simultânea, e nos recantos mais remotos da Europa, algo que nem mesmo os grandes partidos políticos podem almejar. Basta pensar na possibilidade da leitura de um documento ecuménico ou de outro tipo eclesiástico perante o púlpito dominical.

Os autores deste documento concluem o exposto com os argumentos convincentes de que as Igrejas na Europa, «com base na sua tradição, nos seus valores e no seu papel na sociedade, podem contribuir para uma visão de futuro para a Europa. As Igrejas têm uma mensagem e uma esperança. A Europa comum não pode ser construída sem elas» ([23]).

Para que as diversas Igrejas, confissões e comunidades cristãs estejam à altura desta tarefa, torna-se necessário haver uma coordenação, um modo de proceder comum, tanto no que diz respeito aos conteúdos como estratégico/funcional. Concretamente, é essencial haver uma estratégia ecuménica, sendo a cooperação ecuménica imprescindível. Isso foi reconhecido pelas Igrejas, levando-as a tentar seguir os passos necessários, o que levou à elaboração da «Carta Ecuménica», solenemente assinada a 22 de Abril de 2001, em Estrasburgo, pelo então presidente da KEK, o metropolita Jéremie, de França, e pelo presidente do Conselho Europeu dos Conferências Episcopais, cardeal Miloslav Vlk, de Praga. O autor deste trabalho considera-se feliz por ter testemunhado pessoalmente este acontecimento histórico. E, depois de ter seguido o desenvolvimento deste documento importante, está em condições de apresentar um relatório autêntico.

A Carta Ecuménica tem as suas raízes na Segunda Assembleia Ecuménica Europeia, que se realizou entre 23 e 29 de Junho de 1997, em Graz, onde foi pedido às Igrejas que elaborassem um documento em conjunto, que deveria conter os deveres e direitos ecuménicos fundamentais, a partir dos quais poderiam ser definidas as linhas orientadoras, as normas e os critérios para uma acção conjunta. Esta recomendação só foi alcançada porque todas as Igrejas e confissões estavam convictas de que necessitariam de uma base clara, muito específica e isenta de quaisquer equívocos para a sua cooperação ecuménica. Esta convicção foi novamente reforçada numa consulta organizada pela KEK, em colaboração com a Academia Evangélica da Alemanha, que decorreu de 18 a 20 de Outubro de 1997 em Loccum, na Alemanha, para a elaboração das Resoluções de Graz ([24]).

Por seu lado, na Assembleia-Geral de Outubro de 1997, o CCEE decidiu, em conjunto com a KEK, tomar a iniciativa de elaborar uma carta comum. O resultado foi a formação de uma comissão conjunta CCEE-KEK, que conseguiu adoptar recomendações específicas na sua primeira sessão de trabalho de 19 a 22 de Fevereiro de 1998, em Roma//Vaticano, tendo um grupo de trabalho de oito membros sido encarregue de preparar um esboço do texto. Após um período relativamente curto de apenas oito meses de trabalho intenso, este grupo conseguiu apresentar um texto final na sua reunião em Cartigny, Genebra, de 22 a 24 de Outubro de 1998 – um documento curto, positivo e encorajador, naturalmente ecuménico, e um texto teológico com relevância prática para a Europa actual.

A comissão conjunta CCEE-KEK aprovou o texto na reunião de Guernsey, de 4 a 7 de Março de 1999, iniciando um processo de consulta em que participaram cerca de 50 representantes de diversas Igrejas e conferências episcopais, organizando uma Conferência de 30 de Abril a 3 Maio de 1999, em Graz. A participação foi posteriormente alargada a todos os membros da comissão CCEE-KEK, com um pedido de elaboração de um parecer até 1 de Setembro de 2000. O interesse no desenvolvimento de um documento de princípios ecuménicos para a Europa era imenso, tendo sido recebidos 75 pareceres da KEK e, por parte do CCEE, 2000 (!) respostas e contribuições de 20 Conferências episcopais de diversas organizações e grupos católicos. A esmagadora maioria das contribuições saudou a existência desse documento. Como se compreende, ao nível dos detalhes houve muitos pontos de vista diferentes, que variavam desde a questão do título, sobre o «tom» demasiado modesto e teologicamente demasiado «colorido» pela ortodoxia, até aos pontos de vista completamente opostos sobre as questões teológicas dos sacramentos ou do missionarismo [25].

Em todo o caso, foi posto em marcha um intenso processo de reflexão europeia liderado pelas Igrejas ecuménicas, que devia agora ser institucionalizado como diálogo ecuménico com base num documento comum. O CCEE e a KEK criaram, para esse efeito, uma comissão de redacção conjunta, que se reuniu primeiro em três grupos confessionais distintos, nomeadamente o católico, o ortodoxo e o protestante, que tinha de elaborar uma avaliação global a partir da sua perspectiva, devendo ser posteriormente colocada num único documento, durante o plenário dessa comissão. Esta tinha efectivamente conseguido o que parecia ser impossível, pelo que a comissão conjunta CCEE-KEK pôde apresentar um texto revisto, que foi adoptado e considerado como «texto de base» na reunião que decorreu de 26 a 29 Janeiro de 2001, no Porto, e que – após novos debates – foi solenemente aprovado em Estrasburgo pelo CCEE e pela KEK como «Carta Ecuménica», a Magna Carta de um ecumenismo europeu [26].

Não há dúvida de que esta Carta constitui um marco crucial na busca de um ecumenismo honesto e realista, sobretudo no contexto europeu.

A Carta Ecuménica é um texto *sui generis*, o que significa que só pode ser vista e implementada com a aplicação de princípios específicos, claramente definidos no preâmbulo. Aqui, pode ler-se que a Carta possui um carácter de compromisso, que descreve «fundamentais deveres ecuménicos», e afirma que estabelece «linhas mestras e compromissos». No entanto, nem é um documento «magistral, dogmático», nem «jurídico». A sua normatividade consiste mais na «auto-obrigação por parte das Igrejas e das organizações ecuménicas» [27]. Devido a estas exposições fundamentais, a Carta não se ocupa de questões eclesiásticas e usa o termo «igreja» como é entendido por qualquer um dos parceiros envolvidos nesta iniciativa. No entanto, o seu carácter obrigatório é relativizado pelo protocolo anexado no fim, no qual a Carta é apenas recomendada enquanto «texto de base» para todas as Igrejas e Conferências episcopais da Europa, devendo ser «recebida e adaptada ao contexto específico de cada uma» [28].

A Carta é constituída por um preâmbulo, por três partes principais (que incluem um grande número de obrigações distribuídas de forma desigual) e por uma síntese integradora no final. Os títulos das três partes principais são programáticos.

I. Reconhecimento de uma Igreja Una, Santa, Católica [29] e Apostólica;

II. Designação do objectivo e dos intervenientes na acção, ou seja, a «unidade visível das Igrejas na Europa»; e

III. O compromisso assumido da responsabilidade comum na e para a Europa.

Esta Carta Ecuménica é o primeiro documento conjunto de todas as Igrejas cristãs da Europa, definindo as metas e os métodos para alcançar esses objectivos, sendo essencialmente um guia prático com carácter de compromisso. Trata-se de um documento ecuménico de relevância europeia. Apesar de fazer referência *expressis verbis* à dimensão europeia, fá-lo através de uma definição geográfica um tanto audaz, ao considerar uma Europa estabelecida não só entre o Cabo Norte e o Mediterrâneo, mas também entre o Atlântico e os Urais (!). De acordo com esta definição, deveriam ser admitidos na UE Estados como a Bielorrússia, Geórgia, Arménia e Azerbaijão? Esta pergunta ficou por responder.

A Carta reconhece honestamente que, na primeira parte, existem diferenças fundamentais entre as Igrejas, que impedem uma unidade evidente. Mas as Igrejas não devem conformar-se com esta situação deplorável, recordando o Credo de Niceia-Constantinopla e as palavras de advertência do apóstolo Paulo na sua Epístola aos Efésios (Ef. 4,3-6) [30].

Entre os principais deveres das Igrejas na Europa está o testemunho da fé, anunciando «juntas o Evangelho através da palavra e da acção» que, inerentemente, inclui um empenho social, uma acção pública e a assunção de responsabilidades no campo político [31]. Ir ao encontro do outro, trabalhar juntos, orar juntos e prosseguir incansável e obrigatoriamente o diálogo ecuménico, apesar de todos os riscos e dificuldades, são os marcos visíveis para a comunidade do povo peregrino de Deus na Europa: não há nenhuma alternativa ao diálogo [32]!

A segunda parte da Carta trata de forma mais clara, ou seja, franca e autocrítica, do relacionamento fraterno entre as Igrejas e confissões cristãs entre si, existindo um valioso manancial de sugestões para o aprofundamento e desenvolvimento do ecumenismo, especialmente em termos de uma evangelização conjunta da Europa. Se na introdução da Carta se falou em «texto de base», então essa característica torna-se particularmente evidente na segunda parte. Trata-se de um guia para a acção criativa, que tem de ser agora seguida como meta para a unidade cristã na Europa, que traz, sem dúvida, o bem-estar para a Europa.

Este é agora, por isso, o grande tema da terceira parte da Carta. Apesar de o título falar da responsabilidade do cristianismo na Europa, torna-se no entanto evidente, a partir do texto, que se entende a responsabilidade para a Europa. De acordo com os factos, reconhece-se de forma objectiva que o cristianismo apenas se encontra «a caminho», como o título da segunda parte principal já formulou. Mas agora que o caminho já foi, pelo menos, iniciado e a direcção está correcta, há que continuar a caminhar com coragem, e juntos! E isso só pode significar o anúncio do Evangelho em conjunto e de forma vigorosa e convincente. A forma como é proclamado não coloca limites à imaginação do Espírito Santo. Estabelecer o intercâmbio entre as Igrejas cristãs relativamente aos seus esforços concretos de evangelização, elaborar actividades específicas do missionarismo, falar com os outros sobre isso para partilhar experiências, por um lado, e, por outro, evitar a ocorrência de conflitos e mal-entendidos. A liberdade religiosa e de consciência e o direito à conversão são considerados elementos evidentes do testemunho evangélico ([33]).

Este documento contém adicionalmente um significado grande e visionário pelo facto de a terceira parte indicar as tarefas essenciais e os objectivos da actividade social/missionária. Aos cristãos é dada uma missão político-ecuménica clara: «Contribuir para a construção da Europa». A evangelização da Europa é elevada de forma evidente ao nível de exigência no contexto ecuménico, o que já está claramente expresso no título do número 7 ([34]). Simultaneamente, esta cláusula aponta também para o carácter final da cooperação política: «encorajar uma unidade do continente europeu» ([35]), o que só poderá ter sucesso com base em «valores comuns», dos quais são mencionados alguns essenciais, tais como a paz social, os direitos humanos, a justiça, a liberdade, a tolerância, a solidariedade, o respeito pela vida e pelos valores do matrimónio e da família, a dedicação aos pobres, a vontade de perdoar e, acima de tudo, a misericórdia. Os valores comuns têm a sua origem na «herança espiritual do cistianismo» ([36]). Os parágrafos seguintes da Carta têm um carácter programático. O número 8 exige que «os povos e as culturas devem reconciliar-se», «contrariar toda a forma de nacionalismo», «promover o processo de democratização na Europa», assegurar a «justiça social» e incluir mais «valores comuns», como «a pessoa e a dignidade de cada um», justificada pelo facto de ser «imagem de Deus» ([37]). O número 9 relembra a responsabilidade da criação, inerente ao ser humano. Há que «salvaguardar a criação», que foi entregue ao ser humano como dádiva do amor de Deus. Mais uma vez é feita a menção à «dignidade de cada um», «com o primado em relação ao que é tecnicamente viável», podendo concluir-se que «a responsabilidade perante Deus» e os «critérios comuns» têm de ser postos em prática e desenvolvidos «para determinar o que é ilícito no plano ético, mesmo que seja realizável sob o ponto de vista científico e tecnológico» ([38]). Para se respeitar a diversidade religiosa da Europa, deve existir uma vivência solidária, sendo condenada qualquer forma de anti-semitismo e antijudaísmo, o que dá aos cristãos a obrigação de «aprofundar a comunhão com o judaísmo» ([39]). Do mesmo modo que a referência ao judaísmo foi clara e inequívoca, o texto permanece estranhamente vago no que diz respeito à relação com o Islão. Parece que as Igrejas não sabiam bem o que fazer em relação a essa matéria. Apenas é feita uma observação lacónica, mencionando que se pretende manter o diálogo entre cristãos e muçulmanos a todos os níveis ([40]). Conclui com a referência fundamental à liberdade religiosa e de consciência, que determina que se tenha em conta a pluralidade das convicções religiosas e visões do mundo na Europa, embora se deva debruçar sobre elas de forma crítica, mas justa ([41]). Enquanto o discurso em relação ao Islão permite concluir que ele pode servir de base para o ver como factor religioso não-europeu, mas ainda assim relevante para a Europa, as formulações relativas às outras religiões parecem, com excepção do judaísmo, um exercício politicamente correcto. A partir dos debates, sobretudo na véspera da cerimónia da assinatura em Estrasburgo, foi evidente que alguns representantes do CCEE e da KEK consideraram que os números 10/12 não deveriam estar incluídos no documento, porque eram de opinião de que essas disposições levaram a que a Carta assumisse o carácter de um documento ecuménico interconfessional. No entanto, a maioria dos presentes não partilhou desta opinião.

Não há dúvida de que a «Carta Ecuménica» é um documento com um conteúdo que indica o caminho a seguir no futuro, representando pela primeira vez um texto comum para quase todas as Igrejas e confissões cristãs, que aponta no sentido da construção solidária de uma Europa comum e que visa dar orientações e instruções de acção para alcançar esse objectivo.

É evidente que um empreendimento tão arrojado não pode ser unânime, e aquilo que uns consideram uma vantagem é visto pelos outros como fraqueza. Acima de tudo, os críticos das Igrejas da Europa Ocidental censuraram a Carta por não conter mais do que regras ecuménicas não vinculativas, enquanto os críticos ortodoxos viam o documento como demasiado liberal/ocidental. O prestigiado jornal alemão *Frankfurter Allgemeine*

Zeitung publicou um artigo que, apesar de intitulado «Revolução Banal», expressa no subtítulo uma avaliação positiva, sendo a Carta um «passo visionário» (⁴²). A então presidente do Conselho Ecuménico da Áustria, a madre-superiora Christine Gleixner, apontou, com alguma razão, para uma certa contradição resultante do facto de a Carta reiterar a crença fundamental **numa** Igreja Una, Santa, Católica e Apostólica, mas falando sempre da cooperação entre **muitas** Igrejas (⁴³). Gleixner estava convencida de que, em todo o caso, a Carta Ecuménica iria ser a esperada linha mestra ecuménica na Áustria, tendo o documento sido apresentado com muitos aplausos por parte dos inúmeros crentes que se encontravam na Catedral de Santo Estêvão (⁴⁴). O secretário do Conselho Pontifício para a Promoção da Unidade dos Cristãos, Dom Marc Ouellet, considerou a Carta um bom passo rumo à união das Igrejas e como contributo activo para a definição da Europa (⁴⁵).

Por seu lado, a Liga Evangélica de Igrejas Suíças emitiu algumas críticas moderadas, assinando inicialmente apenas o preâmbulo da Carta, encaminhando o texto principal para um processo de adopção sinodal (⁴⁶). A carta foi finalmente aceite pela Associação de Igrejas Cristãs na Suíça, que faz parte da Liga Evangélica de Igrejas Suíças, sendo plenamente adoptada no início de 2005.

A Igreja Ortodoxa Russa criticou explicitamente a Carta. O seu departamento de relações externas publicou, através de um dos seus principais membros, o arcipreste Vsevelod Chaplin, um parecer em língua inglesa com as críticas principais. Na verdade, demonstrando total ignorância em relação à essência e ao significado da Carta, a crítica centrou-se primeiro, e de forma desproporcionalmente intensa, no problema do proselitismo. Segundo o arcipreste Chaplin, faltavam a clara rejeição do proselitismo e regras bem definidas para a «transição» de uma Igreja para outra (⁴⁷). Porém, esta questão não foi vista pelas outras Igrejas da mesma forma que os ortodoxos russos, não havendo portanto necessidade de qualquer tratamento especial. A crítica também passou ao lado do cerne da questão e revelou, uma vez mais, os receios antigos de o estatuto auto-atribuído de única e verdadeira Igreja «autorizada» no «território canónico» da Federação Russa poder ser ameaçado e de esta vir a perdê-lo. Após a publicação da tomada de posição, a distinção entre as «Igrejas maioritárias e minoritárias» foi longa e amplamente debatida, incluindo regras de como deveria ser tratada uma possível conversão das Igrejas envolvidas. No caso de uma conversão, é proposto um «tempo de reflexão» de, pelo menos três meses antes de ser consultado um pastor da sua própria

Igreja (⁴⁸). As críticas a estas críticas foram expressas, entre outros, pelo presidente da Conferência Episcopal Alemã, cardeal Karl Lehmann, que elogiou a política de «pequenos passos» e considerou, satisfeito, que a Carta constitui «um bom começo» (⁴⁹).

Com muito poucas excepções, a Carta foi aceite com grande entusiasmo e consenso. As críticas foram feitas por uma minoria, havendo apenas cepticismo em relação a aspectos isolados. Os comentadores da KEK e do CCEE ou da COMECE elevaram a importância histórica da Carta a um nível quase perfeito, incidindo no fenómeno de que a Igreja e o processo de unificação europeia deveriam ser desenvolvidos em paralelo, e o conteúdo harmonizado em relação aos valores fundamentais em muitas áreas, ou seja, as pessoas e comunidades, respeitando as diferentes identidades e competências: paz, justiça, liberdade, tolerância, participação, subsidiariedade e solidariedade são, por isso, metas e objectivos destes esforços conjuntos (⁵⁰). Além disso, todas as ideias fundamentais da doutrina social católica estão também reflectidos na Constituição para a Europa.

A elaboração e a aprovação da Carta Ecuménica significaram uma vitória. Trata-se do primeiro documento ecuménico que não só representa as habituais declarações gerais ecuménicas, mas que define claramente as metas a cuja execução não poderão esquivar-se os que querem participar no processo de unificação europeia do lado do cristianismo. A Carta é um genuíno contributo ecuménico para a teologia política no contexto de uma Europa cada vez mais unida.

É um marco no esforço comum de uma Europa unida, não representando, no entanto, apesar da sua qualidade, uma reavaliação sistemática e exaustiva, ou até mesmo um conceito único a partir de uma perspectiva teológica. Obviamente que não é isso que pretende fazer. A recuperação da Europa enquanto tema independente, o que não será difícil de comprovar como constatação histórico-espiritual, estava reservada, até à data e de forma sistemática/conceptual, à Igreja Católica Romana. Este será o objecto do próximo capítulo.

2. A Igreja enquanto instrumento da acção de Deus e do sacramento do Reino de Deus

A crescente convergência dos Estados-membros pertencentes à UE, tanto a nível horizontal (tal como aconteceu a 1 de Maio de 2004 com mais 10, e a 1 de Janeiro com mais 2, passando agora a 27), como também vertical (através do desenvolvimento de instituições comuns e sobretudo através da criação de uma Constituição para a Europa ou da sua versão revista como Tratado Reformador da UE), exorta as Igrejas a determinarem o seu papel neste processo de forma mais precisa.

Em termos religiosos, sociais, culturais e políticos, o cristianismo – e ninguém quererá contestar seriamente este facto, mas talvez até mesmo acentuá-lo – pertence às raízes e à herança fundamental do património da Europa. O cristianismo tem moldado de forma crucial a história da Europa e constitui, em grande medida, a identidade europeia e dos povos europeus. Além disso, seria impensável o desenvolvimento desta Europa comum sem cristianismo. A Igreja Católica Romana pode ser continuamente dignificada, sendo considerada por direito como interveniente da identidade e da Comunidade Europeia, embora com rupturas históricas. Durante esse processo, sempre se orientou pelas suas missões primordiais em todas as suas facetas, como a pregação da Boa Nova ou a evangelização da Europa, recusando largamente emitir conselhos político-organizacionais unilaterais. Consequentemente, também nunca tomou partido em benefício ou detrimento de qualquer Estado ou união de Estados federais europeus, ou na discussão sobre o futuro da Europa. O que importava era apenas o direito de pregar o Evangelho, acabando a forma de organização exterior por resultar de uma livre actuação espiritual como fruto de um esforço conjunto. Nesta perspectiva, a Europa sempre foi um tema político central de responsabilidades pastorais e missionárias.

Segundo o estado actual das investigações, o conceito «Europa» foi introduzido pela primeira vez por um papa no discurso político, ficando assim registado como marca permanente do continente ocidental. Segundo as fontes, o papa Nicolau V (1447-1455) apresentou este conceito em 1453, ano em que Constantinopla foi conquistada e caiu em mãos muçulmanas, tendo esse termo sido utilizado para designar todas as terras deste lado do Helesponto, uma vez que agora havia necessidade de «União», a fim de ser criada uma força cristã conjunta contra os otomanos. Assim, este papa acrescentou a noção de «unida» à «Europa», definindo-a como *pax romana* cristã [51]. Neste ponto da exposição, não se pode deixar de tematizar este actor político europeu, como questão preliminar, perguntando quem é ou o que é afinal a «Igreja Católica» – ou, por outras palavras, o sujeito (e objecto ao mesmo tempo) de uma acção da história da salvação por ela determinada.

O entendimento da Igreja mudou naturalmente ao longo do tempo, tornando-se mais exacto [52].

O termo «Igreja» remete para o conceito grego de *kyriake*, o que significa «pertencente ao Senhor», completando-se pelo termo grego *ekklesia* («o santo povo»). Ao usar este termo, a Igreja refere-se à «comunidade santa do Senhor» [53]. A comunidade vive, ama e espera num período concreto da história, razão pela qual ocorre o «tempo após a ressurreição de Jesus Cristo e a missão do Espírito Santo até à vinda do Senhor em glória», ou seja, no «tempo da Igreja» [54]. Até à actualidade, a doutrina da Igreja está completamente impregnada pela imagem da «continuação da vida de Cristo e do povo peregrino de Deus» [55], ou seja, marcada pelo fio reticular da sua dimensão imanente e transcendente. Portanto, a Igreja é definida, de uma forma mais exacta e de acordo com a sua natureza, «como presença indelével da palavra de Deus escutada e proclamada, efectiva no mundo e semelhante à do Homem», como «verdade infalível na doutrina da Igreja, como a graça de Deus na palavra dos sacramentos, no seu amor para com a unidade piedosa dos crentes entre si e no seu serviço para com o mundo» [56]. Na sua dimensão histórica, possui um carácter que deve ser entendido como escatológico por natureza, ou seja, «resultante do aperfeiçoamento já iniciado por Jesus Cristo» [57].

É certo que até à Idade Média os teólogos trataram muitas vezes da questão da Igreja, mas os «debates eclesiológicos nunca assumiram a forma de Tratado», limitando-se à «discussão de questões isoladas» [58]. Pela divisão da teologia em várias disciplinas, a eclesiologia foi definida de forma cada vez mais diferenciada desde o século XVII, acabando por resultar numa abordagem fundamental teológica e dogmática da doutrina da Igreja [59].

Do ponto de vista dogmático, a consumação imediata da fé e a experiência da redenção divina testemunhada em comunidade com os outros fiéis parecem ser experiências mais importantes para a Igreja dos primeiros séculos: uma Igreja com uma dimensão «histórico-escatológica» e «pneumático-sacramental». «A Igreja é, portanto, no sentido estrito do termo, um mistério de fé: uma comunhão com o Deus trino, que convoca as pessoas através da palavra e do sacramento para comungarem em conjunto, enviando esta comunidade para o mundo, a fim de reunir todas as pessoas» [60]. Na Idade Média, assiste-se a uma mudança de paradigma, quando a Igreja do Ocidente se manifesta naturalmente cada vez mais como poder espiritual, entendido no contexto da distinção entre o sagrado e o profano, entre religioso e secular, entre Igreja e Estado – em suma, entre autoridade espiritual e secular. A Igreja surge como uma «instituição sagrada» no contexto do discurso político-religioso e nos meandros do poder político e jurídico. Desenvolve uma nova estrutura, conforme as circunstâncias: a Igreja está na esteira da «hierarquia» e dos «leigos», formando os «detentores de cargos» e colocando os clérigos acima dos leigos, ao mesmo tempo que o papado se torna autoridade central. A Igreja Católica passa a ser a Igreja Romana [61].

A ideia que se tem da Igreja moderna é, desde logo, moldada de forma decisiva pelos conflitos da Reforma e da Contra-Reforma dos séculos XVI e XVII. A cisão de uma «unidade» mais ou menos vivida da visão do mundo encontra a sua continuidade radical no movimento duplo da «igrejificação» da religião e da nacionalização da sociedade: a coesão da cristandade ocidental concretizada pela Igreja de diferentes formas, umas vezes mais fortes e outras mais fracas (o grande cisma ocidental de 1054 tinha-se desenvolvido, entretanto, de forma independente e não é aqui considerado), dá agora lugar a uma «confessionalização», por um lado, e a uma «secularização», por outro, de uma sociedade que continua a diferenciar-se cada vez mais.

Os esforços de renovação no contexto do confronto com a modernidade, ou seja, a busca de uma resposta bíblica adequada por parte da Igreja perante o desafio de uma sociedade secular e pluralista, resultou num novo confronto, desta vez no debate entre os «modernistas» e os «antimodernistas» que, para a época e respectivas condições concretas, trouxe um resultado compreensível, que é a Igreja enquanto bastião para assegurar o património da fé, orientar os crentes, administrar os sacramentos e lutar contra a descrença, isto é, enquanto *res publica* [pertença do povo] na sua melhor forma [62]. Isto significava, por outras palavras, um «reconhecimento, por princípio, da modernidade ao nível das actividades profanas dos leigos, juntamente com uma prudente adaptação da proclamação da Igreja ao novo espírito, e uma lealdade incondicional à autoridade da hierarquia da Igreja relativamente ao dogma e à ordem eclesiástica» [63]. Esta tendência intensificou-se na sequência dos desafios resultantes do Iluminismo e das suas consequências intelectuais e políticas, conduzindo praticamente a um catolicismo identificado com a autoridade papal e comprometido com o centralismo romano, que culminou na doutrina do Concílio Vaticano I (de 8 de Dezembro de 1869 a 18 de Julho de 1870).

Esta autoconsciência religiosa é expressa, de forma muito acertada, como perfeita *res publica* e como *societas perfecta* [sociedade perfeita] na carta do Papa Pio IX ao arcebispo de Munique-Freising no ano de 1862: «A Igreja tem, por força da sua divina investidura, a obrigação de preservar incólume e plena, e com o maior rigor, a herança da fé em Deus, e cuidar constantemente e com grande dedicação da salvação das almas. Por isso, deve eliminar e erradicar, com toda a diligência, o que é contra a fé ou que possa de alguma maneira prejudicar a salvação. Assim, pelos plenos poderes de que foi investida pelo criador divino, a Igreja tem o direito e a obrigação de não tolerar, e sobretudo de proibir e condenar qualquer espécie de heresia, quando a integridade da fé e a salvação das almas assim o exigirem» ([64]). Em rigor, nesta carta papal já é antecipada a agenda do Vaticano I – um Concílio em que a moderna controvérsia eclesiástica termina num esforço por uma solução levada com a maior autoridade doutrinária, mas que, em última análise, acabou por não conduzir a qualquer conclusão satisfatória. Esta situação problemática foi agravada pela circunstância de ter havido uma série de temas eclesiásticos que já não puderam ser incluídos na fórmula doutrinária final, por causa da interrupção do Conselho por motivos políticos, na véspera da guerra franco-alemã. Este foi, por exemplo, o caso do projecto da Constituição Dogmática *Pastor Aeternus*, apresentado em parte, e que serviu como preparação para as deliberações dos teólogos do Concílio. O texto não tem a categoria e a qualidade de um documento oficial, mas transmite de excelente forma as considerações eclesiásticas de então. Como é natural, não se consegue saber qual a decisão que teriam tomado os padres do Concílio se o documento tivesse sido tratado. No entanto, o esboço de texto representa uma orientação aprofundada e importante para outros debates. Nesse documento, a Igreja é vista na sua dupla dimensão, ou seja, como um «misterioso corpo de Cristo» e como uma força organizacional exterior e visível em sociedade ([65]).

O papa Pio XII abordou esta dimensão «mística» da Igreja na sua Encíclica *Mystici corporis Christi*, em 1943. O título já refere, no seu essencial, o programa ([66]). Em certo sentido, este documento contém a soma, ou melhor, a essência das discussões eclesiásticas, quando faz a identificação da Igreja Católica com o «corpo místico de Cristo» ([67]), expande-a em aspectos parciais ao demonstrar que, sem prejuízo da sua estrutura de organização externa, existe por natureza algo de «carismático» ([68]) inerente à Igreja, e que o Espírito Santo constitui a «alma» da Igreja ([69]), porque une todos os elos. Estes pensamentos estão presentes na eclesiologia do Concílio Vaticano II, e foram retomados numa nova perspectiva para a sua apresentação.

Primeiro, um olhar retrospectivo para o papa Leão XIII. É importante assinalar que, na sequência dos acontecimentos históricos, no século XIX houve um distanciamento maior na relação entre a Igreja Católica Romana e a ordem concreta estatal, assunto a que aludiu Leão XIII num novo contexto global. Ele também fala de uma *societas perfecta*, que é agora reconhecida pela Igreja e pelo Estado. Além disso, o Estado seria uma ordem de «origem divina» (⁷⁰). O papa Leão XIII aceitou, portanto, a autoridade e a soberania do Estado em todas as questões puramente civis, mas inversamente exigiu ao Estado o reconhecimento da soberania da Igreja nessa área, de acordo com a natureza e a finalidade específica de uma ordem sobrenatural (⁷¹).

Ao contrário do que acontecia no século XIX, actualmente não se encontra, no centro da questão católica, a «rivalidade», a «concorrência», a busca da «unidade» ou a prevenção de uma «separação» entre Estado e Igreja no campo da realidade social e política do Estado, mas um esforço para cooperar, com a interacção de ambos em favor do *bonum commune* [bem comum]. É mais importante a inclusão da Igreja no círculo das forças públicas no contexto de uma ordem social pluralista e democrática, o que no entanto decisores laicos combatem, por vezes de forma veemente. O debate sobre o papel das Igrejas e organizações religiosas no desenvolvimento de uma Europa comum mostra isso claramente, por exemplo, no quadro dos trabalhos da Convenção sobre a Constituição para a Europa.

O papa João XXIII teve provavelmente uma quota-parte de responsabilidade no desenvolvimento de uma relação construtiva e cooperativa entre a Igreja e o Estado, com a sua Encíclica *Pacem in Terris* [Paz na Terra] (⁷²), na qual é mencionado o reconhecimento da dignidade do indivíduo para todas as pessoas e, consequentemente, a validade universal dos direitos humanos daí resultante. Com isso conseguiu-se um avanço decisivo, porque os direitos humanos se tornaram para a Igreja «o quadro de referência ético de toda a política e responsabilidade social» (⁷³).

As declarações de fé eclesiológicas complementares, consequentemente baseadas neste reconhecimento, foram depois apresentadas pelo Concílio Vaticano II (de 11 de Outubro de 1962 a 8 de Dezembro de 1965). Neste contexto, dois documentos são de particular importância: A Constituição Dogmática sobre a Igreja *Lumen Gentium* (21 de Novembro de 1964) e a Constituição Pastoral sobre a Igreja no mundo actual *Gaudium et Spes* (7 de Dezembro de 1965). *Lumen Gentium* é geralmente considerada Constituição «dogmática», apesar de não ter sido anunciado qualquer dogma através da sua forma e conteúdo ou da posterior interpretação papal com o presente documento, com o objectivo de estabelecer o compromisso «da consciência da fé dos católicos» [74]. No entanto, a *Gaudium et Spes* é considerada «pastoral», uma vez que, como o próprio título indica, apresenta a Igreja na sua relação com o mundo e com as pessoas da actualidade.

A Igreja é agora entendida como «o povo peregrino de Deus» que, exactamente nessa condição, é parte e justificação, bem como orientação escatológica, do mistério da Divina Trindade de Deus. Todo o segundo capítulo deste documento é dedicado à Igreja enquanto povo eleito por Deus, sendo visto como uma comunidade histórica de crentes, que não só está consciente da derradeira promessa de salvação através de e por Cristo, mas pode viver concretamente essa salvação, ou seja, anunciar em testemunho concreto: «Por isso é que este povo messiânico [...] é, para todo o género humano, o mais firme germe de unidade, de esperança e de salvação. Estabelecido por Cristo como comunhão de vida, de caridade e de verdade, é também por Ele assumido como instrumento de redenção universal e enviado a toda a parte como luz do mundo e sal da terra» [75]. Conclui-se, assim, que o «sacerdócio comum dos fiéis» e o «sacerdócio real» diferem na essência do «sacerdócio hierárquico», mas encontram-se «agregados um ao outro», participando cada um «a seu modo do único sacerdócio de Cristo» [76]. Este Povo Santo de Deus, enquanto comunidade sacerdotal, foi estabelecido por Cristo «como um todo visível, por meio do qual em todos difundem a verdade e a graça». Cristo é o mediador único que derrama sobre os discípulos o espírito prometido do Pai. Desta forma, a Igreja é «o agrupamento visível e a comunidade espiritual», a «Igreja terrestre e a Igreja ornada com os dons celestes», que constitui «uma única realidade complexa, formada pelo duplo elemento humano e divino» [77]. Assim, ela é um sinal eficaz da misericórdia de Deus no mundo, é o reino de Deus já iniciado, uma comunidade crente, esperançada e amável, que «espera e deseja juntar-se ao seu Rei na glória» [78]. Este povo peregrino de Deus é guiado e alimentado por Cristo como «luz dos povos», fazendo indelevelmente parte dessa luz, que «resplandesce no rosto da Igreja» [79]. A isto corresponde que a Igreja, «em Cristo, é como que o sacramento, ou sinal, e o instrumento da íntima união com Deus e da unidade de todo o género humano», como se referiu no início do primeiro capítulo desta Constituição [80]. A Igreja está de acordo com os ensinamentos do

Concílio Vaticano II acerca da comunhão mais profunda e mais íntima com Cristo. É uma forma de anúncio em que a bondade e a simpatia de Deus surgem perante a humanidade e em que, desta forma, já se iniciou o reino de Deus. A Igreja e o reino de Deus estão inseparavelmente ligados; por outras palavras, a Igreja é a ferramenta da acção de Deus e o sacramento do Seu reino. Os cristãos, ou seja, os que acreditam em Cristo, os que foram baptizados em seu nome e participam no corpo eucarístico, tornando-se um só corpo (1 Coríntios 10:17), têm de fazer justiça ao seu chamamento como «resgatados», nas condições históricas do mundo actual.

Como é que a Igreja se realiza em condições políticas, sociais e económicas concretas? Como é que o rosto de Cristo se pode reflectir no mundo? Como podem os cristãos estar perante os novos desafios, sendo testemunhas de esperança, ou seja, tornarem-se no sacramento para o mundo? O que significa ter pequenas ou grandes responsabilidades perante a sociedade, especialmente considerando a degradação ambiental, a globalização e as armas de destruição maciça?

Mesmo se os padres do Concílio não pudessem ter analisado e delimitado, de forma isolada, ou antecipado profeticamente todas estas dimensões, estas ou outras questões similares seriam colocadas com ampla visão espiritual e de uma forma muito aberta. A Constituição Pastoral *Gaudium et Spes* constitui um exemplo corajoso e convincente. Como o título sugere, esta Constituição entende-se como um guia, uma directiva, uma orientação da salvação para o povo de Deus peregrino no espaço e no tempo. A Igreja só pode vir a ser um sinal eficaz de salvação no mundo se nela o amor a Deus e ao homem estiver unido, assim como se estiverem unidos o serviço a Deus e o serviço ao homem. Só nestes termos se atingirá uma esperança de futuro verdadeiramente presente. Assim, do ponto de vista cristão a política é uma atitude no modo de criação, redenção e consumação. A Igreja enquanto sacramento, na declaração do *Lumen Gentium*, irá encontrar o seu análogo congenial na responsabilidade dos cristãos perante o Criador e o próximo. *Lumen Gentium* e *Gaudium et Spes* são documentos inter-relacionados. A Constituição Pastoral é um documento com tamanha projecção que será difícil não abranger uma área essencial, como a antropologia, a sociologia e a política, para citar apenas algumas das mais importantes. No entanto, devido ao seu conteúdo, é inevitavelmente fragmentário, concentrando-se no essencial, assumindo-se por essa razão como um documento com competências directivas.

Assim, a Constituição Pastoral também se coloca a um nível bastante elevado, ao tratar da dignidade da pessoa humana após a confirmação da mais «estreita» comunhão da Igreja com toda a humanidade e da sua missão de servir o ser humano [81]. Na boa tradição doutrinal, a dignidade do homem é justificada pelo facto de ele ter sido criado «à imagem de Deus» (Génesis 1:27) [82]. O amor a Deus e ao próximo é novamente destacado como sendo inseparável. A prática religiosa avisa constantemente que a acção redentora de Deus no tempo e no espaço só se tornará visível, ajudando dessa forma a marcar presença no mundo, quando a filiação divina dos crentes, como homens livres libertados por São Paulo, oferecida por misericórdia e aceite livremente, alcançar uma nova presença histórica e social. A primeira parte do artigo introdutório da Constituição Pastoral aborda a intenção fundamental e a esperança de que «o povo de Deus e a humanidade em que se insere estejam ao serviço um do outro, para que a missão da Igreja demonstre ser religiosa e, deste modo, superiormente humana» [83].

Para se conseguir servir a Deus e aos homens de forma adequada, a relação entre a comunidade política, partidos políticos, sociedade, Estado e Igreja deverá ser vista na correcta proporção de uns para com os outros. A atribuição do Estado e da Igreja deve ser regulada de modo a que a Igreja possa garantir a «salvaguarda da transcendência da pessoa humana» [84]. Desta forma, o Vaticano II também trouxe a esta questão uma mudança crucial, solidarizando-se assim com a posição do papa Leão XIII, tal como ele tinha exposto na sua encíclica *Immortale Dei*.

Actualmente, já não se fala de uma «rivalidade» entre as instituições estatais e a Igreja, nem de uma «equiparação» ou «mistura» pouco crítica das funções governamentais e religiosas. Ambas são independentes e autónomas nas respectivas áreas, mas servem as mesmas pessoas, tanto para o benefício de cada indivíduo, como para o bem de todos, «e tanto mais eficazmente exercerão este serviço para bem de todos, quanto melhor cultivarem entre si uma sã cooperação» [85]. A Igreja Católica Romana mantém, portanto, uma relação de parceria com o Estado, de acordo com a sua consciência conciliadora, sempre que o Estado esteja disponível para isso. A Igreja vive e trabalha na mesma sociedade, mas não lhe é idêntica. Deste modo, a questão da interacção concreta entre Igreja e Estado não é uma questão de delimitação institucional, determinada pela respectiva autonomia, mas um problema da coordenação prática funcional na responsabilidade geral, tanto para o indivíduo como para o bem comum [86]. Para que a Igreja possa cumprir as suas tarefas intrínsecas em auto-realização para e pelo Estado, a sociedade e o indivíduo, ou, por outras palavras, enquanto verdadeiro defensor do humanismo transcendental, é essencial a concessão de uma plena liberdade religiosa.

O Vaticano II mencionou correctamente, na Declaração sobre a Liberdade Religiosa *Dignitatis Humanae* ([87]), que «a pessoa tem o direito à liberdade religiosa» ([88]). A essência desta liberdade é seguida pela observação presente neste documento de que «todos os homens devem ser livres de coacção, quer por parte dos outros indivíduos, quer dos grupos sociais ou qualquer autoridade; e de tal modo que, em matéria religiosa, ninguém seja forçado a agir contra a própria consciência, nem impedido de proceder segundo a mesma, em privado e em público, só ou associado com outros, dentro dos devidos limites». Mais uma vez se afirma que o direito à liberdade religiosa se funde «na própria dignidade do ser humano» ([89]). As declarações do Concílio sobre a liberdade religiosa foram um passo decisivo e abriram a possibilidade de uma política religiosa e eclesiástica orientada para o futuro, com consequências a longo prazo.

Do estipulado pelo Concílio resulta, nomeadamente:

› o compromisso para com os princípios da democracia liberal;
› o reconhecimento do princípio constitucional da separação dos poderes;
› a recusa de uma crença religiosa estatal;
› o reconhecimento de que a dignidade humana e a liberdade de um Estado democraticamente organizado têm de ser garantidas pela Constituição, e
› a neutralidade religiosa do Estado de direito democrático, através
› da qual é garantida a prática religiosa pública. ([90])

Em suma, pode verificar-se que o posicionamento da Igreja para com o Estado secular teve uma evolução durante séculos e que é basicamente caracterizada por três fases. Entre os séculos XVII e XIX, em reacção à Revolução Francesa e especialmente relacionada com ela, pode falar-se de uma fase de recusa do Estado secular em lutar contra a separação entre Igreja e Estado e de uma conservação das estruturas eclesiásticas e estatais. A Igreja e o Estado são vistos em estreita relação, e até mesmo como unidade, para a qual o Estado pontifical apresentou o modelo concreto. Esta época pode ser também designada como «período da defesa» ([91]). A democracia e a autoconsciência eclesiástica foram consideradas incompatíveis entre si e, consequentemente, assistiu-se à condenação das liberdades de consciência, de expressão e religiosa. Podemos ver exemplos disso nas encíclicas *Mirare vos*, de Gregório XVI (1832), e *Quanta Cura*, de Pio IX (1864). A época seguinte que, *grosso modo*, é marcada pelos papas Leão XIII (1878-1903) e Pio XII (1939-1958), pode ser designada como período de aproximação cautelosa, de acomodação. Apesar de o ideal continuar ainda a ser um Estado católico, os direitos humanos, fundamentais e de liberdade são tolerados como um mal menor enquanto circunstâncias condicionadas pelos tempos, sob ressalva do desígnio de verdade da religião católica, desde que com eles se evitem males maiores e/ou que se possa alcançar ou conservar algo de melhor. A tensão entre o Estado e a Igreja é conceptualmente alicerçada através da adesão à missão missionária da Igreja. Foi exactamente a partir da constatação deste facto que, com o surgimento da sociedade industrial, a Igreja desenvolveu a sensibilidade para a «questão social», tal como se reflectiu, em termos doutrinários, sobretudo nas duas grandes encíclicas sociais *Rerum Novarum* (1891) e *Quadragesimo anno* (1931) para a área da caridade social. As duas encíclicas do ano de 1937 que, por um lado, eram contra o fascismo *Mit brennender Sorge* ([92]), e, por outro, contra o comunismo (*Divini Redemptoris*) ([93]), dão agora um grande passo em frente, reconhecendo directamente os direitos conferidos por Deus ao homem, que impõem e defendem perante os sistemas totalitários. Hilpert fala do facto de em *Divini Redemptoris*, surgir a primeira formulação positiva, explícita e desenvolvida em termos de conteúdos da ideia dos direitos humanos na doutrina social da Igreja ([94]). O terceiro período, o da «identificação», inicia-se com João XXIII, que na sua encíclica *Pacem in Terris* ([95]) abordou a Declaração da Liberdade Religiosa ente os direitos humanos e reconheceu a Declaração Universal dos Direitos Humanos da ONU. Com isso, o papa desencadeou um processo que encontrou a sua expressão efectiva e orientadora no Concílio Vaticano II, sobretudo na *Dignitatis Humanae* («Declaração sobre a Liberdade Religiosa») e na *Gaudium et Spes* («Constituição Pastoral sobre a Igreja no mundo actual»). Com isto, os direitos humanos tornaram-se, também para a Igreja, no quadro ético de referência do princípio orientador político-social ([96]). João Paulo II deu continuidade à base estabelecida no Concílio Vaticano II e viu a relação entre a Igreja e o Estado secular de forma construtiva, sendo suficientemente realista para reconhecer ambos enquanto parceiros autónomos. A necessidade de uma nova evangelização (especialmente na Europa), por ele diagnosticada, eleva a pessoa com a sua dignidade e consciência abalizada e, fazendo uso de uma liberdade responsável, deve ajudar a definir a sociedade e o mundo, libertando-se assim de todos os totalitarismos sociais, quaisquer que eles sejam. Para isso, é também fundamentalmente necessária a liberdade religiosa, que permite a determinação concreta da vida privada e pública.

A liberdade religiosa está garantida em todas as Constituições europeias, embora condicionadas pela multiplicidade dos sistemas eclesiásticos estatais vigentes, como se tentou explicar nos segundo e terceiro capítulos deste trabalho.

Fica por considerar a questão sobre o que significa concretamente a liberdade religiosa aplicada à luz das actividades missionárias redentoras da Igreja para o surgimento de uma Europa comum. A secção seguinte é dedicada à problemática da relação entre a Igreja e o Estado e a uma sociedade política cristã à luz do processo de integração europeia.

3. Integração Europeia – a evangelização sob condições sociopolíticas em mudanças radicais

A Igreja Católica Romana, principalmente com e através do seu bispo de Roma [o papa], foi desde sempre o sujeito e o objecto da acção histórica europeia, tendo sido um factor relevante na política europeia formativa e mantendo-se assim até hoje. É óbvio que a Igreja Católica Romana sempre desejou uma «Europa cristã», em que o cristianismo desempenhe um papel importante e construtivo, através do empenho específico e da esperança vivida pelos fiéis, tendo orientado a sua política nesse sentido. Teologicamente, a história mundial deve ser entendida como uma história da redenção, razão pela qual a política cristã sempre esteve e está sob o signo da evangelização. Ontem, hoje e amanhã, Cristo foi, por isso, o lema central do Ano do Jubileu de 2000, esperança da Europa e o do Dia dos Católicos da Europa Central 2003/2004. Com o decorrer dos tempos, mudou também o entendimento da Igreja e a forma como decorreram as relações entre a Igreja e o Estado. Devido ao contínuo processo de integração europeia, com os respectivos eventos de significado histórico associados (o desaparecimento da União Soviética, a queda do Muro de Berlim e a unificação dos dois Estados alemães, o colapso do Pacto de Varsóvia e a expansão do poder da NATO até bem dentro do território da antiga União Soviética, a reestruturação dos Estados do Sudeste da Europa, etc.), o tema da «Igreja na Europa» obteve uma importância nova e fundamental. Todos os papas se têm empenhado na política europeia, de acordo com a época e as circunstâncias. A este propósito, talvez haja dois papas que podem ser mencionados, em primeiro lugar, na história europeia recente: Pio XII e João Paulo II. Além disso, o Concílio Vaticano II é até hoje a base não completamente assumida de um entendimento totalmente novo da política cristã na dimensão da história da redenção.

Nos nossos dias, os olhares dirigem-se cada vez mais para uma Europa a tornar-se maior e mais unida através da crescente integração dos povos, mas que passou a estar ameaçada por muitos perigos, sobretudo devido à perda da fé e à secularização. Os olhares dirigem-se, por isso, e com razão, para a atribuição de uma missão que pode ser caracterizada pelos conceitos de evangelização ou nova evangelização da Europa. O papa João Paulo II exprimiu-o de forma clara perante o Colégio Episcopal Europeu: «A colegialidade episcopal, ou seja, a abertura mútua e a cooperação fraterna entre os bispos, ao serviço da evangelização e da missão da Igreja, é não só importante mas também necessária na Igreja local e mundial, bem como ao nível europeu» ([97]).

O que entende afinal a Igreja por evangelização e nova evangelização?

Em termos sistemáticos/teológicos, a evangelização significa, directa e simplesmente, «proclamar a mensagem de Cristo com o testemunho da vida e com a palavra» ([98]). A sua origem é o próprio Jesus, que deu, com as suas palavras e acções, um verdadeiro significado ao amor do Pai, de uma vez por todas e de forma insuperável. O seu «lugar» é a Igreja enquanto «povo unido pela unidade do Pai, do Filho e do Espírito Santo» ([99]) e a sua meta é levar a *Boa Nova* do amor de Deus «a todas as parcelas da humanidade, transformá-las a partir de dentro e renovar a própria humanidade» ([100]). Assim, a evangelização tem a ver com uma dinâmica quase ilimitada que, desde o chamado primeiro anúncio, ou seja, o que se dirige aos que nunca tinham ouvido falar de Deus, pertence à missão essencial e permanente da Igreja e faz parte da sua mais profunda identidade ([101]).

A partir da missão de redenção e da autoconsciência da Igreja, compreende-se que o destinatário da evangelização é todo e qualquer ser humano, principalmente aquele a quem o evangelho ainda não tenha chegado e quem, na situação secular dos nossos tempos, se tenha afastado da força vital da fé ([102]). Os promotores da evangelização são todos os membros da Igreja. Os baptizados são, por assim dizer, convidados com todos os seus talentos e características a serem testemunhas activas e arautos da Boa Nova ([103]). A dimensão missionária faz portanto parte da essência da evangelização, enquanto a Igreja está incumbida, desde a sua criação, de transmitir a todos e em todas as épocas a Palavra de Deus. A proclamação do amor libertador e redentor de Deus, a evangelização e o missionarismo são termos sinónimos para a mesma descrição da transformação do ser humano e do mundo numa comunidade universal de redenção. Todos os baptizados podem estar activamente presentes na vontade redentora de Deus ([104]).

A evangelização do ponto de vista prático/teológico, pastoral, incide sobre as diferentes formas e campos de práticas eclesiásticas no respectivo contexto histórico concreto e civilizacional, indicando a necessidade da Igreja de se submeter a uma constante autocrítica à força rejuvenescedora do Evangelho. O teólogo pastoral vienense P. M. Zulehner formulou esse aspecto da seguinte forma: «A evangelização é (portanto) uma tentativa de contextualizar a herança, decifrando-a para a actualidade» ([105]).

Neste ponto, ainda uma palavra acerca da expressão *nova evangelização*, tantas vezes utilizada e tão do agrado de João Paulo II. Trata-se de um apelo programático do papa, referindo-se ao regresso à essência do cristianismo missionário, a auto e a hetero-consciencialização da fonte de toda a salvação, de Jesus Cristo e do mistério do Deus trino, assim como a busca de novos caminhos e recursos para anunciar de novo este mistério da redenção de acordo com os desafios actuais da humanidade. Ao cristianismo adormecido pelo secularismo, especialmente na Europa, mas não só aqui, deve ser contraposto um novo fervor na proclamação da *Boa Nova*. João Paulo II sublinhou e demonstrou frequentemente que, tendo em conta os avanços do Concílio Vaticano II e a situação político-religiosa e eclesiástica concreta actual, esta nova evangelização só pode concretizar-se, de forma conveniente e bem sucedida, sob observância dos condicionalismos ecuménicos e inter-religiosos. O papa dedicou vários documentos ao tema da nova evangelização ([106]). Há um discurso fundamental aos bispos europeus que merece especial atenção, no qual estabeleceu uma longa ponte entre a primeira missionarização dos apóstolos e a actualidade, chamando minuciosamente a atenção para que, na Europa, «o problema da evangelização seja colocado em termos inteiramente novos» ([107]). O papa João Paulo II acentuou os esforços da Igreja à luz dos actuais desenvolvimentos históricos.

A luta por uma ordem de paz na Europa, que apenas tem perspectivas de sucesso através da estreita cooperação de todas as potências europeias, já fora tematizada no século XIX. Isto levou o papa Leão XIII a chamar a atenção, na sua Carta Apostólica *Praeclara gratulationis*, de 1894, para a necessidade de uma unidade europeia, a fim de salvaguardar o bem-estar geral: «As causas da falta de união ainda não estão resolvidas. Será que devemos ficar surpreendidos pelo facto de uma parte substancial da humanidade ainda se dedicar a costumes e tradições desumanas? Por isso, devemos todos empenhar-nos em restaurar a antiga unidade (na verdade, ele refere-se aqui ao esperado regresso dos cristãos separados da Igreja Católica Romana em nome do bem-estar geral» ([108]). Em termos de política social, ligou a sua doutrina de modo fundamental a uma associação justa e solidária do indivíduo com a comunidade. (A especialista vienense em ética social, Ingeborg Gerda Gabriel, chamou a atenção, de uma forma muito agradável, para a personalidade individual enquanto base da cultura ocidental moderna, mas também para o perigo que corre) ([109]). Esta «questão social» fez parte de uma série de documentos do papa, como as suas encíclicas *Diuturnum illud* (29 de Junho de 1821), *Immortale Dei* (1 de Novembro de 1885) e sobretudo *Rerum Novarum* (15 de Maio de 1891) ([110]). No último trimestre do século XIX, o papa Leão XIII debruçou-se sobre o regime político a partir da perspectiva de uma ética das instituições: Deus quer o *bonum commune* de toda a criação. A ordem política concreta só pode ser, portanto, uma bênção para as pessoas enquanto indivíduos e enquanto comunidade se esta corresponder à condição existencial oferecida por Deus. Quando o pensamento cristão já não representa a máxima da acção política, este défice leva directamente à catástrofe humana e social. A ordem política, com a sua soberania diferenciada através da separação de poderes, garante o desenvolvimento social das pessoas enquanto cidadãos, permitindo-lhes fazer parte, de pleno direito, da democracia participativa.

A questão da «unidade na Europa» foi retomada novamente com veemência pelo papa Bento XV, sob a influência dos horrores da Primeira Guerra Mundial, nomeadamente nas suas mensagens de paz de 1915 e 1917, bem como – descrevendo o tema de forma exaustiva – na sua encíclica *Pacem Dei*, no ano de 1920 ([111]).

Na sua famosa encíclica social *Quadragesimo anno* ([112]), o papa Pio XI estabelece um marco histórico no desenvolvimento conceptual da comunidade, em relação à temática da unidade e da pluralidade e da questão sobre o desafio estatal com a proclamação do «princípio da subsidiariedade», em 1931. A definição de subsidiariedade dever ter sido o conceito mais frequentemente utilizado na política europeia, a partir da integração da Doutrina Social Católica. O papa Pio XI definiu-a de tal modo que aquilo que o indivíduo pode fazer por sua própria iniciativa não lhe pode ser retirado e transmitido à comunidade, sendo esta, pelo contrário, obrigada a prestar assistência em caso de necessidade.

Devido às circunstâncias históricas, o papa Pio XII viu-se perante um desafio político (político-europeu) muito especial. O sucesso e o fracasso dos seus esforços são ainda hoje veementemente debatidos. No que diz respeito à nova ordem do pós-guerra na Europa, explicou na sua mensagem radiofónica, a 1 de Setembro de 1944, em plena Segunda Guerra Mundial: «A Europa e os outros continentes vivem, embora de maneiras diferentes, segundo os princípios transmitidos pela herança cristã [...] Alguns estão a esquecer-se, a ignorar e até mesmo a rejeitar esta herança preciosa, mas a tangibilidade dessa herança permanece» [113]. Na sua mensagem de Natal desse ano, concluiu que o Estado deve ter um sistema jurídico adequado e juntar-se aos outros países, a fim de assegurar o bem comum e que, salvaguardando o princípio da soberania nacional, teria de recorrer, por princípio, aos órgãos supranacionais [114]. A interpretação desta mensagem permite concluir, especialmente porque Pio XII saudou energicamente os trabalhos preparatórios já em curso para a fundação das Nações Unidas, que cada Estado devia prescindir, obviamente de forma voluntária, de uma parte dos seus direitos de soberania e colocar-se ao serviço do bem comum, incluindo e assegurando o seu próprio, devendo subordinar-se aos órgãos supranacionais criados em conjunto. Ao mesmo tempo, salientou que esta recém-criada organização «estava ao serviço da justiça» e que «não deveria impor injustiças nem aos vencedores nem aos vencidos». Pio XII abordará novamente esta questão na sua mensagem radiofónica de 9 Maio de 1945, dirigida a todos os povos após o fim da guerra na Europa, resumindo os princípios orientadores para o recomeço através das seguintes palavras: «[...] uma Europa nova e melhor, construída sobre o medo infantil perante Deus, deve ser leal aos seus Santos Mandamentos, respeitando a dignidade humana sob o princípio sagrado de que todos os povos têm os mesmos direitos» [115].

Esta ideia de reorganização da Europa no espírito do cristianismo é como o fio condutor que percorre muitas das tomadas de posição. O papa Pio XII utilizou palavras particularmente fortes na sua homilia, durante a celebração dos 1400 anos da morte de São Bento, na Basílica de S. Paulo em Roma, a 18 de Setembro de 1947. A tragédia foi devastadora para a Europa e causada, em sua opinião, «pelo desprezo por Cristo e pela Igreja», razão pela qual devemos lembrar-nos que as «forças superabundantes da Europa», assentes «na base mais sólida», só podem basear-se «na unidade da fé católica», tendo como «ponto central e de protecção» a «Sé Apostólica» ([116]). Por isso, a Europa deve reencontrar a sua «alma», tendo sido desde sempre a «religião» «que impregnou toda a sociedade com a fé cristã até às suas raízes». «Quando a cultura se separou da religião» e a «irreligiosidade» invadiu a vida pública e deu origem à «desunião» e ao «perigo», as consequências só poderiam ser «discórdia» e «miséria». Se a Europa pretende agora libertar-se disso, não terá então de repor a união entre religião e civilização? Essa foi a pergunta angustiada do papa. A resposta foi evidente: sim, através do «reconhecimento dos direitos de Deus e da sua lei» ([117])! Não é fácil refutar a alegação de que este «programa» é eventualmente uma recatolização (ignorando basicamente a realidade eclesiástica). Sendo que já não pode sequer estar em debate esse trabalho, em função da actual situação político-eclesiástica concreta, caracterizada pelo desafio da secularização e pelos esforços para um ecumenismo teologicamente fundado e praticado, ou seja, a inter-religiosidade, um tal desígnio, caso venha a ser concretizado contra todas as probabilidades, não é exequível do ponto de vista prático, nem compatível com a doutrina do Concílio Vaticano II. Obviamente, este ponto de vista é facilmente formulado numa avaliação retrospectiva, não sendo ainda suficientemente claro para as pessoas daquela época.

No entanto, segundo as circunstâncias de então, era quase lógico que Pio XII fizesse da «salvação da cultura europeia pela fé católica» o tema principal da sua carta, datada de 17 de Julho de 1952, à então presidente da Associação Católica Feminina da Alemanha: «Fala-se tanto da cultura europeia, daquela cultura que deve ser salva do passado ou que deve ser criada para a Europa unida do futuro. Há que ter consciência apenas do seguinte: ou esta cultura europeia será verdadeiramente cristã e católica, ou então será consumida pelo fogo dos outros, dos materialistas, para quem só a matéria e as forças puramente físicas têm valor» ([118]). O papa repetiu literalmente esta posição, na sua carta datada de 27 de Junho de 1955, ao então bispo de Augsburgo, por ocasião do aniversário da Batalha de Lechfeld ([119]). Significativo nestas duas declarações importantes é o facto de o papa prever uma Europa unida no futuro, baseada na fé cristã católica, que já não pode actualmente ser formulada dessa forma. De qualquer modo, era muito céptico em relação ao «nacional-estadismo».

De qualquer forma, a unidade europeia, que, na sua opinião, só poderia ser criada e mantida, no seu essencial, pela unidade espiritual dos cristãos, está sob o olhar atento de Pio XII. Tendo em conta a reconstrução do continente europeu e a superação da divisão política real, sublinha sempre de novo a verdadeira «solidariedade», a «vontade de ter uma vida em comum», a «unidade europeia», a «integração dos Estados nacionais» enquanto objectivo político prático para a reabilitação da Europa devastada.

Depois de ultrapassada a guerra, e face aos desafios avassaladores da reconstrução e à formação de blocos que começava a desenhar-se à escala política mundial, os Estados nacionais não eram propriamente dominados por um sentimento de entusiasmo. A ideia de uma estrutura supranacional que superasse a espera das fronteiras nacionais e da soberania nacional estatal começava a tornar-se cada vez mais atractiva. Tinha chegado a hora do nascimento das Nações Unidas, assim como da NATO e do Pacto de Varsóvia, bem como das três Comunidades Europeias e – distinguindo-se destas – da EFTA, para os Estados que (ainda) não podiam ou não queriam aderir à Comunidade Europeia. Além disso, como já foi referido, foi igualmente importante o facto de a maioria dos fundadores e promotores do primeiro momento de uma Europa unida ser democrata-cristã, do ponto de vista político, e católica, do ponto de vista da confissão. Ainda a partir desta perspectiva, é compreensível que o papa e a Cúria simpatizassem desde o início com a política europeia de integração e que a apoiassem da melhor forma.

Mas que forma política concreta esta nova Europa deve revestir? Os requisitos básicos foram apresentados pelo papa Pio XII, desde sempre e ao longo dos anos, de forma clara e repetida: deveria ser uma Europa única e unida. Mas como? Logo se tornou evidente que o modelo das Nações Unidas não podia ser aplicado na Europa, porque foi expressamente concebido como cooperação entre Estados nacionais soberanos e independentes, e era exactamente isso que não se pretendia para a Europa. Os políticos cristãos do pós-guerra foram suficientemente perspicazes e corajosos para, já na fase inicial de concepção, indicarem os elementos nacionais federativos, nomeadamente ao nível executivo (sob a forma da Comissão Europeia, seguindo-se mais tarde o Conselho Europeu), legislativo (sob a forma do futuro Parlamento Europeu) e jurídico (através do Tribunal Europeu de Justiça).

A Igreja Católica interveio desde o início neste processo de integração, prestando apoio e emitindo pareceres favoráveis, mas sem cair na tentação de dar conselhos organizacionais e políticos unilaterais. As suas contribuições situavam-se ao nível das bases, tendo, por isso, um valor especial. Os fundamentos religiosos já foram mencionados, os políticos concentravam-se na «unidade europeia», conceptualmente levados a um denominador comum. Foi provavelmente no ano de 1946 que Pio XII empregou pela primeira vez, de forma explícita e em público, o conceito de unificação política da Europa, numa palestra aos jornalistas a 14 de Abril de 1946, na Suíça: «[...] realçou que dificilmente se poderia construir a unidade europeia num ambiente artificial, mas que se deveria deixá-la crescer de forma orgânica como um ser vivo, ancorando-a na história e na cultura» ([120]).

Tornou-se evidente que uma das consequências da catástrofe da Segunda Guerra Mundial seria a dos interesses «nacionais» e a criação de políticas de «egoísmo estatal» para um futuro fácil, que poderiam levar a confrontos armados. Não é surpreendente que Pio XII se declarasse partidário de uma política europeia federativa, que superava a ideia dos Estados nacionais. Consequentemente, enviou um representante próprio ao Congresso de Haia, em Maio de 1948, na pessoa do Internúncio Apostólico nos Países Baixos, monsenhor Paolo Giobbe, para lançar as bases para o Congresso que levaria à criação do «Movimento Europeu» e que deu o impulso inicial para a instituição do Conselho da Europa em Estrasburgo ([121]).

O papa proferiu uma palestra aos participantes no «Segundo Congresso Internacional da União Europeia dos Federalistas», a 11 Novembro de 1948, no qual abordou as dificuldades psicológicas que surgiam com o processo de unificação europeia, tão pouco tempo após a tragédia da guerra, mas salientando que são exactamente estas experiências dolorosas que podem motivar as pessoas a superar «o seu preconceito de nacional-egoísmo»: «[...] não se pode perder tempo», [...] «se for importante que esta união alcance a sua meta [...]», «então está mais do que na altura de ela se concretizar» ([122]). Pio XII afirmou ainda que foi «exactamente esta preocupação» que o levou a pronunciar-se «por uma União Europeia» ([123]) O papa referia-se a um discurso que ele próprio tinha proferido perante o Colégio dos Cardeais, a 2 Junho de 1948 ([124]). Não pode ser afirmado com absoluta certeza que Pio XII foi o criador do conceito de «União Europeia», termo mais tarde adoptado pela política das Comunidades Europeias, mas existe uma elevada probabilidade de que assim possa ter sido.

No entanto, o agitado processo que finalmente levou à instituição das Comunidades Europeias não ficaria isento de contratempos políticos e de jogadas astuciosas por parte dos decisores políticos. A preocupação com o sucesso do processo de integração em curso obrigou o papa a frequentes advertências. Assim, no seu discurso de Natal de 1954, pediu uma vez mais que não se perdesse de vista o «princípio de uma mais vasta unificação europeia», avisando que o questionável «modelo de Estado Nacional poderia regressar» e que não deveria confundir-se «vida nacional no sentido estrito do termo» com a «política nacionalista», uma vez que o Estado nacionalista poderia então tornar-se muito facilmente em «semente de rivalidades e em rastilho da discórdia». Como correctivo a aplicar poderia considerar-se uma «estrutura inter e supra-estatal» baseada no «amor à liberdade desejada por Deus e em harmonia com as exigências do bem comum, ou baseada na ideia da lei natural» ([125]).

Depois da fundação da CECA, a 18 de Abril de 1951, em Paris, as negociações continuaram com as habituais dificuldades políticas e diplomáticas, mas, apesar disso, prosseguiram, sendo possível concluir mais uma etapa de sucesso com a assinatura dos Tratados de Roma para a CEE e a EURATOM, a 25 de Março de 1957.

Apenas alguns meses depois, a 13 de Junho de 1957, em Roma, Pio XII dirigiu-se aos delegados do Congresso da Europa, do qual faziam parte 16 nações, especialmente os seis Estados da CECA, surpreendendo-os no seu discurso com considerações invulgarmente práticas e críticas ([126]). O que acontecera? Os projectos da Comunidade Europeia de Defesa (CED) e da Cooperação Política Europeia (CPE) tinham falhado por razões políticas ([127]), e os Tratados de Roma, embora tivessem sido finalmente assinados, ainda não haviam entrado em vigor. Do ponto de vista do papa, a CEE e a EURATOM representaram um retrocesso sensível em comparação com a CECA, já que esta foi dotada, na sua época, de um órgão supranacional, ou seja, directamente afastado da intervenção nacional estatal, que era a chamada «Alta Autoridade», bem como de uma Assembleia Parlamentar, de um tribunal de justiça e de outras instituições, o que vinha totalmente ao encontro da política papal. Devido à situação política mundial que se verificava, isto acabou por não ser possível em igual medida para as duas novas Comunidades, o que acabou precisamente por levar à dura tomada de posição por parte de Pio XII. Entre outras coisas, argumentou que a «ideia europeia» era e continuaria a ser «um ideal muito bonito, só que mais ou menos inatingível», caso não fosse possível criar instituições comuns «dotadas de autoridade própria e, de certa forma, independentes dos governos nacionais» ([128]). Consequentemente, o papa criticou o fracasso da CED, e também, segundo a sua opinião, as fraquezas institucionais da UEO e da CEE, chegando depois «ao ponto decisivo», do qual «depende a constituição de uma comunidade dependente no verdadeiro sentido», ou seja, precisamente a «criação de uma autoridade política europeia» com poder de decisão e responsabilidade próprios ([129]). Uma vez que já estava dentro do tema, o papa apelou também a uma «política externa europeia comum» ([130]). Esta interferência directa no processo de formação institucional da Europa é única no seu género e não deixou de ter os seus efeitos, devido à sua concretização e em função do clima político na qual foi articulada, embora os seus resultados concretos levassem anos e, em casos isolados, até mesmo décadas, até se concretizarem definitivamente.

Nos anos seguintes, o papa Pio XII fez-se sempre ouvir sobre a integração europeia, permanecendo no seu caminho teológico e político. Apesar de todas as diferenças pessoais, este papa e João Paulo II são talvez os que mais se aproximaram nas suas teologias e políticas para uma Europa unida. Ambos foram papas numa época de grandes mudanças e ambos desenvolveram acções para o surgimento de uma nova Europa. Um no início do recomeço de um continente completamente devastado, o outro na unificação, na europeização, no início de uma nova era, de um continente igualmente dividido por completo. Ambos salientaram a «alma» que só poderia ser cristã, uma vez que a Europa não pode ser apenas fundada no direito, na economia e na política, e ambos invocaram grandes santos para ajudarem na aventura da unificação europeia. João Paulo II declarou os apóstolos eslavos Cirilo e Metódio «co-padroeiros da Europa» ([131]) e proclamou São Thomas More «patrono dos governantes e dos políticos» ([132]), colocando-os assim lado a lado com São Bento, que fora reconhecido pelo papa Pio XII como «pai e fundador da Europa» ([133]).

Os sucessores dos papas Pio XII, João XXIII e Paulo VI tinham-se manifestado diversas vezes sobre a Europa, mas não com a veemência dos seus antecessores. ([134]) Com o devido cuidado, talvez possa ser aqui feita uma bela citação como uma espécie de «somatório» do pensamento político europeu de Paulo VI, a partir de uma passagem da sua palestra aos participantes do Seminário Europeu da Juventude para as Questões Agrárias, a 23 de Julho de 1963. O papa referiu, nesta ocasião, entre outras coisas, o seguinte: «Eles são europeus, eles são representantes desta antiga e desta nova Europa, que os nossos antecessores sempre viram como uma forma única e solidária de povos, certamente diferentes uns dos outros devido a características específicas, mas profundamente unidos pelo facto de serem irmãos», o que antigamente era conhecido por «cristianismo» e que ainda se pode chamar de «civilização cristã» ([135]).

Além disso, «agora é obrigatório para todos os cidadãos» resolver «de forma positiva a grande questão da integração europeia [...]» ([136]).

As tomadas de posição de Paulo VI sobre política europeia foram de certa forma acentuadas na Conferência sobre Segurança e Cooperação (CSCE; 3 de Julho de 1973 a 1 de Agosto de 1975). A sessão de encerramento, na qual foi adoptado o chamado «Acto Final de Helsínquia», foi presidida pelo então Secretário do Conselho de Assuntos Públicos da Igreja, o arcebispo Agostino Casaroli, enquanto representante da Santa Sé (um dos muitos exemplos de aplicação da diplomacia papal ao serviço da assistência religiosa para a Europa). Entre outras, o papa tinha transmitido ao arcebispo Casaroli a seguinte mensagem para a sua actividade: «No cume desta longa e muitas vezes dolorosa história e em virtude daquilo com que cada um dos povos deste continente contribuiu através do seu talento, a Europa possui uma herança comum ideal. Esta baseia-se essencialmente na mensagem cristã transmitida a todos os seus povos, e que foi por eles adoptada. Inclui, para além dos sagrados valores da fé em Deus e da inviolabilidade da consciência, os valores da igualdade e da fraternidade entre todas as pessoas, a dignidade do pensamento, que se dedica à busca da verdade, da justiça para o indivíduo e para a comunidade e, finalmente, o direito enquanto norma de conduta nas relações entre os cidadãos, as instituições e os Estados.»; «Falamos de Estados, porque são os correspondentes sujeitos de direito das relações internacionais. Mas são os povos que mais nos interessa, que constituem afinal a realidade viva dos Estados, que são a sua razão de ser e que lhes conferem os motivos para as suas acções» ([137]). A preocupação missionária do papa para com a Europa, enquanto união dos povos na fé, também encontra expressão na palestra aos participantes no III Simpósio dos Bispos Europeus, a 18 de Outubro de 1975: foi «a fé, a fé cristã, católica» que fez a Europa, de certa forma «como sua alma», «individualidade, oportunidade e vocação residem aqui», «os cristãos são a alma no corpo [...] no universo europeu» ([138]). E por ocasião da reunião do Conselho de Chefes de Estado e de Governo dos Países da Comunidade Europeia, em Roma, o papa apelou a uma «oração para a Europa» na sua alocução do Angelus, a 30 de Novembro de 1975 ([139]). No discurso que proferiu perante o Colégio dos Cardeais e Prelados da Cúria Romana, a 22 de Dezembro de 1975, tendo como referência a Cimeira da CSCE, em Helsínquia, referiu-se à «reafirmação dos direitos humanos fundamentais» ([140]). A diplomacia papal ao serviço da assistência religiosa foi muito bem expressa no discurso de Paulo VI ao

Corpo Diplomático, a 12 Janeiro de 1976: «A Santa Sé na Conferência de Helsínquia: intérprete dos mais altos princípios éticos e legais» ([141]). O papa Paulo VI assumiu também algumas tomadas de posição acerca dos trabalhos do Conselho da Europa ([142]).

Paulo VI aproveitou todas as oportunidades de que dispôs, embora não com a mesma intensidade de Pio XII, para se dirigir directamente às Comunidades Europeias: «Partilhar juntos os benefícios e obrigações na construção da Europa», o «pedido e o encorajamento» do papa aos parlamentares para «continuarem a tarefa», que «parece ser de uma necessidade premente»; «nobre empreendimento» de trabalhar para uma «Europa cada vez mais unida e fraterna» ([143]) foram alguns dos pensamentos publicamente expressos.

A 14 de Outubro de 1964, Paulo VI falou com um grupo de deputados cristãos, em Estrasburgo, acerca da «unificação europeia» e do «Evangelho como base» ([144]). No seu discurso aos membros do Comité Executivo da CEE e da EURATOM, a 19 de Maio de 1967, fez um balanço positivo dos esforços até aí realizados para a integração europeia, salientando ao mesmo tempo a sua «atenção», o seu «verdadeiro interesse» e «o apoio que a Igreja dá a(os) trabalhos» relativos ao projecto de unificação ([145]). A questão da justiça e da paz foi abordada pelo papa na reunião com os membros da Comissão das Questões Sociais e da Saúde do Parlamento Europeu, a 16 de Abril de 1970 ([146]). Paulo VI referiu-se ao cristianismo como base para o desenvolvimento de uma Comunidade organizada e como garantia do apoio da Santa Sé à constituição dessa mesma Comunidade («porque a Santa Sé, usando de toda a força moral de que dispõe, envida todos os esforços que sirvam ao progresso verdadeiro e duradouro dos povos») perante o presidente do Parlamento Europeu, por ocasião das audiências, em Roma, a 25 de Novembro de 1971 ([147]) e a 9 de Novembro de 1973 («apreço pelo trabalho do Parlamento Europeu», «interesse profundo que a Santa Sé tem tido desde há muito no contínuo desenvolvimento de uma Europa unida», «apoio moral» para essa finalidade) ([148]). A unificação europeia tem sido mencionada em diversas audiências concedidas pelo papa às diversas delegações da CEE ([149]). Perante os membros do Comité Económico e Social das Comunidades Europeias, Paulo VI referiu-se ao motivo «principal» da preocupação com os «problemas sociais» ([150]) e perante uma delegação do Parlamento Europeu e do Tribunal de Justiça «atreveu-se mesmo a pensar que a Europa é um testemunho de unidade perante o mundo, tendo a obrigação de prestar um sério contributo para a paz internacional e o desenvolvimento» ([151]).

Dos exemplos acima referidos, que obviamente não pretendem ser abordados de forma exaustiva, torna-se claro o quanto a temática do processo de integração europeia que, naquela época, ainda estava literalmente na «infância» por comparação com a actual UE, ocupava os pensamentos e as acções da Santa Sé durante o pontificado de Paulo VI. Além disso, devem ser acrescentados os numerosos contributos, igualmente substanciais em quantidade e qualidade, que saíram da pena tanto dos membros da Cúria como da dos bispos locais. As colectâneas de textos de Jürgen Schwarz, amplamente citadas, fornecem informações convincentes a esse respeito. Após os tumultuosos anos de renovação e de reconstrução europeia, Pio XII e, mais tarde, João XXIII (sobretudo na sua Encíclica *Pacem in Terris*, publicada em 1963) desempenharam um papel importante. Em termos de política europeia, o pontificado de Paulo VI foi marcado pela consolidação do que fora alcançado até à data.

Foi através do Concílio Vaticano II – apesar de certas objecções colocadas por Roma e de algumas Igrejas locais – que se produziu a recepção dos resultados do Conselho por parte do clero e do «povo da Igreja», mas foi especialmente através do papa João Paulo II que se abriu um capítulo novo e talvez até aí único na história europeia. A personalidade de João Paulo II ficará indelevelmente ligada à queda da União Soviética e ao declínio do regime socialista no quadro político europeu. O papel deste papa no Estado corporativo e nas convulsões políticas das duas últimas décadas do século XX tem sido reconhecido no mundo inteiro desde há muito tempo ([152]). A dialéctica da política trouxe, em 1989, o desaparecimento definitivo da Guerra Fria do período do pós-guerra e, ao mesmo tempo, semeou as bases para o crescimento de uma Europa cada vez mais unida. O papa polaco foi simultaneamente um coveiro e um semeador! Segundo o pensamento de Karol Wojtyla, a Europa nunca teria sido um continente separado pela Guerra Fria, no qual se teria de resolver os problemas com «política real»; não, para o arcebispo de Cracóvia – a despeito da Cortina de Ferro – a Europa foi sempre um terreno de cristianismo enraizado e um continente unido pela fé. Não é por acaso que esta temática retorna à sua primeira encíclica *Redemptor Hominis*: A Igreja é em Cristo «sacramento ou sinal, e instrumento da íntima união com Deus e da unidade de todo o género humano», e o papa escreve ainda que «Jesus Cristo é a via principal da Igreja»; «Por esta via de Cristo ao homem, por esta via na qual Cristo se une a cada homem, ninguém pode travar a Igreja» ([153]). Vista em retrospectiva, esta encíclica, que pode ser quase descrita como programática do pontificado de João Paulo II, contém na verdade muitos dos principais temas que o papa viria a recuperar e a aprofundar nos anos seguintes.

Seria quase desmedido, dada a profusão de declarações de João Paulo II acerca de uma política europeia de responsabilidade cristã, querer fazer uma apresentação exaustiva no âmbito desta obra ([154]). No que diz respeito à unificação da Europa, convém, no entanto, tentar apresentar de forma exemplar as acções deste papa, com base em documentos seleccionados. Os princípios básicos da teologia do papa João Paulo II, apesar de fragmentados, podem ser vistos como um procedimento razoável e sensato, colocando-os no centro das investigações para a Europa actual.

Além do que já foi referido nessa Encíclica, a exortação pós-sinodal *Christifideles laici* ([155]), que apresenta a estrutura teológica de base de uma política cristã enquanto «evangelização», tem especial relevância. Esta preocupação pela dignidade humana e pela protecção da pessoa assume, neste documento, uma posição central (n.º 5 e ss.). Ambas só podem ser garantidas pela fé vivida em Jesus Cristo, redentor do homem e do mundo (n.º 7). O amor ao próximo e o amor a Deus, assim esclarece este ponto, parecem estar inseparavelmente ligados. Consequentemente, todo o primeiro capítulo desta exortação pós-sinodal trata desta íntima comunhão: «Eu sou a videira, vós os ramos» (n.º 8-17). A partir desta eclesiologia de comunhão (capítulo 2, n.ºs 18-31), resultam consequências concretas tanto para os pastores como para os leigos: «a co-responsabilidade na Igreja-missão». A Igreja deve ser missionária (n.º 32) e anunciar o Evangelho «por todo o Mundo» e «a toda a criatura» (n.º 33). No seguimento, o documento ensina como a evangelização é urgente e multifacetada (n.º 34-41) e, seguidamente, fala *expressis verbis* da política cristã, da qual os leigos não podem eximir-se, a fim de ajudarem a dignidade humana, a justiça, a solidariedade, o bem comum, ou seja, simplesmente a paz (n.º 42). As restantes secções deste documento programático dedicam-se aos intervenientes na evangelização, de acordo com os diferentes «estados» vividos por cada um e com a «diversidade de carismas» existente, voltando a retomar esses tópicos no segundo capítulo. O documento possui uma linguagem clara: «Novas situações, tanto religiosas como sociais, económicas, políticas e culturais, reclamam hoje fortemente a acção dos leigos. Se o desinteresse foi sempre inaceitável, hoje é-o ainda mais. *Não é lícito a ninguém ficar inactivo.*» (n.º 3). E, mais abaixo, essa responsabilidade é ainda acentuada: «A ordem de Jesus "Ide e pregai o Evangelho" conserva a sua validade e está repleta de uma urgência inultrapassável. – Todo o discípulo é chamado na primeira pessoa; nenhum pode deixar de dar resposta: "Ai de mim se não evangelizar"» (1 Coríntios 9:16), (n.º 33).

Na sua Carta Apostólica (editada de *motu proprio*) «para a proclamação de São Thomas More, patrono dos governantes e dos políticos» [156], o papa usa este santo como exemplo e traça uma imagem idealista pragmática de um político cristão. O derradeiro objectivo da política é a preocupação com a «pessoa», ao «serviço a Deus e ao próximo», razão pela qual «o homem não pode separar-se de Deus, nem a política da moral», em «harmonia do natural com o sobrenatural» [157]. A mudança social que deve ser aplicada aos valores cristãos começa com a mudança dos próprios decisores políticos, devendo as suas vidas orientar-se pela «verdade» que o ser humano escuta através da sua consciência esclarecida, e é nela que reside «o centro mais secreto e o santuário do homem, no qual se encontra a sós com Deus, cuja voz se faz ouvir na intimidade do seu ser» (citação do papa da Constituição Pastoral *Gaudium et Spes*, n.º 16). No seu trabalho, Thomas More apresenta um eloquente testemunho desta «dignidade inalienável da consciência». Os políticos e todos os que têm responsabilidade pública deveriam reconhecer o «primado da verdade sobre o poder» [158]. Por esta razão, «o governo é, primariamente, um exercício de virtude». A dignidade da consciência, a verdade, a justiça, a devoção a Deus e ao próximo e «o respeito pelo património jurídico inspirado nos valores cristãos» foram os princípios básicos de que o santo não estava disposto a abdicar. Nas suas acções, ficou demonstrada uma verdade fundamental da ética política: a liberdade da Igreja em relação ao Estado! «A defesa da liberdade da Igreja face a indevidas ingerências do Estado é uma defesa, simultaneamente em nome do primado da consciência e da liberdade da pessoa frente ao poder político. É este o princípio basilar de qualquer ordem civil respeitadora da natureza do homem» [159], Nestas declarações, e Thomas More parecia ser a prova perfeita para o papa, reflectiam-se muito claramente o conteúdo e a argumentação da Declaração sobre a Liberdade Religiosa *Dignitatis Humanae* do Concílio Vaticano II: o direito à liberdade religiosa baseia-se, de acordo com os padres do Concílio, na dignidade da pessoa humana; uma dignidade detectada pela revelação e pela razão. Na sociedade política, esse direito deve tornar-se um direito civil. E este direito não é só reconhecido pelo Estado [160]! Karol Wojtyla, enquanto jovem, depois como capelão e, mais tarde, como arcebispo de Cracóvia, viveu a ditadura dos aparelhos do poder, uma vez que o Estado em que vivia perseguia a Igreja e propagava o ateísmo. Jan Ross estabeleceu uma análise muito acertada na sua biografia papal:

«No caso da Polónia e de outros países de Leste, a liberdade religiosa não era uma concessão eclesiástica, mas um *slogan* de ataque, um grito de guerra no confronto com o Estado. As pessoas queriam construir igrejas, fazer procissões do Corpo de Deus ao ar livre, enviar os filhos às aulas de Religião. O Estado impedia-os e, por isso, deveria ser-lhe negado o direito de interferir nos assuntos da fé e da consciência dos cidadãos. *Dignitatis Humanae*, para muitos católicos no Ocidente uma ferida, era para Wojtyla uma arma» ([161]). O futuro papa João Paulo II sabia o que era necessário ensinar, devido à experiência amarga que ele próprio viveu.

Deste papa apenas se poderá falar, e com toda a justiça, em superlativos, por exemplo no que diz respeito à duração do seu pontificado, ao número de viagens ao estrangeiro, à quantidade de beatificações e canonizações, e em relação às suas publicações doutrinárias. As estatísticas falam por si. Além de algumas tomadas de posição meramente circunstanciais, há temas claramente centrais para João Paulo II, que reaparecem nos grandes documentos fundamentais, sempre sob novas formas e usos, permitindo assim – neste caso em relação à «teologia política» do papa – reconhecer uma certa estrutura básica. Um dos muitos exemplos é a relação entre «o reino de Deus» e a «ordem social humana». Em *Centesimus Annus*, o papa escreve: «O Reino de Deus, presente *no* mundo sem ser *do* mundo, ilumina a ordem da sociedade humana, enquanto a força da graça a penetra e a vivifica» ([162]). Aqui se recorda novamente, caso venha a vingar, a condição real e fundamental da ordem humana, ou seja, a sua ligação de regresso ao Reino de Deus enquanto fonte, orientação e objectivo de toda a acção política, vitoriosa e definitivamente prometida através de Jesus Cristo.

De seguida, tentar-se-á explicar de forma sucinta, em grupos temáticos, as declarações fundamentais da doutrina do papa João Paulo II para a acção da Igreja no mundo actual.

O mistério de Cristo como base da missão da Igreja e do cristianismo é um desses grandes temas. Assim, pode ler-se no capítulo 11 da encíclica *Redemptor Hominis*: «Em Cristo e por Cristo, Deus revelou-se plenamente à humanidade e aproximou-se definitivamente dela; e, ao mesmo tempo, em Cristo e por Cristo, o homem adquiriu plena consciência da sua dignidade, da sua elevação, do valor transcendente da própria humanidade e do sentido da sua existência» ([163]). Todas estas palavras já tinham sido ouvidas por diversas vezes, mas aqui o Santo Padre recorda-as de novo numa forma típica, compactada e poética. Um ser humano não pode viver sem amor; a sua vida fica sem sentido, sem qualquer fundamento e orientação, se ele não for ao encontro do verdadeiro amor. Este veio ao mundo de forma plena, ou seja, através do mistério redentor: o amor de Deus fez-se homem em Cristo. Só ele «é o caminho, a verdade e a vida» e, como tal, a última máxima da acção política dos cristãos enquanto indivíduos e da Igreja enquanto comunidade. Neste contexto, o papa recordou mais uma vez a importância da liberdade religiosa para a acção política [164].

Isto leva-nos directamente ao segundo grande tema: a missão da Igreja. A Igreja é o local de preservação da herança preciosa que Cristo deixou, estando presente de uma forma consistente, eficaz e sacramental. E porque Deus quer que todos os seres humanos sejam salvos, ela tem de ser «apostólica», «missionária/dinâmica» [165] e «colegial» (entre todos os membros da Igreja numa ordem tanto hierárquica como horizontal) enquanto ao leigo é atribuída uma responsabilidade especial [166]. Deverá ser uma Igreja «redentora», «libertadora», tendo com o mundo um «diálogo da salvação»: «a tarefa fundamental da Igreja de todos os tempos e do nosso, de modo particular, é a de dirigir o olhar do homem e endereçar a consciência e a experiência de toda a humanidade para o mistério de Cristo, ajudar todos os homens a uma familiaridade com a profundidade da Redenção que se verifica em Jesus Cristo» [167]. Portanto, neste contexto está a essência da vocação cristã, «servir» e «reinar», enquanto «participação na missão real de Cristo», «seguindo o exemplo de Cristo», ou seja, enquanto pessoas já salvas, pois foi para essa «liberdade que Cristo nos libertou» [168]. A política significa, pois, a acção redentora aqui e agora, na realidade social concreta; significa que as pessoas se libertam para aquela liberdade. João Paulo II revelou-se em alguns aspectos um verdadeiro «teólogo da libertação». No entendimento do papa, a teologia da libertação, enquanto terceiro grande tema, inclui a dimensão fundamental e integral da libertação do pecado. Esta libertação, assim entendida, não deriva da vida concreta, mas realiza-se nas respectivas vivências do ser humano: na família, na sociedade, no governo, na ordem política e na sua devoção a Deus. O papa João Paulo II nunca teve preferência por um determinado modelo de sociedade. Desde o início do seu pontificado, enfatizou repetidamente: «Nada temais!» E não há, de facto, qualquer razão para isso, uma vez que o cristão devoto já sabe, como se disse, que está liberto para a liberdade na filiação a Deus. Por convicção, o papa João Paulo II é, portanto, anticomunista e crítico do capitalismo ao mesmo tempo, como salientou claramente Jan Ross [169].

O ser humano actual sofre da ameaça da autodestruição numa dimensão nunca vista, através de uma globalização sem redes sociais nem respeito, através de uma utilização desumana dos meios de comunicação de massa, através de armas de destruição maciça e do uso arbitrário das possibilidades económicas da ciência moderna. Tudo isso, e muito mais, coloca o homem na situação de fazer tudo o que quer. Mas nem tudo o que ele tem a possibilidade de fazer pode fazê-lo! Além disso, numa falsa avaliação da situação e julgando-se superior àquilo que é, o homem julga poder ser o seu próprio redentor, o que leva, por exemplo, a que a política se transforme numa «religião secular», «que se iluda em poder construir o Paraíso neste mundo» ([170]). Por outras palavras, a liberdade e a ordem estão relacionadas enquanto conceitos sucessivos. A liberdade sem regras é anarquia, a ordem sem liberdade é ditadura! A correcta união destas duas áreas na sociedade e na política pode ser reiterada na acção do indivíduo, a partir da mensagem do «reino de Deus». Referindo-se à prática política, o papa João Paulo II repete que, pela busca do conhecimento e da visão do Reino de Deus e da sua realização no aqui e agora, se «nota melhor as exigências de uma sociedade digna do homem, são rectificados os desvios, é reforçada a coragem do agir em favor do bem» ([171]).

Neste sentido, recorda o papa a «doutrina social cristã», enquanto máxima da acção, e que deve fazer parte da «nova evangelização». «A "nova evangelização", da qual o mundo moderno tem urgente necessidade, e sobre a qual várias vezes insisti, deve incluir entre as suas componentes essenciais o anúncio da doutrina social da Igreja» ([172]). O núcleo e o coração da doutrina social são formados, mais uma vez, pela «dignidade incomparável» do ser humano, como «à imagem e semelhança» de Deus, a sua «dignidade essencial» como pessoa. Por isso, «será conveniente desde já ter presente que aquilo que serve (…) a toda a doutrina social da Igreja, é a *correcta concepção da pessoa humana e do seu valor único* […]» ([173]).

Aqui fecha-se novamente o círculo: o amor a Deus e ao próximo são inseparáveis entre si, inclusive e especialmente na unidade visível da(s) Igreja(s). Esta unidade é o desejo expresso de Cristo e foi muito importante para ele aquando da criação da sua Igreja. Na oração sacerdotal na véspera da sua paixão, rogou ao Pai: «*Ut unum sint* – para que sejam um só». Esta unidade deveria ser o traço distintivo da sua divina missão e viria a tornar-se verdadeiramente o sinal mais característico dessa missão. Esta unidade dos cristãos enquanto sinal da missão messiânica de Jesus e da unidade trinitária do Pai, do Filho e do Espírito Santo, visível nela e através dela, são tão importantes para o Senhor que ele apresenta duas vezes o seu pedido de forma quase igual: «A fim de que todos sejam um; e como és tu, ó Pai, em mim e eu em ti, também sejam eles em nós; para que o mundo creia que tu me enviaste» ([174]). E noutra perícope diz: «A fim de que sejam aperfeiçoados na unidade, para que o mundo saiba que tu me enviaste [...]» ([175]).

Ut unum sint também é, por conseguinte, o título da encíclica «sobre o Empenho Ecuménico», a posterior preocupação principal do papa. A sua introdução não deixa quaisquer dúvidas quanto à intenção deste documento: «O ardente desejo que me move é o de renovar hoje este convite e propô-lo novamente com determinação» ([176]). Seria impossível formular este desígnio de forma mais clara e convincente. O papa dirigiu o seu apelo aos cristãos e a todos os credos, dando expressão à convicção de que a divisão em si é praticamente impossível: «[...] unidos na esteira dos mártires, os crentes em Cristo não podem permanecer divididos» ([177]). A divisão do cristianismo é um assunto bastante sério e não uma mera negligência que possa ser simplesmente ignorada. Tal como o Vaticano II já determinou no seu decreto sobre o ecumenismo *Unitatis redintegratio*, a divisão «contradiz abertamente a vontade de Cristo e é um escândalo para o mundo, e também prejudica a santíssima causa da pregação do Evangelho a toda a criatura» ([178]). Superar a divisão constitui não apenas um «dever», mas uma «responsabilidade» perante o próprio Deus, já que todos os que foram baptizados se tornaram num só Corpo de Cristo precisamente pelo baptismo ([179]). O ecumenismo, assim recorda de forma notável João Paulo II na doutrina do Concílio Vaticano II, dando-lhe uma nova ênfase, está na ordem do dia e nenhum cristão pode recusá-lo: «Há somente um corpo e um espírito, como também fostes chamados numa só esperança da vossa vocação; há um só Senhor, uma só fé, um só baptismo; um só Deus e Pai de todos [...]» ([180]).

À luz dos «desígnios do coração» do papa João Paulo II para que todos os cristãos assumam a tarefa de uma nova evangelização em espírito ecuménico, não é por acaso que os dois santos Cirilo e Metódio são declarados co-padroeiros da Europa, na Carta Apostólica *Egregia virtutis* ([181]), e reconhecidos como modelos para os missionários, na Carta Apostólica *Slavorum Apostoli* ([182]). Em ambos os documentos podemos reencontrar alguns dos desígnios centrais do papa: a referida «unidade entre os fiéis», o «carácter missionário da Igreja», a sua missão evangelizadora e, em termos políticos concretos, a «concórdia e a unidade da Europa» são as razões pelas quais estes dois santos são mencionados como «modelos concretos e sustentáculos espirituais para os cristãos do nosso tempo e, especialmente, para as nações do continente europeu» ([183]). A unidade na fé, como João Paulo II sempre entendera, existe apenas no pleroma das dádivas e dos actos espirituais. A pluralidade não exclui a unidade, mas condiciona-a de certa forma. «Todas as Igrejas locais são chamadas a enriquecer com as próprias dádivas o pleroma católico» ([184]). Também faz parte expressar e comemorar «o louvor de Deus [...] em modulações, timbres e combinações inumeráveis» ([185]). A integração harmoniosa de «antigo» e «novo», a diversidade sobre a verdade una, a quase insondável riqueza dos dons do espírito, os muitos membros de um «corpo de Cristo», ou seja, o pleroma espiritual é quase uma característica católica. O papa resumiu-os na seguinte frase: «Todos os homens, todas as nações, todas as culturas e todas as civilizações têm um papel a desempenhar e um lugar próprio no plano misterioso de Deus e na história universal da salvação»([186]).

A fórmula dos «dois pulmões de um só organismo» ([187]) encontrada pelo papa João Paulo II deverá tornar-se, a este propósito, o símbolo da unidade da Igreja e da Europa.

Todos estes desígnios, desejos, sugestões e argumentações de João Paulo II são desenvolvidos intensamente em «Jesus Cristo, vivo na sua Igreja, fonte de esperança para a Europa» ([188]). Este documento é expressamente dedicado à Igreja na Europa, ou seja, à Europa no seu todo. O motivo que levou o papa a escrever este documento único na sua forma actual é o bem conhecido pedido para a nova evangelização da Europa. Já durante a sua visita à Alemanha, entre 21 e 23 de Junho de 1996, João Paulo II tinha formulado uma das mais significativas declarações sobre este assunto: «A nova evangelização está na ordem do dia. Não se trata da restauração de uma época passada (devendo), em vez disso, ser dados novos passos. Juntos, temos uma vez mais de anunciar a mensagem feliz e libertadora do Evangelho à Europa. Assim, há também que partir, ao mesmo tempo, à redescoberta das raízes cristãs da Europa» ([189]).

A fim de preparar o grande jubileu do ano 2000, realizaram-se vários sínodos continentais dos bispos, sendo dois deles europeus([190]). O primeiro destes dois sínodos especiais pan-europeus reuniu-se, em 1991, sob o tema «Sejamos testemunhas de Cristo, que nos libertou». Já nessa altura os padres do sínodo não deixaram qualquer dúvida quanto à urgência e à necessidade de uma nova evangelização, ou seja, «em consciência, a Europa actual não pode indicar simplesmente a sua herança: deve ser colocada numa posição em que, mais uma vez, tem de se decidir o futuro da Europa no encontro com a pessoa e a mensagem de Jesus Cristo» ([191]). Esta temática foi retomada na segunda Assembleia Especial do Sínodo dos Bispos para a Europa, que reuniu de 1 a 23 de Outubro de 1999, em Roma, novamente «a partir da perspectiva de esperança». Tratava-se, portanto, de anunciar esta mensagem de esperança – Cristo está vivo – a uma Europa que parecia tê-la perdido ([192]).

Devido à sua natureza, esta carta não consegue alcançar a qualidade e a independência de qualquer documento do Concílio, enquanto tomada de posição colegial, com aprovação papal explícita. No entanto, possui um grau de responsabilidade que permite superar muitos outros documentos oficiais. Devido ao tema-base escolhido, ganha um significado solidário ainda maior para a política europeia da Igreja. Os bispos europeus, em total consonância com o Santo Padre, não deixaram dúvidas de que o desígnio pastoral teria de resultar em práticas concretas, isto é, ser capaz de influenciar a definição política da Europa, razão pela qual existe um apelo para as «Igrejas da Europa [...] se empenharem perante os novos desafios» ([193]).

Jesus Cristo – Esperança – Europa são os pilares da nova proclamação, mencionada no título do documento. A Europa é vista como uma unidade, tendo as suas raízes na «inspiração cristã comum» e nas «diversas tradições culturais», mas para a sua realização é necessário um empenhamento «social», por um lado, e «eclesial», por outro. O mistério central, o garante de uma esperançosa e bem sucedida política de proclamação para a Europa (assim se resume a convicção no final da introdução deste documento) é Jesus Cristo: «para além de qualquer aparência e apesar de os efeitos não serem ainda visíveis, a vitória de Cristo já se deu e é definitiva» ([194]).

No primeiro capítulo deste importante documento europeu, faz-se uma descrição muito realista dos desafios actuais a que o ser humano está exposto, cujas esperanças são «frequentemente provadas», isto é, postas à prova. As formulações encontradas são de importância fundamental e de grande relevância – o que tem sido demonstrado na batalha pela herança cristã na Constituição para a Europa – devendo, por isso, o passo correspondente do documento ser citado na íntegra: «De entre muitos aspectos, amplamente citados também durante o Sínodo, quero recordar a *crise da memória e herança cristãs*, acompanhada por uma espécie de agnosticismo prático e indiferentismo religioso, fazendo com que muitos europeus dêem a impressão de viver sem substrato espiritual e como herdeiros que delapidaram o património que lhes foi entregue pela história. Por isso, não causam assim tanta maravilha as tentativas de dar um rosto à Europa excluindo a sua herança religiosa e, de modo particular, a sua profunda alma cristã, estabelecendo os direitos dos povos que a compõem sem os enxertar no tronco irrigado pela linfa vital do cristianismo» ([195]). Uma das consequências lamentáveis é a «afirmação lenta e progressiva do secularismo»: «em vários sectores públicos, é mais fácil definir-se agnóstico do que crente; dá a impressão de que o normal é não crer, enquanto o acreditar teria necessidade de uma legitimação social» ([196]). O medo do futuro, a fragmentação da existência, a perda da integridade e do centro da vida, o crescente enfraquecimento da solidariedade, uma antropologia sem Deus e sem Cristo, niilismo ao nível filosófico, relativismo ao nível da teoria da percepção e moral, pragmatismo e hedonismo cínico são apenas algumas das características essenciais das actuais ameaças. Daí resulta a seguinte conclusão: «A cultura europeia dá a impressão de uma <apostasia silenciosa> por parte do homem satisfeito, que vive como se Deus não existisse». ([197])

Apesar de tudo, ainda há sinais de esperança, como por exemplo:

› na vida da sociedade: os padres do Sínodo incluem, entre outros, o restabelecimento da liberdade da Igreja na Europa de Leste, a concentração da Igreja na sua missão espiritual, o primado da evangelização, bem como a consciência da missão especial dos baptizados;
› na vida da comunidade civil: a abertura mútua dos povos entre si, a reconciliação entre nações anteriormente beligerantes, o progressivo processo de integração europeia rumo a uma unificação da Europa;
› mas especialmente na vida da própria Igreja: muitas testemunhas da fé cristã, o sacrifício dos mártires, a santidade de muitos homens e mulheres, novos movimentos religiosos, a vida pastoral renovada e, por último, mas não menos importante, os sucessos ecuménicos ([198]) e, como tem sido repetidamente pedido pelo papa,
› lidar de forma responsável com a natureza e o ambiente, respeitando a criação.

Estas abordagens positivas, das quais existem muitas mais, devem ser retomadas, prosseguidas e intensificadas à luz de Jesus Cristo, que é – como o papa e os bispos nunca se cansam de frisar – a base, a média e a meta de todas as esperanças, devendo ser novamente interpretadas para a Europa, para uma Europa unida e comum. Testemunho vivo desta esperança, reconhecimento concreto e consumado de Jesus Cristo no Estado e na sociedade, ou seja, frutificação sócio-política da *Boa Nova*, é o que se encontra na ordem do dia. No entanto, note-se também que não é atribuição da Igreja «manifestar preferência por uma ou outra solução institucional ou constitucional da Europa», de modo a tomar partido e privilegiar uma em detrimento de outras formas legítimas [199]. Ao mesmo tempo, torna-se claro que a Igreja actua numa ordem democrática muito concreta, sabendo certamente respeitar a sua autonomia, mas dentro da qual também encontra justificadamente o seu lugar e liberdades para participar na definição da sociedade. Tanto a Igreja em geral como as Igrejas locais em particular «trabalham no quadro de uma dimensão institucional específica, que merece ser juridicamente valorizada no pleno respeito dos justos ordenamentos civis» [200]. A liberdade da Igreja e a liberdade democrática devem estar em harmonia.

Os capítulos seguintes do documento apresentam o que foi exposto em diferentes perspectivas, em que, no espírito do Concílio Vaticano II e sob determinação específica de João Paulo II, se fala sempre do «Evangelho da esperança», que foi «confiado» à Igreja para esta o «anunciar», tendo assim de o «celebrar» e «servir». A esperança tem de encontrar expressão concreta, e só pode fazê-lo como serviço e celebração do amor. O respeito pela dignidade humana, a comunidade, a solidariedade para com os pobres, os doentes e os sofredores, até mesmo o amor pela criação, a protecção do meio ambiente, das plantas e dos animais e a correcta utilização dos bens da Terra são alguns dos pilares deste «Evangelho da esperança». E depois dessa vida em celebração, numa única celebração, alegre e fiel, vem a felicidade. Por isso, esperança, amor e vida também têm sempre carácter de celebração. A vida é, assim, uma comemoração única da esperança, que encontra a sua expressão mais profunda e misteriosa na celebração dos sacramentos, na liturgia, especialmente na penitência e na Eucaristia enquanto fontes de liberdade e de esperança como antecipação da futura glória, no aqui e no agora concretos. A Igreja na Europa é, pois, a Igreja que comemora, porque ama, serve, que tem esperanças justificadas; o culto de Deus, a santificação do ser humano e a estrutura da comunidade eclesiástica, com e através de Jesus Cristo, são as suas características numa realidade social concreta. O místico cristão é ao mesmo tempo um realista.

O sexto capítulo deste documento grandioso ocupa-se consequentemente deste tema central, como esperança cristã aplicada em e à Europa. Trata-se agora da concretização desta Igreja numa nova Europa, uma Europa que não se entende por imediata, mas sim de forma processual com base numa cultura milenar antiga. Ao contrário de um espaço geográfico, a Europa pode ser considerada como «um conceito prevalentemente cultural e histórico» [201]. A história e a cultura desta Europa assim entendida são «radicais» e «determinantes» e «marcadas pelo influxo vivificante do Evangelho», constituindo a fé cristã um dos muitos e essenciais «fundamentos» da cultura europeia. A Europa regozija-se com uma incontestável herança cristã, a partir da qual até «mesmo a modernidade europeia, que deu ao mundo o ideal democrático e os direitos humanos, recebe os seus próprios valores» [202].

A Europa deve regressar à sua verdadeira identidade enquanto continente inspirado e fundamentado no cristianismo, devendo criar, com base nesse cristianismo, um novo modelo de unidade na diversidade para a construção de uma «Comunidade de Nações Reconciliadas» que sirva de exemplo ao mundo. Para dar uma nova expressão europeia ao processo de integração europeia e «dar novo impulso à sua história, a Europa deve "reconhecer e recuperar, com fidelidade criativa, aqueles valores fundamentais, adquiridos com o contributo determinante do cristianismo, que podem compendiar-se na afirmação da dignidade transcendente da pessoa humana, do valor da razão, da liberdade, da democracia, do Estado de direito e da distinção entre política e religião"» [203].

O contínuo processo de integração europeia, que não sofre apenas de um alargamento horizontal através da incorporação de novos membros, mas que, a nível vertical, consiste fundamentalmente na reforma das instituições da UE, tem de possibilitar a unidade na diversidade, ou seja, ter criativamente em conta as diversas especificidades culturais, as identidades nacionais, as línguas e as tradições. A nova Europa deve ser definida por «uma actuação mais perfeita aos princípios de subsidiariedade e de solidariedade», bem como pela explanação e pela valorização «dos contributos que poderão advir dos novos membros» [204]. Por outras palavras, a Europa deve ser um «continente aberto e acolhedor», o que significa, na opinião dos padres do Sínodo e do papa, que «a Europa não pode fechar-se sobre si mesma», mas que, no processo de globalização, deve apresentar e continuar a desenvolver criativamente os valores europeus genuínos, ou seja, baseados na herança cristã. Daí pode e deve resultar uma nova cultura de cooperação internacional. A «globalização da solidariedade» tem de ser acompanhada pela «globalização na solidariedade» ([205]). Só desta forma pode emergir numa nova ordem mundial baseada na paz e na justiça. A *Ecclesia in Europa* resume o princípio básico da nova ordem de paz, que pode ser essencialmente definida a partir de e por intermédio da Europa, através da seguinte fórmula: «Por um lado, as diferenças nacionais devem ser mantidas e cultivadas como fundamento da solidariedade europeia e, por outro, a própria identidade nacional só se realiza na abertura aos outros povos e em solidariedade com eles» ([206]).

A Europa deve ter consciência do seu novo papel na política mundial e tornar-se um actor global activo a partir da responsabilidade cristã.

Do anteriormente exposto, tornou-se suficientemente claro que as instituições europeias e a Igreja são parceiros na construção de um mundo digno e justo. João Paulo II destaca em particular a União Europeia como um modelo de integração, que «se vai aperfeiçoando» ([207]) através da elaboração de uma Constituição para a Europa, mas uma Constituição que tenha devidamente em conta a participação das «Igrejas, das comunidades eclesiais e das outras organizações religiosas». Uma «sã cooperação» das instituições europeias e dos Estados individuais com os parceiros eclesiásticos e cristãos também deve ser legalmente protegida, a bem da democracia. *Ecclesia in Europa* faz exigências muito específicas à Constituição, nomeadamente «o direito de as Igrejas e comunidades religiosas se organizarem livremente, de acordo com os respectivos estatutos e convicções», verem-se respeitadas na sua «identidade específica» enquanto comunidades religiosas e terem a possibilidade de um «diálogo estruturado» com a UE, tendo em consideração o «estatuto jurídico» de que as Igrejas e instituições religiosas já usufruem nos Estados-membros ([208]). A implementação das disposições em questão ainda está pendente, especialmente no que diz respeito ao diálogo estruturado, que os capítulos subsequentes irão desenvolver.

Esta Carta pós-sinodal apostólica fez ver aos decisores políticos europeus, de uma forma sem precedentes, que a Europa está a preparar-se agora, pela primeira vez na sua história, para se juntar numa grande Comunidade, e que, em primeiro lugar, possui uma herança cristã própria; em segundo lugar, que a Igreja tem de ser levada a sério como parceiro genuíno; e, em terceiro lugar, que necessita de uma dimensão religiosa nova ou renovada.

A Igreja Católica está disposta a contribuir para a unificação da Europa e do processo de integração europeia, «em continuidade com a sua tradição e coerentemente com as indicações da sua doutrina social», tendo até a obrigação, devido ao «Evangelho vivido sob o signo da esperança», de participar nele. «Nesta perspectiva, é necessária *uma presença de cristãos* adequadamente formados e competentes nas várias instâncias e instituições europeias» e, ao mesmo tempo, a Igreja tem de manter-se imperativamente fiel à sua missão ecuménica de trazer os cristãos à unidade, uma vez que, se tal não acontecer, não poderá haver uma Europa unida ([209]). E assim termina este documento peculiar, com a «entrega» do grande empreendimento da unificação europeia à Mãe de Deus e com o pedido que a obra prospere por sua intercessão e sob o seu manto protector ([210]).

Pouco mais de meio ano antes da Carta pós-sinodal *Ecclesia in Europa*, ou seja, a 24 de Novembro de 2002, a Congregação da Fé publicou um documento que trata da forma como os católicos devem comportar-se na vida política, e que deve ser considerado em conjunto com a *Ecclesia in Europa* como um todo. Este documento fornece um excelente guia para uma política europeia cristã ([211]). Tendo em conta o seu conteúdo e a data de publicação, esta Nota Doutrinal não surge por acaso. O então chefe da Congregação da Fé, cardeal Joseph Ratzinger (agora papa Bento XVI), tinha naturalmente conhecimento da proclamação iminente da *Ecclesia in Europa*, razão pela qual o seu documento pode ser entendido como complementar à exortação pós-sinodal. O que é dito de fundamental sobre a Europa na exortação é transposto pelo cardeal Ratzinger como orientações práticas para uma política europeia de responsabilidade cristã. Ambos os documentos têm de ser lidos em conjunto e, pelo significado que assumem, constituem até ao momento um procedimento eclesiástico único para a formação da Europa. A Igreja Católica Romana não poderia ter documentado de forma mais evidente o seu desejo para a co-formação e o seu posicionamento no processo de integração europeia.

Segundo as suas palavras, foi importante para o cardeal Ratzinger refutar a interpretação errónea de não haver verdades reconhecíveis, sendo tudo apenas relativo, daí resultando que também a democracia deveria estar inequivocamente «aberta» a tudo e que, em consequência de uma tolerância mal entendida, se eleva o relativismo e o subjectivismo a princípios, apenas se permitindo parcialmente que os valores-padrão religiosos sejam tidos como máxima da acção político-social. Aqui não se critica a democracia, mas a utilização fraudulenta das suas liberdades actuais. O pluralismo e o relativismo não devem ser equiparados ou confundidos. Inversamente, a tolerância e o reconhecimento das verdades morais-vinculativas não se excluem mutuamente. O cardeal Ratzinger insurge-se contra um cristianismo de sacristia, que pretende restringir-se às quatro paredes da Igreja. A fé verdadeiramente vivida não serve apenas o bem comum; tem uma meta pública, participando no público. Assim, nem mesmo os leigos podem negar o exercício de uma política activa. Segundo este documento, a missão do político católico é ser «guiado pela consciência cristã», «animar de forma cristã a ordem temporal», tendo como princípio básico que «o homem não pode separar-se de Deus nem a política da moral» ([212]). Além disso, é confirmada uma vez mais a velha sabedoria de que o amor a Deus e ao ser humano estão sempre juntos e permanecem interligados. A congregação religiosa trata pormenorizadamente os equívocos e os desenvolvimentos erróneos que conduziram a uma democracia, em que tudo foi reduzido e relativizado a estruturas formais. Em rigor, ao mencionar a «decadência e a dissolução da razão e dos princípios da lei moral natural», o que levou à errónea suposição de que esse pluralismo ético deveria ser a condição para a democracia, chama-se os equívocos principais pelo nome ([213]). Para corrigir esse erro, torna-se essencial a instrução na fé, porque só um católico praticante é que tem uma consciência adequadamente formada, o que também está relacionado, em última análise, com o conhecimento da fé, vendo-se em posição de agir (colaborar) da forma politicamente mais justa.

A partir da responsabilidade do ser humano e da sociedade de proclamar e viver a Boa Nova da salvação através da sua missão, a Igreja tem o direito e o dever de tomar decisões morais sobre assuntos temporais. Com isto, o cristão é convidado a conhecer diferentes opções «legítimas», motivadas por diversos contextos históricos, geográficos, económicos, tecnológicos e culturais ([214]). No mundo actual, com as suas questões políticas de natureza complexa, parece por vezes ser útil seguir estratégias morais legítimas diferentes para concretizar o mesmo valor moral de base. A questão não gira, portanto, em torno do humanismo ou do cristianismo, mas do esclarecimento da questão da humanidade em diferentes graus. Ninguém vai querer negar seriamente que pode haver e há, de facto, instituições seculares que representam uma forma de humanismo compatível com um humanismo de base cristã. O pluralismo de valores morais exige, porém, uma distinção clara de princípios básicos morais, e não pode ser confundido com o espírito arbitrário da época e a arbitrariedade relativista.

O debate permanente em torno da doutrina moral e social cristã é, por isso, fundamental, tal como a abertura para o discurso científico. Na sua nota, Ratzinger não defende uma reivindicação moral de representação exclusiva pela Igreja, mas defende a verdade da fé na sua implementação política concreta perante a falsificação, a arbitrariedade e o abuso. O pluralismo é de igual modo real e legítimo, embora as diferentes escalas de valores tenham de ser justificadas e medidas pelas da doutrina da Igreja. O discurso, a liberdade de debate, a diferença de opiniões são os marcos da honestidade intelectual e até mesmo uma necessidade, nomeadamente e sobretudo em questões de fé, quando se tornam máxima da acção política. A fé deve ser responsável, razoável, pois é a única maneira de se afirmar em relação ao secularismo moderno, ao relativismo e contra um humanismo mal entendido. A tolerância e a compreensão da verdade moral não se excluem mutuamente, antes pelo contrário. Será que Ratzinger contrapõe assim uma visão teocêntrica/cristã do mundo a uma visão secular/antropocêntrica; ou a teonomia da fé à autonomia moderna? De modo algum. Ele deixa somente a advertência para uma mistura inaceitável, cujo resultado dá espaço a todo o tipo de arbitrariedades. A fé e a razão pertencem uma à outra e complementam-se, tal como a autoparticipação divina e a autodeterminação humana. Só a primeira é que liberta e assegura a segunda ([215]). A defesa da fé, como forma de assegurar a dignidade humana, a sua liberdade e a sua fertilização através da prática política real, é o objectivo deste documento.

Como é evidente, um documento eclesiástico que se refere ao empenho político dos católicos não pode deixar de definir o que entende por «laicidade». A congregação religiosa define-a «como autonomia da esfera civil e política da religiosa e eclesiástica – *mas não da moral*» e como «o respeito das verdades» da fonte «do conhecimento natural» ([216]), ou seja, em total consonância com doutrina da separação entre Igreja e Estado, vigente desde o Concílio Vaticano II. Daí pode concluir-se que o Estado não deve interferir em questões religiosas, garantindo a liberdade religiosa como direito humano inalienável. No entanto, da liberdade religiosa resulta o direito dos católicos de definirem o Estado e a sociedade, de acordo com a sua consciência formada com base na doutrina da Igreja. Esta não pode ser considerada uma interferência no governo de cada país, responsabilizando apenas os crentes para a participação activa no amor a Deus e ao próximo. Neste sentido, «laicidade» não significa que a hierarquia não deva dizer aos políticos o que têm de fazer, mas que estes devem agir segundo a sua «própria responsabilidade cristã, a partir da sua consciência esclarecida, e não são decisões emanadas pelos bispos em matéria política» ([217]). Uma «separação» entre Igreja e Estado neste sentido, ou seja, laicidade conforme acima mencionado, não significa secularismo. A religiosidade e o laicismo não se excluem mutuamente, no entanto, é recusada uma «dupla existência» da vida «secular» e «espiritual». Essa seria, efectivamente, uma forma de esquizofrenia social. A verdade e a moral não podem ser divididas em matéria civil e espiritual, aplicando-se de forma indivisível em ambos os casos. Porém, a sua realização concreta pode assumir uma variedade de formas, o que acontece de facto quotidianamente e em todos os domínios da vida, em cada acção, situação, obrigação, etc., cada uma com a sua própria legalidade. Mas fica sempre comprometida à verdade de Cristo. Existe um pluralismo natural, mas este não deve ser confundido com anarquia moral ([218]). A liberdade, definida no sentido de liberdade religiosa estatal e da autonomia do indivíduo, é acompanhada por uma ordem, tanto na acepção estatal como eclesial. Neste contexto, o documento relembra que a liberdade de consciência e a liberdade religiosa só são justificadas em e através da «dignidade ontológica da pessoa humana», não se baseando em nenhuma outra instância ([219]).

No seu conceito original, ser católico significa ser político. E, além disso, não há «qualquer razão» para esse «complexo de inferioridade», tanto na forma como no conteúdo desse compromisso. A política católica possui uma dimensão revolucionária por natureza, vai às raízes do ser, visa a realização do reino de Deus no aqui e agora, isto é, para a salvação, para a vida eterna, e não se contenta com o romantismo social do mundo ([220]). A política católica reflecte «a unidade (...) e a coerência entre a fé e a vida» ([221]).

Transposto para o nível da política de integração europeia, isto significa que as instituições europeias oferecem (têm de oferecer) o espaço de liberdade que (ainda) não existe de forma satisfatória, onde possa concretizar-se uma política católica cristã que, desde sempre, foi concebida com uma Europa comum em mente.

A política europeia e a católica cristã podem ser harmonizadas sem qualquer dificuldade, porque são amplamente congruentes. Enquanto a Igreja Católica Romana dispõe de um guia muito útil para uma acção comum, ecuménica em relação a outras religiões, Igrejas e organizações religiosas, especialmente graças ao Concílio Vaticano II e, mais recentemente, com a referida Carta pós-sinodal *Ecclesia in Europa*, a «Nota doutrinal sobre algumas questões relativas à participação e comportamento dos católicos na vida política» e a «Carta Ecuménica», é possível reconhecer grandes deficiências por parte da União Europeia em relação à preocupação institucional para um diálogo regular. No entanto, a Constituição para a Europa irá trazer um grande avanço, proporcionando uma base exequível para o futuro desenvolvimento do diálogo e político-religioso e eclesiástico.

Mas como implementar concretamente as possibilidades abertas pela Constituição? Que instrumentos e instituições deverão ser criados para se fazer face à dimensão religiosa da Europa?

4. Um instrumentário prático para o diálogo político-religioso na União Europeia

A Constituição para a Europa inclui, na parte I, título VI, que se intitula «A vida democrática da União», duas disposições fundamentais para as Igrejas e organizações religiosas, nomeadamente o n.º 2 do Artigo 47.º e o n.º 3 do Artigo 52.º, que irão dar-lhes o reconhecimento legal enquanto parceiros na União Europeia, que até agora lhes faltava, criando e assegurando a base para um diálogo institucionalizado com as mesmas [222].

O n.º 2 do Artigo 47.º diz o seguinte: «As instituições estabelecem um diálogo aberto, transparente e regular com as associações representativas e com a sociedade civil». Não há dúvida de que aqui estão incluídas organizações religiosas e ONG, que já participam com grande interesse no processo de integração europeia, prestando um contributo fundamental. Neste ponto, deve ser repetido que, devido ao seu papel missionário, o dever de participar no desenvolvimento e na formação da sociedade faz parte do domínio universal das Igrejas (pelo menos das cristãs tradicionais).

O n.º 3 do Artigo 52.º é directamente dirigido às Igrejas e organizações religiosas enquanto tal: «Reconhecendo a sua identidade e o seu contributo específico, a União mantém um diálogo aberto, transparente e regular com as referidas Igrejas e organizações» [223].

A partir dos debates na Convenção, tornou-se evidente que diálogo «aberto» significa simplesmente que todos a quem os dois artigos se aplicam e que desejem participar no processo de integração europeia são convidados a fazê-lo; «transparente» significa que qualquer um terá acesso a todas as informações pertinentes a qualquer momento, podendo assim ver-se numa posição de se integrar adequadamente no diálogo em caso de necessidade; a disposição «regularmente» implica um diálogo institucional, uma vez que necessita das respectivas instituições, órgãos e instrumentos. Como já foi aqui referido, estes estão apenas parcialmente disponíveis, devendo por isso ser criados ou amplificados, de modo a que as instituições da UE estejam preparadas para manter esse diálogo.

A lacuna de requisitos operacionais deverá ser mais facilmente compensada através do diálogo político-religioso e eclesiástico no Parlamento Europeu. Na situação ideal, os deputados deverão apenas estabelecer, de entre as várias já existentes, uma comissão ou subcomissão específica para os assuntos das Igrejas e organizações religiosas (independentemente da designação concreta que pudesse vir a ter). A prática actual de enquadrar caso a caso certas questões relevantes relacionadas com a religião, numa determinada comissão técnica, não é satisfatória. Naturalmente, pode abordar-se o tema complexo do Islão, por exemplo, dos pontos de vista da política social ou de segurança, e tratá-lo nas respectivas comissões; a da assistência religiosa para os presos na Comissão do Interior ou da Justiça, ou da produção de alimentos de acordo com as regras religiosas na Comissão de Economia, etc. Desta forma, há o perigo de nos perdermos em questões isoladas e, como tal, de nunca conseguirmos ir ao encontro das religiões, de forma adequadamente aprofundada, e muito menos manter um diálogo concreto. A forte oposição de vários deputados a um diálogo com as religiões e Igrejas constitui um obstáculo para a criação do correspondente instrumento de diálogo. O seu número é infinitamente pequeno, porém a sua agitação muito agressiva. Não só rejeitam o diálogo, como o combatem por todos os meios. No entanto, a 16 de Janeiro de 2007, o presidente eleito do PE, Hans-Gert Pöttering, chamou dois colaboradores ao seu gabinete para os encarregar expressamente da execução das tarefas político-religiosas e eclesiásticas ([224]).

A cooperação com as Igrejas e organizações religiosas no Conselho não é fácil, já que nos 27 Estados-membros da UE existem muito mais de trinta (sub)sistemas jurídicos eclesiásticos estatais extremamente diferentes entre si (o que foi demonstrado no segundo capítulo deste trabalho). O problema que se coloca é saber como é que as Igrejas locais se podem articular no diálogo com os governos nacionais, de modo a que possam ser ouvidas em termos de política europeia nos respectivos Estados e, por conseguinte, no Conselho, podendo assim participar activamente na política de integração. Isto será, naturalmente, mais fácil de acontecer nos Estados onde o sistema jurídico eclesiástico estatal específico permita a participação *ex lege*, ou onde existam governos favoráveis à religião e às Igrejas, e/ou onde houver Igrejas locais incontornáveis, devido à sua força sócio-política real. No entanto, seria demasiado redutor atribuir a falta de participação religiosa unicamente às condições políticas do governo, não sendo raro encontrar também alguma falta de vontade por parte das Igrejas em se envolverem, o que pode ser constatado na política europeia. Muitas vezes torna-se difícil convencer as Igrejas e organizações religiosas no terreno de que elas também são co-actores na construção da Europa, tendo assim responsabilidades na política europeia. É justamente às Igrejas que cabe um papel de especial importância e até mesmo de obrigação no processo da definição europeia, como tem sido muitas vezes exposto. A este respeito falta ainda realizar um certo trabalho de persuasão junto de várias Igrejas e organizações religiosas. É por isso que esse diálogo é tão importante na UE enquanto elemento de auto-reflexão eclesiástica, uma vez que também se pode ser culpado por omissão!

Em termos de política europeia, as Igrejas dos Estados-membros devem tornar-se parceiros no discurso político nacional, levantar objecções onde acreditarem que existe o perigo de haver desenvolvimentos erróneos e intervir no apoio aos cidadãos que procuram caminhos viáveis. Por isso, é necessário que as Igrejas europeias estejam conscientes da sua presença euro-política, incluindo a ecuménica, e que tenham os instrumentos adequados para os tornarem politicamente frutíferos. Neste ponto, um apelo justo: a «Carta Ecuménica» tem de ser finalmente levada a sério!

O teólogo pastoral vienense Paul Zulehner pediu, na Conferência Pastoral Austríaca de 2004 (8 a 10 de Janeiro), em Salzburgo, uma maior participação de peritos da política europeia por parte das Igrejas, sugerindo fóruns de diálogo e de reflexão e a criação de instituições profissionais religiosas, não só em Bruxelas, mas também nos diferentes países. Para que os partidos, tal como a política governamental, tenham à sua disposição parceiros competentes para o contacto religioso, o teólogo pastoral exige, por exemplo, a instituição de «gabinetes católicos» (o autor deste trabalho entende Zulehner, no sentido de estes deverem ser instrumentos de *lobbying* eclesiásticos), propondo, para além disso, a criação de um instituto pastoral pan-europeu para a intensificação da cooperação pastoral [225]. Deviam ser seriamente tidas em consideração «correias de transmissão» intra-estatais, se quisermos usar esta comparação, sob a forma de gabinetes nacionais eclesiásticos europeus, a fim de poderem representar mais vantajosamente as questões da Igreja no Conselho através dos representantes dos governos nacionais. Finalmente, e por uma questão de exaustividade, deve ser igualmente salientado que a Conferência Episcopal Austríaca foi a primeira Igreja local com gabinete próprio em Bruxelas, tendo-se fundido, mais tarde, com a COMECE. Algumas das possibilidades de um empenho religioso mais forte a nível nacional seriam a existência de gabinetes católicos, protestantes, etc., e idealmente ecuménicos, ou, no mínimo, contactos institucionalizados (através de detentores de cargos eclesiásticos já existentes) com os decisores políticos nos Estados-membros da UE, para a definição de posições comuns de política europeia. Só que, como já foi aqui referido, em muitos dos Estados-membros da UE isso iria pressupor o desenvolvimento, por parte das Igrejas, da correspondente consciência política europeia e do desejo declarado de participar no processo de decisão política. Para essa promoção, é necessário prestar ainda mais informações e esclarecimentos sobre a estrutura e o funcionamento da UE, o que, dependendo da situação, também terá de acontecer sob forma de uma colaboração ecuménica. A realização de jornadas da União Europeia pelas Conferências episcopais nacionais, a organização de seminários com determinado público-alvo religioso, o debate científico no seio das faculdades teológicas, o desenvolvimento dos pareceres ecuménicos/interconfessionais sobre questões temáticas e o trabalho público orientado são algumas das formas através das quais as Igrejas podem participar no processo político europeu. A participação das ONG religiosas deveria ser mais fácil na democracia participativa (no sentido do Artigo I-47.º do Tratado Constitucional), visto que existem, para as áreas temáticas específicas (por exemplo, aspectos sociais, imigração, saúde, assistência à juventude, etc.), parceiros de contacto directo ao nível estatal (Ministérios, Parlamento, etc.), já havendo normalmente cooperação ou, pelo menos, um diálogo de base. No caso das ONG religiosas, também seria desejável uma maior coordenação com a Conferência Episcopal Nacional, especialmente nos casos em que não existe essa coordenação e em que as grandes organizações trilharam um «caminho próprio». Ou, por outras palavras, essas ONG não devem ser apenas especialistas nos seus campos, mas organizações religiosas reconhecidas, o que significa que ocasionalmente seria desejável haver uma certa visibilidade por parte da Igreja.

A Comissão Europeia é de crucial importância para a política religiosa e eclesiástica, tendo amplas competências como «guardiã dos Tratados». Quanto ao diálogo político-eclesiástico e religioso e com as organizações filosóficas e não confessionais, a Comissão ainda tem de criar as condições institucionais para tal, como já foi referido por diversas vezes. É verdade que a Comissão Europeia dispõe, há vários anos, de um assessor político junto do presidente para o diálogo com as religiões, as Igrejas e as organizações não confessionais, mas deveria, como o nome sugere, exercer uma actividade de aconselhamento político em vez de operativa. Na verdade, porém, são as tarefas «práticas» que predominam. Isso deve-se ao facto de a política da Comissão Europeia se ter desenvolvido em extensão e em intensidade devido ao alargamento da UE e ao processo de integração. Além disso, ao nível europeu, as Igrejas, organizações religiosas e organizações não confessionais já estão entretanto representadas numa série de gabinetes e organizações, cujo número aumenta progressivamente ([226]).

A criação de uma unidade operacional que dê resposta às exigências práticas do diálogo está, por isso, na ordem do dia.

Em Junho de 2002, a KEK e a COMECE propuseram, numa carta conjunta ao autor deste trabalho, o estabelecimento de um «gabinete de ligação» ([227]). Desde então, são discutidos vários modelos e feitas propostas e testes práticos. Ainda não se pode fazer prognósticos sobre o sucesso destes esforços, porque o quadro burocrático (e político) é uma verdadeira prova de obstáculos.

No entanto, a Comissão Europeia definiu como objectivo informar os seus parceiros sobre o desenvolvimento da integração europeia da forma mais autêntica possível e apoiá-los, desde que os seus interesses sejam afectados, utilizando a sua influência no contacto directo com os decisores, para fazer valer os seus interesses através da participação no processo de tomada de decisão da Comissão Europeia. A chamada «iniciativa de transparência», que define de novo os termos, as condições, o mecanismo de acção e os parceiros no processo de *lobbying* e os torna mais compreensíveis para todos, tem também em conta a necessidade das religiões e Igrejas (para as organizações filosóficas e não confessionais sempre foi mais fácil exercer *lobbying*) ao ser-lhes reconhecida a sua natureza específica enquanto sociedades de base transcendental.

Ao que parece, conseguiu-se uma abordagem satisfatória para as ONG próximas das religiões e das Igrejas, conforme sugerido pelo Comité Económico e Social Europeu no quadro da sua «plataforma social». No dia 7 de Novembro de 2005, foi assinado um acordo de cooperação entre o Comité Económico e Social Europeu e a Comissão Europeia, de modo a que todas as ONG e, obviamente, as organizações relacionadas com a religião e Igrejas pudessem dispor de excelentes condições para a representação dos seus interesses ([228]).

Na Comissão Europeia foi instituído, há algum tempo, um departamento próprio no seio do Secretariado-Geral que se ocupa dos interesses da sociedade civil. Actualmente é elaborada, sob sua orientação, uma rede de pontos de contacto em todas as Direcções-Gerais da Comissão Europeia, a que podem dirigir-se os intervenientes da sociedade civil e naturalmente todos os religiosos, especificando as suas preocupações. Esta rede constitui mais um elemento de desenvolvimento de um instrumento adequado para o diálogo com as religiões, Igrejas e organizações não confessionais.

No âmbito do Gabinete de Conselheiros de Política Europeia (BEPA), a Comissão Europeia dispõe de um grupo de ética, o chamado European Group on Ethics in Science and New Technologies (Grupo Europeu de Ética para as Ciências e as Novas Tecnologias / EGE). Trata-se de uma comissão independente, pluralista e multidisciplinar, composta por cientistas seleccionados de renome internacional, cuja função, quer a pedido do presidente da CE quer por iniciativa própria, é emitir pareceres pertinentes no âmbito da preparação ou aplicação do direito e/ou política comunitários. Esta comissão, actualmente composta por 15 membros, publica anualmente cerca de 2 a 3 desses pareceres.

Até agora, o intenso diálogo mantido durante anos entre a Comissão Europeia e as religiões, Igrejas e organizações filosóficas e não confessionais também foi frutuoso, sendo visto quase como algo de perfeitamente natural (apenas alguns funcionários, que não o aceitam por razões filosóficas, e alguns grupos seculares fora das instituições da UE têm alguma dificuldade em reconhecer a necessidade e a utilidade de um tal diálogo). Hoje, qualquer representante da Igreja pode, a todo o momento, dirigir-se com as suas preocupações a qualquer funcionário, independentemente do nível de chefia. Em regra, todos encontrarão alguém que os escute. As audiências junto dos membros do Colégio e do presidente tornaram-se entretanto prática regular. No entanto, e essa é uma grande falha, para garantir a execução prática e quotidiana do diálogo com as suas múltiplas facetas e questões sensíveis, faltam as respectivas ferramentas operacionais, para facilitar o diálogo de forma mais razoável e abrangente do que até agora. O conselheiro político do presidente para este diálogo pode possuir um certo conjunto de tarefas, mas não tem a infra-estrutura necessária (pessoal administrativo, peritos, instalações adequadas, etc.) para cumprir as crescentes necessidades adequada e satisfatoriamente.

Que funções se incluem entre as mais importantes a ser exercidas pelo respectivo departamento? Entre outras:

› Aconselhamento do presidente e dos membros da Comissão Europeia;
› Apoio às Direcções-Gerais da Comissão Europeia nos seus parceiros de diálogo relevantes para o trabalho;
› Preparação (e reajustes) da participação do presidente e dos membros da Comissão Europeia em eventos e reuniões, assim como em visitas de líderes religiosos ou outros representantes distintos por parte dos parceiros de diálogo;
› Informação das representações e organizações instituídas junto da Comissão Europeia acerca da política da Comissão Europeia;
› Troca de opiniões por sua própria iniciativa ou a pedido dos parceiros de diálogo;
› Gestão da comunicação e da política de informação;
› Resposta aos desejos, sugestões, problemas, etc., apresentados por parte dos parceiros de diálogo da Comissão Europeia, bem como a resposta às interpelações por escrito por parte de deputados do PE;
› Actividades de pesquisa e análise;
› Desenvolvimento de estratégias para enfrentar de forma efectiva os novos desafios, como por exemplo a integração das tradições islâmicas na Europa;
› Ligação em rede dos órgãos da Comissão Europeia em relação a um mecanismo de consulta interno orientado para a resolução de problemas;
› Coordenação da posição entre Comissão Europeia, Parlamento Europeu e Conselho.

É impossível apresentar uma lista exaustiva. Uma vez que, por definição e em circunstâncias normais, as religiões e as Igrejas tocam todos os aspectos da vida, também os temas para o diálogo são ilimitados.

Na perspectiva da Comissão Europeia, o instrumentário de diálogo deve ser sempre capaz de ir ao encontro das intenções dos seus parceiros de forma construtiva, respeitando os seus próprios interesses.

A partir dos contactos mantidos até agora com as Igrejas e organizações religiosas, os pontos principais das suas actividades tornaram-se mais claros. Destes fazem parte, entre outros, os seguintes:

› Recolha de informações autênticas, ou seja, factuais, junto dos departamentos da Comissão Europeia na fase mais preliminar possível;
› A comunicação orientada e construtiva da posição dos parceiros de diálogo endereçada à Comissão Europeia;
› Construção de um instrumento de *lobbying* para, no âmbito do mecanismo de consulta da Comissão Europeia, se poder apresentar de forma rápida, selectiva e resumida, sendo também importante, neste aspecto, a cooperação ecuménica e inter-religiosa;
› Trabalho público orientado para os fins e os interesses tanto dos seus próprios membros, como do público em geral, assim como
› Actividades de pesquisa, análise e investigação.

Naturalmente, a imaginação não conhece limites quanto à forma como, na prática, devem ser enfrentados os desafios. Como ficou claro do que foi anteriormente exposto, apesar de todas as deficiências e necessidades pendentes já existe um diálogo multifacetado, que inclui, concretamente, as seguintes actividades:

› Convite a representantes de renome e cuidadosamente seleccionados das religiões monoteístas para uma troca de opiniões anual, que engloba a avaliação da situação política na Europa, a apresentação geral das perspectivas políticas e dos projectos do processo de integração, a clarificação da política da Comissão Europeia e temas semelhantes;
› Relatórios, a convite da Comissão Europeia, após cada Conselho Europeu (*debriefings*), ou seja, quatro vezes por ano, sobre os resultados e as implicações do trabalho deste Conselho;
› Organização de seminários de diálogo acerca de temas específicos a pedido dos parceiros de diálogo ou por iniciativa da Comissão Europeia, dependendo da situação concreta, a intervalos irregulares;
› Organização de seminários para a elaboração de análises específicas ou estratégias comuns;
› Organização de conferências públicas, de grande eficácia, com participação em toda a Europa (Estados-membros, peritos, meios de comunicação social, etc.);
› Convite a delegações de parceiros de diálogo dos Estados-membros da UE para visitarem as instituições europeias (com a ajuda do «Serviço de Visitantes» da Comissão Europeia);

› Política de informação e troca de opiniões nos próprios Estados-membros com os parceiros de diálogo locais, através da participação em Conferências, organização de exposições, realização de palestras, visitas às organizações religiosas, etc.;
› Atribuição de contratos de investigação para as questões relevantes para a Comissão Europeia; e
› Garantia de acesso aos parceiros de diálogo para todas as fontes de informação da Comissão Europeia (arquivos, documentação, etc.)

Tendo em conta as necessidades concretas da vida diária, bem como a conformidade com os princípios jurídicos, mas tendo igualmente em atenção as necessidades da Comissão Europeia para um diálogo em profundidade com religiões, Igrejas e organizações filosóficas e não confessionais, o autor deste trabalho desenvolveu um organograma para um diálogo institucionalizado. Foi desenvolvido em estreita colaboração com os parceiros de diálogo e à luz da prática concreta do diálogo dos últimos anos. Seria a solução máxima e ideal para um futuro instrumentário de diálogo.

Em grande medida, o organograma explica-se por si só, sendo necessárias, porém, algumas anotações. Este departamento central deveria estar o mais perto possível do presidente da Comissão Europeia, a fim de garantir uma execução rápida e eficiente de tarefas. A opção mais sensata, em termos de ordem técnica e organizativa interna da Comissão, seria provavelmente a inclusão desta unidade no Secretariado-Geral da Comissão Europeia, podendo o responsável do departamento ser ao mesmo tempo um membro do gabinete do presidente. Assim, seria não só garantida uma aproximação directa ao presidente, mas também o uso das infra-estruturas existentes para a fixação administrativa, orçamental e do pessoal no Secretariado-Geral central. A repartição em subunidades, por exemplo, A, B e C, é feita através de considerações puramente práticas; o «High Level Religious Leaders Advisory Group» (Grupo de Aconselhamento de Líderes Religiosos de alto nível) resulta directamente da Conferência sobre o anti-semitismo, realizada em Bruxelas, a 19 de Fevereiro de 2004, pela Comissão Europeia em conjunto com as grandes organizações judaicas da Europa. Este grupo, que reúne agora anualmente, já poderia possivelmente ter representantes (seleccionados) das religiões monoteístas. A «Euro-Jewish Platform on Anti-Semitism» (Plataforma euro-judaica para o anti-semitismo) é também um resultado concreto dessa Conferência de 19 de Fevereiro de 2004.

O objectivo seria que todas as agências da Comissão Europeia relacionadas, ainda que de maneira muito vaga, com a problemática complexa do «anti-semitismo» deveriam ligar-se, internamente, *on-line,* à Comissão, e nomear representantes, que deveriam agir como interlocutores directos (parceiros de diálogo) para as principais organizações judaicas na Europa. As tarefas essenciais poderiam ser partilhadas com a Agência dos Direitos Fundamentais da UE.

Aliás, o departamento específico para a Igreja Católica não inclui o termo «romana», porque aqui devem estar incluídas todas as Igrejas católicas (mesmo que, na prática, a ênfase esteja, sem dúvida, no «católico romano»). No departamento dedicado ao Islão, destaca-se o facto de ter de haver dois grupos de peritos, compostos de forma representativa por orientalistas, árabes, teólogos, estudiosos da religião, imãs, etc., um de proveniência muçulmana e outro não-muçulmana. Encontra-se aqui implícita a existência lógica de várias opiniões legítimas para a mesma questão, que devem ser claramente distintas para permitir uma «separação de ideias».

Escusado será dizer que o líder deste instrumentário de diálogo terá de dispor de características e competências muito específicas para a atribuição das tarefas. Provavelmente apenas alguns funcionários da Comissão possuam as aptidões necessárias, o que seria compreensível em função das práticas de recrutamento até agora em vigor, de modo que talvez um recrutamento externo à comissão permitisse um maior grau de especialização (teólogos, estudiosos da religião, prática político-diplomática, posto hierárquico por idade, experiência na preparação e na execução de Conferências internacionais, seminários, etc.) do que um concurso feito a partir das habituais carreiras internas da Comissão. O ideal seria, evidentemente, a formação de especialistas internos da Comissão que, como *insiders*, estariam naturalmente familiarizados com os métodos de trabalho e a estrutura da Comissão Europeia.

Do exposto deverá ter ficado suficientemente claro que as instituições da UE, nomeadamente a Comissão Europeia, o Conselho e o Parlamento Europeu, devem esforçar-se por procurar um diálogo, praticando-o já nestas circunstâncias, e criando as condições institucionais para um diálogo mais abrangente com religiões e Igrejas. Na prática, conseguiu-se dar passos animadores e melhorar os pressupostos jurídicos fundamentais. Pode evoluir ainda em Bruxelas uma presença considerável de religiões, Igrejas e confissões. A expansão do diálogo institucionalizado só pode concretizar-se através de uma cooperação mútua e verdadeiramente amigável entre todos os parceiros. Daí a necessidade de uma análise contextual das condições prévias e de uma visão crítica e sóbria das possibilidades e limitações institucionais e jurídicas. Ambas devem ser feitas pelas instituições da Comunidade Europeia, bem como pelas Igrejas e organizações religiosas. Com o presente trabalho, gostaria de deixar algumas reflexões, sugestões e avisos para se conseguir uma mais estreita cooperação entre todas as partes envolvidas. Aos cidadãos religiosos, aos indivíduos, assim como à Comunidade, a todos compete um papel crucial no processo de integração europeia. Obviamente, depois de 2000 anos de história intelectual europeia, também devem ser considerados conceitos judaicos, muçulmanos, iluministas e outros, e os seus representantes integrados no diálogo. As Igrejas cristãs tradicionais têm naturalmente uma responsabilidade especial e são indispensáveis na formação da Europa – sempre o foram e ainda o são. Mas a herança religiosa e predominantemente cristã da Europa só pode ser transmitida de forma viva, para o bem dos que vivem neste continente, se as organizações religiosas e as Igrejas estiverem cientes da sua missão específica. Por seu lado, as instituições europeias têm de garantir o espaço institucional e jurídico alargado, dentro do qual o ser humano religioso enquanto Igreja Mundial, local ou ainda a título individual possa tornar-se parceiro activo de uma integração europeia cada vez mais profunda.

Se as instituições europeias levarem a sério e, consequentemente, respeitarem os sentimentos religiosos dos cidadãos do nosso continente, as pessoas irão rever-se nestas instituições, que são efectivamente suas, podendo sentir-se representadas por elas. Depois, também será possível criar uma identidade genuína europeia, podendo os homens, através dela e nela, sentir-se em casa. Deve ser suficientemente claro que isso só pode ter êxito com um esforço ecuménico e inter-religioso. Se o diálogo entre as instituições europeias e as religiões, Igrejas e organizações filosóficas e não confessionais for bem sucedido, então também foi encontrada a resposta à questão que deu o título a este trabalho.

CONCLUSÃO

Uma Europa sem Deus? – A formulação escolhida para esta questão assume uma forma algo provocadora; contudo, coloca um problema essencial do desenvolvimento da integração europeia e dirige a atenção das reflexões para uma problemática central. É um facto histórico que a criação das Comunidades Europeias assenta em considerações político--estratégicas, com a intenção de evitar, de uma vez por todas, que algum Estado europeu se visse alguma vez na contingência de se tornar uma ameaça para outros Estados, sem colocar a sua própria existência em risco. A rede económica, a interdependência político-financeira, o controle de bens estratégicos, a integração foram apenas algumas das mais importantes ferramentas e recursos considerados necessários para a concretização desse objectivo.

Os fundadores das Comunidades Europeias, embora cristãos, sem excepção, eram certamente guiados pela sua visão do mundo e não tinham a intenção de criar uma aliança de países de confissão cristã, mas sim de conceber organizações que deveriam possuir estratégias económicas, fiscais e políticas de desenvolvimento, estando equipadas com as ferramentas adequadas para a sua aplicação concreta. Cálculo racional, pensamento estratégico, prática política realista determinaram a reconstrução do pós-guerra na Europa destruída, bem como a resposta europeia aos desafios colocados pela Guerra Fria. Os aspectos religiosos e político--eclesiásticos foram colocados à margem dos acontecimentos ou simplesmente deixados às Igrejas.

A partir da génese das Comunidades Europeias torna-se fácil compreender que nem a sua rede institucional nem a atribuição de tarefas ofereciam o espaço adequado para o diálogo com as religiões, Igrejas e organizações filosóficas e não confessionais. Também por parte das Igrejas, com as suas estruturas religiosas, não foi possível reconhecer qualquer necessidade específica de ancoragem estatutária no processo de integração europeia. Isto teve como consequência que o direito primário central das Comunidades Europeias manteve a sua forma rudimentar em matéria de diálogo político-eclesiástico e religioso e que as respectivas competências ficaram quase exclusivamente reservadas aos Estados-membros. No entanto, a Santa Sé participou activamente na formação da ordem do pós-guerra na Europa – um compromisso que, até à data, não diminuiu e que talvez tenha até sido intensificado.

A relação das instituições centrais europeias com as organizações religiosas e as Igrejas mudou, por um lado, devido às várias fases de alargamento a outros Estados-membros, por outro, devido à necessidade de reformas nas instituições motivadas por aqueles que – atendendo à intensificação do processo de integração – foram sempre recebendo novas tarefas comunitárias. Estas novas tarefas também estavam, em grande medida, directamente relacionadas com as religiões, Igrejas e crenças. A enorme dimensão do direito derivado comunitário constitui um testemunho impressionante disso mesmo.

O desenvolvimento das Comunidades Europeias até à actual União Europeia enquanto organização que poderá estar em condições de, pela primeira vez na história, poder vir a tornar-se um «actor global» de dimensão europeia, bem como o despertar da consciência dos mais importantes parceiros de diálogo eclesiásticos em relação ao seu compromisso político europeu (a exortação pós-sinodal «Igreja na Europa» e a Carta Ecuménica constituem um testemunho claro disso mesmo) deram agora a necessária atenção ao diálogo entre as instituições da UE e as religiões, Igrejas e organizações não confessionais para uma colaboração frutuosa. Os novos desafios colocados pelo Islão na Europa e o crescente debate sobre a UE enquanto Comunidade de valores, bem como a questão da finalidade política do processo de integração europeia deram a este diálogo uma importância acrescida.

Por enquanto, este diálogo ainda contém várias falhas. Por parte da UE, faltam, em parte, os correspondentes instrumentos e a liberdade institucional juridicamente assegurada, que permitiria às religiões e Igrejas funcionar como parceiros de pleno direito no processo de decisão europeu. No entanto, o início foi bastante promissor.

As Igrejas e organizações religiosas estão, em qualidade variável, dispostas a assumir uma parte da responsabilidade europeia. Afinal, estão representadas em Bruxelas por algumas dezenas de missões permanentes, cujo número aumenta anualmente, e já participam, neste momento, por vezes de forma muito activa, nos trabalhos das instituições da UE. Os documentos eclesiásticos mencionados, bem como muitas outras tomadas de posição por parte da Igreja acerca de questões isoladas importantes e, por último, a recepção do Concílio Vaticano II talvez permitam falar de uma genuína sociologia teológica para a Europa.

O termo UE tem uma dupla definição: por um lado, significa a rede de instituições e, por outro, a totalidade dos cidadãos da UE. Ambas devem harmonizar-se mutuamente, se o objectivo for a criação de uma identidade europeia. As instituições devem reflectir o bem-estar fundamental dos cidadãos, a ponto de estes se sentirem representados. O diálogo político-eclesiástico e religioso contribuiu significativamente para isso. Começou de forma frutuosa, agora deve garantir-se que seja juridicamente salvaguardado e que continue de forma institucionalizada. A bem de todos!

MEIOS AUXILIARES CIENTÍFICOS E FONTES

ANEXO I

1. Índice de abreviaturas

AAS	*Acta Apostolicae Sedis* [Actos da Sé Apostólica]
ACP	Países de África, das Caraíbas e do Pacífico
AKSB	Federação dos Centros Católicos Alemães de Formação Social (*Fédération des centres catholiques allemands de formation sociale*)
AKV	Grupo de Trabalho de Associações Católicas
AOES	Associação Ecuménica para a Igreja e Sociedade (*Association Oecuménique pour Eglise et Société*)
APRODEV	Acção para o Desenvolvimento (*Agency Pro Development*)
AS	A Sé Apostólica
AUE	Acto Único Europeu
BCE	Banco Central Europeu
BEE	Gabinete Europeu do Meio Ambiente (*Bureau européen de l'environnement*)
BEI	Banco Europeu de Investimento
BEPA	Gabinete de Conselheiros de Política Europeia (*Bureau of European Policy Advisers*)
BERD	Banco Europeu de Reconstrução e Desenvolvimento (*European Bank for Reconstruction and Development*)

BGBI *Bundesgesetzblatt* – Boletim legislativo da República Federal da Alemanha.
BPI Banco de Pagamentos Internacionais
CARDS Ajuda Comunitária para a Reconstrução, o Desenvolvimento e a Estabilização (*Community Assistance for Reconstruction, Development and Stabilisation*)
CARE Acção Cristã de Investigação e Educação na Europa (*Christian Action, Research and Education in Europe*)
CBC Cooperação transfronteiriça dos países candidatos à adesão no âmbito das parcerias de adesão (*Cross Border Cooperation*)
CCEE Conselho das Conferências Episcopais da Europa (*Consilium Conferentiarum Episcoporum Europae*)
CCLJ Centro Comunitário Laico Judeu (*Centre Communautaire Laic Juif*)
CCPE Conselho da Comissão Presbítera da Europa (*Consilium Commissionum Presbyteralium Europae*)
CE Comunidade(s) Europeia(s)
CECA Comunidade Europeia do Carvão e do Aço (*Montanunion*)
CED Comunidade Europeia de Defesa
CEDH Convenção Europeia de Protecção dos Direitos do Homem
CEE Comunidade Económica Europeia
CEEA Comunidade Europeia da Energia Atómica / EURATOM
CEI Comunidade de Estados Independentes
CEJI Centro Europeu Judeu de Informação (*Centre Européen Juif d'Information*)
CEME Abreviatura francesa para CIMI
CER Conferência Europeia de Rabinos (*Conference of European Rabbis*)
CES Comissão Igreja e Sociedade da Conferência das Igrejas Europeias (*Commission Eglise et Société de la Conférence des Eglises Européennes*)
CESE Comité Económico e Social Europeu (*Comité Economique et Social Européen*)
CFCM Conselho Francês do Culto Muçulmano (*Conseil Français du Culte Musulman*)

Anexo I

CIDSE   Cooperação Internacional para o Desenvolvimento e Solidariedade (*Coopération Internationale pour le Développement et la Solidarité*)
CIG   Conferência Intergovernamental (*Intergovernmental Conference*)
CIMI   Comissão das Igrejas para os Migrantes na Europa (*Churches' Commission for Migrants in Europe*)
CJAI   Cooperação de Justiça e dos Assuntos Internos
CMCE   Conselho Muçulmano de Cooperação na Europa (*Conseil Musulman de Coopération en Europe*)
COFACE   Confederação das Organizações da Família na Comunidade Europeia (*Confédération des organisations familiales de la Communauté européenne*)
COIC   Conferência das Organizações Católicas Internacionais (*Conférence des Organisations Internationales Catholiques*)
COMECE   Comissão dos Episcopados da Comunidade Europeia (*Commission des Episcopats de la Communauté Européenne*)
COMECON   Conselho de Ajuda Económica Mútua
CONV   Convenção
COREPER   Comité dos Representantes Permanentes (*Comité des représentants permanents*)
COSAC   Conferência dos Órgãos Especializados em Assuntos Comunitários (*Conférence des organes spécialisés dans les affaires communautaires*)
COST   Cooperação Europeia no domínio da Investigação Científica e Técnica (*Coopération européenne dans le domaine de la recherche scientifique et technique*)
CPE   Cooperação Política Europeia
CR   Comité das Regiões
CRCM   Conselhos Regionais do Culto Muçulmano (*Conseils régionaux du culte musulman*)
CSC   Comissão da Igreja e Sociedade da KEK (*Church and Society Commission of KEK*)
CSCE   Conferência sobre a Segurança e a Cooperação na Europa
CV   Associações de Estudantes Católicos Alemães
DBK   Conferência Episcopal Alemã

DH *Dignitatis Humanae* (Declaração sobre a Liberdade Humana)
EAALCE Associação Ecuménica das Academias e Centros Laicos na Europa (*Ecumenical Association of Academies and Laic Centers in Europe*)
EAGV Tratado que institui a Comunidade Europeia da Energia Atómica
EBCA Grupo Europeu do Movimento Mundial dos Trabalhadores Cristãos
EBU União Budista Europeia
ECG Grupo Europeu de Coordenação (Diaconia-CCE) (*European Contact Group*)
ECHO Serviço Humanitário da Comunidade Europeia (*European Community Humanitarian Office*)
ECJC Conselho Europeu de Comunidades Judaicas (*European Council of Jewish Communities*)
ECOFIN Conselho para os Assuntos Económicos e Financeiros da UE
ECU Unidade Monetária Europeia (*European Currency Unit*)
EEAe Aliança Evangélica Europeia (*European Evangelical Alliance*)
EECCS Comissão Ecuménica Europeia para a Igreja e a Sociedade (*European Ecumenical Commission for Church and Society*)
EECOD Organização Ecuménica Europeia para o Desenvolvimento (*European Ecumenical Organisation for Development*)
EEE Espaço Económico Europeu
EFECW Fórum Ecuménico de Mulheres Cristãs Europeias (*Ecumenical Forum of European Christian Women*)
EFTA Associação Europeia de Comércio Livre (*European Free Trade Association*)
EGE Grupo Europeu de Ética para as Ciências e as Novas Tecnologias (*European Group on Ethics in Science and New Technologies*)
EHF Federação Humanista Europeia (*European Humanist Federation*)
EIC Conferência Islâmica Europeia (*European Islamic Conference*)

Anexo I

EITC   Instituto Ecuménico de Teologia e Cultura (*Ecumenical Institute for Theology and Culture*)
EJC   Congresso Judaico Europeu (*European Jewish Congress*)
EKD   Igreja Evangélica da Alemanha
EKV   Federação Europeia de Associações de Estudantes Cristãs
ENAR   Rede Europeia Contra o Racismo (*European Network Against Racism*)
ERP   Programa de Reconstrução da Europa (Plano Marshall) (*European Recovery Programme*)
ESAN   Rede Europeia de Acção Social (*European Social Action Network*)
ESJ   Fundação Europeia «JOINT»
ESPACES   Centro de Pesquisa dos Dominicanos (*Centre de Recherche des Dominicains*)
EUROPOL   Serviço Europeu de Polícia
EUROSTAT   Gabinete de Estatísticas da UE
EYCE   Conselho Ecuménico da Juventude na Europa (*Ecumenical Youth Council in Europe*)
FAZ   Jornal Alemão *Frankfurter Allgemeine Zeitung*
FCE   Centro Católico Europeu (*Foyer Catholique Européen*)
FEJ   Forum Europeu da Juventude (*European Youth Forum*)
FEANTSA   Federação Europeia de Associações Nacionais que trabalham com os Sem-Abrigo (*Fédération européenne d'Associations nationales travaillant avec les Sans-abri*)
FECNL   Forum Europeu dos Comités Nacionais Laicos (*Forum Européen des Comités Nationaux des Laics*) - FEL
FEDER   Fundo Europeu de Desenvolvimento Regional (*Fonds européen de développement regional*)
FEECA   Federação Europeia para a Educação Católica dos Adultos (*Fédération Européenne pour l'Education Catholique des Adultes*)
FEL   Fórum Europeu dos Comités Nacionais Laicos (*Forum Européen des Comités Nationaux des Laics*) - FECNL
FEMYSO   Fórum Europeu da Juventude e Associações Estudantis Muçulmanas (*Forum of European Muslim Youth-and Student organisations*)
FEPD   Fórum Europeu das Pessoas com Deficiência (*European Disability Forum- EDF*)

FIOE Federação das Organizações Islâmicas na Europa
FMI Fundo Monetário Internacional (*International Monetary Fund*)
FNMF Federação Nacional dos Muçulmanos de França (*Fédération Nationale des Musulmans de France*)
G Lei
GATT Acordo Geral de Tarifas e Comércio (*General Agreement on Tarifs and Trade*)
GBILÖ Diário do Governo da Áustria
GCEB Grupo de Conselheiros para a Ética da Biotecnologia (Comissão Europeia) (*Group of Advisers on the Ethical implication of Biotechnology to the European Commission*)
GE *Gravissimum educationis* (Declaração sobre a Educação Cristã)
GMP Instituto Muçulmano da Mesquita de Paris (*Institut Musulman de la Mosquée de Paris*)
G-8 Grupo dos oito países mais industrializados (antigamente: G7)
GOPA Grupo dos Conselheiros Políticos do Presidente da Comissão Europeia (*Group of Policy Advisers*)
GPA Grupo de Análise Prospectiva
GS *Gaudium et Spes* (Constituição Pastoral sobre a Igreja no mundo actual)
IBW Centro de Educação Islâmica
ICMC Comissão Católica Internacional para as Migrações (*International Catholic Migration Commission*)
IGD Comunidade Islâmica na Alemanha
IME Instituto Monetário Europeu
ISESCO Organização Islâmica para a Educação, Ciências e Cultura (*Islamic Education, Science and Culture Organisation*)
ISPA Instrumento Estrutural de Pré-Adesão (*Instrument for Structural Pre-Accession*)
JDC Comité Judaico Americano da Distribuição Comum (*American Jewish Joint Distribution Committee*)
JMF Jovens Muçulmanos Franceses (*Jeunes Musulmans de France*)
JOIN Joanitas Internacionais
JO / JOUE Jornal Oficial da União Europeia

Anexo I

JRS	Serviço Jesuíta aos Refugiados (*Jesuit Refugee Service*)
KEK	Conferência das Igrejas Europeias
LG	*Lumen Gentium* (Constituição Dogmática sobre a Igreja)
LThK	Enciclopédia de Teologia e Igreja
MCCE	Conselho de Cooperação Muçulmano na Europa (*Muslim Cooperation Council in Europe*)
MKV	Federação Austríaca de Associações de Estudantes Católicas do Ensino Secundário
MSV	Associação dos Estudantes Muçulmanos na Alemanha
NA	*Nostra Aetate* (Declaração sobre as relações da Igreja com as Religiões não cristãs)
NATO	Organização do Tratado do Atlântico Norte (*North Atlantic Treaty Organisation*)
ÖARR	Arquivo Austríaco para o Direito e Religião
ÖBK	Conferência Episcopal Austríaca
OCDE	Organização para a Cooperação e Desenvolvimento Económico (*Organisation for Economic Cooperation and Development*)
OCIPE	Secretariado Católico de Informação e Iniciativa para a Europa (*Office Catholique d'Information et d'Initiative pour l'Europe*)
ÖCV	Federação Austríaca de Associações de Estudantes Católicas do Ensino Superior
OECE	Organização Europeia de Cooperação Económica (*Organisation for European Economic Cooperation*)
OIC	Organizações Internacionais Católicas (Conferência das...) (*Organisations Internationales Catholiques (Conference des ...)*)
ONG	Organização não Governamental
OR	*L'Osservatore Romano*
ORd	*L'Osservatore Romano*, edição semanal em alemão
OSCE	Organização para a Segurança e Cooperação na Europa (antiga CSCE)
PAC	Política Agrícola Comum (da UE)
PE	Parlamento Europeu
PECO	Países da Europa Central e Oriental
PEF	Comunidade Pentecostal Europeia (*Pentecostal European Fellowship*)
PESC	Política Externa e de Segurança Comum

PHARE	Ajuda para a Reconstrução das Economias da Polónia e da Hungria (*Poland and Hungary: Aid for Reconstruction of the Economy*)
PNAA	Programa nacional para a adopção do acervo comunitário (*National Programme for the Adoption of the Acquis*)
QCEA	Conselho *Quaker* para Assuntos Europeus (*Quaker Council for European Affairs*)
REAPN	Rede Europeia Anti-Pobreza (*European Antipoverty Network*)
RGBL	Diário do Governo Alemão (época da Monarquia)
SAPARD	Programa Especial de Adesão para a Agricultura e o Desenvolvimento Rural (*Special Accession Programme for Agriculture and Rural Development*)
SEBC	Sistema Europeu de Bancos Centrais
SIPECA	Serviço de Informação Europeia Pastoral Católica (*Service d'Information Pastorale Europeen Catholique*)
SIS	Sistema de Informação Schengen
SME	Sistema Monetário Europeu
STE	Colectânea dos Tratados Europeus
SUM	Jovens muçulmanos Suecos (*Sveriges Unga Muslimer*)
TACIS	Ajuda Técnica à Comunidade de Estados Independentes (*Technical Aid to the Commonwealth of Independent States*)
TAIEX	Assistência Técnica e de Intercâmbio de Informações (*Technical Assistance Information Exchange Office*)
TJCE	Tribunal de Justiça das Comunidades Europeias
TJE	Tribunal de Justiça Europeu
Tratado CECA	Tratado que institui a Comunidade Europeia do Carvão e do Aço
Tratado CE	Tratado que institui a Comunidade Europeia
Tratado CEE	Tratado da Comunidade Económica Europeia
TUE	Tratado da União Europeia
UCESM	União das Conferências Europeias de Superiores Maiores (*Unio Conferentiarum Europae Superiorum Maiorum*)
UE	União Europeia
UELAM	União dos Trabalhadores Muçulmanos nos Países Europeus

Anexo I

UEM	União Económica e Monetária
UEO	União Europeia Ocidental
UEP	União Europeia de Pagamentos
UFME	União dos Frades Menores da Europa (*Union des Frères Mineurs d'Europe*)
UME	União Monetária Europeia
UNAPEC	União Nacional para a promoção do ensino católico dos Profissionais de Educação (*Union Nationale pour la promotion pédagogique et professionelles dans l'enseignement catholique*)
UOIF	União das Organizações Islâmicas de França (*Union des Organisations Islamiques de France*)
URI	Iniciativa das Religiões Unidas (*United Religions Initiative*)
VO	Decreto/Portaria
WACC	Associação Mundial para Comunicação Cristã (*World Association for Christian Communication*)
WAMY	Assembleia Mundial da Juventude Muçulmana (*World Assembly of Muslim Youth*)
WB	Banco Mundial (*World Bank*)
WJC	Congresso Mundial Judaico (*World Jewish Congress*)
WCRP	Conferência Mundial sobre Religião e Paz (*World Conference on Religion and Peace*)
YMUK	Jovens Muçulmanos Britânicos (*The Young Muslims UK*)
ZISJ	Cooperação na Segurança Interna e na Política de Justiça (3.º pilar da UE)
ZMD	Conselho Central dos Muçulmanos na Alemanha

2. Tratados constitutivos e de base da CEE e da UE

2.1. Tratados da União Europeia e das Comunidades Europeias

Tratado que estabelece uma Constituição para a Europa
(Jornal Oficial n.º C 310, de 16 de Dezembro de 2004)

Tratado da União Europeia
Versão compilada segundo o Tratado de Nice
(Jornal Oficial n.º C 325, de 24 de Dezembro de 2002)

Tratado que institui a Comunidade Europeia
Versão compilada segundo o Tratado de Nice
(Jornal Oficial n.º C 325, de 24 de Dezembro de 2002)

Tratado de Nice
De 26 de Fevereiro de 2001
(Jornal Oficial n.º C 80, de 10 de Março de 2001)

Tratado da União Europeia
Versão compilada segundo o Tratado de Amesterdão
(Jornal Oficial n.º C 340 de 1 de Novembro de 1997)

Tratado que institui a Comunidade Europeia
Versão compilada segundo o Tratado de Amesterdão *(Jornal Oficial n.º C 340, de 10 de Novembro de 1997)*

Tratado de Amesterdão
De 2 de Outubro de 1997
(Jornal Oficial n.º C 340, de 10 de Novembro de 1997)

Tratado que institui a Comunidade Europeia
Versão compilada segundo o Tratado de Maastricht *(Jornal Oficial n.º C 224, de 31 de Agosto de 1992)*

Tratado da União Europeia (Maastricht)
De 7 de Fevereiro de 1992
(Jornal Oficial n.º C 19,1 de 29 de Julho de 1992)

Anexo I

Acto Único Europeu
De 17 de Fevereiro de 1986
(Jornal Oficial n.º L 169, de 29 de Junho de 1987)

Tratado de Fusão
De 8 de Abril de 1965
(Jornal Oficial n.º 152, de 13 de Julho de 1967)

Tratado que institui a Comunidade Económica Europeia
De 25 de Março de 1957

Tratado que institui a Comunidade Europeia da Energia Atómica
De 25 de Março de 1957

Tratado que institui a Comunidade Europeia do Carvão e do Aço
De 18 de Abril de 1951

2.2. Tratados de adesão

Adesão da República Checa, da Estónia, de Chipre, da Letónia, da Lituânia, da Hungria, de Malta, da Polónia, da Eslovénia e da Eslováquia
De 16 de Abril de 2003
(Jornal Oficial n.º L 236, de 23 de Setembro de 2003)

Adesão da Áustria, da Finlândia e da Suécia (1994)
De 24 de Junho de 1994
(Jornal Oficial n.º C 241,, de 29 de Agosto de 1994)

Adesão da Áustria, da Finlândia e da Suécia
Conclusão da adesão 1995 *(Jornal Oficial n.º L 1, de 1 de Janeiro de 1995)*

Adesão da Espanha e de Portugal (1985)
(Jornal Oficial n.º L 302, de 15 de Novembro de 1985)

Adesão da Grécia (1979)
(Jornal Oficial n.º L 291, de 19 de Novembro de 1979)

Adesão da Dinamarca, da Irlanda e do Reino Unido (1972)
(Jornal Oficial n.º L 73, de 27 de Março de 1972)

Adesão da Dinamarca, da Irlanda e do Reino Unido
Conclusão da adesão 1973 *(Jornal Oficial n.º L 2, de 1 de Janeiro de 1973)*

3. Fontes de direito político-religioso e eclesiástico

Tratado da União Europeia (Versão compilada)
De 7 de Fevereiro de 1992 (última alteração pelo Tratado de Nice, de 26 de Fevereiro de 2001)
Jornal Oficial da União Europeia n.º C 325, de 24 de Dezembro de 2002

Artigo 6.º [Direitos fundamentais da União, identidade nacional, direitos do Homem, dotação patrimonial]
(2) A União respeitará os direitos fundamentais, tal como os garante a Convenção Europeia de Salvaguarda dos Direitos do Homem e das Liberdades Fundamentais, assinada em Roma a 4 de Novembro de 1950, e tal como resultam das tradições constitucionais comuns aos Estados-membros, enquanto princípios gerais do direito comunitário.

Declaração da Grécia relativa ao estatuto das Igrejas e das organizações filosóficas e não confessionais de 2.10.1997
(Declaração n.º 8 na Acta final do Tratado de Amesterdão)
Jornal Oficial da União Europeia n.º C 340, de 10 de Novembro de 1997, p. 144

> A propósito da Declaração relativa ao estatuto das Igrejas e das organizações filosóficas e não confessionais, a Grécia relembra a Declaração Conjunta referente ao Monte Athos, anexa à Acta Final do Tratado de Adesão da Grécia às Comunidades Europeias.

Declaração relativa ao estatuto das Igrejas e das organizações filosóficas e não confessionais de 2 de Outubro de 1997
(Declaração n.º 1 na Acta final do Tratado de Amesterdão relativa ao estatuto das Igrejas e das organizações filosóficas e não confessionais)

Anexo I

Jornal Oficial da União Europeia n.º C 340, de 10 de Novembro de 1997, p. 133.

A União respeita e não afecta o estatuto de que gozam, ao abrigo do direito nacional, as Igrejas e associações ou comunidades religiosas nos Estados-membros.
A União respeita igualmente o estatuto das organizações filosóficas e não confessionais.

Tratado que institui as Comunidades Europeias (Versão compilada)
De 25 de Março de 1957 (última alteração pelo Tratado de Nice, de 26 de Fevereiro de 2001)
Jornal Oficial da União Europeia n.º C 325, de 24 de Dezembro de 2002, pp. 33 a 184.

Artigo 13.º [Medidas antidiscriminação]
(1) Sem prejuízo das demais disposições do presente Tratado, e dentro dos limites das competências que este confere à Comunidade, o Conselho, deliberando por unanimidade, sob proposta da Comissão e após consulta ao Parlamento Europeu, pode tomar as medidas necessárias para combater a discriminação em função do sexo, da raça ou da origem étnica, religião ou crença, deficiência, idade ou orientação sexual.
(2) Em derrogação do n.º 1, sempre que adopte medidas de incentivo comunitárias, com exclusão de qualquer harmonização das disposições legislativas e regulamentares dos Estados-membros, para apoiar as acções dos Estados-membros destinadas a contribuir para a realização dos objectivos referidos no n.º 1, o Conselho delibera nos termos do artigo 251.º.

Carta dos Direitos Fundamentais da União Europeia de 7 de Dezembro de 2000
Jornal Oficial da União Europeia n.º C 364, de 18 de Dezembro de 2000, pp. 1 a 22.

[Preâmbulo]
Os povos da Europa, estabelecendo entre si uma união cada vez mais estreita, decidiram partilhar um futuro de paz, assente em valores comuns. Consciente do seu património espiritual e moral, a União baseia-se nos valores indivisíveis e universais da dignidade do ser humano, da

liberdade, da igualdade e da solidariedade; assenta nos princípios da democracia e do Estado de direito. Ao instituir a cidadania da União e ao criar um espaço de liberdade, de segurança e de justiça, coloca o ser humano no cerne da sua acção. (...)

Artigo 10.º Liberdade de pensamento, de consciência e de religião
(1) Todas as pessoas têm direito à educação, bem como ao acesso à formação profissional e contínua.
(2) O direito à objecção de consciência é reconhecido pelas legislações nacionais que regem o respectivo exercício.
(3) São respeitados, segundo as legislações nacionais que regem o respectivo exercício, a liberdade de criação de estabelecimentos de ensino, no respeito pelos princípios democráticos, e o direito dos pais de assegurarem a educação e o ensino dos filhos de acordo com as suas convicções religiosas, filosóficas e pedagógicas.

Artigo 21.º Não discriminação
(1) É proibida a discriminação em razão, designadamente, do sexo, raça, cor ou origem étnica ou social, características genéticas, língua, religião ou convicções, opiniões políticas ou outras, pertença a uma minoria nacional, riqueza, nascimento, deficiência, idade ou orientação sexual.
(2) No âmbito de aplicação do Tratado que institui a Comunidade Europeia e do Tratado da União Europeia, e sem prejuízo das disposições especiais destes Tratados, é proibida toda a discriminação em função da nacionalidade.

Artigo 22.º Diversidade cultural, religiosa e linguística
A União respeita a diversidade cultural, religiosa e linguística.

* * *

Atenção! A Carta dos Direitos Fundamentais foi incluída no Tratado da Europa como parte II!

* * *

Carta Social Europeia, de 18 de Outubro de 1961
Bundesgesetzblatt (Jornal Oficial da Áustria), n.º 460/1969)

CONSIDERANDO que o gozo dos direitos sociais deve ser assegurado sem discriminação fundada na raça, cor, sexo, religião, opinião política, origem nacional ou social; (...)

Carta Social dos Direitos Sociais Fundamentais dos Trabalhadores, de 9 de Dezembro de 1989
(COM (1989) 248 ingl.)

[Preâmbulo]
Para assegurar a igualdade de tratamento, devem ser tomadas medidas contra qualquer forma de discriminação, especialmente em razão do sexo, cor, raça, opinião ou crença; a delimitação social deve ser combatida no espírito da solidariedade.

Convenção para a protecção dos direitos do Homem e das liberdades fundamentais
De 4 de Novembro de 1950 *(Colecção dos Tratados Europeus (STE) n.° 5)*, última alteração pelo protocolo n.° 11, de 11 de Maio de 1994 *(STE n.° 155)*

Artigo 9.° [Liberdade de expressão e de informação]
(1) Qualquer pessoa tem direito à liberdade de pensamento, de consciência e de religião; este direito implica a liberdade de mudar de religião ou de crença, assim como a liberdade de manifestar a sua religião ou a sua crença, individual ou colectivamente, em público e em privado, por meio do culto, do ensino, de práticas e da celebração de rituais.
(2) A liberdade de manifestar a sua religião ou convicções, individual ou colectivamente, não pode ser objecto de outras restrições senão as que, previstas na lei, constituírem disposições necessárias, numa sociedade democrática, à segurança pública, à protecção da ordem, da saúde e moral públicas, ou à protecção dos direitos e liberdades de outrem.

Artigo 14.° [Proibição de discriminação]
O gozo dos direitos e das liberdades, reconhecidos na presente Convenção, deve ser assegurado sem quaisquer distinções, tais como as fundadas no sexo, raça, cor, língua, religião, opiniões políticas ou outras, a origem nacional ou social, a pertença a uma minoria nacional, a riqueza, o nascimento ou qualquer outra situação.

Protocolo adicional à Convenção para a protecção dos direitos do Homem e das liberdades fundamentais
De 20 de Março de 1952 *(STE n.º 9)*, alterado pelo protocolo n.º 11, de 11 de Maio de 1994 *(STE n.º 155)*

Artigo 2º [Direito à instrução]
A ninguém pode ser negado o direito à instrução. O Estado, no exercício das funções que tem de assumir no campo da educação e do ensino, respeitará o direito dos pais a assegurar a educação e o ensino, consoante as suas convicções religiosas e filosóficas.

Tratado que estabelece uma Constituição para a Europa
Jornal Oficial da União Europeia C 310, de 16 de Dezembro de 2004

Artigo I-47.º Princípio da democracia participativa
(1) As instituições, recorrendo aos meios adequados, dão aos cidadãos e às associações representativas a possibilidade de expressarem e partilharem publicamente os seus pontos de vista sobre todos os domínios de acção da União.
(2) As instituições estabelecem um diálogo aberto, transparente e regular com as associações representativas e com a sociedade civil.
(3) A fim de assegurar a coerência e a transparência das acções da União, a Comissão procede a amplas consultas às partes interessadas.
(4) Um milhão, pelo menos, de cidadãos da União, nacionais de um número significativo de Estados-membros, pode tomar a iniciativa de convidar a Comissão, no âmbito das suas atribuições, a apresentar uma proposta adequada em matérias sobre as quais esses cidadãos considerem necessário um acto jurídico da União para aplicar a Constituição. As normas processuais e as condições para a apresentação de tal iniciativa pelos cidadãos, incluindo o número mínimo de Estados-membros de onde aqueles devem provir, são estabelecidas pela lei europeia.

Artigo I-52.º Estatuto das Igrejas e das organizações filosóficas e não confessionais
(1) A União respeita e não interfere no estatuto de que gozam, ao abrigo do direito nacional, as igrejas e associações ou comunidades religiosas nos Estados-membros.
(2) A União respeita igualmente o estatuto de que gozam, ao abrigo do direito nacional, as organizações filosóficas e não confessionais.

Anexo I

(3) Reconhecendo a sua identidade e o seu contributo específico, a União mantém um diálogo aberto, transparente e regular com as referidas Igrejas e organizações.

Artigo II-61.º Dignidade do ser humano
A dignidade do ser humano é inviolável. Deve ser respeitada e protegida.

Artigo II-70.º Liberdade de pensamento, de consciência e de religiões
(1) Todas as pessoas têm direito à liberdade de pensamento, de consciência e de religião. Este direito implica a liberdade de mudar de religião ou de convicção, bem como a liberdade de manifestar a sua religião ou a sua convicção, individual ou colectivamente, em público ou em privado, através do culto, do ensino, de práticas e da celebração de ritos.
(2) O direito à objecção de consciência é reconhecido pelas legislações nacionais que regem o respectivo exercício.

Artigo II-81.º Não discriminação
(1) É proibida a discriminação em razão, designadamente, do sexo, raça, cor ou origem étnica ou social, características genéticas, língua, religião ou convicções, opiniões políticas ou outras, pertença a uma minoria nacional, riqueza, nascimento, deficiência, idade ou orientação sexual.
(2) No âmbito de aplicação da Constituição e sem prejuízo das suas disposições específicas, é proibida toda a discriminação em função da nacionalidade.

Artigo II-82.º Diversidade cultural, religiosa e linguística
A União respeita a diversidade cultural, religiosa e linguística.
Governação Europeia – Um Livro Branco (*)
De 25 de Julho de 2001
(COM(2001) 428 final)

(*) Embora este documento, devido ao seu estatuto como Livro Branco, não seja juridicamente vinculativo em sentido estrito, é incluído nesta lista pelo seu carácter político vinculativo e pela sua importância na génese para o projecto da Constituição.

[Envolver a sociedade civil; p. 16]
A sociedade civil desempenha um papel importante, uma vez que expressa as preocupações dos cidadãos e proporciona serviços que vêm ao encontro das suas necessidades. As Igrejas e as comunidades religiosas desempenham um papel especial. (...)

ANEXO II

Carta Islâmica

Declaração de Princípios do Conselho Central dos Muçulmanos na Alemanha (ZMD) sobre as relações dos muçulmanos com o Estado e a sociedade.

1. *O Islão é a religião da paz*
«Islão» significa, ao mesmo tempo, paz e devoção. O Islão vê-se como uma religião em que o ser humano se realiza em paz com o seu próprio mundo através do voluntariado e da devoção a Deus. No sentido histórico, o Islão é, paralelamente ao Judaísmo e ao Cristianismo, uma das três religiões monoteístas universais do Médio Oriente e tem muito em comum com elas, ao representar a continuação da série de revelações divinas.

2. *Cremos no Deus misericordioso*
Os muçulmanos acreditam em Deus, a quem chamam «Alá», como os cristãos árabes. Ele, o Deus de Abraão e de todos os profetas, o Primeiro e Único, fora do tempo e do espaço e existindo por si só, acima de qualquer outra definição, sublime, transcendente e imanente, justo e misericordioso Deus, criou o mundo na Sua omnipotência e irá mantê-lo até ao dia do Juízo Final.

3. *O Alcorão é a revelação verbal de Deus*
Os muçulmanos acreditam que Deus se revelou repetidamente através dos profetas, a última vez, no século VII da época ocidental, a Maomé, o «selo do profeta». Esta revelação encontra-se como a verdadeira

palavra de Deus no Alcorão (*Qur'an*), explicada por Maomé. As suas declarações e comportamentos encontram-se na chamada *Sunna*. Ambas constituem a base da crença islâmica, a lei islâmica e o modo de vida islâmico.

4. *Cremos no profeta do um só Deus*

   Os muçulmanos veneram todos os profetas anteriores a Maomé, incluindo Moisés e Jesus. Crêem que o Alcorão restaura e confirma a verdade original, o puro monoteísmo não só de Abraão, mas de todos os mensageiros de Deus.

5. *O homem terá de responder pelos seus actos no dia do Juízo Final*

   Os muçulmanos crêem que o homem, desde que seja dono da sua vontade, deve ser responsabilizado pelo seu comportamento e responder pelos seus actos no dia do Juízo Final.

6. *Os muçulmanos e as muçulmanas têm a mesma missão de vida*

   Os muçulmanos e as muçulmanas vêem como missão da sua vida reconhecer Deus para O servir e seguir os Seus mandamentos, o que também se aplica à obtenção da igualdade, da liberdade, da justiça, da fraternidade e da prosperidade.

7. *Os cinco pilares do Islão*

   Os principais direitos dos muçulmanos são os cinco pilares do Islão: a fé, a oração cinco vezes ao dia, o jejum no mês do Ramadão, o dever do imposto (*zakaf*) e da peregrinação a Meca.

8. *Portanto, o Islão é simultaneamente fé, ética, ordem social e modo de vida*

   O Islão não é uma negação ao mundo, nem um ensinamento puramente terreno, mas sim um meio-termo entre os dois. O muçulmano e a muçulmana estão direccionados para Deus, sendo desta forma teocêntricos, mas buscam o melhor dos dois mundos. Portanto, o Islão é simultaneamente fé, ética, ordem social e modo de vida. Os muçulmanos são chamados, em qualquer lugar, a servir activamente no dia a dia para o bem comum e a mostrar solidariedade para com os irmãos e as irmãs de fé em todo o mundo.

9. *Não se trata da abolição da riqueza pelo Islão*

   O Islão não é a favor da abolição da riqueza, mas sim pela eliminação da pobreza. Protege a comunidade e o meio ambiente de responsabilidade da propriedade privada e apela à iniciativa e à responsabilidade empresarial.

10. *A lei islâmica compromete os muçulmanos na diáspora*

    Os muçulmanos habitam em qualquer país, desde que possam cumprir as suas principais obrigações religiosas. A lei islâmica obriga os muçulmanos na diáspora a respeitar o sistema jurídico local. Neste sentido, o visto, a autorização de permanência e a naturalização são tidos como contratos, que devem ser respeitados pela minoria muçulmana.

11. *Os muçulmanos afirmam a separação de poderes do Estado de direito democrático e a ordem fundamental garantidos pela Constituição*
Sejam ou não cidadãos alemães, os muçulmanos representados no Conselho Central afirmam a separação de poderes, direitos governamentais e ordem fundamental democrática da República Federal da Alemanha garantidos pela Constituição, incluindo o pluralismo partidário, do direito eleitoral activo e passivo das mulheres e da liberdade religiosa. Portanto, aceitam o direito de renunciar ou mudar de religião. O Alcorão proíbe a violência e qualquer obrigação em matéria de fé.

12. *O nosso objectivo não é aspirar à criação de um «Estado teológico» clerical*
O nosso objectivo não é produzir um «Estado teológico» clerical. Saudamos o sistema da República Federal da Alemanha, no qual o Estado e a religião se harmonizam.

13. *Não existe qualquer contradição entre os ensinamentos islâmicos e a essência dos direitos humanos*
Não existe qualquer contradição entre os direitos individuais consignados no Alcorão e concedidos por Deus e a essência da declaração dos direitos humanos ocidentais. A protecção do indivíduo contra o abuso do poder do Estado é também apoiada por nós. A lei islâmica exige tratar de modo igual o que é igual, e de modo desigual o que é desigual. Deve ser respeitado o mandamento da lei islâmica, o sistema jurídico local, incluindo o reconhecimento do casamento, do direito sucessório e do direito judicial.

14. *Moldada pela herança judaico-cristã-islâmica e do Iluminismo*
A cultura europeia é moldada pela herança greco-romana clássica, bem como pela judaico-cristã-islâmica e pelo Iluminismo. É muito influenciada pelas filosofia e civilização islâmicas. Mesmo hoje, na transição da modernidade para a pós-modernidade, os muçulmanos querem dar uma contribuição decisiva para gerir crises. Isto inclui a afirmação do Alcorão reconhecido pelo pluralismo religioso, a rejeição de todas as formas de racismo e chauvinismo, bem como o estilo de vida saudável de uma Comunidade que rejeita qualquer tipo de vício.

15. *É necessária a emergência de uma identidade muçulmana na Europa*
O Alcorão desafia constantemente o homem a usar o seu raciocínio e o seu poder de observação. Neste sentido, a doutrina islâmica é

esclarecedora e foi poupada pelos graves conflitos entre a religião e a ciência. Em conformidade com o presente, deverá haver uma compreensão contemporânea das fontes islâmicas que suportam o contexto das questões da vida moderna e do surgimento de uma nova identidade muçulmana na Europa.

16. *A Alemanha é o foco do nosso interesse e da nossa actividade*
O Conselho Central trata principalmente de questões do Islão e dos muçulmanos na Alemanha, bem como as questões da sociedade alemã. Sem negligenciar as ligações com o mundo islâmico, a Alemanha não deverá ser apenas um meio de sobrevivência para a população muçulmana local, mas sim o centro do seu interesse e da sua actividade.

17. *A redução do preconceito através da transparência, da abertura e do diálogo*
Uma das principais tarefas do Conselho Central é estabelecer uma base de confiança para criar uma convivência construtiva dos muçulmanos com a sociedade maioritária e todas as outras minorias. Inclui a redução do preconceito através da educação e da transparência, da abertura e do diálogo.

18. *Estamos comprometidos com toda a sociedade*
O Conselho Central considera-se responsável perante toda a sociedade e esforça-se, em cooperação com todos os outros grupos sociais, na contribuição significativa para a tolerância e para a ética, pelo meio ambiente e pela protecção dos animais. Condena as violações dos direitos humanos em qualquer parte do mundo, e apresenta-se como um parceiro na luta contra a discriminação, a xenofobia, o racismo, o sexismo e a violência.

19. *Integração sob preservação simultânea da identidade islâmica*
O Conselho Central está empenhado na integração da população muçulmana na sociedade, preservando a sua identidade islâmica e apoiando todos os esforços no sentido de fomentar a aprendizagem da língua e a sua naturalização.

20. *Um modo de vida digno no seio da sociedade*
Além disso, o Conselho Central possui a tarefa de possibilitar aos muçulmanos que vivem na Alemanha, em cooperação com todas as outras instituições islâmicas, um modo de vida muçulmano digno no âmbito da Lei Fundamental e da legislação em vigor, do qual fazem parte, entre outros:

Anexo II

- Introdução de aulas de religião islâmica em língua alemã;
- Introdução de cátedras para a formação académica de professores de religião islâmica e pregadores (Imames);
- Autorização para a construção de mesquitas urbanas;
- Permissão para a chamada à oração através de altifalantes, respeito das normas de vestir islâmicas em escolas e entidades públicas;
- Participação dos muçulmanos nos órgãos de comunicação social;
- Execução da decisão do Tribunal Constitucional para o abate (segundo o ritual islâmico);
- Emprego de conselheiros militares muçulmanos;
- Assistência muçulmana nas instituições de medicina e sociais;
- Salvaguarda estatal dos dois feriados islâmicos;
- Criação de cemitérios e túmulos muçulmanos.

21. *Politicamente neutro*

O Conselho Central é politicamente neutro. Os muçulmanos votarão nos candidatos que mais se empenhem nos seus direitos e objectivos e nos que demonstrarem maior compreensão pelo Islão.

ANEXO III

Carta Ecuménica

Linhas mestras para o aumento da colaboração entre as Igrejas na Europa

Glória ao Pai, ao Filho e ao Espírito Santo!
Enquanto Conferência das Igrejas Europeias (KEK) e Conselho das Conferências Episcopais da Europa (CCEE)*, estamos firmemente determinados, no espírito da mensagem dimanada pelas duas Assembleias Ecuménicas – de Basileia, 1989, e de Graz, 1997 – a manter e desenvolver a comunhão que se estabeleceu entre nós. Agradecemos ao nosso Deus Trino, que, por meio do Espírito Santo, conduz os nossos passos rumo a uma comunhão cada vez mais intensa.

Já houve várias formas de colaboração ecuménica que demonstraram o seu valor. Mas, fiéis à pregação de Cristo: «Que todos sejam um, como Tu, Pai, o és em mim e Eu em ti, também eles sejam em nós um só, a fim de que o mundo creia que Tu me enviaste» (João 17:21), não podemos considerar-nos satisfeitos com o actual estado de coisas. Conscientes da nossa culpa e prontos para a conversão, devemos empenhar-nos em superar as divisões que ainda existem entre nós, de modo a que, juntos, possamos anunciar aos povos, de modo credível, a mensagem do Evangelho.

Na escuta comum da Palavra de Deus, contida na Sagrada Escritura, e chamados a confessar a nossa fé comum e a agir juntos, em conformidade

---

(*) À Conferência das Igrejas Europeias (KEK) pertence a maior parte das Igrejas ortodoxas, reformadoras, anglicanas, livres e vétero-católicas. No Conselho das Conferências Episcopais da Europa (CCEE), estão agrupadas as Conferências episcopais católicas romanas da Europa.

com a verdade reconhecida por nós, queremos dar testemunho do amor e da esperança a todos os homens.

No continente europeu, do Atlântico aos Urais, do Cabo Norte ao Mediterrâneo, hoje mais do que nunca caracterizado por um pluralismo cultural, queremos comprometer-nos com o Evangelho pela dignidade da pessoa humana, criada à imagem de Deus, e contribuir juntos, como Igrejas, para a reconciliação dos povos e das culturas.

Nesse sentido, elaborámos a Carta como um compromisso comum com o diálogo e a colaboração. Ela estipula fundamentais deveres ecuménicos, de onde faz derivar uma série de linhas mestras e compromissos. Ela deve promover, a todos os níveis da vida das Igrejas, uma cultura ecuménica de diálogo e colaboração e, para tanto, (deve) criar um critério vinculativo. Ela não se reveste, todavia, de qualquer carácter magistral, dogmático ou canónico. A sua normatividade consiste na auto-obrigação por parte das Igrejas e das organizações ecuménicas signatárias. Estas podem, com base nestes textos, formular, no seu (próprio) contexto, integrações próprias e orientações comuns, que tenham concretamente em conta desafios específicos próprios e os correspondentes deveres.

Cremos na Igreja una, Santa, Católica e Apostólica

«Procurai conservar a unidade do Espírito, por meio do vínculo da paz. Um só corpo, um só espírito, como uma é a esperança a que fostes chamados, a da vossa vocação, um só Senhor, uma só fé, um só baptismo. Um só Deus Pai de todos, que está acima de todos, age por meio de todos e está presente em todos» (Efésios 4: 3-6).

1. Chamados juntos à unidade da fé

   Em conformidade com o Evangelho de Jesus Cristo, como testemunhado na Sagrada Escritura, e formulado no Credo de Niceia-Constantinopla (381), acreditamos no Deus Trino: Pai, Filho e Espírito Santo. A partir do momento em que, com este Credo, professamos a Igreja «Una, Santa, Católica e Apostólica», o nosso iniludível dever ecuménico consiste em tornar visível esta unidade, que é sempre dom de Deus.

   Diferenças essenciais no plano da fé impedem ainda a unidade visível. Subsistem concepções diferentes, sobretudo a propósito da Igreja e da sua unidade, dos sacramentos e dos ministérios. Não podemos resignar-nos com esta situação. Jesus Cristo revelou-nos na cruz o seu amor e o segredo da reconciliação: daí que queiramos fazer o melhor possível para superar os problemas e os obstáculos que ainda dividem as Igrejas.

Comprometemo-nos:
› a seguir a exortação apostólica da Epístola aos Efésios à unidade e a esforçar-nos, com perseverança, por conseguir uma compreensão comum da mensagem salvífica de Cristo, contida no Evangelho;
› a trabalhar, na força do Espírito Santo, pela unidade visível da Igreja de Jesus Cristo, na única fé, que encontra a sua expressão no recíproco reconhecimento do baptismo e na partilha eucarística, e também no testemunho e no serviço comum.

II
A caminho, rumo à unidade visível das Igrejas na Europa

«Por isto todos saberão que sois meus discípulos: se tiverdes amor uns aos outros»
(João 13: 35).

2. Anunciar juntas o Evangelho

O dever mais importante das Igrejas na Europa é o de anunciar juntas o Evangelho, através da palavra e da acção, para a salvação dos homens. Face à enorme falta de referências, ao afastamento dos valores cristãos, e também à variada procura de sentido, as cristãs e os cristãos são particularmente solicitados a testemunhar a sua fé. Para tanto, impõe-se, a nível local, um maior empenho e uma troca de experiências no plano da catequese e da pastoral. Ao mesmo tempo, é importante que todo o povo de Deus se empenhe em espalhar o Evangelho, no espaço público da sociedade, e em conferir-lhe valor e credibilidade através do empenho social e da assunção de responsabilidades no campo político.

Comprometemo-nos:
› a fazer conhecer às outras Igrejas as nossas iniciativas para a evangelização e estabelecer acordos, para evitar uma concorrência prejudicial e o perigo de novas divisões;

› a reconhecer que todo o ser humano pode escolher, livremente e em consciência, a sua pertença religiosa e eclesial. Ninguém pode ser levado à conversão com pressões morais ou incentivos materiais. Ao mesmo tempo, a ninguém pode ser impedida uma conversão, que seja consequência de uma escolha livre.

3. **Ir ao encontro do outro**
No espírito do evangelho, devemos reelaborar juntos a história das Igrejas Cristãs, que se caracteriza, para além de muito boas experiências, por divisões, inimizades e até conflitos armados. A culpa do homem, a falta de amor e frequente instrumentalização da fé e das Igrejas, com vista a interesses políticos, têm prejudicado gravemente a credibilidade do testemunho cristão.
O ecumenismo, para as cristãs e os cristãos, começa com a renovação dos corações e com a disponibilidade para a penitência e a conversão. Constatamos que a reconciliação já aumentou no âmbito do movimento ecuménico.
É importante reconhecer os dons espirituais das diversas tradições cristãs, aprender uns com os outros e, deste modo, receber os dons respectivos. Para um ulterior desenvolvimento do ecumenismo, é particularmente desejável contar com as experiências e as expectativas dos jovens, encorajando a sua participação e colaboração.

Comprometemo-nos:
› a superar a auto-suficiência e a pôr de lado os preconceitos, a procurar o encontro recíproco e a ser uns pelos outros;
› a promover a abertura ecuménica e a colaboração no campo da educação cristã, na formação teológica inicial e permanente, e no âmbito da pesquisa.

4. **Trabalhar juntos**
O ecumenismo exprime-se em múltiplas formas de acção comum. Numerosos cristãos e cristãs de Igrejas diferentes vivem e trabalham juntos, como amigos, vizinhos, no trabalho e no seio das próprias famílias. Em particular, deve ajudar-se os casais interconfessionais e viver o ecumenismo no dia-a-dia.
Recomendamos que se criem e apoiem organismos destinados à cooperação ecuménica de carácter bilateral e multilateral, a nível local,

regional, nacional e internacional. A nível europeu, é necessário reforçar a colaboração entre a Conferência das Igrejas Europeias e o Conselho das Conferências Episcopais da Europa, para a realização de ulteriores assembleias ecuménicas europeias.
Em caso de conflitos entre Igrejas, há que iniciar e apoiar esforços de mediação e de paz.

Comprometemo-nos:
› a trabalhar juntos, a todos os níveis da vida eclesial, sempre que se verifiquem os pressupostos para tal e que isso não seja contrariado por motivos de fé ou de força maior:
› a defender os direitos das minorias e contribuir para eliminar equívocos e preconceitos entre Igrejas maioritárias e minoritárias nos nossos países.

5. **Orar juntos**
O ecumenismo vive do facto de escutarmos juntos a palavra de Deus e deixarmos que o Espírito Santo opere em nós e através de nós. Por força da graça assim recebida, existem hoje múltiplos esforços, por meio de orações e celebrações, tendentes a aprofundar a comunhão espiritual entre as Igrejas, e a rezar pela unidade visível da Igreja de Cristo. Um sinal particularmente doloroso da divisão ainda existente entre muitas Igrejas cristãs é a falta de partilha eucarística.
Nalgumas Igrejas, existem reservas em relação à oração ecuménica em comum. Todavia, numerosas celebrações ecuménicas, cantos e orações conjuntas, em particular o Pai-Nosso, caracterizam a nossa espiritualidade cristã.

Comprometemo-nos:
› a rezar uns pelos outros e pela unidade dos cristãos;
› a aprender a conhecer e a apreciar as celebrações e as formas de vida espiritual das outras Igrejas;
› a diligenciar no sentido do objectivo da comunhão eucarística.

6. **Prosseguir o diálogo**
A nossa pertença comum, baseada em Cristo, tem um significado mais fundamental do que as nossas diferenças nos campos teológico e ético. Existe uma pluralidade que é dom e enriquecimento, mas

existem também oposições doutrinais sobre as questões éticas e as normas canónicas, que têm levado a rupturas entre as Igrejas. Um papel decisivo nesse sentido tem sido muitas vezes desempenhado por circunstâncias históricas específicas e por diferentes tradições culturais.

A fim de se aprofundar a comunhão ecuménica, impõe-se absolutamente prosseguir nos esforços tendentes à consecução da unidade na fé. Sem essa unidade, não existe plena comunhão religiosa. Não há qualquer alternativa ao diálogo.

Comprometemo-nos:
› a prosseguir conscienciosa e intensamente o diálogo entre as nossas Igrejas, aos diversos níveis eclesiais, e verificar os resultados que possam e devam ser declarados, de forma vinculativa, pelas autoridades eclesiásticas;
› a procurar o diálogo sobre os temas controversos, em particular sobre questões de fé e ética, sobre as quais pende o risco da divisão, e debater juntos esses problemas, à luz do Evangelho.

III
A nossa responsabilidade comum na Europa

«Bem-aventurados os pacificadores, porque serão chamados filhos de Deus» (Mt 5,9)

7. **Contribuir para a construção da Europa**
No decurso dos séculos, desenvolveu-se uma Europa caracterizada prevalentemente pelo cristianismo, nos planos religioso e cultural. Entretanto, devido aos erros dos cristãos, espalhou-se o mal na Europa e além-fronteiras. Confessamos a nossa co-responsabilidade nessa culpa e pedimos perdão a Deus e aos homens.

A nossa fé ajuda-nos a aprender com o passado e a empenhar-nos, de modo a que a fé cristã e o amor ao próximo irradiem esperança para a moral e para a ética, para a educação e para a cultura, para a política e para a economia, na Europa e no mundo inteiro.

As Igrejas encorajam a unidade do continente europeu. Não se pode alcançar a unidade, de forma duradoura, sem valores comuns. Estamos persuadidos de que a herança espiritual do cristianismo representa uma força inspiradora que enriquece a Europa. Com base na nossa fé cristã, empenhamo-nos numa Europa humana e social, em que se faça valer os direitos humanos e os valores basilares da paz, da justiça, da liberdade, da tolerância, da participação e da solidariedade. Insistimos no respeito pela vida, pelo valor do matrimónio e da família, na opção preferencial pelos pobres, na disponibilidade para o perdão e, em todos os casos, na misericórdia.

Enquanto Igrejas e Comunidades Internacionais, temos de contrariar o perigo de que a Europa evolua para um Ocidente integrado e um Leste desintegrado. Também o desnível Norte-Sul tem de ser levado em consideração. Importa, entretanto, evitar toda a forma de eurocentrismo e reforçar a responsabilidade da Europa em relação a toda a humanidade, em particular os pobres de todo o mundo.

Comprometemo-nos:
› a entender-nos quanto aos conteúdos e objectivos da nossa responsabilidade social, e juntos apoiar o mais possível as exigências e as tomadas de posição das Igrejas, face às instituições civis e europeias;
› a defender os valores fundamentais contra todos os ataques;
› a resistir a toda a tentativa de instrumentalização da religião e da Igreja para fins étnicos ou nacionalistas.

8. Reconciliar povos e culturas

Consideramos ser uma riqueza da Europa a multiplicidade de tradições regionais, nacionais, culturais e religiosas. Face aos numerosos conflitos, é dever das Igrejas assumir conjuntamente o serviço da reconciliação dos povos e culturas. Sabemos que a paz entre as Igrejas constitui, neste contexto, um pressuposto igualmente importante.

Os nossos esforços comuns dirigem-se à avaliação e resolução dos problemas políticos e sociais, no espírito do Evangelho. Desde que valorizemos a pessoa e a dignidade de cada um enquanto imagem de Deus, empenhamo-nos na absoluta igualdade de valor de todo o ser humano. Enquanto Igrejas, queremos promover juntas o processo de democratização na Europa. Empenhamo-nos por uma ordem pacífica baseada na solução não violenta dos conflitos. Condenamos, portanto, toda a forma de violência contra os seres humanos, sobretudo contra as mulheres e as crianças.

Reconciliação significa promover a justiça social num povo e entre todos os povos e, em particular, eliminar o fosso que separa o rico do pobre, bem como combater o desemprego. Queremos contribuir em conjunto para um acolhimento humano e dignificante a mulheres e homens migrantes, aos refugiados e a quem procure asilo na Europa.

Comprometemo-nos:
> a contrariar toda a forma de nacionalismo, que conduz à opressão de outros povos e de minorias nacionais, e procurar uma solução não violenta dos conflitos;
> a melhorar e reforçar a condição e a igualdade de direitos das mulheres em todas as esferas da vida, e promover a justa comunhão entre mulheres e homens, no seio da Igreja e na sociedade.

9. Salvaguardar a criação
Acreditando no amor de Deus criador, reconhecemos com gratidão o dom da criação, o valor e a beleza da natureza. Olhamos, todavia, com apreensão o facto de os bens da Terra serem desfrutados sem que se tenha em conta o seu valor intrínseco, sem consideração pela sua escassez nem preocupação pelas gerações futuras.

10. Aprofundar a comunhão com o judaísmo
Uma especial comunhão liga-nos ao povo de Israel, com o qual Deus estabeleceu uma eterna aliança. Sabemos na fé que as nossas irmãs e os nossos irmãos judeus «são amados (por Deus) por causa dos pais, porque os dons e o chamamento de Deus são irrevogáveis!» (Romanos 11:28-29). A eles pertence «a adopção, a glória, os pactos, a promulgação da lei, o culto, as promessas, os pais; deles nasceu Cristo segundo a carne» (Romanos 9:4-5).
Deploramos e condenamos todas as manifestações de anti-semitismo, tais como os *pogroms* e as perseguições. Pelo antijudaísmo cristão pedimos perdão, e às nossas irmãs e aos nossos irmãos judeus o dom da reconciliação.
É urgente e necessário tomar consciência, no culto e no ensino, na doutrina e na vida das nossas Igrejas, da profunda ligação existente entre a fé cristã e o judaísmo, e apoiar a cooperação entre cristãos e judeus.

Comprometemo-nos:
› a contrariar todas as formas de anti-semitismo e antijudaísmo, na Igreja e na sociedade;
› a procurar e intensificar, a todos os níveis, o diálogo com as nossas irmãs e os nossos irmãos judeus.

11. Cultivar as relações com o Islão

Desde há séculos que os muçulmanos vivem na Europa. Nalguns países, representam fortes minorias. Por isso, tem havido muitos contactos positivos e boas relações entre muçulmanos e cristãos, mas também, por parte de ambos os lados, fortes reservas e preconceitos, que remontam a dolorosas experiências vividas no decurso da história e no passado recente.

Queremos intensificar, a todos os níveis, o encontro entre cristãos e muçulmanos, e o diálogo islâmico-cristão. Recomendamos, em particular, que reflictamos juntos sobre o tema da fé no Deus único, e que se esclareça a compreensão dos direitos humanos.

Comprometemo-nos:
› a ter encontros com os muçulmanos, numa atitude de estima;
› a trabalhar em conjunto com os muçulmanos sobre temas de interesse comum.

12. O encontro com outras religiões e visões do mundo

A pluralidade de convicções religiosas, de visões do mundo e de formas de vida tornou-se um traço marcante da cultura europeia. Alastram religiões orientais e novas comunidades religiosas, suscitando também o interesse de muitos cristãos. Além disso, há cada vez mais homens e mulheres que rejeitam a fé cristã, têm com ela uma relação de indiferença, ou seguem outras visões do mundo.

Queremos levar a sério as questões críticas que nos são colocadas e esforçar-nos por um debate leal. Importa, a este propósito, distinguir as comunidades com as quais se deve procurar diálogos e encontros e aquelas com que, do ponto de vista cristão, nos temos de precaver.

Comprometemo-nos:
› a reconhecer a liberdade religiosa e de consciência das pessoas e comunidades, e fazer com que elas, individual e comunitariamente,

em privado e em público, possam praticar a sua própria religião ou visão do mundo, no respeito do direito vigente;
› a estar abertos ao diálogo com todas as pessoas de boa vontade, buscar com elas objectivos comuns e testemunhar-lhes a fé cristã.

Jesus Cristo, Senhor da Igreja una, é a nossa maior esperança de reconciliação e de paz.
Em seu nome, queremos prosseguir juntos o nosso caminho na Europa.
Deus nos assista com o seu Santo Espírito!

«*O Deus da esperança vos encha de todas as alegrias e paz na fé, para que abundais na esperança pela virtude do Espírito Santo (Romanos 15:13)*»

Na qualidade de presidentes da Conferência das Igrejas Europeias (KEK) e do Conselho das Conferências Episcopais da Europa (CCEE), recomendamos esta Carta Ecuménica como texto base para todas as Igrejas e Conferências Episcopais da Europa, de forma que seja recebida e adaptada a cada contexto específico.

Com esta recomendação, subscrevemos a Carta Ecuménica no contexto do Encontro Ecuménico Europeu, neste primeiro Domingo depois da Páscoa do ano de 2001.

Estrasburgo, 22 de Abril de 2001

Metropolita Jeremie	Cardeal Miloslav Vlk
Presidente da Conferência	Conselho das Conferências
das Igrejas Europeias	Episcopais da Europa

GLOSSÁRIO

Termos-chave da União Europeia

Acervo Comunitário (*Acquis communautaire*)
O acervo comunitário é a base comum de direitos e deveres, sendo vinculativos a todos os Estados-membros no âmbito da União Europeia. Este acervo está em constante desenvolvimento e inclui:

> O conteúdo, os princípios e objectivos políticos dos Tratados;
> A aplicação dos Tratados e da legislação adoptada no âmbito da jurisprudência do Tribunal de Justiça;
> A aprovação das declarações e resoluções no âmbito da União;
> Os actos jurídicos de política externa e de segurança;
> Os actos jurídicos acordados nos domínios da justiça e dos assuntos internos;
> Os acordos internacionais da Comunidade e os acordos que os Estados-membros adoptam em áreas que fazem parte das actividades da União Europeia.

Acordos Europeus
Os Acordos Europeus são um tipo específico de acordo de associação. São celebrados entre a União Europeia e certos países associados da Europa Central e Oriental (Artigo 238.º do Tratado CE) e regulam a preparação para a adesão à UE. Os Acordos Europeus baseiam-se no respeito pelos direitos humanos, pela democracia e pelo Estado de direito, consagrando o princípio da economia de mercado. Até agora, os acordos europeus foram

firmados com dez Estados: Bulgária, Estónia, Hungria, Letónia, Lituânia, Polónia, República Checa, Roménia, República Eslovaca e Eslovénia.
Os Acordos Europeus são firmados por um período indeterminado, sendo compostos por uma parte política, comercial, de «cooperação nos domínios da economia, da cultura e das finanças», e uma parte que se baseia na aproximação das legislações, especialmente nas áreas da propriedade intelectual e da concorrência.

Acto Único Europeu
Esta paralisia da CEE foi quebrada pela primeira reforma do Tratado, aprovada pelo Acto Único Europeu em 1985. Por um lado, foi declarado como objectivo vinculativo a conclusão de um mercado único até 31 Dezembro de 1992. Até lá, deveriam ser eliminados todos os obstáculos à livre circulação de bens, serviços, pessoas e capitais entre os Estados-membros (as chamadas quatro liberdades). Por outro lado, também foram reformados os processos de tomada de decisões, para que elas pudessem ser tomadas com maior facilidade; nas questões do mercado interno, em especial, foi abolida a medida do princípio da unanimidade e substituída pela maioria qualificada. Para tornar o mercado único mais aliciante às regiões mais atrasadas, foi consagrada uma política regional da UE no Tratado.

Agências da União Europeia
Existem actualmente quinze agências, com o estatuto de uma agência comum, tendo por sua vez outras designações (centro, fundação, serviço, observatório).
As agências formam, enquanto instituição autónoma, um grupo heterogéneo, estruturado segundo um modelo organizacional uniforme. Conforme as tarefas, parceiros e grupos-alvo, podem ser classificadas em quatro categorias de actividade:

› Agências para facilitar o funcionamento do mercado interno;
› Observatórios;
› Agências para fomentar o diálogo social a nível europeu;
› Agências que efectuam os programas e as tarefas em nome da União Europeia.

Agenda 2000
O programa de acção «Agenda 2000» foi aprovado pela Comissão Europeia a 15 de Julho de 1997. A Comissão satisfez assim a exigência

do Conselho Europeu de Madrid, em Dezembro de 1995, para que fosse apresentado um documento para o alargamento e a reforma das políticas comuns, bem como para o aspecto financeiro da União para o período pós-31 de Dezembro de 1999. Em anexo, encontram-se os pareceres da Comissão aos pedidos de adesão. A Agenda 2000 aborda todas as questões que se colocam à União Europeia no princípio do século XXI.

Alta Autoridade
Órgão supranacional da Comunidade Europeia do Carvão e do Aço (CECA), fundado em 1951, e que assumiu, pela primeira vez na história da Europa, competências de forma independente em relação aos Estados--membros, competências que antes faziam parte da soberania dos Estados. As decisões que a Alta Autoridade tomava, no âmbito do seu vasto leque de competências, eram vinculativas e directamente aplicáveis em todos os Estados-membros. A Instituição, cujo primeiro presidente foi Jean Monnet, tinha a sua sede no Luxemburgo. Em 1967, a Alta Autoridade foi incorporada na recém-formada Comissão Europeia, no contexto da fusão das três Comunidades Europeias.

Banco Central Europeu (BCE)
O Banco Central Europeu (BCE), fundado com uma cerimónia a 30 Junho 1998, possui a tarefa de executar a política monetária europeia definida pelo Sistema Europeu de Bancos Centrais (SEBC) desde 1 de Janeiro de 1999. Os órgãos de decisão do BCE (Conselho de Governadores e Comissão Executiva) dirigem o Sistema Europeu de Bancos Centrais, que é responsável pela elaboração e execução da política monetária, gestão cambial, gestão das reservas de divisas dos Estados-membros, bem como pelo bom funcionamento do sistema de pagamentos. O BCE é o sucessor do Instituto Monetário Europeu (IME).

Banco Europeu de Investimento (BEI)
O Banco Europeu de Investimento foi criado pelo Tratado de Roma e é a instituição financeira da União Europeia. Através da promoção da integração económica e da coesão social, deve contribuir para o desenvolvimento equilibrado do território da Comunidade.
O BEI é detido pelos membros da União Europeia e gerido pelo Conselho de Governadores, composto pelos quinze ministros das Finanças. Tem a sua própria personalidade jurídica e a sua autonomia financeira, assumindo o financiamento de projectos específicos, a longo prazo, que garantem

o carácter económico, técnico, ambiental e de viabilidade financeira. Os fundos para a concessão de empréstimos são provenientes, principalmente, de empréstimos contraídos nos mercados de capitais; além disso, utiliza os seus próprios recursos. Entre 1994 e 1999, o BEI ocupou-se principalmente das áreas dos transportes, telecomunicações, energia, água, educação e formação.

Carta dos Direitos Fundamentais
Por ocasião do 50.º aniversário da Declaração Universal dos Direitos Humanos, em Dezembro de 1998, o Conselho Europeu decidiu, no Congresso de 3 e 4 de Junho de 1999, em Colónia, mandar elaborar uma Carta dos Direitos Fundamentais. O objectivo era reunir os direitos fundamentais em vigor na União num único texto para lhes dar uma maior relevância. O resultado dos trabalhos foi apresentado no Conselho Europeu de Biarritz (13 e 14 de Outubro de 2000). A Carta é constituída por 54 artigos, que se dividem em sete capítulos, estipulando os direitos fundamentais nas áreas da dignidade do ser humano, das liberdades, da igualdade, da solidariedade, dos direitos dos cidadãos e dos direitos judiciais. A carta foi solenemente proclamada no Conselho Europeu de Nice (7 a 10 de Dezembro de 2000).

Carta Ecuménica
Trata-se de um documento fundamental que, como o título expressa, contém os direitos e as obrigações fundamentais ecuménicos para a acção conjunta das Igrejas cristãs, na e para a Europa, no terceiro milénio. Não é um documento canónico vinculativo, nem sequer eclesiástico dogmático, mas com carácter de obrigação voluntária. A ideia tem a sua origem numa recomendação da Segunda Assembleia Ecuménica Europeia, que se realizou em Graz, em 1997. Foi assinada pelo presidente da KEK e do CCEE em Estrasburgo, a 22 de Abril de 2001.

Cidadania da União
A cidadania da União deriva da nacionalidade de um Estado-membro, isto é, quem tiver a nacionalidade de um Estado-membro será considerado um cidadão da União Europeia. Para além dos direitos e obrigações previstos no Tratado que institui a Comunidade Europeia, um cidadão da União Europeia tem quatro direitos específicos:

> ›   O direito de residir e de circular livremente em todo o território da União;

> O direito de voto activo e passivo nas eleições municipais e do Parlamento Europeu no Estado-membro em que reside;
> A protecção diplomática e consular no território de um país terceiro, onde o Estado-membro da sua nacionalidade não esteja representado;
> O direito de petição e o direito de recorrer ao Provedor de Justiça Europeu.

A cidadania europeia não substitui a nacionalidade, mas complementa-a.

Comissão Europeia
A Comissão Europeia está investida dos poderes de iniciativa, implementação, gestão e controlo. É a guardiã dos Tratados e encarna o interesse da Comunidade. A Comissão é um órgão de 20 membros independentes (dois membros da Alemanha, França, Itália, Espanha e Reino Unido e um membro de cada um dos outros Estados-membros), com um presidente e dois vice-presidentes. É nomeada por 5 anos pelo Conselho, por maioria qualificada, mediante acordo dos Estados-membros, e tem de ser ratificada pelo Parlamento Europeu, perante o qual responde. O corpo de comissários é composto por uma Administração Geral e por serviços de apoio especializados, cujo pessoal está principalmente activo em Bruxelas e no Luxemburgo.

Comité das Regiões (CR)
O Comité das Regiões foi criado em 1992 pelo Tratado de Maastricht e é composto por 222 representantes dos poderes locais e regionais, que são nomeados unanimemente pelo Conselho por quatro anos, mediante proposta dos respectivos Estados-membros. É consultado pelo Conselho, Parlamento e Comissão sobre questões relevantes a nível local e regional, especialmente nas áreas da educação, da juventude, da cultura, da saúde, da coesão económica e social.

Comité Económico e Social Europeu (CESE)
O Comité Económico e Social Europeu foi fundado em 1957 pelo Tratado que institui a Comunidade Europeia. Representa os interesses dos diversos grupos económicos e sociais e é constituído por 222 membros, que compreende três grupos: empregadores, trabalhadores e representantes das áreas específicas de actividade. Os membros do Comité são nomeados pelo Conselho por quatro anos, por decisão unânime. Podem ser reconduzidos nas suas funções.

O CESE deve ser consultado antes da adopção de diversos actos legislativos nos domínios do mercado interno, educação, defesa do consumidor, política ambiental, desenvolvimento regional e assuntos sociais, podendo igualmente emitir pareceres próprios.

Comunidade Económica Europeia (CEE)
Os seis Estados-membros da CECA, França, Itália, República Federal da Alemanha, Bélgica, Países Baixos e Luxemburgo, acordaram criar, em 27 de Março de 1957, no Tratado de Roma, a Comunidade Económica Europeia (CEE) e a Comunidade Europeia da Energia Atómica (CEEA ou EURATOM). A CECA, a CEE e a EURATOM foram englobadas nas Comunidades Europeias, em 1967. Com o Tratado de Maastricht, a Comunidade Económica Europeia passou a chamar-se *Comunidade Europeia (CE)*. Deste modo, faz parte da União Europeia.

Comunidade Europeia
Substitui a Comunidade Económica Europeia desde o Tratado de Maastricht de 1992. É activa nas seguintes áreas: livre circulação de pessoas, bens, serviços e capitais, concorrência e fiscalidade, política económica e monetária, política comercial, emprego e política social, cultura, saúde, defesa do consumidor, indústria, desenvolvimento regional (coesão económica e social), investigação, ambiente e desenvolvimento. Faz parte da União Europeia.
As principais instituições da CE são:

> › Comissão Europeia;
> › Conselho da União Europeia;
> › Parlamento Europeu;
> › Tribunal de Justiça das Comunidades Europeias (TJCE);
> › Tribunal de Contas Europeu.

Estes órgãos trabalham simultaneamente para as três Comunidades e, em parte, para toda a União Europeia (*quadro institucional único*).

Comunidade Europeia de Defesa (CED)
O plano de uma CED baseia-se no Plano Pleven para um exército europeu, apresentado na Assembleia Nacional francesa em 1950. Por trás desta intenção, estava a questão central do rearmamento alemão para a França, que tinha sido alimentada pelas exigências dos EUA, no sentido

de a Alemanha Ocidental contribuir para a defesa durante a guerra da Coreia e pela estratégia de contenção. O Plano Pleven previa a substituição dos exércitos nacionais actuais pela criação de um exército comum europeu. Em 1952, foi assinado o Tratado que instituiu a CED pelos então seis Estados-membros da CECA, tendo fracassado, em 1954, na Assembleia Nacional francesa. Assim, foi também suprimido o plano intimamente ligado à CED para a criação de uma Comunidade Política Europeia.

Comunidade Europeia do Carvão e do Aço (CECA)
A CECA, Comunidade Europeia do Carvão e do Aço, foi fundada a 18 de Abril de 1951, entrando em vigor a 23 de Julho de 1952. O principal objectivo do contrato era asse-gurar o abastecimento de factores produtivos determinantes, como o aço e a energia, para a reconstrução após a Segunda Guerra Mundial.
A partir da CECA, do Tratado que institui a Comunidade Económica Europeia (CEE) e do Tratado sobre o uso da energia nuclear resultou, mais tarde, a Comunidade Europeia, a actual União Europeia.
Os signatários do Tratado foram: Bélgica, Alemanha, França, Itália, Luxemburgo e Países Baixos.
O Tratado, celebrado por um período de 50 anos, expirou a 23 de Julho de 2002.

Comunidade Política Europeia
Os membros da Assembleia Comum da CECA convocaram uma reunião *ad hoc* em 1952, elaborando o projecto de um estatuto, que foi aprovado pela Assembleia Comum, em 1953. A Comunidade Política Europeia foi prevista como Comunidade Europeia inseparável e supra-nacional, no âmbito da CECA e da planeada Comunidade Europeia de Defesa (CED). A Comunidade Política Europeia, intimamente ligada à CED, fracassou em 1954 na Assembleia Nacional francesa, significando o fim do projecto da Comunidade Política Europeia.

Conferência Intergovernamental (CIG)
O conceito da Conferência Intergovernamental (CIG) designa as negociações dos governos dos Estados-membros com o objectivo de fomentar alterações nos Tratados. Estas Conferências têm um papel importante para a integração europeia, sendo qualquer mudança institucional resultado das negociações a que as Conferências deram origem.

As principais CIG, ao longo dos últimos anos, levaram à conclusão dos seguintes acordos:

- › Acto Único Europeu (1986);
- › Tratado de Maastricht (1992);
- › Tratado de Amesterdão (1997).

Conselho da União Europeia
O Conselho da União (ou Conselho de Ministros) é o verdadeiro órgão de decisão da União Europeia. No Conselho, devem estar reunidos, de acordo com os pontos da ordem de trabalhos – Negócios Estrangeiros, Agricultura, Indústria, Transportes, etc. – os ministros competentes dos 15 Estados-membros. No entanto, os ministros dos vários Conselhos existentes não restringem o princípio da representação única deste órgão da União Europeia.

A presidência do Conselho muda de seis em seis meses. As decisões são tomadas a nível político pelo Comité de Representantes Permanentes (COREPER), que é apoiado, por sua vez, pelos grupos de trabalho dos funcionários das autoridades oficiais dos Estados-membros. Ao Conselho é atribuído um Secretário-Geral. No âmbito do primeiro pilar, o Conselho tomará as suas decisões com base numa proposta da Comissão.

Conselho Europeu
Os chefes de Estado ou de governo dos Estados-membros da União Europeia reúnem-se regularmente no Conselho Europeu. Este foi instituído pelo comunicado final, após a Cimeira de Paris, em Dezembro de 1974, e reuniu-se pela primeira vez em 1975 (10 e 11 de Março de 1975, em Dublin). Substituiu as Cimeiras Europeias habituais, entre 1961 e 1974, tendo sido legalmente estabelecido no Acto Único Europeu. As reuniões são realizadas no mínimo duas vezes por ano, e o presidente da Comissão Europeia participa como membro de pleno direito. O Conselho Europeu é uma força motriz para o desenvolvimento da União Europeia e define as orientações políticas gerais.

Constituição para a Europa
Na reunião do Conselho de Nice, em Dezembro de 2000, foi votada uma declaração sobre o futuro da União, a «Declaração de Nice», que representa a continuação da reforma institucional, para além dos resultados obtidos na Conferência Intergovernamental de 2000 (CIG 2000).

GLOSSÁRIO

No Conselho Europeu de Laeken, foi estabelecida uma Convenção para tratar das quatro questões-chave sobre o futuro da União Europeia: a atribuição de competências, a simplificação dos Tratados, o papel dos Parlamentos Nacionais e o estatuto da Carta Europeia dos Direitos Fundamentais da UE.
Os resultados das deliberações da Convenção levaram à elaboração de um projecto para uma Constituição para toda a Europa, que foi apresentada ao Conselho no Verão de 2003. A Conferência Intergovernamental posteriormente convocada, à qual o projecto deveria servir de base para a proclamação de uma Constituição para a Europa, fracassou em Dezembro de 2003, nos temas relativos ao peso dos votos com maioria qualificada no Conselho e à composição da Comissão. Na Primavera, foram retomadas as negociações, que terminaram com êxito a 18 de Junho de 2004, com a adopção da «Constituição para a Europa» pelos chefes de Estado e de governo da UE alargada. A Constituição Europeia só entra em vigor após a sua ratificação por todos os Estados-membros.

Convenção
Assembleia constituída pelo Conselho Europeu de Laeken, em Dezembro de 2001, por iniciativa do PE, para analisar o futuro da Europa e a revisão dos Tratados. É constituída por 16 representantes europeus e 30 representantes nacionais, 15 representantes dos chefes de Estado e de governo e dois comissários da UE. Sob a direcção de Valéry Giscard d'Estaing, é liderada por um presidente, coadjuvado por dois vice-presidentes, Jean-Luc Dehaene e Giuliano Amato, e nove outros membros da Convenção (entre os quais, como representantes do PE, Klaus Hänsch e Iñigo Méndez de Vigo).

Convenção Europeia
Na reunião do Conselho de Nice, em Dezembro de 2000, foi votada uma declaração sobre o futuro da União, a «Declaração de Nice», que representa a continuação da reforma institucional, para além dos resultados obtidos na Conferência Intergovernamental de 2000 (CIG 2000). Essa declaração prevê três níveis para a reforma: o início de um debate sobre o futuro da União Europeia, uma Convenção sobre a reforma institucional do Conselho Europeu de Laeken, em Dezembro de 2000, e, finalmente, a convocação de uma Conferência Intergovernamental para o ano de 2004.
De acordo com a Declaração de Laeken, com a qual esta Convenção foi estabelecida, deverão ser analisadas quatro questões-chave sobre o

futuro da União: a atribuição de competências, a simplificação dos Tratados, o papel dos Parlamentos Nacionais e o estatuto da Carta dos Direitos Fundamentais da UE.

A Convenção é inovadora, na medida em que as ex-Conferências Intergovernamentais nunca foram antecedidas por um debate aberto pelos partidos envolvidos. Assim, através dos membros da Convenção, as organizações da sociedade civil podem participar na discussão, graças a um fórum interactivo: o fórum sobre o futuro da União.

Convenção Europeia dos Direitos do Homem (CEDH)
Através da Convenção Europeia dos Direitos do Homem, firmada a 4 de Novembro de 1950, em Roma, sob a égide do Conselho da Europa, e ratificada por todos os Estados-membros da UE, introduziu um novo sistema global de defesa dos direitos humanos, como base jurídica para a fiscalização da preservação desses direitos. Assim, foram criados diversos órgãos com sede em Estrasburgo, que supervisionam as obrigações resultantes da Convenção:

> A Comissão Europeia dos Direitos do Homem deve efectuar um exame preliminar às queixas apresentadas por Estados ou pessoas;
> O Tribunal Europeu dos Direitos Humanos, ao qual a Comissão ou um Estado podem apelar. Nesta última situação, isto verifica-se no caso de uma acção judicial e com base num relatório da Comissão;
> O Comité de Ministros do Conselho da Europa, enquanto «guardião» da EMRK, ocupa-se da regulamentação política do conflito, quando não é encaminhado para o tribunal.

Devido ao crescente número de casos a ser tratados, o mecanismo de controlo criado pela Convenção teve de ser reformado. Assim, desde 1 de Novembro de 1998, o Tribunal Europeu dos Direitos do Homem exerce apenas as funções respectivas dos órgãos mencionados.

Cooperação Política Europeia (CPE)
A Cooperação Política Europeia (CPE) foi introduzida, informalmente, em 1970 (devido ao relatório Davignon) e institucionalizada em 1987 através do Acto Único Europeu, estando prevista a acção concertada nas áreas relevantes da política externa. Os Estados-membros deviam ter em consideração os pareceres dos Estados-membros do Parlamento Europeu e, se possível, defender posições comuns no âmbito

das Organizações Internacionais. Entretanto, a CPE deu lugar à política externa e de segurança comum.

Critérios de Copenhaga (Critérios de adesão)
Em Junho de 1993, o Conselho Europeu de Copenhaga concedeu aos países da Europa Central e Oriental o direito de aderirem à União Europeia, caso preenchessem os seguintes três critérios:

› Política: instituições estáveis que garantam a democracia, o Estado de direito, o respeito pelos direitos humanos e o respeito e a protecção das minorias;
› Economia: economia de mercado funcional;
› Adopção do acervo comunitário (*acquis communautaire*): os países têm de adaptar aos seus próprios objectivos os objectivos políticos da União e da União Económica e Monetária.

Declaração de Laeken
Um ano após o Tratado e a Declaração de Nice, que propõem a prossecução da reforma institucional para além dos resultados obtidos com a Conferência Intergovernamental de 2000, o Conselho Europeu, reunido na Bélgica, em Laeken, adoptou, a 15 de Dezembro de 2001, a «Declaração de Laeken sobre o futuro da União Europeia», em que a União assume o compromisso de mais democracia, mais transparência e mais eficácia.
Nesta declaração, são colocadas 60 questões específicas sobre o futuro da União, reunidas em torno de quatro temas principais: distribuição e delimitação de responsabilidades, simplificação dos Tratados, estrutura institucional e preparação de uma Constituição para os cidadãos europeus.
Ao mesmo tempo, é convocada uma Convenção, com a finalidade de reunir respostas a essas questões e de se associar aos participantes no debate sobre o futuro da União Europeia. O objectivo desta Convenção é examinar as questões essenciais no âmbito do futuro desenvolvimento da União Europeia, a fim de assegurar uma preparação ampla e transparente da próxima Conferência Intergovernamental.

Direito comunitário
O direito comunitário, em sentido mais estrito, é composto pelos Tratados constitutivos (direito primário) e pelos actos constitutivos que as instituições da Comunidade promulgam nos termos desses Tratados (direito derivado).

Num sentido mais amplo, este termo refere-se a todas as normas legais aplicáveis dentro do sistema jurídico das Comunidades Europeias, ou seja, os princípios jurídicos gerais, o Tribunal Europeu, que actua no âmbito das relações externas da Comunidade, e as Convenções celebradas entre os Estados-membros no âmbito da aplicação dos Tratados.
A legislação faz parte do chamado acervo comunitário.

EURATOM
O Tratado da Comunidade Europeia da Energia Atómica, assinado a 25 de Março de 1957 em Roma, é um dos três Tratados que instituem as Comunidades Europeias.
A partir do contexto histórico dos anos 50, o Tratado EURATOM tem como objectivo o desenvolvimento da energia nuclear na Comunidade Europeia da Energia Atómica; no entanto, não resulta daí qualquer correspondente obrigação para os Estados-membros, para a aplicação e o desenvolvimento da energia nuclear para a produção e comercialização de electricidade.
Em oposição ao Tratado CECA, que expirou recentemente, o período de vigência do Tratado EURATOM é ilimitado. Além disso, este último – em contraposição com os Tratados da CECA e da CEE – não sofreu alterações substanciais ao longo do tempo.

Europa a diferentes velocidades
Europa a diferentes velocidades expressa a ideia de integração europeia de uma forma gradual: apenas um grupo de Estados-membros, que são integráveis e que queiram ser integrados, perseguem objectivos comuns, embora se presuma que os outros Estados-membros irão segui-los.

Europa com geometria variável
Europa com geometria variável expressa a ideia de integração europeia de uma forma gradual: serão aceites diferenças inalteráveis na estrutura integrada, e é possível prosseguirem uma separação entre um grupo de Estados-membros e de circuitos integrados menos desenvolvidos.

Grupo Europeu de Ética para as Ciências e as Novas Tecnologias (EGE)
É um grupo de trabalho independente, pluralista e multidisciplinar, que aconselha a Comissão Europeia em todos os aspectos éticos da ciência e das novas tecnologias, no âmbito da preparação e da execução da

legislação comunitária e assessoria política. Exerce funções a pedido da Comissão ou por iniciativa própria. O Parlamento Europeu e o Conselho podem dirigir a atenção da Comissão Europeia para as questões éticas de especial relevância. A organização antecessora era o GCEB (ver glossário).

Instrumento de Pré-Adesão
São necessários investimentos enormes para que os candidatos alinhem as suas normas – especialmente nas áreas de economia industrial e ambiental – a fim de poderem assumir a sua adesão ao acervo comunitário. A estratégia da União Europeia, em relação aos países candidatos, baseia-se principalmente na pré-adesão aos países da Europa Central e Oriental, no período 2000-2006, e diz respeito a duas áreas principais:

> A adaptação dos sistemas judiciais e administrativos e o desenvolvimento das infra-estruturas, nos países candidatos à adesão, serão financiados por fundos provenientes do programa PHARE (10,5 mil milhões de euros).
> Há medidas de apoio suplementares, financiadas por dois outros fundos de ajuda, e que são as seguintes:
> Medidas estruturais na agricultura (SAPARD);
> Medidas para reforçar as infra-estruturas, no domínio do ambiente e dos transportes (ISPA).

As parcerias de adesão entre a União e os países candidatos constituem a essência da estratégia de pré-adesão e permitem a disponibilização meticulosa de diversos tipos de ajuda.

Livros Brancos
A Comissão publicou Livros Brancos, que contêm propostas de acção comunitária numa área específica. Estão, em parte, relacionados com os Livros Verdes, que desencadeiam um processo de consulta a nível europeu. Exemplos: Livro Branco sobre a realização do mercado interno, sobre o crescimento, a competitividade e o emprego, bem como sobre a aproximação da legislação relevante no domínio do mercado interno dos países associados da Europa Central e Oriental. Quando um Livro Branco é aceite pelo Conselho, pode daí resultar um programa da União para o respectivo sector.

Livros Verdes
Os Livros Verdes publicados pela Comissão têm por objectivo desencadear debates, a nível europeu, sobre os objectivos fundamentais da política em determinadas áreas (por exemplo, a política social, a moeda única, as telecomunicações, etc.). As consultas introduzidas através de um Livro Verde poderão dar origem à publicação de um Livro Branco, com medidas concretas para procedimentos comunitários.

Organização para a Segurança e Cooperação na Europa (OSCE)
A Organização para a Segurança e Cooperação na Europa (OSCE) surgiu da Conferência sobre Segurança e Cooperação na Europa (CSCE), que terminou com a acta final de Helsínquia em 1975. A mudança oficial de nome de CSCE para OSCE entrou em vigor a 1 de Janeiro de 1995. Tem 55 Estados-membros: todos os Estados da Europa, os Estados sucessores da União Soviética, os EUA e o Canadá.
A OSCE tem como objectivo garantir a paz e a reconstrução pós-conflito, sentindo-se como factor de estabilidade na Europa.
A OSCE vê-se como «acordo regional», no âmbito do capítulo VII da Carta das Nações Unidas, e é vista como um sistema de segurança colectiva. Está perfeitamente em concorrência com a NATO, que, no entanto, se direcciona mais para o âmbito militar e funciona de acordo com o seu princípio de «primeiro a OSCE», cooperando também com outras Organizações Internacionais.

Parlamento Europeu
Com o Tratado de Roma de 1957, é criada uma «Assembleia Parlamentar» competente para as três Comunidades Europeias, em que, de acordo com o texto do Tratado, os representantes deverão ser eleitos de forma directa e geral pelos cidadãos dos Estados-membros. No entanto, este sistema eleitoral apenas é legalmente implementado com o «Acto sobre a eleição dos membros do Parlamento Europeu» (JO n.º L 278, de 8 de Outubro de 1976) e aplicado, pela primeira vez, no âmbito das eleições europeias de Junho de 1979.
A instituição assume o título de «Parlamento Europeu» desde 1986. As eleições são realizadas a cada 5 anos. Todos os cidadãos da União Europeia, a partir dos 18 anos de idade, têm direito ao voto no país de residência. Os representantes são eleitos separadamente por cada país. No Parlamento Europeu, após a eleição, os deputados unem-se em partidos supranacionais.

Devido ao alargamento, o Tratado de Nice definiu o número de membros do Parlamento Europeu para 732.
O Parlamento Europeu tem essencialmente as seguintes funções:

› Estuda e analisa as propostas da Comissão, actuando em conjunto com o Conselho como co-legislador sobre os processos legislativos da UE, de acordo com as diferentes modalidades (processo de co-decisão, métodos de cooperação, consentimento, consultas, etc.).
› Controla as actividades da UE através da aprovação da votação para a nomeação da Comissão Europeia (que também pode apresentar uma moção de censura) e pode fazer interpelações escritas e orais ao Conselho e à Comissão.
› Exerce a competência orçamental em conjunto com o Conselho, aprovando o orçamento anual e autorizando (assinado pelo presidente do Parlamento) e controlando a sua execução.

Personalidade jurídica
A questão da personalidade jurídica da União foi colocada em relação à sua capacidade para assinar Tratados de Direito Internacional ou fazer parte de Convenções internacionais. A União é constituída por três Comunidades diferentes que, por sua vez, têm uma personalidade jurídica própria (Comunidade Europeia, Comunidade Europeia do Carvão e do Aço e Comunidade Europeia da Energia Atómica) e duas áreas de cooperação intergovernamental, mas ela própria ainda não possui competência para assinar Tratados à luz do Direito Internacional, ou seja, não está habilitada a estabelecer acordos com países terceiros.
Os Estados-membros não conseguiram alcançar um acordo sobre a personalidade jurídica na Conferência Intergovernamental. Por isso, o Tratado de Amesterdão não contém qualquer disposição nova sobre esta questão, que alguns têm visto como uma falsa questão, porque a União não está impedida de celebrar acordos, nem de defender as suas posições a nível internacional.

PHARE (Programa de ajuda da Comunidade para os países da Europa Central e Oriental)
O programa PHARE foi criado em 1989, após o colapso dos regimes comunistas na Europa Central e Oriental. O objectivo era ajudar esses países a reconstruir a sua economia. No princípio, estava previsto apenas para a Polónia e a Hungria, mas foi sendo gradualmente expandido

e hoje inclui 10 países da Europa Central e Oriental (Bulgária, Estónia, Hungria, Letónia, Lituânia, Polónia, Roménia, República Checa, Eslováquia e Eslovénia).

Política Agrícola Comum (da UE) (PAC)
Nos termos do Artigo 33.º (antigo Artigo 39.º) do Tratado que institui a Comunidade Europeia, a Política Agrícola Comum, que se encontra sob a competência exclusiva da Comunidade, visa garantir aos consumidores preços razoáveis e aos agricultores um rendimento justo. Para esse efeito, criou organizações comuns de mercado e certos princípios orientadores: uniformização dos preços, solidariedade financeira e preferência comunitária.
A PAC é uma das principais áreas políticas da União Europeia (as despesas agrícolas representam cerca de 45% do orçamento total). Estas decisões devem ser aprovadas por maioria qualificada pelo Conselho, após consulta ao Parlamento Europeu.

Política Europeia de Segurança e Defesa (PESD)
A Política Externa e de Segurança Comum (PESC) da União Europeia inclui a definição gradual de uma política comum de defesa, que poderia levar a uma defesa comum. A Política Europeia de Segurança e Defesa, que remonta à reunião do Conselho Europeu de Colónia, em 1999, permitiu à Comunidade desenvolver as suas capacidades civis e militares para a resolução de crises e prevenção de conflitos a nível internacional e preservar, assim, a paz e a segurança internacionais, em conformidade com a Carta das Nações Unidas. A PESD não implica a criação de um exército europeu e irá ser desenvolvida em coordenação com a NATO. Após a entrada em vigor do Tratado de Amesterdão, foram introduzidas novas atribuições no Tratado da União Europeia (Título V). Estas incluem missões humanitárias e de salvamento, manutenção da paz e acções de combate durante a resolução de crises, incluindo missões de paz (as chamadas Missões de Petersberg). Estas medidas civis e militares de resolução de crises serão complementadas por componentes da PESD para evitar conflitos.

Política Externa e de Segurança Comum (PESC)
A PESC é regulamentada no Título V do Tratado da União Europeia. Substituiu a Cooperação Política Europeia, estando também prevista, a longo prazo, uma política comum de defesa, que poderá tornar-se, na devida altura, uma defesa comum.

Os objectivos deste segundo pilar da União estão definidos no Artigo 11.º (antigo Artigo J.1) e são prosseguidos com os seus próprios instrumentos jurídicos (acção comum, posição comum) que o Conselho adopta por unanimidade. Desde a entrada em vigor do Tratado de Amesterdão, a União tem uma nova ferramenta: a estratégia conjunta (novo Artigo 12.º).
A Comissão Europeia propôs que, na abertura, em Fevereiro de 2000, a Conferência Intergovernamental adoptasse medidas concretas para a implementação de uma cooperação reforçada neste domínio.

Presidente da Comissão Europeia
O papel e a posição do presidente da Comissão Europeia foram reforçados com o Tratado de Amesterdão. Os governos dos Estados-membros nomeavam, por acordo mútuo, a pessoa que tencionavam eleger como presidente da Comissão. Esta designação exigia o parecer favorável do Parlamento Europeu.
Depois, os governos dos Estados-membros nomeavam as restantes personalidades que tencionavam eleger como membros da Comissão, em acordo com o presidente indigitado. A Comissão exerce a sua actividade sob a orientação política do presidente. Durante o mandato, o presidente decide sobre a atribuição de tarefas no seio do Colégio, bem como sobre quaisquer alterações de competências.
O processo de nomeação do presidente mudou com a entrada em vigor do Tratado de Nice, a 1 de Fevereiro de 2003. Esta tarefa cabe agora ao Conselho, que reúne ao nível dos chefes de Estado e de governo, delibera por maioria qualificada e escolhe a personalidade que pretende nomear. A nomeação deverá ser ratificada pelo Parlamento.

Provedor de Justiça Europeu (*Ombudsman*)
O Provedor de Justiça é nomeado após cada eleição do Parlamento Europeu, durante o período da legislatura. Está habilitado para receber queixas sobre actos de má administração nas actividades das instituições e organismos comunitários (com excepção do Tribunal de Justiça e do Tribunal de Primeira Instância), por parte de qualquer cidadão da União, ou qualquer pessoa singular ou colectiva, que resida ou tenha a sua sede social num Estado-membro.
Após a constatação de um acto de má administração, o Provedor de Justiça deverá informar a instituição em causa, realizar um estudo para tentar encontrar uma solução para o problema e, quando apropriado,

fazer um projecto de recomendações, ao qual a instituição deverá responder no prazo de três meses, através de um parecer.
O Provedor de Justiça apresentará, anualmente, um relatório ao Parlamento.

Schengen (Acordo e Convenção)
O Acordo Schengen foi assinado a 19 de Junho de 1990 por cinco Estados, mas só entrou em vigor em 1995. Estabelece as condições para a aplicação e as garantias da liberdade de circulação.
O espaço Schengen expandiu-se gradualmente. A Itália assinou os acordos em 1990, Espanha e Portugal em 1991, a Grécia em 1992, a Áustria em 1995, a Dinamarca, a Finlândia e a Suécia em 1996. A Islândia e a Noruega também fazem parte da Convenção.

Serviço Europeu de Polícia (Europol)
A ideia de um serviço de polícia foi mencionada pela primeira vez no Conselho Europeu do Luxemburgo (28 e 29 de Junho de 1991). Esperava-se, com a criação desse serviço, uma melhoria na cooperação policial entre os Estados-membros, nas áreas da prevenção e da luta contra as formas graves de delinquência internacional organizada, incluindo o terrorismo e o tráfico ilícito de drogas. A Convenção constitutiva da Europol foi assinada em Julho de 1995 e entrou em vigor em 1 de Outubro de 1998. Desta forma, o Serviço Europeu de Polícia, com sede em Haia, pode substituir a Divisão de Narcóticos da Europol.
Através do Tratado de Amesterdão, foram consignadas à Europol as seguintes funções: coordenação e realização de investigações em casos especiais, por parte das autoridades dos vários Estados-membros; desenvolvimento de conhecimentos específicos, com os quais os Estados-membros podem ser apoiados nas investigações dos casos de crime organizado; estabelecimento de contactos entre magistrados e investigadores especializados na luta contra o crime organizado.

Subsidiariedade
a) Doutrina social católica: na encíclica social *Quadragesimo anno* (1931), foi formulado o princípio da subsidiariedade contra o totalitarismo galopante (comunismo, fascismo) enquanto princípio de responsabilidade da sociedade. O ponto de partida é a ideia de que aquilo que o indivíduo pode fazer por sua própria iniciativa não lhe deve ser retirado e transferido para a Comunidade, e que esta está,

antes de mais, obrigada à assistência em caso de necessidade. Esta ideia é aplicada à sociedade que se constrói a partir de baixo, da família e dos grupos primários, e cuja especificidade reside no contacto pessoal dos membros e na sua visibilidade, desde os grupos secundários de tipo local ou funcional (comunidades, associações profissionais, sindicatos) até ao Estado. As tarefas desempenhadas por estas diferentes formações sociais não podem ser assumidas pelo Estado e controladas a nível central, pelo contrário: o Estado deve criar condições para garantir que a estrutura social permaneça funcional.

b) Constituição para a Europa: este princípio estabelece que as decisões devem ser tomadas com a maior proximidade ao cidadão, devendo sempre verificar-se se realmente se justifica haver uma acção a nível comunitário face às possibilidades a nível nacional, regional ou local. Nos domínios que não sejam da sua competência exclusiva, a União só age quando a sua acção for mais eficaz do que a nacional, a regional ou a local. O princípio da subsidiariedade está ligado ao da proporcionalidade, segundo o qual as medidas tomadas pela União não podem ir além do necessário para se atingirem os objectivos do Tratado da União.

Tratado de Amesterdão

O Tratado de Amesterdão é o resultado da Conferência Intergovernamental iniciada na reunião do Conselho Europeu de Turim, a 29 de Março de 1996. Foi adoptado na reunião do Conselho Europeu de Amesterdão (16 e 17 de Junho de 1997) e assinado, a 2 de Outubro de 1997, pelos ministros dos Negócios Estrangeiros dos quinze Estados-membros. O Tratado entrou em vigor a 1 de Maio de 1999 (no primeiro dia do segundo mês a seguir à consignação do último documento de ratificação), depois de todos os Estados-membros o terem ratificado em conformidade com as respectivas normas constitucionais.

Através do Tratado de Amesterdão, foram alteradas as disposições do Tratado da União Europeia (Tratado UE), dos Tratados constitutivos das Comunidades Europeias e de certos actos jurídicos relacionados com esses Tratados. Não tomou o lugar dos outros Tratados, mas complementa-os.

Tratado de fusão

O Tratado que institui um Conselho Único e uma Comissão Única das Comunidades Europeias foi assinado a 8 de Abril de 1965, entrando em vigor a 1 de Julho de 1967, em Bruxelas. Isto levou à criação de uma Comissão Única e de um Conselho Único das três Comunidades Europeias da altura.

Tratado de Maastricht
Este Tratado também é conhecido por Tratado da União Europeia e estabelece a União Europeia com base nos seus três pilares: as Comunidades Europeias, a Política Externa e de Segurança Comum (PESC) e a Cooperação nos domínios da Justiça e dos Assuntos Internos.
A alteração mais importante do Tratado de Maastricht (1992), ao nível dos Tratados da Comunidade, foi a criação da União Económica e Monetária. Para facilitar o acordo com os países com rendimentos mais baixos, foi também criado o Fundo de Coesão, com o qual são fomentados os projectos de infra-estruturas na Grécia, em Portugal, em Espanha e na Irlanda. Além disso, o contrato deveria ser alargado ao acordo sobre a política social, mas foi rejeitado pela Grã-Bretanha, que detém um estatuto especial.
A principal alteração intra-institucional do Tratado de Maastricht foi a introdução do processo de co-decisão, sendo garantido aos representantes eleitos no Parlamento Europeu o direito de co-decisão em muitos assuntos. Na versão compilada do Tratado da UE são incorporadas todas as alterações, ainda que – apesar da sua publicação no Jornal Oficial União Europeia (Parte C) – sem vínculo jurídico.

Tratado de Nice
Este Tratado foi adoptado na reunião do Conselho Europeu de Nice, em Dezembro de 2000, e assinado a 26 de Fevereiro de 2001. Representa o ponto final da Conferência Intergovernamental iniciada em Fevereiro de 2000, que viria a ocupar-se da adaptação do funcionamento das Instituições Europeias, tendo em conta a adesão de novos Estados-membros.
O acordo abriu caminho a uma reforma institucional, necessária com vista ao próximo alargamento da União Europeia a vários países da Europa Oriental e do Sul.
O contrato foi assinado por todos os Estados-membros, tendo sido ratificado, em conformidade com as respectivas disposições constitucionais, e entrado em vigor a 1 de Fevereiro de 2003.

Tribunal de Justiça das Comunidades Europeias (TJCE)
Ao Tribunal de Justiça da União Europeia pertence um juiz por cada Estado-membro. Actualmente, o Tribunal de Justiça tem quinze juízes e

oito advogados-gerais, que são nomeados em concordância pelos Estados-
-membros para um mandato de seis anos.
O Tribunal de Justiça reúne-se em secções, como Grande Secção (onze
juízes) ou como sessão plenária.
Tem duas funções principais:

› Verificar os actos da União Europeia e dos Estados-membros em
  relação à sua compatibilidade com os Tratados;
› Tomar decisões a pedido dos tribunais nacionais, relativamente à
  interpretação ou aplicação do direito comunitário.

O Tribunal de Justiça é o Tribunal de Primeira Instância da União Europeia
(TPI) e foi criado em 1989.

União da Europa Ocidental (UEO)
A UEO, estabelecida através do Tratado de Bruxelas, em 1948, é uma
Organização Europeia de defesa e segurança. É composta por 28 membros. Os Estados-membros são os países da União Europeia, à excepção da Dinamarca, da Irlanda, da Áustria, da Finlândia e da Suécia,
que possuem o estatuto de observadores. Os seis membros associados
são a Hungria, a Islândia, a Noruega, a Polónia, a República Checa
e a Turquia. Os sete parceiros associados são a Bulgária, a Estónia,
a Letónia, a Lituânia, a Eslovénia, a Eslováquia e a Roménia.
O Tratado de Amesterdão promoveu a UEO a parte integrante do desenvolvimento da União, porque esta Organização lhe proporciona acesso a uma
capacidade operacional no domínio da defesa. Assim, a UEO desempenhou
um papel fundamental na execução das primeiras missões de Petersberg,
como a operação policial em Mostar ou a cooperação com a polícia na
Albânia. Hoje, porém, esse papel foi abandonado, favorecendo o desenvolvimento de estruturas e capacidades próprias da União, no âmbito da
Política Europeia de Segurança e Defesa (PESD), o que pode ser observado
com a transferência das capacidades operacionais da UEO para a UE.

União Económica e Monetária (UEM)
A União Económica e Monetária (UEM) resultou de um processo
de harmonização das políticas económicas e monetárias dos Estados-
-membros da EU, no que diz respeito à introdução do euro como moeda
comum. Foi objecto de uma das duas Conferências Intergovernamentais,
concluídas em Dezembro de 1991, em Maastricht.

Inicialmente, participaram onze Estados-membros na última fase da União Económica e Monetária, tendo a Grécia sido admitida dois anos mais tarde. Três Estados-membros não introduziram a moeda única: o Reino Unido e a Dinamarca, tendo sido aplicada uma derrogação *opt-out* [não participada], tal como a Suécia, que cumpre, actualmente, todos os critérios relativos à independência do Banco Central.
Em 1 de Janeiro de 2002, as antigas moedas nacionais foram, gradualmente, substituídas pelas notas e moedas de euro, então introduzidas nos Estados-membros. Desde aí, o euro é a moeda única para mais de 300 milhões de europeus.

União Europeia
A União baseia-se nas diferentes Comunidades: Comunidade Europeia, CECA (termina em 2002) e EURATOM, completada pela PESC e pelos procedimentos comuns nas áreas do policiamento e da justiça criminal.

ÍNDICES DAS PÁGINAS *WEB*

www.aksb.de
www.aprodev.net
www.careforeurope.org
www.caritas-europa.org
www.KEK-kek.org
www.KEK-kek.org/Englisc/cs.htm
www.KEK-kek.org/English/CCMEnews.htm
www.KEK-kek.org/English/convention7.htm
www.KEK-kek.org/English/CCMEwhoe.htm
www.KEK-kek.org/CCMEeng/CCMEindx.htm
www.cer-online.org
www.ceji.org
www.coe.int/T/D/Com/Europarat_kurz/Broschueren/
www.cidse.org
www.citizens.eu.int/
www.coe.int
www.coe.int/T/D/Com/Europarat_kurz/Broschueren/
www.comece.org/upload/pdf/secr_conv1_020521_de.pdf
www.derislam.at
www.dominicains.be
www.eaalce.org
www.ecjc.org
www.eeb1.org

www.eesc.europa.eu/index_de.asp
www.efecw.org
www.ejf.be
www.epp-ed.eu/Activities/pcurrentissues/politics-religion/default_en.asp
www.epp-ed.eu/Activities/pcurrentissues/politics-religion/orthodox-churches_en.asp
www.epp-ed.eu/Activities/pcurrentissues/politics-religion/islam_en.asp
www.espaces.op.org
www.eurodiaconia.org
www.europa.eu.int
www.europa.eu.int/abc/cit1_en.htm
www.europa.eu.int/celex/htm/celex_de.htm
www.europa.eu.int/comm/civil_society/coneccs/index_en.htm
www.europa.eu.int/comm/dgs/policy_advisors/activities/dialogue_religions_humanisms/index_en.htm
www.europa.eu.int/comm/governance/index_en.htm
www.europa.eu.int/documents/index_de.htm
www.europa.eu.int/eur-lex/de/index.html
www.europa.eu.int/futurum/
www.europa.eu.int/futurum/forum_convention/documents/contrib/other/0264_r_en
www.europa.eu.int/futurum/forum_convention/documents/contrib/other/0298_c_en
www.europa.eu.int/abc/history/199/index_de.htm
www.europarl.europa.eu/groups/default_de.html
www.europarl.eu.int/europa2004/textes/verbatim_030424.html
www.europarl.eu.int/home/default_de.html
www.european-convention.eu.int
www.european-convention.eu.int/organisation.asp?lang=DE
www.european-convention.eu.int/Static.asp?lang=DE&Content=Composition
www.european-convention.eu.int/bienvenue.asp?lang=DE
www.european.convention.eu.int/bienvenue.asp?lang=EN
www.european.convention.eu.int/doc_register.asp?lang=DE&Content=DOC
www.eu-islam.com
www.eyce.org
www.feeca.org
www.femyso.org

www.humanism.be
www.humanism.be/english/03latestnews.htm
www.humanism.be/english/04act-europinstitut.htm
www.icmc.net
www.interieur.gouv.fr/rubriques/c/c2_le_ministere/c21_actualite/2002_
    12_16_musulman/2002_12_16_protocolmusulman
http://www.islam.de/?tree=zmd
http://islam.de/index.php?site=sonstiges/events/charta
http://www.islamarchiv.de/index2.html
http://www.islamicpopulation.com/europe_general.html
www.jesref.org
www.johanniter.org
www.ocipe.org
www.OIC-ICO.org
www.politicsreligion.com/group.html
www.register.consilium.eu.int/pdf/de/03/cv00/cv828-re01de03.pdf
www.santegidio.org
www.vatican.va
www.vatican.va/holy_father/john_paul_ii/index_ge.htm
www.weltreligionen.org
www.wcrp.org
www.worldjewishcongress.org

BIBLIOGRAFIA

1. Fontes

Aufbau und Entfaltung des gesellschaftlichen Lebens, *Soziale Summe Pius XII*, Arthur Utz e Joseph-Fulko Groner (eds.), vol. III, Friburgo/Suíça, 1954-1961.
BLECKMANN, Albert, *Europarecht*, 6.ª edição, Colónia, 1999.
Centesimus Annus, João Paulo II, AAS 83 (1991).
Charta Oecumenica, Genebra-St.Gallen, 2001.
Christifideles Laici, João Paulo II, AAS 81 (1989).
Der Europäische Konvent, *Die Entstehung einer Verfassung für Europa. Protokolle der Plenarsitzungen des Europäischen Konvents*, Fevereiro de 2002 – Julho de 2003, COMECE, EKD e KEK (eds.), Bruxelas 2003.
Der Koran, tradução de Adel Theodor Khoury, com a colaboração de Muhammad Salim Abdullah, 2.ª edição, Gütersloh, 1992.
Die Katholische Kirche und das neue Europa, Documentos 1980-1995, Jürgen Schwarz (ed.), 2 partes, Mainz, 1996.
Die katholische Sozialdoktrin in ihrer geschichtlichen Entfaltung, colecção de documentos pontificais do século XXV até à actualidade, Arthur Utz e Brigitta von Gahlen (eds.), 4 volumes, Aachen, 1976.
Die Kirche auf dem Bauplatz Europa, Stimmen der österreichischen Bischöfe zur Wiedervereinigung Europas, Conferência Austríaca Episcopal (ed.), Viena, 2002.

Die Rolle der Kirchen im Prozess der europäischen Integration – eine Suche nach gemeinsamen europäischen Werten, Conferência de Igrejas Europeias (ed.), 2000.
Diuturnum Illud, Leo XIII, Acta Leonis XIII, II, 1880-1881.
Ecclesia in Europa, João Paulo II, AAS 95 (2003).
Egregiae Virtutis, João Paulo II, em conjuunto com Heiligen Benedikt, AAS 73 (1981).
Europa-Recht, edição textual de C. H. Beck (ed.), 15.ª edição, Munique, 1999.
Europäische Gemeinschaft – Europäische Union, *Die Vertragstexte von Maastricht mit den deutschen Begleitgesetzen*, revisão e introdução de Thomas Läufer, 2.ª edição actualizada e complementada, Bona, 1993.
EU-Vertrag, edição textual de C. H. Beck (ed.), 4.ª edição, Munique, 1998.
Evangelii Nuntiandi, Paulo VI, AAS 68 (1976).
Evangelium Vitae, João Paulo II, AAS 87 (1995).
Fides et Ratio, João Paulo II, AAS 71 (1979).
FISCHER, Peter/KÖCK, Heribert Franz, *Europarecht einschließlich des Rechts supranationaler Organisationen*, 3.ª edição, Viena, 1997.
GAMPL, Inge, *Österreichisches Staatskirchenrecht*, Viena, 1971.
——, *Staatskirchenrecht. Leitfaden*, Viena, 1989.
HERDEGEN, Matthias, *Europarecht*, 4ª edição, Munique 2002.
Immortale Dei, Leão XIII, Acta Leonis XIII, V, 1885.
Katholische Kirche und Europa, Documentos 1945-1979, Jürgen Schwarz (ed.), Munique-Mainz, 1980.
La construction européenne et les institutions religieuses, COMECE (ed.), Louvain-la-Neuve, 1997.
MARMY, Emil (ed.), *Mensch und Gemeinschaft in christlicher Schau*, Documentos, Friburgo/Suíça, 1945.
Mensagem de Natal de Pio XII, 24 de Dezembro de 1944, AAS 37 (1945).
NEUHOLD, Hanspeter/HUMMER, Waldemar/SCHREUER, Christoph, *Österreichisches Handbuch des Völkerrechts*, 2 Vol., Viena, 1983.
OPPERMANN, Thomas, *Europarecht. Ein Studienbuch*, 2ª edição, Munique, 1999.
Pacem Dei, Bento XV, AAS 12 (1920).
Päpstliche Verlautbarungen zu Staat und Gesellschaft, Documento original com tradução alemã, H. Schnalz (ed.), Darmstadt, 1973.
Quadragesimo Anno, Pio XI, AAS 23 (1931).

RATZINGER, Joseph, *Lehrmäßige Note zu einigen Fragen über den Einsatz und das Verhalten der Katholiken im politischen Leben*, Roma, 24 de Novembro de 2002.
RAMADAN, Said, *Das islamische Recht. Theorie und Praxis*, Wiesbaden, 1980.
Redemptor Hominis, João Paulo II, AAS 71 (1979).
Redemptoris Missio, João Paulo II, AAS 83 (1991).
SCHAMBECK, Herbert, *Kirche, Staat und Demokratie, Ein Grundthema der katholischen Soziallehre*, Berlim, 1992.
Slavorum Apostoli, João Paulo II, AAS 77 (1985).
Thomas Morus, João Paulo II, AAS 93 (2001).
THUN-HOHENSTEIN, Christoph/CEDE, Franz, *Europarecht*, Viena, 1999.
Ut unum sint, João Paulo II, AAS 87 (1995).
VIOREL, Ionita/NUMICO, Sarah (eds.), *Charta Oecumenica. Ein Text, ein Prozess und eine Vision der Kirchen in Europa*, KEK (ed. Própria), Genebra-St. Gallen, 2003.

2. Meios auxiliares científicos

BOTTA, Raffaele, *Manuale di diritto ecclesiastico*, Turim, 1994.
CAMPENHAUSEN, Axel von, *Staatskirchenrecht*, 3.ª ed., Munique, 1996.
CANOTILHO, Gomes, *Direito Constitucional*, Coimbra, 1992.
Der Glaube der Kirche, Josef Neuner e Heinrich Roos (eds.), nova edição de Karl Rahner und Karl-Heinz Weger, 10.ª ed., Regensburg, 1979.
DUMORTIER, Brigitte, *Atlas de Religions. Croyances, pratiques et territoires*, Paris, 2002.
FINOCCHIARO, Francesco, *Diritto ecclesiastico*, Bolonha, 1994.
FÜRST, Walter/HONECKER, Martin (eds.), *Christentum – Europa 2000. Schriften des Zentrums für Europäische Integrationsforschung*, Vol. XXXI, Baden-Baden, 2001.
Handbuch der Dogmatik, Theodor Schneider (ed.), 2 Vol, 2.ª ed., Düsseldorf, 1995.
HUMMER, Waldemar/SCHWEITZER, Michael, *Europarecht. Das Recht der Europäischen Union – Das Recht der Europäischen Gemeinschaften*, 5.ª ed., Rhein-Kriftel-Berlim, 1996.
HUMMER, Waldemar (ed.), *Die Europäische Union nach dem Vertrag von Amsterdam*, Viena, 1998.
Islam-Lexikon, *Geschichte-Ideen-Gestalten*, Adel Khoury, Peter Heine e Ludwig Hagemann (eds.), Friburgo em Brisgóvia, 1991.

Katholisches Soziallexikon, Alfred Klose (ed.), 2.ª edição completamente revista e alargada, Innsbruck-Viena, 1980.

KHOURY, Adel T., *Der Islam. Sein Glaube, seine Lebensordnung, sein Anspruch*, Friburgo-Basileia-Viena, 1998.

Kleine katholische Dogmatik, Johann Auer e Joseph Ratzinger (eds.), Regensburg, 1977-1990.

Kleines Islam-Lexikon, *Geschichte, Alltag, Kultur*, Ralf Egger (ed.), Munique, 2001.

Kleines Konzilskompendium, Karl Rahner e Herbert Vorgrimmler (eds.), Herderbücherei 270, 9.ª ed., Friburgo-Basileia-Viena, 1974.

Kleines Theologisches Wörterbuch, Karl Rahner e Herbert Vorgrimmler (eds.), Herderbücherei 557, Friburgo-Basileia-Viena, 1978.

Lexikon der Katholischen Dogmatik, Wolfgang Beinert (ed.), Friburgo-Basileia-Viena, 1997.

Lexikon für Theologie und Kirche, Michael Buchberger, 3.ª edição completamente revista, Walter Kasper *et al* (eds.), 10 Volumes e 1 Volume de Índice, Friburgo em Brisgóvia, 1993-2000.

Lexikon religiöser Grundbegriffe, *Judentum, Christentum, Islam*, Adel Khoury (ed.), Graz-Viena-Colónia, 1997.

LISTL, Joseph (ed.), *Konkordate und Kirchenverträge in der Bundesrepublik Deutschland*, 2 Vol., Berlim, 1987.

——,/PIRSON, Dietrich (ed.), *Handbuch des Staatskirchenrechts der Bundesrepublik Deutschland*, 2 Vol., 2ª ed., Berlim, 1994.

MIRANDA, Jorge, *Manual de Direito Constitucional*, Coimbra, 1991.

Mysterium Salutis, *Grundriß heilsgeschichtlicher Dogmatik*, Johannes Feiner e Magnus Löhrer (eds.), 5 Vol., Einsiedeln-Zurique-Colónia, 1965-1976.

Neues Handbuch theologischer Grundbegriffe, P. Eicher (ed.), 4 Vol., Munique, 1984 e seguinte.

PREE, H., *Österreichisches Staatskirchenrecht*, Viena-Nova Iorque, 1984.

ROESEN, Agosto, *Danks Kirkeret*, 3.ª ed., Hillerod, 1976.

RÖTTINGER, Moritz/WEYRINGER, Claudia, *Handbuch der europäischen Integration*, 2.ª ed. (revista), Viena-Colónia-Berna, 1996.

Sacramentum mundi, *Theologisches Lexikon für die Praxis*, Alfons Darlap e Karl Rahner (eds.), 4 Vol., Friburgo, 1967-1969.

SCHWENDENWEIN, Hugo, *Österreichisches Staatskirchenrecht*, Graz, 1992.

STREINZ, Rudolf, *Europarecht*, 5.ª ed., Heidelberga, 2001.

Taschenlexikon Ökumene, Harald Uhl *et al* (eds.), Frankfurt-Paderborn, 2003.

Theologische Realenzyklopädie, Gerhard Krause e Gerhard Müller (eds.), actualmente com 35 volumes, Berlim, 1977.
THUN-HOHENSTEIN, Christoph, *Der Vertrag von Amsterdam. Die neue Verfassung der EU*, Viena, 1997.
VERDROSS, Alfred/SIMMA, Bruno, *Universelles Völkerrecht*, 1.ª ed., Berlim, 1976.
WALF, Knut, *Einführung in das neue katholische Kirchenrecht*, Zurique--Einsiedeln-Colónia, 1984.
WEIDENFELD, Werner/WESSELS, Wolfgang (eds.): *Europa von A-Z*, 6.ª ed., Bona, 1997.

3.1. Bibliografia secundária – monografias

ALEN, A. (ed.), *Treaties on Belgian Constitutional Law*, Deventer/Bosten, 1992.
ARKOUN, Muhammad, *Der Islam – Annäherung an eine Religion*, Heidelberga, 1999.
AVERY, Graham/CAMERON, Fraser, *The Enlargement of the European Union*, Sheffield, 1999.
Avicenna, *Religious Associations and Humanists together to reflect upon European Society*, edição própria, Bruxelas, 174, Rue Joseph II.
BACH, Simone/ORTH, Gottfried/WILLBERG, Hans H., *Begegnung mit dem Fremden. Einübung in den interkulturellen und interreligiösen Dialog. Eine Arbeitshilfe*, Tutzing, 1997.
BALIC, Smail, *Islam für Europa. Neue Perspektiven für eine alte Religion*, Colónia-Weimar-Viena, 2001.
——, *Die Muslime im Donauraum. Österreich und der Islam*, Viena, 1971.
BARBERINI, Giovanni, *Il problema «Europa» nel magistero di Giovanni Paolo II; Quaderni di diritto e politica ecclesiastica*, Pádua, 1987.
BASABE LLORENS, Felipe, *The Roman Catholic Church and the European Union: an Emergent Lobby?*, Bruxelas, 1996.
BASDEVANT-GAUDEMET, Brigitte, *State and Church in France*, in: Robbers, Gerhard (ed.), pp. 127 a 158.
BEUTLER, Bengt *et al* (eds.), *Die Europäische Union, Rechtsordnung und Politik*, 5.ª ed., Baden-Baden, 2001.
BIJSTERVELD, Sophie C. Van, *De verhouding tussen kerk en staat in het licht van de grondrechten*, Zwolle, 1988.

BLUM, Nikolaus, *Die Gedanken-, Gewissens- und Religionsfreiheit nach Art. 9 der Europäischen Menschenrechtskonvention*, Berlim, 1990.
BOREK, Abdullah Leonhard, *Islam im Alltag*, Colónia 2000.
BOYER, F. Alain, *Le droit des religions en France*, Paris, 1993.
BRIDEN, Timothy / HANSON, Brian (eds.), *Moore's Introduction to English Canon Law*, Londres, 1992.
BUDZINSKI, Manfred, *Die multikulturelle Realität. Mehrheitsherrschaft und Minderheitenrechte*, Göttingen, 1999.
CANAS, Vitalino, *State and Church in Portugal*, in: Robbers, Gerhard (ed.), p. 282 e ss.
CARDINI, Franco, *Europa und der Islam. Geschichte eines Mißverständnisses*, Munique, 2000.
CASEY, James, *Constitutional Law in Ireland*, 2.ª ed., Londres, 1992.
——, *State and Church in Ireland*, in: Robbers, Gerhard, (ed.) p. 160 e ss.
Charalambos Papastathis, *State and Church in Greece*, in: Robbers, Gerhard (ed.), p. 79 e ss.
CLARKE, Desmond, *Church and State in Ireland. Essays in Political Philosophy*, Cork, 1985.
COLPE, Carsten, *Problem Islam*, Frankfurt, 1998.
Die Zukunft Europas, *Politische Verantwortung, Werte und Religion*, COMECE (ed.), Bruxelas.
DAVIE, Grace, *Religion in modern Europe. A memory mutates*, Nova Iorque, 2000.
DENZ, Hermann (ed.), *Die europäische Seele. Leben und Glauben in Europa*, Viena, 2002.
DERMENGHEM, Emile, *Mohammad*, Reinbeck/Hamburgo, 1999.
DINAN, Desmond, *Ever Closer Union*, Boulder, 1999.
DONCKEL, Emile, *Die Kirche in Luxemburg von den Anfängen bis zur Gegenwart*, Luxemburgo, 1950.
Dyba Johannes, *Geistige Grundlagen der europäischen Integration, Strasburger Gespräche*, caderno 17, Fundação Konrad-Adenauer (ed.), Melle, 1988.
FELDMAN, Stephen M. (ed.), *Law & Religion. A Critical Anthology*, Nova Iorque-Londres, 2000.
FERRARI, Silvio, *State and Church in Italy*, in: Robbers, Gerhard (ed.), p. 185 e ss.
——,/Durham, W. Cole Jr./Sewell, Elizabeth (eds.): *Law and Religion in Post-Communist Europe*, Leuven, 2003.

FILIALI-AUSARY, Abdou, *L'islam est-il hostile à la laicité?*, Arles, 2002.
FLEDELIUS, Hanne/JUUL, Birgitte, *Freedom of Religion in Denmark*, Copenhaga, 1992.
GABRIEL, Ingeborg (ed.), *Minderheiten und nationale Frage. Die Entwicklung in Mittel- und Südosteuropa im Lichte der Katholischen Soziallehre*, Viena, 1993.

——, *Kirche und Kultur. Überlegungen zum Thema Inkulturation*, *in*: Freistetter W./Weiler R. (eds.), *Die Einheit der Kulturethik in vielen Ethosformen*, Berlim, 1993, 127-144.

——, *Erinnerung und Versöhnung. Zur politischen Renaissance eines theologischen Konzepts*, *in*: Gabriel I./Schnabl Ch./Zulehner P. (eds.): *Einmischungen. Zur politischen Relevanz der Theologie*, Ostfildern, 2001, 25-47.

——, *Demokratie in Zeiten der Globalisierung*, *in*: Virt G. (ed.): *Der Globalisierungsprozeß. Facetten einer Dynamik aus ethischer und theologischer Perspektive*, Friburgo, 2002, pp. 115-129.

——, *Moral in Zeiten der Globalisierung: Zwischen Säkularität und Religion*, *in*: Elm R. (ed.), *Ethik, Politik und Kulturen im Globalisierungsprozeß. Eine interdisziplinäre Zusammenführung*, Dortmund, 2004, pp. 47-64.

——, *Grundzüge und Positionen Katholischer Sozialethik*, *in*: Gabriel, I./Papaderos, K.A./Körtner, H.J. (eds.), *Perspektiven ökumenischer Sozialethik. Der Auftrag der Kirchen im größeren Europa*, Mainz, 2005, pp. 127-226.

GRILLER, Stefan, *Grundzüge des Rechts der Europäischen Union*, 2.ª ed., Viena, 1997.
HAGEMANN, Ludwig, *Christentum contra Islam*, Darmstadt, 1999.
HARATSCH, A. et al (eds.), *Religion und Weltanschauung im säkularen Staat*, Estugarda, 2001.
HEIKKILÄ, Markku, *State and Church in Finland*, *in*: Robbers, Gerhard (ed.), p. 303 e ss.
HEINIG, Hans Michael, *Zivilreligiöse Grundierung europäischer Religionspolitik*, *in*: Schieder, Rolf (ed.), *Religionspolitik und Zivilreligion*, Baden-Baden, 2001.

——, *Öffentlich-rechtliche Religionsgesellschaften. Studien zur Rechtsstellung der nach Art. 137 Absatz 5 WRV korporierten Religionsgesellschaften in Deutschland und in der Europäischen Union*, Berlim, 2003.

HELD, Charles-Antoine-Louis, *Staatsrecht und Kirchenrecht im Großherzogtum*, Luxemburgo, 1984.

HILL, Christopher (ed.), *The Actors in Europe's Foreign Policy*, Routledge, 1996.

HOBSBAWM, Eric, *Das Zeitalter der Extreme. Weltgeschichte des 20. Jahrhunderts*, 2.ª ed., Munique, 1999.

HOFMANN, Murad, *Der Islam im 3. Jahrtausend*, Kreuzlingen-Munique, 2000.

HORRIE, Chris/CHIPPINDALE, Peter, *Die muslimische Welt. Religion, Geschichte, Politik*, Munique, 1992.

HUNTINGTON, Samuel P., *Kampf der Kulturen. Die Neugestaltung der Weltpolitik im 21. Jahrhundert*, Munique-Viena, 1998.

HUOT-PLEUROUX, Paul, *Le Cardinal Hengsbach et la COMECE*, in: Hermans, Baldur (ed.), *Zeugnis des Glaubens - Dienst an der Welt. Festschrift für Franz Kardinal Hengsbach*, Mühlheim an der Ruhr, 1990.

HUYTTENS, E., *Discussion du Congrès National de Belgique*, Vol. I, Bruxelas, 1844.

IMBERT, Jean, *L'Eglise catholique dans la France contemporaine*, Paris, 1990.

INGER, Dübeck, *Staat und Kirche in Dänemark*, in: Robbers, Gerhard (ed.), pp. 39 a 59.

IVÁN, C. Ibán, *State and Church in Spain*, in: Robbers, Gerhard (ed.), p. 99 e ss.

JUUL, Birgitte/FLEDELIUS, Hanne, *Freedom of Religion in Denmark*, Copenhaga, 1992.

KÄÄRIÄINEN, Kimmo/NIEMELÄ, Kati/SALONEN, Kari, *The Church at the turn of the Millenium*, Publicação n.º 51 do «Research Institute of the Evangelical Lutheran Church of Finland», Saarijärvi, 2001.

KAPTEYN, Paul Joan George/VERLOREN VAN THEMAAT, Pieter, *Introduction to the Law of the European Communities*, 3.ª ed., Deventer, 1998.

KAPELLARI, Egon, *Europa 2001 – Hoffnungen, Erfahrungen, Herausforderungen*, apresentação feita na Universidade Católica de Lublin/Polónia, manuscrito de 14 de Maio de 2001.

——, *Begegnungen unterwegs. Eine Nachlese*, Graz, 2003.

KASPAR, Walter, *Evangelisierung und Neuevangelisierung. Europas christliches Erbe und seine Zukunft*. Apresentação numas jornadas em Estugarda-Hohenheim, a 8 de Maio de 1993, Evangelisches Pressehaus (ed.), Estugarda, 1993.

KASTORYANO, Riva (ed.), *Quelle identité pour l'Europe? – Le multiculturalisme à l'épreuve*, Paris, 1998.

KEPEL, Gilles, *Jihad. Expansion et déclin de l'islamisme*, Paris, 2000.

KHARE, Ravindra (ed.), *Perspectives on Islamic Law, Justice and Society*, Nova Iorque-Oxford, 1999.

KHOURY, Adel T., *Christentum und Christen im Denken zeitgenössischer Muslime, Religionswissenschaftliche Studien 7*, 2.ª ed., Würzburg-Altenberge, 1993.

——, *Mit Muslimen in Frieden leben. Friedenspotentiale des Islam*, Würzburg, 2002.

KIPPENBERG, Hans G./Schuppert, Gunnar Folke (eds.), *Der Öffentlichkeitsstatus von Religionsgemeinschaften*, Tübingen, 2004.

KIRCHNER, Emil, *Decision-making in the European Community*, Manchester, 1992.

KORTHALS ALTES, Edy J., *Heart and Soul for Europe. An Essay on Spiritual Renewal*, Aassen, 1999.

KRÄMER, Gudrun, *Gottesstaat als Republik. Reflexionen zeitgenössischer Muslime zu Islam, Menschenrechten und Demokratie*, Baden-Baden, 1999.

LANG, Gudrun/STROHMER, Michael (eds.), *Europa der Grundrechte? Beiträge zur Grundrechtscharta der Europäischen Union*, Bona, 2002.

LARCHER, Gerhard (ed.), *Theologie in Europa – Europa in der Theologie*, Graz-Viena-Colónia, 2002.

LEHMANN, Karl, *Neu-Evangelisierung Europas in Ost und West*, in: 41. *Internationaler Kongreß Kirche in Not – Osteuropa im Umbruch: Wird die Kirche gebraucht?*, vol. XXXIX, Königstein, 1991.

LENZ, Carl Otto (ed.), *EG-Vertrag Kommentar*, 2.ª ed., Colónia, 1999.

LERNER, Natan, *Religion, Beliefs, and International Human Rights*, Nova Iorque, 2000.

LEWIS, Bernhard, *Der Atem Allahs. Die islamische Welt und der Westen – Kampf der Kulturen?*, Munique, 1998.

LUIF, Paul, *Neutrale in die EG? Die westeuropäische Integration und die neutralen Staaten*, Viena, 1988.

LUYN, Adrianus van, *Die strukturelle Zusammenarbeit der Bischöfe von Europa. CCEE und COMECE*, in: W. Scheer und G. Steins (ed.), *Auf eine neue Art Kirche sein. Wirklichkeiten, Herausforderungen, Wandlungen. Festschrift für Bischof Josef Homeyer*, Munique, 1999.

MAGIERA, Siegfried (ed.), *Das Europa der Bürger in einer Gemeinschaft ohne Binnengrenzen*, Baden-Baden, 1990.

MAST, A./DUJARDIN, I., *Overzicht van het Belgisch Grondwettelijk Recht*, Gent, 1983.

MAYEUR, Jean-Marie, *La Séparation des Eglises et de l'Etat*, Paris, 1991.

McClean, David, *State and Church in the United Kingdom*, in: Robbers, Gerhard (ed.), p. 333 e ss.

Meisner, Joachim, *Christlicher Kult als Quelle christlicher Kultur – über Grundsätze zur Re-Evangelisierung Europas*, in: Ders.: *Wider die Entsinnlichung des Glaubens*, Graz, 1991, pp. 42 a 50.

Mertensacker, Adelgunde (ed.), *Muslime erobern Deutschland. Eine Dokumentation*, Lippstadt, 1998.

Messaoudi, Khalida, *Worte sind meine einzige Waffe*, Munique, 1995.

Mordecai, Victor, *Der Islam – Eine globale Bedrohung?*, Holzgerlingen, 1999.

Mückl, Stefan, *Religions- und Weltanschauungsfreiheit im Europarecht*, Heidelberga, 2002.

Niemelä, Kati/Kääriäinen, Kimmo/Salonen, Kari, *The Church at the turn of the Millenium*, Publicação n.º 51 do «Research Institute of the Evangelical Lutheran Church of Finland», Saarijärvi, 2001.

Noll, Rüdiger/Vesper, Stefan (ed.), *Versöhnung – Gabe Gottes und Quelle neuen Lebens. Dokumente der Zweiten Europäischen Ökumenischen Versammlung in Graz*, Graz, 1998.

Ortega, Alberto, *El pensamiento de Juan Pablo II sobre la Unidad Europea (1978-1996), Dissertatio ad lauream in Facultate Iuris Canonici apud Pontificiam S. Thomae in Urbe*, Roma, 1997.

Ortner, Helmut, *Religion und Staat. Säkularität und religiöse Neutralität*, Viena, 2000.

Panafit, Lionel, *Quand le droit écrit l'islam. L'integration juridique de l'Islam en Europe*, Bruxelas, 1999.

Pavlovic, Peter, *Kirchen im Prozess der Europäischen Integration*, Bruxelas, 2001.

——/Gurney, Robin (eds.), *Die Rolle der Kirchen im Prozess der europäischen Integration – eine Suche nach gemeinsamen europäischen Werten*, Genebra-Bruxelas, 2000.

Pauly, Alexis, *Les cultes au Luxembourg, Un modèle concordataire*, Luxemburgo, 1989.

——, *State and Church in Luxemburg*, in: Gerhard Robbers (ed.), p. 211 e ss.

Potz, Richard, *State and Church in Austria*, in: Robbers, Gerhard (ed.), p. 254 e ss.

Pöyhönen, J. (ed.), *An introduction to Finnish Law*, Helsínquia, 1993.

Raddatz, Hans-Peter, *Von Gott zu Allah. Christentum und Islam in der liberalen Fortschrittsgesellschaft*, Munique, 2001.

RAUCH, Andreas M., *Europäische Integration und christliche Verantwortung. Der Heilige Stuhl und die Europäische Integration*, Colónia, 1994.
RIBEIRO, Vinício, *Constituição da República Portuguesa*, Coimbra, 1993.
ROBBERS, Gerhard, *Europarecht und Kirchen, in*: Listl, Joseph/Pirson, Dietrich (ed.), *Handbuch des Staatskirchenrechts der Bundesrepublik Deutschland*, 2.ª ed., Berlim, 1994, Vol. I, p. 315 e ss.
——, *Staat und Kirche in der Europäischen Union*, Baden-Baden, 1995.
——, (ed.), *Religionsrechtliche Bestimmungen in der Europäischen Union*, Institut für Europäisches Verfassungsrecht, Fachbereich Rechtswissenschaft, Universidade de Trier, Trier, 2001.
ROHE, Mathias, *Der Islam – Alltagskonflikte und Lösungen. Rechtliche Probleme*, Friburgo, 2001.
SALONEN, Kari/KÄÄRIÄINEN, Kimmo/NIEMELÄ, Kati, *The Church at the turn of the Millenium*, Publicação n.º 51 do «Research Institute of the Evangelical Lutheran Church of Finland», Saarijärvi, 2001.
SCHAMBECK, Herbert (ed.), *Der Heilige Stuhl und die Völkergemeinschaft*, Berlim, 1981.
——, *Zu Politik und Recht, Ansprachen, Reden, Vorlesungen und Vorträge*, editado pelo presidente do Conselho Nacional e Federal, Viena, 1999.
——, *Zur Demokratie in der Soziallehre Papa João Paulo II, in: Dem Staate, was des Staates – der Kirche, was der Kirche ist, FS für Joseph Listl zum 70. Geburtstag*, Josef Isensee et al (eds.), Berlim, 1999, pp. 1003 a 1023.
——, *Politische und rechtliche Entwicklungstendenzen der Europäischen Integration*, Nordrhein-Westfälischen Akademie der Wissenschaften (ed.), Vorträge G 363, Wiesbaden, 2000.
——, *Der Staat und seine Ordnung*, Viena, 2002.
——, *Politik in Theorie und Praxis*, Helmut Widder (ed.), Viena, 2004.
SCHNEIDER, Heinrich/WESSELS, Wolfgang (eds.), *Föderale Union – Europas Zukunft?*, Munique, 1994.
SCHÖN, Cordula, *Der rechtliche Rahmen für Assoziierungen der EG*, Frankfurt, 1994.
SCHÖNBORN, Christoph, *Gott sandte seinen Sohn, AMATECA – Lehrbücher zur katholischen Theologie*, Vol. XVII, Paderborn, 2002.
——, *Jesus als Christus erkennen. Impulse zur Vertiefung des Glaubens*, Friburgo em Brisgóvia, 2002.
——, *Mein Jesus. Gedanken zum Evangelium*, Viena, 2002.
——, *Zwischen Gott und dem Kaiser? Überlegungen zum Dialog zwischen Kirche und Gesellschaft im wiedervereinigten Europa unter*

Berücksichtigung der österreichischen Rechtslage. Vortrag gehalten vor dem Bank-Austria Forum, Typoskript, Viena, 2004.

Sснӧтт, Robert, *State and Church in Sweden*, in: Robbers, Gerhard (ed.), p. 321 e ss.

Sсн𝑤arz, Jürgen, *EU-Kommentar*, Baden-Baden, 2000.

Sекlеr, Max, *Aufklärung und Offenbarung*, in: *Christlicher Glaube in moderner Gesellschaft, Band 21*, Friburgo em Brisgóvia–Basileia–Viena 1980, pp. 5 a 78.

Sнеену, Gail, *Gorbatchev*, Munique, 1990.

Sıмон, Gerhard/Sıмон, Nadja, *Verfall und Untergang des sowjetischen Imperiums*, Munique, 1993.

Sруrороulos, Philippos, *Die Beziehungen zwischen Staat und Kirche in Griechenland*, Atenas, 1981.

Sтоlz, Rudolf, *Kommt der Islam?*, Munique, 1997.

Sтrобl, Anna, *Islam in Österreich, Reihe: Europäische Hochschulschriften*, Berna et al, 1997.

Sweeny, John & van Gerwen, Jef, *More Europe? A Critical Christian Inquiry into the Process of European Integration*, Kampen, 1997.

Talbi, Mohamed, *Plaidoyer pour un islam moderne*, Paris, 1998.

Tariq, Ramadan, *Les musulmans dans la laicité*, Lyon, 1998.

——, *Être musulman européen. Etudes des sources islamiques à la lumière du contexte europèen*, Lyon, 1999.

——, *La foi, la vie et la résistance*, Lyon 2002.

Tiвi, Bassam, *Die Krise des modernen Islams*, Frankfurt, 1990.

——, *Islamischer Fundamentalismus*, Frankfurt, 1992.

——, *Im Schatten Allahs*, Munique, 1994.

——, *Der wahre Imam*, Munique, 1996.

——, *Europa ohne Identität?*, Munique, 1998.

——, *Kreuzzug und Djihad*, Munique, 1999.

——, *Krieg der Zivilisationen. Politik und Religion zwischen Vernunft und Fundamentalismus*, 2ª ed., Munique, 2001.

Томка, Miklós/Zulehner, Paul M., *Religion in den Reformländern Ost(Mittel)Europas*, Ostfilden, 1999.

Torfs, Rik, *State and Church in Belgium*, in: Robbers, Gerhard (ed.), *Staat und Kirche in der Europäischen Union*, Baden-Baden 1995, pp. 15 a 38.

Vachek, Marcel, *Das Religionsrecht der Europäischen Union im Spannungsfeld zwischen mitgliedstaatlichen Kompetenzreservaten und Art. 9 EMRK*, Frankfurt, 2000.

Van Bijsterveld, Sophie C., *State and Church in the Netherlands*, in: Robbers, Gerhard (ed.), p. 229 e ss.

Van Haegendoren, G. und Alen, A., *The constitutional relationship between Church and States*, in: Alen, A. (ed.), *Treaties on Belgian Constitutional Law*, Deventer/Bosten, 1992, pp. 265 a 268.

Von der Groeben, Hans/Thiesing, Jochen/Ehlermann, Claus-Dieter (eds.), *Kommentar zum EU-/EG-Vertrag*, 5.ª ed., Baden-Baden, 1999.

Virt, Günter (ed.), *Der Globalisierungsprozeß. Facetten einer Dynamik aus ethischer und theologischer Perspektive*, Friburgo, 2002.

Walker, Martin, *The Cold War: And the Making of the Modern World*, Londres, 1993.

Waschinski, Gregor, *Gott in die Verfassung? Religion und Kompatibilität in der Europäischen Union*, Baden-Baden, 2007.

Weiler, Rudolf/Laun, Andreas (eds.), *Die Entwicklung der Beziehungen zwischen Kirche und Staat*, Viena, 1991.

Weiler, Joseph H., *Ein christliches Europa. Erkundungsgänge, mit einem Vorwort von Ernst-Wolfgang Böckenförde*, Salzburgo, 2004.

Weninger, Michael, *Debattenbeiträge*, in: Campenhausen, Axel (ed.), *Deutsches Staatskirchenrecht zwischen Grundgesetz und EU-Gemeinschaft*, Frankfurt-am-Main, 2003.

——, *Der Dialog zwischen der Europäischen Union und den Religionen und Kirchen*, in: Lederhilger, Severin J. (ed.), *Gottesstaat oder Staat ohne Gott. Politische Theologie in Judentum, Christentum und Islam*, Frankfurt-am-Main, 2002, pp. 131 a 150.

——, *Die Europäische Union – der Dialog mit den Religionen, Kirchen und Weltanschauungen*, in: Pribyl, Herbert/Renöckl, Helmut (eds.), *Neues (Mittel-)Europa. Chancen und Probleme der EU-Erweiterung in christlich-sozialethischer Perspektive*, Viena-Tarnow-Würzburg, 2003, pp. 40 a 45.

——, *EU-Policy in the Region*, in: Cucic, Ljubomir (ed.), *South-Eastern-Europe. A Challenge in the Process of EU-Enlargement*, Zagreb, 2002, pp. 4 a 14.

——, *Säkularität und Religion in einem erweiterten Europa: Die EU und ihre Religionsgemeinschaften*, in: *14. Internationales Leutherheider Forum*, Adalbert-Stiftung Krefeld (ed.), Krefeld, 2003, pp. 56 a 65

——, *Schnittfelder der Tätigkeiten von Kirchen/Religionsgemeinschaften und der Europäischen Union*, in: Müller-Graf, Peter-Christian/Schneider, Heinrich (eds.), *Kirchen und Religionsgemeinschaften in der Europäischen Union*, Baden-Baden, 2003, pp. 117 a 124.

——,/Burton, Win (ed.), *Dem Dialog eine Chance geben. Der Beitrag religiöser und philosophischer Überzeugungen für ein gegenseitiges Verständnis in den Städten des heutigen Europa*, Bruxelas, 2003.

——, (ed.), *Rechtliche Aspekte der Beziehungen zwischen der künftigen Europäischen Union und den Glaubens- und Überzeugungsgemeinschaften*, Bruxelas, 2002.

Whyte, G., *Church and State in Modern Ireland 1923-1979*, Dublin, 1980.

Zielonka, Jan (ed.), *Paradoxes of European Foreign Policy*, Haia, 1998.

Zulehner, Paul M., *Aufbrechen oder untergehen. So geht Kirchenentwicklung*, Ostfildern, 2003.

——, *Dienende Männer – Anstifter zur Solidarität. Diakone in Westeuropa*, Ostfildern, 2003.

——, *Pastoraltheologie*, 4 Vol., 2ª ed., Dusseldorf, 1989-90.

——,/Tomka,Miklós,*ReligionindenReformländernOst(Mittel)Europas*, Ostfildern, 1999.

3. 2. Bibliografia secundária – periódicos

Bijsterveld, Sophie C. van, *Die Kirchenerklärung von Amsterdam – Genese und Bedeutung (mit spezieller Beachtung der COMECE)*, *in*: ÖARR, 46 (1999), pp. 46 a 51

Campenhausen, Axel von, *Rheinischer Merkur*, de 2 de Janeiro de 1998.

Cardinale, Igino, *Die COMECE: Eine neue seelsorgliche Initiative der Katholischen Kirche in Europa*, *in*: Projekt Europa, 9 de Junho de 1980, pp. 26 a 44.

Die Einigung Europas und die Staat-Kirche-Ordnung, *in*: *Essener Gespräche zum Thema Staat und Kirche* (27), Joseph Krautscheidt e Heiner Marré (eds.), Münster, 1993.

Die Staat-Kirche-Ordnung im Blick auf die Europäische Union, *in*: *Essener Gespräche zum Thema Staat und Kirche* (31), Heiner Marré, Dieter Schümmelfeder e Burkhard Kämper (eds.), Münster, 1997.

EKD-Europa-Informationen, n.º 97 e n.º 103, Bruxelas, edição própria.

Glemp, Jozef/Lustiger, Jean-Marie/Martínez Somalo, Eduardo, *Von der Vergangenheit zur Zukunft. Botschaft der delegierten Präsidenten namens der Sondersynode für Europa an alle Regierungen des Kontinents*, de 8 de Dezembro de 1991, *in*: ORd, 20 de Dezembro de 1991, p. 18 e seguinte.

KEK-Informationsblatt, n.º 4, n.º 5 e n.º 7, Bruxelas, edição própria.

KONIDARIS, J., *Die Beziehungen zwischen Kirche und Staat im heutigen Griechenland, in*: ÖARR, 40 (1991), pp. 131 a 144.

KÖNIG, Franz, *Der Beitrag der Kirche zur Einigung Europas*. Discurso perante a Academia Europeia das Ciências em Salzburgo, a 14 de Março de 1994, in: ORd, de 29 de Abril de 1994, p. 6 e seguinte.

PAULY, Alexis, *Kirche und Staat im Großherzogtum Luxemburg, in*: Gewissen und Freiheit, 27 (1986), pp. 77 a 84.

RATZINGER, Josef, *Auf der Suche nach dem Frieden, in*: FAZ, de 11 de Junho de 2004.

ROBBERS, Gerhard, *Europa und die Kirchen. Die Kirchenerklärung von Amsterdam, in*: Stimmen der Zeit, 3 (1998), p. 147 e ss.

SCHAMBECK, Herbert, *Europäische Verantwortung aus christlicher Sicht*. Conferência, a título de convidado, do presidente do Conselho Federal austríaco, na Universidade Católica de Lublin/Polónia, a 7 de Outubro de 1992, *in*: ORd, 22 de Janeiro de 1993, p. 5.

——, (ed.), *Glaube und Verantwortung. Ansprachen und Predigten von Agostino Kardinal Casaroli*, Berlim, 1989.

——, (ed.), *Wegbereiter zur Zeitenwende. Letzte Beiträge von Agostino Kardinal Casaroli*, Berlim, 1999.

——, *Über Grundsätze, Tugenden und Werte für die neue Ordnung Europas, in Gedächtnisschrift für Joachim Burmeister*, Klaus Stern e Klaus Gruppe (eds.), Heidelberga, 2005, pp. 377 e ss.

STOTZ, Rüdiger, *Die Bedeutung der Erklärung zum Status der Kirchen im Amsterdamer Vertrag, in*: ÖARR 46 (1999), pp. 64 a 70.

TIBI, Bassam, *Selig sind die Betrogenen. Der christlich-islamische Dialog beruht auf Täuschungen – und fördert westliches Wunschdenken, in*: Die Zeit, 23 (2002).

TORFS, RIK, *Die Rechtstellung von Religionsgemeinschaften in Europa, in*: ÖARR 46 (1999), pp. 14 a 45.

WEISS, Jürgen, *Europäische Integration und katholische Soziallehre*. Conferência solene do ministro austríaco para o Federalismo e a Reforma Administrativa, por ocasião da atribuição do Prémio Leopold Kunschak, em Viena, a 13 de Março de 1993, *in*: ORd, 21 de Maio de 1993, p. 10 e seguinte.

WENINGER, Michael, *Einige der wesentlichen religionsrechtlichen und kirchenpolitischen Aspekte des EU-Verfassungsvertrages, in*: ÖARR, 1 (2003), pp. 96 a 111.

NOTAS

Como a numeração das notas de rodapé reinicia a cada capítulo, a remissão em nota para outras notas de rodapé indica primeiro o capítulo, em numeral romano, e o número de nota; assim, VI-6 remete para a nota n.º 6 do sexto capítulo.

A QUESTÃO FUNDAMENTAL

([1]) A bibliografia acerca deste tema é extremamente vasta. O presente trabalho acompanha este fenómeno em várias das suas facetas, sendo aqui referidas, de forma introdutória, duas perspectivas orientadoras: o antigo presidente da Comissão Europeia, Romano Prodi, corroborou este conteúdo específico da UE, no seu discurso aos membros do grupo de trabalho sobre a «dimensão espiritual e cultural da Europa», a 21 de Maio de 2003, em Bruxelas, e o «Livro Branco sobre a Governação Europeia» reconheceu-o de forma concreta: «A sociedade civil desempenha um papel importante, na medida em que dá voz aos interesses dos cidadãos e presta serviços que vêm ao encontro das necessidades das populações. As Igrejas e as organizações religiosas desempenham aí um papel de relevo.»

([2]) A este propósito, importa especialmente considerar a documentação na «European Values Study: A Third Wave» [Estudo Europeu de Valores: terceira vaga] (2001) (www.europeanvalues.nl/index2.htm) e – elucidativo, atendendo aos desenvolvimentos na Europa Central – o grande estudo de Miklós Tomka e Paul Zulehner: «Religião nos Países da Reforma da Europa Central/de Leste», Ostfilden, 1999.

([3]) «Livro Branco sobre a Governação Europeia». Editado pelas Comunidades Europeias, Luxemburgo, 2001.

([4]) Ver, no quarto capítulo, a Iniciativa «Uma Alma para a Europa».

CAPÍTULO I

(¹) Em 1960, os membros da OECE, os EUA e o Canadá concordaram em alargar as competências da OECE na ajuda aos países do Terceiro Mundo, bem como passar a incluir os EUA e o Canadá como seus novos membros. Nasceu, assim, a OCDE.

(²) Cf.: «O Conselho da Europa. 8000 milhões de europeus» e «O Conselho da Europa em poucas palavras» (http://www.coe.int/T/PT/Com/About_COE/Brochures/default.asp).

(³) Do número verdadeiramente interminável de publicações acerca da história europeia imediata do pós-guerra, das quais se podem retirar referências bibliográficas, deverão ser aqui mencionadas três: Hobsbawm, Eric: *Das Zeitalter der Extreme. Weltgeschichte des 20. Jahrhunderts*, [A era dos Extremos, Lisboa, Presença, 1996] 2. edição, Munique, 1999; Huntington, Samuel P.: *Kampf der Kulturen. Die Neugestaltung der Weltpolitik im 21. Jahrhundert*, Munique-Viena, 1998 e Walker, Martin: *The Cold War: And the Making of the Modern World*, Londres, 1993.

(⁴) Luif, Paul: *Neutrale in die EG. Die westeuropäische Integration und die neutralen Staaten* [Neutralidade na CE. A integração europeia ocidental e os Estados neutros], Viena, 1988, p. 28 e seg.

(⁵) A partir de 1961, designada por «Parlamento Europeu».

(⁶) Luif, Paul: *Neutrale in die EG* [Neutralidade na CE], cf. 1-4.

(⁷) Este acordo teve de ser primeiro ratificado e transferido como tal para o direito nacional de cada um dos Estados-membros.

(⁸) Também este acordo de aplicação teve primeiro de ser transferido para o direito dos Estados signatários, através de um acto jurídico próprio.

(⁹) Publicado no Jornal Oficial das Comunidades Europeias n.º C 340, de 10 de Novembro de 1997.

(¹⁰) Entretanto, tornou-se válido em todos os Estados da UE, que já eram membros em 2004, excepto a Grã-Bretanha e a Irlanda, que não aderiram ao acordo. Como Estados não pertencentes à União Europeia, fazem ainda parte do acordo a Islândia e a Noruega. A partir de 2008, o Acordo Schengen passou a ser válido na Suíça e, com excepção da Bulgária e da Roménia, também nos novos Estados-membros da UE, embora não ainda de forma total.

(¹¹) Publicado no Jornal Oficial das Comunidades Europeias n.º C 191, de 29 de Julho de 1992.

(¹²) Tratado CE, na sua versão de Maastricht, Artigos 98.º a 124.º.

(¹³) A partir de 1 de Janeiro de 2008, a maioria dos Estados-membros da UE passou a pertencer à Zona Euro. Apenas 12 países ainda não tinham adoptado o Euro nesta data: Bulgária, Dinamarca, Estónia, Letónia, Lituânia, Polónia, Roménia, Suécia, Eslováquia, República Checa, Hungria e Reino Unido.

([14]) Cf. Artigo I-2.º: Os Valores da União («A União funda-se nos valores do respeito pela dignidade humana, da liberdade, da democracia, da igualdade, do Estado de Direito e do respeito dos direitos, incluindo os das pessoas pertencentes a minorias. Estes valores são comuns aos Estados-membros, numa sociedade caracterizada pelo pluralismo, pela não discriminação, pela tolerância, pela justiça, pela solidariedade e pela igualdade entre homens e mulheres.»), Jornal Oficial da União Europeia, n.º C 31, de 16 de Dezembro de 2004.

([15]) Informação n.º 56, Amesterdão, *Ein Vertrag verändert Europa, Vereinigung der österreichischen Industrie* [Um Tratado muda a Europa, unificação da indústria austríaca], Viena, 1999.

([16]) Thun-Hohenstein, *Der Vertrag von Amsterdam* [O Tratado de Amesterdão], Viena, 1997, p. 3.

([17]) Tratado de Amesterdão, Artigo 6.º, n.º 1. Observação: note-se que foi a este Artigo 6.º que os restantes 14 Estados-membros da UE recorreram para fundamentar as sanções impostas à Áustria.

([18]) Tratado de Amesterdão, Artigo 49.º.

([19]) Entre parêntesis: na falta do indispensável juízo de valor, somando às chamadas «sanções» impostas nessa altura à Áustria, este acabou por não ser accionado.

([20]) Aqui, aplica-se o mesmo que acabou de ser referido na nota 17, *supra*.

([21]) Tratado de Amesterdão, Artigo 7.º; Tratado da CE na redacção de Amesterdão, Artigo 309.º; CECA na sua redacção de Amesterdão, Artigo 96.º, Tratado EURATOM na redacção de Amesterdão, Artigo 204.º.

([22]) Cf. Tratado da CE na redacção de Amesterdão, Artigo 133.º e seguintes.

([23]) Na prática, apenas resultou desta nova função uma duplicação dos responsáveis e uma relação de concorrência dificilmente controlável entre o Comissário Europeu para a Política Externa e o Alto Representante do Conselho da União Europeia.

([24]) Assim denominadas por causa do local de reunião, chamado Petersberg, perto de Bona, onde foram definidas, em Conferência, como missões humanitárias e de salvamento, de obtenção da paz, assim como de combate na resolução de crises, incluindo medidas para o estabelecimento da paz. Cf. TUE, na redacção de Amesterdão, Artigo 17.º, n.º 2.

([25]) Veja-se, a este propósito, todo o capítulo V «Determinações sobre a Política Externa e de Segurança Comum», TUE, na redacção de Amesterdão, Artigos 11.º a 28.º inclusive.

[26] Cf. protocolos para o Tratado de Amesterdão, Capítulo D: Protocolo Relativo às Instituições na Perspectiva do Alargamento da União Europeia, Artigo 2.º

[27] JO, n.º C 364/1, de 18 de Dezembro de 2000.

[28] Cf. Jornal Oficial da União Europeia, n.º C 80, de 10 de Março de 2001.

[29] Cf. Documento SN 300/01 ADD 1, de 15 de Dezembro de 2001.

[30] Cf. Jornal Oficial da União Europeia, n.º C 310, de 16 de Dezembro de 2004, e o quinto capítulo deste trabalho.

[31] Considerar, a este propósito, o excelente artigo de Max Seckler: *Aufklärung und Offenbarung*, in: *Christlicher Glaube in moderner Gesellschaft* [Iluminismo e Revelação / A fé cristã na sociedade moderna], vol. 21, Freiburg/Br.-Basileia-Viena, 1980.

[32] Comparar, a propósito da temática geral, o excelente livro de Joseph H. Weiler, *Ein christliches Europa. Erkundungsgänge* [Uma Europa cristã. Caminhos de reconhecimento], com prefácio de Ernst-Wolfgang Böckenförde, Salzburgo, 2004.

[33] O autor deste trabalho agradece, entre outros, às seguintes personalidades: Francesco Margiotta Broglio (Universidade de Florença), Dona Grace R.C. Davie (Universidade de Exeter), Silvio Ferrari (Universidade de Milão), Bérengère Massignon (Universidade de Leuven) e Senhor Emmanuel Roucounas (Academia de Ciências de Atenas) pelas valiosas referências acerca desta temática. Comparar também as várias indicações de fontes na nota de rodapé n.º 3.

[34] *Gott in die Verfassung? Religion und Kompatibilität in der Europäischen Union* [Deus na Constituição? Religião e Compatibilidade na União Europeia], Baden-Baden 2007.

[35] Cf. Exortação Apostólica *Evangelii nuntiandi*, de 8 de Dezembro de 1975 (AAS 68, 1976).

[36] Ver a este propósito o terceiro subcapítulo do capítulo 7 deste livro.

CAPÍTULO 2

[1] Tratado que estabelece uma Constituição para a Europa, Artigo I-1.º, Jornal Oficial da União Europeia n.º C 310, de 16 de Dezembro de 2004.

[2] *Idem*, Artigo I-6.º.

[3] Cf. primeiro e segundo subcapítulos do terceiro capítulo deste livro.

[4] GS 2, in: *Kleines Konzilskompendium* [Pequeno Compêndio do Concílio Vaticano II], de Karl Rahner und Herbert Vorgrimmler, Freiburg, 1974, p. 450.)

[5] *Idem*.

NOTAS

([6]) Retirado do dicionário alemão de Teologia e Igreja, 4.ª edição, 1990 e ss, entrada «Igreja e Estado».

([7]) Franz Böckle, Kirche-Staat-Gesellschaft. *Theologische Bemerkungen zu ihrem Verhältnis* (Observações teológicas em relação a si), in: Joseph Krautscheidt/Heiner Marré (orgs.), *Essener Gespräche zum Thema Staat und Kirche* [Conversas com Essen acerca do tema «Estado e Igreja»] n.º 2, Münster 1969, pp. 32-46, seg.: p. 42.

([8]) Comparar com o excelente artigo de Ingeborg Gabriel, *Freiheit und gesellschaftlicher Auftrag der Kirchen in einer demokratischen Gesellschaft* [Liberdade e missão social das Igrejas numa sociedade democrática], in: *idem* (orgs.), *Freiheit und Verantwortung der Kirche in der Gesellschaft* [Liberdade e responsabilidade da Igreja na sociedade], Viena, 1995, pp. 55-66, seg: p.56.

([9]) *Idem*.

([10]) Fonte: cf. nota n.º 6, *supra*, entradas «Igreja e Estado» e «Cesaropapismo».

A título de curiosidade: no Leste, inclusivamente, este sistema vigorou na Rússia até 1917, através da pessoa do czar com o Sínodo Sagrado que lhe era subordinado.

([11]) Fonte: artigo de Richard Potz, *Kirche und Staat in der Geschichte* [Igreja e Estado na História], in: Ingeborg Gabriel (org). Cf. nota n.º 49.

([12]) *Idem*.

([13]) *Ibidem*.

([14]) *Ibidem*.

([15]) Cf. nota n.º 6, *supra*.

([16]) Cf. Ingeborg Gabriel. Vide II-8.

([17]) *Idem*.

([18]) Este conceito surgiu como designação para uma atitude de vida de natureza exclusivamente terrena-materialista, devendo ser distinguido do conceito de secularização enquanto fenómeno histórico-jurídico de confiscação estatal dos bens da Igreja e do fenómeno de secularismo enquanto processo de substituição (civilizacional) do poder secular da Igreja. Estes conceitos são problemáticos, na medida em que se sobrepõem nos seus significados e também são, por vezes, utilizados como sinónimos.

([19]) Este conceito surgiu no século XIX, em França, e designa uma atitude fundamentalmente anticlerical, que nega à Igreja qualquer posição de influência pública. Deve distinguir-se da laicidade que hoje se refere, de forma mais positiva, à emancipação da Igreja relativamente à influência do Estado em nome da liberdade religiosa.

([20]) Ingeborg Gabriel, cf. II-18.

([21]) AAS 55 (1963). (*Acta Apostolicae Sedis*, publicação oficial da Santa Sé).

([22]) AAS 53 (1961).
([23]) Dicionário Teológico e Eclesiástico Alemão, vol. 14, 2ª. Edição, 1986.
([24]) *Idem.*
([25]) Cf. II-4.
([26]) In: *Lumen Gentium* (LG) 1
([27]) Ingeborg Gabriel (cf. II-8); e várias referências que a autora apresenta, a propósito dos próprios testemunhos da Igreja acerca dos sacramentos.
([28]) Referência a GS 40 (cf. II-4).
([29]) GS 74.
([30]) GS 12 e ss.
([31]) *Dignitatis Humanae* (DH) [Declaração sobre liberdade religiosa, proclamada pelo papa Paulo VI].
([32]) GS 12 e outros.
([33]) DH 2.
([34]) DH 2.
([35]) *Gravissimum Educationis* (GE) 1 [Declaração sobre educação cristã, proclamada pelo papa Paulo VI].
([36]) GE 1.
([37]) DH 10.
([38]) DH 7.
([39]) DH 6.
([40]) DH 3.
([41]) *Idem.*
([42]) DH 4.
([43]) DH 4.
([44]) Ernst-Wolfgang Böckenförde, *Die Entstehung des Staates als Vorgang der Säkularisation* [O surgimento do Estado como resultado da secularização], in: *Säkularisation und Utopie. Ebracher Studien* [Secularização e Utopia. Estudos de Ebrach], Ernst Forsthoff por ocasião do seu 65.º aniversário, 1967.

([45]) Reproduzido em: «Temas da Academia Católica Bávara», 1/2004, Munique, 2004.

([46]) *Idem.*
([47]) *Ibidem.*
([48]) *Ibidem.*

([49]) Citação de Richard Potz, em: *Der weltanschaulich neutrale Staat und die Religionen – Verhältnis, Rahmenbedingungen, Chancen und Gefahren* [O Estado ideologicamente neutro e as religiões – relação, condições de base, possibilidades e perigos], in: *Dialog als Hoffnung der Zeit* [Diálogo enquanto esperança dos tempos], Graz-Viena, 1998.

(⁵⁰) Franz Böckle (cf. II-7).

(⁵¹) Ingeborg Gabriel (cf. II-8).

(⁵²) As questões jurídicas serão analisadas no terceiro capítulo e as conclusões práticas no sétimo. A actual situação será objecto de análise no quarto capítulo.

(⁵³) Richard Plotz, *Freie Kirche in der freien Gesellschaft – vor 50 Jahren und heute* [Igreja livre na sociedade livre – há 50 anos e hoje] – manuscrito da Conferência, num evento organizado pelo Conselho Católico de Leigos, a propósito dos 50 anos do «Manifesto Mariazell», Parlamento Austríaco.

(⁵⁴) In: GS 1(cf. II-4).

(⁵⁵) Ingeborg Gabriel (cf. II-8).

(⁵⁶) Richard Potz (cf. II-53).

(⁵⁷) Artigo I-52.°, n.° 3. Cf. II-1.

(⁵⁸) Tratado que estabelece uma Constituição para a Europa, Artigo I-5.°, ponto 1.°, e TUE, Artigo 6.°, n.° 3.

(⁵⁹) *Idem*, Artigo I-13.°.

(⁶⁰) *Ibidem*, Artigo I-11.°, n.°s. 1 e 3.

(⁶¹) *Ibidem*, parte IV A. 2., Protocolo relativo à aplicação dos princípios da subsidiariedade e da proporcionalidade; cf. também TUE, Artigo 2.°, n.° 2.

(⁶²) *Ibidem*, Artigo I-52.° e Declaração 11.

(⁶³) Ver o ponto 3 no anexo I deste livro.

(⁶⁴) Gerhard Robbers, professor na Universidade de Trier, é da opinião que é falso falar da «laicidade da União Europeia» e prefere utilizar o termo «abertura religiosa» da UE para descrever essa relação, em: «Rechtsbeziehungen zwischen Staat und Religionsgemeinschaften in Europa» [Relações jurídicas entre o Estado e as comunidades religiosas na Europa]; Conferência perante a COMECE – Comissão dos Episcopados da Comunidade Europeia, Bruxelas, 7 de Novembro de 2001.

(⁶⁵) Ver a este propósito, em especial, o subcapítulo correspondente no sétimo capítulo deste livro.

(⁶⁶) Cf. subcapítulo 4.2 no terceiro capítulo deste livro.

(⁶⁷) Tratado que estabelece uma Constituição para a Europa, Artigo I-7.°. Cf. II-1.

(⁶⁸) Quem chamou a atenção para estes pares de conceitos foi Richard Potz. Cf. II-8.

(⁶⁹) *Idem*.

(⁷⁰) Inger Dübeck, *Staat und Kirche in Dänemark* [Estado e Religião na Dinamarca], in: Gerhard Robbers (org.), *Staat und Kirche in der europäischen Union* [Estado e Religião na União Europeia].

(⁷¹) Cf. Markku Heikilä, Igreja e Estado na Finlândia.

(⁷²) Cf. Robert Schött, Estado e Igreja na Suécia.

([73]) Cristianismo e cultura política. Sobre a relação do Estado de Direito Democrático com o Cristianismo. Uma declaração do conselho da Igreja Evangélica Alemã, Hannover, 1997.

([74]) Bases do Conceito Social da Igreja Ortodoxa Russa, Voz da Ortodoxia, 2000/2001.

([75]) Charalambos Papastathis, Estado e Igreja na Grécia, in: Gerhard Robbers (cf. II-70).

([76]) Idem.

([77]) Cf. Richard Potz, *Der säkulare Rechtsstaat und die christlichen Kirchen in Ost und West*, [O Estado de direito secular e as Igrejas cristãs no Leste e no Ocidente], in: Severin J. Lederhilger (org.), *Gottesstaat oder Staat ohne Gott. Politische Theologie in Judentum, Christentum und Islam* [Estado teológico ou Estado sem Deus. Teologia política no Judaísmo e no Islão], Frankfurt, 2002.

([78]) Cf. Ernst Christoph Suttner, *Kirche und Staat aus orthodoxer Sicht* [Igreja e Estado do ponto de vista ortodoxo], in: *Revista Internacional Communio*, ano XXXII, Friburgo em Brisgóvia, Março-Abril 2003.

([79]) Richard Potz, *Igreja e Estado na História*, in: Ingeborg Gabriel (Cf. II-8).

([80]) Jürgen Habermas, *Strukturwandel der Öffentlichkeit* [Mudança Estrutural da Esfera Pública], Frankfurt-am-Main, 1962, reedição de 1990.

([81]) Cf. David McLean, *Igreja e Estado no Reino Unido*, cf. II-70.

([82]) Todos os dados estatísticos foram retirados do *United Kingdom National Statistics/Census 2001* [Censo Nacional do Reino Unido de 2001], publicado em Fevereiro de 2003.

([83]) David Mc Lean (Cf. II-81).

([84]) Idem.

([85]) Cf. Brigitte Basdevant-Gaudemet, *Estado e Igreja em França*. Cf. II-70.

([86]) Idem.

([87]) Cf., para este assunto em particular e para a temática em geral, Richard Potz, *Estado e Igreja na Áustria*. Cf. II-70.

([88]) Idem.

([89]) Ibidem.

CAPÍTULO 3

([1]) TUE, Artigo 1.º, n.º 2.

([2]) TUE, Artigo 6.º n.º 3.

([3]) Esta circunstância foi, meritoriamente, referida por Thomas Oppermann em «Direito Europeu. Um livro de estudos», Munique, 1999.

[4] TUE, Artigo 1.º.

[5] Alfred Verdross/Bruno Simma: *Universelles Völkerrecht* [Direito Internacional Universal], Berlim, 1976; e Neuhold/Hummer/Scheuer: *Österreichisches Handbuch des Völkerrechtes* [Manuel Austríaco de Direito Internacional], vol. 1, Viena, 1983.

[6] TUE, Artigo 1.º.

[7] Cf. Constituição para a Europa, Jornal Oficial da UE, n.º C 310, de 16/12/2004, Parte I, Capítulo I: Definições e objectivos da União. (Obs.: O Tratado que estabelece uma Constituição para a Europa, como se chama exactamente, apenas entra em vigor com a ratificação pelos Parlamentos dos Estados-membros da UE).

[8] Artigo 88.º-1 da Constituição Francesa.

[9] Artigo I-6.º: O Direito da União. Cf. III-7.

[10] *Idem*, Artigo I-13.º: Domínios de Competência Exclusiva.

[11] *Ibidem*, Artigo I-7.º: «A União tem personalidade jurídica».

[12] *Ibidem*, Artigo I-19.º, n.º 1 (uma vez que a Constituição para a Europa acabou por não entrar em vigor, também serão citados, ao mesmo tempo, e sempre que necessário, os Tratados fundamentais. Por exemplo: TUE, Artigo 3.º).

[13] *Idem*, Artigo I-19.º e TUE, Artigo 5.º.

[14] *Ibidem*, Artigo 20.º, n.º 1, e Artigo 23.º.

[15] *Ibidem*, Artigo 21.º, n.º 1 e TUE, Artigo 4.º.

[16] *Ibidem*, Artigo IV-440.º e Tratado CE, Artigo 299.º, assim como CEEA, Artigo 198.º.

[17] Memorando da Comissão, de 24 de Setembro de 1970.

[18] Tratado CE, Artigo 80.º, n.º 2.

[19] TJCE, 1976.

[20] Tratado CE, Artigo 17.º, n.º 2 e Constituição para a Europa, Artigo I-10.º Cf. nota n.º 137.

[21] Tratado CE, Artigo 263.º e ss.

[22] Constituição para a Europa, Artigo I-4.º, n.º 2, e Artigo II-81.º, n.º 2, assim como Tratado CE, Artigo 12.º. Cf. III-7.

[23] *Idem*, Artigo II-81.º, n.º 1, assim como Tratado CE, Artigo 12.º, n.º 2.

[24] Tratado CE, Artigo 13.º.

[25] Tratado CE, Artigo 312.º.

[26] Tratado CEEA, Artigo 312.º.

[27] Constituição para a Europa, Artigo IV-446.º e TUE, Artigo 51.º. Cf. III-7.

[28] TUE, Artigo 1.º, n.º 2, idêntico ao preâmbulo da Constituição para a Europa. Cf. III-7.

[29] Constituição para a Europa, Artigo IV-437.º. Cf. nota n.º 137.

(³⁰) *Idem*, Artigo I-60.º, n.º 1: «Qualquer Estado-membro pode decidir, em conformidade com as respectivas normas constitucionais, retirar-se da União».

(³¹) *Idem*, Artigo I-59.º: Suspensão de certos direitos resultantes da qualidade de membro da União, assim como TUE, Artigo 7.º.

(³²) JO n.º C 325, de 24 de Dezembro de 2002.

(³³) JO n.º C 340, de 10 de Novembro de 1997.

(³⁴) *Idem*.

(³⁵) JO n.º C 325, de 24 de Dezembro de 2002.

(³⁶) Constituição para a Europa. Cf. III-7.

(³⁷) *Idem*.

(³⁸) Ver as indicações complementares de fontes e textos em «Fontes jurídicas de política religiosa e eclesiástica» como anexo a este trabalho.

(³⁹) JO n.º C 364, de 18 de Dezembro de 2000, págs. 0001 a 0022.

(⁴⁰) Cf. III-34.

(⁴¹) Bruxelas, 6 de Outubro de 1995. Colóquio internacional. «A União Europeia e as Religiões».

(⁴²) «... *How the primary law of the European Union might best make provision for recognizing the public and institutional role of religion in the life of the Member States*» [...Como o direito primário da União Europeia poderá assegurar, da melhor forma, o reconhecimento do papel público e institucional da religião na vida dos Estados-membros]. In: COMECE (edição): *La construction européenne et les institutions religieuses* [A construção europeia e as instituições religiosas], Bruylant--Academia, Louvain-La-Neuve 1997, pág. 84.

(⁴³) «*What was therefore an understandable silence of the treaties in respect of the Churches has become a lacuna, indeed a source of discrimination*» [Aquilo que era, por isso, um compreensível silêncio dos Tratados em relação às Igrejas tornou--se uma lacuna, ou, na verdade, uma fonte de discriminação], in: *idem*, pág. 85.

(⁴⁴) *Idem*, pág. 84.

(⁴⁵) A propósito da posição jurídica das Igrejas e organizações religiosas no âmbito dos Tratados da União Europeia; Hanôver-Bona, Junho de 1995.

(⁴⁶) *Idem*.

(⁴⁷) O autor deste livro pôde consultar o texto no arquivo da «Cellule des Prospectives», no Secretariado-Geral das Comissões Europeias.

(⁴⁸) *Idem*.

(⁴⁹) O Artigo 199.º do Tratado CE, por exemplo, postula que os partidos sejam «factores de integração».

(⁵⁰) Ver também a nível geral: Sophie C. de Bijsterveld: Declaração eclesiástica de Amesterdão. Génese e significado (com especial atenção ao papel da COMECE), in: Arquivo Austríaco de Direito e Religião, 1999.

(⁵¹) Sinto-me no dever de agradecer ao Secretário-Geral da COMECE, Noël Treanor, a valiosa informação secundária providenciada.

(⁵²) Assim Robbers, Gerhard, *A Europa e as Igrejas. A declaração eclesiástica de Amesterdão*, 1998, em cujas informações a exposição se apoia.

(⁵³) *Idem*.

(⁵⁴) *Ibidem*.

(⁵⁵) Ver, entre outros, Axel von Campenhausen, no semanário «Rheinischer Merkur», de 2 de Janeiro de 1998, que fala de uma «declaração oficial de vontades»; para Hans Michael Heinig, em *Zivilreligiöse Grundierung europäischer Religionspolitik* [Fundamentação civil-religiosa da política religiosa europeia], in: Rolf Schieder (org.), *Religionspolitik und Zivilreligion* (Política Religiosa e Religião Civil), Baden Bade, 2001, a declaração é uma «regra interpretativa». Para Rüdiger Stolz, «O significado da declaração para o estatuto das Igrejas no Tratado de Amesterdão», in: Arquivo Austríaco de Direito e Religião, 1999, ela é uma «máxima interpretativa no sentido do Artigo 31.º da Convenção de Viena sobre o Direito dos Tratados». Para Christoph Thun-Hohenstein, «O Tratado de Amesterdão», Viena, 1997, ela não tem «qualquer efeito normativo».

(⁵⁶) Cf. III-33.

(⁵⁷) Cf. III-35.

(⁵⁸) C. Hohenstein/F. Cede, Direito Europeu, 3.ª edição, 1999. Para mais informações sobre o Artigo 13.º do Tratado CE em M. Bell, *Maastricht Journal of European and Comparative Law* [Revista de Maastricht de Direito Europeu e Comparado], 1999, págs. 8 e ss., especialmente em relação aos detalhes jurídico--religiosos após a Constituição, in: A. Haratsch *et al.* (edição), *Religião e confissão no Estado secular*.

(⁵⁹) JO n.º L 180, de 19 de Julho de 2000, pág. 22 e ss.

(⁶⁰) JO n.º 303, de 2 de Dezembro de 2000, pág. 16 e ss.

(⁶¹) JO n.º C 059, de 23 de Fevereiro de 2001, pág. 276.

(⁶²) JO n.º C 204, de 18 de Julho de 2000, pág. 82.

(⁶³) JO n.º C 226, de 8 de Agosto de 2000, pág. 1.

(⁶⁴) JO n.º C 177 E, de 27 de Junho de 2000, pág. 42.

(⁶⁵) Segundo Paul Kirchhof, na apresentação efectuada a 26 de Abril de 2002, em Hanôver, aquando de um simpósio da EKD sob o tema «O núcleo irrenunciável do direito eclesiástico estatal alemão e sua perspectiva no direito comunitário da União Europeia».

(⁶⁶) *Idem*.

(⁶⁷) JO n.º C 340, de 10 de Novembro de 1997, pág. 0110.

(⁶⁸) De harmonia com o Artigo 249.º do Tratado CE e do Artigo 161.º do CEEA.

[69] Directiva 94/33/CE, de 22 de Junho de 1994, relativa à protecção dos jovens no trabalho. JO n.º L 216, de 20 de Agosto de 1994, págs. 0012-0020; directiva 93/104/CE, do Conselho, de 23 de Novembro de 1993, sobre determinados aspectos da organização do tempo de trabalho, in: JO n.º L 307, de 13 de Dezembro de 1993, págs. 0018-0024.

[70] Regulamento (CE) n.º 45/2001, do Parlamento Europeu e do Conselho, de 18 de Dezembro de 2000, relativo à protecção das pessoas singulares, no que diz respeito ao tratamento de dados pessoais pelas instituições e pelos órgãos comunitários e à livre circulação desses dados, in: JO n.º L 008, de 12 de Janeiro de 2001, págs. 0001-0022.

[71] Directiva 93/7/CE, do Conselho, de 15 de Março de 1993, relativa à restituição de bens culturais que tenham saído ilicitamente do território de um Estado-membro, in: JO n.º L 074, de 27 de Março de 1993, págs. 0074-0079; directiva 97/36/CE do Parlamento Europeu e do Conselho, de 30 de Junho de 1997, que altera a directiva 89/552/CEE, do Conselho, relativa à coordenação de certas disposições legislativas, regulamentares e administrativas dos Estados--membros relativas ao exercício de actividades de radiodifusão televisiva, in: JO n.º L 202, de 30 de Julho de 1997, págs. 0060-0071.

[72] Directiva 95/23/CE, do Conselho, de 22 de Junho de 1995, que altera a directiva 64/433/CEE, relativa às condições de produção e de colocação de carnes frescas no mercado, in: JO n.º L 243, de 11 de Outubro de 1995, págs. 0007- 0013; directiva 93/119/CE, do Conselho, de 22 de Dezembro de 1993, relativa à protecção dos animais no abate e/ou occisão, in: JO n.º L 340, de 31 de Dezembro de 1993, págs. 0021-0034.

[73] 17.ª directiva 85/362/CEE, do Conselho, de 16 de Julho de 1985, relativa à harmonização das legislações dos Estados-membros, respeitantes aos impostos sobre o volume de negócios – Isenção do imposto sobre o valor acrescentado em matéria de importações temporárias de bens que não sejam meios de transporte, in: JO n.º L 192, de 24 de Julho de 1985, pág. 0020; directiva 2000/12/CE, do Parlamento Europeu e do Conselho, de 20 de Março de 2000, relativa ao acesso à actividade das instituições de crédito e ao seu exercício, in: JO n.º L 126, de 26 de Maio de 2000, págs. 0001-0059.

[74] Regulamento (CE) n.º 993/2001, da Comissão, de 4 de Maio de 2001, que altera o regulamento (CEE) n.º 2454/93 que fixa determinadas disposições de aplicação do Regulamento (CEE) n.º 2913/92, do Conselho, que estabelece o Código Aduaneiro Comunitário com texto de aplicação ao regulamento n.º 2913/92, do Conselho, que altera o Regulamento (CEE) n.º 2454/93, in: JO n.º L 141, de 28 de Maio de 2001, págs. 0001-005.

NOTAS

(⁷⁵) Regulamento (CE) n.º 1749/1999, da Comissão, de 23 de Julho de 1999, que altera o regulamento (CEE) n.º 2214/1996 sobre os índices harmonizados de preços no consumidor, in: JO n.º L 214, de 13 de Agosto de 1999, págs. 0001-0030; regulamento (CE) n.º 2223/96, do Conselho, de 25 de Junho de 1996, relativo ao sistema europeu de contas nacionais e regionais na Comunidade, in: JO n.º L 310, de 30 de Novembro de 1996, págs. 0001-0469.

(⁷⁶) *Religionsrechtliche Bestimmungen in der Europäischen Union* [Determinações de direito religioso na União Europeia], adaptado por Christine Schmidt--König, edição própria, Instituto de Direito Constitucional Europeu, Área de Ciências Jurídicas, Universidade de Trier, Agosto de 2001.

(⁷⁷) A fim de melhor ilustrar esta situação, podemos dar o exemplo do contencioso entre a Church of Scientology [Igreja de Cientologia] e o chefe do governo francês (acórdão de 14 de Março de 2000, C-54/99, Colec. I-1335). Na época, o primeiro-ministro francês proibiu uma transferência de capitais dos membros da Church of Scientology para França, que contestaram a decisão junto do Conseil d'État [Conselho de Estado], devido ao facto de, no seu entendimento, ter havido abuso de poder por parte do primeiro-ministro. A decisão do Conseil d'État negou as suas pretensões, pelo que os queixosos recorreram ao TJCE, que foi da mesma opinião que o Conseil d'État.

(⁷⁸) Ver a este propósito o subcapítulo 2 deste capítulo.

(⁷⁹) Conferência intergovernamental (CIG) 87/04, de 6 de Agosto de 2004; Constituição para a Europa, Capítulo VI, Artigo III-323 e ss.

CAPÍTULO 4

(¹) Jacques Delors, discurso às Igrejas representadas em Bruxelas, 14 de Abril de 1992.

(²) Contribuição para a Conferência «Desafio para uma moral europeia», Huy, 15 de Fevereiro de 1991. As opiniões de Delors podem também ser lidas, entre outros, em J. Delors, «Le nouveau Concert Européen» [A nova concertação europeia], (selecção de discursos), Paris 1992; Grant, C., Delors, *Inside the House that Jacques Built* [No interior da casa construída por Jacques], Londres, 1994; J. Delors: Introdução a: «En Quête d'Europe, Les Carrefours de la Science et de la Culture» [Em busca da Europa, as encruzilhadas da Ciência e da Cultura], Rennes, 1994, págs. 9-17.

(³) Discurso no encerramento da Assembleia-Geral da EECCS, Vaalbeek, 14 de Setembro de 1998.

(⁴) *Idem.*

(⁵) Entre outros, no discurso aos membros do grupo de trabalho sobre a «dimensão espiritual e cultural da Europa», Bruxelas, 21 de Maio de 2003; alocução na Fundação Don Tonino Bello Alessano, Lecce, 13 de Junho de 2003; *Les réligions monothéistes et l'avenir des peuples* [As religiões monoteístas e o futuro dos povos], alocução no encontro inter-religioso a 20 de Dezembro de 2001 em Bruxelas; *L'EU, le dialogue avec les réligions et la paix* [A UE, o diálogo com as religiões e a paz], alocução em Camaldoli, 14 de Julho de 2002.

(⁶) Exortação apostólica pós-sinodal, Roma, 28 de Junho de 2003, n.º 46, AAS 95 (2003).

(⁷) Entre outros: «Religions confronted with Science and Technology» [Religiões confrontadas com a Ciência e a Tecnologia], Marc Luyckx, Comissão Europeia, Bruxelas, Agosto de 1992; «The Religious Factor and the European and World Geostrategy» [O factor religioso e a geoestratégia europeia e mundial], Conferência, Florença, Abril de 1996; «Governance and Civilisations» [Governo e Civilizações], Bruxelas, Maio de 1998; «Aspectos jurídicos das relações entre a futura UE e as organizações religiosas e confessionais», simpósio, Bruxelas, 12 e 13 de Novembro de 2001; «Dar uma oportunidade ao diálogo», simpósio, Bruxelas, 14 e 15 de Outubro de 2002.

(⁸) Carta de resposta do bispo Josef Homeyer ao presidente Romano Prodi, Hildesheim, 29 de Junho de 2001.

(⁹) Para o mandato do «Grupo de Análises Prospectivas», ver o documento PV (1989) 0955/F, de 8 de Março de 1989.

(¹⁰) Ver documento PERS (2001) 150/2, de 30 de Abril de 2001.

(¹¹) Ver documento PV (2001) 1521 Top 11.

(¹²) Ver documentos SEC (2005) 496, de 8 de Abril de 2005; SEC (2005) 496/3, de 12 de Abril de 2005, e SEC

(2006) 386/2, de 21 de Março de 2006.

(¹³) Ver as correspondentes exposições no sétimo capítulo deste trabalho.

(¹⁴) Ver: http://www.europarl.europa.eu/members/expert.do?language=PT

(¹⁵) Cf. www.epp-ed.eu/Activities/pcurrentissues/politics-religion/default_en.asp

(¹⁶) Cf. www.epp-ed.eu/Activities/pcurrentissues/politics-religion/orthodox--churches_en.asp

(¹⁷) Cf. www.epp-ed.eu/Activities/pcurrentissues/politics-religion/islam_en.asp

(¹⁸) Cf. www.politicsreligion.com/group.html

(¹⁹) Jacques Santer, na sua apresentação no âmbito da série «Grandes Conférences Catholiques» [Grandes Conferências Católicas], a 19 de Novembro de 1996, em Bruxelas.

[20] «Mais votre Communauté est un peu molle, elle manque un peu d'ardeur, elle manque un peu d'âme» [Mas a vossa Comunidade é um pouco branda, falta-lhe alguma vivacidade, falta-lhe alguma alma]. Cf. IV-2.

[21] Cf. IV-1.

[22] Comissão Europeia, Grupo de Análises Prospectivas, documento n.º 264/92, de 13 de Fevereiro de 1992.

[23] Comissão Europeia, Grupo de Análises Prospectivas, documento n.º 704/92, de 14 de Abril de 1992.

[24] Entre outros, na *newsletter* n.º 2, de Maio de 1992, editada pela EECCS, CIMI (Comissão das Igrejas para os Migrantes na Europa) e EECOD (Organização Ecuménica Europeia para o Desenvolvimento).

[25] Cf. IV-1.

[26] Protocolo da reunião de 21 de Setembro de 1993, arquivo do autor deste trabalho.

[27] EECCS, documento interno de reflexão, de 21 de Dezembro de 1994 – arquivo do autor deste trabalho.

[28] EECCS, numa carta ao presidente da Comissão Europeia, Jacques Delors, de 25 de Outubro de 1993.

[29] Cf. IV-26.

[30] Reproduzido no documento interno de debate da EECCS, de 21 de Dezembro de 1994, já mencionado em IV-27.

[31] «Uma Alma para a Europa», acta da reunião de 13 de Janeiro de 1995 – arquivo do autor deste trabalho.

[32] Grupo de Análises Prospectivas, documento MN D(2001), de 4 de Maio de 2001. Os números relativos aos anos de 2001 a 2003 foram acrescentados pelo autor deste trabalho a partir dos seus conhecimentos pessoais.

[33] SÓCRATES é um programa da Comissão Europeia gerido pela Direcção--Geral da Educação e Cultura e activado a 1 de Janeiro de 1995. Tem como objectivo incentivar a aprendizagem vitalícia por parte da população europeia, por exemplo, para aprofundar globalmente os seus conhecimentos acerca da Europa, alargar os seus conhecimentos de línguas, desenvolver novos métodos de aprendizagem, assegurar a igualdade de acesso às instituições de formação e outros aspectos semelhantes.

[34] O programa ERASMUS, igualmente gerido pela Direcção-Geral da Educação e Cultura, foi criado em 1987 e hoje faz parte integrante do âmbito do SÓCRATES enquanto programa especial. Das variadas actividades deste programa fazem parte, entre outros, o estabelecimento de uma rede europeia de formação ao nível das escolas superiores e universidades, a organização de

acções de intercâmbio para estudantes e professores, assim como o incentivo aos temas de investigação de âmbito europeu.

([35]) Segundo as palavras do Secretário-Geral da Federação Humanista Europeia (EHF), Georges C. Liénard, ao autor deste trabalho.

([36]) Apresentação no âmbito das «Grandes Conférences Catholiques» [Grandes Conferências Católicas], a 19 de Novembro de 1996, em Bruxelas.

([37]) Cf. IV-3.

([38]) *Idem*.

([39]) Iniciativa: «Uma Alma para a Europa», Bruxelas, relatório anual 1998.

([40]) Iniciativa: «Uma Alma para a Europa»; acta da reunião do Comité de Coordenação, Bruxelas, 3 de Março de 1999.

([41]) Iniciativa: «Uma Alma para a Europa», Bruxelas, relatório anual 1999.

([42]) Iniciativa: «Uma Alma para a Europa», relatório ao director-geral da Educação e Cultura, Bruxelas, 20 de Março de 2000.

([43]) Acta da reunião do Comité de Selecção, Bruxelas, 1 de Fevereiro de 2000.

([44]) Cf. IV-39 e IV-41.

([45]) Acta da reunião do Comité de Selecção, Bruxelas, 28 de Setembro de 1999.

([46]) Doc. JUR(99)858 SJ/KB/jg., de 20 de Outubro de 1999.

([47]) Os documentos correspondentes estão guardados no arquivo do Grupo de Análises Prospectivas.

([48]) Cf. IV-41.

([49]) Iniciativa «Uma Alma para a Europa», posição escrita interna, Bruxelas, 12 de Dezembro de 1999.

([50]) http://www.europarl.europa.eu/experts/pdf/reportpt.pdf

([51]) Conclusões internas do documento do Grupo de Análises Prospectivas GGD(00)900140.

([52]) Carta de 26 de Janeiro de 2000 – arquivo do autor deste trabalho.

([53]) Carta de resposta do presidente da Comissão, Romano Prodi, de 21 de Março de 2001, ao DPE Terry Wynn – arquivo do autor deste trabalho.

([54]) Relatório do Comité de Coordenação da Iniciativa das conversações decorridas em Bruxelas, a 20 de Março de 2000.

([55]) «Aspectos jurídicos da relação entre a futura União Europeia e as organizações religiosas e filosóficas», Bruxelas, 12 e 13 de Novembro de 2001; «Dar uma oportunidade ao diálogo», Bruxelas, 14 e 15 de Outubro de 2002.

([56]) Cf. «Relatório final anual 2004» e a correspondente acta final no arquivo da Iniciativa «Uma Alma para a Europa».

([57]) Carta n.º 1992/03 do Núncio Apostólico, arcebispo Faustino Sainz Muñoz, de 12 de Março de 2003, ao autor deste trabalho.

Notas

(⁵⁸) Andreas M. Rauch, *Integração europeia e responsabilidade cristã. A Santa Sé e a União Europeia*, Editora Bachem, Colónia, 1994.

(⁵⁹) *Idem*.

(⁶⁰) Cf. II-26 e *L'Osservatore Romano*, Roma, 11 de Novembro de 1970. Na versão original em francês: «La nouvelle référée ci-dessous de l'établissement des rapports diplomatiques, entre le Saint Siège et les Communautés Européennes par la nomination d' un Nonce Apostolique accrédité auprès les mêmes Communautés, et de la nomination d'un „Envoyé spécial" du Saint Siège „avec fonction de Observateur permanent" auprès le Conseil d'Europe, confirme l'intérêt avec lequel le Saint Siège suivit la vie et les activités des institutions qui, aussi au niveau régional, promeuve la coopération entre les États en vue du pont suprême de la paix, du progrès moral, culturel, économique des peuples» [A notícia abaixo referida sobre o estabelecimento das relações diplomáticas entre a Santa Sé e as Comunidades Europeias, pela nomeação de um Núncio Apostólico acreditado junto das mesmas Comunidades e a nomeação de um «enviado especial» da Santa Sé «com função de observador permanente» junto do Conselho da Europa, confirma o interesse com que a Santa Sé segue a vida e as actividades das instituições que, também a nível regional, promovem a cooperação entre os Estados para o estabelecimento supremo da paz e dos progressos moral, cultural e económico dos povos.

(⁶¹) Cf. IV-57.

(⁶²) *Idem*.

(⁶³) A propósito da história da origem da COMECE, ver autores como Igino Cardinale (Projecto Europa, 9 de Junho de 1980); Paul Huot-Pleuroux: *Le Cardinal Hengsbach et la COMECE* [O cardeal Hengsbach e a COMECE], ou Adrianus van Luyn.

(⁶⁴) O autor deste trabalho agradece estas informações ao Secretário-Geral da COMECE, monsenhor Noël Treanor, nos encontros havidos, e à análise do abundante material informativo disponível.

(⁶⁵) Estas e outras informações provêm do boletim da 12.ª assembleia magna, que decorreu de 25 de Junho a 2 de Julho de 2003, em Trondheim, assim como de informação pessoal fornecida pela direcção da KEK.

(⁶⁶) *Idem*, página 33.

(⁶⁷) *Ibidem*, página 23 e ss.

(⁶⁸) Ver: www.cer-online.org

(⁶⁹) Ver: www.ecjc.org

(⁷⁰) Ver: www.eurojewcong.org

(⁷¹) Ver: www.worldjewishcongress.org

(⁷²) Ver: www.ceji.org

(⁷³) Todas as informações provêm de indicações pessoais do presidente da FIOE, assim como de um panfleto impresso («Federation of Islamic Organisations in Europe. Introduction, Principles, General Objectives and General Policies» [Federação de Organizações Islâmicas na Europa. Introdução, Princípios, Objectivos e Políticas Gerais], Bruxelas s/d), emitida pela mesma.

(⁷⁴) Charte Musulmane. Déclaration de principe du Conseil Musulman de Coopération en Europe [Carta muçulmana. Declaração de Princípio do Conselho Muçulmano de Cooperação na Europa], CMCE, edição do autor, 9-11, Rua Vanderstraeten, 1080 Bruxelas, 2003.

(⁷⁵) Ver: www.caritas-europa.org

(⁷⁶) Ver : www.icmc.net

(⁷⁷) Ver : www.jesref.org

(⁷⁸) Papa Paulo VI, Roma, 1967.

(⁷⁹) Papa João Paulo II, Roma, 1987.

(⁸⁰) Cf. IV-78, pontos 76 e 77.

(⁸¹) Ver: www.eurodiaconia.org

(⁸²) Ver também: www.cec-kek.org/English/ccmenews.htm, ou: www.cec-kek.org/CCMEeng/ ccmeindx.htm

(⁸³) Ver: www.aprodev.net

(⁸⁴) Ver: www.feeca.org

(⁸⁵) Ver: www.careforeurope.org

(⁸⁶) Ver: www.eaalce.org

(⁸⁷) *Idem*.

(⁸⁸) Ver: www.efecw.org

(⁸⁹) Ver: www.eyce.org

(⁹⁰) Ver: www.johanniter.org

(⁹¹) Ver: www.ejf.be

(⁹²) Ver: www.femyso.org

(⁹³) Ver: www.santegidio.org

(⁹⁴) Ver: www.dominicains.be, bem como: www.espaces.op.org (onde todas as publicações e eventos estão listados de forma bastante clara.

(⁹⁵) Ver: www.ocipe.org

(⁹⁶) Site: www.aksb.de

(⁹⁷) Ver: www.OIC-ICO.org

(⁹⁸) Ver: www.wcrp.org

(⁹⁹) Ver: www.fce.be

(¹⁰⁰) Reproduzido de um texto não publicado da autoria do padre jesuíta Wolfgang Felber, que simpaticamente o transmitiu ao autor deste trabalho.

NOTAS

([101]) Ver: www.eeb1.org e http://www.eursc.eu/fichiers/contenu_fichiers1/380/SW3_Dispos_A4_pt.pdf

([102]) Ver também o quinto parágrafo do subcapítulo 3.5. e www.humanism.be

([103]) Panfleto: «Avicenna. Religious Associations and Humanists together to reflect upon European society» [Avicenna. Associações Religiosas e Humanistas reflectem em conjunto sobre a sociedade europeia], edição própria, Bruxelas, 174, Rua Joseph II.

([104]) Ver a exposição no quinto parágrafo do subcapítulo 3.5.

([105]) A designação «Tratado que estabelece uma Constituição para a Europa», resumidamente: «Tratado Constitucional», foi alterada para «Tratado de Reforma» na sua versão final e revista. No entanto, ela será mantida, por ser essa a utilizada aquando dos debates.

CAPÍTULO 5

([1]) Documento SN 300/01 ADD 1, Anexo I, parágrafo 1.

([2]) *Idem*, parágrafo 2.

([3]) A lista detalhada de nomes pode ser consultada em:
http://european-convention.eu.int/Static.asp?lang=DE&Content=Composition

([4]) Ver documento SN 300/01 ADD 1, parágrafo 3 e:
http://european-convention.eu.int/bienvenue.asp?lang=PT

([5]) Cf. v-4.

([6]) Ver as correspondentes rubricas em: http://european-convention.eu.int/bienvenue.asp?lang=PT

([7]) JO n.º C 340, de 10 de Novembro de 1997.

([8]) «Conseguir a confiança dos cidadãos para o futuro da Europa» – declaração da COMECE ao Conselho Europeu de Laeken.

([9]) Papa João Paulo II, numa alocução a um grupo de deputados europeus, a 10 de Novembro de 1983.

([10]) Ver v-8, ponto 6, da declaração da COMECE.

([11]) *Idem*, ponto 12 da declaração.

([12]) *Idem*.

([13]) Carta de 4 de Dezembro de 2001 ao primeiro-ministro Guy Verhofstadt – arquivo da Comissão Igreja e Sociedade da KEK, consultada pelo autor deste trabalho.

([14]) «Kirchen im Prozess der europäischen Integration» [«Igrejas no processo de integração europeia»] – Comissão Igreja e Sociedade da KEK, Bruxelas, Maio de 2001, publicação própria.

(15) *Livro Branco sobre a Boa Governação*, KOM (2001) 428. Versão definitiva, de 25 de Julho de 2001.

(16) Reproduzido com base em informações obtidas oralmente junto da COMECE por parte do autor deste trabalho.

(17) Carta dos Direitos Fundamentais da UE – Jornal Oficial das Comunidades Europeias n.º C 364, de 18 de Dezembro de 2000, páginas 0001 a 0022.

(18) «In dem Bewusstsein ihres geistig-religiösen und sittlichen Erbes [...]» [Com a consciência da sua herança espiritual/religiosa e moral]; *idem*, preâmbulo.

(19) Jacqueline Hénard, *Ehre sei Gott ... Was ist Deutsch?* [Honra a Deus... o que é alemão?], in: *Die Zeit*, de 02.11.2000.

(20) Joseph Ratzinger, *Europas Kultur und ihre Krise* [A cultura europeia e a sua crise], in: *Die Zeit*, de 07.12.2000.

(21) As seguintes exposições são baseadas em observações pessoais do autor deste livro, em conversas com as pessoas envolvidas no processo e em consultas a um extenso material de documentação.

(22) KEK, Boletim Informativo n.º 4, Bruxelas, Março de 2002 – arquivo da KEK.

(23) KEK, Boletim Informativo n.º 5, Bruxelas, Março de 2002 – arquivo da KEK.

(24) Ver a declaração final da 12.ª assembleia magna da KEK em Trondheim, de 25 de Junho a 2 de Julho de 2003.

(25) Estas informações foram retiradas pelo autor deste livro a partir de uma carta da EKD e da Conferência Episcopal Alemã dirigida a si. Além disso, obteve numerosas informações, transmitidas oralmente pelo gabinete da EKD, em Bruxelas.

(26) (Infelizmente, não pôde deixar de ser feita uma admoestação, neste documento, ao perigo do proselitismo) – tomada de posição do Sínodo Sagrado da Igreja da Grécia, Atenas, 30 de Maio de 2002, em língua francesa.

(27) Conclusões finais da consulta inter-ortodoxa sobre o projecto de um Tratado Constitucional para a União Europeia. Heraklion / Creta, 18 e 19 de Março de 2002, em língua inglesa.

(28) Atenas, 4 a 6 de Maio de 2003.

(29) «Statement of the Orthodox Church of Greece on the future of Europe» [Declaração da Igreja grega ortodoxa acerca do futuro da Europa], Atenas, 19 de Março de 2003, nas línguas grega e inglesa.

(30) Assim, por exemplo, o «Statement by the Moscow Patriarchate Department for external Church relations on the published draft Preamble to the Treaty establishing the Constitution of the European Union» [Declaração do Departamento Patriarcal de Moscovo para as relações externas da Igreja, no rascunho de

NOTAS

preâmbulo ao Tratado, que estabelece a constituição da União Europeia], Moscovo, 27 de Maio de 2003.

([31]) O documento foi electronicamente disponibilizado ao autor deste trabalho a 16 de Maio de 2003.

([32]) CMCE, carta ao presidente da Convenção, de 17 de Fevereiro de 2003 – arquivo do autor deste trabalho.

([33]) Ver o capítulo 6.5, no quarto capítulo.

([34]) Em Agosto de 2004, a EHF já tinha publicado os documentos mais importantes na sua *homepage*: http://humanism.be/english/03latestnews.htm e http://humanism.be/english/04act-europinstitut.htm.

([35]) Documento CONV 112/02 ADD 1, de 19/06/2002; ver, neste caso, e por princípio, a nota de rodapé n.º 320.

([36]) Documento CONV 112/02, ponto 21, de 17/06/2002.

([37]) O artigo do Secretariado-COMECE para o debate sobre o futuro da União Europeia no Tratado Europeu, Bruxelas, 21 de Maio de 2002.

([38]) A fórmula aqui encontrada é : «[...] que também aqueles, que acreditam em Deus como fonte da verdade, da justiça, do bem e do belo, como os que não partilham essa crença, mas que respeitam os valores universais, assim como de outras fontes [...]», citado segundo a nota de rodapé n.º 2 do já mencionado documento COMECE; ver também: www.comece.org.

([39]) Publicado, primeiramente, na versão original de língua inglesa em:
www.KEK-kek.org/English/convention7.htm, e, em Junho de 2002, em língua alemã como Boletim Informativo n.º 7.

([40]) Declaração final da Conferência «A Secularidade na Europa», Roma, em 09-02-2002. Estes e outros documentos foram publicados em: www.humanism.be/english/04act-europinstitut.htm. Entretanto, foram retirados alguns documentos.

([41]) EHF, *For the neutrality of the institutions of the European Union* (Para a neutralidade das Instituições da União Europeia), Bruxelas, 28 de Janeiro de 2002.

([42]) *Idem*.

([43]) *Ibidem*.

([44]) *Newsletter* 2002/2003 da EHF-FHE, em: www.humanism.be/english/03latestnews.htm.

([45]) No anexo do documento CONV 111/02 ADD 1, de 19 de Junho de 2002, encontra-se a listagem com os nomes de todos os intervenientes.

([46]) Ver documento CONV 111/02 ADD 1, de 19 de Junho de 2002.

([47]) *Idem*.

([48]) Ver documento CONV 167/02, de 4 de Julho de 2002.

([49]) Traduzido de: http://europa.eu.int/futurum/forum_convention/documents/contrib/other/0264_r_en.pdf. Ver também, entre outros, os arquivos da COMECE e da KEK.

([50]) Ver: http://www.epp-ed.org/Press/pthem02/them01-diskussionpapier_en.asp, que foi substituído pelo novo *site*: www.epp-de.org/home/de/welcome.asp

([51]) *Churches and religious communities in a Constitutional Treaty of the European Union* (Igrejas e comunidades religiosas no Tratado Constitucional), arquivos da COMECE e da KEK, e também publicado em:
http://europa.eu.int/futurum/forum_convention/documents/contrib/other/0298_c_en.pdf

([52]) Documento CONV 375/1/02 REV 1, ponto 7: os princípios para o reconhecimento da competência da União.

([53]) Documento CONV 369/02, de 28 de Outubro de 2002.

([54]) Ver também: http://europa.eu.int/futurum; estudo de viabilidade. Contributo para um anteprojecto para a Constituição da União Europeia. Documento «Penélope», Bruxelas, 5 de Dezembro de 2002.

([55]) http://www.KEK-kek.org e arquivo da KEK.
No entanto, a versão inglesa era mais precisa: em vez de «preocupações [...]», intitulava-se «Possible fields for action [...]» (Possíveis campos de actuação), sublinhando o seu carácter de intervenção.

([56]) *Churches and religious communities in a Constitutional Treaty of the European Union (II)* [Igrejas e comunidades religiosas num Tratado Constitucional da União Europeia (II)], Bruxelas, 18 de Dezembro de 2002. Arquivos da COMECE, da KEK e do autor deste trabalho.

([57]) Ver documento CONV 528/03, de 06 de Fevereiro de 2003.

([58]) Ver documento CONV 574/1/03 REV 1, de 26 de Fevereiro de 2003.

([59]) *Idem*, pp. 17 a 23.

([60]) *Ibidem*, pp. 50 a 54.

([61]) *Ibidem*, pp. 79.

([62]) Documento CONV 601/03, de 11 de Março de 2003.

([63]) Ver o documento CONV 650/03, de 2 de Abril de 2003.

([64]) «Relatório da Comissão sobre a governação europeia» (Livro Branco), Bruxelas, KOM (2001) 428, versão final de 25 de Julho de 2001, página 19: «A sociedade civil desempenha um papel importante, uma vez que expressa as preocupações dos cidadãos e proporciona serviços que vêm ao encontro das suas necessidades. As Igrejas e as comunidades religiosas desempenham um papel especial.»

([65]) http://www.humanism.be/english/04act-europinstitut.htm

([66]) *Idem*: *For the withdrawal of article 37 of the European Constitution* (Para a retirada do Artigo 37.º da Constituição).

(⁶⁷) *Ibidem*: *Appeal to the European Convention* (Apelo à Convenção Europeia).

(⁶⁸) *Ibidem*: *Note concerning article 37 of the draft treaty* (Nota relativa ao Artigo 37.º do esboço do Tratado).

(⁶⁹) Ver o documento CONV 670/03, de 15 de Abril de 2003, pp. 24/25 e 36/37.

(⁷⁰) *Ibidem*.

(⁷¹) *Ibidem*.

(⁷²) http://www.europarl.eu.int/europa2004/textes/verbatim_030424.htm; ver, primeiro, o documento CONV 696/03, de 30 de Abril de 2003, pp. 6 a 8.

(⁷³) *Idem*.

(⁷⁴) Ver o documento CONV 744/03, de 15 de Maio de 2003.

(⁷⁵) Ver o documento CONV 696/03, de 30 de Abril de 2003.

(⁷⁶) Ver o documento CONV 724/1/03 REV 1, anexo 2, p. 116.

(⁷⁷) *Idem*.

(⁷⁸) Ver o documento CONV 850/03, de 18 de Julho de 2003.

(⁷⁹) Ver o documento CONV 852/03, de 18 de Julho de 2003.

(⁸⁰) Tratado para a Europa, Artigo IV-447.º, n.º 2; CIG 87/04, de 6 de Agosto de 2004.

(⁸¹) EKD, Informações Europa, n.º 97, Julho de 2003.

(⁸²) Tratado sobre a Constituição para a Europa, Jornal Oficial da União Europeia n.º C 310, de 16 de Dezembro de 2004.

(⁸³) A COMECE fez referência explícita a esta circunstância, por exemplo, em numerosas declarações oficiais.

(⁸⁴) Cf. v-82.

(⁸⁵) *Idem*; para esclarecimentos ao Artigo II-1.º, ver a página *web* em v-6.

(⁸⁶) *Ibidem*, Artigo II-61..º

(⁸⁷) *Ibidem*, Artigo II-62.º: «(1) Todo o ser humano tem direito à vida. (2) Ninguém pode ser condenado à morte ou executado.»

(⁸⁸) *Ibidem*, n.º 2 do Artigo II-63.º: «No âmbito da medicina e da biologia, deverá ser respeitado o seguinte: a proibição da clonagem reprodutiva do ser humano.»

(⁸⁹) *Ibidem*.

(⁹⁰) *Ibidem*.

(⁹¹) *Ibidem*.

(⁹²) *Ibidem*.

(⁹³) Cf. v-85. Aqui: introdução explicativa ao documento.

(⁹⁴) *Idem*.

(⁹⁵) Cf. v-82, Artigo I-7.º: personalidade jurídica.

(⁹⁶) Ver o documento CONV 722/03, de 28 de Maio de 2003.

(⁹⁷) Assim citado, entre outros, segundo o Jornal da Igreja para a diocese Feldkirch, edição de 8 de Junho de 2003.

(⁹⁸) Cf. v-82, neste caso o preâmbulo.

(⁹⁹) Esta tomada de posição foi publicada nas Informações-Europa da EKD, edição n.º 103, Julho-Agosto de 2004, p. 2, Bruxelas, edição própria.

(¹⁰⁰) Cf. v-82, as diferentes versões linguísticas do preâmbulo da parte II.

(¹⁰¹) Cardeal Christoph Schönborn: *Prometheus und Ikarus – Der Europäer und seine Union* [Prometeu e Ícaro – O Europeu e a sua União], Conferência na COMECE – Plenário da Primavera, 1995.

CAPÍTULO 6

(¹) Esta tendência confirma todas as estatísticas recentes, mesmo que os números concretos difiram nos detalhes; ver o primeiro capítulo deste trabalho e I-2.

(²) Ingeborg Gabriel, *Kirche und Kultur. Überlegungen zum Thema Inkulturation* [Igreja e Cultura. Reflexões sobre o tema aculturação], *in*: Freistetter, Werner e Weiler, Rudolf (org.); *Die Einheit der Kulturethik in vielen Ethosformen* [A unidade da ética cultural nas diversas formas éticas], Berlim, 1993, p. 127.

(³) PE, resultados da audiência de 28 de Janeiro de 1997, perante a Comissão para a Cultura, a Juventude, a Educação e os Meios de Comunicação Social.

(⁴) Documento de trabalho, PE, Direcção-Geral das Ciências, série: Os direitos das mulheres, W-6, 9-1996.

(⁵) Deputado europeu Abdelkader Mohammed Ali, relatório perante a Comissão para a Cultura, a Juventude, a Educação e os Meios de Comunicação Social, de 29 de Abril de 1998, doc. A4-0167/98; DOC_DE/RR/352/352418. [*N.T.* - Para a mesma informação, consulte o *site* em português: http://www.europarl.europa.eu/pv2/pv2?PRG=DOCPV&APP=PV2&SDOCTA=20&TXTLST=1&TPV=DEF&POS=1&Type_Doc=RESOL&DATE=160998&DATEF=980916&TYPEF=A4&PrgPrev=TYPEF@A4%7CPRG@QUERY%7CAPP@PV2%7CFILE@BIBLIO98%7CNUMERO@167%7CYEAR@98%7CPLAGE@1&LANGUE=PT]

(⁶) http://www.islamicpopulation.com/europe_general.html. Para a Áustria, os números são provenientes dos censos, tendo como data de referência 15 de Maio de 2001, e dos censos de 2001 para o Reino Unido (*United Kingdom National Statistics/Census 2001*, publicado em Fevereiro de 2003). A conceituada Russel Sage Foundation, em Nova Iorque, publicou os seguintes números, em Outubro de 2002, sob o título *Muslims in Europe: The State of Research* (Muçulmanos na Europa: o estado da pesquisa): Áustria: 320 000; Bélgica: 370 000; Dinamarca: 150 000; França: 4 a 5 milhões; Alemanha: 3,04 milhões; Grécia: 370 000; Itália: 700 000; Portugal: 30 000 a 38 000; Espanha: 300 000 a 400 000; Reino Unido: 1,406 milhões; Suécia: 250 000 a 300 000; Países Baixos: 695 600. Por sua vez, o *Internacional European Policy Center*, em Bruxelas, contabilizou 5 milhões de mulçumanos em França no ano de 2003; 3,2 milhões na Alemanha e 2 milhões na Grã-Bretanha.

(⁷) Ver as publicações esclarecedoras do European Monitoring Center on Racism and Xenophobia (EUMC) [Observatório Europeu do Racismo e da Xenofobia]. Dos periódicos fazem parte: o *Jahresbericht* (anuário) em duas partes: Actividades. Centro Europeu de Observação do Racismo e da Xenofobia, anuário, parte I, assim como o Racismo e a Xenofobia nos Estados-membros da UE; tendências, práticas e desenvolvimentos comprovados, anuário, parte II, edição de EUMC, Viena; o *Fortschrittsbericht* (Relatório de Progressos). EUMC-Actividades/Designação Mensal (www.eumc.eu.int); *European Monitoring Center on Racism and Xenophobia. Work-Programm* / Designação anual (www.eumc.eu.int).

(⁸) Foram criadas através da Legislação (CE) n.º 168/2007, do Conselho de 15 de Fevereiro de 2007 (ABl. L 53, em 22 de Fevereiro de 2007), com sede em Viena.

(⁹) Segundo o antigo deputado europeu, Abdelkader Mohammed Ali, no seu relatório à Comissão para a Cultura, a Juventude, a Educação e os Meios de Comunicação Social sobre: *Islam und der europäische Averroes-
-Studientag* (O Islão e a Jornada Europeia Averróis), de 29 de Abril de 1998, Doc. A4-0167/98; DOC_DE/RR/352/352418; p. 12. Em relação à situação legal na República Federal da Alemanha e para os problemas crescentes dos imigrantes muçulmanos, ver a exposição resumida em Graf, Peter/Antes, Peter: *Strukturen des Dialogs mit Muslimen in Europa (Europäische Bildung im Dialog 6)* (Estruturas do Diálogo com os muçulmanos na Europa (Educação Europeia no Diálogo 6), Frankfurt, 1998.

(¹⁰) Constituição para a Europa, Artigo I-3.º, Jornal Oficial da UE n.º C 310, de 16 de Dezembro de 2004.

(¹¹) *Idem*, comparar os Artigos I-3.º («Os valores da União») e I-9.º («Direitos Fundamentais»).

(¹²) *Ibidem*, parte II.

(¹³) *Nostra Aetate* 2, citação de: *Kleines Konzilkompendium* [Pequeno compêndio do Concílio], Karl Rahner e Herbert Vorgrimmler (orgs.), Friburgo, 1974.

(¹⁴) *Nostra Aetate* 3, *idem*.

(¹⁵) *Ibidem*.

(¹⁶) *Nostra Aetate* 2, *ibidem*.

[17] Rudi Paret, *Der Koran. Übersetzung, Kommentar und Konkordanz* [O Alcorão. Tradução, comentários e concordância], Estugarda, 1977.

[18] *Idem*.

[19] O autor deste trabalho representou nesta Conferência a Comisão Europeia e vê-se na posição de informar com autenticidade.

[20] Ver o texto completo como Anexo I deste trabalho e em: www.derislam.at.

[21] *Idem*, introdução.

[22] *Ibidem*, n.º 1.

[23] *Ibidem*.

[24] *Ibidem*.

[25] *Ibidem*.

[26] *Ibidem*, recomendações.

[27] O autor deste trabalho colabora com os participantes da Conferência para a implementação das resoluções, aconselhando e apoiando na sua função de consultor político do presidente da Comissão Europeia para o diálogo com as religiões, Igrejas e organizações filosóficas e não confessionais.

[28] Ver: www.derislam.at

[29] Mais informações em: *idem*.

[30] Ingeborg Gabriel, *Kirche und Kultur. Überlegungen zum Thema Inkulturation* [Igreja e Cultura. Reflexões sobre o tema da aculturação], *in*: Werner Freistetter/Rudolf Weiler (org.), *Die Einheit der Kulturethik und die vielen Ethosformen* [A unidade da ética cultural e as suas diversas formas de ética], Berlim, 1993.

[31] Tariq Ramadan: ver, entre outros, *Être musulman européen. Étude des sources islamiques à la lumière du contexte européen* [Ser muçulmano europeu. Estudo das fontes islâmicas à luz do contexto europeu], Editora Tawhid, Lyon 1999; e *Les musulmans dans la laïcité* [Os muçulmanos na laicidade], Editora Tawhid, Lyon, 1998.

[32] Adel Theodor Khoury, *Der Islam. Sein Glaube, seine Lebensordnung, sein Anspruch* [O Islão. A sua crença, a sua ordem de vida, o seu desígnio], Friburgo-Basileia-Viena, p. 175.

[33] Said Ramadan, *Das islamische Recht. Theorie und Praxis* [O direito islâmico. Teoria e prática], Wiesbaden, 1980, p. 48 e ss. (*Keine Theokratie im Islam* – Nenhuma teocracia no Islão).

[34] *Idem*, p. 49.

[35] *Ibidem*, p. 50.

[36] *Ibidem*, p. 54.

[37] Comparar: *Kleines Islam-Lexikon. Geschichte, Alltag, Kultur* [Pequena Enciclopédia Islâmica. História, vida quotidiana, cultura], Ralf Egger (org.), Munique, 2001, entrada «Fundamentalismo».

(38) Comparar: *idem*, entrada «Tradicionalismo».

(39) Chris Harrie/Peter Chippindale, *Die muslimische Welt. Religion, Geschichte, Politik* [O mundo muçulmano. Religião, história, política], Munique, 1992, p. 32.

(40) Adel Theodor Khoury, ver: nota de rodapé n.º 448, p. 36 e ss.

(41) Adel Theodor Khoury, ver: nota de rodapé n.º 448, p. 42, e *Kleines Islam-Lexikon* [Pequena Enciclopédia Islâmica], ver nota de rodapé n.º 453, entrada *Koranexegese* [Exegese do Alcorão] e *Recht* [direito] assim como indicações das fontes.

(42) Adel Theodor Khoury, cf. VI-32, p. 42 e ss.

(43) Adel Theodor Khoury, cf. VI-32, p. 52 e ss.

(44) Cf.: *Kleines Islam-Lexikon* [Pequena Enciclopédia Islâmica], cf. VI-37, entrada *Re-Islamisierung* (re-islamização).

(45) Ver a descrição breve, mas muito elucidativa, em: *Der Islamismus, eine Herausforderung für Europa. Politik im Namen Allahs* [O Islamismo, um desafio para a Europa. Política em nome de Alá], Ozan Ceyhun (org.), *Fraktion der Sozialdemokratischen Partei im Europäischen Parlament* [Partido Social Democrático no Parlamento Europeu], 2.ª edição, Bruxelas, 2001, pp. 61 a 68.

(46) Cf.: *Kleines Islam-Lexikon* [Pequena Enciclopédia Islâmica], cf. VI-37, entrada *Reformislam* [Islão reformista].

(47) Cf. *idem*, entrada *Modernismus* [Modernismo].

(48) Cf. Bassam Tibi, *Krieg der Zivilisationen. Politik und Religion zwischen Vernunft und Fundamentalismus* [Guerra das Civilizações. Política e religiões entre a Razão e o Fundamentalismo], Munique, 2001.

(49) Gudrun Krämer, *Der Islam ist Religion und Staat* [O Islão é Religião e Estado]. *Zum Verhältnis von Religion, Recht und Politik im Islam* (Acerca da relação entre religião, direito e política no Islão), pp. 91 a 103, in: Severin J. Lederhilger (org.), *Gottesstaat oder Staat ohne Gott. Politische Theologie in Judentum, Christentum und Islam* [Estado de Deus ou Estado sem Deus. Teologia Política no Judaísmo, Cristinanismo e Islão], Frankfurt-am-Main, 2002.

(50) Gudrun Krämer, *idem*, p. 102.

(51) Nadeem Elyas, *Der islamische Staat. Theologische Grundlagen und politische Realität* [O Estado islâmico. Bases teológicas e realidade política], *in*: Severin J. Lederhilger (org.) *Gottesstaat oder Staat ohne Gott. Politische Theologie in Judentum, Christentum und Islam* [O Estado islâmico. Bases teológicas e realidade política], Frankfurt-am-Main, 2002, p. 117.

(52) *Idem*, p. 119 e ss.

(53) Citação de Adel Theodor Khoury, p. 215, cf. VI-32.

(54) Ver: *Kleines Islam-Lexikon* [Pequena Enciclopédia Islâmica]. Cf. VI-37, entrada *Abduh Mohammad*.

(⁵⁵) Cf. vi-48.
(⁵⁶) *Idem*, p. 304.
(⁵⁷) *Idem*, p. 331.

(⁵⁸) Na Comissão Europeia, ainda subsiste de forma generalizada o equívoco de que as instituições da UE já deveriam ser «seculares» e, por isso, a cooperação com as religiões e as Igrejas não deveria constituir um problema. Por essa razão, alguns funcionários procuram substituir o diálogo com as religiões por um diálogo com as culturas. O Artigo I-52.º (3) da futura Constituição para a Europa constitui um esclarecimento há muito esperado para esta questão.

(⁵⁹) Encíclica *Fides et ratio* [Fé e Razão]. *Über das Verhältnis von Glaube und Vernunft* [Acerca da relação entre fé e razão], de 14 de Setembro de 1998, n.º 42; ver em especial os capítulos II, III e IV, ASS 71 (1998).

(⁶⁰) Fonte: http://islam.de/index.php?site=sonstiges/events/charta (Março de 2005), assim como o texto do Anexo II deste trabalho.

(⁶¹) Fonte: http://www.islamarchiv.de/index2.html (Março de 2005).

(⁶²) Ursula Spuler-Stegemann, *Muslime in Deutschland. Nebeneinander oder Miteinander* [Muçulmanos na Alemanha.] Friburgo em Brisgóvia, 1998, p. 102.

(⁶³) Todos os dados são provenientes do arquivo do Islão, cf. vi-61.

(⁶⁴) Fonte: http://www.islam.de/?tree=zmd

(⁶⁵) «Carta Islâmica», prefácio, cf. vi-60.

(⁶⁶) *Idem*.

(⁶⁷) *Ibidem*.

(⁶⁸) As reacções adversas mais significativas, por serem as mais corrosivas, foram publicadas na *homepage* do ZMD; cf. vi-60.

(⁶⁹) Cf. vi-60. Tomada de posição elaborada pelo professor universitário Richard Potz da Universidade de Viena, após a publicação da Carta, mas não publicada, pela qual o autor deste trabalho pôde gratamente orientar-se em algumas reflexões valiosas.

(⁷⁰) *Idem*, secção 8.
(⁷¹) *Idem*, secção 10.
(⁷²) *Idem*, secção 11.
(⁷³) *Idem*, secção 12.

(⁷⁴) Em relação a este complexo tema, ver também: Adel Theodor Khoury, *Mit Muslimen in Frieden leben. Friedenspotenziale des Islam* [Viver em paz com os muçulmanos. Potencial de paz do Islão]; Würzburg, 2002, e artigo *Heiliger Krieg* [Guerra Santa], in: Adel Theodor Khoury/Peter Heine/Ludwig Hagemann, *Islam--Lexikon. Geschichte-Ideen-gestaltend* [Enciclopédia do Islão. Moldagem da história e das ideias], vol. II: G-N, Friburgo, 1991, e mais acima neste capítulo.

(⁷⁵) Cf. nota de rodapé n.º 476, comparar com secção 13.

Notas

([76]) *Idem*, ver secção 15.

([77]) *Ibidem*, ver secção 19.

([78]) Entre outros, o *Frankfurter Allgemeine Zeitung* referiu-se a este assunto, na sua edição de 24 de Julho de 2002, p. 1.

([79]) O Tribunal Constitucional Alemão, ao ajuizar sobre o caso de uma muçulmana que pretendia ser admitida numa escola pública, mas que insistia em usar o véu islâmico no recinto escolar e fora do ensino religioso, não consentiu que fosse admitida na escola.

([80]) Ver o acordo de parceria e cooperação do Estado espanhol com a Comissão islâmica espanhola, no ano de 1992, resumido em: Peter Graf/Peter Antes, *Strukturen des Dialogs mit Muslimen in Europa* [Estruturas do diálogo com os muçulmanos na Europa], cf. VI-9.

([81]) *Reichsgesetzblatt*, edição n.º 159/1912.

([82]) Em França e na Holanda, por exemplo, existem institutos de formação não estatais, ou seja, apenas privados. Todas as informações relatadas são do actual presidente da Comunidade Islâmica da Áustria, Anas Schakfeh, e do grande conhecedor da situação, Prof. Dr. Petrus Bsteh, do Centro de Contactos de Viena para as religiões do mundo. (www.weltreligionen.org).

([83]) Ver o respectivo texto do acordo em: http://www.interieur.gouv.fr/rubriques/c/c2_le_ministere/c21_actualite/2002_12_16_musulman/2002_12_16_protocolmusulman.

([84]) Nicolas Sarkozy, *La République, Les Religions, L'Espérance* [A República, as religiões, a esperança], Paris, 2004, p. 65: «C'est précisément cette conception de la laicité que je souhaite voir évoluer. Croire que l'Ètat peut rester totalement indifférent au fait religieux est constamment contredit par la réalité des faits. Bien sûr, l'État ne doit pas se mêler du dogme, mais il ne peut ignorer les affaires religieuses». [É precisamente esta concepção de laicidade que eu desejo ver evoluir. Acreditar que o Estado pode ficar totalmente indiferente à realidade religiosa é constantemente refutado pela realidade dos factos. É claro que o Estado não pode imiscuir-se no dogma, mas também não pode ignorar os assuntos religiosos].

([85]) *Idem*, p. 87.

([86]) Ver o terceiro capítulo.

([87]) 1. *Islam et musulmans d'Europe. La situation en Europe occidentale et orientale* [Islão e muçulmanos na Europa. A situação na Europa ocidental e oriental]; coordenado por Felice Dassetto, Brigitte Maréchal e Jörgen Nielsen; como folheto de impressão própria, não destinado à venda; *Policy Forward Unit* da Comissão Europeia, Bruxelas.

2. *La situation des musulmans en Europe* [A situação dos muçulmanos na Europa]; coordenado por Felice Dassetto e Jörgen Nielsen; como folheto de

impressão própria, não destinado à venda; *Policy Forward Unit* da Comissão Europeia; Louvain-La-Neuve, 2000.

([88]) Jocelyne Césari/Alexandre Caeiro/Dilwar Hussain, *Islam and Fundamental Rights in Europe* [O Islão e os direitos fundamentais na Europa], Comissão Europeia, Bruxelas, 2004.

([89]) Ver Abdullahi An-Na'im, *Towards an Islamic Reformation, Civil Liberties, Human Rights and International Law* [Rumo a uma reforma islâmica, liberdades cívicas, direitos humanos e direito internacional], Syracuse University Press, Syracuse, 1990; Muhammad Al-Ashmawwy, *L'islamisme contre l'islam*, La Decouverte [O Islamismo contra o Islão, a descoberta], Paris, 1989; Subhi Mahmasani, *Adaption of Islamic Jurisprudence to Modern Special needs* (Adaptação de jurisprudência islâmica às necessidades especiais modernas), *in*: John Donohue/John Esposito (orgs.), *Islam in Transition: Muslim Perspectives* [O Islão em transição: perspectivas muçulmanas], Oxford University Press, Oxford, 1982.

([90]) Cf. VI-37.

([91]) *Idem*.

([92]) Em: *Kleines Theologisches Wörterbuch* [Pequeno Dicionário Teológico], Karl Rahner e Herbert Vorgrimmler (orgs.), entrada *Säkularisierung* (Secularização).

([93]) Ver as anotações respectivas na página *web* dos diversos partidos em: www.europarl.europa.eu/groups/default_de.html

([94]) Cf. VI-5.

([95]) *Idem*, ponto 3, p. 6.

([96]) *Ibidem*, ponto 5, p. 6.

([97]) *Ibidem*.

([98]) *Ibidem*, ponto 11, p. 7.

([99]) *Ibidem*, ponto 12, p. 7.

([100]) Segundo a visão católica-teológica, o diálogo é visto como uma conversa entre duas pessoas de direitos iguais, no qual se procura uma concordância (consenso) da verdade. No diálogo com as Igrejas orientais, distinguem-se duas fases: o «diálogo do amor» e depois o «diálogo da verdade», e no ecumenismo existe o diálogo fundamentalmente bilateral (entre duas Igrejas), multilateral (entre várias Igrejas), oficial (com um mandatário enviado pelas chefias da Igreja) e não oficial (sem mandatário), religioso e global. Fonte: *Lexikon der Katholischen Dogmatik* [Enciclopédia da dogmática católica], Wolfgang Beinert (org.), Friburgo-Basileia-Viena, 1997, entrada *Dialog* (Diálogo).

([101]) Ver: *Carta aos Efésios*, 2, 14.

([102]) Ver: *Carta aos Gálatas*, 5, 22.

([103]) Ver: *Carta aos Romanos*, 12, 18; *Carta aos Efésios*, 4, 3.

([104]) Cf. VI-92, entrada *Friede* [Paz].

NOTAS

(¹⁰⁵) Comparar a entrada *Toleranz* [Tolerância], in: *Lexikon der Katholischen Dogmatik* [Enciclopédia da dogmática católica], Wolfgang Beinert (org.), Friburgo- -Basileia-Viena, 1997, e Heinrich Schmidinger (org.), *Wege zur Toleranz. Geschichte einer europäischen Idee in Quellen* [Caminhos para a tolerância. História de uma ideia europeia nas fontes], Darmstadt, 2002.

(¹⁰⁶) Cf. vi-105, e Bassam Tibi, *Selig sind die Betrogenen, Der christlich- -islamische Dialog beruht auf Täuschungen – und fördert wesentliches Wunschdenken* [Bem-aventurados os pobres de espírito. O diálogo entre cristãos e islâmicos assenta em ilusões – e incita a falsas esperanças], in: Jornal *Die Zeit*, Política, 23/2002.

(¹⁰⁷) *Idem*.

CAPÍTULO 7

(¹) Ver a declaração n.º 11 ao Tratado de Amesterdão e também o Artigo I-52.º da Constituição para a Europa, n.º. 1 e 2; in: Jornal Oficial da União Europeia n.º C 310, de 16 de Dezembro de 2004.

(²) Ver *Livro Branco sobre a Governação Europeia*, KOM (2001) 428 versão final, Bruxelas, 25 de Julho de 2001, p. 19.

(³) Cf. vi-1, Tratado da Europa, Artigo I-52.º, n°. 3.

(⁴) Recomendações da consulta inter-ortodoxa em relação ao projecto do Tratado da União Europeia, Creta, Heraklion, 18 e 19 de Março de 2003; documento no arquivo do autor deste trabalho.

(⁵) Um bom exemplo do trabalho público da Igreja é o folheto publicado pelo Sínodo Sagrado em língua grega e inglesa. Gabinete para as relações europeias, Atenas, 2003 – arquivo do autor deste trabalho.

(⁶) *Memorandum on the prospects of dialogue and cooperation between the Russian Orthodox Church and the European institutions Russian Orthodox Church* [Memorando acerca das perspectivas de diálogo e cooperação entre a Igreja Ortodoxa Russa e as instituições europeias], Igreja Ortodoxa Russa, Departamento para as Relações Externas da Igreja – arquivo do autor deste trabalho.

(⁷) Relatórios da Conferência de diálogo, edição própria da Fundação Robert- -Schuman-Stiftung, Luxemburgo.

(⁸) Gregorios Larentzakis, *Die Rolle der Orthodoxie in Europa* [O papel da ortodoxia na Europa], edição alargada de uma apresentação feita no Congresso científico «A riqueza da nova Europa e o contributo do "Oriente"», organizado pelo Instituto da Região do Danúbio e Europa Central, Viena, 8 e 9 de Novembro de 2001.

(⁹) Temas dos esclarecimentos da mencionada Conferência ortodoxa com o partido dos Democratas Cristãos e Democratas Europeus no PE.

(¹⁰) Peter Pavlovic/Robin Gurney, *Die Rolle der Kirchen im Prozess der europäischen Integration – eine Suche nach gemeinsamen europäischen Werten* [O papel das Igrejas no processo de integração europeia – uma procura de valores comuns europeus], KEK, Genebra-Bruxelas, Outubro de 2000.

(¹¹) *Idem*, principalmente da página 46 em diante.

(¹²) *Kirchen im Prozess der europäischen Integration* [Igrejas no processo de integração europeia], EECCS, Bruxelas, Maio de 2001.

(¹³) Cf. vii-12.

(¹⁴) Por exemplo: *Towards a Continent Reconciled with Itself. The contribution of an Enlarged European Union* [Rumo a um continente reconciliado consigo próprio. Contributo de uma União Europeia alargada], EECCS, Bruxelas, 1997.

(¹⁵) *Idem*, p. 6.

(¹⁶) *Ibidem*, p. 8.

(¹⁷) Este pedido foi apoiado pela estrutura institucional e pelo funcionamento da Convenção para a elaboração da Constituição para a Europa em sentido mais amplo, servindo por isso como modelo futuro de um processo de tomada de decisão participativa europeia.

(¹⁸) Cf. vii-12.

(¹⁹) *Idem*, p. 13.

(²⁰) *Ibidem*, p. 17.

(²¹) *Ibidem*.

(²²) Cf. vii-2.

(²³) Cf. vii-12, p. 22.

(²⁴) Ver a este propósito: *Die Entstehung der Charta Oecumenica* [A origem da Carta Ecuménica], Viorel Jonita, *in*: *Charta Oecumenica. Ein Text, ein Prozess und eine Vision der Kirchen in Europa* [Carta Ecuménica. Um texto, um processo e uma visão das Igrejas na Europa], Viorel Jonita/Sarah Numico (orgs), edição própria da KEK, Genebra-St. Gallen, 2003, pp. 29 a 40.

(²⁵) *Idem*, ver da página 34 em diante.

(²⁶) *Charta Oecumenica. Leitlinien für die wachsende Zusammenarbeit unter den Kirchen in Europa* [Carta Ecuménica. Linhas mestras para uma maior colaboração entre as Igrejas na Europa], editado em conjunto pelo Concílio das Conferências Episcopais Europeias (CCEE) e pela Conferência das Igrejas Europeias (KEK), edição própria, Genebra-St. Gallen, ver o Anexo II a este trabalho.

(²⁷) *Idem*, p. 4.

(²⁸) *Idem*, p. 13.

Notas

([29]) Assumidamente, as Igrejas não queriam limitar-se a uma Igreja católica romana.

([30]) *Ibidem*, p. 5, n.º I-1.

([31]) *Ibidem*, p. 6, n.º II-2.

([32]) *Ibidem*, p. 6 e ss., n.º II-2 até II-6; neste caso, n.º 6.

([33]) *Ibidem*, ver n.º II-2, p. 6.

([34]) Ibidem, n.º III-7, p. 9.

([35]) *Ibidem*.

([36]) *Ibidem*.

([37]) *Ibidem*, n.º III-8, p. 10.

([38]) *Ibidem*, n.º III-9, p. 10 e seguinte.

([39]) *Ibidem*, n.º III-10, p. 11.

([40]) *Ibidem*, n.º III-11, p. 12.

([41]) *Ibidem*, n.º III-12, p. 12.

([42]) *Frankfurter Allgemeine Zeitung*, 20 de Abril de 2001.

([43]) Relatado em: Otto Friedrich, *Ein ehrliches Dokument* [Um documento sério], colecção de textos da Fundação PRO-ORIENTE, Viena, tópico «Carta Ecuménica».

([44]) *Idem*.

([45]) Reproduzido em *Ökumene-Charta ist Beitrag zur Neugestaltung Europas* [Carta Ecuménica é um contributo para a redefinição da Europa], colecção de textos da Fundação PRO-ORIENTE, Viena, tópico «Carta Ecuménica».

([46]) *Idem*.

([47]) *What I miss in the Charta Oecumenica* [Do que eu sinto falta na Carta Ecuménica], publicação por *e-mail* do arcipreste Vsevelod Chaplin, Moscovo, 27 de Maio de 2003.

([48]) *Idem*.

([49]) Cf. vii-44, *ibidem*.

([50]) Ver o respectivo artigo *Der Beitrag der Charta Oecumenica zum Aufbau Europas* [O contributo da Carta Ecuménica para a construção da Europa], de John Coughlan e Keith Jenkins, in: cf. vii-12, pp. 96 a 100.

([51]) O autor deste trabalho recebeu esta informação, oralmente, por parte do antigo ministro dos Negócios Estrangeiros da Santa Sé, o antigo arcipreste e agora cardeal Jean-Louis Tauran.

([52]) Ver a colectânea dos textos fundamentais em: Josef Neuner-Heinrich Roos, *Der Glaube der Kirche in den Urkunden der Lehrverkündigung* [A fé da Igreja nos certificados da proclamação da doutrina], nova redacção de Karl Rahner e Karl-Heinz Weger, Friedrich Pustet (org.), Regensburg, capítulo 7: *Die Kirche* [A Igreja], pp. 245 a 343.

(⁵³) Ver a entrada *Kirche* [Igreja], em: Karl Rahner/Herbert Vorgrimmler, *Kleines Theologisches Wörterbuch* [Pequeno Dicionário Teológico], Friburgo--Basileia-Viena, 1978, p. 227 e ss.

(⁵⁴) Cf. vii-52, introdução ao capítulo 7, p. 247.

(⁵⁵) *Idem*, p. 249.

(⁵⁶) Cf. vii-53, p. 228.

(⁵⁷) *Idem*, p. 229.

(⁵⁸) Fonte: *Lexikon der katholischen Dogmatik* [Enciclopédia da dogmática católica], Wolfgang Beinert (org.), Friburgo-Basileia-Viena, 1997, entrada *Ekklesiologie* [Eclesiologia], p. 116.

(⁵⁹) *Idem*.

(⁶⁰) *Handbuch der Dogmatik* [Manual de dogmática], Theodor Schneider (org.), Düsseldorf, Vol. II, entrada *Ekklesiologie* [Eclesiologia], pp. 47 a154, neste caso p. 74.

(⁶¹) *Idem*, p. 80 e seguinte.

(⁶²) Ver Heinrich Fries, *Wandel des Kirchenbildes und dogmengeschichtliche Entfaltung* [Mudança da imagem da Igreja e desenvolvimento histórico--dogmático], in: Johannes Feiner/Magnus Löhrer (org.), *Mysterium Salutis*, Vol. IV/1: *Das Heilsgeschehen in der Gemeinde* [A salvação na Comunidade], Einsiedeln-Zurique-Colónia, 1972, pp. 234 a 285, neste caso p. 258 e ss.

(⁶³) Cf. vii-60, p. 85. (A doutrina da Igreja como «*societas perfecta*» nunca deixou de ser problemática. Em última análise, também devido ao crescente ênfase da autoridade e da hierarquia, acabou por levar à divergência das Igrejas do Ocidente e do Oriente, às cisões da Igreja desde o século xvi e à formação de um poder rígido e centralista em vez de uma gestão colegial. Os seus efeitos negativos só foram tratados, de forma exaustiva, através do Concílio Vaticano II e decididos através das correspondentes resoluções). Nota do autor.

(⁶⁴) Cf. vii-52, p. 256 (n.º 382).

(⁶⁵) *Idem*, p. 260 e seguinte. (n.º 387 e 389).

(⁶⁶) *Ibidem*, pp. 265 a 270.

(⁶⁷) *Ibidem*, p. 266 (n.º 402).

(⁶⁸) *Ibidem*, p. 267 (n.º 404).

(⁶⁹) *Ibidem*, p. 269 (n.º 407).

(⁷⁰) Fonte: O. Schilling, *Die Gesellschaftslehre Leos XIII. und seine Nachfolger* [A Sociologia de Leão XIII e os seus sucessores], Munique, 1951.

(⁷¹) Ver a Encíclica *Immortale Dei*, de 1 de Novembro de 1885 (Acta Leonis XIII., V, 1885); H. Schnatz (org.), *Päpstliche Verlautbarungen zu Staat und Gesellschaft* [Comunicados papais acerca de Estado e sociedade], docu-mento original com tradução alemã, Darmstadt, 1973.

([72]) AAS 55 (1963).

([73]) Konrad Hilpert, *Die Menschenrechte* [Os direitos humanos], p. 147.

([74]) *Kleines Konzilskompendium* [Pequeno compêndio do Concílio], Karl Rahner e Herbert Vorgrimmler (orgs.), Friburgo, 1974, p. 105.

([75]) LG 9, *in*: *idem*.

([76]) LG 10, *in*: *ibidem*.

([77]) LG 8, *in*: *ibidem*.

([78]) LG 5, *in*: *ibidem*.

([79]) LG 1, *in*: *ibidem*.

([80]) *Idem*.

([81]) GS 12 e ss., in: *ibidem*.

([82]) Deve ser aqui recordado o que já foi mencionado no subcapítulo dedicado à Constituição para a Europa: os autores da Constituição, ao formularem o Artigo II-1.º, que trata *expressis verbis* da dignidade humana, devem-no ter feito com a plena consciência desta tradição doutrinária cristã-ocidental.

([83]) GS 11, in: Rahner/Vorgrimmler, cf. vii-76.

([84]) GS 76, in: *idem*.

([85]) *Idem*.

([86]) Paul Mikat, *Kirche und Staat nach der Lehre der Katholischen Kirche, Handbuch für das Staatskirchenrecht* [Igreja e Estado segundo a doutrina da Igreja Católica, manual para o direito eclesiástico estatal], vol. I, p. 139 e seguinte.

([87]) DH, *in*: Rahner/Vorgrimmler, cf. vii-76.

([88]) DH 2, in: *idem*.

([89]) *Ibidem*.

([90]) Da praticamente ilimitada bibliografia sobre esta temática, comparar: Gerhart Leibholz, entre outros (orgs.), *Menschenwürde und freiheitliche Rechtsordnung (Festschrift für Willi Geiger)* [Dignidade humana e ordem jurídica liberal (homenagem a Willi Geiger)], Tübingen, 1974; dos mesmos: *Kirche im freiheitlichen Staat, Schriften zum Staatskirchenrecht und Kirchenrecht* [Igreja no Estado liberal, documentos acerca do direito eclesiástico estatal e direito eclesiástico], vol. II, Berlim, 1996; Konrad Hilpert, *Die Menschenrechte* [Os direitos humanos], Düsseldorf, 1991; Martin Honecker, *Das Recht des Menschen* [O direito das pessoas], Gütersloh, 1978; Wolfgang Huber, *Gerechtigkeit und Recht. Grundlinien christlicher Rechtsethik* [Justiça e direito. Linhas mestras de ética jurídica cristã], Gütersloh, 1996; Josef Isensee *et al.*, *Dem Staate, was des Staates – der Kirche, was der Kirche ist* [Ao Estado o que é do Estado e à Igreja o que é da Igreja], homenagem a Joseph Listl, Berlim, 1999; Andreas Haralich, *et al*, (orgs.), *Religion und Weltanschauung im säkularen Staat* [Religião e visão do mundo no Estado secular], Estugarda, entre outros, 2001.

(⁹¹) Para uma sistematização básica, ver: *Handbuch der Kirchengeschichte* [Manual da história da Igreja], Hubert Jedin e Repgen, Konrad (orgs.): vol. VI (em dois volumes) e VII, Friburgo em Brisgóvia, 1979/1985, reedição de 1999, e Konrad Hilpert: cf. vii-75, pp. 137 a 148.

(⁹²) AAS 29 (1937).

(⁹³) *Idem*.

(⁹⁴) Cf. vii-75, p. 145.

(⁹⁵) Cf. vii-74.

(⁹⁶) A especialista vienense em ética social, Ingeborg Gerda Gabriel, apresentou pormenorizadamente esta evolução faseada, dirigindo o olhar para a proclamação social católica com base nos mais recentes conhecimentos científicos, no seu trabalho *Grundzüge und Positionen Katholischer Sozialethik* [Linhas orientadoras e posições da ética social católica], sobretudo no capítulo 4: *Katholische Soziallehre: Geschichte und Positionen* [Doutrina social católica: história e posições], in: I.Gabriel/A.K.Papaderos/U.J.Körtner: *Perspektiven ökumenischer Sozialethik. Der Beitrag der Kirchen im größeren Europa* [Perspectivas de ética social ecuménica. O contributo das Igrejas numa Europa maior], Mainz, 2005.

(⁹⁷) Palestra ao CCEE, em 19 de Dezembro de 1978, AAS 1979, p. 109, e palestra ao simpósio episcopal europeu de 20 de Junho de 1979, AAS 1979; citação de Jürgen Schwarz (org.), *Die Katholische Kirche und das neue Europa* [A Igreja Católica e a nova Europa]. Documentos 1980 a 1995, Mainz, 1996, p. 10.

(⁹⁸) LG 35, em Rahner/Vorgrimmler, cf. vii-76.

(⁹⁹) LG 4, in: *idem*.

(¹⁰⁰) Paulo VI, Exortação apostólica *Evangelii nuntiandi* (sobre a evangelização no mundo contemporâneo), n.º 18; AAS 68 (1976).

(¹⁰¹) *Idem*, n.º 14.

(¹⁰²) *Ibidem*, n.º 66.

(¹⁰³) *Ibidem*, n.º 52.

(¹⁰⁴) Cf. Mateus 28:19-20: «Portanto ide, fazei discípulos de todas as Nações, baptizando-os em nome do Pai, do Filho e do Espírito Santo; ensinando-os a guardar todas as coisas que eu vos tenho mandado; e eis que eu estou convosco todos os dias até à consumação dos séculos.»; Marcos 16:15 «E disse-lhes: ide por todo o mundo, pregai o Evangelho a toda criatura.»; comparar João 20:21; Lucas 24:47; Actos dos Apóstolos 1:8.

(¹⁰⁵) Teologia pastoral, vol. I, pastoral fundamental, p. 56.

(¹⁰⁶) Excelente e representativo de muitos: a exortação pós-sinodal *Ecclesia in Europa*; AAS 95 (2003).

(¹⁰⁷) Palestra aos participantes do VI Simpósio dos bispos europeus, de 11 de Outubro de 1985, AAS 1985, cf. Jürgen Schwarz, nota n.º 620, p. 202.

Notas

([108]) AAS XXVI, pp. 705 a 717, texto alemão em: *Mensch und Gemeinschaft in christlicher Schau, Dokumente* (Homem e comunidade na visão cristã. Documentos), Emil Marmy (org.), Friburgo, 1945, p. 938 e ss.

([109]) Cf. nota n.º 619: *Grundzüge und Positionen Katholischer Sozialethik* [Linhas orientadoras e posições de ética social católica], capítulo 2.2.3. *Die personalen Grundlagen: die fragile Freiheit des Individuums* [As bases pessoais: a frágil unidade do indivíduo].

([110]) Acta Leonis XIII, II, 1880-1881; Acta Leonis XIII, V, 1885, e Acta Leonis XIII, XI, 1891, texto alemão segundo Marmy, Emil, cf. nota n.º 631.

([111]) *Die katholische Sozialdoktrin in ihrer geschichtlichen Entfaltung, eine Sammlung päpstlicher Dokumente vom 15. Jh. bis in die Gegenwart* [A doutrina social católica na sua evolução histórica, uma colectânea de documentos papais desde o século XV até ao presente]; Arthur Utz e Brigitta von Gahlen (orgs.), Vol. IV, Aachen, 1976, pp. 2877 e ss.

([112]) Encíclica *Quadragesimo anno*, de 15 de Maio de 1931; AAS 23 (1931), ver principalmente os nºs 79 e 80.

([113]) Pensamentos para a nova ordem social, mensagem radiofónica de 1 de Setembro de 1944, AAS 36 (1944); citação de Arthur Utz/Joseph-Fulko Groner, *Aufbau und Entfaltung des gesellschaftlichen Lebens. Soziale Summe Pius XII.* [Construção e evolução da vida social. Soma social de Pio XII], volume I, Friburgo, 1954, p. 344.

([114]) Mensagem de Natal de 24 de Dezembro de 1944, AAS 37 (1945); citação de Emil Marmy, cf. nota n°. 631, p. 1072 e ss; citação de Utz/Groner, cf. nota nº 636, p. 1782 e ss.

([115]) Mensagem radiofónica de 9 de Maio de 1945, AAS 37 (1945), p. 129 e ss., citação de Jürgen Schwarz (org.), *Katholische Kirche und Europa. Dokumente 1945-1979* [Igreja Católica e Europa. Documentos 1945-1979], Munique e Mainz 1980, p. 1.

([116]) AAS 39 (1947), *idem*, p. 4.

([117]) AAS 40 (1948), *ibidem*, p. 9.

([118]) AAS 44 (1952), *ibidem*, p. 14 e ss.

([119]) AAS 47 (1955), *ibidem*, p. 30.

([120]) Citação de Philippe Chenaux, *Der Vatikan und die Entstehung der Europäischen Gemeinschaft* [O Vaticano e a origem da Comunidade Europeia], in: Martin Gruchat/Wilfried Loth (org.), *Die Christen und die Entstehung der Europäischen Gemeinschaft* [Os cristãos e a origem da Comunidade Europeia], Estugarda-Berlim-Colónia, 1994, p. 97 e ss., neste caso p. 101.

([121]) *Idem*, p. 104.

([122]) AAS 40 (1948), citação de Jürgen Schwarz, cf. nota n.º 638, p. 7 e ss.

(¹²³) *Idem.*

(¹²⁴) *Ibidem.*

(¹²⁵) AAS 47 (1955), *ibidem*, p. 27 e ss.

(¹²⁶) AAS 49 (1957), *ibidem*, p. 36 e ss.

(¹²⁷) Cf., a este propósito, o ponto 3 do primeiro capítulo deste trabalho.

(¹²⁸) AAS 49 (1957), citação de Jürgen Schwarz, cf. VII-112, p. 37.

(¹²⁹) *Idem.*

(¹³⁰) *Idem*, p. 38; neste assunto, o papa está décadas à frente da realidade política europeia; só a Constituição para a Europa viria a garanti-la vinculativamente, a partir de 2007, mas devido ao desfecho negativo dos referendos em França e na Holanda ficou para já sem efeito.

(¹³¹) Circular *Slavorum Apostoli*, in: *Erinnerung an das Werk der Evangelisierung der Heiligen Cyrill und Methodius vor 110 Jahren* [Memória à obra de evangelização dos santos Cirilo e Metódio há 110 anos], 2 de Junho de 1985, AAS 77 (1985).

(¹³²) Carta Apostólica (publicada de *motu proprio*) de 31 de Outubro de 2000; AAS 93 (2001).

(¹³³) AAS 30 (1947); também *L'Osservatore Romano*, de 29 de Agosto de 1958, p. 4.

(¹³⁴) Cf. Jürgen Schwarz, cf. VII-115, os documentos correspondentes.

(¹³⁵) AAS 55 (1963), *idem*, p. 71.

(¹³⁶) Discurso aos participantes no XXXVII Congresso Nacional da Federação Universitária Católica Italiana (FUCI), 2 de Setembro de 1963; *L'Osservatora Romano*, de 4 de Setembro de 1963, p. 2, *ibidem*, p. 73.

(¹³⁷) Mensagem de 25 de Julho de 1975, AAS 67 (1975), *ibidem*, p. 213 e ss.

(¹³⁸) AAS 67 (1975), *ibidem*, p. 221 e ss.

(¹³⁹) *L'Osservatore Romano*, edição semanal alemã de 12 de Dezembro de 1975, *ibidem*, p. 228.

(¹⁴⁰) AAS 68 (1976), *ibidem*, p. 229.

(¹⁴¹) AAS 68 (1976), *ibidem*, p. 230 e ss.

(¹⁴²) *Ansprache an die Teilnehmer der Arbeitsgruppe der Beratenden Versammlung des Europarates für die Beziehungen mit den innerstaatlichen Parlamenten und der öffentlichen Meinung am 8. April 1965* [Palestra aos membros do grupo de trabalho da Assembleia Consultiva do Conselho da Europa para as relações com os parlamentos intra-estatais e da opinião pública], em 8 de Abril de 1965; AAS 57 (1965), *ibidem*, p. 106 e ss.; *Ansprache an die Teilnehmer der Tagung der Politischen Kommission des Europarats* [Palestra aos participantes na reunião da Comissão Política do Conselho da Europa], de 2 de Setembro de 1968; AAS 60 (1968), *ibidem*, p. 133 e ss.; e *Ansprache an die Kommission der*

Beratenden Versammlung des Europarats [Palestra à Comissão da Assembleia Consultiva do Conselho da Europa], 5 de Maio de 1975; AAS 67 (1975), *ibidem*, p. 211 e seguinte.

([143]) AAS 56 (1964), *ibidem*, p. 90 e seguinte.

([144]) *L'Osservatore Romano*, de 16 de Outubro de 1964, p. 1; *ibidem*, p. 96.

([145]) AAS 59 (1967), *ibidem*, p. 124 e ss.

([146]) AAS 62 (1970), *ibidem*, p. 142 e ss.

([147]) AAS 63 (1971), *ibidem*, p. 158 e seguinte.

([148]) AAS 65 (1973), *ibidem*, p. 181 e seguinte.

([149]) *L'Osservatore Romano*, de 23 de Novembro de1972, p. 11; AAS 64 (1972), *L'Osservatore Romano*, de 10 de Junho de 1973, p. 1; *ibidem*, p. 170, cf. nota de rodapé n.º 524.

([150]) *L'Osservatore Romano*, de 18 de Outubro de 1975, p. 1, *ibidem*, p. 220 e seguinte.

([151]) *L'Osservatore Romano*, de 6 de Junho de 1976, p. 1, *ibidem*, p. 212 e seguinte.

([152]) Da quantidade de bibliografia disponível sobre este tema, refira-se como exemplo a biografia de Jan Roß: *Der Papst Johannes Paul II. Drama und Geheimnis* [O papa João Paulo II. Drama e segredo], Berlim, 2000, que se destaca pela sua excepcional qualidade.

([153]) Encíclica *Redemptor Hominis*, de 4 de Março de 1979, n.º 13, AAS 71 (1979).

([154]) Durante as pesquisas efectuadas para este livro, foi descoberta uma dissertação em língua espanhola, que se ocupa explicitamente da política do papa João Paulo II. A propósito de uma Europa unida: Alberto Ortega, *El pensamiento de Juan Pablo II sobre la Unidad Europea* [O pensamento de João Paulo II sobre a União Europeia], (1978-1996), *Dissertatio ad lauream in Facultate Iuris Canonici apud Pontificiam S. Thomae*, exortação apostólica, *in* Urbe, Roma, 1997.

([155]) *Christifideles laici* (exortação apostólica), 30 de Dezembro de 1988, AAS 81 (1989).

([156]) De 31 de Outubro de 2000, AAS 93 (2001).

([157]) *Idem*, n.º 4.

([158]) *Ibidem*, n.º 1.

([159]) *Ibidem*, n.º 4.

([160]) A este propósito, comparar em especial a introdução e o parágrafo desta declaração. Citação de Rahner/ Vorgrimmler, cf. vii-96, pp. 661 a 668.

([161]) Comparar Jan Ross, cf. vii-152, p. 75, assim como a complexa questão do terceiro capítulo do livro *Politische Theologie; Wojtyla und der Kommunismus* [Teologia política: Wojtyla e o Comunismo].

(162) Encíclica *Centesimus Annus*, de 1 de Maio de 1991, n.º 25; AAS 83 (1991).

(163) Encíclica *Redemptor Hominis*, de 4 de Março de 1979, n.º 11; AAS 71 (1979).

(164) *Idem*, n.º 12 .

(165) *Ibidem*, n.º 4.

(166) *Ibidem*, n.º 5.

(167) *Ibidem*, n.º 10.

(168) *Ibidem*, n.º 21; comparar, entre outros, Gálatas 5:1 e fundamentalmente Gálatas 4:8-6:10.

(169) Cf. Jan Ross, cf. vii-152, p. 76 e, entre outros, Romanos 8:16 e seguinte.

(170) Cf. *Centesimus annus*, n.º 25, cf. vii-162.

(171) *Idem*.

(172) *Ibidem*, n.º 5.

(173) *Ibidem*, n.º 11.

(174) Cf. João 17:21.

(175) Cf. João 17:23.

(176) *Ut unum sint*, Encíclica sobre o empenho ecuménico, 25 de Maio de 1995, n.º 1; AAS 87 (1995).

(177) *Idem*.

(178) Cf. nota n.º 596, p. 229.

(179) *Idem*.

(180) Cf. Efésios 4:4-6.

(181) 31 de Dezembro de 1980, AAS 73 (1981).

(182) Encíclica *Slavorum Apostoli*, cf. nota de rodapé n.º 654.

(183) *Idem*, n.º 2.

(184) *Ibidem*, n.º 13.

(185) *Ibidem*, n.º 17.

(186) *Ibidem*, n.º 19.

(187) Cf. Carta Apostólica *Euntes in mundum* de 25 de Janeiro de 1988, n.º 12, AAS 80 (1988).

(188) Exortação Apostólica Pós-sinodal *Ecclesia in Europa*, 28 de Junho de 2003; AAS 95 (2003).

(189) *L'Osservatore Romano, Documenti*, 26 de Junho de 1996, n.º 145 Suplemento, p. 20.

(190) Cf. Carta Apostólica *Tertio millennio adveniente*, de 10 de Novembro de 1994, 38; AAS (1995).

(191) Primeira Assembleia Especial do Sínodo dos Bispos para a Europa; Declaração final de 13 de Dezembro de 1991, n.º 2; *Enchiridion Vaticanum* 13, n.º 619.

Notas

([192]) Cf. *Ecclesia in Europa* e vii-188, n.º 2.
([193]) *Idem*, n.º 3.
([194]) *Ibidem*, n.º 5.
([195]) *Ibidem*, n.º 7.
([196]) *Ibidem*.
([197]) *Ibidem*, n.º 8 e 9.
([198]) *Ibidem*, n.ºs 11 a 17.
([199]) *Ibidem*, n.º 19.
([200]) *Ibidem*, n.º 20.
([201]) *Ibidem*, n.º 108.
([202]) *Ibidem*.
([203]) *Ibidem*, n.º 109.
([204]) *Ibidem*, n.º 110.
([205]) *Ibidem*, n.º 111 e 112.
([206]) *Ibidem*, n.º 112.
([207]) *Ibidem*, n.º 113.
([208]) Ver a este propósito o quinto capítulo deste livro e o respectivo ponto 4.
([209]) Cf. vii-188, n.ºs 116 a 119.
([210]) *Idem*, n.º 122 e ss.
([211]) «Nota doutrinal sobre algumas questões relativas à participação e comportamento dos católicos na vida política», Congregação para a Doutrina da Fé, 24 de Novembro de 2002.
([212]) *Idem*, n.º 1.
([213]) *Ibidem*, n.º 2.
([214]) *Ibidem*, n.º 3.
([215]) Em relação a esta problemática, videexposições fundamentais de Ingeborg Gabriel, capítulo 2.2.4. *Die moralischen Grundlagen: Humanismus aus christlicher und säkularer Inspiration* [s fundamentos morais: Humanismo de inspiração cristã e secular] in cf. nota de rodapé n.º 96.
([216]) Cf. vii-211, n.º 6.
([217]) Cf.. KATH.NET de 16 de Janeiro de 2003 (www.kath.net)
([218]) Cf. vii-211, n.º 6.
([219]) *Idem*, n.º 8.
([220]) *Ibidem*, n.º 7.
([221]) *Ibidem*, n.º 9.
([222]) Cf. Jornal Oficial da União Europeia n.º C 310, de 16 de Dezembro de 2004 (e, genericamente, o quinto capítulo deste trabalho).
([223]) *Idem*.
([224]) Vide o terceiro capítulo.

(²²⁵) Publicado, entre outros, no Jornal Eclesiástico da diocese de Linz, na sua edição de 8 de Janeiro de 2004.

(²²⁶) Cf. ponto 6 do quinto capítulo deste trabalho.

(²²⁷) Texto *Dialogue between churches and the European Commission. Proposals for strengthening and deepening current practice* [Diálogo entre as Igrejas e a Comissão Europeia. Propostas para o reforço e o aprofundamento da prática actual] – arquivo da COMECE, da KEK e do autor deste trabalho.

(²²⁸) Cf. www.eesc.europa.eu/index_de.asp